KB264700

벤저민 프랭클린(1706~1790)

올드 사우스 미팅 하우스(Old South Meeting House)　프랭클린 생가터는 이 건물 맞은편에 있으며, 건물 정면 2층과 3층 사이에 보이는 프랭클린 흉상이 생가터를 기념하고 있다.

워싱턴 앞에서 헌법에 서명하는 모리스   헨리 힌터마이스터, 1925. 프랭클린은 모리스 뒤에 있다.

헌법 서명자들   실물 크기의 동상. 필라델피아 국립헌법센터. 지팡이를 짚고 앉아 있는 벤저민 프랭클린

하늘에서 전기를 끌어오는 프랭클린   벤저민 웨스트, 1816. 필라델피아 미술관

World Book 180

Benjamin Franklin

THE AUTOBIOGRAPHY OF BENJAMIN FRANKLIN

프랭클린 자서전

벤저민 프랭클린/주영일 옮김

동서문화사

프랭클린 자서전
차례

5. 당신의 인생을 성공으로 이끄는 대인관계기술
다른 사람의 이야기를 귀담아 듣는다/낯선 사람과 짧은 대화를 나눈다/대화하는 도중에 상대에게 질문해 본다/상황이 좋지 않게 돌아가더라도 거짓말은 하지 않는다/실수는 순순히 인정한다/칭찬한다/상대의 말을 깡그리 부정하지 않는다
6. 인생을 성공으로 이끄는 집단적응기술
뚜렷한 목적을 지닌 사람들 집단에 참가한다/주위상황을 잘 살핀다/주위 사람들과 함께 행동한다/주위 사람들의 허락을 받는다/집단의 '규칙'에 따른다/주위의 의견에는 되도록 따른다/간사 역할을 자진하여 맡는다/자기주장을 지나치게 내세우지 않는다
7. 당신의 인생을 성공으로 이끄는 업무달성기술
일의 순서를 정한다/계획을 세운다/작업에 도움이 되는 정보를 모은다/정보를 정리한다/문제를 명확히 한다

프랭클린과 미국을 만든 사람들

프랭클린과 그의 자서전에 대하여

프랭클린 자서전

프랭클린 자서전

제1장
소년시대

1771년 트와이포드 마을[1]

성 아사프 주교[2]의 저택에서

시작하면서

사랑하는 아들아.[3]

나는 어릴 때부터 선조들의 이런저런 일화를 발견하면, 그게 어떤 내용이라도 매우 즐거워하곤 했단다. 네가 나와 함께 영국에 머무르던 시절, 내가 아직도 영국에 남아 있던 친척들한테 이것저것 물어보면서 돌아다니거나 여행을 떠났던 것[4]을 기억하고 있겠지?

---

1) 잉글랜드 남부 햄프셔의 작은 촌락. 이 마을에 프랭클린의 친구 조나단 시플리(1714~1788)의 저택이 있었다. 그 무렵 영국에 머물던 프랭클린은 '런던의 매연'을 피해 이 마을의 '깨끗한 공기'를 찾아 가끔 그 저택을 방문하곤 했다. 그는 1771년 7월 말에서 8월에 걸쳐 약 3주간 그곳에서 머무는 동안 자서전 집필을 시작했다. 그는 매일 밤 그날 쓴 글을 시플리의 다섯 딸들에게 읽어주었다고 한다. 이때 프랭클린은 65세였다.

2) 조나단 시플리를 말한다. 그는 그 무렵 웨일즈의 성 아사프 주교였다. 그가 어떤 경위로 프랭클린과 친구가 되었는지는 알 수 없으나, 두 사람의 교우관계는 죽을 때까지 변함없었다. 그는 식민지의 입장을 이해하고 그들의 주장을 지지한 몇 안 되는 영국 주교 중 한 사람이었다.

3) 프랭클린이 남긴 외아들 윌리엄 프랭클린(1731경~1813)을 말한다. 그는 사생아였고, 어머니에 대해서는 프랭클린이 젊은 시절 관계를 맺었던 '정체불명의 여자'라거나, 그가 고용했던 하녀라거나, 이후 그와 결혼한 데보라 리드라는 등의 이야기가 있으나 정확한 사실은 아직 밝혀지지 않았다. 뉴저지 총독까지 맡았으나 보수적 경향이 강했다. 독립전쟁 때에는 아버지와 입장을 달리 해서 영국 국왕의 편을 들었고, 1782년에는 미국을 떠나 영국으로 이주하게 되었다. 그 뒤 프랭클린 부자는 마지막까지 화해하지 못했지만, 윌리엄의 아들인 윌리엄 템플 프랭클린(그 역시 사생아였다)은 만년의 프랭클린의 비서가 되었다. 1771년 무렵 아들은 40세쯤이었고, 뉴저지 총독을 맡고 있었다. 또한 '자서전'의 전반은 그에게 보내는 편지 형식으로 되어 있으나, 후반은 일반 독자를 염두에 두고 쓴 것으로 보인다.

4) 펜실베이니아 총독과 식민지 의회가 과세 문제로 대립했을 때, 프랭클린은 식민지 의회를 대

이런 내 생애에 대해 네가 아직 모르는 이야기가 많이 있는데, 자세한 이야기를 들으면 너도 매우 즐거워할 것 같구나. 나는 요즘 시골에 틀어박혀서 1주일 동안은 누구의 방해도 받지 않고 쉴 수 있을 것 같다. 그렇다면 너를 위해 한 가지, 지금까지의 내 생애에 대해 써보자는 생각으로 책상 앞에 앉았다. 더욱이, 이것을 쓰기로 결심한 데에는 몇 가지 이유가 더 있단다.

나는 가난하고 이름도 없는 집안에서 태어났지만, 마침내 그 환경에서 일어나서 지금은 꽤 넉넉하고 어느 정도 사회에 이름이 알려진 사람이 되었다. 게다가 내 삶에는 늘 많은 행운이 따랐었지. 그러니 내 자손들은 내가 지금에 이르기까지 이용해온, 그리고 신의 은혜로 이처럼 큰 성공을 거둘 수 있게 해준 유익한 방법에 대해 알고 싶어 하지 않을까 하는 생각이 들었단다. 그 중에는 그들이 보기에 자신들의 경우와 잘 들어맞는다고 여기고 따라하고 싶어질 만한 것이 있을 지도 모르니 말이다.

이처럼 행운이 가득했던 삶을 돌이켜볼 때면, 나는 가끔 그 행운으로 말미암아 자신이 좋을 대로 해도 된다는 말을 들으면 두말없이 똑같은 삶을 처음부터 다시 되풀이하겠다고 할 테지만, 책의 저자가 초판의 잘못을 재판할 때 바로잡는 정도의 편의는 인정해줬으면 싶다고 생각하곤 했다. 따라서 단순히 잘못을 바로잡는 것만이 아니라, 가능하면 살아오는 동안 꺼림칙했던 부분들을 좋은 방향으로 고쳐 쓰고 싶다는 생각도 했다. 하지만 고쳐 쓰라고 허락받는다 해도, 나는 역시 같은 삶을 한 번 더 되풀이하라는 권유를 받으면 그렇게 할 수밖에 없을 것 같구나. 하지만 그처럼 인생을 되풀이하는 것은 본디부터 바랄 수가 없는 일이니, 그와 가장 가까운 것이라면 역시 자신의 삶을 돌이켜보고 회상한 내용을 문자로 기록해서 되도록 오래오래 남게 하는 일이겠지.

그리고 또, 나는 이 글을 쓰는 것으로써 노인들이 흔히 자기 신상 이야기를 하거나 지난 일들을 자랑하는 버릇을 만족시킬 수 있을 거다. 이렇게 글로 쓰게 되면 그것을 읽고 안 읽고는 독자의 마음에 달린 것이니, 예컨대 노인이 이

표해서 영주와 직접 교섭을 하기 위해 1757년 7월 영국으로 건너갔다. 그 때 아들 윌리엄을 비서로 삼아 데리고 갔다. 그 다음해 7월, 그는 아들과 함께 노샘프턴셔의 엑턴, 옥스퍼드셔의 밴베리를 방문해서 선조들에 대해 조사했다. 이 무렵에 대한 내용은 '자서전'의 후반부에서 언급된다.

야기를 할 때는 반드시 경의를 표하면서 귀를 기울여야 한다고 생각하는 이들
이라 하더라도, 그런 사람들에게 폐를 끼치는 경우가 없으리라 생각한다.

그리고 마지막으로(이것만은 아무리 부정해도 아무도 믿어주지 않을 테니 여기
서 분명히 고백하건데), 나는 아마도 자신의 '허영심'을 마음껏 만족시킬 수 있게
될 거다. 당연한 사실이지만, 세상에는 '자랑할 생각 따위는 털끝만큼도 없지만'
하고 겸손 떠는 말 한 마디를 한 뒤에야 이야기를 시작하는 사람이 있지. 하지
만 그런 사람들은 꼭 그 뒤에 자기 자랑을 늘어놓는 법이다. 그리고 대부분의
경우 사람들은 자신의 허영심에 대해서는 시치미를 뚝 떼고, 다른 사람의 허영
심에 대해 불쾌해하곤 한단다. 그래서 나는 다른 사람의 허영심과 맞닥뜨렸을
때 되도록 너그러운 태도를 취하고자 노력하고 있다. 그것도 인간의 허영심이
그 사람 또는 그와 관계있는 사람들에게 이익을 가져다줄 것이라고 믿기 때문
이야. 따라서 신께서 허영심이란 것을 인생의 여러 가지 즐거움 속에 추가시켜
주신 것에 대해 감사드리는 것도, 대부분의 경우 그리 불합리한 일은 아니라고
생각한단다.

나는 방금 신께 감사드린다고 말했는데, 그와 함께 앞서 말한 내가 지금까지
얻어온 행운이 자비로우신 신의 뜻에 의한 것이었음을 겸허하게 인정하고 싶
다. 신께서 이끌어주신 덕분에 나는 앞서 언급한 방법을 이용할 수 있었고, 그
것이 성공을 거두었으니 말이다. 그리고 이 믿음을 잃지 않으면 나는 신의 은
혜가 지금과 변함없이 계속 작용해서 지금까지의 행운이 앞으로도 이어질 거
라는 사실을, 혹시 다른 사람들과 마찬가지로 만에 하나 운명이 역전되는 일이
일어나더라도 견딜 수 있으리라는 것을, 당연한 사실로 '기대'할 수는 없다 해
도 '희망'을 품고 싶다고 생각한다. 내 운명이 앞으로 어떻게 될지는 신만이 아
시는 일이겠지. 그리고 우리에게 불행을 내려주시는 것조차 오로지 신의 마음
여하에 달린 것이다.

프랭클린 집안 뿌리

어느 날 큰아버지 가운데 한 분[5]이(이 큰아버지는 나와 마찬가지로 호기심으로

---

5) 이후에 나오는 셋째 백부 벤자민을 말한다.

집안의 일화들을 모으고 있었다) 물려주신 비망록을 통해, 나는 우리 조상에 대한 몇 가지 사실을 알게 되었다. 그 비망록을 보면 우리 집안은 노샘프턴셔의 엑턴[6]이라는 마을에서 적어도 300년은 살았다는 결론이 나오더구나. 그보다 더 이전에는 얼마나 오래 전부터 살았는지(영국의 모든 사람들이 성을 쓰게 되었을 무렵, 우리 선조들이 계급을 가리키는 명칭이었던 '프랭클린'[7]을 당신들의 성으로 쓰기 시작했을 때부터일 거라고 짐작하지만), 그것은 큰아버지도 모르겠다고 하시더구나. 우리 조상은 약 30에이커쯤의 자유 보유지 외에도 대장간을 운영하면서 가계에 보탰다. 이 대장간은 큰아버지 대까지 우리 집안에 이어져 내려온 일이었고, 장남은 반드시 이 일을 하도록 훈련을 받았지. 큰아버지, 그리고 우리 아버지 역시 당신의 장남에게 이 관습을 물려주셨단다.

프랭클린 가문과 부모님

나는 엑턴으로 가서 호적을 조사한 적이 있는데, 가문 사람들의 출생, 결혼, 매장에 대한 기록은 1555년 이후의 것밖에 찾지 못했다. 그 이전의 호적은 그 교구에 보존되어 있지 않더구나. 하지만 그 호적 덕분에 나는 자신이 5대에 걸친 막내의 막내라는 사실을 알게 되었다. 우리 할아버지 토머스[8]는 1598년생으로 엑턴 마을에서 살고 있었는데, 나이가 들어 더 이상 일을 할 수 없게 되자 옥스퍼드셔의 밴베리[9]에서 염색집을 경영하는 아들 존의 집에 몸을 의탁해 살고 있었다. 우리 아버지가 기간이 정해진 하인계약을 맺은 것도 바로 존의 집이었다. 할아버지는 이 마을에서 돌아가시고 묻히셨지. 너도 1758년에 나와 함께 할아버지의 묘지에 들린 적이 있을 게다.

엑턴 집에는 할아버지의 장남인 토머스가 살고 있었는데, 그 분이 돌아가신 뒤에는 토지와 함께 외동딸[10]의 손에 넘어갔단다. 그녀는 웰링버러[11] 출신인 피

---

6) 런던에서 북서 50마일, 노샘프턴에서 북동 5마일에 위치한 작은 마을.
7) 보통명사로는 14, 15세기의 '자유 보유지'를 뜻한다. 자유 보유지는 소작지의 하나지만 세습 또는 종신 권리로 소유할 수 있는 땅으로, 사실상 사유지와 큰 차이가 없다.
8) 1598~1682. 직업은 농업, 대장간. 주위 사람들의 생활방식에도 무관심할 수가 없어서, 명예훼손에 해당되는 시를 쓰고 투옥된 적도 있다고 한다. 아홉 명의 자녀를 종교적으로 엄격하게 키웠다.
9) 옥스퍼드에서 북쪽으로 21마일에 있는 도시.

셔라는 사나이와 결혼했는데, 남편의 뜻에 따라 그 집과 땅을 현재의 장원 영
주 아이스테드 씨[12]에게 팔아넘기고 말았지. 할아버지는 토머스, 존, 벤자민, 조
사이어라는 아들 넷을 두었는데, 모두 무사히 성인이 되었단다. 이에 대한 것은
현재 비망록이 내 손에 없으니 기억나는 부분만 써보마. 내가 자리를 비운 사
이에 그 서류를 분실하지만 않았더라면, 더 자세하고도 많은 사실들을 찾아낼
수 있었을 텐데 말이다.

　장남 토머스[13]는 할아버지 밑에서 대장간 일을 배웠는데, 아주 영리한 소
년이어서 그 무렵 교구 제일의 유지였던 파머[14]라는 분에게서 학문을 익히라
는 권유를 받고 공부에 힘을 쏟았단다(그러고 보니 아래의 세 동생들도 마찬가지
로 학문을 익히라는 권유를 받았었지). 덕분에 공증인 자격을 취득해서 그 주에
서 중요한 위치에 있는 인물 가운데 한 사람이 되었다. 그는 노샘프턴 주와 도
시를 위해서, 그리고 자신의 고향을 위해서 적극적으로 중심에 나와 여러 가지
공공사업을 추진했지. 그러한 그의 활동에 대해서는 너도 나와 함께 여러 가
지 이야기를 엑턴 마을에서 들었을 것이다. 첫째 큰아버지는 그 무렵 핼리팩스
경[15]에게 큰 신임을 얻었으므로 그 분이 후원자를 맡아 주시기도 했단다. 하지
만 내가 태어나기 4년 전인 1702년, 음력 1월 6일에 세상을 떠나셨지. 우리는 엑
턴 마을의 노인들에게서 그의 생애와 성격에 대한 이야기를 들었었지. 그때 그
들이 해준 이야기가 네가 알고 있는 내 생애와 성격하고 너무나도 비슷했던 나
머지, 네가 정말로 신기하다는 표정을 지었던 것을 나는 아직도 기억하고 있다.

---

10) 메리 프랭클린 피셔(1673~1758). 프랭클린은 1758년에 사촌누이에 해당하는 이 여성을 그녀
　　의 임종 직전에 만나보았다.

11) 노샘프턴셔에 있는 도시.

12) 앰브로즈 아이스테드(1718~1781). 프랭클린이 1758년 엑턴을 방문했을 때 그는 '프랭클린 하
　　우스'에서 살고 있었다.

13) 1637~1702. 대장간에서 학교 교사, 공증인, 담배상인이 되었고 교회, 관청 서기로 일했으며,
　　치수대책 등에 공적이 있다. 음악에 능했으며 엑턴 교회를 위해 직접 오르간을 만들기도 했
　　다. 프랭클린은 그와 매우 비슷한 용모였다고 한다.

14) 존 파머(1612~1679). 노샘프턴셔 교회 대집사로 토머스 프랭클린을 서기로 채용했다. 영국에
　　서 머물던 프랭클린에게 토머스에 대한 정보를 알려준 것은 그의 손녀였다.

15) 핼리팩스 백작 찰스 몬태규(1661~1715). 노샘프턴셔 출신의 정치가로, 문학 비호자로서도 유
　　명하다. 재무부 장관, 수상 등을 지냄.

그리고 너는 "만약 큰할아버지가 4년 뒤의 같은 날에 돌아가셨더라면, 영락없이 그분이 다시 태어난 거라고 생각했을 거예요." 하고 말했었지.

둘째 큰아버지 존[16]은 분명히 모직물을 취급했던 것 같은데, 어느새 염색집으로 거듭났었지. 셋째 큰아버지 벤자민[17]은 런던에서 도제 계약을 마치고 견직물 염색집을 차렸는데, 아주 머리가 좋은 사람이었단다. 내가 어렸을 때 보스턴 아버지 집에 찾아와서 몇 년 동안 한 지붕 밑에서 생활한 적이 있으니까, 그 사람에 대해서는 자세히 기억하고 있다. 꽤 장수하셨지. 그분의 손자인 사무엘 프랭클린[18]은 지금은 보스턴에서 살고 있을 거야. 벤자민 큰아버지는 자신의 친구와 친척들에게 틈날 때마다 잡다한 감상을 써서 보냈던 짧은 시 원고를 돌아가신 뒤 4절판으로 두 권을 남겼는데, 나에게 보내주셨던 시를 본보기로 실어 보마.[19] 또한 셋째 큰아버지는 독자적인 속기법을 고안해서 가르쳐주신 적도 있었는데, 나는 전혀 연습을 하지 않은 탓에 이제 모두 잊어버리고 말았다. 나는 이분의 이름인 '벤자민'을 물려받았는데, 그건 벤자민 큰아버지가 우리 아버지와 무척 친했기 때문이란다.

또한 벤자민 큰아버지는 신앙이 꽤 두터운 사람이었다. 일류 목사가 설교를 한다는 말을 들으면 반드시 교회에 나가서 그 내용을 앞서 말한 속기법으로 필기하셨지. 그렇게 만든 노트를 몇 권이나 가지고 계셨어. 더군다나 정치를 매우 좋아하셔서, 그의 사회적 지위를 생각하면 지나치지 않나 싶을 만큼 열광적이었지. 나는 얼마 전 우연히 런던에서, 이분이 1641년부터 1717년에 걸쳐 모은 공공문제에 관한 정치 팸플릿 한 묶음을 찾아냈단다. 번호를 조사해 보니 권수가 많이 빠진 상태였지만, 그래도 2절판이 8권, 4절판 및 8절판이 24권이나 남아 있었다. 어떤 헌책방 주인이 어쩌다 그걸 찾아냈는데, 내가 가끔 그 헌책방에서 책을 사갔던 덕분에 내 이름을 기억하고 있어서 일부러 갖다 주었단다. 벤

---

16) 1643~1691.

17) 1650~1727. 1715년 보스턴에 와서 4년 동안 프랭클린의 집에서 함께 살았다. 그는 10명의 자녀 중에서 9명을 잃은 불행한 사람이었다.

18) 1721~1775. 보스턴의 칼 판매업자. 이후 등장하는 프랭클린이 도제가 될 뻔했던 사무엘 (1684~?)은 그의 아버지로, 다른 사람이다.

19) 원고에는 '여기에 삽입'이라고 적혀 있었으나, 시 자체는 인용되지 않았다. 그러나 판본에 따라서는 벤자민 백부의 시를 인용한 것도 있다.

자민 큰아버지는 지금부터 약 50년 전에 미국에 오셨으니, 그때 이것을 런던에 남겨두고 오신 게 분명해. 여백에는 그분이 메모해 놓은 글이 잔뜩 남아 있었단다.

이처럼 그리 이름난 것도 아니었던 우리 집안은 일찍부터 종교개혁운동에 참가했단다. 메리 여왕[20]이 재위하던 시절에도 가톨릭에 끈질기게 반대했으므로 박해를 받을 위험이 있었지만, 그래도 개의치 않고 기독교 신앙을 계속 지켜왔지. 우리 집안은 영어 번역 성서를 한 권 가지고 있었는데,[21] 몰수당하지 않도록 책을 펼친 채로 조립식 의자 밑 커버 속에 끈으로 묶어놓았었단다. 우리 고조할아버지가 가족에게 성서를 읽어줄 때에는 무릎 위에 그 의자를 거꾸로 놓고 끈을 풀지 않은 채로 책장을 넘겼다고 하더구나. 아이들 가운데 하나가 종교재판소 관리가 보낸 송달리가 안 오나 감시하기 위해 문간에 서 있곤 했다지. 그들이 모습을 드러내면 신호를 보냈고, 성서를 읽던 고조할아버지는 의자를 다시 뒤집어 바닥에 놓았다. 그러면 성서는 원래대로 의자 밑에 숨어서 보이지 않게 되었지. 이 이야기는 벤자민 큰아버지가 들려주신 거란다.

우리 집안사람들은 찰스 2세[22]의 치세가 끝날 무렵까지는 모두 영국 국교에 소속되어 있었지만, 벤자민 큰아버지와 우리 아버지 조사이어는 영국 국교를 따르지 않았다는 이유로 쫓기던 목사 몇 사람이 노샘프턴셔에 찾아와서 비밀 집회를 열었을 때 그 일파에 가담해서 죽을 때까지 그 신앙을 지켰단다. 다른 가족들은 계속 감독교회[23]에 남았지.

우리 아버지 조사이어는 젊었을 때 결혼을 했는데, 1682년경에 아내와 세 아이를 데리고 뉴잉글랜드로 옮겨 갔단다.[24] 국교를 따르지 않는 사람들의 비밀

---

20) 재위 1553~1558. 헨리 8세(이혼문제에 얽혀 로마 가톨릭 교회를 탈퇴하고 영국 성공회를 세웠다)의 장녀로, 스페인 국왕 필립2세와 결혼. 가톨릭 교도였으며 재위 무렵 신교도를 탄압해서 '블러디 메리(피비린내 나는 메리)'라는 별명을 얻었다.

21) 그 무렵 로마 가톨릭 교회에서는 인가받지 않은 각국의 언어로 번역된 성서를 읽는 것이 금지되어 있었다.

22) 재위 1660~1685. 크롬웰을 중심으로 한 공화정치 뒤 왕정복고로 왕위에 올랐다. 더욱이 1662년 기도서 통일령을 내려서 이에 따르지 않는 장로회 등의 목사를 다수 교회에서 쫓아냈다.

23) 영국 국교회를 말한다. 감독 제도를 취하고 있었기에 이런 이름도 붙었다.

24) 주34를 참조.

집회는 법률로 금지되어 있을 뿐만 아니라 번번이 방해를 받았다. 그 때문에 아버지의 지인 가운데 몇 사람이 뉴잉글랜드로 옮겨 갈 마음을 먹었고, 아버지도 그들의 설득으로 함께하게 되었던 거야. 그들은 뉴잉글랜드에서 자유롭게 자신의 신앙대로 살아갈 수 있으리라 기대했지.

아버지는 뉴잉글랜드에서 첫 번째 아내와의 사이에서 네 명의 아이를 더 얻었다. 그리고 재혼한 아내와도 열 명을 낳았으므로, 아이들은 모두 열일곱 명이었지. 나는 열일곱 형제들 가운데 열세 번째였는데, 형제들이 아버지를 둘러싸고 식탁 앞에 줄줄이 늘어섰을 때의 광경[25]을 지금도 똑똑히 기억하고 있단다. 이 열세 명은 한 명도 빠짐없이 어른이 되었고 결혼해서 가정을 꾸렸지. 나는 밑으로 여동생 둘을 두었지만 남자들 중에서는 제일 막내였고, 뉴잉글랜드의 보스턴에서 태어났다.

우리 어머니는 두 번째 부인이었는데, 이름은 아비아 폴거라고 한다. 뉴잉글랜드에 최초로 옮겨 온 사람들 가운데 하나였던 피터 폴거[26]의 딸이었지. 이 폴거란 사람은 코튼 마더가 쓴 '미국에서의 그리스도의 위업'[27]이라는 제목의 뉴잉글랜드 교회사에 대한 책에서, 혹시 잘못 쓴 말일지도 모르지만 '경건하고 학식이 풍부한 영국에서 온 이주자'라며 경의를 표한 사람이었어. 내가 들은 이야기로는 시사문제에 대한 짧은 시를 이것저것 썼다고 하던데, 활자화된 것은 그중 한 편 뿐이야. 나도 아주 오래전에 본 적이 있지.

---

25) 1715년쯤의 일로 추정된다.

26) 1617~1690. 1635년 매사추세츠로 옮겨 온 개척자. 후반생은 낸터컷섬에서 지냈고 직물가게, 제분소, 교사, 관리 등에 종사하면서 한편으로는 시도 썼다. 또한 '백경'의 저자 허먼 멜빌은 '백경'의 제24장 '변호'에서 그의 아내, 즉 프랭클린의 할머니를 언급하고 그녀가 결혼해서 옛날부터 낸터컷에 살던 고래잡이 작살꾼의 긴 가계인 폴셔 집안의 선조가 되었고, 모두 고귀한 벤자민 프랭클린과 혈연이 이어져 있었다고 했다.

27) 1702년 출판된 종교사로, 매사추세츠 식민지의 역사 속에서 신의 의도를 읽어내려고 했다. 총독, 성직자, 대학관계자 등 식민지 지도자의 전기도 포함한다. 저자 마더(1663~1728)는 그 식민지에서 유명한 가문의 3대에 해당되는 퓨리턴의 대표적인 목사였다. 세일럼의 마녀사냥 등에 관계했으므로 편협하고 광신적인 퓨리턴의 전형이라고 간주되는 경우가 많으나, 진보적인 면도 있어서 특히 과학에 흥미를 품고 종두의 보급에 힘썼다. 프랭클린은 그의 신학은 인정하지 않았지만, 본문에서도 언급되는 '선을 행하기 위해'라는 에세이의 실천적 도덕에는 공감하고 있었다.

그 시[28]는 1675년, 그 시대와 그 무렵의 사람들답게 소박한 운문체로 쓴 것이었다. 그 무렵 뉴잉글랜드 정부 당국자에게 호소하는 내용을 담고 있었지. 기독교의 자유를 지키는 입장에 서서, 그 무렵 박해 받고 있던 침례교도나 퀘이커교도 등의 종파를 변호했어. 동시에 인디언과의 전쟁이나 그 무렵 그 지방을 덮쳤던 온갖 재해들은 모두 종교 박해 때문에 일어난 것이다, 이러한 흉악한 죄를 벌하는 신의 심판을 드러내는 것이니 그 무자비한 법률을 당장 철폐해야 한다, 이런 식으로 권고하는 내용이었단다. 나는 이 시가 전체적으로 저속하지 않고 또렷하다고, 게다가 남자다운 대담함까지 갖췄다고 생각했지. 마지막 연의 처음 두 행은 어떤 내용이었는지 잊어버렸지만, 마무리의 여섯 행은 지금도 기억하고 있다. 작자는 그 부분을 통해, 자신의 비판이 선의에서 나온 것인 만큼 글쓴이가 자신이라는 사실을 확실히 밝혀 놓고자 했단다.

비방이나 일삼는다 말을 듣기가(원문에 이리 쓰여 있었다)
진심으로 진저리가 나신다면
내가 사는 이곳 샤반[29]에서
감히 내 이름을 여기 기록할 테니.
악의 없는 진실한 벗
그 이름은 피터 폴거라 한다오.

우리 형들은 모두 각자 다른 일을 익히도록 하인계약을 맺고 떠나게 되었는데, 나는 8살이 되자 라틴어문법 학교에 들어갔단다. 아버지가 10명의 아들들 가운데 하나를, 말하자면 1/10세금[30]으로 삼아 신께 봉사하는 일을 시키고자 결심하신 덕분이었지. 나는 어렸을 때부터 글씨를 쓰고 외우는 속도가 빨랐지(나는 글을 읽지 못했던 시절의 기억이 거의 없으므로 꽤 일찍부터 글을 익혔던 것

---

28) 1676년에 출판된 '시세의 거울'이라는 시.

29) 매사추세츠 주 앞바다 부근, 낸터컷섬에 있는 도시. 이 도시는 현재 섬 이름과 마찬가지로 낸터컷이라고 불리며, 19세기에는 포경업의 중심지로 번영을 누렸다.

30) 기독교에서는 교회 및 목사의 경비를 대기 위해 신도들한테서 수확물의 1/10을 세금으로 거두는 것이 관례였다.

이 틀림없다).[31] 게다가 아버지의 친구들이 입을 모아서 나는 학교에 가면 틀림없이 우등생이 될 거라고 말했으므로, 아버지도 그에 용기를 얻어 나를 학교에 보낼 결심이 드셨던 거야. 벤자민 큰아버지도 찬성하셨지. 그리고 만약 내가 당신이 고안한 속기법을 익힐 생각이 있다면, 그 속기로 쓴 설교 노트를 전부 내게 물려주겠다고 하셨어. 내가 목사 일을 시작하게 되면 그것이 좋은 자본이 되어줄 거라고 생각하셨던 모양이다.

그럼에도 불구하고 내가 그 라틴어문법 학교에 다닌 것은 1년도 채 되지 않는 기간이었다. 하지만 그 짧은 기간에, 처음에는 1학년 클래스에서 중간쯤이었던 성적이 점점 올라서 마지막에는 수석을 차지했단다. 그 뿐만이 아니라 한 학년 위로 월반까지 했고, 연말에는 2학년들과 함께 3학년으로 진급할 예정이었지. 하지만 아버지는 그렇게 많은 아이들을 키우고 있다 보니 고등교육 비용을 낼 여유가 없었다. 또 아버지가 내 귀에 들어갈 만한 곳에서 친구들과 이유를 이야기하는 것을 들어보니, 교육을 받아 목사가 되더라도 그 생활은 보잘것없는 경우가 대부분이라고 하더구나. 그래서 나는 처음의 의도를 바꿔서 라틴어문법 학교를 그만두게 되었다. 그리고 그 무렵 이름 높았던 조지 브라우넬 씨[32]가 경영하는 읽기와 쓰기, 산술을 가르치는 학교에 들어가게 되었단다. 브라우넬의 교육은 전반적으로 차분했고, 또한 학생들이 자신감을 가질 수 있게 가르치는 데 성공했다. 이 사람 밑에서 배운 덕분에 매우 빠른 속도로 깨끗한 필체를 익힐 수 있었지만, 산술만은 마음만큼 따라주지를 않아 거의 나아지지 않았단다.

열 살이 되자 나는 집으로 돌아와서 아버지의 일을 거들게 되었다. 아버지의 일은 수지로 양초와 비누를 만드는 것이었는데, 이것은 아버지가 하인계약으로 익힌 것이 아니라 뉴잉글랜드에 온 뒤에 원래 직업인 염색집이 그리 잘 되지 않아서 가족들을 먹여 살리기 힘들어진 탓에 새로 시작한 일이었단다. 이렇게 해서 나는 양초 심지를 자르거나 양초 틀에 수지를 붓고, 가게를 지키고, 잔심부름 때문에 돌아다니는 일을 하게 되었지.

---

31) 프랭클린 누나의 말에 따르면 그는 5세 때 이미 성서를 읽을 수 있었다고 한다.
32) 169?~1738. 보스턴의 학교 교사. 읽고 쓰는 법만이 아니라 댄스, 재봉학교도 경영했다. 댄스 학교는 그가 죽은 뒤에도 운영되었다.

그러나 나는 이 양초가게 일이 싫어서 진저리가 날 정도였단다. 나는 바다에 큰 동경을 품고 있어서 선원이 되고 싶다고 생각하고 있었거든. 하지만 아버지가 선원이 되는 것에 끈질기게 반대를 하셨지. 그래도 내가 사는 곳이 바다 근처이다 보니 해변에서 노는 경우가 많았고, 어렸을 때부터 수영도 잘 하고 보트도 몰 줄 알았지. 그리고 친구들과 함께 보트나 카누를 타고 놀 때 나는 거의 리더를 도맡아 하곤 했다. 특히 수습하기 힘든 사건이 일어났을 때는 내가 선두에 서서 지휘를 하는 것이 당연한 일이 되었지. 그 밖에도 친구들을 이끌고 놀러 다니는 일이 많았고, 그러면서도 친구들을 곤경에 빠지게 만든 적은 한 번도 없었다. 한 가지 예를 들어볼까? 이 사건은 비록 방법은 잘못됐더라도, 내가 소년시절부터 여러 사람을 위해 계획을 세우는 정신을 갖추고 있었다는 사실을 증명하는 것이니 말이다.

가까운 곳에 물레방아용 저수지 일부와 경계가 맞닿아 있고 바다에서 조수가 밀려오는 개펄이 있었는데, 우리는 만조 때 그 개펄 기슭에 서서 조그만 물고기를 낚기로 했다. 그런데 주변을 계속 밟고 돌아다닌 탓에 어느 새인가 땅이 온통 진흙으로 변하지 않았겠니. 그래서 나는 여기에 물고기를 잡을 수 있도록 발 디딜 곳을 만들자고 제안했단다. 그리고 친구들에게 석재가 산더미처럼 쌓여있는 곳을 가르쳐 주었지. 그 석재는 늪 근처에 집을 새로 지으려고 쌓아놓은 것이었는데, 우리 계획대로 쓰기에 꼭 알맞았단다. 그래서 저녁이 되어 일꾼들이 돌아가고 나자, 나는 친구들을 잔뜩 끌고 그리로 갔다. 다들 꼭 개미라도 된 것처럼 때때로 돌 하나에 두세 명이 달려들어 옮기는 식으로 열심히 일했어. 결국에는 거기 있던 석재를 전부 날라서 조그마한 발판을 만들어냈단다.

다음날 아침, 목수들은 석재가 전부 사라진 것을 보고 깜짝 놀랐다. 그리고 머지않아 그 돌이 우리가 만든 발판에 있다는 사실을 눈치챘고, 누가 날라간 것인지 조사하기 시작했지. 그리고 우리가 그랬다는 사실이 밝혀지자 그들은 곧바로 찾아와서 불평을 늘어놓았단다. 덕분에 우리들 가운데 몇 명은 아버지에게 아주 혼쭐이 나고 말았지. 우리 아버지는 내가 친구들을 위해 그랬던 거라고 항변해 봤자 끄떡도 하지 않으셨어. 그리고 정직한 방법으로 한 일이 아니면 진심으로 남을 위한 것이 될 수 없다고 차근차근 설명해주셨단다.

아버지의 모습과 성격에 대해, 너는 얼마나 궁금해 하고 있을까? 아버지는 멋진 체격의 소유자로, 키는 중간쯤이었지만 매우 다부지고 건강한 분이셨다. 머리도 아주 좋으셨고, 그림도 잘 그리고, 음악에도 어느 정도 조예가 있으셨단 다. 깨끗하고 듣기 좋은 목소리를 가지고 계셨고, 하루 일을 다 마치고 저녁이 되면 가끔 바이올린을 켜면서 찬송가를 부르기도 하셨어. 그 노래는 정말 대단 했단다. 게다가 기계를 다루는 데 뛰어난 재능이 있어서, 다른 사람이 쓰던 도 구라도 때에 따라 능숙하게 다루곤 하셨지.

하지만 아버지가 정말로 뛰어나셨던 점은, 사적인 문제와 공적인 문제를 가 르지 않고 신중하게 판단할 일 앞에서 건전한 이해와 견실한 판단력을 드러낸 다는 점이었어. 아버지는 당신의 많은 아이들을 교육시켜야 했고, 또 생활에 여 유가 없었으므로 늘 일에 몰두해야 했지. 그래서 공공의 일에 관여한 경우는 결국 한 번도 없었다. 그래도 나는 지금껏 똑똑히 기억하는데, 도시의 유지들 은 가끔 아버지를 찾아와서 도시 문제나 아버지가 소속되어 있는 교회[33] 문제 에 대해 의견을 구하곤 했단다. 그리고 아버지의 판단과 조언에 진심으로 경의 를 표했지. 개인적으로 성가신 일이 생겼을 경우에도 마찬가지로 많은 사람들 이 아버지를 찾아와 상담을 청했고, 또 싸움이 벌어졌을 때 중재역으로 끌려 가는 경우도 잦았다.

아버지는 분별력 있는 친구와 이웃을 되도록 자주 식사에 초대해서 여러 가 지 이야기를 나누는 것을 좋아하셨어. 그럴 때면 늘 아이들의 지적 능력을 향 상시키는데 도움이 될 만한, 지적이고도 유익한 화제를 이끌어 내고자 신경을 쓰셨단다. 아버지는 그런 방법을 통해 우리 아이들이 앞으로 생활하면서 무엇 이 선한 일인지, 무엇이 옳은 일인지, 그리고 무엇이 양식 있는 일인지 하는 문 제에 신경을 쓰게 만드셨던 거야. 그러면서 아버지는 식탁에 나온 음식에 대해 서는 거의, 아니 전혀 관심을 갖지 않으셨다. 제대로 조리했는지, 제철 식품인지, 맛이 좋은지, 심지어 같은 종류의 다른 음식과 비교해 봤을 때 더 나은지 못한 지조차 신경 쓰지 않으셨어.

그 결과, 나는 음식에 전혀 신경을 쓰지 않는 사람으로 자라고 말았다. 어떤 요리가 눈앞에 펼쳐져도 무관심할 뿐이었고, 아예 신경도 써본 적이 없어. 덕분

---

33) 보스턴에서 세 번째로 오래된 '올드 사우스 교회'. 프랭클린은 여기서 세례를 받았다.

에 오늘날에도 식사가 끝나고 몇 시간 뒤에 아까 무엇을 먹었느냐는 질문을 받으면 도무지 대답을 하지 못할 것 같구나. 덕분에 여행을 다닐 때에는 아주 편했지. 반대로 내 친구들은 음식 맛에 신경 쓰면서 자랐으므로 미각, 식욕, 취향이 까다롭게 발달하고 말았단다. 덕분에 여행을 떠나면 그 수준 높은 입에 맞는 음식을 찾지 못해서 꽤 비참한 처지에 처하곤 했지.

우리 어머니도 아버지와 마찬가지로 체격이 좋은 여성이었는데, 열 명이나 되는 아이들을 한 명도 빠짐없이 직접 젖을 먹여 키우셨단다. 아버지는 89세, 어머니는 85세 때 세상을 떠나셨는데 내가 알기로는 두 분 모두 돌아가실 때를 제외하면 한 번도 큰 병에 걸려본 적이 없으셨지. 부모님은 지금 보스턴에 나란히 묻혀 계시는데, 나는 몇 년 전에 그 무덤에 대리석으로 비석을 세우고 다음과 같은 글귀를 새기도록 했단다.

조사이어 프랭클린과
그의 아내 아비아 여기에 잠들다

두 분은 애정 깊은 부부로서
55년간의 결혼생활을 보내셨다
재산도 없고 수입이 좋은 직업도 아니었지만
부지런히 일하는 근면함으로 두 분은
신의 축복을 받으면서
모자란 것 없이
많은 아이들을 키우셨고
훌륭히
열세 명의 아이들과 일곱 명의 손자를
키워 내셨다
이 글을 읽는 사람들이여 이 두 분을 본받아
스스로를 격려하고 천직에 매진하며
신의 섭리를 의심하지 말지어다
조사이어는 신앙심 두텁고 사려 깊은 사람

그 아내는 조신하고 정숙한 부인
부모님의 추억을 되새기며
이제 여기 두 분의 막내아들이
아들로서 경애의 마음을 담아
이 묘비를 세웁니다
조사이어 프랭클린 1655~1744[34]
향년 89세
아비아 프랭클린 1667~1752
향년 85세

이런 식으로 두서없이 나가는 것을 보면, 아무래도 나도 나이가 들었나보다는 생각이 드는구나. 옛날에는 좀 더 조리 있게 글을 썼는데 말이다. 그래도 말이지, 사실 집안 모임에 나갈 때 공식 무도회에 나갈 때처럼 격식을 차린 옷을 입는 사람은 별로 없잖니. 어쩌면 이것도 단순히 마음이 느슨해져서 그런 걸지도 모르겠다.

형 제임스 인쇄소에서 도제로 일하다

처음 하던 이야기로 돌아가서, 나는 이렇게 2년 동안—즉 12세가 될 때까지 아버지의 일을 도왔단다. 그리고 아버지의 일을 배우던 존 형[35]이 독립해서 결혼을 하고 로드아일랜드[36] 식민지에 자기 가게를 차렸으므로, 내가 형을 대신해서 양초가게를 운영하는 것은 이제 피할 수 없는 운명처럼 보였지. 그런데 나는 여전히 그 일을 싫어하고 있었다. 그래서 아버지는 내가 더 즐겁게 할 수 있는 일을 찾아줘야겠다고, 안 그러면 조사이어 형[37]처럼 집을 뛰쳐나가 선원이

---

34) 이것은 프랭클린의 기억이 잘못된 것으로, 1657~1745가 맞다. 프랭클린은 아버지에 대해 정확한 지식을 갖추지 못했던 모양이다. 앞서 나온 아버지가 뉴잉글랜드에 옮겨 온 시기도 정확하게는 1683년 10월이었다.

35) 1690~1756. 조사이어와 아비아 사이에서 태어난 첫아이로, 뒷날 보스턴 우체국장이 되었다.

36) 뉴잉글랜드 6주 가운데 하나로 매사추세츠 주의 남쪽에 있다.

37) 1685~1715경. 프랭클린의 이복 큰형. 가출해서 선원이 되었고, 9년 뒤 한 번 집에 돌아왔으나 다시 바다로 돌아가 바다에서 죽었다.

될 지도 모른다고 걱정하셨지. 아버지는 형이 가출한 것 때문에 그야말로 속이 터질 지경이셨거든. 그래서 아버지는 가끔씩 나를 밖으로 데리고 나가서 건구상이나 벽돌공, 녹로 만드는 사람, 놋쇠 세공사 등이 일하는 모습을 보여주셨다. 이런 식으로 아버지는 내가 무얼 좋아하는지 살펴서, 뭐가 됐든 땅 위에서 할 수 있는 일에 주의를 돌리게 하려고 애쓰셨단다.

그 뒤로는 솜씨 좋은 기술자가 자신의 도구를 자유롭게 다루는 모습을 보는 것이 즐거워졌다. 그 견학은 실제로 많은 도움이 되었지. 이때 여러 가지 일들을 보고 익힌 덕분에, 당장 기술자를 찾기 힘들 경우 대단치 않은 집안일이라면 자기 손으로 할 수 있게 됐거든. 게다가 어떤 실험을 해보고 싶어질 때에도 실험에 필요한 그리 복잡하지 않은 기계는 그 생각이 어디로 달아나기 전에 혼자서도 만들 수 있게 되었단다.

그리고 아버지는 최종적으로 칼을 만드는 일이 내게 어울릴 거라는 판단을 내리셨다. 게다가 마침 그 무렵 런던에서 이 일을 익히고 돌아온 벤자민 큰아버지의 아들 사무엘이 보스턴에서 칼가게를 열었으므로, 아버지는 잠시 동안 나를 사무엘의 가게에 견습공으로 보내기로 결정하셨지. 그런데 사무엘이 요구한 견습 금액이 아버지의 마음에 들지 않았으므로, 결국에는 나를 다시 집으로 끌고 돌아오셨다.

어렸을 때부터 나는 책을 읽는 것을 매우 좋아해서, 조금이라도 돈이 손에 들어오면 한 푼도 남김없이 책값으로 쓰곤 했다. 나는 《천로역정》[38]을 매우 좋아해서 처음에 모은 책은 작은 책으로 나누어 출판된 존 버니언의 작품이었지. 나중에는 이것을 팔아 마련한 돈으로 R. 버튼의 《역사총서》[39]를 사기로 했단다. 이 《역사총서》는 행상인이 팔고 다니던 작고 싼 책이었는데, 다해서 40권쯤 되었단다. 아버지의 몇 권 안 되는 장서는 주로 변증신학에 대한 책들로 이루어져 있었는데, 나는 그것들을 거의 다 읽어버린 상태였다. 그 무렵에는 이

---

38) 영국의 목사이자 종교작가인 존 버니언(1628~1688). 1678년 (제1부) 펴냄. 주인공 크리스천이 '멸망의 도시'에서 벗어나 중간에 온갖 유혹과 곤란에 부딪치면서 끝내 천국에 다다르기까지의 이야기를 그린 풍자적인 이야기.

39) 1681년부터 1736년에 걸쳐 런던에서 출판되었던 역사, 여행기, 소설, 전기 따위를 잡다하게 모아놓은 책이다. 저자는 나다니엘 크라우치라는 설도 있지만 정확한 사실은 모른다.

미 목사가 될 생각은 버린 상태였고, 그만큼 지식에 굶주렸던 그 시절에 좀 더 좋은 책을 손에 넣지 못했던 것이 매우 유감스러웠지. 그 뒤로도 이따금 그때 일이 아쉽다는 생각이 솟아오르곤 했단다. 아버지의 장서 중에는 플루타르크의 '영웅전'도 있어서 시간을 들여 천천히 읽어 보았는데, 지금까지도 매우 유익한 시간이었다고 생각한다. 그밖에도 디포[40]의 《기업에 대하여》와 마더 박사[41]의 《선을 행하기 위해》라는 책이 있었는데, 아마 이 두 권이 내 사고방식에 한 가지 전환점을 가져다 주었을 것이다. 그리고 그 뒤 내 생애에 일어난 중요한 사건 몇 가지에 영향을 미쳤을 거라 생각한다.

내가 이처럼 책을 좋아하는 것을 보신 아버지는 마침내 아들 가운데 한 명인 '제임스'[42]가 이미 인쇄소를 차렸음에도 불구하고 나를 인쇄공으로 만들겠다고 결심하셨지. 제임스 형은 1717년 인쇄기와 활자를 들고 영국에서 돌아와 보스턴에 인쇄소를 차렸다. 나는 아버지 가게에 비하면 인쇄소 쪽이 더 낫다고 생각했지만, 그래도 바다에 대한 동경이 사라지는 일은 없었어. 아버지는 내가 계속 그런 생각을 품고 있으면 나중에 무슨 일이 벌어질지 모른다고 불안해하셨지. 그래서 그 사태를 피하기 위해 나를 한시라도 빨리 형의 인쇄소에 도제로 보내기로 하셨단다. 나는 얼마 동안 반대를 하기도 했지만, 결국 아버지의 설득에 꺾여 도제 계약서에 서명을 하고 말았다. 나는 그때 겨우 12세에 지나지 않았지. 계약서에 의하면 나는 21세가 될 때까지 도제로 일하게 되어 있었고, 어엿한 기술자로서 급료를 받을 수 있는 것은 마지막 1년뿐이었다. 내가 인쇄소 일을 익히고 형을 돕는 조수가 될 때까지는 거의 시간이 걸리지 않았단다.

그 무렵, 나는 좀 더 유익한 책과 접할 기회를 가지게 되었다. 서점 일꾼들과 친해져서 이따금 조그만 책을 빌려볼 수 있게 되었거든. 나는 그런 식으로 빌려온 책을 되도록 빨리, 더럽히지 않고 돌려주기 위해 노력했다. 그리고 저녁에 빌려간 책이 다음날 아침 보이지 않는다든가 그 책이 필요하다는 말이 나오면

---

40) 대니얼 디포(1660~1732). 영국의 저널리스트이자 소설가. 작품으로는 본문에서도 언급된 '로빈슨 크루소' 등이 있다. '기업에 대하여'는 1697년에 출판된 그의 첫 번째 중요 저술서로 은행, 보험회사, 정신병원 등의 개선안을 서술해 두었다. 프랭클린은 이러한 사회사업이 지니는 의미를 이 책을 통해 배웠다.

41) 주27 참조.

42) 1697~1735. 프랭클린과는 9년 차이였다.

안 되므로, 그날 빌린 책이라도 다음날 아침 일찍 돌려주어야 한다면 내 방에서 거의 밤을 새워서라도 읽곤 했단다. 그 뒤 시간이 좀 흐르고 나자, 인쇄소에 계속 드나들던 지적인 상인이자 꽤 많은 책을 가지고 있는 매슈 애덤스 씨[43]가 나를 주시하게 됐지. 그는 친절하게도 그의 서재에 나를 초대해 주고, 읽고 싶은 책도 몇 권 빌려주었단다.

나는 그 무렵 시를 좋아하게 되어서 짤막한 시 몇 편을 쓰기도 했다. 그런데 형은 그 시들이 돈이 될 지도 모른다고 생각하고 나를 부추겨 뉴스 발라드를 만들게 했지. 그 가운데 하나는 '등대의 비극'이라는 제목의 시였는데, 두 딸과 함께 익사한 워지레이크 선장의 이야기[44]를 다룬 것이었지. 또 하나는 유명한 해적 티치(다른 이름은 검은 수염)가 최후를 맞이한 사건[45]을 노래한 뱃사람의 노래였단다. 두 가지 모두 저속하고 유행가나 다름없는 보잘것없는 글이었지만, 형은 이 시를 인쇄해서 날더러 시내를 돌아다니면서 팔고 오도록 시켰어. 첫 번째 시는 소재가 된 사건이 최근에 일어난 일이었고, 그것도 꽤나 센세이션을 일으켰으므로 그야말로 날개 돋친 듯 팔려나갔단다.

나는 자신이 쓴 시가 이처럼 성공을 거두는 것을 보고 속으로 우쭐해진 상태였는데, 아버지는 모처럼 쓴 그 작품을 보고 웃음거리로 삼으셨지. 시 따위를 쓰는 인간은 대체로 거지같은 녀석들이라고 하시면서 성급하게 좋아하던 나에게 찬물을 끼얹으셨어. 덕분에 나는 시인, 그것도 틀림없이 얼치기 시인이 될 것을 면할 수 있었다. 하지만 글을 쓴다는 것은 내 모든 생애에 걸쳐 유익한 일이었고, 또한 출세의 수단으로도 결코 빼놓을 수 없는 것이었다. 내가 이와 같은 상황에서 지금처럼 소소한 글재주나마 익힐 수 있게 된 경위에 대해, 너한테도 이야기 해두고 싶구나.

---

43) 1694?~1753. 보스턴의 상인. 형 제임스가 발행하는 신문 '뉴잉글랜드·커런트'의 상임 기고자. 그의 장서는 귀중한 책들을 모아놓은 것이었다고 알려져 있다.

44) 보스턴만 내의 비컨 아일랜드에 처음 생긴 등대의 관리인 조지 워지레이크가 1718년 11월에 보스턴으로 나오는 도중 사고로 아내와 외동딸과 함께 익사한 사건, 그들의 장례식에서 앞서 언급한 적이 있는 코튼 마더가 설교를 맡았고, 프랭클린도 그 장례식에 참석했던 것으로 보인다. 본문에는 '두 딸'이라고 적혀 있지만 프랭클린의 기억이 잘못된 것이다.

45) 에드워드 티치. 그 무렵 카리브 해를 휩쓸고 다닌 유명한 해적으로, 역시 1718년 11월 노스 캐롤라이나 앞바다에서 식민지 경비대와의 싸움 끝에 최후를 맞았다.

이 도시에는 존 콜린스라는 책을 좋아하는 청년이 한 명 더 살고 있었는데, 나는 그와 가깝게 지냈다. 우리는 열띤 토론을 벌이는 일이 많았지. 둘 다 토론하는 것을 매우 좋아했고, 서로 상대방을 말로 꺾고 싶다고 생각했어. 그런데 말이다, 토론을 좋아하는 성격을 실제로 드러내고 다니면 무슨 일에나 상대방에게 반대하지 않고서는 못 배기게 된단다. 그리고 그런 식으로 반대만 하다가는 친구들한테 불쾌한 인간이라는 인상을 주는 경우가 많고, 자칫하면 아주 나쁜 버릇으로 바뀌고 말지. 더욱이 토론을 좋아하는 성격은 대화의 즐거움을 반감시키거나 아예 망가트릴 뿐만 아니라, 모처럼 우정이 싹틀 수 있는 기회가 찾아와도 상대방에게 불쾌함이나 적의를 안겨주어 완전히 망쳐버릴 수도 있다. 내가 이처럼 토론을 좋아하는 버릇을 가지게 된 것은 아버지의 장서 가운데 있던 종교에 대한 논쟁을 담은 책을 읽은 덕분이었지. 그 뒤 내가 관찰한 바에 따르면 사려 깊은 인간은 거의—변호사나 대학 관계자, 각 방면에 종사하고 있는 에든버러 출신자들[46]은 예외지만—이러한 나쁜 버릇에 빠지는 경우가 없더구나.

어느 날, 어떤 사건을 계기로 콜린스와 나는 여성이 학문을 익히는 것이 올바른 일인가, 그리고 여성에게 학문을 익힐 만한 능력이 있는가에 대해 토론을 벌이게 되었다. 콜린스는 여성이 학문을 익히는 것은 올바른 일이 아니다, 또한 여성은 선천적으로 공부에 견디는 힘을 타고나지 못했다는 의견을 냈지. 토론을 위한 반대라는 구석도 없지는 않았지만, 아무튼 나는 반론을 펼쳤다. 그런데 콜린스는 본디부터 나보다 달변가라 청산유수로 말을 뽑아내곤 했어. 때로는 논리의 힘이 아닌 교묘한 말솜씨로 나를 꺾어 버리는 일도 있었다. 이때 우리는 결론을 맺지 못하고 헤어졌고, 그 뒤로 얼마 동안 얼굴을 볼 기회가 없었지. 그래서 나는 자신의 주장을 문장으로 써서 그것을 다듬은 다음 콜린스에게 보냈다. 그가 내 편지에 반론을 제기하면 나는 또다시 반론에 반론을 제기했어.

이런 식으로 우리는 서너 통의 편지를 주고받았는데, 마침 아버지께서 내가 쓴 편지를 발견해서 읽어 보셨단다. 아버지는 토론의 내용에는 끼어들지 않으셨지만, 문장 쓰는 법과 단어 철자, 문장부호를 정확하게 쓴다는 점에서는 내

---

46) 그 무렵 에든버러 대학은 유럽 내 학문의 중심 가운데 하나였다. 도시와 관계 있는 저명인사로는 철학자 데이비드 흄, 경제학자 애덤 스미스 등이 있다.

가 콜린스보다 더 뛰어나다고(직장이 인쇄소인 덕분이었다) 말씀하셨지. 하지만 세련된 표현이나 논지를 펴 나가는 방식, 그리고 명쾌함에서는 내 쪽이 훨씬 뒤 떨어진다는 의견을 내놓으셨어. 그리고 그와 관련된 예시를 몇 가지 들어서 납득할 수 있도록 설명을 해주셨단다. 나는 아버지의 의견이 옳다는 것을 인정하고, 그 뒤로는 글을 쓸 때 전보다 더 주의를 기울여서 더 좋은 문장을 쓸 수 있도록 노력하겠다고 결심했다.

그 무렵 나는 우연히, 전부는 아니었지만 '스펙테이터'지[47]의 합본호를 한 권 찾아냈다. 제3권이었는데, 나는 그 때까지 이 신문을 한 권도 본 적이 없었다. 나는 이것을 사서 몇 번이고 되풀이해서 읽어보았고, 정말이지 마음에 쏙 들었단다. 문장이 아주 멋지고 훌륭해서 가능하면 이것을 본뜨고 싶다고 생각했지. 그래서 나는 그 신문에 실린 글을 몇 편 골라내고 그 내용을 드러내는 짤막한 요약을 만들었다. 그것을 며칠 동안 내버려둔 뒤, 이번에는 원래의 문장을 보지 않고 그때 자신의 머리에 떠오른 적당하다 싶은 말들을 써서 요약했던 내용을 원문과 똑같은 길이로 상세하게 표현하려 했단다. 그런 식으로 '스펙테이터'지의 문장을 복원하려 시도한 거다. 그리고 그 뒤에는 자신이 본떠 쓴 글과 '스펙테이터'지의 원문을 비교·검토해서 자신이 쓴 문장의 결점을 찾아내고 바로잡았다.

나는 이렇게 해서 자신이 가진 어휘가 얼마나 모자란지, 게다가 아는 말조차 즉석에서 떠올려 쓰지 못한다는 사실을 깨달았단다. 그리고 만약 시를 계속 썼더라면 지금쯤 알고 있는 어휘를 자유롭게 쓸 수 있게 되지 않았을까 하는 생각도 들었다. 시를 쓰기 위해서는 운율을 맞추거나 각운을 갖추어야 하므로, 의미는 똑같더라도 길이나 발음이 다른 단어가 계속 필요하거든. 그러니 싫어도 끊임없이 다양한 말을 찾아내야 하고, 그러다보면 자연스럽게 어휘가 머릿속에 새겨져서 자유롭게 쓸 수 있게 됐으리라 여겼기 때문이다. 그래서 나는 '스펙테이터'지에 실린 이야기를 몇 편 골라 운문으로 고쳐 쓰고, 시간이 조금 흘러 원문의 내용을 많이 잊어버렸을 때 그것을 다시 산문으로 되돌리는 연습

---

47) 애디슨과 스틸이 창간한 18세기 영국의 대표적 일간지로, 1711년부터 다음 해인 1712년까지 555호가 출간되었다. 단아하고 아름다운 문장으로 쓴 에세이는 프랭클린만이 아니라 영어 산문에 일반적으로 큰 영향을 미쳤다.

을 했다.

그리고 때로는 적어 둔 요약본을 뒤섞어 놓고, 몇 주가 지난 뒤에 우선 그것을 할 수 있는 데까지 올바른 순서로 다시 늘어놓고 완전한 글로 고쳐 썼단다. 그리고 문장을 전체적으로 정리하는 연습도 했지. 나는 이렇게 해서 자신의 생각을 조리 있게 표현하는 방법을 배울 생각이었다. 이런 식으로 쓴 글을 원문과 비교해 보는 것으로 문장의 결점을 많이 찾아내고, 그것을 고쳐 나가기도 했지. 때때로, 그리 중요한 부분은 아니지만 어떤 특정한 곳에서 내 논지 전개나 표현방식이 어쩐지 원문보다 더 좋은 것 같다는 생각이 드는 경우도 있었다. 나는 이에 만족하고 용기를 얻어서, 언젠가는 자신도 부끄럽지 않은 글을 쓸수 있는 인간이 될 수 있을 지도 모른다고 생각했단다. 나는 그런 문장의 달인이 꼭 되고 싶었거든.

내가 이처럼 문장연습과 독서에 몰두할 수 있는 시간은 하루 업무를 마치고 난 밤이나 일을 시작하기 전의 이른 아침, 혹은 일요일이었단다. 일요일에는 늘 어찌어찌 적당한 구실을 만들어 교회 예배 말고는 다른 사람과 함께 외출하는 것을 최대한 피하고 혼자 인쇄소에 남았다. 아버지와 함께 살았을 때는 일요일 예배에는 무슨 일이 있어도 출석하라는 말을 늘 듣고 다녔고, 나 자신도 그 시절에는 일요일 예배를 의무로 여기고 있었다. 그럼에도 불구하고 나는 지금으로서는 교회에 나갈 만한 여유가 없다는 생각도 하곤 했단다.

열여섯 살이 되었을 때 나는 우연히 트라이온이라는 사람이 쓴 채식을 권하는 책[48] 한 권을 읽고, 채식이란 것을 해보자는 결심을 했다. 형은 그 무렵 아직 독신이라 가정을 꾸리지 않았고, 식사는 직원들과 함께 다른 집에서 하고 있었지. 그래서 내가 고기를 먹지 않겠다는 것은 형편에 맞지 않는 이야기였고, 때문에 형은 몇 번이나 이상한 짓 하지 말라며 나를 혼냈단다. 그러나 나는 트라이온 씨의 조리법을 웬만큼 공부한 상태였기에 감자나 쌀을 물에 넣고 끓이거나 즉석 푸딩을 만드는 방법 등을 익혔고, 그밖에도 두세 종류의 요리를 할 수 있게 되었지. 그래서 나는 형에게, '형이 매주 그 집에 내 식비로 내는 금액의 절반을 나한테 준다면 그것으로 자취를 하고 싶다'고 말해 보았단다. 형은 흔

---

48) 영국의 채식주의자 토머스 트라이온(1634~1703)의 저서. 제목은 '건강, 장수, 행복으로의 길' (1691년 재출판).

쾌히 그러라고 했고 말이다. 내 쪽에서도 그 뒤 형이 주는 돈의 절반은 아낄 수 있다는 것을 깨달았고, 그 돈으로 책을 구입할 자금을 마련할 수 있게 되었다. 더군다나 자취를 해서 좋은 점이 한 가지 더 있었단다.

형과 다른 직원들이 식사를 하기 위해 인쇄소를 떠나면, 그 동안 나는 혼자서 가벼운 식사(대체로 비스킷이라고 부르는 작은 빵 하나 또는 평범한 빵 한 조각, 건포도 한줌이나 빵집에서 사온 파이 하나, 그리고 물 한 컵 정도였다)를 서둘러 마치고, 남은 시간에는 형들이 돌아올 때까지 공부를 할 수 있게 되었던 거다. 게다가 음식을 절제하게 되면 대체로 두뇌가 명석해지고 이해력도 좋아지니, 그만큼 나는 이 시간에 공부를 해서 능률을 높일 수 있었다.

그리고 나는 산술을 잘 못했기에 때때로 부끄럽다고 생각하곤 했단다. 또한 산술은 학교에서 배웠을 때에도 두 번이나 실패를 맛보았기에, 이대로는 안 되겠다고 마음을 고쳐먹고 다시 코커의 산술책[49]을 꺼내들었지. 하지만 이번에는 독학을 통해 어렵다는 생각도 전혀 없이 다 마쳐 버렸단다. 게다가 셀러와 스타이미[50]의 항해술에 관한 책도 읽었고, 그 두 권에 언급된 수준이라면 기하학도 이해할 수 있게 되었지. 하지만 그 이상 기하 공부에 깊이 파고들지는 않았다. 또한 로크의 《인간지성론》[51]이나 포트 루아얄 수도원의 학자들이 쓴 《사고의 방법》[52]을 읽은 것도 이 무렵이었다.

이런 식으로 문장력 향상에 열중하던 중에, 나는 우연히 영문법 참고서(아마 그린우드 문법서[53]였던 것 같구나)를 찾아냈단다. 이 책의 권말에는 수사학과 논리학의 요점을 기록한 짤막한 해설이 두 편 붙어 있었고, 논리학 해설 후반부에는 소크라테스 식 논법의 견본이 하나 있었다. 그 뒤 나는 곧바로 크세노

---

49) 영국의 수학교사 에드워드 코커(1631~1675)가 저술한 '완전한 수학자'(1660년경 출판). 그 무렵 수학자로서는 정평이 나 있었다.
50) 존 셀러와 사무엘 스타이미를 말하며, 모두 항해술에 대한 저서가 있다.
51) 영국의 철학자 존 로크의 유명한 저서. 1690년 출판. 본유관념을 부정하고, 인간의 마음은 백지상태에 있으며 관념은 경험에 의해서만 생겨나는 것이라고 주장했다.
52) 포트 루아얄은 본디 파리 근교 베르사유 근처에 있던 수도원으로, 17세기에는 얀센주의 학자들이 많이 모여서 연구를 했다. 이 책(1662년 출판)은 이 학파의 철학자, 앙투안 아르노와 피에르 니콜 공저로 논리학 교과서로 정평이 나 있었다.
53) 제임스 그린우드(?~1737)의 '실용영문법'으로, 1711년에 발행되어 좋은 평판을 얻은 문법서였다.

폰[54]의 《소크라테스의 추억》을 손에 넣었는데, 이 책에도 마찬가지로 소크라테스의 논법의 예시가 많이 나와 있었지. 그리고 나는 이 논법에 매력을 느끼고 그때까지 그래왔던 것처럼 대뜸 반대부터 하거나 정면에서 토론을 청하는 것을 그만두고 이 방법을 쓰기 시작했다. 겸손한 태도로 질문을 하면서 아무래도 납득이 가지 않는다고 말하는 태도를 가장하게 된 거지.

게다가 나는 이 무렵 섀프츠베리[55]나 콜린스[56]를 읽고 기독교 교의의 많은 부분에 대해 근본부터 의문을 품게 되었으므로, 이 방법이 자신에게 가장 안전한 방법이라고 여겼다. 또한 이 방법을 쓰면 상대방이 더없이 허둥거리게 된다는 것을 알게 되었지. 그래서 나는 득의만만해서 늘 이 논법을 썼고, 결국에는 나보다 더 뛰어난 지식을 가진 사람들과 토론할 때조차도 상대방이 내 주장을 인정하는 방향으로 끌고 가는 데 능숙해졌다. 반대로 상대방은 예상도 못한 결론이 튀어나오는 통에 스스로 궁지에 몰리고, 거기서 빠져나오지 못하게 되더구나. 그 결과, 스스로 보기에도, 그리고 내 주장을 봐서도 때때로 부당하다고 느껴지는 승리를 자주 거두게 되었단다.

나는 이 방법을 2, 3년 동안 계속 썼지만, 이윽고 조심스런 말투로 자신의 의견을 이야기하는 습관만 남겨놓고 다른 방식은 모두 그만두기로 결심했다. 만약 다른 사람이 반론을 제기할 수밖에 없는 의견을 낼 때는, '분명히'라던가 '의심의 여지가 없이'와 같은 말이나 그밖에도 의견에 결정적이라는 느낌을 주는 표현은 절대로 쓰지 않기로 했지. 그리고 '나는 이런 식으로 이해한다', '나는 이렇게 생각한다', '이러한 이유로 인해 나는 이와 같이 생각한다', 이런 식으로 말하기로 했단다. 이 습관은 어떤 계획을 세워서 그것을 추진할 때 상대방이 자신의 의견을 충분히 받아들이게 만들고, 설득해서 찬성을 얻을 필요가 있을 때 적잖은 도움이 되었지. 그리고 대화의 가장 중요한 목적은 서로 가르침을 주고받고, 타인을 기쁘게 해주거나 설득하는 것에 있단다. 그러니 사람들에게 불

---

54) 기원전 4세기 그리스의 군인, 역사가. 그가 쓴 '소크라테스의 추억'은 소크라테스 사후 그를 비난하는 사람들에게서 그를 변호하기 위해 쓴 것으로, 소크라테스를 알기 위한 중요한 자료이다. 1712년 에드워드 비시에 의해 영문번역이 나왔다.

55) 섀프츠베리 백작 앤터니 애슐리 쿠퍼(1671~1713). 영국의 논리학자로 그리스적 덕과 미의 조화를 역설했다.

56) 앤서니 콜린스(1676~1729). 영국의 이신론자.

쾌한 감정 내지는 반감을 일으킬 것이 분명한, 그리고 우리 인간에게 말이란 것이 주어진 목적—즉 지식과 즐거움을 주고받는 것을 망쳐버리는 독단적이고 위압적인 말투 때문에 선의와 양식을 갖춘 사람들이 모처럼 다른 이를 도울 수 있는 능력을 망치는 일이 없기를 바라마지않는다.

즉, 무언가를 다른 사람에게 가르쳐주고 싶더라도 강요하는 것처럼 들리는 독단적인 말투를 쓰면 의도치 않은 반감을 이끌어내서 상대방이 내 이야기를 그대로 받아들이려 하지 않기 때문이야. 또한 타인의 지식을 통해 가르침을 얻고 스스로를 발전시키고 싶다고 희망하더라도, 동시에 자신의 현재 생각을 계속 고집한다는 식으로 말을 하면, 조심스럽고 사려 깊은 사람은 논의를 벌이는 것을 즐기지 않기에 아마 잘못한 것이 이쪽이라 해도 그것을 지적하지 않기 때문이기도 하지. 더군다나 이런 태도로 말을 해서는 듣는 이에게 호감을 주고 기쁘게 만들어주는 것도, 상대방을 설득해서 동의를 얻는 것도 거의 바랄 수 없게 될 것 같구나. 역시 포프[57]는 핵심을 찌르는 말을 했어.

타인에게 무엇을 일러줄 때에는 가르침을 베푼다는 표정을 짓지 마라.
그 사람이 모르는 것은 어쩌다 잊어버린 것으로 생각하며 말해라.

그리고 그는 이런 권유도 했단다.

자신이 있더라도 겉으로는 자신 없는 것처럼 말해라.

이 한 행을 다음 행과 나란히 써서 대구로 삼았으면 좋았을 것 같구나.

겸손 부족은 양식 부족에서 비롯되는 것이니.

그런데 그는 이와는 다른, 그리고 나로서는 적절하다고 생각할 수 없는 행과

---

57) 알렉산더 포프(1688~1744). 영국 신고전주의파의 대표적 시인. '비평론', '우인열전', '인간론' 등으로 유명하다. 또한 인용한 부분은 고전주의 시론을 노래한 '비평론'(1711)에서 나온 것인데, 원문을 정확하게 가져온 것은 아니다.

나란히 놓고 대구를 만들어 버렸다. 어째서 적절하지 않느냐고 질문하는 사람 한테는 본디의 두 행을 인용해서 설명하는 수밖에 없을 테지.

불손한 말에는 변명의 여지가 없다,
겸손 부족은 양식 부족에서 비롯되는 것이니.

여기서 말하는 '양식 부족'의 경우(인간은 불행하게도 양식이 결여된 경우가 많다), 어느 정도는 '겸손 부족'의 변명에 들어간다고 봐야 하지 않을까. 그렇다면 이 두 행은 다음과 같이 바꾸는 편이 더 적절하지 않겠나?

불손한 말에는 다음과 같은 변명밖에 해줄 것이 없다,
겸손 부족은 양식 부족에서 비롯되는 것이다.[58]

하지만 이 문제에 대한 판단은 나보다 현명한 사람들에게 맡기는 편이 더 좋을 것 같구나.

형과의 충돌

우리 형은 1720년인가 1721년에 신문을 발행하기 시작했단다. 이것은 미국에서 두 번째로 오래된[59] 신문으로, 〈뉴잉글랜드 커런트〉라는 이름이었지. 형의 신문보다 오래되고 그 무렵 하나뿐이었던 신문은 〈보스턴 뉴스레터〉였다. 그런데 나는 지금도 기억하고 있다만, 형의 친구들 가운데 몇 명은 미국에 신문은 하나만 있으면 충분하다고 생각해서 형이 새로운 신문을 내도 성공할 가능성이 없을 테니 그만두는 게 좋겠다고 말하곤 했단다. 하지만 미국에는 현재(1771년) 적어도 25종류의 신문이 발행되고 있지. 형은 친구들의 의견을 듣지 않고 신문 발행 계획을 추진해 나갔다. 그리고 나는 신문 활자를 짜 맞추고 인쇄하

---

58) 프랭클린은 이 두 행도 포프의 책에서 인용한 것처럼 말하고 있지만, 사실은 포프의 선배인 웬트워스 디론(1633경~1685)의 시에서 가져온 것이다.

59) '두 번째로 오래됐다'는 것은 프랭클린의 실수로, 그의 형의 신문은 1721년 8월에 미국에서 네 번째로 창간된 신문이다. 또한 '보스턴 뉴스레터'는 1704년 4월에 창간되었다.

는 일과, 다 된 신문을 거리의 독자들에게 배달하는 일을 하고 있었단다.

형의 친구들 가운데에는 유능한 사람도 몇 명 있어서, 그들은 형의 신문에 대수롭지 않은 글을 기고하는 것을 즐거움으로 삼고 있었지. 그리고 이 사람들의 글 덕분에 형의 신문은 평판이 높아졌고, 또한 판매부수도 갈수록 늘어났단다. 이 사람들은 자주 우리 신문사에 모여서 세상 이야기를 하거나 자신들이 쓴 문장이 독자들 사이에서 호평이라는 대화를 주고받곤 했는데, 나는 그 이야기를 듣고 자극을 받았다. 나도 그들과 함께 자신의 실력을 시험해 보고 싶다고 생각하게 됐지. 하지만 나는 아직 한낱 어린애에 지나지 않았고, 내가 쓴 글이라는 것을 안다면 형은 신문에 싣는 것에 반대할 거라고 생각했지. 그래서 나는 내 필적을 적당히 얼버무려서 익명의 원고를 한 편 써서, 한밤중에 그것을 인쇄소 문틈을 통해 안으로 밀어 넣었단다.

다음날 아침, 원고를 발견한 형은 평소처럼 원고를 기고하는 친구들이 오자 그 이야기를 했단다. 그리고 그들은 원고를 읽어보고는, 내 귀에도 들리는 곳에서 비평을 하기 시작했지. 내가 쓴 글은 그들에게 인정받았을 뿐만 아니라, 그들이 필자가 누구일지 상상해서 내놓는 이름은 모두 학문과 재능이 뛰어나다고 높은 평가를 받는 사람들이었단다. 나는 정말 말로 표현할 수 없을 만큼 기뻤다. 하지만 지금 생각해 보면 나는 운 좋게도 점수를 잘 주는 심사위원을 만난 것뿐이었을 거다. 어쩌면 그들은 실제로는 그 시절의 내가 생각한 것처럼 훌륭한 심사위원이 아니었을 지도 모른다.

아무튼 그 때의 나는 그 일로 하늘로 날아갈 것 같은 기분이었지. 그래서 그 뒤로도 몇 편의 원고를 더 써서 똑같은 방식으로 인쇄소에 전달했는데, 아니나 다를까 모두 호평을 받았단다. 나는 원래부터 그리 풍부하지 못했던 지식을 총동원해서, 더 이상 글을 쓸 소재가 없어질 때까지 이 사실을 비밀로 하고 있었다. 하지만 마지막에는 결국 모든 것을 털어놓게 되었지. 그 뒤로 형의 친구들은 나를 지금까지보다 좀 더 높이 평가해주게 됐단다. 하지만 형 입장에서는 이 사건이 그리 기분 좋은 일이 아니었던 거야. 이대로 놔두면 내가 너무 거만해질 거라는 생각도 했을 테니 형의 태도도 이해 못할 일은 아니었지. 그리고 우리 형제 사이에는 이 무렵부터 거북한 분위기가 감돌기 시작했는데, 이것이 그 가운데 하나였을지도 모르겠다.

형은 피가 이어진 형제라는 것에 상관없이 자신은 나의 고용주이며 나는 그의 도제라고 생각했고, 다른 직원들과 똑같이 일을 시키는 것이 마땅하다고 여기고 있었지. 하지만 나는 형제니까 좀 더 너그러운 태도로 나오는 것이 마땅하다고 여겼고, 때로는 형이 시키는 일을 보고 사람을 바보취급 하는 데도 정도가 있다고 생각했다. 그리고 우리는 형제싸움을 자주 벌였고, 그것을 아버지 앞으로까지 끌고 가곤 했지. 내 쪽이 옳은 경우가 많았던 건지, 아니면 내가 더 설명을 잘해서 그런 건지는 모르겠지만 아버지는 대부분의 경우 나한테 유리한 판단을 내려주셨다. 하지만 형은 감정이 격한 편이어서 늘 나를 때리려 들었고, 나도 꽤나 배알이 뒤틀리곤 했어. 게다가 나는 도제로 일하는 것이 진심으로 보잘것없는 일이라고 생각하고 있었기에, 어떻게든 기한을 줄일 수 있는 기회를 늘 노리고 있었다. 이윽고 그 기다려 마지않던 기회가 생각도 못한 형태로 찾아왔단다.[60]

무슨 문제였는지는 이제 잊어버렸지만, 형이 신문에 실었던 어떤 정치적 문제에 대한 글 하나[61]가 식민지 의회의 심기를 상하게 만든 적이 있었다. 그 바람에 형은 의장 영장으로 붙잡혀 문책을 받았지. 그 글의 집필자의 이름을 밝히지 않은 탓이겠지만 한 달간의 금고형에 처해졌다. 나도 마찬가지로 붙잡혀서 참의회의 취조를 받았단다. 하지만 나는 그들이 만족할 만한 대답을 한 것도 아닌데, 이야기만 듣고 석방 조치를 받았다. 아마도 내가 주인의 비밀을 지킬 의무가 있는 도제였기 때문이 아닐까 싶구나.

우리는 안에서야 서로 으르렁대고 있었지만, 형이 금고형에 처해진 것을 보자 나도 무척 화가 났단다. 그래서 형이 갇혀있는 동안 신문 편집까지 도맡아하면서, 대담하게도 당국을 비꼬는 글을 지면에 싣곤 했다. 형은 이 일을 알게 되자 매우 기뻐했지만, 다른 사람들은 나를 두고 잔재주를 부리는 중상모략과 풍자를 좋아하는 소년이라고 생각하고 백안시하게 되었지. 형은 마침내 풀려났는데,

---

60) 형은 나에게 엄격하고 강압적으로 대했으므로 전제적 권력에 대한 반감이 기억에 단단히 들러붙어 평생 떨어지지 않게 된 것인지도 모른다고 생각한다.

61) 1722년 6월 11일 지상에 해적이 뉴포트 앞바다에 나타났다. 이에 매사추세츠 정부가 이제부터 배를 새로 만들어 그달 안에 날씨를 보아 출동할 예정이라는 등 겉치레 소식을 실어서 정부의 미적지근한 조치를 비난했으나, 이 기사가 당국의 심기를 거슬렀다.

"제임스 프랭클린은 이후 '뉴잉글랜드 커런트'라는 신문을 발행하지 말 것"이라는 식민지 의회의 명령(실로 기묘한 명령이었다)을 조건으로 내건 조치였단다.

형의 친구들은 인쇄소에 모여서 앞으로 어떻게 할지 의논하기 시작했다. 몇 사람은 신문의 이름을 바꿔서 골탕을 먹이는 게 어떻겠느냐고 제안했지만, 형은 신문 이름을 바꾸는 것은 사정상 좋지 않다고 했지. 결국에는 그렇다면 차라리 벤자민 프랭클린 명의로 신문을 발행하는 쪽이 가장 무난할 거라는 결론이 나왔다. 그러나 형이 도제의 이름으로 신문을 계속 발행하다가는 역시 식민지 의회에서 트집을 잡을 가능성이 있었어. 그래서 그것을 막기 위해 내 옛날 도제 계약서 뒤에 나를 완전히 해고했다는 내용을 적고, 여차하면 그것을 내밀 수 있도록 나한테 돌려주었단다. 동시에 내가 지금까지와 마찬가지로 도제로 일할 수 있도록 남은 기간 동안의 새로운 계약서를 만들어 내게 서명하도록 하고, 이 계약서는 우리 둘만 아는 것으로 해두기로 했다. 그야말로 빤히 들여다보이는 잔꾀였지만, 아무튼 우리는 곧바로 그것을 실행했고 계획대로 신문은 몇 개월 동안 내 이름으로 발행되었단다.

그 뒤에 형과 나 사이에서 또다시 새로운 충돌이 일어났다. 그때 나는 형도 그 새로운 계약서를 들고 나올 용기는 없을 것이라 여기고 자신이 자유의 몸임을 주장했지. 나는 이처럼 형의 약점을 잡는 것이 정당하지 못했다는 것을 알고 있고, 그래서 지금은 그 일을 내 생애 최초의 과오 가운데 하나로 들고 있다. 하지만 그 무렵 나는 그것이 부당하다고 해서 부담을 느끼거나 하지는 않았다. 그 무렵 형은 감정에 휘둘려 발작적으로 나를 때리는 일이 지나치게 자주 일어났고, 덕분에 나 역시 거의 폭발할 지경에 이른 상태였거든. 하지만 제임스 형은 다른 일에서는 결코 나쁜 사람이 아니었다. 그러나 어쩌면 내가 너무 건방지게 굴어서 형을 화나게 한 것일지도 모르겠구나.

형은 내가 진심으로 형 밑에서 벗어날 생각을 하고 있음을 알게 되자, 그야말로 정성껏 시가지 전체를 돌아다니며 모든 인쇄소 주인들에게 나한테 일자리를 주지 말라고 일러두었지. 그 탓에 시내 인쇄소 주인은 어느 누구도 나를 고용하려 들지 않았다. 그래서 나는 인쇄소가 있는 곳 가운데에서 가장 가까운 뉴욕으로 가자고 생각했단다. 게다가 그 무렵의 나는 이미 보스턴 정부당국자 사이에서 조금 눈엣가시 취급을 받고 있었고, 형의 필화사건 때 식민의회가 취했던 일방적인 조치를 보면 이대로 보스턴에 머물러 있다가는 머지않아 호된 꼴을 당하게 될 것이라는 생각이 들더구나. 그래서 가능하면 보스턴에서 달아나고 싶다는 마음을 안고 있었다. 더군다나 나는 종교에 대해 분별없는 의견을 내놓고 있었으므로 신앙심이 두터운 사람이 보면 이단이나 무신론자로 손가락질 받을 상황이기도 했단다.

보스턴 탈출

나는 보스턴에서 달아나기로 완전히 마음을 정한 상태였지만, 이번에는 아버지가 형의 편을 들었으므로 만약 내가 대놓고 떠나려고 했다가는 아버지가 무슨 수단을 써서라도 나를 막을 것이 틀림없었다. 그것을 알고 있었으므로 나는 친구인 콜린스에게 꾀를 내달라고 부탁했지. 그는 뉴욕 범선의 선장을 만나서 자기와 알고 지내는 어떤 젊은 남자가 질 나쁜 여자한테 걸려서 아이가 생기고 말았고, 그 여자의 가족이 결혼하라고 강요하는 바람에 밖에서 얼굴을 내놓고 다닐 수도, 공공연하게 달아날 수도 없는 상황이라며 나를 배에 태워달라고 부탁해 주었단다.

그래서 나는 내 책들 가운데 일부를 팔아서 자금을 조금 마련하고, 남들 모르게 그 배에 올라탔다. 내가 탄 배는 순풍을 타고 3일 만에 뉴욕에 도착했지. 고작 17세 소년에 지나지 않았던 내가, 혈혈단신으로 고향에서 300마일이나 떨어진 뉴욕에 상륙한 거다. 이곳에는 아는 사람도 없고 추천서 한 통도 없었다. 게다가 주머니 속에는 터무니없이 적은 돈밖에 들어있지 않았어.

그 무렵에는 이미 선원이 된다는 꿈은 완전히 접은 상태였지만, 그렇지 않았다면 뉴욕에 온 이때야말로 그 꿈을 실현시켰을 지도 모른다. 하지만 이제 자신은 인쇄소라는 어엿한 일을 가지고 있을 뿐만 아니라 꽤 솜씨 좋은 기술자라고 자부하고 있었기에, 나는 뉴욕에서 인쇄소를 경영하는 노인 윌리엄 브래드포드[62] 씨에게 가서 고용해달라고 부탁해 보았다. 브래드포드 씨는 펜실베이

---

[62] 1663~1752. 윌리엄 펜과 미국에 왔다고 하며, 1685년 펜실베이니아 식민지에서 최초의 인쇄소를 개업했다. 이어서 나오는 키스 사건과 관련해서 1685년 뉴욕으로 옮겨갔고, 그곳에서 미국 최초의 기도서 등을 포함해 약 400점의 출판물을 펴냈다. 또한 뉴욕 최초의 신문도 그가 발행한 것이다.

니아 식민지 최초의 인쇄소 창업자로, 조지 키스[63] 소동이 있고 나서 뉴욕으로 옮겨온 상태였단다. 브래드포드 씨는 인쇄소 일감이 그리 많지 않은데다 직원도 충분했으므로 나를 고용해줄 수가 없었지만, 이런 말을 해주더구나. "필라델피아에 있는 아들 밑에서 일하던 아퀼라 로즈[64]라는 중요한 직원이 최근에 세상을 떠났다고 하더구나. 거기에 가보면 분명히 일자리를 구할 수 있을 거다." 필라델피아는 그곳에서 100마일이나 떨어져 있었지만, 아무튼 나는 작은 배를 타고 앰보이[65]를 향해 출발하게 되었다. 트렁크나 소지품은 나중에 배편으로 보내주기로 하고 말이다. 그런데 뉴욕만을 가로질러 가는 도중에 돌풍이 배를 덮쳐서 낡은 돛이 갈기갈기 찢어지고 말았단다. 우리는 킬 해협[66]으로 들어가지 못하고 그대로 롱아일랜드[67] 쪽으로 흘러가게 되었지. 그때 한 배에 타고 있던 술 취한 네덜란드인이 바다에 빠지는 사건이 일어났다. 나는 이 사나이가 그대로 바다 속으로 가라앉는 것을 보고, 물속에 손을 넣어 그의 덥수룩한 머리카락을 붙잡고 잡아당겨서 배 위로 끌어올렸지. 그는 머리부터 바닷물을 뒤집어쓴 덕분에 술이 좀 깼는지, 우선 주머니에서 책 한 권을 꺼내 나한테 좀 말려달라고 부탁하더구나. 그 말만 하고 그대로 잠들어버렸지만 말이다.

그 책은 내가 오래전부터 애독한 작가 버니언의 《천로역정》을 네덜란드어로 번역한 것이었단다. 고급스런 종이에 삽화를 넣어 깔끔하게 인쇄했고, 표지도 내가 지금까지 봐온 영어판보다 훌륭했어. 나중에는 나도 《천로역정》이 유럽 대부분의 국가의 언어로 변역되었다는 것을 알게 되었는데, 아마 성경을 제외하면 이만큼 널리 읽힌 책도 없을 것 같구나. 이 성실한 작가 존은, 내가 알기로는 문장과 대화를 나누지 않고 섞어서 쓴 최초의 작가였다. 이 수법을 쓰면 독자는 가장 흥미진진한 장면에 이르렀을 때 자신이 작중인물 가운데 하나가

---

63) 1638~1716. 스코틀랜드 출생인 퀘이커 교도의 목사. 이전부터 펜실베이니아에 있었던 퀘이커 교도와 교의를 두고 대립했고, 새로이 크리스천 퀘이커스라는 일파를 만들었다.
64) 1695경~1723. 영국 출생의 필라델피아 시인으로, 신고전주의 시를 썼다. 프랭클린은 이후 그의 아들을 도제로 고용했다.
65) 뉴저지 주의 항구도시.
66) 뉴욕시 남쪽, 스태튼 아일랜드 서쪽에 있는 좁은 해협.
67) 뉴욕시 동부에 좁고 길게 가로놓인 섬으로, 그 남서부 끝은 현재 뉴욕시의 일부, 브루클린 지구가 되어 있다.

되어 대화에 끼어든 것 같은 느낌을 받게 되니까, 독자의 흥미를 가장 크게 불러일으킬 수 있는 방법 가운데 하나라고 할 수 있을 거다. 디포는 《로빈슨 크루소》나 《몰플랜더스》, '성스러운 구혼', '가정을 위한 교훈' 등의 저서[68]에서 버니언의 수법을 정교하게 본뜨고 있고, 리처드슨도 《파멜라》[69] 등의 작품에서 이와 같은 수법으로 성공을 거두었단다.

롱아일랜드에 가까이 다가오니 돌이 많은 해안에 거대한 파도가 치고 있어서 도저히 상륙할 수가 없는 상황이었다. 할 수 없이 우리는 닻을 내리기로 했는데, 그러자 배가 빙글 돌아서 뱃머리가 해안 쪽을 바라보더구나. 몇 사람이 바닷가로 다가와서 우리에게 무언가를 큰 소리로 외치고 있었다. 우리도 그에 응해 소리를 질렀지만, 바람이 너무 세고 파도 때문에 시끄러운 나머지 서로가 무슨 소리를 하는지 알아들을 수가 없었어. 바닷가에 작은 배 몇 척이 보여서, 신호를 보내어 그 배를 타고 구출하러 와달라고 큰 소리로 부탁했지. 하지만 우리가 무슨 말을 하는지 몰랐던 건지, 알아듣긴 했지만 파도가 높아서 배를 띄울 수 없다고 판단한 건지, 아무튼 그들은 결국 그 자리에서 떠나고 말았어. 그러는 사이에 주위가 어둑어둑해졌고, 우리는 바람이 가라앉기를 기다릴 수밖에 없게 되었지. 선장과 나는 바람이 그칠 때까지 가능한 잠을 자두기로 하고, 흠뻑 젖은 채 잠들어 있던 그 네덜란드인과 함께 좁은 승강구에서 몸을 웅크렸다. 하지만 파도가 뱃머리를 넘어 와서 내리치는 물보라가 새어 들어온 탓에 머지않아 그에 뒤지지 않을 만큼 물에 빠진 생쥐 꼴이 되고 말았단다.

이런 상태로 거의 쉬지도 못한 채 하룻밤을 누워 있었어. 다음날이 되자 바람이 잦아들었고, 우리는 해가 지기 전에 겨우 앰보이에 닿을 수가 있었다. 거의 30시간 동안 물 위에서 표류한 셈인데, 그 동안 먹을 것도 없고 물 위에 떠 있다고 해도 소금물이다 보니 더러워진 럼주 한 병 말고는 마실 물도 없었다.

그날 밤 나는 엄청난 열에 시달리며 드러눕고 말았단다. 어떤 책에서 열이 날 때에는 차가운 물을 많이 마시면 나아진다고 했던 것이 생각나서 그 처방

---

68) 주40 참조.

69) 사무엘 리처드슨(1689~1761)은 18세기 영국의 대표적 소설가이다. 《파멜라》(1740)는 그의 처녀작이자 대표작. 몸종 파멜라가 주인집 아들의 유혹을 물리치고 현명하게 처신하여 정식 아내가 된 뒤 남편의 품행을 바로잡는다는 서간체 소설.

대로 한 번 해보았지. 그랬더니 밤새도록 땀을 흠뻑 흘리면서 열도 내리더구나. 다음날 아침에는 배를 타고 나루터를 건너가서, 50마일 떨어진 벌링턴[70]까지 걸어갈 수 있을 정도였어. 벌링턴까지 가면 바로 필라델피아까지 갈 수 있는 배가 있다고 하더구나.

하루 종일 세찬 비가 뿌린 날, 온몸이 흠뻑 젖어 정오를 넘겼을 때는 이미 지칠 대로 지친 상태였지. 나는 어떤 낡은 여관에 들어가 하룻밤을 묵었는데, 그쯤 되고 나니 집을 나오지 않았으면 좋았을 거라는 후회가 마음속에서 솟아오르더구나. 게다가 내 꼴이 너무 초라한 나머지—여관 사람들이 나한테 질문한 내용을 듣고 눈치 챈 거지만—그들은 내가 고용주한테서 달아난 게 아닐까 의심하고 있더구나. 나는 그들의 의심 때문에 붙잡혀 가지나 않을까 하는 걱정마저 해야 했다.

그럼에도 나는 다음날에도 여행을 계속했단다. 그리고 그날 저녁에는 벌링턴까지 8~10마일쯤 떨어진 여관 앞에 닿을 수 있었다. 브라운이라는 의사[71]가 운영하는 여관이었지. 식사를 하는 도중에 브라운 의사가 나한테 말을 걸었는데, 내가 어느 정도 독서를 하는 사람임을 알게 되자 마음을 툭 터놓게 되었어. 우리는 친구가 되었고, 그 교우관계는 이후 그가 세상을 떠날 때까지 이어졌단다. 나는 그가 떠돌이 의사였던 게 아닐까 생각하고 있다. 왜냐하면 그는 영국의 어떤 도시에 대해서도, 또 유럽의 어느 나라에 대해서도 아주 세세한 부분까지 잘 알고 있었고 그에 관한 이야기를 많이 했기 때문이었다. 그는 학문도 어느 정도 익히고 머리가 좋은 사람이었지만, 신에 대한 신앙심은 마찬가지였단다. 그로부터 몇 년 뒤, 코튼[72]이 옛날에 베르길리우스의 시에 대고 했던 것과 같은 방법으로 성경을 비틀어 해학적인 시를 쓰는 불경한 짓도 저질러 버렸어. 이런 시는 성경에 실린 많은 사실들을 웃음거리로 만들었는데, 만약 그 시가 활자로 출판되기라도 했다면 착한 사람들의 마음에 상처를 입혔을 지도 모

---

70) 뉴저지 주의 도시로, 필라델피아에서 상류로 십 수 마일 떨어진 델라웨어강 기슭에 있다.

71) 존 브라운(1667~1737). 런던에서 의학을 공부하고 유럽 각지를 돌아 미국으로 건너왔다. 벌링턴에서 개업. 겸업으로 여관을 경영했으며 막대한 유산을 남겼다. 프랭클린은 평생 동안 이 '자유사상가'인 박사와 친하게 지냈고, 그가 죽은 뒤에는 묘비명을 쓰기도 했다.

72) 찰스 코튼(1630~1687)은 영국의 시인이다. 1664년, 기원전 1세기 로마의 유명한 시인 베르길리우스의 시를 살짝 비튼 작품을 발표했다.

른다. 하지만 다행히도 출판되지는 않았단다.

그날 밤은 그의 집에서 묵었고, 다음날 오전에 벌링턴에 닿지. 그런데 유감스럽게도 내가 닿기 직전에 그날의 정기선이 그만 떠나고 말았단다. 게다가 그 다음날은 토요일이었으므로 다음 화요일까지는 다른 배가 없다고 하더구나. 나는 배 안에서 먹을 생각으로 거리에서 생강빵을 샀었는데, 그 빵을 샀던 가게로 돌아가서 주인 할머니에게 어쩌면 좋을지 여쭤 보았지. 그러자 할머니는 다음 배가 출항할 때까지 자기 집에서 머물라고 권해 주셨어. 나도 걸어오느라 매우 지친 상태였기에 그 권유를 받아들여 묵어가기로 했단다. 할머니는 내가 인쇄공이라는 사실을 알게 되자 이대로 그 도시에 남아서 인쇄소를 여는 게 어떻겠냐고 하셨지. 가게를 차리는 데 얼마나 많은 자본이 필요한지 모르셨으니 말이다. 그 할머니는 매우 친절한 분이었고, 소의 볼 살까지 대접해 주셨단다. 하지만 내가 보답을 하려고 해도 고작 맥주 한 잔밖에 받지 않으셨어. 이렇게 해서 화요일까지는 이 도시에 발이 묶이게 되겠구나 생각하고 있었다.

그런데 그날 저녁, 강 부근을 걷고 있었더니 작은 배 한 척이 지나가더구나. 듣자하니 이제부터 몇 사람을 태우고 필라델피아에 갈 거라고 하더군. 나는 그 배에 태워달라고 부탁했단다. 그날 밤은 바람이 없어서 중간쯤에서는 계속 노를 저어 가야 했다. 그런데 한밤중이 될 때까지 필라델피아가 보이지 않아서, 같이 탄 사람들 가운데 몇 사람이 우리가 모르고 지나친 게 분명하다고 말하며 더 이상 노를 저으려 하지 않았다. 다른 사람들도 지금까지 한 일들이 어떻게 돌아가고 있는지 감이 안 잡힌다고 하더구나. 그래서 우리는 일단 기슭을 향해 가기로 하고, 어떤 지류에 접어들어 낡은 울타리가 있는 곳 근처에 상륙했어. 10월이라 밤이 되자 날이 쌀쌀해졌지. 우리는 그 울타리의 가로대로 모닥불을 피우고 날이 밝을 때까지 거기서 움직이지 않았다. 날이 밝고 보니 일행 가운데 하나가 우리가 있는 곳은 필라델피아보다 조금 상류에 위치한 쿠퍼강이라고 했어. 그래서 그 지류를 빠져나왔는데, 그 순간 필라델피아 시가 눈에 들어오지 않겠니. 이렇게 해서 우리는 일요일 아침[73] 8~9시쯤에 필라델피아에 닿았고, 마켓 스트리트 부두에 상륙하게 되었다.

---

73) 1723년 10월 6일(일요일) 아침이었다.

제2장
필라델피아의 프랭클린

필라델피아에 상륙

나는 지금껏 이 시기의 여행경위에 대해 아주 자세히 썼고, 앞으로도 필라델피아 시가지에 처음 들어갔을 때의 상황을 낱낱이 서술할 생각이다. 그러면 너도 성공과는 대략 거리가 멀어 보이던 초창기적 모습과 이후 그 도시에서 성공을 거둔 나를 마음속으로 비교해 볼 수 있으리라 생각하기 때문이다.

내 외출복은 배편으로 보내주기로 되어 있었기에, 이 무렵 나는 작업복 차림 그대로였단다. 여행하는 동안 완전히 꼬질꼬질해진 데다 주머니는 마구 쑤셔 넣은 셔츠나 양말 때문에 크게 부풀어 있었다. 여기에는 아는 사람 하나도 없고, 묵을 곳을 찾으려 해도 어디로 가면 될지 짐작도 가지 않았지. 나는 쉴 틈도 없이 계속 걷거나 배를 젓거나 했던 통에 완전히 기진맥진한 상태였어. 게다가 배도 너무나 고팠고. 내가 가진 돈이라고는 네덜란드 화폐 한 장과 동전 1실링 정도가 전부였는데, 그 동전도 뱃삯으로 선원들에게 넘겨주고 말았거든. 그들은 노를 저어주었으니 뱃삯은 필요 없다고 받지 않으려고 했지만 내가 굳이 내겠다고 했단다. 아무래도 인간은 돈이 잔뜩 있을 때보다 조금밖에 없을 때 더 대범해지는 모양이야. 어쩌면 다른 사람들이 나를 가진 것 없는 인간으로 생각할까봐 무서워서 그러는 건지도 모르겠다.

땅으로 올라오자 나는 주변에 신경을 쓰면서 시내 중심부를 향해 걸어갔다. 그러다가 시장 건물 근처에서 빵을 든 소년 하나와 마주치게 되었지. 나는 지금까지도 빵만으로 식사를 해결한 적이 몇 번이나 있었으니까, 그 소년에게 어디서 빵을 샀는지 물어보았어. 그리고 그 소년이 가르쳐준 세컨드 스트리트에 있는 빵집으로 곧바로 가서, 보스턴에서 파는 빵을 생각하고 비스킷이라는 작은 빵을 달라고 부탁했지. 그러나 필라델피아에서는 그런 빵을 만들지 않는 모양이었다. 그래서 나는 3펜스 빵을 주문했는데, 그런 빵도 없다고 하더구나. 나는 화폐가치가 보스턴과 여기가 다르다는 것[1]도, 이 가게의 빵이 아주 싸다는 것도, 또 그 빵이 무슨 이름인지도 몰랐기에—아니 그런 생각은 하지도 못하고, 아무튼 무슨 빵이라도 좋으니 3펜스어치를 달라고 부탁했지. 그러자 빵집 주인이 아주 큼직하게 부푼 길게 꼬인 빵 세 덩어리를 내주는 게 아니겠니. 너무 양이 많아서 깜짝 놀라고 말았단다. 아무튼 그 빵 세 덩어리를 받아서, 주머니에는 더 이상 들어가지 않았으므로 양 옆구리에 하나씩 끼고 나머지 하나를 갉아먹으면서 가게에서 나왔다. 이렇게 해서 나는 마켓 스트리트의 포스 스트리트까지 가서 미래의 장인인 리드 씨[2]의 집 앞을 지나쳐가게 되었지. 그리고 이때 문 앞에 서있던 장래의 아내[3]는 이런 내 모습을 보고 어쩜 이렇게 지저분하고 우스꽝스러울 수가 있냐고 생각했다고 하더구나. 확실히 그 때의 나라면 그렇게 생각한 것도 전혀 무리가 아니었을 것 같구나.

그리고 나는 왼쪽 길로 꺾어서 빵을 갉아 먹으며 체스넛 스트리트나 월넛 스트리트 일부를 따라 내려갔는데, 이로서 거리를 한 바퀴 돈 셈이라 다시 마켓 스트리트의 부두—타고 온 배 근처로 나오게 되었지. 나는 배로 다가가서 강물을 마시고 긴 롤빵 하나로 배를 가득 채웠다. 남은 빵 두 개는 나와 함께 이 배를 타고 여기까지 내려와서 다음 출항 시간을 기다리고 있는 여인과 아이에게 나눠주었단다.

이렇게 해서 기운을 얻은 나는 다시 거리로 올라갔다. 그때쯤 되니 말쑥하게 차려입은 사람들이 거리에 가득하더구나. 모두 같은 쪽으로 걸어가는 것을 보고 나도 그 뒤를 따라 걸어갔는데, 이윽고 다들 시장 부근에 있는 커다란 퀘이커 교도 예배당으로 들어가는 게 아니겠니. 나는 그 지방 사람들 사이에 끼어

---

1) 그 무렵 미국에서는 식민지에 따라 화폐가치가 달랐다.

2) 존 리드(1677~1724). 런던 출신의 목수. 1701년 미국으로 이주했다. 1711년 이래 필라델피아에 자리를 잡았다.

3) 데보라 리드(1708~1774). 《자서전》에도 나오듯이 도공 로저스와의 결혼에 실패하고 1730년 프랭클린과 재혼했다. 두 사람 사이에는 4살 때 천연두로 죽은 아들(프랜시스)과 이후 손자를 남긴 딸(새라)이 있었다. 그녀는 남편이 성공할 때까지는 가업에 있어 협력적인 아내였으나, 남편이 사회적 활동이나 정치활동을 시작한 뒤부터는 겉으로 모습을 드러내지 않았고 그의 두 차례에 걸친 외유에도 함께하지 않았다. 결국 장기 외유 중이던 남편과 10년 동안 만나지 못한 채 세상을 떠났다.

앉아서 잠시 주위를 둘러보았는데, 모두 입을 다물고 있어서 말소리라고는 한 마디도 들리지 않더구나.[4] 게다가 전날 밤 일을 하느라 잠을 못잔 탓도 있어서 졸음이 쏟아진 나머지 결국 곯아떨어지고 말았지. 집회가 끝나고 친절한 사람들이 깨워줄 때까지 그 상태로 한 번도 눈을 뜨지 않았어. 그렇게 해서 내가 필라델피아에서 처음으로 시간을 보낸, 아니 잠을 잤던 건물은 이 예배당이 되었단다.

나는 거기서 나와 지나가는 사람들의 얼굴을 찬찬히 쳐다보면서 강 쪽으로 내려갔는데, 중간에 인상 좋은 퀘이커 교도 청년과 마주쳤단다. 그에게 말을 걸어서 낯선 뜨내기손님을 묵게 해줄 만한 여관이 없나 물어보았지. 그때 우리는 '쓰리 마리너스(세 명의 뱃사람)'이라는 간판을 내건 여관 근처에 있었는데, 그는 "여기도 뜨내기손님을 받기는 하겠지만, 그리 평판이 좋은 여관은 아니야. 좀 더 좋은 곳을 소개해줄 테니까 따라올래?" 하고 말하더구나. 이렇게 해서 워터 스트리트에 있는 '크루키드 빌릿(T자형 손잡이가 달린 지팡이)'이라는 여관을 소개받게 되었지. 나는 여기서 점심을 먹었는데, 식사를 하는 동안 넌지시 내 신원을 알아보려는 질문을 받아야 했다. 여기서도 연령이나 차림새를 보고 달아난 일꾼이 아닌가 하는 의심을 샀던 거야.

인쇄소 찾기

점심을 다 먹고 나자 또다시 졸음이 쏟아지더구나. 나는 방으로 안내해 달라고 해서 옷도 벗지 않고 드러누워 저녁 6시까지 푹 잤다. 저녁시간이 되자 누가 깨우러 와서 식사를 했지만, 그 뒤에는 다시 일찍부터 잠자리에 들어 다음날 아침까지 세상모르고 잤어. 아침이 되자 나는 최대한 말쑥한 차림을 하고 앤드류 브래드포드 씨의 인쇄소로 갔지. 그곳에서 나는 인쇄소 주인의 아버지이자 뉴욕에서 만났던 그 노인과 마주쳤단다. 그는 말을 타고 와서 나보다 먼저 필라델피아에 닿았던 거야. 그는 나를 아들에게 소개시켜 주었어. 그의 아들도 나를 정중히 맞아 주었지. 아침 식사도 대접해 주었는데, 하지만 최근에 사람을 하나 고용했으므로 지금은 일손이 필요 없다고 하더구나. 하지만 이 도시에는

---

4) 퀘이커 교도의 모임에서는 영감을 받은 자가 기도를 시작할 때까지 모두 침묵하고 마음속으로 신과의 교감을 시도한다.

인쇄소를 새로 시작한 키머[5]라는 사람이 있으니, 어쩌면 그가 고용해줄 지도 모른다고 귀띔해 주었어. 그리고 만약 거기서 일을 얻지 못하거든 사양하지 말고 자기 집에 와서 지내라고 하더구나. 그렇게 되면 더 본격적인 작업을 시작할 때까지는 가끔씩 사소한 일감을 맡기겠다고 했단다.

브래드포드 노인은 그 새로운 인쇄소까지 나와 함께 가주겠다고 했지. 그리고 인쇄소의 키머를 찾아서, "여, 키머 씨. 인쇄 일을 한다는 젊은이를 당신한테 소개해주고 싶어서 데려왔다오. 혹시 이 아이를 고용할 생각이 없나 해서 말이오." 하고 말을 걸었어. 키머는 나한테 두세 가지 질문을 하더니 식자용 스틱을 쥐어주고 일하는 모습을 확인하더구나. 그리고 지금은 오더라도 일거리가 없지만 머지않아 고용해 주겠다고 약속해 주었지. 그리고 브래드포드 노인과는 지금까지 한 번도 만난 적이 없었으므로 그가 자신에게 호의를 품은 그 지방 사람인줄 알고, 자신이 지금까지 해온 일이나 앞으로의 전망 등에 대해 이야기하기 시작했어. 브래드포드 노인은 키머가 머지않아 대부분의 인쇄 일감을 자기가 확보하게 될 것이 분명하다는 식으로 말하는 것을 듣더니, 자신이 이 도시에 있는 또 하나의 인쇄소 경영자의 아버지라는 사실은 드러내지 않고 교활한 질문이나 의문을 끼워 넣어서 그의 대답을 교묘하게 이끌어 냈단다. 결국 키머는 그의 장래 계획이나 누구를 의지하고 있는지, 또한 앞으로 어떻게 해 나갈 것인지 등을 모두 다 털어놓고야 말았어.

옆에 서서 두 사람의 대화를 다 듣고 있던 나는 한쪽이 늙고 교활한 너구리라면 다른 쪽은 완전히 애송이라는 사실을 금방 눈치챌 수 있었지. 브래드포드 노인이 나를 남겨두고 먼저 돌아갔을 때, 나는 키머에게 그 노인이 누구인지를 가르쳐 주었단다. 키머는 깜짝 놀라 입이 딱 벌어진 모양이더구나.

키머의 인쇄소에는 낡고 부들부들 떨리는 인쇄기 한 대와 다 닳고 얼마 되지 않는 14포인트 활자 한 묶음밖에 없었다. 그리고 그는 직접 그 활자로 앞서 서술한 바 있는 아퀼라 로즈의 죽음을 애도하는 만가를 짜 넣고 있었지. 로즈는 총명하고 성격도 좋아서 시민들한테서 큰 존경을 받은 청년이었단다. 그는

---

5) 사무엘 키머(1688경~1742). 영국 출신의 인쇄공으로, 청년시절 온갖 종파와 관련을 맺었다. 그 자신도 두세 가지 종교 관련 서적을 집필한 바 있다. 1722년에 필라델피아에 와서 인쇄소를 열고 프랭클린을 고용하게 되었다.

식민지 의회의 서기를 맡은 한편, 병아리 시인이기도 했지. 키머도 시를 쓰기는 했지만 그리 좋은 작품은 아니었어. 게다가 그의 경우 시를 쓴다는 표현은 올바르지 않을 것 같구나. 머릿속에서 만들어진 시를 바로 활자로 짜는 것이 그의 방식이었으니 말이야. 따라서 이번에도 원고는 처음부터 없었고 활자 상자도 하나뿐인데다, 이 만가를 짜 넣기 위해서는 인쇄소의 활자 전부가 필요할 것이 분명하니 아무도 키머를 도와줄 수가 없었다.

그래서 나는 그의 인쇄기(키머는 이 인쇄기를 아직 한 번도 써본 적이 없을 뿐만 아니라 그에 관한 지식도 전혀 없었다)를 조정하고 쓸 수 있는 상태로 만들었다. 그리고 그가 짜 넣는 만가가 인쇄할 수 있는 상태가 되면 곧바로 돌아와서 인쇄하겠다는 약속을 하고나서 브래드포드의 집으로 돌아왔지. 브래드포드는 곧바로 할 일로 대수롭지 않은 일감을 배당해 주었단다. 나는 그의 집에서 묵게 되었는데, 며칠 뒤 키머에게서 만가를 인쇄해달라는 요청을 받았지. 가보니 인쇄소에는 활자 상자가 하나 더 도착해 있었다. 또한 팸플릿을 리프린트하는 일도 들어와서, 키머는 이것을 나한테 해보라고 하더구나.

이윽고 나는 이 도시의 인쇄소는 양쪽 모두 인쇄소라고 부를 만한 곳이 아니라는 사실을 깨닫게 되었다. 브래드포드는 도제로 일하면서 인쇄소 일을 배운 게 아니라 정말이지 아는 것이 없는 사나이였고, 키머는 어느 정도 공부를 하기는 했지만 인쇄에 대한 것은 아무것도 모르고 그저 활자를 만지작거리는 식자공에 지나지 않았지. 그는 프랑스의 예언자[6]라 불리는 사람들과 한패였던 적이 있고, 그 종파 특유의 광신적 흥분상태를 드러내는 일도 있었던 모양이다. 이제는 특별히 이렇다 할 특정 종교를 믿는 기색은 없고, 그때에 따라 여러 가지 종교를 적당히 믿는 식이었지. 정말이지 세상을 모르는 사람이었고, 나도 나중에야 깨달았지만 그 성격에는 꽤 악랄한 면이 있었단다.

키머는 내가 자신의 인쇄소에서 일하면서 숙박은 브래드포드의 집에서 한다는 것을 마음에 들어 하지 않았어. 그는 확실히 집을 한 채 가지고 있었지만 가구가 없어서 나를 묵게 해줄 수가 없었다. 그래서 그는 자기 집의 집주인이자

---

[6] 프랑스 남부 세벤느 지방의 광신적 신교도 일파, 카미자르파를 말한다. 루이 14세 때 박해를 받아 점점 더 광신적으로 변했고, 자신들에게 예언의 힘이 있다고 믿었다. 1706년경 영국으로도 도망쳐 왔고 '프랑스의 예언자들'이라고 불렸다.

앞서 언급한 적이 있는 리드 씨의 집에 나를 하숙생으로 받아달라고 했단다. 그 무렵에는 트렁크와 옷이 도착했으므로 이번에는 리드 양이 나를 처음 봤을 때의 그 긴 빵을 갉아먹으며 걸어가던 모습에 비하면 그리 꼴사납지 않고 더 나아 보였을 것 같구나.

이 무렵 나는 책을 좋아하는 거리 청년들 몇 명과 친구가 되었고, 그들과 함께 아주 즐거운 밤을 보내게 되었단다. 그리고 일도 성실히 했고 절약에도 신경을 썼으므로 주머니 사정도 넉넉해져서, 보스턴에 대한 것은 가능한 잊어버리고 아주 쾌적한 생활을 하고 있었다. 친구인 콜린스만은 내가 어디에 있는지 알고 있었지만, 그는 편지를 보낼 때도 비밀로 해주었지. 나는 그를 제외하면 보스턴의 어느 누구에게도 지금의 주소를 알리고 싶지 않다고 생각했고, 자신의 생활에 크게 만족하고 있었다.

잠시 보스턴으로 돌아가다

그런데 어떤 사건이 일어나서 나는 예상보다도 빨리 보스턴으로 돌아가게 되었다. 나한테는 보스턴과 델라웨어 사이에서 무역 일을 하던 범선 선장인 로버트 홈스[7]라는 매형이 있었는데, 그가 마침 필라델피아의 하류 40마일에 위치한 뉴캐슬에 왔을 때 내 소문을 들었는지 편지를 보냈더구나. 그는 편지 안에 내가 갑자기 집을 나가는 바람에 보스턴의 가족들이 무척 걱정했지만 화를 내는 사람은 한 명도 없으니 안심하라고 적었단다. 그리고 만약 돌아올 마음이 있다면 내 기분이 풀리도록 모든 조치를 다 취할 테니 꼭 돌아오라고 열심히 설득하고 있었지. 나는 답장을 써서 자신이 그의 충고에 감사하고 있다는 것을 전하고, 어째서 보스턴에서 떠났는지 그 이유에 대해서도 내 입장에서 자세히 설명했어. 그리고 걱정할 만큼 상황이 나쁘지 않았다는 사실을 그도 충분히 이해할 수 있도록 이야기했단다.

그때 이 식민지의 총독 윌리엄 키스경[8]이 뉴캐슬[9]에 와 있었는데, 홈스 선장

---

7) 1694~1743? 프랭클린의 누나 메리의 남편. 1716년 결혼. 보스턴-필라델피아 정기선 선장이었다. 1743년 이전에 바다에서 조난되어 죽었다.

8) 1680~1749. 펜실베이니아 총독(1717~1726)을 맡았지만 마지막에는 식민지 의회측에 가담했으므로 영주에 의해 해임당했다. 제3장의 주2를 참조.

은 내 편지가 도착했을 때 마침 총독과 한 자리에 있었던 거야. 그는 나에 관한 것을 총독에게 이야기하고 그 편지를 보여주었지. 총독은 내 편지를 읽고 내 나이가 몇 살인지 듣자 놀란 눈치였다고 하더구나. 재능 있고 전도유망한 청년인 것 같으니 이런 사람이야말로 격려해줄 필요가 있다, 필라델피아 인쇄소는 어느 것이나 형편없으니 만약 내가 그곳에 인쇄소를 열 생각이 있으면 분명히 성공할 것이다, 그러면 자신은 관청 관계 일을 나한테 맡기고 가능한 도와줄 것이다 따위의 이야기를 했다던가. 더군다나 이것은 매형이 이후 보스턴에 돌아가서 해준 이야기였고, 그 무렵 나는 그런 일이 있었다는 사실조차 전혀 모르고 있었어. 그런데 어느 날, 키머와 내가 창가에서 작업을 하고 있을 때, 총독과 또 한 명의 훌륭한 옷차림을 한 신사(이 사람은 나중에 듣고 알았지만 뉴캐슬의 프렌치 대령[10]이었다)가 우리 인쇄소 쪽으로 가로질러오는 게 아니겠니. 이윽고 문간에서 두 사람의 목소리가 들려왔단다.

키머는 자기를 만나러 온 손님이라고 생각해서 곧바로 현관으로 뛰어 내려갔지만, 총독은 나를 만나기를 원했지. 그는 2층으로 올라오더니, 내가 그때까지 한 번도 겪어보지 못한 정중한 태도로 갖가지 인사말을 건네면서 앞으로 친분을 다지고 싶으니 잘 부탁한다고 하더구나. 더욱이 그는 어째서 이 도시에 닿았을 때 자기에게 알려주지 않았느냐고 부드러운 어조로 나를 나무라기도 했지. 그리고 자기는 이제부터 근처 술집에서 프렌치 대령과 함께, 그의 표현을 빌리면 참으로 훌륭한 마데이라주[11]를 마실 생각이라면서 함께 가주지 않겠느냐고 물어보는 게 아니겠니. 나도 적잖이 놀랐지만 키머는 정말이지 독을 마신 돼지처럼 눈이 뒤집혀서 멍하니 서 있었단다.

어쨌든 나는 총독과 프렌치 대령의 뒤를 따라 서드 스트리트 한 구석에 있는 술집에 가게 되었어. 총독은 거기서 마데이라주를 마시면서 나한테 인쇄소를 시작할 것을 권하더니, 성공의 여지가 충분하다는 사실과 그 이유를 이것저

---

9) 현재 델라웨어주 북부에 있는 도시. 1682년 윌리엄 펜의 소유지가 되었고 펜실베이니아 식민지의 수도였지만 1787년 델라웨어 식민지가 분리 독립하여 현재에 이른다.

10) 존 프렌치(?~1728). 키스 총독의 추종자 가운데 한 명. 유언검증관, 식민지의회의장, 식민지최고재판관 등 많은 직책을 역임. 프랭클린이 그를 만났을 때는 최고재판관이었다.

11) 알코올을 첨가해서 도수를 높인 화이트 디저트 와인. 산지는 아프리카 북서대양 마데이라 제도.

것 늘어놓았다. 그리고 총독과 프렌치 대령은 입을 모아 자신들의 안면과 연줄을 통해 펜실베이니아와 델라웨어, 두 식민지의 관청 관계 일을 나를 위해 확보해 놓는다는 약속도 해줄 수 있다고 하더구나. 나는 인쇄소를 차리고 싶어도 아버지가 도와주실지 모르겠다고 말했지만, 윌리엄경은 그렇다면 자신이 아버지에게 개업을 하는 편이 훨씬 유리하다는 사실을 편지로 설명하겠다고 했어. 그 편지를 읽으면 아버지도 반드시 찬성하실 거라고, 자신은 그렇게 믿어 의심치 않는다고 했지.

그렇게 해서 나는 배를 찾는 대로 총독이 아버지 앞으로 써주기로 한 추천 편지를 들고 보스턴으로 돌아가기로 했단다. 하지만 이 계획은 이야기가 구체화될 때까지 당분간 비밀로 놔두기로 하고, 계속해서 키머의 인쇄소에서 일을 했지. 총독은 가끔씩 나를 식사에 초대해 주었는데, 나는 이것을 무척 명예로운 일로 여기고 있었어. 그리고 총독은 그때마다 상상도 할 수 없을 만큼 사교적이고 허물이 없어서, 마치 친구처럼 여러 가지 이야기를 나누었단다.

1724년 4월 말 즈음, 보스턴으로 가는 작은 배를 찾은 나는 가족을 만나러 가기로 하고 키머에게 휴가를 받았어. 총독은 아버지 앞으로 긴 편지를 써주었는데, 나에 대한 여러 가지 칭찬 및 필라델피아에서 인쇄소를 열면 반드시 큰 재산을 모을 수 있을 것이고 그 계획을 나한테 맡겨줄 것을 강하게 권장하는 내용이었지.

내가 탄 배는 만을 내려가는 도중에 여울에 올라앉아 물이 새기 시작했단다. 게다가 외해로 나가니 파도가 그야말로 엄청나서 거의 쉴 새 없이 펌프로 물을 퍼내야만 했고, 나도 교대로 그 일을 도왔어. 그럼에도 불구하고 우리는 약 2주일 만에 무사히 보스턴에 닿을 수 있었단다. 나는 7개월 동안 보스턴을 비운 셈이었는데, 그 동안 가족들은 내 소식을 알 길이 전혀 없었지. 홈스 매형은 아직 이쪽에 돌아오지 않았고, 또 나에 대한 편지도 쓰지 않았기 때문이었어.

그래서 내가 갑자기 모습을 드러내자 가족들은 깜짝 놀라고 말았어. 하지만 다들 내 얼굴을 보고 매우 기뻐하고 환영해 주었지. 하지만 형만은 달랐어. 나는 형을 만나러 인쇄소로 가 보았다. 나는 형 밑에서 도제로 일했을 때와 비교해 보면 훨씬 신수가 훤해져 있었지. 머리 위에서 발끝까지 세련되고 새것들만

걸치고, 회중시계를 늘어뜨리고 있었어. 주머니에는 영국 은화로 5파운드가 들어 있었지. 형은 나를 허물없이 맞아주는 대신 뚫어지게 쳐다보기만 하다가 도로 자기 일로 돌아가 버리더구나.

직공들이 내가 이제까지 어디서 살았는지, 그곳은 어떤 곳이고 마음에 들었는지, 그런 것들을 끊임없이 물어보고 싶어 했어. 그래서 나는 그곳과 거기서 보낸 넉넉한 생활을 입에 침이 마를 정도로 자랑했고, 다시 그리로 돌아갈 예정이라고 말했단다. 그리고 직공들 가운데 하나가 그곳에서는 어떤 종류의 돈을 쓰느냐고 묻기에, 나는 주머니에서 은화 한 줌을 꺼내어 사람들 앞에 늘어놓았지. 보스턴에서는 지폐를 통화로 쓰고 있었으니까, 직공들이 보기에 이 은화는 좋은 구경거리로 보였던 모양이야. 그리고 나는 적당한 때를 보아 회중시계를 보여주고, 마지막으로(형은 아직도 오만상을 찌푸린 불쾌한 얼굴을 하고 있었지) 직공들에게 술이라도 마시라고 스페인 달러를 한 장씩 나눠준 뒤 형의 가게에서 나왔지.

내가 이런 식으로 방문했던 것 때문에 형은 화가 불같이 났던 모양이야. 그 뒤 어느 정도 시간이 지난 뒤의 일인데, 어머니께서는 형이 나와 화해하기를 바라는 마음으로 우리가 형제간에 사이좋게 지내는 모습을 보여줬으면 좋겠다, 다음에 만나면 형제답게 잘 지낼 수 없겠느냐고 물으셨다더구나. 형은 인쇄소 직원들 앞에서 그런 식으로 형인 자신에게 모욕을 준 이상 절대로 용서할 수도 잊어버릴 수도 없다고 대답했다더군. 하지만 나는 이 부분에 대해서는 형 쪽이 잘못한 거라고 생각한다.

아버지는 총독의 편지를 받자 조금 놀라신 모양이었지만, 며칠 동안 그 편지에 대해서는 아무 말도 하지 않으셨어. 그때 홈스 선장이 돌아와서, 아버지는 그에게 총독의 편지를 보여주고 키스란 사람을 아는지 그리고 어떤 사람인지를 물어보셨지. 그리고 성인이 될 때까지 아직 3년이나 남은 청년이 가게를 내게 하자니 분명 이 총독은 그리 사려 깊은 사람은 아닐 것 같다는 의견을 덧붙이셨어. 홈스 선장은 이 계획을 실현할 수 있도록 최선을 다해 주었지만, 아버지는 분명히 일이 그렇게 잘 풀릴 리가 없다고 단정하고 결국 도움은 딱 잘라 거절해 버리셨지.

그 뒤에 아버지는 윌리엄경에게 정중한 편지를 쓰셨어. 아들에게 이토록 친절히 주목해주셔서 진심으로 감사하게 생각하고 있으나, 아비의 눈으로 봤을 때는 아직도 이러한 중대한 일을 독립해서 하기에는 너무 어리고, 또 준비하는 데 분명히 막대한 비용이 필요할 것이니 지금으로서는 원조할 생각이 없다고 말이다.

친하게 지내던 벗 콜린스는 우체국 직원이 되어 있었는데, 내가 자리 잡은 새로운 고장에 대한 이야기를 해 주자 그것이 아주 마음에 들었는지 자신도 그쪽으로 갈 결심을 했어. 그는 내가 아버지의 결단 때문에 시간을 끄는 사이에 나를 제쳐놓고 육로로 로드아일랜드까지 가버리고 말았다. 그리고 수학과 자연과학 책을 꽤 많이 모아놓았던 장서를 남겨두고 오는 바람에, 내가 올 때 내 책과 함께 뉴욕까지 가져다줄 수 없느냐고 부탁하더구나. 자기는 뉴욕에서 기다리고 있겠다면서 말이야.

아버지는 윌리엄경의 제안에는 찬성하지 않았지만 내가 지금 살고 있는 곳에서 총독이라는 명사에게서 이토록 높은 평가를 받고 있다는 것과, 이렇게나 성실하게 일하면서 절약에도 힘써서, 이리도 짧은 기간에 이 정도로 말쑥하게 차려입고 다닐 수 있을 정도까지 이르렀다는 사실에 감탄하고 계셨다. 게다가 아버지는 이제 형과 내가 화해할 가능성이 전혀 없다는 것을 알고 계셨기에 다시 필라델피아로 돌아가는 것에 동의해 주셨지. 그리고 내가 그 도시 사람들에게 예의바르게 행동하고 존경받을 수 있도록 노력할 것이며, 또한 아무래도 나한테는 다른 사람을 공격대상으로 삼아 중상모략 하는 경향이 있는 것 같으니 그러지 않도록 충고해 주셨어. 그리고 굳세고 성실하게 일하면서 함부로 낭비하지 않도록 조심한다면, 스물한 살까지는 독립해서 인쇄소를 차리는 데 필요한 자금을 다 모으고도 남을 것이라고 하셨지. 개업 직전까지 이르면 모자란 자금은 도와주겠노라 약속하시면서 말이다. 이렇듯 내가 다시 뉴욕행 배에 몸을 실었을 때 부모님에게서 받은 것이라고는 작은 선물이자 애정의 증표인 아버지의 충고뿐이었다. 하지만 이번에는 부모님의 허락을 받고, 또한 축복까지 받으면서 출항하는 것이었단다.

선상에서 여성의 유혹을 받다

내가 탄 배가 도중에 로드아일랜드의 뉴포트에 들르게 되어서, 나는 결혼 뒤 몇 년 동인 이 도시에서 살고 있는 존형[12]을 찾아갔단다. 언제나 나한테 잘 대해준 형이었는데, 이때도 내가 찾아온 것을 매우 반가워하며 환영해 주었지. 존형한테는 버논이라는 친구가 하나 있었는데, 그 사람은 펜실베이니아에 식민지 돈으로 약 35파운드쯤 되는 자금을 거두러 가야 했어.[13] 그래서 내가 대신 그 일을 맡아주고, 송금 방법을 알려줄 때까지 보관해줄 수 없느냐고 부탁했단다. 그리고 그는 그 지불 명령서를 나한테 건네주었는데, 나는 이것 때문에 그 뒤로 꽤나 불안에 떨어야만 했다.

이 뉴포트에서는 내가 탄 배에 뉴욕으로 가려는 승객이 많이 올라탔는데, 그 가운데에는 젊은 여성 두 명과 하인 몇 명을 데리고 있는 총명하고 기품 있는 퀘이커 교도 부인 한 사람이 섞여 있었어. 나는 작은 친절을 베풀어 이 부인의 일을 도와주었는데, 그때 좋은 인상을 주었던 건지 그녀는 나에게 적잖은 호의를 보였단다. 덕분에 나는 그녀의 일행인 두 여성과 하루가 다르게 친해질 수 있었지. 게다가 그 여성들 쪽에서 적극적으로 다가오려는 눈치였기에, 부인은 나를 그늘로 불러들여 이렇게 말했다. "당신이 걱정돼서 왔어요. 당신은 일행도 없고, 아직은 세상일이나 젊은 사람을 노리는 위험한 함정에 대해서도 잘 모르는 것 같군요. 잘 들으세요, 그 두 여인은 도무지 어찌할 수도 없는 사람들이에요. 행동거지를 보면 알 수 있어요. 그러니 당신도 조심하지 않으면 어떤 꼴을 당하게 될지 몰라요. 지금까지 그런 여자를 만나본 적은 한 번도 없을 테죠? 당신을 생각하는 친구로서 충고해드리는 거예요. 그런 여자들과 사귀는 건 그만두세요."

하지만 처음 얼마간에는 내가 부인의 생각만큼 그 여자들을 나쁘게 여기지 않는 것처럼 보였던 모양이다. 심지어 그 부인은 나는 눈치 채지 못했지만 그녀가 보거나 들었던 몇 가지 이야기들을 증거로 들이밀기도 했단다. 그래서 나도 부인이 옳았다고 납득하고 그녀의 친절한 충고에 감사했지. 그리고 그 충고에 따르겠다고 약속했어. 배가 뉴욕에 닿자 그녀들은 나한테 주소를 알려주면서 놀러오라고 권했지. 나는 그녀들의 권유에 응하지는 않았지만, 그 편이 잘한 일

이라 여겨지는구나. 다음날 우리 배의 선장이 자기 선실에서 은제 스푼을 비롯해 두세 가지 물건을 도둑맞았다는 것을 눈치 챘거든. 그리고 그 두 사람이 매춘부라는 사실을 알게 되어서 그녀들이 묵었던 방을 조사하기 위해 영장을 받아왔단다. 조사해 보니 역시나 그 방에서 도둑맞은 물건들이 나와서, 그 여자들을 처벌하기 위해 고소를 하게 되었지. 우리 배는 항해 도중 암초를 스치고 지나가면서 난파될 위기를 면한 적이 있었는데, 개인적으로는 그 여자들의 손에서 빠져나온 것이 더 의미 깊은 일이었단다.

나는 뉴욕에서 나보다 먼저 그곳에 도착해 있던 친구 콜린스와 합류했다. 우리는 어렸을 때부터 아주 사이가 좋았고, 같은 책을 함께 읽었지. 하지만 그는 책이나 공부를 할 시간이 넉넉한 편이었고 수학에 대단한 재능을 가지고 있었기에, 그 방면으로는 나보다 훨씬 뛰어났어. 나는 보스턴에서 살았을 때 친구와 이야기를 주고받을 수 있는 틈이 생기면 대개 그와 함께 시간을 보내곤 했지. 그는 늘 성실한 사람이었고 술에 손을 대지 않는 착실한 청년이었기에, 학식이 뛰어난 사람이라고 목사를 비롯한 여러 신사들의 많은 기대를 모았지. 그리고 언젠가 틀림없이 뛰어난 인물이 될 것이라고들 했단다.

그런데 그는 내가 보스턴을 떠나있는 동안 브랜디에 맛을 들여 몸을 망쳐버리고 말았더구나. 나는 본인의 입으로도 그 이야기를 들었고 또 다른 사람들의 입을 통해서도 알고 있었지만, 뉴욕에 도착한 뒤에도 그는 매일같이 술에 절어 살며 온갖 기행을 일삼고 있었어. 그 뿐만이 아니라 도박에도 손을 대서 가진 돈을 몽땅 잃어버린 상태였지. 결국 나는 그의 몫까지 숙박료를 냈고, 꽤나 민폐이긴 했지만 필라델피아까지 가는 여비와 그곳에서 머무는 비용까지 대주어야 했단다.

그 무렵 뉴욕 식민지의 총독을 맡고 있던 버넷 씨[14](버넷 주교의 아들)가 선장에게서 승객들 가운데에 꽤 많은 책을 가진 청년이 하나 있다는 이야기를 듣고, 그 사람을 꼭 만나보고 싶으니 데리고 와줄 수 없겠느냐고 말했다더구나. 그래서 나는 총독의 집을 방문하게 되었는데, 만약 그때 콜린스가 술에 취한

---

14) 1688~1729. 뉴욕과 뉴저지 총독을 8년 동안 맡았는데, 뒤에 나오듯이 1년 동안 맡았던 매사추세츠 총독 시절에는 급료문제로 식민지의회와 대립했다. 그 장서는 그 무렵 식민지에서 유일한 것이라 일컬어졌다. 아버지인 버넷 주교(1643~1715)는 영국의 저명한 성직자이자 역사가.

상태가 아니었다면 그도 함께 데리고 갔을 거다. 버넷 총독은 나를 아주 정중하게 대접해 주면서 자신의 장서를 보여주었는데, 실로 훌륭했지. 우리는 책이나 작가에 대해 많은 이야기를 나눴다. 버넷 총독은 명예롭게도 나를 주목해준 두 번째 총독이었는데, 이와 같은 관심은 나처럼 가난한 소년에게는 더 할나위 없이 기쁜 일이었단다.

우리는 다시 필라델피아까지 여행을 계속했어. 도중에 나는 버논이 부탁했던 돈을 받았는데, 만약 이 돈이 없었다면 우리는 여행을 무사히 마치지 못했을 지도 모른다. 콜린스는 회계사무소 같은 곳에 취직하기를 바라고 있었지만, 숨결에서 술 냄새가 난 것인지 아니면 어딘가 상태가 이상해 보였는지 바로 주정뱅이라는 사실을 들키고 말았지. 추천장이 몇 통이 있어도 소용이 없었고, 몇 번이나 도전해 봐도 직장을 구할 수가 없었다. 숙박료와 식비는 여전히 나한테 의지한 채 계속 같은 하숙집에서 지냈어. 그리고 내가 버논의 돈을 가지고 있다는 것을 알고 있었으므로, 직장을 찾으면 바로 돌려주겠다면서 계속 돈을 빌려갔단다. 결국에는 그 액수가 너무 커지고 말아서, 나는 혹시 버논이 송금해 달라고 하면 어쩌면 좋을까 걱정하며 우울한 나날을 보내야 했다.

콜린스는 여전히 술을 끊지 못했으므로 우리는 그 일을 두고 자주 싸웠어. 조금이라도 술을 마시면 아주 신경질적으로 변했기 때문이었지. 어느 날 우리는 몇 명의 젊은이들과 함께 보트를 타고 델라웨어강[15]으로 나갔는데, 콜린스는 자기가 노를 저을 차례가 되었는데도 움직이려 하지 않았어. "나는 젓지 않을 테니까 집까지 태워다 줘." 그 말을 듣고 나는 소리를 질렀다. "누가 너 따위를 위해 노를 저을 것 같아?" 그러자 콜린스도 이렇게 말을 받았어. "젓기 싫으면 그만둬. 그 대신 하룻밤 내내 물 위에서 보내야 할 텐데? 좋을 대로 하라고." 다른 친구들은 "대단한 일도 아니니 저어주지 그래." 하고 말했지만, 나는 전부터 그의 행동을 못마땅하게 여겼기에 계속 반대했단다. 그러자 콜린스는 나한테 노를 저을 생각이 없다면 물에 빠뜨려버리겠노라 욕설을 퍼부으면서, 노 젓는 자리를 넘어와서 내 쪽으로 다가왔어. 나는 그가 내 눈앞까지 와서 막 주먹을 날리려고 한 순간, 갑자기 상대방의 다리 사이에 한 손을 찔러 넣고 일어서

---

15) 뉴욕주 남부에서 시작되어 뉴저지주와 펜실베이니아주 경계를 지난 뒤 필라델피아를 통과하여 대서양으로 흘러드는 강.

서 강 속에 거꾸로 내던져 버렸단다.

콜린스가 수영을 잘 한다는 사실은 알고 있었으니까 빠질 걱정을 할 필요는 없었지. 그러기는커녕 나는 그가 자세를 바로잡고 보트를 붙잡으려고 손을 뻗기 직전에 두세 번 보트를 저어서 그의 손이 닿지 않는 곳까지 후퇴시켰어. 그리고 그가 보트에 가까이 올 때마다 노를 저을 것인지 물어본 다음 다시 두세 번씩 저어서 거리를 벌렸다. 그는 너무나 분한 나머지 죽어버리고 싶을 정도였을 텐데, 보트를 젓겠다는 소리만큼은 절대로 하지 않았어. 하지만 결국에는 콜린스도 지치기 시작했으므로 우리는 그를 보트 위로 끌어올렸고, 저녁 무렵 흠뻑 젖은 그를 데리고 돌아왔단다.

그 이후로 우리는 서로 인사조차 하지 않는 사이가 되고 말았다. 그러다가 콜린스는 우연히 바베이도스섬의 어떤 신사로부터 아들들을 가르칠 가정교사를 찾아달라는 부탁을 받은 서인도 제도의 선장과 만나서 그쪽으로 떠나게 되었어. 그는 급료를 받으면 제일 먼저 내게서 빌린 돈을 송금해 갚겠다고 약속하고 떠났지만, 그 뒤 깜깜 무소식이 되고 말았단다.

맡아두었던 버논의 돈을 써버린 것은 내 생애에서 처음으로 저지른 중대한 잘못 가운데 하나였다. 아버지가 중요한 업무 경영을 나 혼자에게 맡기기에는 내가 아직 너무 어리다고 생각한 것도 이번 일을 생각하면 틀린 말이 아니었음을 깨달았지. 그런데 윌리엄경은 아버지의 편지를 읽자, 아버지가 너무 심각하게 생각하는 것 같다고 말하더구나. 인간은 저마다 개인차가 큰 법이니 분별력은 반드시 나이를 먹는다고 느는 것이 아니고, 반대로 청년이라 해서 꼭 분별력이 모자란다 할 수는 없다는 이야기였어. 그리고 이렇게도 말했지. "자네의 아버지는 자네를 독립시킬 마음이 없는 것 같으니 내가 대신 돕기로 하겠네. 영국에서 주문할 필요가 있는 물품도 있을 테니 목록을 적어 나한테 가져오게. 내가 주문해줄 테니까. 그리고 대금은 자네가 지불할 능력이 생겼을 때 주면 된다네. 나는 이 도시에도 좋은 인쇄소가 하나 있었으면 좋겠다고 생각하고 있었는데, 자네라면 꼭 성공하리라 믿네."

나는 총독의 말 속에서 성의를 느꼈으므로, 그의 말이 거짓일 거란 생각은 꿈에도 하지 않았어. 나는 이제까지 인쇄소를 개업한다는 계획을 필라델피아에서는 비밀로 하고 있었고, 이번 일도 다른 사람에게는 말하지 않았다. 만약 이때 내가 이 총독을 의지하고 있다는 것이 두루 알려졌더라면, 그에 대해 나보다 더 잘 아는 친구가 그의 말을 믿으면 안 된다고 충고해 줬을 지도 모르겠구나. 나도 나중에야 들은 이야기지만 이 총독은 지킬 생각도 없는 약속을 함부로 하고 다니기로 유명한 인간이었다더군. 하지만 그때는 내 쪽에서 부탁을 하기도 전에 그런 말을 해준 것이니, 그의 친절한 약속이 입에 발린 말에 지나지 않는다는 것을 어떻게 알 수 있었겠니. 나는 그가 세상에서 제일 친절한 사람이라고 생각하고 말았단다.

나는 직접 계산해 본 결과 영국 화폐로 100파운드쯤 되는, 작은 인쇄소를 여는 데 필요한 물품 목록을 총독에게 건네주었다. 그는 그 목록을 보고 이쯤이면 괜찮을 것 같긴 하지만, 그보다도 내가 직접 영국으로 가보는 게 어떻겠느냐고 하더구나. 활자를 실제로 보고 고르고, 같은 종류의 물건이라도 질이 더 좋은 것을 손에 넣을 수 있게 하나하나 확인하는 편이 좋지 않겠느냐며 의견을 구했단다. 게다가 이런 이야기도 했지. "영국에 가면 지인도 만들 수 있을 테고, 책과 사무용품 판매에서도 거래관계를 맺을 수 있을 걸세." 내가 만약 그럴 수만 있다면 더 할 나위가 없겠다고 대답했더니, 그는 "그렇다면 아니스 선장의 배로 갈 수 있도록 준비를 해두게." 하고 말하더구나. 아니스 선장의 배는 매년 정기적으로 떠나는 런던—필라델피아를 전문으로 왕복하는 그 무렵으로서는 유일한 배였다. 하지만 이 배가 출항하는 날까지는 아직도 몇 개월이나 남았으므로 나는 계속 키머의 가게에서 일하기로 했지. 그 동안 나는 콜린스가 나한테서 우려낸 돈이 신경 쓰여서, 버논이 독촉하거나 하면 어쩌나 하고 매일같이 불안에 떨고 있었단다. 하지만 버논이 실제로 그 돈을 요구한 것은 몇 년이 지난 뒤였지.

이건 분명 쓰다 빠뜨렸던 것 같은데, 내가 보스턴에서 달아났던 첫 항해 도중 바람이 멎는 바람에 블록섬[16] 앞바다에서 더 나가지 못하게 되어, 승객들이 대구 낚시를 시작해서 꽤 많이 낚아 올린 일이 있었다. 그때의 나는 동물성 식품은 입에 대지 않겠다는 결심을 굳게 지키고 있었기에, 트라이온 씨의 가르침에 따라 어떤 물고기도 잡으려 하지 않았단다. 물고기를 낚는 것은 이유 없는

---

16) 로드아일랜드주 앞바다에서 10마일 떨어진 곳에 있는 섬.

살생이라는 생각도 있었지. 물고기는 그 물고기를 죽여도 상관없다고 할 만큼 인간에게 위해를 끼친 적이 없거니와 그럴 수도 없으니까 말이다. 나로서는 이런 생각이 전적으로 옳다고 생각했었지. 하지만 나는 전부터 생선을 아주 좋아했고, 프라이팬에서 김을 피워 올리는 대구 냄새가 너무나 좋았으므로 한참동안 자신의 이념과 식욕 사이에서 이리저리 망설였었지. 결국에는 물고기의 배를 갈랐을 때 위장 속에서 작은 물고기가 나왔던 것을 떠올리고, "너희 물고기들이 서로를 잡아먹는다면 우리 인간이 너희를 먹어선 안 될 이유도 없을 것이다" 하고 생각을 고쳐먹고 대구를 실컷 먹어 버렸단다. 그리고 그 뒤로는 가끔 생각났다는 듯이 채식으로 돌아가는 일도 있긴 했지만, 거의 다른 사람들과 똑같이 생선을 먹게 되었어. "이성적 동물"이라는 것은 이처럼 간사한 것이라, 인간은 무언가를 하고 싶다고 생각하면 무슨 일이 있어도 이성이라는 것을 동원해 그것을 하기 위한 이유나 구실을 찾아낼 수 있단다.

기인 키머

키머와 나는 매일매일 즐겁게 마음을 터놓고 지냈고, 싸움을 하는 일도 없었다. 그것도 그럴 것이, 그는 내가 독립할 계획이라는 사실을 꿈에도 모르고 있었기 때문이야. 키머는 젊었을 때의 열정을 지금에 와서 더 크게 품고 있었기에 의논하는 것을 매우 좋아했지. 그래서 우리는 격렬하게 토론을 나누는 일이 많았는데, 그 경우 나는 상황에 따라 소크라테스의 논법을 쓰기도 했다. 언뜻 보면 우리가 한창 다투고 있는 논점과 완전히 동떨어진 것처럼 보이는 질문으로 상대방을 함정에 빠뜨리고, 그 뒤 점차 문제의 요점을 그에게 끌어와서 자기모순이라는 궁지에 몰리게 만들기를 되풀이한 거야. 그는 결국 우스우리만치 조심성이 많아져서, 아주 뻔한 질문에 대답할 때조차도 "그런 것을 물어서 대체 어떤 추론을 할 셈이지?" 하고 먼저 물어본 다음이 아니면 대답하지 않게 되었단다.

하지만 이런 식으로 토론을 나눈 덕분에, 그는 상대방을 꼼짝 못하게 만드는 내 논쟁에 대한 재능을 아주 높이 평가하게 되었다. 결국에는 자신이 새로운 종파를 열 계획을 가지고 있으니 나도 부디 참가하지 않겠느냐고 진지하게 부탁하더구나. 그가 교의를 설법하고 내가 그에 반대하는 사람을 도맡아서 논파해 줬으면 한다는 말이었지. 그리고 나한테 그 교의를 설명해주겠다고 하기에 한 번 들어보았는데, 그 안에는 성가신 문제가 몇 가지나 들어있었지. 그래서 나한테도 자기만의 방식이 좀 있으니 내 생각을 어느 정도 인정해주지 않으면 함께 할 수 없다고 말했단다.

키머는 모세의 율법 가운데 어딘가에 "너희는 수염 끝을 잘라서는 안 된다"[17]라고 쓰여 있었다면서 자신의 턱수염을 길게 기르고 있었다. 또한 그는 같은 이유로 주의 제7일, 즉 토요일을 안식일로 정해서 지키고 있었지.[18] 이 두 가지가 그의 가장 중요한 교의였던 거야. 나는 이 두 가지가 마음에 들지 않았지만, 그가 고기를 먹지 않는다는 교의를 받아들인다는 조건으로 그 두 가지를 인정하겠다고 말해 보았단다. 키머는 "나는 체질적으로 그런 것을 참지 못할 것 같은데." 하고 말하더군. 나는 괜찮다고, 참을 수 있다고 말해주었지. 뿐만이 아니라 육식을 그만두면 오히려 더 건강해질 거라고도 했어. 그는 평소부터 엄청난 대식가였으므로 이 일로 아주 허기지게 만들어서 좀 놀려줄 생각이었지. 그는 내가 자신과 함께 고기를 끊겠다면 그래도 좋다고 하더구나. 그렇게 해서 우리는 3개월 동안 고기를 먹지 않기로 했단다.

우리는 근처에 사는 여인에게 하루 세 번 식사를 만들어서 정해진 시간에 가져다 달라고 했는데, 이에 앞서 그녀에게 각각 다른 날에 만들 수 있게 생선도 고기도 닭고기도 안 들어가는 요리 40종류의 식단표를 짜서 건네주었어. 게다가 이 변덕스런 발상은 식비를 싸게 만들어 주었으므로 그 무렵 내 형편으로서는 정말이지 좋은 일 뿐이었다. 아무튼 일주일 식비를 영국 화폐로 19펜스 이하로 억누를 수 있었으니 말이야.

나는 그 뒤로도 몇 번인가 사순절을 엄격하게 지켜왔다. 그리고 사순절이 찾아오면 갑자기 평범한 식사에서 채식으로 바꾸고 또다시 사순절이 끝나면 단숨에 채식을 도로 평범한 식사로 바꾸었는데, 그것 때문에 불편을 느낀 적은 한 번도 없었어. 나는 식사에 변화를 줄 때는 한 걸음씩 천천히 하는 편이 좋다는 사람들의 의견은 그리 의미 없는 것이라고 생각한다. 이렇듯 나는 순조롭게 해 나갈 수 있었지만, 가엾은 키머는 불쌍할 만큼 쇠약해진 끝에 결국 이

---

17) 〈레위기〉 19 : 27.

18) 〈탈출기〉 20 : 8~11.

계획에 질리고 말았지. 푸짐한 고기요리가 너무 그리워진 나머지 결국 돼지고기 구이를 주문하고 말았어. 그리고 그는 함께 식사를 하려고 나와 두 명의 여성 친구들을 초대했는데, 요리가 너무 일찍 식탁에 오르는 바람에 유혹을 이기지 못하고 우리가 도착하기 전에 혼자서 몽땅 먹어치우고 말았단다.

나는 이 무렵 어느 정도 나의 마음을 리드 양에게 전해 놓은 상태였다. 나는 그녀에게 대단한 존경과 애정을 품고 있었는데, 그녀도 나에게 마찬가지의 마음을 품고 있으리라 믿을 수 있는 근거도 있었거든. 하지만 나는 이제부터 배를 타고 긴 여행에 나설 예정이었고, 또한 둘 다 겨우 열여덟 살밖에 안 된 젊은이들이었으므로 그녀의 어머니는 당분간 우리 관계가 너무 깊이 발전하지 않는 편이 좋을 거라고 생각한 모양이었다. 또한 만약 우리가 결혼을 하게 되더라도, 지금보다는 내가 영국에서 돌아와 기대한 대로 독립한 인쇄소를 차린 뒤에 하는 편이 더 좋을 것이라 생각하고 있었지. 게다가 어쩌면 그녀의 어머니는 나의 장래 계획이 내가 생각하는 것만큼 확실하다고 여기고 있지 않았던 것일지도 모르겠구나.

친구들과 키스 총독

이 시기에 나의 주된 친구들은 찰스 오즈번, 조지프 왓슨, 제임스 랄프 이렇게 세 명[19]이었는데, 모두 독서를 좋아하는 청년이었어. 앞의 두 명은 찰스 브록덴[20]이라는 이 마을의 유명한 공증인, 즉 부동산 양도증서를 만드는 사람 밑에서 서기로 일하고 있었지. 그리고 남은 한 명은 어떤 상점의 점원이었단다. 왓슨은 신앙심 두터운 총명한 청년이고 매우 성실했지만, 다른 두 사람은 종교

---

19) 오즈번(생몰연도 불명)은 그 뒤 서인도제도에서 변호사가 되었지만 요절했다고 한다. 왓슨(?~1728)은 프랭클린의 아내 데보라의 여동생 프랜시스와 결혼했다. 이 두 사람은 '자서전' 외에 세부적인 삶이 어땠는지는 알 수 없지만, 랄프(1705경~1762)만은 포프의 '우졸우인전' 안에서 풍자된 군소배 시인 가운데 한 사람으로서, 또한 영국사의 저자로서 문학사에 이름을 남겼다. '자서전'에 나오듯이 청년시절 프랭클린은 그와 싸우고 결별했는데, 1757년 런던에서 다시 만나서 화해했다.

20) 1683~1769. 1706년부터 필라델피아에 거주했고 공증인, 유언검증관, 영주 서기관 등 많은 직책을 통해 법률관계의 일에 종사했다. 원래는 영국국교회에 소속되어 있었지만 그 뒤 퀘이커 교도, 휘트필드 파, 모라비아 교도로 종파를 바꾸었다. 또한 그의 손자인 찰스 브록덴 브라운은 미국 최초의 '직업작가'가 되었다.

관련 문제에는 좀 건성건성 했어. 특히 랄프는 콜린스와 마찬가지로 나한테서 영향을 받아 종교에 의문을 품게 되었고, 그 때문에 나는 이후 이 두 사람에게서 호된 일을 당하게 되었지.

오즈번은 총명하고 솔직담백한 데다 친구들을 배려할 줄 아는 성실한 청년이었지만, 문학에 대한 일이라면 지나치게 남의 결점을 들춰내는 버릇이 있었어. 랄프는 머리가 아주 좋고 언동이 점잖았으며 웅변실력이 매우 뛰어났지. 나는 그보다 훌륭한 웅변가는 한 번도 보지 못했다. 두 사람 모두 시를 아주 좋아했고 직접 짧은 시를 시험 삼아 써보기도 했어. 우리 네 사람은 일요일 같은 날이면 자주 스쿨킬강[21] 기슭에 있는 숲으로 산책하러 가서, 함께 책을 읽거나 읽은 내용에 대해 이야기하곤 했단다.

랄프는 시인으로 유명해져서 시를 쓰는 것으로 재산을 모을 수 있다고 믿어 의심치 않았고, 무슨 일이 있어도 시 공부를 이어 갈 결심을 하고 있었지. 그리고 아무리 뛰어난 시인이라도 시를 처음 쓰기 시작했을 무렵에는 자신처럼 많은 실수를 했음이 분명하다고 주장했어. 한편 오즈번은 랄프를 단념시키기 위해 그에게는 재능이 없다고 잘라 말하고, 자신이 배우고 익힌 장사 외의 일은 생각하지 않는 편이 좋겠다고 충고했단다. 그리고 장사를 하면 설령 자본이 없을지라도 그는 성실하고 꼼꼼하니 금방 인정받아 대리점을 낼 수도 있을 것이고, 또 대리점을 운영하면서 자기 가게를 꾸릴 자금을 모을 수도 있지 않겠느냐고 말했지. 나도 자신의 글 솜씨를 더 갈고닦기 위해 이따금 시를 지으며 즐기는 것은 좋지만, 그 이상 깊이 파고드는 것에는 찬성할 수가 없었단다.

하지만 이 일을 계기로 다음에 모일 때는 각자 자신이 쓴 시를 들고 와서 서로 의견을 주고받거나 비평, 정정하면서 실력을 갈고 닦자는 제안이 나오게 됐지. 우리의 목적은 용어와 표현 방법에 있는 만큼 제재의 좋고 나쁨은 고려하지 않기로 하고, 여호와의 강림을 그린 〈시편〉 제18편[22]을 다시 써오는 것을 과제로 삼는 데 의견이 일치했어.

---

21) 필라델피아에서 델라웨어강에 합류하는 강.

22) '이에 땅이 흔들리며 산의 뿌리까지 소스라쳐 흔들렸으니 그분께서 진노한 까닭이네. 그분 코에서는 연기가 오르고 입에서는 삼킬 듯 불길이 치솟았으며 그분에게서 숯불이 타올랐네. 그분께서 하늘을 기울여 내려오시니 먹구름이 그분 발밑을 뒤덮었네.' 〈시편〉 18 : 7~10.

모임 날이 얼마 안 남았을 때, 랄프가 나를 찾아와서 과제시를 다 썼다고 말하더구나. 나는 그때 꽤 바빴고 또 그다지 쓸 마음이 들지 않았으므로 아직 손도 대지 않았다고 대답했지. 그러자 그는 자기가 쓴 시를 보여주며 부디 내 의견을 들려달라고 하더구나. 나는 아주 잘 쓴 작품이라고 생각해서 매우 칭찬했단다. "그런데 오즈번 녀석은, 내가 쓴 글이라면 아무리 좋은 작품이라도 절대로 가치를 인정하지 않고 마구 트집을 잡는단 말이야. 시샘도 정도껏 해야지. 하지만 그녀석도 자네한테는 그다지 샘을 내지 않잖아. 그러니 한 가지 부탁하고 싶은데, 이 시를 모임에 들고 가서 자네가 쓴 거라고 하고 보여주지 않겠나? 나는 여유가 없어서 못썼다고 할 테니까. 이렇게 했을 때 그녀석이 뭐라고 할지 한 번 들어보자고." 나는 이 계획에 찬성했고, 내가 쓴 것처럼 꾸미기 위해 곧바로 그것을 베껴 적었지.

넷이 모이자 우선 왓슨이 자기 작품을 발표했지. 그의 작품은 잘된 부분이 없지는 않았지만 결점도 많았다. 이어서 오즈번이 발표했는데, 이쪽이 훨씬 잘 썼더구나. 랄프는 두세 번 잘못된 부분을 지적했지만 잘된 부분은 칭찬하면서 공정한 평가를 내렸지. 그리고 자신은 보여주고 싶어도 작품을 완성시키지 못했다고 말했어. 그리고 나는 뒷걸음질 치면서 글을 손질할 시간이 넉넉하지 않았다는 식의 말들을 늘어놓고, 모두가 인정한다면 이번에는 사양하고 싶다는 표정을 지었지. 하지만 변명은 일체 인정할 수 없다고 해서 가져온 시를 발표할 수밖에 없게 되었어. 나는 그 시를 읽었고, 한 번 더 되풀이하기까지 했다. 왓슨과 오즈번은 그 시를 듣고 경쟁을 포기하고는 입을 모아 내 작품을 거창하게 칭찬했단다. 랄프 한사람만이 점수를 매기거나 비평을 했고, 두세 가지 고칠 부분을 제안했지. 나는 내 작품 변호에 나섰고 말이다. 그러자 오즈번이 랄프의 의견에 반대하면서 "너는 시를 쓰게 해도 글러먹었지만 비평을 해도 좋은 점이 하나도 없다"고 말하는 바람에, 랄프는 토론을 그만두고 말았어.

오즈번과 랄프는 함께 돌아갔는데, 돌아가는 길에 오즈번은 내 작품이라고 생각한 그 시를 더더욱 칭찬했다고 하더군. 그리고 아까는 인사치레로 생각할까봐 일부러 잠자코 있었다면서 이렇게 말했다더구나. "아무튼 프랭클린이 그렇게 멋진 작품을 쓸 수 있을 줄 누가 알았겠어. 그 묘사력과 강렬함, 그리고 정열. 원문보다 더 좋아진 것 같잖아. 매일 이야기할 때에는 딱히 말을 고르는 것처럼 보이지도 않았고 또 말문이 막히거나 어이없는 실수를 하기도 하는데, 써온 글을 보고 정말 놀랐다니까." 그 뒤에 다시 모두 모였을 때, 랄프와 나는 둘이 함께 오즈번을 속이고 한 방 먹였다는 사실을 알려주었단다. 덕분에 그는 조금 웃음거리가 되고 말았지.

이 사건 덕분에 랄프는 결국 시인이 될 결심을 굳히게 되었다. 나는 그에게 단념하는 편이 좋을 거라고 열심히 설득해 보았지만, 결국 그는 포프로 인해 방황에서 깨어날[23] 때까지 별 볼일 없는 시를 쓰는 것을 그만두려 하지 않았어. 하지만 그는 산문가로서는 상당한 위치에 올라갔는데, 그에 대한 것은 아마 나중에 서술할 일이 있을 게다. 하지만 남은 두 사람은 이제 나올 기회가 없을 지도 모르니까 여기서 좀 적어보고자 한다. 왓슨은 몇 년 뒤에 내 품에 안겨 죽었는데, 그는 친구들 가운데에서 가장 좋은 사람이었기에 우리는 그의 죽음에 매우 슬퍼했단다. 오즈번은 서인도제도로 떠나서 변호사로 유명해지고 재산을 모았는데, 그만 젊은 나이에 세상을 떠나고 말았지. 오즈번과 나는 둘 가운데 먼저 죽는 쪽이, 남은 사람을 위해 가능한 친구처럼 다정하게 찾아와서 사후세계가 어떻게 생겼는지 알려주기로 진지하게 약속했었다. 그런데 그는 아직까지도 그 약속을 지키지 않고 있구나.

키스 총독은 나와 함께 대화를 나누는 것이 즐거웠는지 자주 자기 집으로 초대했단다. 그때마다 독립 인쇄소를 차리게 해주겠다는 이야기를 이미 다 결정된 것처럼 입에 담곤 했지. 나는 인쇄기와 활자, 종이 등을 사들이기 위한 자금을 갖추기 위해 그에게서 신용장을 한 통 얻게 되었단다. 그 외에도 총독의 많은 친구들에 대한 추천장을 지니고 가게 되었지. 나는 이 편지들을 써둘 테니 어디어디로 찾으러 오라는 총독의 연락을 몇 번이나 받았지만, 막상 가보면 늘 다른 날에 다시 오라고 할 뿐이었다.

이런 식으로 총독은 약속한 편지를 주는 것을 계속 미뤘는데, 이와 마찬가지로 몇 번이나 출범이 늦춰졌던 배가 드디어 출항할 날이 찾아왔단다. 나는 출발인사도 할 겸 편지를 받으러 총독에게 찾아갔는데, 그의 비서인 버드 박사[24]

---

23) 제2장 주19 참조.

24) 패트릭 버드. 프랭클린의 친구로 외과의사. 제5장의 '인쇄업으로 성공'편에서는 베어드라고 되어 있다.

가 대신 나왔지. 총독은 지금 서류를 쓰는 중이라 매우 바쁘다, 내가 타고 가는 배보다 앞서서 뉴캐슬에 가게 되었으니 편지는 그곳에서 주게 될 것 같다고 말하더군.

랄프는 결혼해서 아이도 하나 있었는데, 나와 함께 이 배를 타고 영국으로 건너가기로 했단다. 그는 영국에서 거래처를 찾아내 위탁판매할 상품을 가지고 돌아올 예정이라고 했지. 하지만 나도 나중에 알게 된 일이지만, 그는 아내의 친척과 불미스런 사건을 일으키고 말았더구나. 그래서 아내를 그 친척에게 맡기고 자신은 다시는 아메리카로 돌아오지 않을 생각이었던 거야.

나는 친구들에게 작별을 고하고, 또 리드 양과도 이런저런 약속을 주고받은 뒤에 필라델피아에서 떠났다. 우리가 탄 배는 뉴캐슬에 들러서 닻을 내렸지. 총독은 이미 그곳에 도착해 있었어. 하지만 내가 총독의 숙소에 갔더니 이번에도 비서가 나오더구나. 지금은 아주 중요한 일을 하는 중이라 만날 수가 없지만 그 편지는 배편으로 보내줄 것이다, 그리고 진심으로 나의 무사한 항해와 빠른 귀국을 기원하겠다는 정중하기 그지없는 전언이었지. 나는 납득할 수 없는 부분이 많았지만, 그래도 그를 의심할 생각은 해보지도 않고 그대로 배로 돌아왔단다.

내가 탄 배에는 필라델피아의 유명한 변호사 앤드류 해밀턴 씨[25]가 아들과 함께 타고 있었지. 그들은 퀘이커 교도인 상인 데넘 씨와 메릴랜드에서 제철공장을 공동으로 경영하고 있는 어니언 씨, 러셀 씨와 함께 커다란 상급선실에 진을 치고 있었어. 덕분에 랄프와 나는 하급선실에서 선반 겸 침상으로 참을 수밖에 없었지. 이 배에는 우리를 아는 사람이라곤 하나도 없었으므로 보통 승객 취급을 받았던 거야. 그런데 해밀턴 씨한테 압류조치를 받은 어떤 배를 변호해 달라는 막대한 보수를 받을 수 있는 의뢰가 들어오는 바람에, 그는 아들(제임스라고 하는데 뒷날 총독이 되었다)과 함께 뉴캐슬에서 필라델피아로 돌아가게 됐어. 그리고 배가 막 떠나려고 할 때 프렌치 대령이 올라탔는데, 그가 나

---

25) 1676?~1741. 필라델피아의 유복한 변호사, 식민지의회의장. 프랭클린은 자신을 포함한 '가난한 청년들의 아군'으로서 그를 존경했고, 그 종교적 관용도 높이 평가했다. 아들인 제임스 (1710?~1783)는 뒤에 펜실베이니아 식민지 총독이 되었다. 딸은 프랭클린의 정적 가운데 한 사람인 윌리엄 앨런과 결혼.

에게 상당한 경의를 표했으므로 다른 사람들도 내게 지금까지 이상으로 정중한 태도를 취하게 되었지. 나는 랄프와 함께 상급선실에 빈방이 생겼으니 그쪽으로 오라는 초대를 받았단다. 덕분에 우리는 상급선실로 옮기게 된 거야.

나는 프렌치 대령이 총독의 공문서를 들고 배에 탔다는 사실을 알게 되자, 선장에게 가서 자신이 받을 예정인 편지를 곧바로 받아갈 수 없겠느냐고 부탁해 보았다. 선장은 서류 종류는 전부 하나로 모아서 자루에 넣어 두었으니 곧바로 꺼낼 수는 없지만, 배가 영국에 닿기 전에 편지를 찾을 기회를 주겠노라고 하더구나. 그래서 나도 당장은 그것으로 만족하고 그대로 항해를 계속하게 되었단다. 상급선실에서는 모두가 마음을 터놓고 친구처럼 지냈고, 해밀턴 씨가 대량으로 사들였던 음식이 그대로 남아 있었으므로 우리는 매우 사치스러운 하루하루를 보낼 수 있었지. 또 도중에 데넘 씨[26]와 평생 변치 않을 우정을 맺게 되었고 말이다. 이런 점들을 제외하면 이번 항해는 날씨가 계속 안 좋았으므로 결코 즐거운 여행이었다고 할 수는 없겠구나.

우리가 탄 배가 영국해협에 들어섰을 때, 선장은 나와의 약속을 지켜서 자루 속을 조사해 총독의 편지를 찾을 기회를 주었단다. 하지만 봉투에 내 이름을 적어놓은 편지는 한 통도 찾지 못했어. 그래서 나는 필적을 봐서 판단했을 때 약속한 편지라고 추정되는 것을 6, 7통 골라냈다. 특히 그 가운데 한 통은 왕실 지정 인쇄소인 바스켓[27] 앞으로 보내는 편지였고, 또 한 통은 어떤 문방구에 보내는 것이었으므로 그것이 약속된 편지라고 생각하고 고른 것이었지.

---

26) 토머스 데넘(?~1728). '자서전'에 나오는 것처럼, 파산한 뒤 브리스틀에서 필라델피아로 와서 성공한 상인. 17년 뒤 부채를 전부 갚았다. 프랭클린은 그의 눈에 들어 1726년 10월부터 반 년 동안 그의 가게에서 일했고, 경제적으로 독립할 계기를 얻었다. 1728년 7월 4일 타계.

27) 존 바스켓(?~1742)은 영국의 인쇄업자이다. 그가 인쇄한 옥스퍼드 바이블은 아름답게 인쇄된 것으로 유명하지만, 반면에 오탈자가 많아서 그의 이름을 비꼬아 '바구니(바스켓) 한가득' 오류가 많다는 말을 들었다.

제3장
런던의 프랭클린

속아서 런던으로

우리는 1724년 2월 24일에 런던에 닿았단다. 일이 일어난 순서대로 말하자면, 나는 우선 그 문방구를 방문해서 키스 총독에게 받은 것이라고 말하고 그 편지를 넘겨주었어. 그는 "그런 사람 모르는데" 하면서 편지를 열어보았지. "뭐야, 이건 리들스던[1]이 보낸 거잖아. 나는 요새 그 녀석이 어마어마한 악당이라는 걸 알고 연을 끊기로 했던 참이라고. 편지 따윈 절대 사절이야." 그러면서 그 편지를 도로 밀어버리고는, 나한테는 눈길도 주지 않고 몸을 휙 돌려서 가게 손님 쪽으로 가 버리지 않겠니. 나는 내가 찾아온 편지가 몽땅 다 총독의 편지가 아니라는 것을 알게 되자 깜짝 놀랐단다. 그리고 지금까지의 이런저런 사정들을 떠올리면서 다시 생각해 보고는, 처음으로 총독의 성의를 의심하기 시작했지.

나는 친구인 데넘 씨를 만나서 지금까지의 사정을 모조리 털어놓았다. 그러자 그는 키스라는 인간의 성격을 말해 주면서, 총독이 나를 위해 편지를 쓰는 것은 꿈도 꿀 수 없는 일이라고 하더구나. 또한 총독에 대해 어느 정도나마 알고 있다면, 그가 하는 말을 조금이라도 믿을 사람은 한 명도 없다는 거야. 그의 말로는 다른 사람에게 조금도 믿음을 얻지 못하는 총독이 나한테 신용장을 써준다니, 생각만 해도 우스운 일이라면서 웃어버리더구나. 나는 앞으로 어떻게 하면 좋을지 불안하다고 말했지. 데넘 씨는 내 생업인 인쇄소 관계의 일을 찾아보는 게 어떻겠냐고 조언해 주었단다. "런던의 인쇄소에서 시달리다보면 자네 솜씨도 늘어날 테고, 그러면 아메리카에 돌아가서 가게를 열 때에도 도움

---

1) 윌리엄 리들스던(1733년 이전에 죽음). 흉악범으로 메릴랜드로 쫓겨난 인물로, 가명을 쓰며 식민지를 떠돌았다고 한다.

이 되지 않겠나."

우리는 우연히도 문방구 주인과 마찬가지로 리들스던이라는 변호사가 두말할 것 없는 악당이라는 사실을 알고 있었다. 그는 리드 양의 아버지를 억지로 보증인으로 삼아 거의 파산에 이르게 한 적이 있었거든. 이 편지에 의하면 아무래도 해밀턴 씨(원래대로라면 우리와 함께 여기 왔을 터였다)에게 손해를 입히기 위해 어떤 음모를 꾸미고 있는 모양이었다. 게다가 키스 총독도 리들스던과 함께 이 음모에 관련이 있는 것 같더구나.

데넘 씨는 해밀턴 씨의 친구였으므로 그에게 이 사실을 알려야 한다고 생각했다. 그래서 해밀턴 씨가 곧이어 영국으로 찾아왔을 때 나는 한편으로는 키스와 리들스던에 대한 분노와 원한으로, 또 한편으로는 해밀턴 씨에 대한 호의로 그를 방문해서 편지를 넘겨주었어. 그것은 매우 중요한 정보였으므로 그는 진심으로 나에게 고마워했지. 그리고 이 때 이후로 그는 나의 친구가 되었고, 그 뒤 여러모로 나를 위해 많은 편의를 봐주었단다.

그건 그렇고, 총독씩이나 되는 인물이 이렇게 졸렬한 방법을 써서 가난하고 세상물정 모르는 소년을 지독하게 속여 넘기다니, 대체 어떻게 생각하면 좋을까. 하지만 그의 입장에서는 그게 몸에 붙은 습관이었던 거야. 그는 모든 사람을 기쁘게 해주고 싶다는 생각을 가지고 있으면서도 사람들한테 줄 것은 아무것도 갖고 있지 않으니까, 그저 입으로 약속만 늘어놓는 거지. 하지만 그도 그런 점만 제외하면 총명하고 이해심 있는 자였고, 글씨도 잘 썼어. 이 총독은 그를 임명한 영주들 입장에서는 가끔 명령을 무시하는 일도 있었으므로 탐탁지 않은 인물이었을 지도 모르지만, 식민지 주민들에게는 괜찮은 총독이었다.[2] 그리고 펜실베이니아 식민지의 가장 뛰어난 법률 가운데 몇 가지는 그가 입안한 것이고, 또 그가 재임 중일 때 성립된 것이란다.

---

2) 그 무렵 아메리카의 영국 식민지에는 영국 왕국 직속, 왕국의 허가를 얻어 스스로 총독을 선택하는 자치식민지, 토지를 내려받은 영주가 소유하는 영지식민지의 세 종류가 있었다. 펜실베이니아 식민지는 이 가운데 마지막 종류에 속하며, 영주 윌리엄 펜은 영국 본국에 있고 총독을 아메리카에 파견하여 다스리고 있었는데, 총독은 영주와 식민지 주민의 이해의 충돌 사이에서 딜레마에 빠져 괴로워하는 일이 많았다. 키스는 주민의 요구를 인정했으므로 일반적인 평가는 좋았지만 영주에 의해 총독 지위에서 쫓겨나게 된다. 2장의 주8 참조.

런던의 랄프와 프랭클린

랄프와 나는 떨어지기 어려운 친구 사이가 되어, 매주 3실링 6펜스를 내서 리틀 브리튼 지구[3]에서 함께 하숙을 하게 되었다. 이 정도 집세가 그 무렵의 우리가 낼 수 있는 최대한의 금액이었지. 랄프는 친척 몇 사람과 만나기도 했지만, 그들도 모두 가난해서 랄프를 원조해줄 힘이 없었단다. 그가 자신이 이대로 런던에 눌러앉을 생각이라는 것, 처음부터 필라델피아로 돌아갈 생각은 없었다고 털어놓은 것은 바로 이 무렵이었어. 하지만 가진 돈은 거의 없었지. 그는 겨우 모았던 돈을 영국으로 건너오는 데 다 써버렸거든. 그러나 나한테는 돈이 15피스톨[4] 있었기에 그는 일자리를 찾을 때까지 나한테서 생활비를 몇 번이나 꾸어갔단다. 랄프는 처음에는 자신에게 배우 소질이 있다고 믿고 극단에 들어가려 했지. 하지만 부탁을 하러 윌크스[5]를 찾아갔을 때, 자네한테는 배우로 이름을 날릴 가능성이 없을 것 같으니 그 길로 나갈 생각은 포기하는 게 좋을 거라는 노골적인 충고를 듣고 말았다. 다음에는 패터노스터 로[6]의 출판업자 로버츠에게 가서 이러이러한 조건으로 〈스펙테이터〉와 같은 주간신문을 편집하고 싶다고 의논해 보았지만, 그는 그 조건을 받아들이지 않았어. 그래서 그는 법학원 근처에 있는 문방구점이나 변호사들 밑에서 대필 업무를 하는 허드렛일을 찾으려 했지만, 좀처럼 빈자리를 찾을 수가 없었다.

나는 바솔로뮤 클로스[7]에 있는, 그 무렵 이름을 날리던 인쇄공 파머[8]의 가게에서 바로 일자리를 구할 수 있었단다. 그리고 1년 가까이 거기서 일했지. 나는 매우 열심히 일했지만, 벌어들인 돈의 대부분을 랄프와 함께 연극을 보러 가거나 다른 여흥거리를 찾아다니는 데 탕진하고 말았어. 내가 가지고 있던 15피스톨도 둘이서 다 써버렸고, 이제는 그날 하루를 겨우 넘기는 지경에 이르렀

---

3) 런던 중심부에 있는 가장 오래된 지구 가운데 하나로, 가까운 곳에는 세인트 폴 사원이 있다. 옛날에는 고서점 거리로 유명했다.

4) 스페인의 옛 금화로, 약 18실링에 해당된다.

5) 로버트 윌크스(1665?~1732). 그 무렵 유명한 런던의 희극배우이자, 극장도 경영하고 있었다.

6) 세인트 폴 사원 부근의 거리로, 인쇄출판업의 중심.

7) 패터노스터 로 근처에 있으며, 역시 출판관계자가 많이 사는 곳이다.

8) 사무엘 파머(?~1732). 런던의 인쇄소. '그러브 스트리트 저널'을 편집, 영국 왕실의 사설인쇄소 감독도 맡았다.

지. 랄프는 아내에 대한 것을 까맣게 잊어버린 눈치였는데, 사실은 나도 리드 양과 한 약속을 점점 잊어가고 있었단다. 그녀에게 편지를 쓴 것도 단 한 번뿐 이었지. 게다가 그 편지는 당분간 돌아갈 수 없을 것 같다는 사실을 알리는 것 이었어. 이것은 내 인생을 통틀어 저지른 큰 잘못 가운데 하나였다. 만약 한 번 더 삶을 돌이킬 수 있다면 반드시 바로잡고 싶은 실수였지. 하지만 사실대로 말 하자면, 나는 생활비 때문에 아무리 시간이 흘러도 돌아갈 뱃삯을 벌지 못하 는 상황이었다.

나는 파머의 인쇄소에서 울러스턴[9]의 《자연의 종교》 제2판을 활자로 짜는 일을 맡았는데, 그의 논리는 근거가 부족하다 싶은 구석이 몇 군데 있었어. 그 래서 나는 형이상학에 관한 간단한 논문을 써서 그 문제에 대해 논해 보았지. 나는 이 논문에 〈자유와 필연 및 쾌락과 고통에 대한 논고〉[10]라는 표제를 달 아서 친구인 랄프에게 헌정했단다. 그리고 나는 이 논문을 인쇄했는데, 이것을 계기로 파머씨는 내가 꽤 뛰어난 재능을 가진 청년이라고 주목하게 되었지. 하 지만 동시에 내가 이 팸플릿을 통해 주장한 사실이 그의 입장에서는 꺼림칙한 것으로 느껴졌던 모양이야. 그는 정색을 하고 나를 나무랐다. 이 팸플릿을 인쇄 했던 것도 역시 내 실수 가운데 하나였어.

리틀 브리튼에서 하숙할 무렵, 나는 바로 이웃에 가게를 연 윌콕스라는 서 점 주인과 알게 되었다. 이 서점은 방대한 고서를 모아놓고 있었지. 그때는 아 직 이동도서관 같은 것이 일반적이지 않은 시대였어. 하지만 나는, 내용은 기억 이 나지 않지만 적당한 조건을 붙이고 그의 가게에 있는 책들을 전부 빌려 읽 을 수 있게 허락받았단다. 나는 이것이 아주 유리한 계약이라고 생각하고 최대 한 활용하기로 했다.

내 팸플릿은 어떤 경위를 거쳤는지는 모르지만 라이언스라는 외과의사의 손 에 들어가게 됐다. 이 사람은 '인간의 판단의 무류성'이라는 책의 저자였는데,

---

9) 윌리엄 울러스턴(1660~1724). 영국의 논리학자. '자연의 종교'는 1722년 펴냄. 그는 이 저서로 이신론자에게 영향을 받아 종교와 도덕이 동일하다는 사실을 논했다.
10) 1725년 펴냄. 이를 통해 프랭클린은 인간에게는 자유의지가 없고, 그 행동은 고통을 피하고 쾌락을 원하는 욕망에서 생겨난 것이며, 전능한 신은 그러한 현재 세상의 모습 그대로를 긍 정하고 있으므로 인간의 행동은 선악을 뛰어넘은 것이라고 주장했다. 제4장의 주15 참조.

우리는 이 팸플릿을 계기로 아는 사이가 되었단다. 그는 나를 크게 인정해 주었고, 자주 찾아와서 이 문제에 대해 나와 이야기를 나누곤 했지. 또한 그는 나를 치프사이드[11]의 어떤 골목길에 있던 혼스라는 이름의 볼품없는 술집으로 끌고 가서 '꿀벌의 우화'의 저자인 맨더빌 박사[12]를 소개해 주었어. 맨더빌 박사는 이 술집에 클럽을 만들어 놓았는데, 본인이 누구보다도 재미있고 유쾌한 사람이었기에 그 클럽의 중심인물이 되어 있었지. 또한 라이언스는 버트슨의 커피 하우스에서 나를 펜버튼 박사[13]에게 소개해 주었는데, 그는 다음에 적당한 때를 봐서 아이작 뉴턴경과 만날 기회를 만들어준다고 약속해 주었단다. 그래서 나는 뉴턴을 만날 날을 기대하고 있었지만, 이는 결국 이루어지지 못했다.

나는 진귀한 골동품 몇 가지를 가지고 있었다. 그 가운데에서 가장 귀한 것은 불을 쬐면 하얗게 변하는 석면으로 만든 지갑이었는데, 한스 슬론경[14]이 어디서 그 이야기를 듣고 나를 만나러 왔단다. 그리고 블룸즈버리 스퀘어[15]에 있는 자기 집으로 나를 초대해서, 그가 소장한 골동품을 보여주었지. 그리고 나를 살살 구슬려서 그 석면 지갑을 그의 컬렉션에 포함시키게 만들고 말았어. 하지만 그는 지갑 대금은 충분히 지불해 주었단다.

우리가 하숙하던 집에는, 아마 클로이스터스[16]였을 것 같은데, 그곳에서 여성용 장신구점을 하고 있는 젊은 아가씨도 있었다. 그녀는 상류계급 가정에서 자랐고 머리도 나쁘지 않은 데다 명랑한 성격이라, 함께 이야기를 나누면 매우 즐거운 사람이었지. 랄프는 저녁이면 그녀에게 연극대본을 읽어주곤 했는데,

---

11) 세인트 폴 사원에서 맨션 하우스(런던 시장관저)까지 런던 중심부를 동서로 가로지르는 유명한 대로.

12) 버나드 맨더빌(1670경~1733). 네덜란드 태생으로 영국으로 옮겨 간 의사이자 풍자 작가. 대표작 '꿀벌의 우화'(1714년 출판)에서 제약받지 않는 인간의 이기적 활동이야말로 공공의 이익을 가져다준다는 설을 주장하여 그 무렵 물의를 빚었으나, 19세기 공리주의사상에 강한 영향을 미친 저작물로 주목할 만한 작품이다.

13) 헨리 펜버튼(1694~1771)은 영국의 화학자이자 옥스퍼드 대학 교수이다. 뉴턴의 의뢰를 받아 그 방대한 '자연철학의 수학적 원리'를 교정 출판했다.

14) 1660년~1753. 영국의 의사(조지 2세의 시의)이자 박물학자. 뉴턴의 뒤를 따라 영국 왕립협회 회장을 맡았다. 대영박물관은 그의 방대한 표본과 문헌 등의 수집품을 기반으로 성립된 것이다.

15) 런던에서 가장 오래된 광장 가운데 하나.

16) 앞서 나온 법학원 부근의 지명.

그러다 어느새 두 사람은 아주 친밀한 관계가 되었어. 그녀가 다른 하숙집으로 옮기게 되자 랄프도 그 뒤를 따라 가버리고 말았단다. 그렇게 해서 두 사람은 얼마 동안 함께 살게 되었는데, 랄프가 아직 일자리를 구하지 못한 데다 그녀 에게는 아이가 하나 있었지. 그녀 혼자만의 수입으로는 세 사람이 먹고 살 수 가 없었으므로, 그는 런던을 떠나 시골에 학교를 열 결심을 하게 됐어. 그는 글 씨체가 깔끔했고 또 산술과 계산도 잘했으므로 학교를 열 자격은 충분하다고 생각하고 있었거든.

그럼에도 불구하고, 랄프는 시골 교사라는 일이 자신에게는 어울리지 않는 비천한 일이라고 생각하고 있었어. 그리고 반드시 운이 풀리게 될 거라 굳게 믿 었기에, 그 날이 왔을 때 자신이 과거에 이런 천한 일을 하고 있었다는 사실이 알려지면 곤란해질 거라 생각했던 모양이야. 그래서 가명을 썼는데, 영광스럽 게도 내 이름을 쓰지 않았겠니. 내가 이 사실을 알게 된 것은 오래 지나지 않 아 그로부터 한 통의 편지를 받았을 때였다. 그는 그 편지에 자신이 어떤 작은 마을(버크셔였던 것 같은데, 그곳에서 열 명쯤의 아이들에게 한 사람당 매주 6펜스 씩을 받으면서 읽고 쓰기를 가르치고 있었다)에 자리를 잡았다는 사실과, T부인을 잘 봐주었으면 좋겠다는 것, 그리고 자신에게 편지를 쓸 때는 어디어디의 교장 프랭클린씨 앞으로 보내달라고 적어놓았기 때문이었지.

랄프는 그 뒤에도 계속해서 편지를 썼는데, 그 무렵 쓰고 있던 긴 서사시 견 본의 일부를 함께 보내서 내가 비평 및 정정을 해주기를 원했단다. 나는 가끔 그가 원하는 대로 비평이나 정정을 해주긴 했지만, 사실은 그가 시를 쓰는 것 을 그만두게 만드는 데 훨씬 더 열심이었지. 마침 영[17]의 풍자시 가운데 하나가 출판된 때였으므로, 나는 그 풍자시의 대부분을 베껴 적어서 그에게 보내주었 어. 그 시는 입신출세를 꿈꾸면서 시의 여신을 쫓아다니는 것이 얼마나 어리석 인 일인지를 강조하는 내용이었으니까. 하지만 모두 헛수고였어. 그의 시 원고 는 변함없이 편지가 올 때마다 함께 도착했거든.

한편 T부인은 랄프와의 관계 때문에 친구와 직장을 모두 잃고 말았지. 덕분 에 생활비에 곤란을 겪게 되어, 나를 불러내서 융통해 가능한 돈을 빌려 눈앞

---

17) 에드워드 영(1683~1765). 〈밤의 상념〉으로 알려진 영국의 시인. 여기서 말하는 풍자시는 〈만 인공통의 열정, 명예욕〉(1725~1728년 발표)을 말한다.

에 닥친 일을 어찌어찌 헤쳐 나가고 있었다. 그러는 사이에 나도 그녀와 어울리는 것을 즐겁게 여기게 되었어. 그 무렵에는 나도 종교에 그리 구속되지 않고 있었기에, 또 자신이 그녀에게 있어 없어서는 안 될 존재라는 것을 구실로, 나는(이 일 또한 내 생애에 걸친 실수 가운데 하나였다) 그녀와 더 친밀한 관계로 나아가려 했었다. 하지만 그녀는, 당연한 일이지만 화를 내면서 내 행동을 딱 잘라 거절했어. 그리고 랄프에게 편지를 써서 그 일을 알렸지. 이것이 원인이 되어 나는 랄프와 헤어지게 됐는데, 그는 런던으로 돌아와서 자신이 지금까지 나한테서 진 빚은 이번 일로 다 치른 셈 치겠다고 말하더구나. 이렇게 해서 나는 그에게 빌려주거나 대신 치러준 돈을 돌려받을 기대는 그만 접어야 한다는 것을 깨달았단다.

인쇄소에서 인망을 얻다

하지만 랄프는 원래부터 돈을 갚을 능력이 전혀 없었으니까, 그 소식은 당시의 내게는 큰 의미를 갖지 못했어. 오히려 그와의 교우관계가 끊어져진 덕분에 어깨 위에서 무거운 짐을 내려놓은 느낌이 들었지. 그리고 그때의 나는 조금씩이라도 저축을 하자고 생각하게 되어, 더 벌이가 좋은 일을 찾기를 원하고 있었다. 그래서 파머의 가게를 그만두고 링컨스 인 필드[18] 부근에 있던 훨씬 큰 인쇄소인 워츠[19]의 가게에서 일하기로 했다. 그 뒤 런던에서 머무는 동안 나는 쭉 여기서 떠나지 않았단다.

처음 이 인쇄소에서 일하게 됐을 때, 나는 인쇄 쪽 일을 골랐다. 아메리카에 있었을 때는 인쇄 일도 식자 일도 함께 했으므로 걱정할 것은 없었지만, 여기서는 운동부족이 되기 쉬울 거라 생각했기 때문이었지. 나는 음료수는 물밖에 마시지 않았지만, 50명 가까이 되는 다른 직원들은 맥주를 물처럼 들이켜고 다녔단다. 나는 틈날 때마다 커다란 조판을 양손에 하나씩 들고 계단을 오르락내리락했는데, 다른 직공들은 양손으로 하나를 드는 게 고작이었지. 그래서 그들은 자신들이 '물 먹는 아메리카인'이라 부르던 내가 '강한' 맥주를 마시는 자

---

18) 런던 최대의 광장 가운데 하나. 이 부근은 변호사 관계자가 많은 것으로 유명하다.
19) 존 워츠(1698~1763). 18세기 전반 런던의 대표적 인쇄소. 프랭클린의 공동경영자 데이비드 홀도 이곳에서 일을 익혔다.

신들보다 더 '강한' 것은 이상하다고 신기해하곤 했어. 그리고 인쇄소에는 이러한 직공들의 주문에 응해 늘 맥주가게 아이 하나가 대기하고 있었단다.

나와 함께 인쇄 일을 하던 사람은 맥주를 매일 아침식사 전에 1파인트, 아침식사를 하면서 치즈를 깨운 빵과 함께 1파인트, 아침식사와 점심식사 사이에 1파인트, 점심식사 때 1파인트, 오후 6시경에 1파인트, 그리고 하루 일이 끝난 뒤에 1파인트를 더 마시곤 했다. 나는 이것을 보고 정말 한심스런 습관이라고 생각했지만, 그는 그 나름대로 격렬한 노동을 위해 몸을 '강하게' 만들기 위해 '강한' 맥주를 마실 필요가 있다고 생각하고 있었어. 나는 맥주를 마셔서 생겨나는 체력은 맥주의 원료, 즉 물에 녹아있는 보리 낟알 또는 가루의 분량에 비례하는 것이고, 1페니 분량의 빵 속에는 1파인트의 맥주보다 많은 보리 가루가 포함되어 있으니 물 1파인트와 1페니 빵을 함께 먹는 편이 1쿼트의 맥주를 마시는 것보다 훨씬 체력이 잘 붙을 거라고 설명하면서 그를 설득해 보았다. 하지만 그는 여전히 맥주를 끊지 않았고, 매주 토요일 밤이면 모처럼 벌어들인 급료에서 4~5실링을 이 광기의 물을 마시기 위해 쓰지 않고는 못 배겼지. 이런 비용은 나와는 인연이 없는 지출이었어. 그리고 이곳의 직공들은 가엾게도 이것 때문에 아무리 시간이 지나도 출세할 기회를 얻지 못하고 있었다.

몇 주일이 지나자 주인인 워츠가 식자 쪽으로 와줄 수 없겠느냐고 해서, 나는 인쇄공들과 작별하게 되었단다. 그런데 식자공들은 새삼스럽게 신입 신고식으로 5실링의 술값을 내라고 요구하더구나. 나는 1층 인쇄소에서 이미 한 번 낸 적이 있으니 그 요구는 속임수라고 생각했지. 주인도 나와 같은 생각을 했기에, 그런 요구는 들어줄 필요가 없다고 했어. 그래서 나는 2~3주 동안 돈을 내지 않고 버텼다. 하지만 그 때문에 나는 따돌림을 당하게 됐단다. 잠깐이라도 방을 비우면 바로 활자가 엉망진창으로 흐트러지고 다 짜 넣은 한 페이지 분량의 조판이 뒤바뀌어 있기도 했으며, 조판이 망가지기도 하는 등 여러 가지 괴롭힘을 몇 번씩이나 겪게 되었지. 게다가 그들은 그런 괴롭힘이 전부 인쇄소 주인의 짓이고, 이 인쇄소의 주인은 이곳의 관습을 어긴 자를 계속 따라다니면서 이런 장난을 치는 거라고 시치미를 뚝 떼는 게 아니겠니. 주인이 나를 감싸주긴 했지만, 결국에는 앞으로 계속 함께 지내야 하는 동료들과 원만하게 지내지 못하는 것은 어리석은 짓이라고 스스로를 타이르며 그들의 요구를 받아들여 돈을 냈단다.

이렇게 해서 식자공들과도 잘 지낼 수 있게 되었지. 그리고 나는 이윽고 동료들 사이에서 상당한 세력을 가지게 되었단다. 나는 인쇄소 내의 규율 가운데 몇 가지를 합리적으로 고칠 것을 제안했고, 온갖 반대를 무릅쓰면서 개혁을 실행했어. 그리고 대부분의 식자공들은 나를 본받아서 두뇌회전을 느리게 만드는 맥주와 빵과 치즈로 구성된 아침식사를 그만두게 되었지. 대신 이웃집에 내 몫의 식사와 함께 맥주 1파인트 값, 즉 1페니 반을 주고는 후추를 뿌리고 빵가루를 넣어 진하게 만들고 버터를 조금 첨가한 뜨거운 죽을 커다란 냄비에 담아 가져다 달라고 하게 되었다. 이렇게 해서 아침식사 비용이 줄었을 뿐만 아니라, 맛도 좋았고 또 나중에 머리가 멍해지는 일도 없어지게 됐지.

한편, 하루 종일 맥주를 뒤집어쓰듯이 질리지도 않고 마셔대는 사람들은 대금을 한 푼도 갚지 않아 맥주 가게에서 외상을 받아주지 않는 경우가 자주 일어났단다. 그럴 때면 인쇄소 동지들이 쓰는 표현으로 "불이 꺼지고 말았다"고들 하면서, 내 이름을 대고 맥주를 손에 넣곤 했지. 그래서 나는 토요일 밤만 되면 회계 테이블을 감시하고 있다가 나를 보증인으로 삼고 빌려간 돈을 거두기 시작했어. 하지만 상황에 따라서는 그들을 대신해서 일주일에 30실링 가까이 돈을 내야 할 적도 있었다. 이런 일들도 있었고 또 여간내기가 아닌 "리기트(riggite)", 즉 익살스런 재담꾼에 빈정거리기도 잘 하는 사람으로 알려진 덕분에 나는 인쇄소 동료들 사이에서 꽤 유명해지게 되었지. 또 나는 쉬지 않고 일을 했으므로(나는 성월요일[20]이니 뭐니 하면서 일을 쉬는 일도 없었다) 자연스럽게 주인의 호의를 얻었고, 또한 식자 작업 속도도 다른 사람보다 훨씬 빨랐으므로 일반적으로 품삯이 높고 긴급을 요하는 업무는 전부 나한테 오게 되었단다. 이런 식으로 나는 매우 쾌적한 나날들을 보내고 있었다.

검소하게 사는 미혼의 노부인

리틀 브리튼에 있는 하숙집은 너무 멀었으므로 나는 듀크 스트리트에서 새로운 하숙집을 찾았단다. 가톨릭교회 맞은편에 있는 이탈리아 식료품점 3층

---

20) 일요일에 술을 너무 많이 마신 직공들은 '성월요일'이라며 쉬는 경우가 많았다.

뒷방이었는데, 그곳은 남편이 먼저 세상을 떠난 부인이 경영하는 가게였지. 그녀 외에도 딸이 한 명, 하녀가 한 명 살고 있었어. 그리고 한 남자 하인이 출퇴근하면서 가게 일을 하고 있었다. 그녀는 내가 이제까지 생활하던 하숙집에 사람을 보내서 사람됨을 조사해 보고는, 지금까지와 같은 하숙비—즉 1주일에 3실링 6펜스를 내면서 하숙하는 데 동의했지. 아마 집안에 남자가 있으면 마음이 든든해질 거라 생각하고 다른 하숙집보다 싸게 해준 게 아니었을까 싶구나.

그녀는 상당한 연배의 미망인이었는데, 목사의 딸로 태어나 프로테스탄트로 자랐지만 결혼 뒤에는 남편을 따라 가톨릭으로 개종했다고 하더구나. 그녀는 죽은 남편을 여전히 진심으로 존경하고 있었어. 그리고 예전에는 상류계급 사람들과 어울리는 일이 많았으므로, 찰스 2세 시대까지 거슬러 올라가는 유명인들의 일화를 많이 알고 있었단다. 그녀는 현재 관절염 때문에 무릎이 아파 제대로 걷지 못하는 상태였고, 덕분에 방에서 나오는 일이 거의 없었지. 이따금 이야기 상대를 원하곤 했는데, 나는 그녀와 대화를 나누는 것이 매우 즐거웠으므로 그녀가 청하면 언제나 기꺼이 그녀의 이야기를 들으며 저녁시간을 보냈단다. 우리의 저녁식사는 버터를 바른 아주 작은 빵조각 하나와 식초에 절인 정어리 반 토막, 그리고 둘이서 마실 맥주 반 파인트뿐이었지만 그녀의 이야기야말로 무엇보다도 멋진 만찬이었어.

나는 밤놀이를 하러 다니다 늦게 돌아오는 일도, 집안사람들에게 피해를 끼치는 일도 없었으므로 그녀는 나를 내보내고 싶어 하지 않게 되었다. 어느 날 나는 더 여기보다 직장과 가까운 곳에 일주일에 2실링을 받는 하숙집이 있다는 이야기를 들었는데, 어떻게든 돈을 더 모으려고 필사적으로 노력하던 시기였으므로 그 정도만 아껴도 많이 다를 거라 생각했지. 그래서 그 하숙집 이야기를 해 보았더니, 그녀는 그렇다면 자기도 앞으로 주 2실링으로 내릴 테니까 하숙집을 바꾸지 말라고 부탁하더구나. 이렇게 해서 나는 런던에서 머무르는 동안 계속 그 집에서 1실링 6펜스를 내며 하숙하게 되었단다.

이 집의 다락방에는 71세의 독신 부인이 다른 사람을 꺼리며 아주 조용히 살고 있었어. 하숙집 여주인은 이 부인에 대해 이런 이야기를 들려주었지. 그녀는 가톨릭 집안에서 태어나 젊었을 때 외국으로 가게 되었는데, 거기서 수녀가 될 생각으로 수도원에 들어갔다고 하더구나. 하지만 그 나라의 기후가 몸에 맞지 않았으므로 다시 영국으로 돌아왔다는 거야. 그리고 영국에는 수도원이 없으므로 이 같은 환경에서 되도록 수녀와 비슷한 생활을 보내겠다는 맹세를 했고, 그 맹세에 따라 자신이 생활하는 데 필요한 연 수입 12파운드만을 남기고 나머지 재산은 전부 자선사업에 기부하고 말았다지. 더욱이 그녀는 이 얼마 안 되는 생활비마저도 깎아내서 기부를 하고, 자기 자신은 죽만 먹으며 살고 있었어. 그 죽을 데울 때가 아니면 불조차 쓰지 않는다고 하더구나.

그녀는 몇 년이나 이 다락방에서 살았는데, 그것은 이 집 아래층을 잇달아 빌린 가톨릭교도들이 부인 같은 사람이 머무르는 것은 신의 은총이라 여기고 모두 돈을 받지 않고 방을 제공하고 있었기 때문이었어. 매일 사제 한 사람이 그녀의 참회를 듣기 위해 들르곤 했지. "그런 식으로 생활하는 분이 어째서 이렇게 번번이 사제님을 청해서 참회를 해야 하는 거냐고, 직접 물어본 적이 있었답니다." 하숙집 여주인이 나에게 들려준 이야기에 따르면, 부인은 그 질문에 이렇게 대답했다고 하더구나. "'사악한 생각'은 피할 수 없는 것이랍니다."

나도 단 한 번이지만 그녀의 방을 방문하도록 허락받은 적이 있었는데, 그녀는 밝고 예의바른 사람이었으며 내 이야기에 즐겁게 맞장구를 쳐주었어. 방은 깨끗하게 정리되어 있었고, 가구라 부를 수 있는 것은 침대 매트리스, 십자가와 성서를 놓아둔 테이블, 나한테 앉으라고 권한 의자 하나가 전부였어. 난로 위에는 성 베로니카[21]가 손수건을 펼치고 있는 그림 한 장이 걸려 있었지. 이 성 베로니카의 손수건에는 피를 흘리는 그리스도의 얼굴이 기적처럼 나타나 있었는데, 그녀는 매우 엄숙한 얼굴로 그 내력을 나에게 설명해 주었어. 그녀는 안색은 그리 좋지 않았지만 한 번도 병에 걸린 적이 없었다. 그래서 나는 그녀가 인간의 생명과 건강이 얼마나 적은 수입으로도 유지될 수 있는 것인지를 보여주는 또 하나의 예라고 보고 여기에 실어두기로 했단다.

워츠의 인쇄소에서 나는 와이게이트라는 총명한 청년과 알게 되었어. 그는 부자 친척이 있어서 평범한 인쇄공보다 높은 수준의 교육을 받았고, 라틴어를 매우 잘하고 프랑스어도 할 줄 아는 데다 독서를 좋아했지. 나는 그와 그의 친

---

21) 중세의 전설에서, 십자가에 못 박히기 위해 걸어가는 그리스도를 딱하게 여겨 손수건을 내주었다는 예루살렘 여성이다. 그리스도가 그것으로 피투성이가 된 얼굴을 닦았을 때 손수건에 그의 얼굴이 나타났다고 한다.

구 한 사람에게 두 번 정도 템스강으로 나가서 수영을 가르쳐 주었는데, 둘 다 금방 능숙하게 헤엄칠 수 있게 되었어.

이 두 사람이 시골에서 올라온 신사 몇 명에게 나를 소개시켜준 일이 있었다. 그 뒤 모두 함께 배를 타고 첼시[22]까지 가서, 첼시 왕립병원[23]을 방문하거나 돈 살테로의 진귀한 진열품[24]을 구경하거나 했단다. 돌아오는 길에 와이게이트가 동행한 사람들에게 내 수영실력에 대해 호기심을 부추길 만한 이야기를 하는 바람에, 다들 꼭 내가 수영하는 것을 보고 싶다고 하게 되었지. 나는 옷을 벗고 강으로 뛰어들었고, 수면과 수중에서 온갖 수영방식을 선보이면서 첼시 부근에서 블랙프라이어스[25]까지 헤엄쳐 왔단다. 그들은 그때까지 수영과 그리 친숙하지 않았으므로 이것을 보고 놀라면서도 매우 즐거워했다.

나는 어렸을 때부터 수영이란 운동을 매우 좋아했고, 테브노[26]의 영법에 나오는 손발을 움직이는 법이나 몸의 위치를 전부 연구하고 연습했어. 그와 함께 나 스스로도 실질적인 영법만이 아니라 보기에 좋고 쉽게 헤엄칠 수 있는 방법을 찾았고, 자기 자신만의 영법 몇 가지를 생각해 놓기도 했지. 나는 이 기회에 그 모든 영법들을 그들에게 보여주었단다. 그들이 진심으로 감탄하는 모습을 보니 나도 꽤 기분이 좋아지더구나. 와이게이트는, 우리 두 사람의 연구 분야가 비슷한 탓도 있겠지만 그보다도 수영의 달인이 되고 싶다는 바람을 가지고 있어서 더더욱 나와 가까워지고 싶어 했어. 그리고 마지막에는 둘이 함께 유럽 여행을 떠나지 않겠느냐고 권하더구나. 가는 곳마다 인쇄 일을 하면 생활비를 벌 수 있을 거라면서 말이다. 나도 한 번은 떠날 생각을 했었지만, 그 무렵 나는 틈이 생기면 친절한 친구인 데넘 씨와 한 시간쯤 함께 보내기로 약속한 상태였기에 만나서 그 일에 대해 상담을 해 보았지. 그러자 그는 그만두는 편이 좋겠다

---

22) 런던 남부의 한 구역으로 문학, 예술과 깊은 관계가 있는 지구. 한스 슬론경도 이 지구에서 살고 있었다.
23) 1609년 제임스 1세가 창립한 병원으로, 처음에는 부상병을 수용하기 위한 곳이었다.
24) 슬론의 하인 제임스 솔터는 돈 살테로라는 이름으로 커피 하우스를 열었고, 주인이 물려준 윌리엄 정복왕의 단검 등의 골동품을 진열해 놓았다.
25) 런던의 중앙부에 있으며, 템스강 연안의 지명. 첼시에서 여기까지는 3마일쯤이다.
26) 1620~1692. 프랑스의 저술가. 저서로 《수영의 방법》(1695)이 있다. 영문판은 1699년 런던에서 펴냄.

고 말해주더구나. 그리고 자신은 얼마 후에 아메리카로 돌아갈 생각이니, 나도 펜실베이니아로 돌아가는 것만 생각하는 게 좋을 것 같다고 충고해 주었어.

데넘의 인품

나는 데넘이라는 이 훌륭한 인물의 성격의 특징 한 가지를 여기 기록하지 않고는 못 배길 것 같구나. 이 사람은 원래 브리스틀[27]에서 장사를 하고 있었는데, 사업에 실패하고 많은 사람들에게 빚을 지고 말았지. 그래서 빚 반제에 대해 합의를 하고 아메리카로 건너온 거다. 그는 아메리카에서 상인으로서의 일에 전념해서 몇 년 만에 꽤 많은 재산을 쌓았고, 나와 같은 배를 타고 영국으로 돌아왔어. 그리고 자신의 옛 채권자들을 연회에 초대해 그 자리에서 예전에 어려운 조건 없이 합의해준 그들에게 호의와 감사를 표했지. 출석한 사람들은 연회에 나온 진수성찬 외에는 아무것도 기대하지 않았지만, 첫 번째 요리를 다 먹고 나자 아직 남아 있던 부채 전액에 이자까지 첨부한 은행환이 한 장씩 각자의 접시 밑에 숨겨져 있다는 것을 알게 되었단다.

그런데 내가 상담을 하러 갔을 때, 데넘 씨는 자신은 머지않아 필라델피아로 돌아갈 생각이며 그곳에서 가게를 열기 위해 대량의 물품을 사들고 가야한다고 말했단다. 그러니 이참에 나를 장부를 기록하거나 편지를 베끼거나 가게를 볼 점원으로 삼아 함께 돌아가고 싶은데, 내 의사는 어떤지 물어보더구나. 그리고 장부 적는 법 등은 나중에 가르쳐주겠다고 했지. 더욱이 내가 상인 업무를 완전히 익히면 당장이라도 승진하게 해줄 것이고, 밀가루나 빵 따위를 배에 싣고 서인도제도에 갈 수 있게 해줄 것이며, 나를 위해 다른 사람한테서 돈벌이가 될 만한 수탁판매 일을 받아다 주겠다고 했지. 그리고 만약 내가 그런 일들을 잘 해내면 나중에 독립할 수 있도록 해주겠다는 말까지 덧붙여 주었어.

나는 이 이야기를 듣고 고맙게 생각했단다. 이제 런던 생활에는 질려가는 중이었고, 펜실베이니아에서 즐겁게 지냈던 세월을 떠올리면서 한 번 더 그곳을 보고 싶다고 생각하고 있었으니까 말이야. 그래서 나는 그 자리에서 펜실베이니아 돈으로 연봉 50파운드를 조건으로 그의 이야기를 받아들였다. 그 수입은

---

27) 잉글랜드 서남부의 도시.

정말 그 무렵 식자공으로 벌어들이던 수입에 비하면 적은 액수였지만, 장래를 생각하면 이쪽이 더 유망하다고 생각했기 때문이었지.

이렇게 해서 나는 인쇄소 일과는 영원히—그때는 그렇게 생각하고 있었다— 인연을 끊고 매일같이 새로 시작하게 된 일에 종사하게 되었다. 나는 데넘 씨의 뒤를 따라서 여러 가지 상품을 매입하기 위해 상인들 사이를 이리저리 돌아다니고 짐을 꾸리는 일을 감독하기도 했으며, 잔심부름을 하며 돌아다니거나 인부들에게 발송 연락을 하거나 했지. 그리고 화물을 싣는 일이 다 끝나고 나자 며칠 동안은 아무 할 일 없이 한가하게 지낼 수 있게 되었단다.

그 와중에 있었던 일인데, 어느 날 윌리엄 윈덤경[28]이라는 이름만 알던 높으신 분이 나를 맞이하러 사자를 보내지 않았겠니. 깜짝 놀랐지만 아무튼 그를 방문하러 가게 되었단다. 이 사람은 어디서인가 내가 첼시에서 블랙프라이어스까지 헤엄쳤다는 이야기와 몇 시간 만에 와이게이트와 또 한 청년에게 수영을 가르쳐주었다는 사실을 들었는데, 마침 두 아들이 여행을 떠나려는 참이었으므로 그 전에 수영을 배우게 하자고 생각하고 있었어. 그는 만약 내가 수영을 가르치는 일을 맡는다면 충분한 사례를 할 생각이라고 말했지. 하지만 그의 아들들은 아직 런던으로 나오지 않은 상태였고, 나도 언제까지 여기에 있을지 확실하지 않았으므로 받아들일 수 없었단다. 하지만 이 일만 놓고 생각해 보면, 만약 내가 이대로 영국에 남아 수영학교를 열었다면 한 몫 톡톡히 잡았을지도 모른다. 그렇게 생각하니 무척 마음이 끌리더구나. 만약 그가 조금만 더 빨리 의뢰했더라면 나는 그렇게 빨리 아메리카로 돌아가지는 않았을 지도 모른다. 뒷날 너와 나는 이 윌리엄 윈덤경의 아들 가운데 한 명인 이그레몬트의 백작이 된 사람[29]과 더 중요한 일로 관계를 맺게 되었는데, 이에 대해서는 나중에 다시 적당한 곳에서 이야기하도록 하겠다.

이렇게 해서, 나는 약 1년 반 동안 런던에서 살았던 셈이었지. 그 대부분은

---

28) 1687~1740. 영국의 저명한 정치가. 토리당 소속이었으며 볼링브룩 자작의 대변인으로서 로버트 월폴경을 상대로 활약했다.

29) 찰스 윈덤(1710~1763)을 말한다. 그는 1750년 이그레몬트 백작 작위를 받았다. 1761년에 식민지 담당 대신이 되어 프랭클린과 접촉이 있었을 것으로 보이나, 그 관계에 대해서 《자서전》에는 끝내 나오지 않았다.

자신의 일에 성의를 다해 일했고, 연극을 보러 가거나 책을 읽거나 했던 것을 제외하면 자신을 위해 시간을 쓴 적은 거의 없었단다. 하지만 친구인 랄프 때문에 나는 여전히 가난했어. 그는 내게 약 27파운드를 빚지고 있었는데, 이제는 그것을 돌려받을 가능성조차 없었지. 이것은 얼마 안 되는 내 벌이를 생각해 보면 꽤 큰 금액이었다. 하지만 그런 일이 있었어도 나는 랄프라는 인간을 좋아했단다. 그에게는 성격적으로 좋아할 수밖에 없는 부분이 여러 가지 있었으니까 말이다. 결국 나는 재산을 모으지는 못했지만, 아주 현명한 벗을 몇 사람이나 찾았고 그들과 대화를 나누며 큰 수확을 얻을 수 있었다. 게다가 나는 꽤 많은 책들을 읽을 수 있었단다.

제4장

필라델피아에서 독립

데넘 씨와 함께 귀국

우리는 1726년 7월 23일, 그레이브젠드[1]에서 떠났다. 이번 항해 중에 일어난 일에 대해서는 내 일기를 참조하기 바란다. 그 안에 모든 일이 상세하게 기록되어 있을 테니까. 아마 그 일기에서 가장 중요한 것은, 앞으로의 인생에서 자신의 행동을 스스로 다스려 나가기로 결심하고 항해 중에 세운 '계획'[2]을 적어놓은 부분이 아닐까 싶구나. 이 계획은 내가 그토록 젊었을 때 세운 것임에도 불구하고 만년이 될 때까지 계속 충실하게 지켜왔던 것이니, 그것만은 유심히 주목할 필요가 있을 게다.

우리는 10월 11일에 필라델피아에 상륙했다. 그 사이 도시에는 여러 가지 변화가 일어났더구나. 키스는 이제 총독이 아니었고, 대신 고든 소령[3]이 총독 자리를 차지하고 있었다. 나는 일개 시민이 되어 거리를 걷고 있는 키스와 마주친 적이 있는데, 그는 내 얼굴을 보자 조금 겸연쩍은 태도를 보이더니 아무 말 없이 지나가 버렸지. 나도 아마 리드 양과 마주치게 되면 그와 똑같이 부끄러움을 느꼈을 것 같구나. 하지만 사실 그녀는 내가 없는 동안 로저스[4]라는 이름의 도공과 결혼해 버린 상태였다. 그녀의 가족들은 내가 보냈던 그 편지를 받고—그렇게 생각한 것도 무리는 아니지만—이제 나는 돌아오지 않을 테니 포기하고 그 사람과 결혼하라고 권했던 거야.

---

1) 런던에서 남동쪽으로 24마일, 템스강 하구에 있는 항구.
2) 이 '계획' 그 자체는 일기에서 사라지는 바람에, 서론과 목차만이 남아 있다고 한다.
3) 패트릭 고든(1664~1736). 1726년부터 죽을 때까지 총독을 맡았다.
4) 존 로저스(?~1745?). 뒷날 프랭클린과 결혼하게 된 데보라와 1725년 8월 5일에 결혼했던 도공. 2년 뒤 거액의 빚을 남기고 가출했다. 1745년에 죽었다는 소문이 들려왔지만 확인하지 못했고, 프랭클린의 결혼(1730)은 중혼 가능성이 있었기에 정식 결혼이 되지 못했다.

하지만 이 로저스라는 자와의 결혼생활은 행복하지 못한 것이었어. 그녀는 그 뒤에 로저스에게 자신 말고도 아내가 또 있었다는 소문을 듣게 되었고, 한 집에서 사는 것도 그의 성을 쓰는 것도 거부하다가 마침내 헤어지게 되었단다. 그는 도공으로서는 분명히 뛰어난 사람이었고 그녀의 가족들은 그 부분에 후한 점수를 주었던 것이지만, 인간으로서는 마땅히 경멸할 만한 사나이였다. 결국에는 빚 때문에 어찌할 도리가 없어 1727년인가 28년쯤에 이 도시에서 달아나 버렸지. 그리고 서인도제도로 건너갔는데, 그대로 거기서 죽었다고 하더군. 키머는 전보다 훌륭한 집과, 문방구류를 비롯해 새 활자를 잔뜩 구비한 가게를 가지고 있었지. 특별히 뛰어난 솜씨를 가진 사람은 없었지만 많은 직원들을 거느리고 있었고, 사업도 아주 번성하고 있는 것처럼 보이더구나.

데넘 씨는 워터 스트리트에 가게를 내기로 했단다. 우리는 그곳에서 매입해 온 상품을 풀었다. 나는 한눈도 팔지 않고 열심히 일한 데다 부기 공부까지 해서, 짧은 시간에 장사 일에서도 한 사람 몫을 할 수 있게 되었지. 데넘 씨와 나는 하숙이나 식사도 함께 했다. 그는 진심으로 나에게 신경을 써주었고, 상담할 일이 생기면 아버지처럼 받아주었지. 나 역시도 그를 경애하고 있었어. 만약 이런 나날이 계속 되었다면 우리는 더 할 나위 없이 행복하게 살았을 것 같구나. 하지만 1727년(음력으로는 1726년) 2월 초, 내가 21번째 생일을 막 맞이했을 무렵 우리는 둘이 나란히 병에 걸리고 말았단다.

내가 걸린 병은 늑막염이었는데, 하마터면 목숨을 잃을 뻔했다. 너무나 고통스러운 나머지, 마음속으로 이제는 살아날 수 없을 거라고 각오도 하고 있었지. 내가 회복되고 있음을 알게 되었을 때는 오히려 기대가 어긋난 느낌이 들었을 정도였어. 그리고 이런 괴로움을 죽기 전에 한 번 더 되풀이해야 한다고 생각하면 다소 유감스런 생각마저 들었단다. 데넘 씨의 병명이 무엇이었는지는 이제 기억나지 않지만, 그는 오랫동안 고통스러워하다 결국 목숨마저 잃고 말았다. 그는 나에 대한 호의의 표시 가운데 하나로서 구두 유언을 통해 약간의 유산을 남겨주었단다. 하지만 가게 쪽은 유언집행인이 관리하게 되었기에 그와 나의 고용관계는 그 길로 끝나버렸지. 나는 또다시 이 넓은 세상에 오직 홀로 내던져지고 말았던 거야.

키머 인쇄소의 동료들

그 무렵 매형인 홈스가 필라델피아에 머물고 있었는데, 그는 내게 인쇄 업무로 돌아가는 게 어떻겠느냐고 조언해 주었단다. 그리고 키머도 연봉 계약으로 상당한 급료를 지불할 테니 인쇄소를 꾸려 나가는 일을 해주지 않겠느냐고 권하더구나. 그렇게 되면 자신은 문방구 일에 더 힘을 쏟을 수 있으리라 생각한 거지. 나는 런던에 있을 때 그의 아내나 친척으로부터 좋지 않은 소문을 들은 적이 있었기에 더 이상 키머와 얽히고 싶지 않았어. 그래서 상점에서 일하는 점원 자리를 찾으려고 했지만, 곧바로 일자리를 구하는 것은 무리였으므로 결국 또다시 키머와 계약을 맺게 되었단다.

키머의 인쇄소에는 다음과 같은 직공들이 일하고 있었다. 우선 휴 메레디스.[5] 웨일즈 출신의 펜실베이니아 사람으로 나이는 30세. 시골 농가에서 자랐는데, 성실하고 이해력도 좋은 데다 세상사를 똑바로 지켜보고 있었어. 그리고 책을 꽤 많이 읽었지. 하지만 술을 너무 좋아하는 게 흠이었어. 스티븐 포츠.[6] 이제 막 성년이 된 시골 청년으로, 메레디스와 마찬가지로 농가에서 자랐지. 그는 선천적으로 뛰어난 재능을 타고 났고 기지가 넘치며 유머감각도 있었는데, 조금 게으름뱅이였단다. 키머는 이 두 사람에게 일이 능숙해지면 마땅히 급료를 올려줄 거라며 3개월마다 1실링씩 더 주겠다는 약속을 하고, 지금 당장은 터무니없이 싼 급료를 주며 고용하고 있었어. 키머는 장차 많은 급료를 받을 수 있으리라는 기대를 미끼로 삼아 그들을 끌어들였던 거야. 메레디스는 인쇄 일을 하고 포츠는 제본을 맡았는데, 키머는 자기 자신도 그 일들을 제대로 익힌 적이 없으면서 계약서에는 그가 이 두 사람에게 일을 가르칠 거라고 해 놓았단다.

존 아무개라는 사람은 아일랜드 태생의 거친 사나이였는데, 딱히 익힌 것도 없었지만 키머는 어떤 선장에게서 4년 동안의 근무 계약을 맺고 그를 사들였어.[7]

---

5) 1697?~1750? 펜실베이니아 식민지 지방의회 의원의 아들. '자서전'에 나오듯이 프랭클린과 인쇄소를 공동 경영했는데, 1730년 노스캐롤라이나 식민지에 들어갔다. 8년 뒤 필라델피아에 돌아왔고, 프랭클린은 경제적 원조를 해주었지만 또다시 소식을 끊었다.

6) 1704~1758. 전토 클럽 창립시부터의 회원. 퀘이커 교도. 식민지 의회의 직원으로 일했다.

7) 그 무렵 아메리카 식민지 주민들 가운데에는, 뱃삯이 없어서 아메리카에서 일정기간 하인으로 일한다는 조건으로 선장에게 몸을 팔고 무임으로 건너오는 자들이 적지 않았다. 바로 뒤에 나오는 '근무 계약을 사들였다'는 말은 이러한 사람들 이야기이다.

그 또한 인쇄공으로 훈련시킬 생각이었지. 조지 웹.[8] 그는 옥스퍼드 대학 학생으로, 키머는 역시나 어떤 선장에게서 그의 4년 근무 계약을 사들였단다. 이 사람에 대한 것은 바로 뒤에 이야기하게 될 거다. 그리고 마지막으로 데이비드 해리[9]라는 시골 소년 하나가 있었는데, 그는 키머가 견습 도제로 고용했지.

나는 키머가 지금까지 누구한테도 준 적이 없는 고액의 급료로 나를 고용한 의도가, 이처럼 미숙하고 싼 급료를 받는 직공들을 내 손으로 키워주길 바래서라는 사실을 곧바로 알아차렸다. 그리고 일단 내가 그들에게 교육을 다 시켜서 한 사람 몫으로 키워내면, 그는 계약서로 모든 것을 장악하고 있으니 나를 곧바로 쫓아내도 상관없으리라 생각했던 거야. 하지만 나는 아주 즐겁게 일했다. 그때까지 난잡하기 그지없었던 인쇄소를 정돈하고 직공들이 점차 일에 익숙해지고 작업을 능숙하게 할 수 있도록 이끌어 주었어.

옥스퍼드 대학 학생이 돈으로 팔려온 하인 같은 처지가 되었다는 것을 알고 나는 이상하게 생각했단다. 그는 고작 18세쯤이었는데, 나한테 자기 신상 이야기를 해주었지. 그 말에 따르면 고향은 글로스터[10]이고 그 지방의 라틴어문법학교에 다녔다더구나. 어느 날 학교에서 학생들이 연극을 상연했는데, 그때 그가 맡았던 역이 가장 뛰어났으므로 학생들 사이에서 큰 호평을 얻었다지. 그 일을 계기로 학교 내에서 위티 클럽에 참가해서 산문이나 운문을 몇 가지 썼고, 그것이 또 글로스터의 신문에 실리기도 했다고 한다. 그리고 그 뒤에 옥스퍼드 대학에 진학해서 1년쯤 다녔지만, 반드시 런던으로 가서 배우가 되겠다는 소망을 품고 있었기에 도저히 학교생활에 만족할 수가 없었다더구나.

그래서 결국 그는 4반기 학비로 15기니를 송금 받은 뒤 빚도 갚지 않고 옥스퍼드를 뛰쳐나와, 울렉스 수풀에 제복을 숨기고 런던까지 걸어갔다고 한다. 하지만 런던에는 그에게 조언을 해줄 친구 한 명도 없었기에 질 나쁜 녀석들과 어울리게 되어 가진 돈을 몽땅 탕진하고 말았지. 게다가 극단 관계자를 소개해

---

8) 1708~1736? '자서전'에 나오듯이 옥스퍼드 대학에 다녔지만 필라델피아에 와서 인쇄공 견습이 되었다. 이후 사우스캐롤라이나 식민지 최초의 인쇄소를 연다.
9) 웨일즈 출신의 퀘이커 교도. 바베이도스 섬에서 최초의 인쇄소를 열었다. 만년에 다시 필라델피아로 돌아왔다.
10) 잉글랜드 남서부, 세 번 강 연안에 있는 도시.

줄 연줄도 찾지 못했고, 돈에 굶주린 나머지 입고 있던 것을 전당포에 넘겨야
했어. 그리고 결국에는 먹을 빵조차 없는 상황에 빠졌지. 어찌하면 좋을지 모
르는 채로 고픈 배를 안고 거리를 걷고 있었는데, 마침 그때 악질적인 주선자가
뿌린 광고지를 받았던 거야. 그 광고지에는 아메리카로 가는 하인계약을 맺는
사람한테는 그 자리에서 식사와 수당을 주겠다고 쓰여 있었다더구나. 그는 곧
바로 나가서 계약서에 서명하고, 자신이 어떤 처지에 있는지 가족들한테 알리
는 편지도 한 통 쓰지 못한 채 배를 타고 아메리카 대륙까지 오게 된 거야. 그
는 활발하고 재치가 있고 성격도 좋은 유쾌한 동료였지만, 게으른 구석이 있고
사려 깊지 못한 데다 극단적으로 경솔한 사람이었다.

　아일랜드 출신인 존은 그 뒤 얼마 안 있어 달아나고 말았지만, 남은 사람들
과 나는 아주 사이좋게 지냈단다. 키머는 그들에게 일을 가르쳐줄 능력이 전혀
없었지만, 그에 비해 나는 매일같이 그들에게 무언가를 가르쳐 주었으므로 다
들 나를 존경하게 되었거든. 토요일은 키머의 안식일이었기에 우리는 일을 쉴
수 있었다. 덕분에 나는 일주일에 이틀, 책을 읽을 수 있는 시간을 만들 수 있
었지. 그리고 도시의 유명 인사들과 어울리는 일도 늘어나게 됐다. 키머 자신도
매우 정중히, 게다가 적어도 겉으로는 내게 경의를 표하고 있었으므로 버논의
돈을 빚진 것만 제외하면 불안할 것은 아무것도 없었단다. 나는 의외로 경제적
으로 아끼는 것이 서투르므로 그때까지도 그 돈을 갚지 못하고 있었거든. 하지
만 버논은 친절하게도 빚을 갚으라고 재촉한 적이 한 번도 없었단다.

　우리 인쇄소는 늘 활자부족에 시달렸는데, 그 무렵 아메리카에는 활자 주
조를 할 수 있는 사람이 한 명도 없었지. 나는 런던에 있었을 때 제임스의 가
게에서 활자를 주조하는 것을 본 적이 있긴 했지만, 어떻게 만드는지 주의 깊
게 살펴본 것은 아니었어. 그럼에도 불구하고 나는 여기서 주형을 공부해 만들
고, 수중에 있는 활자를 타인기 대신으로 이용해 납 모형에 문자를 박아 넣어
모자란 활자를 그럭저럭 갖춰 놓을 수 있었단다. 그밖에도 필요한 일이 생기면
동판을 새기거나 인쇄용 잉크를 만든 적도 있었고, 가게를 맡기도 하는 등 온
갖 일을 다 해치웠다. 한 마디로 말해 이 무렵의 나는 그야말로 "해결사"나 다
름없었지.

인쇄소 개업을 위해

하지만 내가 아무리 도움이 되는 인간이었다 해도, 다른 직공들이 하루하루 이 일을 익히고 능숙해지면 그만큼 내 역할의 중요성이 떨어지게 되는 셈이었어. 나 역시 그 사실을 잘 알고 있었단다. 게다가 키머는 4반기 급료를 두 번째로 지급할 때, 이 금액은 너무 부담스러우니 좀 줄이면 안 되겠느냐는 이야기를 꺼내더구나. 그는 점점 더 정나미가 떨어지는 태도를 취했고, 날이 갈수록 주인이랍시고 거만하게 굴었다. 가끔 사람들의 흠을 찾아내서 시끄럽게 잔소리를 해댔고, 당장이라도 울화통이 터질 것만 같았지. 하지만 나는 일단, 그도 가게 경영에 골머리를 썩고 있는 거라 여기고 눌러 참으면서 그대로 일을 이어 갔단다.

하지만 우리는 결국 별것도 아닌 사건을 계기로 절교하게 되었다. 재판소 부근에서 가끔 큰 소리가 들려오기에, 나는 무슨 일이 일어났는지 확인하려고 창문으로 머리를 내밀었단다. 키머도 거리로 뛰어 나갔는데, 고개를 들었다가 내가 내려다보는 것을 보자 큰 소리로 호통을 치지 않겠니. "네놈, 일하다 딴청 피우지 마!" 그렇게 꽥꽥 소리를 지르면서 나를 향해 욕설을 두 번이고 세 번이고 마구 퍼붓더구나. 마찬가지로 바깥을 내다보던 이웃 사람들이 모두 내가 어떤 취급을 받고 있는지 목격해 버린 탓도 있어서, 나는 남들 앞에서 이런 식으로 욕을 얻어먹은 게 도저히 참을 수가 없었다. 키머는 그 걸음으로 인쇄소로 달려와서 싸움을 계속 했고, 우리는 서로에게 큰 소리를 질러댔단다. 그는 해고하기 3개월 전에 통보한다는 계약에 따라 3개월이 지나면 나가라는 최후통첩을 날렸어. 그리고 통보 기간을 이렇게 길게 정하지 않았으면 좋았을 거라고 후회하더구나. 나는 나대로 당장이라도 나가줄 테니까 그렇게 후회할 것 없다고 소리를 질렀고, 모자를 한 손에 들고 방을 뛰쳐나왔지. 그리고 계단 아래에서 메레디스의 모습을 발견하고, 방에 놔둔 짐을 모아서 내 하숙집까지 가져다 달라고 부탁했다.

메레디스는 그날 저녁에 부탁한 대로 하숙집으로 찾아왔단다. 그리고 나는 앞으로의 일에 대해 그와 이야기를 나누었지. 그는 전부터 나를 매우 존경하고 있었기에, 이번에도 자신은 남는데 나만이 인쇄소를 떠난다는 사실에 난색을 표했어. 나는 고향인 보스턴으로 돌아갈까 생각하고 있었지만, 그는 그러지 않는 편이 좋겠다고 말했단다. 그리고 키머가 재산 전부를 담보로 빚을 진데다 그에게 돈을 빌려 준 사람들이 슬슬 불안해하고 있다는 사실, 가게 운영이 서툴러서 늘 벌이가 되지 않는데도 현금이 필요한 나머지 장사하러 돌아다니고, 장부에 기입하지 않고 외상을 준다든지 하는 것 따위를 예로 들어, 키머는 머지않아 망할 것이 분명하니까 그 틈을 노려 내가 인쇄업을 시작해 보는 것이 어떻겠냐고 권하더구나.

나는 자본이 없으니 안 된다고 반대했다. 하지만 그는 자신의 아버지가 나를 높이 쳐주고 있다면서, 이제까지 아버지와 나눈 대화를 통해 판단하건데 만약 내가 그와 함께 사업을 시작한다면 개업에 필요한 돈을 대주실 것이 틀림없다고 하더구나. "게다가 키머와의 계약기간은 다음 봄이면 끝나니까 말야. 우리는 그때까지 런던에서 인쇄기와 활자를 들여올 수 있을 거야. 내가 대단한 직공이 아니라는 것쯤은 나도 잘 알고 있어. 그러니 너만 좋다면 내가 자본을 맡고 네가 사업 기술 쪽을 맡아줬으면 해. 그리고 이익은 둘이서 고르게 나누도록 하자고."

그 생각은 그리 나쁜 것이 아니었기에 나도 동의했지. 그의 아버지는 마침 그 때 이 도시에 있었는데, 그도 그 이야기를 듣고 승인해 주었단다. 게다가 그는 내가 아들에게 큰 영향력을 가지고 있다는 것과 내 설득 덕분에 아들이 오랫동안 술에 손을 대지 않게 되었던 사실을 생각해서, 만약 우리가 이렇게 가까워지면 아들의 고질적인 술버릇이 깨끗이 낫지 않을까 생각해서 더 적극적으로 나섰지. 나는 그의 아버지에게 필요한 물품 목록을 건네주었고, 그는 그것을 상인들에게 들고 가서 주문을 부탁했어. 하지만 실제로 그 물건들이 도착하는 날까지 계획 자체는 비밀로 해두기로 했다. 나는 그 동안 가능하면 이 도시에 있는 또 하나의 인쇄소에서 일을 할 생각이었단다.

그런데 인쇄소에는 빈자리가 없어서 나는 며칠 동안 빈둥거리는 생활을 해야 했어. 그런데 그때 키머로부터 전언이 도착했다. 오랜 친구는 홧김에 흘린 말실수 몇 마디 때문에 싸우고 헤어질 수야 없는 것이니까, 부디 돌아와 줬으면 한다는 정중한 내용이었지. 그는 뉴저지 식민지 지폐를 인쇄하는 일을 의뢰받을 참이었는데, 그 일을 하려면 나밖에 만들 수 없는 컷이나 여러 가지 활자가 필요했거든. 더군다나 브래드포드가 나를 고용해서 이 일을 빼앗아가지 않을까 걱정한 탓이기도 했지.

메레디스도 만약 내가 돌아오면 매일 일을 배울 수 있으니 자신의 솜씨를 갈고 닦을 기회가 늘어날 거라며 승낙하라고 권하더구나. 그래서 나는 키머의 인쇄소로 돌아가서, 지금까지 없었던 평온한 나날을 보냈다. 키머는 뉴저지 식민지 일을 따냈고, 나는 그것을 인쇄하기 위해 우리나라 최초의 동판인쇄기를 공부해서 만들었단다. 지폐의 여러 가지 장식도안이나 위조방지를 위한 문양을 새긴 것도 나였지. 우리는 함께 벌링턴으로 나가서 모든 일을 완벽하게 마쳤다. 그리고 키머는 이 일의 보수로 거액의 돈을 받은 결과, 예상보다 훨씬 오랫동안 파산을 면하고 사업을 이어 갈 수 있었지.

나는 벌링턴에서 그 지방의 유력자들을 많이 알게 되었다. 그 가운데 몇 사람은 지폐가 법률로 정해진 것 이상으로 인쇄되지 않도록 인쇄현장에 들러서 감시하라고 식민지 의회가 위원으로 임명한 사람들이었어. 따라서 늘 교대로 우리를 찾아오게 되었단다. 그리고 감독하러 오는 사람은 대체로 한두 명쯤 친구를 이야기상대로 데리고 오곤 했지. 그들은 키머보다 내가 하는 이야기를 더 중요하게 받아들이는 것 같았다. 나는 책을 많이 읽은 덕분에 키머보다 훨씬 생각이 넓었는데, 아마 그 덕분이었을 게다. 그들은 나를 자기들의 집에 초대하거나 친구에게 소개시켜 주기도 하면서 아주 정중하게 대접해 주었지. 그에 비해 키머 쪽은 고용주임에도 불구하고 좀 소홀한 대접을 받았다. 하지만 솔직히 말해 키머라는 사나이는 세상 물정을 몰라도 너무 모르는 데다, 일반적인 의견에 그냥 무턱대고 반항해 보는 것을 좋아하고 불결 그 자체라고 해도 좋을 만큼 단정하지 못한 사람이었어. 또 종교상의 몇 가지 일에 있어서는 광신적인 모습을 보였고, 더군다나 난봉꾼 같은 구석도 좀 있는 별스런 인간이었단다.

우리는 벌링턴에서 약 3개월쯤 머물렀는데, 그 동안 알게 된 친구로는 알렌 판사, 이 식민지의 서기인 사무엘 버스틸, 아이작 피어슨, 조지프 쿠퍼, 식민지 의회의 의원을 맡고 있던 스미스가의 몇 사람, 그리고 측량감독관인 아이작 디크 등을 꼽을 수 있겠구나.[11]

마지막에 거론한 디크는 약삭빠른 노인이었는데, 그의 말로는 젊었을 때 벽

---

11) 프랭클린이 이곳에서 알게 된 사람들은 모두 뉴저지 식민지의 유력자들로, 식민지의회 의원, 재판관 등의 역직을 맡고 있었다. 뒤에도 프랭클린의 정치활동을 옆에서 지지해 주었다.

돌공한테 고용되어 점토를 차로 나르는 것으로 인생의 첫걸음을 떼었다더구나. 성년이 된 뒤에 처음으로 문자를 배웠고, 측량기사들을 위해 측량용 사슬을 나르면서 기술을 익혔으며, 열심히 일한 덕분에 지금은 꽤 많은 재산을 지니게 되었다는 거야. 그리고 "내가 보기에 너는 앞으로 인쇄 일에서 키머를 뛰어넘게 될 거고, 그 사업으로 필라델피아에서 재산을 꽤나 모을 수 있을 거다."라고 말했는데, 이 무렵의 그는 내가 필라델피아에서건 어디서건 사업을 시작할 예정이라고는 전혀 알지 못할 때였단다. 뒷날 이 벗들은—물론 나도 몇몇을 위해 편의를 봐준 적이 있긴 하지만—나에게 큰 힘이 되어주었지. 그리고 모두 내게 평생 변치 않는 경의를 표해 주었어.

내가 마침내 사업을 시작하고 세상에 나서게 된 이야기를 하기에 앞서, 당시의 생활신조나 도덕에 대해 어떤 마음가짐을 갖고 있었는지 네게 이야기해두는 편이 좋을 것 같구나. 그러면 너도 그것들이 이후의 내 생애에서 일어난 사건에 얼마만큼의 영향을 미쳤는지 이해할 수 있을 테니 말이다.

프랭클린의 종교(1)

우리 부모님은 일찍부터 내게 종교적 영향을 미쳤다. 그리고 유년기를 통해 나를 경건한 비국교회파의 일원으로 키웠는데, 나는 15세 전후로 해서 여러 가지 책을 읽는 동안 그러한 책 속에 몇 가지 이의를 제기하는 내용이 나와 있음을 알게 되었고, 동시에 나도 그 문제에 대해 계속해서 의문을 품은 끝에 결국에는 신의 계시 자체를 의심하게끔 되었단다. 그 무렵 나는 이신론[12]을 반박하는 책 몇 권을 손에 넣었다. 그것은 모두 보일을 기념하는 강연[13]에서 했던 설교의 요지였는데, 이 책들은 내게 본래의 의도와는 반대의 효과를 가져다 주었지. 내 눈에는 반박할 목적으로 인용한 이신론자의 주장 쪽이, 반박하는 주장보다 훨씬 탄탄한 것으로 보였으니 말이다. 그리고 그 직후에 나는, 한 마디

---

12) 그때까지의 하늘의 계시라는 신비적 요소를 종교에서 지우고 자연 그 자체가 신의 존재를 증명하고 이성적인 것이야말로 진리라고 주장한다. 17세기의 합리주의적 과학사상과 함께 일어나서 18세기에는 이미 영국 내에서 널리 행해지고 있었다. 미국에서도 프랭클린 외 제퍼슨도 이 사상의 영향을 많이 받았다.

13) 영국의 화학자 로버트 보일(1627~1691)의 기부금을 자본으로 1692년에 시작된 학술강연회로, 기독교를 감싼다는 의도를 지니고 있었다.

로 말해 철저한 이신론자가 되고 말았단다.

　나한테 영향을 받은 나머지, 그밖에도 몇 명이 더 배교의 길을 걷게 되었다. 특히 콜린스와 랄프가 그랬는데, 그들은 모두 뒷날 내게 큰 민폐를 끼치면서도 태연한 태도로 일관했어. 게다가 나에 대한 키스(그도 역시 자유사상가[14] 가운데 하나였다)의 태도나, 나 자신도 때때로 매우 신경이 쓰이는 버논과 리드 양에 대한 자신의 태도 등을 떠올리면, 이신론의 교의는 확실히 진리일 지도 모르지만 그리 유익한 것은 아닐지도 모른다는 생각을 하게 되었단다.

　이전에 내가 런던에서 인쇄한 팸플릿[15]에는 이런 부분이 있었다.

　　존재하는 것, 그 모든 것이 올바르다.
　　반쯤 눈이 먼 인간은 가장 가까운 고리, 사슬의 일부만을 보며
　　천상에서 만물의 균형을 관장하는
　　평형의 저울을 꿰뚫어보지 못한다.

　이것은 드라이든[16]의 시 몇 행을 무투로 인용한 거다. 또한 나는 무한의 지혜, 사랑, 그리고 힘이라는 신의 속성을 고려하면 이 세계에 잘못된 것이란 존재할 리가 없고, 악덕이나 미덕과 같은 것도 본디 존재하지 않는 것이니, 그것을 구별하려는 것은 헛된 일에 지나지 않는다는 결론을 내렸단다. 하지만 이제 와서 보면 이 팸플릿은 내가 이전에 생각했던 것만큼 뛰어난 것은 아닌 것 같구나. 그리고 형이상학적 추론의 경우, 자주 일어나는 일이긴 하지만, 내 주장에도 모르는 사이에 어떤 오류가 섞여 들어갔고 그 결과 후반부가 완전히 엉망이 된 것이 아닐까 의심하게 되었지.

　나는 인간과 인간 사이의 관계에 대해서는 '진실'과 '성의', 그리고 '고결'의 세 가지가 행복한 생활을 위해 절대로 빼놓을 수 없는 것이라고 확신하고 있었다.

---

14) 이신론자를 말한다.

15) 앞서 나온 '자유와 필연 및 쾌락과 고통에 대한 논고'를 말한다. 제3장의 주10 참조.

16) 존 드라이든(1631~1700). 영국 17세기 후반을 대표하는 시인, 비평가, 극작가로 작품수도 많다. 인용한 시구는 그의 비극 '오이디푸스'(1679년 발표)에서 나온 것이나, 원문과는 다소 다른 부분이 있다.

그래서 나는 몇 가지 결심을 해서 그것을 죽을 때까지 실행하기로 마음먹었고, 글로도 적어놓았지. 이 결의는 지금도 일기장에 남아 있을 게다. 신의 계시 그 자체는 내게 어떠한 중요한 의미도 지니지 못했어. 그리고 나는 인간의 어떤 행위가 악한 것이나 선한 것으로 받아들여지는 이유는, 신이 금지했거나 혹은 명하신 일이어서가 아니라고 생각했다. 아마도 그러한 행위는 그 자체의 성질로 인해, 그리고 여러 가지 사정을 고려한 결과 우리 인간들에게 나쁜 일이었으므로 신께서 금지하게 되신 것이며, 또한 우리에게 유익한 것이었기에 신께서 명하신 것이라는 생각을 얻게 되었단다.

나는 이러한 신념을 얻었고 또 은혜 깊은 신의 섭리와 수호천사의 인도를 받아, 그리고 환경과 경우에 있어서도 우연히도 은총을 얻을 수 있었기에, 혹은 그 모든 것들에 의해서—아버지의 눈이 닿지 않고 조언도 얻을 수 없는 먼 고장에서 위험한 청춘을 낯선 사람들과 함께 보내는 동안, 때로는 위험에 처하기도 했지만 신앙심이 없는 사람이라면 당연히 예상할 수 있는 비열하고 부도덕인 행위나 부정행위 가운데 어느 것도 의식적으로 저지르지 않고 무사히 헤쳐 나올 수 있었다. 방금 나는 "의식적으로"를 강조했는데, 그것은 나이가 어리고 경험도 풍부하지 못한 데다 주변에 나쁜 사람이 많았으므로, 이제까지 서술한 바 있는 몇 가지 잘못은 어느 정도는 "어쩔 수 없는" 것이었기 때문이야. 이렇게 해서 나는 독립한 사회인으로서 세상에 나가게 되었고, 꽤 높은 평가를 얻게 되었단다. 그리고 나는 그러한 평가의 의미를 잘 알고 있었으므로 언제까지고 그것을 잃지 않도록 하자고 결심했지.

필라델피아로 돌아오고 나서 얼마 지나지 않았을 때, 런던에서 주문한 새 활자가 도착했다. 우리는 키머와의 관계를 청산하고, 그가 우리 계획을 알아내기 전에 서로 동의한 형태로 일을 그만두었지. 우리는 시장 가까운 곳에 임대할 수 있는 집을 발견하고 그것을 빌렸단다. 집세는 나중에는 1년에 70파운드까지 올랐다고 하는데, 우리가 빌렸을 때는 겨우 24파운드였어. 우리는 그 집세 부담을 덜 생각으로 유리기술자 토머스 고드프리[17]와 그의 가족들에게 방을 빌려

---

17) 1704~1749. 제5장에 나오는 것처럼 유리기술자인 동시에 독학으로 뛰어난 수학자가 되었다. 또한 필라델피아의 그 유명한 '독립기념관'의 유리창은 그의 손으로 만든 것이다. '고드프리 달력'을 발행했으며, 사이가 틀어질 때까지 프랭클린은 이 달력을 인쇄했다.

주기로 했다. 이렇게 해서 그들은 우리에게 집세를 꽤 충당할 수 있는 방값을 냈고, 우리는 그들에게 식비를 내면서 식사를 부탁했단다.

우리가 도착한 활자를 풀고 인쇄기 조정을 겨우 마쳤을 때, 내 친구 가운데 하나인 조지 하우스가 그새 거리에서 인쇄소를 찾고 있다는 사람을 만났다면서 시골 사람 하나를 가게까지 안내해 왔다. 우리는 반드시 사야 하는 여러 가지 비품 때문에 현금을 모조리 써버린 상태였기에, 이 사람이 지불해준 5실링은 우리가 처음으로 벌어들인 수입이었을 뿐만 아니라 가장 필요한 순간에 들어온 돈이기도 했지. 나는 그 뒤 벌어들인 어떤 크라운 은화[18]보다도 이 돈에 더 감사했단다. 나는 이때 하우스에 대한 감사의 마음으로, 만약 이런 일이 없었다면 아마 그러지 않았을 거라고 생각할 만큼 적극적으로 독립하고자 하는 청년들에게 도움의 손길을 내밀게 되었지.

어느 지방에도 연중 그 지방의 파멸을 예언하고 다니는 불길한 인간이 있는 법이지만, 필라델피아에도 그 무렵 그런 사람이 하나 살고 있었다. 상당한 연배의 유명인이었는데, 현자 같은 풍모에 장엄하기 짝이 없는 말투를 쓰는 사람이었지. 이름은 사무엘 미클이라고 했는데, 그때까지는 만나본 적도 없었어. 그런데 어느 날 이 신사가 내 집에 들러 새 인쇄소를 차린 사람이 당신이냐고 묻지 않겠니. 그렇다고 대답했더니, 인쇄소를 여는 데는 많은 돈이 들었을 것이다, 하지만 그 비용도 다 허사가 될 테니 정말 안됐다, 이런 소리를 늘어놓더구나. 게다가 그의 말에 따르면 필라델피아는 쇠퇴하고 있는 고장이라 이미 도시 주민의 절반 정도가 파산했거나 그 비슷한 상황에 빠져 있다고 했어. 또한 새 건물을 짓거나 집세가 오르는 덕분에 겉보기에는 반대 상황처럼 느껴질 지도 모르지만, 자신이 확실히 알고 있는 사실에 의하면 그러한 것들이야말로 언젠가 우리를 파멸로 끌고 갈 것이 분명하니 의지해서는 안 된다고 하더군.

더군다나 그가 지금 일어나고 있는 불행이나 앞으로 일어날 여러 가지 불행에 대해 이건 어떠냐 저건 어떠냐 하는 식으로 들려주는 바람에, 결국에는 나도 좀 우울해지고 말았단다. 만약 내가 사업을 시작하기 전에 그를 알게 되었다면 아마 개업을 하지 않았을 것 같구나. 그는 그 뒤에도 이 파멸해 가는 지역

---

18) 영국의 5실링 은화.

에서 계속 살았고, 같은 식으로 불길한 예언을 하고 돌아다녔다. 모든 것이 파멸을 향해 가고 있다면서 오랫동안 필라델피아에서 집을 사는 것을 꺼리고 있었지. 그런데 마지막에 결국 그는 불길한 예언을 하고 다니던 때와 비교해 5배나 더 되는 돈을 주고 집 한 채를 사게 되었는데, 그걸 보고 나는 통쾌하다고 여겼단다.

제5장

인간형성기

근면의 효용

앞서 언급했더라면 좋았을 테지만, 바로 전년도 가을에 나는 지적인 벗들을 거의 모두 모아서 서로 간 인간형성을 목표로 삼은 클럽을 만들었다. 그 클럽에 전토(Junto)[1]라는 이름을 붙이고 금요일 밤마다 모임을 갖기로 했단다. 내가 작성한 회칙에 의하면 회원 모두가 차례대로 윤리, 정치, 그리고 자연과학의 어떤 문제점에 대해 적어도 한 가지 토의자료를 만들고, 그 문제에 대해 다 함께 토론을 하게 되어 있었지. 또 3개월에 한 번씩 자신이 좋아하는 문제에 대해 스스로 쓴 논문을 준비해서 발표해야 했다.

우리는 토론을 사회자의 지시에 따라 진행시켰고, 주장하기 위한 주장이나 상대방을 말로 꺾는 것만을 생각하는 것이 아니라 성심껏 진리를 탐구하는 정신으로 행하기로 했지. 그리고 얼마 뒤에는 토론이 격앙되는 것을 피하기 위해 자신의 의견을 단정적으로 발표하거나 덮어놓고 반대하는 것을 일체 금지하는 동시에, 이 약속을 깨뜨린 사람한테서는 소정의 벌금을 거두기로 했다.

최초의 회원은 다음과 같다. 조지프 브라인트널.[2] 공증인을 위해 증서를 대필하는 일을 하고 있는, 온화한 성격에 벗으로 함께 어울리는 보람이 있는 중년의 사내였단다. 시를 매우 좋아해서 손에 잡히는 대로 시를 읽었고, 스스로도 꽤 좋은 작품을 쓰곤 했지. 또 매우 손재주가 좋아서 자질구레한 장신구 같은 것을 만들기도 했고, 생각이 깊은 대화에 능숙했다. 토머스 고드프리. 독학으로 수학자가 된 그는 전문분야에서 손꼽히는 인물이었고, 후에 지금은 해들

---

1) 스페인어에서 나온 말로, 원래는 정치적 비밀결사를 뜻한다.
2) ?~1746. 프랭클린이 굳게 믿고 의지한 연상의 친구. 그와 마찬가지로 과학에 흥미를 가지고 있어서 영국 왕립협회에 논문을 보내기도 했다. 사인은 익사였는데, 자살로 추정된다.

리 사분의(Hadley's Quadrant)라고 불리는 장치를 발명했지. 하지만 전문이 아닌 분야에는 별다른 지식을 갖추지 못했고 또 이야기를 나누면서 즐기는 사람도 아니었다. 내가 지금까지 마주친 뛰어난 수학자들은 대부분이 그랬지만, 고드 프리도 사람들이 말하는 모든 것에 이상하리만치 정확함을 요구하거나 별것 아닌 일에 반대하고 번거로운 구별을 짓거나 하면서 대화를 방해하곤 했다. 결국 그는 얼마 안 되어 우리 모임에서 떠나 버렸단다.

니콜라스 스컬.[3] 그는 측량기사였는데 나중에 측량감독이 되었지. 책을 좋아하고 가끔 시를 쓰기도 했어. 윌리엄 퍼슨스. 구둣방 기술자로 자랐지만 책을 좋아했고 수학 지식이 매우 풍부했지. 그는 처음에는 점성학 연구를 위해 수학을 공부하기 시작했었는데, 나중에 가서는 점성학이란 것을 업신여기게 되었단다. 그도 역시 측량감독관이 되었지. 윌리엄 모그리지. 그는 아주 뛰어난 솜씨를 지닌 소목장이였는데, 견실하고 건전한 상식을 지니고 있었어. 휴 메레디스, 스티븐 포츠, 조지 웹. 이 세 명의 성격에 대해서는 앞서 이야기한 적이 있지. 로버트 그레이스.[4] 꽤 많은 재산을 지닌 여유 있고 쾌활한 청년신사로, 기지가 넘치고 익살 떠는 게 특기라 친구들과 어울리기를 좋아했어.

마지막으로 윌리엄 콜먼.[5] 그는 나와 거의 비슷한 나이였고, 그 무렵에는 어떤 상점에서 점원으로 일하고 있었지. 아마 이제까지 만난 모든 사람들 가운데에서 가장 냉정하고 명석한 두뇌와 따뜻한 마음을 가진 친구였을 거다. 또 도덕적으로도 엄격하기 짝이 없는 사람이었지. 그는 나중에 이름난 상인이 되었고, 이 식민지의 판사로 취임하기도 했다. 우리 두 사람의 우정은 40년 이상 끊어지는 일 없이, 그가 세상을 떠나는 그날까지 이어졌단다.

그리고 우리 클럽도 마찬가지로 거의 40년 동안 존속했고, 그 무렵 식민지에

---

3) 이하, 여기에 이름이 올라온 클럽 창립 때부터의 동료는 필라델피아의 정치·경제면에서 활약하여 도시의 역사에 이름을 남겼다.

4) 1709~1766. 아일랜드 귀족 가문 출신으로, 3대에 걸친 필라델피아의 유복한 상인이었다. 제철공장 경영자의 딸과 결혼했고, 자신의 공장에서 프랭클린이 발명한 스토브에 쓸 철판을 만들었다. 프랭클린을 경제적으로 원조했다.

5) 1704~1769. 필라델피아의 유복한 상인, 최고재판관. 그레이스와 함께 1728년 프랭클린의 인쇄소 독립 때 자금융통을 해주었다. 정치적으로는 프랭클린과 다른 입장에 섰지만 개인적으로는 아주 가까웠다.

서 가장 우수한 철학, 도덕, 정치학 학교가 되었지. 그것도 그럴 것이, 클럽에서 다룰 과제를 토론 1주일 전에 발표했거든. 우리는 보다 적절한 의견을 말할 수 있도록 하기 위해 일주일 동안 그 몇 가지 문제를 집중적으로 공부했단다. 게다가 이 클럽에서는 회칙을 통해 서로가 불쾌한 일을 겪지 않도록 여러 가지 궁리를 짜냈으므로, 보다 좋은 대화 습관을 들일 수 있게 되었지. 우리 클럽이 오랫동안 유지된 것은 바로 이 덕분이 아닐까 싶구나. 이 클럽에 대해서는 앞으로도 가끔씩 이야기할 기회가 있을 거다.

인쇄업으로 성공

그런데 내가 여기서 이 클럽 이야기를 시작한 것은, 그 무렵 내 후원자가 되어준 사람들에 대해 조금이나마 이야기해 두고 싶기 때문이다. 이 클럽의 회원들은 저마다 노력해서 내게 인쇄 업무를 찾아다주곤 했지. 특히 브라인트널은 퀘이커 교도들에게서 그들의 역사 40시트 분량을 인쇄하는 일을 얻어다 주었단다. 남은 분량은 키머가 맡았는데, 품삯이 싼 일이었지만 우리는 매우 정력적으로 이 일에 임했지. 이것은 프로 페이트리어(pro patria)라고 불리는 종이의 2절판 크기로, 본문은 파이카―즉 12포인트 활자를 썼고, 주는 롱프리머―즉 10포인트 활자를 쓰기로 했단다.

나는 하루에 한 시트씩 활자를 짰고, 메레디스가 그것을 인쇄기로 인쇄했어. 그리고 다음날 할 일을 대비해서 활자를 다시 풀어놓으면 시간은 이미 밤 11시, 그보다 더 늦는 경우도 드물지 않았다. 다른 친구들이 가끔씩 가져오는 간단한 일을 함께 하는 바람에 예정이 늦어지기 때문이었어. 하지만 나는 절대로 1시트 할당을 무너뜨리지 않기로 결심한 상태였단다. 어느 날 밤에는 조판을 끝내고 이걸로 겨우 하루 일이 끝났다고 한숨을 내쉬는 순간, 우연히도 겨우 짜놓은 판 하나가 망가지는 바람에 두 페이지가 엉망이 되어버리고 말았어. 하지만 나는 곧바로 그 판을 다 풀고 처음부터 다시 활자를 짜 넣었고, 그 일이 끝날 때까지 잠자리에 들지 않았단다.

이처럼 부지런히 일하는 모습이 이웃 사람들의 눈에 뜨인 덕분에 나는 평판과 신용을 얻을 수 있었다. 그 가운데에서도 이런 이야기를 들은 적이 있었지. 어느 날 상인들의 모임인 에브리나잇 클럽에서 새로운 인쇄소가 화제에 올랐는데, 많은 사람들이 이 도시에는 이미 키머와 브래드포드라는 두 인쇄소가 있으니 우리는 분명 실패하게 될 거라는 의견을 냈다고 하더구나. 그때 베어드 박사[6]가(이 사람은 너도 오래 전에 그가 고향 스코틀랜드의 세인트 앤드루스에서 나와 함께 만난 적이 있단다) 반대의견을 내면서, "나는 그 프랭클린이라는 젊은이보다 더 부지런한 사람은 본 적이 없다오. 클럽에서 돌아가는 길에 들여다보면 여전히 일하는 중이고, 아침에도 다른 사람들이 자리에서 일어나기도 전에 벌써 일을 시작하고 있으니 말이오" 하고 말해 주었다고 한다. 다른 사람들도 그 말을 듣고 감탄했다고 하더구나. 덕분에 그 가운데 한사람이 바로 문구류를 도매로 판매하고 싶다는 요청을 해 오더구나. 하지만 그 때의 우리는 아직 소매업을 시작할 생각이 없었단다.

이런 식으로 자신의 부지런함에 대한 일화를 하나하나 자세히, 또 뻔뻔스럽게 늘어놓고 있으면 꼭 자화자찬을 하는 것처럼 보일 지도 모르겠구나. 하지만 나의 진정한 의도는, 자손들 가운데 이것을 읽는 사람이 나의 이야기 전체를 통해 근면함이라는 미덕이 얼마나 자신에게 유익하고 도움 되는 것인지를 보고 그 효용성을 깨닫기를 바라는 마음에서 이처럼 자세하게 서술한 거란다.

신문발행에 착수하다

그 무렵 조지 웹은 자신에게 돈을 빌려 주는 여자 친구를 만들어 놓은 상태였는데, 그는 그녀에게서 빌린 돈으로 키머와의 고용계약을 해약할 테니 우리 가게에서 정식 직원으로 써 주지 않겠느냐고 물었다. 하지만 우리는 아직 그를 쓸 여유가 없는 상황이었어. 그런데 나는 그때 정말이지 어리석게도, 그에게 비밀로 해달라면서 자신이 머지않아 신문 발행을 시작할 생각이라는 것을 말해 버렸다. 그 때가 되면 그에게 부탁할 일거리가 생길 지도 모른다고 말이야. 그때 웹에게도 했던 말이지만, 나는 다음과 같은 근거로 신문을 내면 반드시 성공할 거라고 생각하고 있었단다. 그 무렵 신문은 브래드포드가 발행하는 신문[7] 하

---

6) 앞서 나온 버드 박사와 같은 인물. 제2장의 주24 참조. 세인트 앤드루스는 스코틀랜드 동부의 항구도시로, 1759년 프랭클린은 그곳의 유명한 세인트 앤드루스 대학에서 법학박사 칭호를 받고 아들 윌리엄과 함께 이곳을 방문한 적이 있다.
7) 〈아메리칸 위클리 머큐리〉, 1719년 12월 창간.

나밖에 없었는데, 그것도 꽤 보잘것없는 신문이라 경영도 서툴고 재미도 없다는 평판을 듣고 있었지. 그럼에도 불구하고 그의 신문은 잘 팔리고 있었어. 그러니 좋은 신문을 내기만 한다면 틀림없이 독자가 많이 생길 거라고 판단했던 거야.

나는 웹에게 이 일을 아무한테도 말하지 말라고 부탁했지만, 그는 그것을 키머에게 말해 버리고 말았어. 그러자 키머는 나를 앞지르기 위해 곧바로 자기 쪽에서 신문을 발행할 계획이라고 발표했고, 웹은 그쪽 신문에 소속되게 되었지. 이것은 나로서는 참기 힘든 일이었단다. 그래서 나는 키머의 계획을 방해하기 위해 '참견쟁이(BUSY BODY)'라는 필명으로 유쾌한 이야기 몇 편을 썼단다. 그리고 아직 자신의 신문을 발행할 수는 없었기에 브래드포드의 신문에 그것을 실어달라고 했지.[8] 그 뒤 브라인트널에게 부탁해서 몇 개월 동안 연재를 계속했는데, 이것이 인기를 얻어서 사람들의 눈이 브래드포드의 신문으로 쏠리게 되었단다. 그리고 키머의 계획은 우리가 농담으로 돌리거나 웃음거리로 삼는 바람에 무시당하고 말았지.

그럼에도 불구하고 키머는 신문 발행을 감행해서 9개월쯤 유지했는데, 구독자가 가장 많았을 때조차도 90명 정도밖에 되지 않았단다. 결국 얼마 안 되는 돈으로 자신의 신문[9]을 나한테 양보하고 싶다는 말을 꺼내더구나. 내 쪽에서는 얼마 전부터 이것을 넘겨받을 준비를 하고 있었기에 곧바로 그 제안을 받아들였고, 몇 년 지나지 않아 이 신문은 나에게 꽤 많은 이득을 가져다주게 되었단다.

이 무렵 우리는 아직도 공동경영을 하고 있었다. 하지만 이 시기의 이야기를 할 때면 무심코 '나는'이라는 1인칭 단수를 쓰고 마는데, 아마도 내가 사실상 모든 사업을 혼자 꾸려나가고 있었기 때문일 거다. 메레디스는 식자 작업을 전혀 못하는 데다 인쇄 작업도 그냥 그랬고, 더군다나 술에 취하지 않은 말짱한 정신일 때가 거의 없었거든. 내 친구들은 내가 메레디스 같은 자와 가까이 지

---

8) 이 희문은 1729년 2~3월에 걸쳐 연재되었다.

9) 〈학예백선에 대한 만인의 교사, 펜실베이니아 가제트〉라는 긴 이름의 신문으로, 1728년 12월 창간. 1729년 10월에 프랭클린은 이 신문의 권리를 양도받았고, 지명도 〈펜실베이니아 가제트〉로 단축해서 그 무렵 미국에서 가장 주목받는 신문으로 만들어냈다.

내는 것은 안타까운 일이라고 했지만, 나로서는 참을 수밖에 없었다.

우리가 처음 낸 신문은 이제까지 식민지에서 발행됐던 신문과는 전혀 다른 체제를 취하고 있었어. 그리고 지금까지의 신문보다 품질 좋은 활자로 또렷하게 인쇄해 놓았지. 하지만 그보다도 내가 그 무렵 버넷 총독과 매사추세츠 식민지의회 사이에서 행해지던 논쟁[10]에 대해 쓴 용감한 사설이 지식인들에게 큰 감명을 주었던 것이 더 컸단다. 이를 계기로 신문과 그 신문을 경영하는 내가 여기저기에서 화제가 되었고, 몇 주 지나지 않아 그 사람들이 일제히 우리 신문을 구독하게 되었던 거야. 게다가 많은 사람들이 그들을 본받아 구독자가 되어 주었기에 순조롭게 부수를 늘려갈 수 있었지. 이것은 내가 다소나마 글을 쓰는 것을 공부했던 것이 도움이 되어준 첫 번째 사례였단다. 동시에 지도자 위치에 있는 사람들이 이 신문을 경영하는 내가 글도 제법 잘 쓰는 인간인 것 같으니 원조를 해서 은혜를 베푸는 것이 유리하겠다고 생각하게 된 것도, 내가 문장력의 덕을 본 사례 가운데 하나였지.

브래드포드는 여전히 의사록이나 법령, 그 밖의 관청 관계 서류 인쇄를 하고 있었어. 어느 날 그는 식민지의회가 총독에게 제출할 청원서를 인쇄했는데, 잘못된 글자가 지나치게 많았으므로 우리는 형식을 개선하고 정확하게 다시 찍어내서 의원들에게 한 부씩 보냈다. 그러자 의원들도 인쇄 질의 차이를 깨달았고, 그 결과 식민지의회의 의원들 가운데에서 우리 인쇄소를 지원하는 세력이 늘어나게 되었지. 덕분에 우리는 다음해 식민지의회지정 인쇄인으로 선정 받을 수 있었단다.

식민지의회에 의석을 보유하고 있는 내 벗들 가운데에서도, 특히 앞서 언급한 적 있는 해밀턴 씨를 잊어서는 안 되겠다. 그는 이제 영국에서 돌아온 상태였고 식민지의회에 의석을 가지고 있었는데, 이번 인쇄 업무에 관련해서도 나를 위해 적극적으로 힘을 써 주었어. 그리고 그 뒤에도 많은 일에서 나를 위해 편의를 봐주었고, 죽을 때까지 나를 밀어 주었지.

마침 그 무렵, 무리하게 독촉한다고 할 정도는 아니지만 버논씨가 아직 돌려받지 못한 그 돈에 대해 언급하기 시작했다. 나는 결코 잊어버린 것은 아니지

---

10) 제2장의 주14 참조. 총독은 영국 본국의 영주가 지정한 급료를 요구했고, 식민지의회는 식민지 입장에서 총독의 급료를 결정할 수 있다고 주장하여 서로 맞서고 있었다.

만 조금만 더 기다려줄 수 없겠느냐고 터놓고 부탁하는 편지를 썼는데, 그는 내 부탁을 들어주었어. 그래서 나는 돈을 돌려줄 수 있게 되었을 때 가장 먼저, 원금만이 아니라 이자와 진심 어린 감사의 마음까지 함께 담아서 갚았지. 이것으로 그 실수에 대해 어느 정도 보상이 되었으리라 생각한다.

공동경영 해소

그런데 이쯤에서 내가 꿈에도 생각지 못했던 성가신 사건이 또 하나 일어났단다. 메레디스의 아버지는 나와 주고받은 약속으로는 우리 인쇄소의 경비를 책임지기로 되어 있었는데, 식민지 돈으로 100파운드밖에 빌려 줄 수 없다고 하지 뭐겠니. 그 100파운드는 이미 지불이 끝났지만, 상인에게서 100파운드를 더 빌린 채로 갚지 못하는 상태였지. 그리고 그 상인이 마침내 더 참지 못하고 우리 세 사람을 고소해 버리고 말았어. 우리는 보석금을 내고 유예처분을 받았지만, 그래도 기한 내에 돈을 마련하지 못할 경우 이윽고 소송은 판결, 나아가 형의 집행으로 나가는 것을 막을 길이 없었다. 만약 그렇게 되면 인쇄기도 활자도 빚을 갚기 위해 반값에 처분할 수밖에 없게 될 테고, 전망이 밝은 인쇄 사업이 우리들 자신과 함께 파멸하게 될 것은 명백한 사실이었다.

이처럼 곤경에 처해 있을 때 진정한 친구 두 사람이 각각, 그것도 서로 다른 사람이 찾아왔다는 사실을 모르는 채로 나를 방문했단다. 그리고 내 쪽에서 무슨 이야기를 꺼내기도 전에, 내가 이 사업을 전적으로 혼자 꾸려 나갈 수 있다면 필요한 돈 전액을 빌려 주겠다고, 두 사람 모두가 그렇게 말하지 않았겠니. 나는 지금까지 한 순간도 이 두 친구의 친절을 잊은 적이 없지만, 앞으로도 기억력이 남아 있는 한 결코 잊지 못할 거다. 그런데 이 두 사람은 내가 이대로 메레디스와 공동으로 사업을 계속하는 것에는 반대했어. 그들도 말했지만, 메레디스는 자주 술에 취해서 거리를 쏘다니거나 주점에서 천박한 도박을 하거나 하면서 우리의 신용을 꽤나 떨어뜨리고 있었거든.

이 두 친구는 바로 윌리엄 콜먼과 로버트 그레이스였단다. 나는 그들에게 지금까지 메레디스 부자가 내게 해준 일들과, 앞으로도 그럴 힘만 있다면 해줄 것이라 생각되는 일들에 대해 큰 은혜를 느끼고 있다는 것을 이야기했지. 그리고 그들에게 우리가 나눈 계약의 의무를 수행할 가능성이 조금이라도 남아 있다면, 내 쪽에서 먼저 이별을 고할 수는 없다고 말했어. 하지만 만에 하나 그 부자가 결국 약속을 지키지 못하고 우리의 공동사업을 해소시킬 수밖에 없게 된다면, 그때는 마다하지 않고 친구들의 도움을 받아들이겠다고 했단다.

이렇게 해서 이 문제는 잠시 덮어 두기로 했지. 그리고 나는 어느 날 메레디스에게 이렇게 물어보았어. "혹시 자네 아버지께서 우리 사업에서 자네가 맡은 역할에 불만을 품고 있는 것은 아닐까? 그래서 자네한테만이라면 내줄 수 있는 돈도 나 때문에 꺼리고 계시는 게 아닌가 모르겠군. 만약 그렇다면 이렇게 말씀드려 줘. 이 일을 모두 자네한테 양보하고 나는 나대로 따로 사업을 해도 상관없다고 말이야." 그러자 그는 이렇게 대답했단다. "그게 무슨 소리야? 우리 아버지는 정말로 돈이 들어올 전망이 어긋나는 바람에 내줄 수가 없게 된 거야. 그래서 나는 이 이상 아버지에게 폐를 끼칠 수는 없다고 생각해. 이 일은 나한테 맞지 않는다는 것도 알게 됐고 말이야. 애초에 농가에서 자란 내가 도시 같은 데로 나와서, 서른 살이나 먹어가지고 새로운 일을 배운답시고 도제로 들어갔던 것부터가 잘못이었어. 사실은, 우리 웨일즈 출신들끼리 모여서 땅값이 싼 노스캐롤라이나 식민지로 들어갈 계획이 있어. 나도 거기에 참가해서 내가 잘 아는 농사일을 해볼까 해. 너한테는 너를 도와 줄 친구들이 있지? 그러니 만약 네가 이 가게의 빚을 맡아주고 아버지가 빌려 준 100파운드를 돌려준다면, 그리고 내 개인적인 빚도 갚아 주고 30파운드와 새 말안장 하나를 마련해 준다면 공동경영 권리를 포기하겠어. 남은 일은 전부 너한테 맡길게."

나는 그의 제안에 응해서 당장 서류를 작성했고, 서명날인을 함과 동시에 그가 요구한 것들을 마련해 주었다. 메레디스는 그 뒤 바로 캐롤라이나로 떠났지. 그리고 다음 해에 긴 편지를 두 통 보냈는데, 그 지방의 기후와 토양, 농업 등에 대한 내용이 담겨 있었단다. 그는 이 분야에 대해서는 아주 정확한 이해력을 지니고 있었기에 그 편지는 그 지방에 대한 더할 나위 없이 좋은 보고서였어. 나는 그 편지를 신문에 실어서 일반 독자들의 큰 호응을 얻었다.

메레디스가 나간 뒤 나는 곧바로 두 친구에게 도움을 구했지. 하지만 두 사람 가운데 한 명을 놔두고 다른 한 명만 선택하는 은혜도 모르는 짓을 하고 싶지는 않았어. 그래서 한 사람당 내가 필요로 하는 금액의 절반씩을 빌리기로 했단다. 그리고 가게 빚을 청산하고 공동경영을 해소한다는 광고를 내고는 나 개인의 명의로 사업을 이어 갔지. 이것은 1729년인가, 그 전후[11]의 일이었을 거다.

이 무렵 펜실베이니아 식민지에는 지폐가 고작 1만5천 파운드밖에 남아 있지 않았고, 그것도 이윽고 회수될 예정이었단다. 그래서 일반 주민들 사이에서는 지폐를 더 발행해야 한다는 의견이 나오고 있었지.[12] 부자들은 무슨 일이 있어도 지폐를 더 발행하는 데 반대한다는 입장이었어. 그들은 뉴잉글랜드의 경우처럼 지폐가치가 떨어져서 채권자 전체가 피해 입는 것을 우려한 나머지, 지폐 그 자체에 반대하고 있었단다.

우리는 전토 클럽에서 이 문제에 대해 의논한 적이 있었는데, 나는 지폐를 더 발행하는 쪽에 찬성하는 입장이었어. 1723년에 처음으로 소액이나마 지폐가 발행된 덕분에 이 식민지에서 거래와 고용이 늘어났고, 또 인구도 증가해서 큰 이익을 얻게 되었다고 굳게 믿었기 때문이었지. 지금은 낡은 집에도 빠짐없이 사람이 살고 있고 새 집도 많이 지은 상태지만, 나는 처음 필라델피아에 와서 롤빵을 먹으며 거리를 돌아다니던 그 때를 여전히 또렷하게 기억하고 있었다. 월넛 스트리트의 세컨드 스트리트와 프론트 스트리트 사이에 있는 대부분의 집 문에는 "셋집"이라 써 놓은 종이가 붙어 있었고, 또 체스넛 스트리트나 다른 거리에도 마찬가지로 셋집이 잔뜩 늘어서 있었지. 그때 나는 이곳 사람들이 잇따라 도시를 버리고 다른 지방으로 떠나고 있는 게 아닐까 생각했었단다.

나는 토론을 이어 가는 사이에 이 문제에 깊이 빠져들고 말았어. 그래서 '지폐의 본질과 그 필요성'[13]이라고 제목을 붙인 익명의 팸플릿을 써서 인쇄하기에 이르렀지. 이 팸플릿은 대체로 일반시민들에게 호평을 받았지만, 부자들은 이것 때문에 지폐를 발행하자는 의견이 더 늘어나자 못마땅한 눈치였어. 하지만 마침 그들 측에는 내 팸플릿에 반론을 제기할 수 있는 실력을 가진 필자가

---

11) 정확하게는 1730년 7월.

12) 펜실베이니아에서는 수입초과 때문에 금, 은이 영국 본국으로 유실되어 통화부족이 심각한 수준에 이르러 있었다. 1723년 초에 지폐를 발행해서 고비를 넘겼지만, 그것은 이윽고 회수될 예정이었다. 이에 고물가에 신음하던 일반 주민들은 오히려 지폐를 더 발행해야 한다고 요구하기 시작했다.

13) 1729년 4월 발표. 프랭클린은 부분적으로는 영국의 경제학자 윌리엄 페티의 이론에 입각한 것이면서도 식민지의 특수사정을 고려해서 지폐 발행을 강경하게 주장, 요구했다.

없었기에, 반대 의견은 점점 약해지게 되었지. 결국 지폐발행 안은 다수결로 식민지의회를 통과하게 되었단다. 식민지의회에 있는 내 벗들은 내 노력이 큰 효과를 거두었다는 사실을 인정하고, 이번 지폐 인쇄 일을 나한테 돌리는 것이 마땅한 보수가 될 거라고 생각했지. 이 일은 아주 큰 수익을 거두었고, 덕분에 나 자신에게도 큰 도움이 되었다. 이 또한 내가 글 쓰는 것을 익혔던 것이 효과를 거둔 사례 가운데 하나였단다.

이때 발행한 지폐가 유익한 것이었다는 사실은 시간과 경험을 통해 확실히 증명되었기에, 이후 그 효용에 대해 반론이 나오는 일은 없었다. 그리고 그 결과 지폐는 이윽고 5만5천 파운드, 1739년에는 8만 파운드까지 증가했을 뿐만 아니라, 그 뒤 전쟁 중[14]에는 35만 파운드를 넘어설 정도가 되었어. 한편으로는 그 사이에 무역, 건축, 인구도 크게 늘어났지. 하지만 현재의 나는 지폐 발행에는 역시 한도가 있고, 그것을 넘어서면 유해한 것이 될 거라고 생각하고 있단다.

그로부터 얼마 뒤, 나는 친구인 해밀턴 씨를 통해서 뉴캐슬의 지폐를 인쇄하는 일을 맡게 되었다. 그 무렵 나는 이것도 많은 수익이 남는 일거리라고 생각했지. 영세기업을 운영하는 인간한테는 작은 일도 크게 보이는 법이지만, 이와 같은 업무는 내게 큰 격려가 되어 주었고 실제로도 많은 이익을 얻었어. 해밀턴 씨는 그밖에도 뉴캐슬 정부의 법령이나 의사록을 인쇄하는 업무도 가져다주었는데, 나는 이 일들을 인쇄소를 그만둘 때까지 계속 맡았단다.

나는 이 무렵 조그만 문방구를 열고, 이 도시에서는 그때까지 손에 넣지 못했던 정식 서류 양식을 친구인 브라인트널씨의 도움을 빌어 종류별로 완벽하게 갖춰 놓았다. 그밖에도 종이, 양피지, 행상인이 팔고 다니는 싸구려 책 따위도 진열해 놓았지. 게다가 이 무렵 런던에서 알게 되었던 화이트매쉬[15]라는 매우 솜씨 좋은 식자공이 찾아와서, 나와 함께 물심양면으로 일을 하고 있었어. 나는 또한 아퀼라 로즈의 아들을 견습공으로 고용했단다.

나는 이때쯤에야 겨우 인쇄소를 위해 진 빚을 조금씩이나마 갚을 수 있는

---

14) 북아메리카에서 1754년 시작된 프랑스와의 전쟁.
15) ?~1733. 프랭클린이 런던에서 불러들인 유능한 인쇄공. 사우스캐롤라이나 식민지에서 인쇄소를 공동경영. 〈사우스캐롤라이나 가제트〉를 편집발행.

형편이 되었지. 그리고 경영인으로서의 신용과 호평을 유지하기 위해, '내면'적으로 부지런하고 근검절약을 실천할 수 있도록 주의하는 것만이 아니라 '외면'적으로도 그리 보일 수 있도록 노력했어. 소박한 옷을 입고, 방탕한 이들이 모이는 번화가 같은 곳에는 절대로 가지 않았으며, 낚시나 사냥을 하러 나가는 일도 없었지. 솔직히 말해 책에 푹 빠지는 바람에 일을 게을리 한 경우는 가끔 있었지만, 매일같이 그랬던 것은 아니고 또 다른 사람 눈에 뜨인 적도 없었으므로 나쁜 평판을 얻지는 않았단다. 또한 나는 자신이 내 상황에 맞게 사업을 하고 있다는 것을 드러내기 위해서 가끔 도매상에서 사들인 종이를 수레에 싣고 거리에서 직접 끌면서 돌아가곤 했지.

이 덕분에 나는 부지런하고 미래가 밝은 청년으로 알려지게 되었다. 또 사들인 물품의 대금을 정해진 날에 꼭 지불했으므로 문방구류 수입을 하는 업자에게서 거래신청이 들어오기도 하면서 착실하게 성공의 길을 걸어가고 있었지. 한편 키머는 어떻게 되었는가 하면, 나날이 신용이 떨어져서 경영이 점점 더 어려워지다가 결국에는 채권자들에게 돈을 갚기 위해 인쇄소를 팔 수 밖에 없는 상황에 처했어. 그리고 바베이도스 섬으로 건너가서 그곳에서 몇 년 동안 아주 가난한 생활을 하게 되었지.

그리고 그의 도제였던 데이비드 해리가 키머에게서 작업도구를 사들이고 그의 뒤를 이어 필라델피아에서 인쇄소를 열게 되었다. 해리는 내가 키머의 가게에서 일했을 때 가르치던 사람이었는데, 세력이 있고 인맥도 넓은 친구를 몇 명이나 두고 있었기에 처음에는 나도 강적이 나타났다고 불안하게 생각했었어. 그래서 나는 공동으로 사업을 하지 않겠냐고 권해 보았는데, 그 쪽에서 딱 잘라 거절해 버렸지. 하지만 이것은 내게는 오히려 행운이었단다.

그는 매우 오만한 사람으로, 신사 같은 옷차림을 하고 사치스런 생활을 했다. 가끔 밖으로 놀러 나가 빚을 지고 다녔고, 자신의 사업에 정성을 쏟지 않았어. 결국에는 아무도 그에게 일을 부탁하지 않게 되었지. 그는 아무런 할 일이 없는 상태로 키머의 뒤를 따라 바베이도스 섬으로 떠났고, 인쇄소도 그곳으로 옮겼다. 바베이도스 섬에서 이 도제는 한때 자기 주인이었던 사람을 직인으로 고용했지만, 둘은 매일같이 싸우기만 했지. 그리고 해리는 계속 빚에 시달리다가, 결국에는 활자를 전부 팔아넘기고 펜실베이니아로 돌아가서 농사를 지을 수밖에 없었단다. 그의 활자를 사들인 사람은 키머를 고용해 인쇄소를 차렸는데, 몇 년 뒤에는 키머도 죽고 말았지.

이렇게 해서 필라델피아에 내 경쟁자라고는 옛날부터 인쇄소를 경영해 온 브래드포드밖에 없게 되었다. 브래드포드는 돈도 넉넉하고 생활도 편했기에 일은 임시직원을 쓰면서 가끔씩 할 뿐이었고, 특별히 사업에 힘을 쏟는 것도 아니었지. 하지만 우체국을 운영하고 있었으므로, 대체로 새 정보를 입수할 기회는 그쪽이 더 많을 거라고 생각하는 사람이 많았단다. 게다가 사람들은 그의 신문에 광고를 내는 쪽이 내 신문보다 더 널리 퍼져서 유리할 거라 여겼으므로 광고 청탁도 훨씬 많이 들어왔고 말이야. 이런 이유로 그는 많은 벌이를 하고 있었고 내 쪽은 불리한 입장에 서 있었지. 사실은 나도 우편을 이용해서 신문을 받거나 배달하거나 하고 있었지만, 사람들은 그렇게 생각하지 않았어. 브래드포드가 심술궂게도 신문 우송을 금지했으므로, 나는 우편물을 나르는 기수에게 뇌물을 주고 몰래 신문배달을 해야 했거든. 나는 그의 이러한 수법에 적잖이 분개했고, 이 때문에 그를 정말로 비열하기 짝이 없는 인간이라 생각하게 되었지. 그래서 내가 뒤에 그를 대신해서 우체국을 운영하게 되었을 때는 이런 짓만은 절대로 하지 않겠다고 조심하게 되었단다.

프랭클린의 결혼

이때까지 나는 변함없이 고드프리와 함께 지내고 있었다. 그는 아내와 함께 내 집의 일부를 빌려 생활했고, 가게 한쪽을 써서 유리 가게를—앞서 말했듯이 그는 수학에 푹 빠져 있었으므로 제대로 일을 하는 건 아니었지만—냈었지.

고드프리 부인 쪽은 나를 자기 친척의 딸과 결혼시키고 싶어 해서, 여러 차례 그 처녀와 내가 마주칠 기회를 만들어 주었어. 그 아가씨도 정말 좋은 사람이었기에 나도 어느새 진심으로 결혼신청을 할 마음이 들게 되었지. 그녀의 부모님도 기꺼워했고, 매일같이 나를 저녁식사에 초대해서 그 뒤에 둘이서만 시간을 지내는 것도 용납해 주었지. 이렇게 해서 마침내 이야기를 구체화시키는 단계에 이르렀고, 고드프리 부인이 우리 사이의 교섭을 맡게 되었어. 나는 인쇄소의 남은 빚을 갚을 수 있을 만큼의 지참금을 원한다는 조건을 고드프리 부인에게 전달했단다. 빚이라고 해도 그 무렵에는 100파운드도 남지 않은 상태였을 게다.

그런데 고드프리 부인이 상대편에게서 그만큼의 돈을 낼 여유가 없다고 한다는 대답을 가지고 오는 바람에, 나는 집을 담보로 금융업자에게서 돈을 빌릴 수도 있지 않느냐고 말해 주었다. 며칠 뒤 그쪽에서 답변이 왔는데, 이 결혼에 찬성할 수 없다는 이야기였어. 그들은 브래드포드에게 문의를 해봤는데, 그가 인쇄소란 것은 활자가 금방 망가지기 때문에 계속해서 채워야만 하고, 따라서 돈벌이가 되는 사업이 아니라고 했다는 거야. 그리고 사무엘 키머와 데이비드 해리가 연달아 파산했으니 나도 결국에는 그들과 마찬가지로 파산하게 될 거라는 이야기까지 들었기 때문이라고 하더구나. 이렇게 해서 나는 그녀의 집에 출입하는 것을 금지 당했고, 또 그녀 쪽에서도 외출을 하지 못하게 되었어.

이런 결과가 나온 이유가 정말로 부모들의 생각이 바뀐 것 때문이었는지, 아니면 우리 두 사람이 이제 물러날 수 없을 만큼 깊은 관계에 이르렀다고 가정하고, 어차피 몰래 결혼할 게 분명하니 일단 결혼만 해버리면 적당히 생각해 놓은 액수를 지참금으로 주거나 자기들 마음대로 아예 안 주고 넘어갈 수도 있다는 생각으로 책략을 짜낸 것인지는 모를 노릇이었다. 하지만 나는 아무래도 후자가 틀림없다고 생각한 나머지 부아가 치밀었고, 두 번 다시 그 집에 가지 않았어.

고드프리 부인은 그 뒤에도 여러 가지 감언이설을 늘어놓으며 상대편의 의향을 설명하고 관계를 회복시키려고 노력했지. 하지만 나는 이제 그런 집안과는 더 이상 얽히고 싶은 마음이 털끝만큼도 없다고 확실히 말해 주었어. 그 말을 듣자 이번에는 고드프리 부부 쪽에서 어마어마하게 화를 내더구나. 우리 관계는 험악해졌고, 그들은 이 넓은 집에 나 혼자만을 남겨놓고 이사를 해버리고 말았어. 나는 나대로 이제부터 두 번 다시 동거인 따위는 두지 않겠다고 결심했고 말이다.

하지만 이 사건을 계기로 나는 결혼에 대해 진심으로 생각하게 되었단다. 나는 자신의 주변을 돌아보기도 하고, 다른 방면으로 교제신청을 해보기도 했지. 하지만 이윽고 인쇄소라는 사업이 대체로 별것 아닌 것처럼 받아들여지고 있으므로, 지참금이 있는 아내를 맞고 싶어도 그것만 빼면 아무런 장점도 없는 상대가 아닌 이상 무리라는 것을 알게 되었지. 하지만 그 사이에도 나는 억누를 수 없는 청춘의 정욕에 사로잡혀 길에서 만난 저속한 여자들과 자주 관계[16]를 맺곤 했다. 하지만 이런 관계에는 다소 비용이 들고 불편한 점도 많았어. 그뿐만이 아니라 나쁜 병에 걸려서 건강을 해칠 위험이 늘 도사리고 있었지. 그것이 가장 두려운 일이었지만, 정말 다행히도 나는 그런 나쁜 병에 걸린 적은 없었단다.

나와 리드 집안은 이웃이자 옛날부터의 지인으로서 친밀한 교제를 계속 유지하고 있었다. 리드 집안사람들은 모두 내가 그들의 집에서 하숙하던 시절부터 내게 호의를 품고 있었지. 나는 가끔 리드가에 초대받아서 그들의 집안일에 대한 상담을 해주기도 했는데, 내 판단이 도움이 된 적도 있었단다. 나는 리드양의 불행한 처지에 진심으로 동정하고 있었다. 그녀는 언제나 우울한 상태로 웃음을 보이는 일도 거의 없이 자기 방에만 틀어박혀 있었지. 나는 나대로 그녀가 불행한 가장 큰 원인은 자신이 런던에 있었을 때 변덕스럽고 성의 없는 태도를 취했던 탓이라고 생각하고 있었다. 하지만 그녀의 어머니는 친절하게도 나보다 자신이 더 나빴다고 여기시더구나. 그녀는 내가 런던으로 떠나기 전에 리드양과 결혼하려고 했던 것을 방해했을 뿐만이 아니라, 내가 없는 동안 딸을 설득해서 다른 사람과 결혼시켰던 게 잘못이었다고 했지.

나와 리드양 사이에는 옛날의 애정이 되살아나기 시작했어. 하지만 우리의 결혼에는 큰 장애물이 있었다. 그녀의 첫 번째 결혼은 상대 남자의 아내가 영국에 살고 있다는 사실로 인해 확실히 무효로 간주되고 있었지만, 워낙 먼 곳인지라 간단히 사실을 증명할 수가 없었거든. 게다가 상대 남자는 그 뒤에 죽었다는 소문이 떠돌았지만 그것도 확실한 것은 아니었어. 예컨대 그 소문이 사실이었다 해도, 그는 거액의 빚을 남긴 상태였으니 남은 가족이 대신 갚아야 하는 처지에 빠질 가능성도 있었지. 그럼에도 불구하고 우리는 이러한 장애를 모두 뛰어넘었단다. 1730년 9월 1일,[17] 나는 그녀를 아내로 맞이하게 되었지. 그리고 우리가 우려하던 일은 하나도 일어나지 않았고, 그녀는 착하고 충실한 반려가 되어 가게 일을 하면서 나를 많이 도와주었단다. 우리 두 사람은 함께 성공의 길을 걸었고, 늘 서로 상대방을 행복하게 해주기 위해 노력했어. 이것으로

---

16) 제1장의 주3 참고.

17) 제2장의 주3 참조.

나는 그 커다란 실수에 대해 최대한의 속죄를 할 수 있게 되었지.

이 무렵 우리 클럽은 술집 대신 그레이스 씨의 작은 방을 모임 장소로 정하고 만나게 되었다. 어느 날 나는 여러 가지 문제에 대한 논문을 쓰면서 계속 우리 책들을 인용하고 있었는데, 회합 자리가 아니라도 그러한 인용구를 필요할 때 조사할 수 있도록 우리 책들을 이 방에 가져다놓는 편이 편리하지 않겠느냐고 제안했단다. 그렇게 해서 모두의 책을 한 곳에 모아놓고 공통의 장서로 삼으면, 우리에게 책을 모을 의사가 있는 한 모두가 회원들이 가진 책 전부를 이용할 수 있게 되므로, 개인이 그 책들을 모두 갖고 있는 것과 거의 다를 바 없는 이익을 얻을 수 있다고 생각했기 때문이었지.

다들 이 제안이 명안이라고 하며 찬성했단다. 그래서 우리는 우선 가장 떼어 놓아도 괜찮을 만한 책들을 가지고 와서 모임을 갖는 방 한쪽에 늘어놓았지. 모인 책은 우리가 기대한 만큼 많지는 않았단다. 이 문고는 매우 큰 도움이 되었지만, 관리할 사람이 마땅치 않아 불편한 점이 이것저것 생기게 되었어. 결국 우리는 약 1년 뒤에 계획을 철회하고 각자 자신의 책을 집으로 들고 돌아가게 되었단다.

또한 이 무렵에 나는 공공성이 있는 최초의 계획, 즉 회원제 도서관을 만들 계획에 착수했단다. 나는 취지문을 작성해서, 이 도시의 유력한 공증인이었던 브록덴 씨에게 이 취지문을 정식 문서로 만들어달라고 맡겼지. 그와 동시에 전토 클럽의 친구들의 지지를 얻어 50명의 회원을 확보했어. 회원은 각자 입회금으로 40실링을 먼저 내고, 이후에는 이 모임이 존속기간으로 예상한 50년 동안 매년 10실링씩 회비를 걷기로 규정했단다. 나중에 회원수가 100명까지 늘어나자 나는 법인조직으로 만들기 위한 허가를 얻었지. 그리고 이 도서관이 지금은 각지에서 흔히 찾아볼 수 있는 북아메리카 회원제 도서관의 모태가 되었단다. 우리 도서관도 역시 현재는 규모가 커졌고 끊임없이 성장하고 있는데, 이러한 회원제 도서관이야말로 미국인의 전체적인 지식수준을 높이고 평범한 상인이나 농민들의 교양 수준도 높여서, 다른 나라 신사들과 비교해도 결코 손색이 없을 정도로 만들어주었지. 또한 식민지 전체의 주민들이 스스로의 권리를 지키기 위해 그처럼 일제히 일어나 싸운 것에도, 아마 이 도서관이 어느 정도 공헌하지 않았나 싶구나.

자서전 집필을 권하는 두 통의 편지

'메모' 여기까지는 첫머리에서 서술한 것과 같은 의도를 가지고 쓴 것이다. 따라서 다른 사람에게는 의미가 없는 가족들끼리의 보잘것없는 일화까지 포함되어 있다. 다음은 그 뒤로 꽤 오랜 시간이 지난 뒤, 아래에 인용하는 두 통의 편지에 담겨있는 충고에 따라 일반 독자를 염두에 두고 쓴 것이다. 잠시 멈추었던 것은 나 또한 독립전쟁에 휘말려들었기 때문이다.

에이벨 제임스 씨[1]에게서 받은 편지 및 자서전을 위한 비망록

나의 친애하고 존경하는 벗에게

진작부터 귀하에게 편지를 보내고자 몇 번이나 생각했으나, 여러 가지 마음에 걸리는 점이 있어 오늘에 이르고 말았습니다. 만에 하나 제 편지가 영국군

---

1) 필라델피아에 거주하는 퀘이커 교도 상인이자 유력자. 견직물이나 차를 취급해서 재산을 모았고, 프랭클린이 창설한 학술협회 회원이었다. 프랭클린은 독립전쟁 중간에(1776년) 프랑스에서 경제 원조를 받기 위해 프랑스로 떠났는데, 그때 그는 《자서전》의 원고, 메모, 서류, 편지 등을 모두 지인인 조지프 갤러웨이에게 맡겨두었다. 그런데 갤러웨이는 그 뒤 영국 왕 측에 붙어서 필라델피아를 떠났고, 프랭클린의 서류는 그의 부인이 보관하게 되었다. 그러나 얼마 뒤 그 부인도 죽어 프랭클린의 귀중한 《자서전》 원고 등은 그녀의 유언으로 갤러웨이 유산정산인으로 지정된 제임스의 손으로 넘어갔다. 원고를 보고 "몇 사람 정도가 아니라 몇 백만의 사람들에게 유익하고 흥미로운 저작물'이라고 판단한 제임스는 파리에 머물고 있던 프랭클린에게 원고와 편지를 보내 '자서전' 집필을 이어서 완성시킬 것을 요청했다. 이 편지는 1782년 여름에 쓴 것으로 추정된다. '비망록'은 '자서전'의 '아웃라인'으로, '형과의 충돌' '필라델피아 도착' '전기실험 성공' '나의 성격' '세인트 아삽의 주교'와 같은 항목이 열거되어 있었다. 《자서전》에 나오지 않은 항복도 무척 많다. 프랭클린의 '자서전'은 독립전쟁 중의 혼란 속에서 사라졌거나 혹은 제임스가 보지 못하고 처분했을 수도 있으며, 그 경우 환상의 책이 되었을 가능성도 충분히 있다.

에게 들어가는 일이 생긴다면 인쇄소 내지 참견꾼들이 편지 내용의 일부를 공표할 지도 모르고, 그렇게 되면 미국의 친구들에게 피해가 미칠 것이며 나 역시 문책을 당할 가능성이 있다고 보아 차마 결단을 내리지 못했던 것입니다.

그런데 일전에, 매우 기쁘게도 귀하가 아드님에게 집안의 내력과 1730년까지의 당신의 생애에 대해 이야기하는 자필원고 약 23장과, 역시 자필로 쓴 메모를 우연히 입수하게 되었습니다. 그 메모의 사본을 여기 동봉합니다. 귀하가 이어서 후반생에 대한 것까지 자서전에 쓰신다면, 앞부분과 뒷부분을 잇는 데에 조금이나마 도움이 되지 않을까 생각했기 때문입니다. 그리고 아직 뒷부분을 쓰지 않으셨다면 곧바로 그 일에 착수하시기를 희망합니다. 〈전도서〉[2]의 솔로몬이 말했던 것처럼 인생은 정해진 것이 아닙니다. 만약 그토록 친절하고 인간미 풍부하고 자애 깊은 벤 프랭클린이 벗들과 세상 사람들에게서 이토록 재미있고 유익한 저서를 읽을 기회를 빼앗는다면, 무슨 소리를 듣게 될지 모르는 일입니다. 이것은 단순히 몇 안 되는 한정된 사람들만이 아니라 몇 백만의 사람들에게도 유익하고 흥미진진한 저작물입니다.

이런 종류의 저서는 젊은이들의 마음에 미치는 영향력이 매우 크기 마련이지만, 공공을 위해 생애를 바친 인간의 나날의 기록만큼 그 점이 뚜렷이 드러나는 것은 없을 것입니다. 젊은이들은 그것을 읽고 모르는 사이에 자신들도 노력해서 이 필자처럼 훌륭하고 뛰어난 인물이 되자고 결심하게 될 것입니다. 저는 분명히 출판하시리라 믿습니다만, 만약 귀하가 이 저서를 출판하셔서 젊은이들이 귀하의 젊은 시절을 본받아 근면과 절제의 미덕을 실행하게 된다면, 그 청년들에게도 얼마나 큰 축복이겠습니까. 저는 현존하는 인물들 가운데, 아니 그들 모두를 하나로 합친다 해도 귀하만큼 근면하게 일하는 것과 절약과 절제를 원칙으로 삼는 정신의 중요성을 미국의 젊은이들에게 잘 가르쳐줄 수 있는 사람이 쉽게 떠오르지 않습니다. 그렇다고 귀하의 저서에 그 외에는 아무런 가치와 효용이 없다는 뜻은 아닙니다. 절대로 그렇지 않습니다. 단지, 앞서 말씀드렸던 것이 다른 어떤 것도 필적할 수 없을 만큼 중요한 것이라고 말씀드리고 싶었을 따름입니다.

---

2) 구약성서의 한 구절. 동양적인 숙명·무상관이 느껴지고 서두에서 나오는 '헛되고 헛되니 모든 것이 헛되도다'라는 말이 전 편에 걸쳐 총 39회 되풀이되고 있다.

여기 수록한 이 편지와 그에 동봉되어 있던 메모를 나의 벗 가운데 누군가에게 보여주었더니, 그가 다음과 같은 편지를 보내왔다.

벤자민 본[3]씨가 보낸 편지
1783년 1월 31일, 파리에서

존경하는 선생님께.

일전에 퀘이커 교도인 지인[4]이 되찾으셨다는 당신의 생애에서 일어난 주요 사건들을 기록한 비망록을 배견할 기회가 있었습니다만, 그분이 희망하신 것처럼 저 역시 그 자서전을 완성해서 출판하시는 것이 유익하지 않을까 생각했습니다. 가까운 시일 안에 편지를 드려서 그 이유를 말씀드릴 것을 약속드렸으면서도, 요즘 얼마 동안 잡다한 일들에 정신이 없어 약속한 편지를 쓸 여유가 없었습니다. 만약 그 와중에 썼다 하더라도 기대에 보답할 만한 내용을 쓸 수는 없었으리라 생각됩니다. 하지만 이제야 겨우 여유가 생겼으므로, 적어도 자신이 이 문제에 대해 흥미를 품고 있다는 것을 이 편지로 전하고자 합니다. 혹시 제가 무심코 쓰는 단어가 당신처럼 예의에 밝으신 분께 불쾌함을 안겨드리는 일이 있을 지도 모르겠습니다. 그러니 훌륭하고 위대하다는 것은 마찬가지이지만 당신만큼 겸허하지 않은 다른 분에게 말씀드리는 것처럼 쓰고자 합니다. 그리고 그 분께서 다음과 같은 이유로 부디 당신의 생애에 대한 이야기를 들려주시기를 바라는 바입니다.

첫 번째 이유는 당신의 생애가 반드시 주목할 만한 가치가 있는 것이라는 사실입니다. 만약 당신 자신이 쓰지 않으신다면 분명히 다른 사람이 쓰게 될

---

3) 1751~1835. 영국의 정치가, 외교관, 농업경제학자. 자메이카에서 유복한 상인의 아들로 태어나 영국에서 교육을 받았다. 프랭클린보다 45세 아래로, 그의 입장에서는 아들과도 같은 존재였다. 그러나 국제관계에 대한 그의 견식에 프랭클린은 경의를 표하고 있었다. 그는 아메리카 식민지의 독립운동에 일찍부터 이해와 지지를 표했다. 프랑스 혁명 중에는 셸번경의 밀사로서 프랑스에 머물렀고, 공포시대의 프랑스를 소상히 목격했다. 1796년 독립 후의 미국으로 이주하여 정계에서 은퇴, 메인 주의 농장에서 전문 농업 개선에 종사하며 저작 활동을 했다. 1779년 런던에서 프랭클린의 첫 번째 책을 편집 발행했다.
4) 에이벨 제임스를 말한다.

것이고, 그렇게 되면 아마 당신이 직접 쓰셨다면 많은 도움이 되었을 것이 오히려 온갖 해를 끼치는 것이 될 우려가 있다고 생각하기 때문입니다.

또한 당신의 자서전은 미국의 국내사정을 생생하게 그린 스케치나 다름없으므로, 나무랄 데 없는 생활태도와 강인한 정신을 가진 사람들에게 미국으로 이주할 결단을 촉구하는 데 있어 큰 도움이 될 것입니다. 미국으로 이주할 생각이 있는 사람들이 그러한 정보를 열심히 찾아다니고 있다는 사실, 그리고 당신의 이름이 널리 알려져 있다는 사실 등을 생각해 보면 당신의 자서전 이상으로 효과적인 광고는 없으리라 생각합니다.

또한 당신의 인생에서 있었던 모든 일들은 성장 도중에 있는 국민들의 습관이나 상황과 밀접한 관련을 가지고 있으므로, 그 부분에 있어서는 카이사르[5]나 타키투스[6]의 저작물 이상으로 인간성이나 인간사회를 정확하게 판단하고자 하는 자들의 흥미를 끌어낼 수 있을 것입니다.

하지만 이러한 이유는, 다음에 말씀드릴 것과 비교하면 작은 것에 지나지 않다고 생각합니다. 당신의 자서전은 앞으로의 위대한 인물을 형성하기 위한 더없이 좋은 견본을 보여주고 있습니다. 그리고 당신이 쓰신 '덕에 이르는 길'[7](출판될 예정이라 들었습니다)과 관련하여 개인적인 성격의 특징을 향상시키고, 결과적으로 공사를 막론하고 모든 사람들의 행복을 증진시키는 데 도움이 될 것이라 여겨집니다.

---

5) 율리우스 카이사르(기원전 102?~44). 고대 로마의 정치가, 장군, 역사가. 기원전 55~50년에 갈리아 지방 및 브리타니아(현재의 영국)를 정복하고, 크라수스와 폼페이우스와 함께 삼두정치를 확립했지만 이후 독재자로서 브루투스에게 암살당했다. 웅변가, 명문가로서도 알려져 있으며 《갈리아 전기》, 《내란기》 등을 남겼다.

6) 코르넬리우스 타키투스(55?~117). 로마의 대표적인 역사가. 웅변가로 알려져 있다. 아내의 아버지 아그리콜라의 불운한 생애를 다룬 《아그리콜라의 생애》에 로마인의 브리타니아 정복 기사가 있다. 저서로 《게르마니아》, 《연대기》, 《역사》 등이 있다.

7) 프랭클린은 1731년경 필라델피아 청년을 중심으로 특정 종교에 치우치지 않고 근검절약과 같은 세속적인 덕에 기반을 둔 상호 부조적 클럽을 결성함과 동시에, 사회생활에서 선행을 권하고 그 실천의 길을 설명하는 《덕에 이르는 길》을 집필하려 했다. 그가 생각한 '원대한 계획'의 1부에 해당하는 것이었지만, 30대까지는 생활에 시간적 여유가 없었고 그 뒤에는 공무에 쫓긴 나머지 결국 계획만으로 끝나고 말았다. 프랭클린은 본의 편지에 답하는 것처럼, '덕'을 지니는 것의 "유익함'과 '악덕'의 '폐해'를 밝히고, '덕'을 갖추기 위한 '수단'과 '방법'을 나타낸 책을 쓸 생각이었다고 서술하고 있다.

지금 말씀드린 당신의 두 가지 저작물은, 특히 독학에 있어서 절절한 습관과 범위를 제시하고 있습니다. 학교 및 그 밖의 교육은 언제나 잘못된 방침을 기준으로 삼아 행해지고 있으며, 얄팍한 수단을 이용해서 잘못된 목표를 지향하고 있습니다. 그런데 당신의 교육 수단은 매우 간단하고, 목표 또한 핵심을 찌르는 것입니다. 현재의 부모와 젊은이들에게는 인생에 있어 자신에게 적절한 진로를 판단하고 그에 대해 준비할 수 있는 적당한 방법이라고는 아무것도 주어져 있지 않습니다. 그러므로 문제의 열쇠는 대부분의 경우 그 사람 자신의 손 안에 있다는 당신의 발견은 헤아릴 수 없을 만큼 귀중한 것입니다.

나이를 먹은 뒤 인간의 인간성에 대한 영향은 그저 시기가 늦어질 뿐만이 아니라 효과도 약해지게 됩니다. 우리가 주된 습관이나 편견을 스스로에게 심는 것은 젊은 시절입니다. 따라서 우리 인생의 방향이 결정되는 것은 젊은 시절이며, 젊은 시절에 다음 세대의 교육까지 주어지는 것입니다. 젊은 시절에 자신들의 공사에 걸친 인간성이 결정됩니다. 사람의 인생은 청년기부터 노년기까지이고, 처음에 오는 청년기에 좋은 출발을 하지 않으면 안 됩니다. 특히 인생의 주요 목적에 관해 선택하기 전에 좋은 출발을 할 필요가 있습니다.

당신의 자서전은 독학만이 아니라 현인의 교육까지 가르쳐줍니다. 아무리 뛰어나고 현명한 사람이라도, 또 다른 현인이 그 사람 나름대로의 처세술을 세세하게 이야기하는 것을 보게 되면 그것이 자기계발 및 진보로 이어지는 법입니다. 그런 의미에서, 인류가 길안내를 제대로 받지 못한 채 태고 적부터 그저 어둠 속을 헤매고 다니는 것을 보고도 어리석은 일반인들에게 도움의 손길을 내밀지 않아도 괜찮을 리가 없습니다. 인간이 얼마나 많은 것을 할 수 있는지, 아들들에게도 아버지들에게도 가르쳐주고 싶습니다. 그리고 모든 현명한 이들이 당신처럼 되는 것을, 그리고 다른 사람들은 현인을 본받는 것을 목표로 삼기를 바랍니다.

정치가나 군인들이 조용히 있는 사람들에게 얼마나 잔혹해질 수 있는지, 고명한 사람들이 친구들에게 얼마나 비상식적인 태도를 취하는지, 그러한 사례를 이것저것 목격하게 됩니다. 그럴수록 온화하고 부드러운 태도를 취하는 사람이 많아지고, 위대한 동시에 가정적이며 다른 사람의 부러움을 사는 지위에 있으면서도 서글서글하게 구는 것, 그러한 것들이 양립할 수 있음을 알게 되는 것은 정말이지 교육적인 일이라 할 수 있습니다.

사생활에서 일어난 작은 사건에 대해서도 이야기해주실 것이라 믿습니다. 그러한 이야기를 들려주신다면 우리 모두는 일상생활에서 신중하게 행동하기 위한 규칙 등을 필요로 하고 있으니 만큼 큰 참고가 될 것이고, 당신이 이러한 일상적 문제를 어떻게 처리해 오셨는지 알게 되는 것 또한 매우 흥미진진한 일이 아닐 수 없습니다. 그것만으로도 흔히들 말하는 인생의 열쇠가 되어줄 것이고, 다들 한 번쯤 설명을 듣고 싶다고 생각하고 있던 많은 것에 대해서 들을 수 있으며, 앞을 내다보고 현명해질 수 있는 기회를 주게 될 것입니다.

스스로가 직접 겪는 것과 가장 가까운 것은 타인의 경험을 흥미로운 형태로 눈앞에서 지켜보는 것입니다. 당신께서 펜을 드신다면 그것을 확실히 기대할 수 있을 것입니다. 당신의 신상에 일어났던 일과 그에 대한 대처 방법은 경우에 따라 단순한 것으로도 심각한 것으로도 보일 테지만, 모두 좋은 참고가 될 것입니다. 당신은 정치나 철학에 대한 토론을 할 때처럼 당신의 인생을 독창적으로 처리해 오셨으리라 믿습니다. 인생만큼(그 중요성과 과오를 모두 고려해서) 실험과 체계를 만들 가치가 있는 것은 상상조차 되지 않습니다.

세상에는 그저 맹목적으로 미덕을 갖추려는 자들이 있는가 하면 허무한 공상의 세계에서 사색에 빠진 사람, 또한 두뇌회전이 빠르지만 나쁜 짓만 생각하는 사람 등이 있습니다. 당신이시라면 자서전을 통해 현명하고 실행 가능한, 그것도 사회에 도움이 되는 것만을 써주시리라 저는 확신합니다.

당신의 생애에 대한 이야기는(제가 지금 프랭클린 박사를 염두에 두고 비교하고 있는 것은, 인간성만이 아니라 개인적인 경력을 놓고 봐도 틀리지 않았다고 생각합니다) 당신께서 자신의 천한 태생을 조금도 부끄러워하지 않는다는 사실을 보여줄 것입니다. 이것은 모든 인간에게 있어 태생이란 것은 그 사람의 행복이나 미덕, 위대함과는 아무 관계도 없다는 것을 증명하므로, 더욱 중요한 의미를 지닌다고 생각합니다.

이와 마찬가지로 모든 목적은 수단 없이는 이룰 수 없는 것입니다. 그러니 당신 같은 분도 계획을 세워서 행동했고, 그 덕분에 저명한 인물이 되었다는 사실을 알릴 수 있을 것입니다. 동시에 아무리 좋은 결과가 나오더라도 그 수단은 지혜를 이용해 가능한 단순한 것으로 하는 편이 좋다는 사실, 즉 수단은 그 사람의 본성이나 미덕, 사고, 습관 따위에 의거하고 있음을 알려주셨으면 합니다.

당신의 자서전으로 명백해지는 또 한 가지 사실은, 인간은 저마다 세상이라는 무대에 등장하는 시기가 정해져 있으며 그 때를 기다려야만 한다는 사실입니다. 그러나 우리는 자신의 의식을 오로지 눈앞의 한 순간에만 집중시키고, 첫 번째 순간 이후가 보다 많은 순간으로 이어진다는 것을 눈치 채지 못합니다. 따라서 자신의 행동을 인생의 모든 순간에 맞추어 잘 조정해야 한다는 것을 자주 망각하게 됩니다. 당신은 타고난 인간성을 훌륭하게 자신의 생활에 적용시킨 것으로 알고 있습니다. 그렇기에 당신의 생활은 어떠한 순간에도 어리석은 초조함이나 후회로 인해 괴로워하는 일 없이, 생생한 만족감과 기쁨으로 가득 차 있는 것입니다. 이와 같은 처신은, 덕행을 자신의 규범으로 삼고 인내를 특징으로 삼은 실로 위대한 인물을 본받아 자신의 평가를 유지하고자 하는 사람들에게 매우 용이한 것이겠습니다.

당신에게 편지를 보낸 퀘이커 교도라는 분은(여기서도 저는 프랭클린 박사님을 닮은 분을 떠올리면서 이 편지를 쓰고 있습니다) 절약과 근면과 절제를 들어 당신을 칭찬하면서, 이것이야말로 모든 젊은이들이 모범으로 삼아야 할 부분이라고 말씀하셨더군요. 그런데 당신이 겸허하고 공정한 분이라는 사실을 잊고 계신 것은 참으로 기묘한 일입니다. 그렇지 않고서는 세상에서 인정받을 때까지 유연하게 기다릴 수 없었을 것이고, 그때까지의 지위에 만족할 수도 없지 않았을까요. 이것은 야심의 덧없음과 마음을 제어하는 것의 중요성을 나타내는 유력한 교훈으로 받아들여야 한다고 생각합니다.

그 편지를 보내신 분이 당신의 명성이 어떠한 것인지 저와 마찬가지로 잘 알고 계셨다면, 그 분은 이런 식으로 말씀하셨겠지요. 당신이 이전에 쓰셨던 것과 지금까지의 행동은 사람들의 주의를 '자서전'과 '덕에 이르는 길'로 쏠리게 만들 것이고, 그렇게 되면 이번에는 '자서전'과 '덕에 이르는 길'이 이전에 썼던 것들과 지금까지의 행동에 대한 것에 주목하도록 만들 거라고 말입니다. 이것은 다양한 인간성을 지닌 인간의 유리한 점으로, 그로 인해 그 사람이 가진 갖가지 것들이 한층 더 힘을 발휘할 수 있게 되는 것입니다. 그리고 세상에는 자신의 정신과 인간성을 향상시키고자 하면서도, 시간 혹은 의욕 때문이 아니라 어떠한 수단을 쓰면 좋을지에 대해 망설이는 사람이 더 많으므로, 더더욱 큰 도움이 될 것입니다.

　마지막 결론으로 말씀드리고 싶은 것이 한 가지 있습니다. 당신의 자서전은 단순한 전기 작품으로서도 가치가 있습니다. 이와 같은 타입의 저작물은 최근에 살짝 유행하고 있는 모양이지만, 꽤 유용한 것이라는 사실에는 변함이 없습니다. 특히 당신의 경우에는 악명 높은 여러 살인청부업자나 모사꾼, 어리석게도 고행으로 세월을 보내고 있는 수도사, 자만심 강한 삼류 문사 등과는 대조적인 생애를 그리고 계시므로 그만큼 더 유리하다고 할 수 있을 것입니다. 이에 자극을 받아 같은 종류의 저작물이 계속해서 나오게 되고, 자신도 자서전에 어울리는 인생을 보내고 싶다고 생각하는 사람이 늘어나는 것을 바라마지 않습니다. 그렇게 되면 당신의 자서전은 플루타르크의 '영웅전'에 실린 글 전체를 묶은 것만큼 큰 가치를 얻게 될 것입니다.

　저는 그러한 인간성의 특징이 모두 부합하는 사람은 세상에서 단 한 사람밖에 없다고 생각해 왔습니다. 지금까지는 그 사람의 인간성을 기리지 않고 그저 마음으로 그릴 뿐이었지만, 이제는 그러기에도 지친 것 같습니다. 그러니 경애하는 프랭클린 박시님, 여기서 직접 한 가지 부탁을 드리면서 편지를 마무리하고 싶습니다.

　그 부탁이라 함은, 부디 당신의 진정한 인간성의 특징을 세상에 알려주시길 바란다는 것입니다. 그렇지 않으면 요즘 세상이 소란스러운 나머지 아까운 인품을 일그러트리거나 중상모략을 일삼는 사람이 나오지 않으리라는 보장이 없습니다. 이미 연세가 지긋하시고[8] 진중한 인품과 독특한 사고방식을 가지고 계시니, 그 점을 생각하면 당신의 생애에 대한 사실이나 마음을 충분히 이해할 수 있는 자가 달리 있으리라고는 생각할 수 없습니다. 그러니 부디 자서전 집필을 부탁드리고 싶습니다.

　이에 더해, 최근 대규모 독립혁명이 있었으므로 우리는 필연적으로 그 혁명의 원동력이 된 인물에게 주의를 돌리게 된 상황입니다. 따라서 혁명 무렵에 숭고한 원리원칙을 주장한 적이 있고, 그것이 현실에 큰 영향을 미쳤다는 사실을 뚜렷하게 밝히는 것은 아주 중요한 일입니다. 그리고 당신의 언동은 뒷날 역

------

8) 이 해에 프랭클린은 77세.

사가들의 주요 연구 대상이 될 것이 분명하니, 그것을 확실하고도 영속적인 것으로 해두어야만 합니다(그것은 영국이나 유럽만이 아니라 드넓고 성장 과정에 있는 당신의 나라에 가져올 결과에 대해서도 마찬가지입니다). 저는 진작부터 인간은 현재도 결코 사악하고 불길한 동물이 아니라는 사실과, 또 적절한 지도를 받으면 보다 이로운 존재가 될 수 있다는 것을 입증할 필요가 있다고 생각해 왔습니다. 그리고 마찬가지 이유로 사악하다는 평가를 받는 사람들 가운데에도 훌륭한 인물이 있다는 생각을 정착시키고 싶습니다. 모든 인간이 열외 없이 구제할 길 없는 타락한 존재라면, 그것만으로도 많은 선량한 사람들이 분발해 봤자 소용없다고 생각하고 노력을 그만두게 될 뿐만 아니라, 인생의 추한 쟁탈전에 참가하거나 하다못해 자신만 좋다면 나머지는 아무래도 상관없다고 생각하게 될 것이기 때문입니다.

사정이 이러하므로, 경애하는 박사님. 지금 바로 자서전 집필에 착수해 주십시오. 그리고 우리를 위해 선량한 당신의 있는 그대로의 모습, 절도 있고 자연스러운 모습을 보여주시기 바랍니다. 당신은 그 중에서도 어린 시절부터의 정의와 자유, 협조를 사랑하셨으니 최근 17년 동안 우리가 보아온 것과 같은 행동을 취하셨던 것도 지극히 당연한 일입니다. 또한 시종일관 변하지 않으시는 부분에 대해서도 밝혀주셨으면 합니다. 영국인이 당신을 그저 존경할 뿐 아니라 사랑할 수밖에 없도록 만들어주십시오. 영국인들은 미국의 어느 개인에게 호감을 품게 되면 나라 자체에도 호의를 느끼게 될 것입니다. 미국인들 역시 영국인이 자신들을 호의적으로 보고 있다는 것을 깨닫게 되면 영국에 대해 보다 호감을 갖게 되겠지요. 당신이 생각하신 바를 영어권 국가만이 아니라 보다 넓은 곳까지 퍼뜨려 주십시오. 자연계나 정치에 관한 여러 문제를 해결하신 뒤에는 전 인류의 진보 향상에 대해서도 생각해 주시기 바랍니다.

저는 화제가 된 자서전을 아직 보지 못한 상태이고 그저 그 자서전의 주인공인 당신을 알고 있을 따름이므로, 사실에 기하지 않은 내용이 있을 지도 모릅니다. 하지만 당신의 자서전과 조금 전에 언급한 저서('덕에 이르는 길')는 반드시 제 기대를 만족시켜 주실 것이라 믿습니다. 제가 지금까지 부탁드린 몇 가지 의견을 고려하시고 써 주신다면 더더욱 그리 될 것이라 굳게 믿습니다. 만에 하나 이 두 권의 저서가 당신을 이토록 열렬히 숭배하는 제 기대를 채우지 못하는 일이 있더라도, 그렇다 해도 사람들의 마음을 끌어당기는 책이 될 것만은 확실합니다. 그리고 타인의 마음에 한 점 티끌 없는 기쁨을 가져다주는 사람은 누구나, 불안 때문에 너무나 어두워지고 괴로움으로 인해 큰 상처를 입은 인생에 밝은 빛을 가져다주는 셈입니다. 그러면 이 편지로 말씀드린 제 소망에 귀를 기울여주실 것을 기도하며 이만 펜을 놓겠습니다.

벤자민 본 드림.

제6장
13덕목의 수립

자서전 속고

1784년 파리 근교 마을, 파시에서 집필 재개.[1]

회원제 도서관 설립

내가 이와 같은 편지를 받은 뒤로 오랜 시간이 흘렀다. 그러나 그 동안에는 너무나도 바빴으므로 편지에 쓰여 있던 요청에 대해 생각해 볼 만한 여유가 없었다. 게다가 미국으로 돌아와서 관련 서류를 옆에 두고 쓰는 편이, 희미한 기억을 되살리거나 날짜를 확인할 수 있으리만큼 더 좋은 글을 쓸 수 있을 것이라 생각했던 것이다. 하지만 언제쯤에나 돌아갈 수 있을지 짐작도 가지 않는데다, 마침 조금이나마 여유가 생긴 참이니 최대한 기억을 더듬으면서 써보자 마음먹었다. 만약 살아서 귀국하게 된다면 그때라도 다시 고쳐 쓸 수 있을 것이다.

지금은 미리 써둔 부분의 사본이 내 손에 없다. 작은 규모로 시작해서 현재는 꽤 몸집이 커진 필라델피아 공공 도서관을 어떤 식으로 세웠는지에 대해 이야기하고 있었던 것 같은데, 확실하게는 기억나지 않는다. 아무래도 그 무렵(1730년)까지 이야기를 진행시켰던 것 같으니, 여기서는 그 부분부터 시작하기로 하겠다. 만약 이미 이야기했던 내용임이 확인되면 그때 가서 지우기로 하겠다.

---

1) 파리로 파견된 프랭클린은 1777년 3월부터 1785년 7월에 귀국길에 오를 때까지, 그 무렵 파리에서 반 마일 떨어진 곳에 있던 이 마을에 터를 잡았다. 그 동안 프랑스와의 동맹조약, 전후의 강화조약 등 중요한 외교에 종사했다. '자서전'은 강화조약 체결(1783년 9월) 뒤, 공무가 일단 끝난 상황에서 쓴 것이다. 프랭클린은 78세였다.

내가 펜실베이니아에서 독립 인쇄소를 차릴 무렵, 보스턴 남쪽에 있는 식민지에는 서점이라 부를 수 있는 상점이 아무데도 없었다. 뉴욕이나 필라델피아에서는 인쇄소가 문방구까지 겸업하는 형편이었고, 거기서 파는 것들은 종이와 달력, 시집, 그리고 흔한 학교 교과서 두세 가지뿐이었다. 따라서 독서를 좋아하는 사람들은 영국에 직접 주문하는 수밖에 없었다. 전토 클럽 회원들은 저마다 어느 정도 장서를 가지고 있었다. 우리는 처음에는 술집에서 클럽 모임을 열었지만, 이윽고 방을 하나 빌려서 그곳을 모임 장소로 삼게 되었다. 나는 그 방에 회원 모두가 책을 가져다 두면 함께 모여 토론을 할 때 그 자리에서 조사해볼 수 있을 뿐만 아니라, 집에서 읽고 싶은 책도 자유롭게 빌려갈 수 있으니 훨씬 편리할 거라고 제안했다. 이 제안은 그대로 이루어졌고, 우리는 잠시 동안은 만족스럽게 지낼 수 있었다.

나는 이 작은 도서관이 유익하다는 사실을 깨달았기에, 독서의 유익함을 보다 많은 사람들에게 보급하고 싶다는 마음으로 공공의 회원제 도서관을 설립할 계획을 세웠다. 나는 그 계획에 필요한 취의서와 회칙 개요 초안을 직접 작성하고, 그 방면에 대해 잘 아는 공증인 찰스 브록덴 씨에게 의뢰해서 회원 신청에 응할 수 있도록 모두 정관 형태로 다시 만들게 했다. 이 규정에 의하면 입회할 때 처음 도서구입 비용으로 소정의 돈을 현금으로 내고, 그 뒤에는 매년 추가도서 구입을 위한 일정한 회비를 걷기로 했다.

그 무렵 필라델피아의 독서 인구는 극소수에 지나지 않았고, 또한 우리들 가운데 태반이 매우 가난했다. 나는 아주 열심히 권유하러 다녀보았지만, 이를 위해 처음에는 한 사람당 현금으로 40실링, 그 뒤에는 매년 10실링씩을 내겠다는 사람을 50명 이상 찾아내는 것은 불가능했다. 이때 동조해준 50명 가운데 대부분이 젊은 상인이었다. 그리고 우리는 이 얼마 안 되는 자금으로 출발하게 되었다.

우리는 우선 책을 수입했다. 도서관은 회원들에게 책을 빌려주기 위해 일주일에 하루만 열기로 했다. 그리고 기한 내에 반납하지 않으면 정가의 2할을 벌금으로 낸다는 서약서를 쓴 뒤에 대여해 주었다. 이윽고 이러한 공공시설이 유익하다는 사실이 명백하게 드러났으므로 다른 도시나 식민지가 이를 따라 하기 시작했다. 그리고 어느 도서관이나 책을 기증받은 덕분에 규모를 넓힐 수 있었고, 독서가 일반인들 사이에 널리 퍼지게 되었다. 게다가 우리나라에는 독서에서 흥미를 딴 곳으로 돌릴 수 있을 만한 오락시설이 거의 없었으므로, 사람들은 더더욱 책을 즐기게 되었다. 그리고 몇 년 지나지 않아 미국인은 다른 나라의 같은 계급에 속한 평범한 사람들과 비교했을 때 교양 면으로나 지식 면에서나 훨씬 더 뛰어나다는 것으로 외국인들의 주목을 받게 되었다.

앞서 언급했던 정관은 50년 동안 우리 회원들만이 아니라 우리의 상속인들까지도 구속하게 되어 있었는데, 공증인 브록덴 씨는 우리가 그 정관에 서명하려 했을 때 이렇게 말했다. "자네들은 지금은 청년이지만, 이 증서에 쓰인 기한이 만기될 때까지 장수할 사람은 없다고 봐도 좋을 걸세." 그러나 그 무렵의 회원들 가운데 현재까지 살아있는 사람은 많이 있다. 그리고 앞으로 몇 년이 지나면 이 모임이 인가를 얻은 법인조직이 되어 영구히 존속될 예정이므로, 오히려 증서 쪽이 효력을 잃어버린 셈이 되었다.

나는 입회를 권유하러 다니면서 거절당하거나 떨떠름한 얼굴로 돌아오는 경우도 많이 겪었다. 그 덕분에 어떤 계획을 이루기 위해 주위 사람의 협력을 필요로 할 경우, 그것이 아무리 유익한 것이라도 그 사람 자신보다 제안을 한 쪽의 명성을 올리는 데 조금이라도 더 보탬이 되는 것처럼 보이면, 그리고 그 계획을 제안한 사람이 자신이라는 것을 밝혔다가는 제대로 목적을 이룰 수 없다는 것을 일찍부터 깨달았다. 그래서 나는 가능한 자신을 겉으로 드러내지 않도록 하고, 이 계획은 '친구들 몇 명'이 기획한 것이고 자신은 그저 그들에게 부탁받아서 독서가라는 사람들을 찾아다니며 권유하는 것뿐이라고 설명하게 되었다.

이 방법을 쓰면서부터 내 작업은 이제까지와는 비교도 안 될 만큼 순조롭게 진행되었다. 그리고 그 뒤에도 비슷한 경우가 생기면 늘 같은 방법을 썼고, 그 대부분이 성공했다. 그러니 다른 사람에게도 이 방법을 진심으로 추천할 수 있겠다. 처음에만 자신의 허영심을 조금 희생하면 나중에 충분한 보상이 따라온다. 만약 누구의 공적인지 한동안 확실히 밝혀지지 않는 경우라면, 그것을 기회로 삼아 유독 허영심이 강한 사람이 자기의 공이라고 주장하는 일도 생길 수 있을 것이다. 그러나 그렇게 되면 평소에는 제군에게 질투심을 품고 있던 사람들까지도 공정한 태도를 취할 마음을 먹고, 그 사람의 거짓된 명예를 벗겨내어 정당한 주인에게 돌려주게 될 것이다.

프랭클린의 종교(2)

나는 이 도서관을 이용해서 공부를 이어 갔고, 스스로가 얼마나 나아졌는지 헤아릴 수 있는 편의를 얻었다. 나는 매일 한 시간 내지 두 시간씩을 공부하는 데 썼고, 그 덕분에 옛날 아버지가 베풀어 주고 싶어 했던 고등교육의 모자란 부분을 어느 정도 채울 수 있었다. 독서는 내가 자신에게 허용한 유일한 오락이었다. 나는 술이나 도박, 그 밖의 어떠한 일이라도 유흥을 목적으로 소중한 시간을 허비하려 하지 않았다. 그리고 여전히 지칠 줄 모르고 일에 힘을 쏟아 붓고 있었다. 사실은 그렇게 일을 해야만 하는 이유도 있었다. 나는 인쇄소를 위해 얻은 빚이 아직도 남아 있었고, 교육시켜야 할 아이들이 태어날 예정이었다. 또한 나보다 오래 전부터 이 도시에서 사업을 벌여온 두 인쇄소와 경쟁을 벌여야 했던 것이다.

그럼에도 내 형편은 갈수록 편해졌다. 그래도 옛날부터 몸에 붙은 아끼는 습관은 그대로 남아 있었다. 아버지는 내가 어렸을 때 여러 가지 교훈을 내려주셨는데, 그 가운데에서도 "네가 자기의 일에 능숙한 사람을 보았느냐 이러한 사람은 왕 앞에 설 것이요 천한 자 앞에 서지 아니하리라"[2]는 솔로몬의 가르침을 자주 되풀이하셨다. 그래서 나는 그 무렵부터 성실함이야말로 부와 명성을 얻기 위한 수단이라 생각했고, 그 구절에서 기운을 얻곤 했다. 나는 문자 그대로 "왕 앞에 서는 자"가 되고 싶다고는 꿈에도 생각하지 않았지만, 뒷날 이것은 현실로 이루어졌다. 나는 다섯 국왕의 앞에 섰고, 그 가운데에서도 덴마크 국왕[3]과는 함께 식사까지 하는 영광을 누릴 수 있었던 것이다.

영국의 속담 가운데 "남자의 성공은 내조에서 나온다"는 말이 있는데, 나에게 뒤지지 않을 만큼 성실하고 절약정신이 투철한 여성을 아내로 맞이한 것은 정말이지 행운이었다. 그녀는 팸플릿을 접거나 철을 하고, 가게를 지키고, 제지

---

2) 《잠언》 22 : 29.

3) 크리스티안 7세를 말한다. 그는 영국의 조지 3세와 인척관계에 있었고, 1768년 영국을 방문했을 때 프랭클린 일행을 만찬회에 초대했다. 그밖에도 프랭클린이 만난 국왕은 프랑스의 루이 15세와 루이 16세, 영국의 조지 2세와 조지 3세이다.

업자에게 팔 너덜너덜한 삼베 천을 사 모으기도 하면서 싫은 내색 한 번 안 하고 사업을 도와주었다. 우리는 도움이 안 되는 하인 같은 것은 두지 않았고, 식사는 간단하고 소박한 것이었으며, 가구도 가장 싼 것을 쓰고 있었다. 이를테면 매일 아침 식사는 오래도록 빵과 우유(홍차는 마시지 않기로 했었다) 뿐이었고, 이것을 2펜스짜리 질그릇에 담아 백랍 스푼으로 먹곤 했다.

그렇다 해도 아무리 근검절약을 좌우명으로 삼아봤자 사치란 것은 어느새 가정에 파고들어 세력을 넓히기 마련인지라, 어느 날 아침 식사하라는 말을 듣고 식당으로 내려가 보니 식탁 위에 도자기 그릇에 은제 스푼이 놓여 있지 않겠는가. 모르는 사이에 아내가 내가 나를 위해 이 두 가지를 23실링이나 주고 샀던 것이다. 그녀는 이에 대해 특별한 변명이나 핑계를 대지 않았고, 그저 자신의 남편도 이웃집 남자들과 마찬가지로 은제 스푼과 도자기 그릇쯤은 쓸 자격이 있다고 생각해서 산 것이라고 말했다. 이렇게 해서 우리 가정에 금은 식기와 도자기가 처음으로 들어오게 되었다. 이후 세월이 흘러 경제적으로 여유가 생기자 그에 따라 이러한 식기가 많이 늘어나게 되었는데, 결국에는 돈으로 따지면 수백 파운드에 이를 정도가 되었다.

나는 장로회파의 회원으로서 종교적 분위기 속에서 교육을 받았다. 그런데 이 종파의 교의 중에는 "신의 영원한 의지" "신의 선택" "영원의 정죄"[4]처럼 나로서는 이해할 수 없는 것들이 몇 가지 있었다. 그밖에도 의문스럽게 느끼는 것이 몇 가지 있었고, 또한 일요일은 공부하는 날이었으므로 아침 일찍부터 열리는 종파의 집회에는 참석하지 않고 있었다. 그러나 그렇다고 해서 내가 종교적 주의주장을 전혀 품지 않았던 적은 한 번도 없었다. 예를 들어 나는 신이 존재한다는 것, 그 신이 이 세계를 창조하고 스스로의 섭리에 따라 세계를 다스리고 계시다는 것, 신의 마음에 가장 잘 들어맞는 봉사는 사람에게 선을 베푸는 것이고 인간의 영혼은 영원불멸하다는 것, 그리고 현세 내지는 내세에서 모든 죄를 심판 받게 될 것이고 반대로 덕행은 보답을 받는다는 것, 그러한 부분에 대해서는 단 한 번도 의심을 품은 적이 없었던 것이다.

---

4) 모두 칼뱅파(장로회파는 그중 하나이다)에서 볼 수 있는 교의로, 세계는 모두 '신의 영원한 의지'에 기반을 두고 예정된 것이고, 신은 자유로운 의지로 일부 인간을 선택하여 그들에게 영원한 생명을 내려주며, 또한 일부 인간은 영원한 파멸로 밀어 넣는다는 예정설.

나는 이러한 점을 여러 가지 종교의 본질이라고 생각했는데, 그것은 우리나라의 모든 종파에서 찾아볼 수 있는 부분이었으므로 한결같이 경의를 표하고 있었다. 하지만 그와 동시에 각각의 종파에는 이러한 본질 외에도 인간의 도덕성을 고취, 조성하거나 강화시키는 작용을 지니는 대신, 반대로 우리를 분열시키고 서로 미워하게 만드는 항목도 많든 적든 간에 함께 섞여 있었다. 그래서 나는 그 정도에 따라서 각각의 종파를 존경하기로 했다.

이처럼 나는 아무리 나쁜 종파라 해도 조금은 도움이 되는 부분이 있으리라 생각하고 모든 종파를 존경하고 있었으므로, 다른 사람의 종교에 대해 그의 신앙심을 약하게 만들 만한 토론은 일절 피하기로 마음먹었다. 그 무렵 우리 식민지도 점차 인구가 늘어나서 끊임없이 새로운 예배 장소를 세울 필요가 있었다. 대체로 유지들의 기부금으로 예배당을 세우게 되어 있었는데, 나는 그러한 목적으로 하는 기부라면 그것이 어떤 종파라 하더라도 거절하는 일이 없었다.

나는 그 어떤 공식 예배에도 출석하는 일이 없었지만, 예배라는 것은 방법만 옳다면 꽤 괜찮은 것이고 유익하다는 생각을 가지고 있었다. 그래서 나는 필라델피아에 딱 한 명 있던 장로회파의 목사와 그 집회를 지지하기 위해 매년 거르지 않고 헌금을 했다. 이 목사는 가끔 친구로서 나를 찾아와 자신의 예배에 출석하라고 충고를 했기에, 나도 가끔은 그의 말을 따르곤 했다. 한 번은 5주 연속으로 일요일마다 그의 예배에 출석한 적도 있었다. 만약 이 목사가 훌륭한 설교사였다면, 나도 공부를 하기 위해 일요일 여가시간이 필요하기는 했지만 그래도 계속 예배에 나갔을 지도 모른다. 하지만 그의 설교는 대체로 신학상의 논쟁이나 이 종파의 독자적 교의를 설명하는 것으로 끝났기에, 내 입장에서는 무미건조하고 재미도 없을뿐더러 또 배울 것도 거의 없었다. 그의 설교 목적은 우리를 훌륭한 시민으로 만들기보다 오히려 장로회파 회원으로 만드는 것에 있는 것처럼 보였고, 도덕상 원리에 대해 설명하거나 역설하는 일이 한 번도 없었던 것이다.

그러던 가운데 그가 마침내 '빌립보서'의 제4장에 있는 '끝으로 형제들아 무엇에든지 참되며 무엇에든지 경건하며 무엇에든지 옳으며 무엇에든지 정결하며 무엇에든지 사랑 받을 만하며 무엇에든지 칭찬 받을 만하며 무슨 덕이 있든지 무슨 기림이 있든지 이것들을 생각하라'[5]는 구절을 설교 주제로 선정했기에, 나는 이 구절에 대한 설교라면 분명히 도덕에 관한 이야기를 들을 수 있을 거라 기대했다. 하지만 그는 사도 바울이 여기서 말하고자 했던 바는 그저 다음과 같은 다섯 가지, 즉 첫째로 안식일을 주일로 삼아 지킬 것, 둘째로 성서를 읽는 것을 게을리 하지 말 것, 셋째로 공식 예배에는 규칙에 맞게 출석할 것, 넷째로 성찬에 참석할 것, 다섯째로 신의 종인 목사에게 그에 걸맞은 경의를 표할 것, 이에 대한 것 말고는 아무 이야기도 하지 않았던 것이다.

이 다섯 가지는 모두 괜찮은 항목이기는 하지만, 내가 이 구절에서 기대했던 것과는 완전히 종류가 다른 선행이었다. 나는 다른 구절에 대해서도 마찬가지로 듣고 싶은 설교를 들을 수 없을 거라 생각한 나머지 정이 떨어져버렸고, 두 번 다시 그의 설교를 들으러 가지 않았다. 나는 이 일이 있기 몇 년 전(즉 1728년)에 '신앙 항목과 종교적 행위'라는 제목으로 의식문, 즉 개인적인 기도 형식을 만든 적이 있었다. 나는 이것을 다시 쓰기로 하고 더 이상 공식 집회에 나가는 것을 그만두었다. 내가 취한 행동은 비난 받을 만한 것일 지도 모르지만, 여기서는 이 이상 변명의 말을 쓰지 않도록 하겠다. 내 당면의 목적은 사실을 말하는 것이고, 변명을 하는 것이 아니기 때문이다.

13덕목

내가 도덕적으로 완벽한 영역에 이르고자 하는, 대담하고도 곤란한 계획을 생각해 낸 것은 이 무렵이었다. 언제 어느 때라도 아무런 잘못도 저지르지 않는 생활을 보내고, 타고난 습성이나 습관 또는 교우관계에 있어서도 이러저러한 일로 걸려드는 잘못들을 남김없이 극복하고 싶다고 생각한 것이다. 나는 무언가 무엇이 선한 것이고 무엇이 잘못된 것인지는 이미 알고 있었으므로, 다시 말하면 알고 있다고 생각했으므로, 늘 착한 일을 행하고 잘못된 것을 피할 수 있을 거라고 생각했다.

그러나 나는 처음 생각했던 것보다 훨씬 곤란한 일을 시작했다는 것을 금세 깨닫게 되었다. 어떤 잘못 한 가지만을 경계하면서 주의를 쏟다가는, 모르는 사

---

5) 〈빌립보서〉 4 : 8.

이에 다른 잘못을 저지르는 일이 자주 일어났던 것이다. 게다가 주의하는 것을 게을리 했다가는 습관이 들어버려서, 때로는 습성이 이성보다 강해지는 경우도 있었다. 결국 나는 도덕적으로 완벽한 것이 자신의 이익에도 들어맞는 것이라는 단순한 명목에 지나지 않는 신념으로는 스스로의 과실을 막기에 충분치 못하다는 것, 또한 자신이 어떠한 때라도 확실히 올바른 행동을 취할 수 있다는 자신감을 갖기 위해서는 우선 그에 반하는 습관을 타파하고 좋은 습관을 들여서 그것을 확실히 몸에 익히지 않으면 안 된다는 결론에 이르렀던 것이다. 거기서 나는 이 목적을 위해 다음과 같은 방법을 생각해 냈다.

나는 지금까지 읽은 책 속에 여러 가지 덕목이 열거되어 있다는 것을 알고 있었는데, 그 덕목의 수는 각 책의 저자에 따라 같은 명칭 아래 포함시키는 내용의 양이 다르므로, 많을 때가 있는가 하면 적을 때도 있었다. 예를 들어 절도의 덕목에 대해 말할 때, 어떤 저자는 이것을 식욕에 한정시키는 데 비해 다른 저자는 절제의 의미를 온갖 쾌락, 식욕과 성격과 육체적·정신적 열정부터 탐욕이나 야심으로까지 확대시켜서 이러한 욕망을 억누르는 것이야말로 절제라고 말하고 있다. 나 자신은 정확성을 기하기 위해 적은 명칭에 많은 의미를 부여하는 방법보다는 오히려 명칭을 많이 두고 그에 따른 의미를 적게 붙이는 방법을 쓰기로 했다. 그리고 그 무렵에는 내가 자신에게 있어 필요하거나 바람직하다고 생각하는 내용을 열세 가지 덕목이라는 명칭으로 묶었다. 각 덕목에는 내가 어떤 의미를 부여했는지 그 범위를 확실히 드러내는 짧은 계율을 덧붙이기로 했다.

그 덕목의 명칭과 각 계율은 다음과 같다.

1. 절제—머리가 둔해질 만큼 먹지 않을 것. 취해서 마음이 들뜰 만큼 술을 마시지 않을 것.

2. 침묵—타인 혹은 자신의 이익이 되지 않을 말은 하지 말 것. 의미 없는 말은 피할 것.

3. 규율—자신의 소지품은 모두 자리를 정해 놓을 것. 자신의 일은 모두 시간을 정해놓고 할 것.

4. 결단—해야 하는 일을 실행할 결심을 할 것. 결심한 것은 반드시 실행

할 것.

　5. 절약—타인 혹은 자신을 위한 일이 되지 않는 일에는 돈을 쓰지 않을 것. 다시 말해 의미 없는 소비를 하지 않을 것.

　6. 근면—시간을 허비하지 않을 것. 늘 유익한 일에 종사할 것. 필요 없는 행위는 모두 잘라낼 것.

　7. 성실—책략을 꾸며서 타인을 상처 입히지 않을 것. 악의를 품지 않고 공정한 판단을 내릴 것. 발언할 때에도 마찬가지.

　8. 정의—타인의 이익을 해치거나 주어야 할 것을 주지 않아 손해를 입히지 않을 것.

　9. 중용—양극단을 피할 것. 만약 크게 화를 낼 수밖에 없는 모욕을 받았다 하더라도 한 걸음 앞에서 참고 화를 다스릴 것.

　10. 청결—신체, 의복, 주거의 불결함을 묵인하지 않을 것.

　11. 평정—작은 일, 즉 일상다반사나 피할 수 없는 일들 때문에 마음을 흐트러뜨리지 말 것.

　12. 순결—성관계는 건강 또는 자손을 위해서만 맺고, 결코 그에 몰두한 나머지 두뇌회전을 둔하게 만들거나 건강을 해치고, 자신 및 타인의 평화로운 생활과 믿음을 깨뜨리지 않을 것.

　13. 겸양—그리스도와 소크라테스를 본받을 것.

　내 의도는 이 덕목들을 모두 '습관'으로 몸에 배이게 만드는 것이었다. 나는 이 모든 것을 한꺼번에 하겠다고 주의를 분산시키기보다는, 한 번에 하나씩 특정 덕목에 주의를 집중시키고 그 덕목을 습득한 다음에 다른 덕목으로 옮기는 식으로 해서 열세 가지 덕목을 차례대로 익히는 방식이 더 좋을 것이라 생각했다. 또한 한 덕목을 먼저 습득해 놓으면 다른 덕목을 이어서 익힐 때 더 편해질 것이라는 생각으로, 덕목을 앞서 서술한 것과 같은 순서대로 나열했던 것이다.

　나는 맨 처음에 '절제' 덕목을 놓아두었는데, 그 이유는 이렇다. 흥미가 줄어들 겨를이 없는 오랜 습관과 끊이지 않는 유혹의 힘을 이겨내고, 24시간 동안 계속 경계 및 감시를 게을리 하지 않으려면 냉정하고 명석한 두뇌가 반드시 필요하다. 그리고 그것을 얻기 위해서는 절제 항목이 큰 도움이 되기 때문이었다.

이 덕목이 몸에 잘 배어들어 자신의 것이 되고 나면, '침묵'을 보다 간단히 익힐 수 있으리라 생각했던 것이다. 나는 도덕적으로 완벽한 인간이 되는 것과 함께 지식을 얻는 것을 바라고 있었고, 이 지식은 타인과 대화할 때 혓바닥의 힘을 빌리기보다는 오히려 귀를 이용해서 얻을 수 있는 것이었다. 그래서 나는 이 무렵 습관이 되기 시작했던 친구들끼리만 즐기는 잡담이나 말장난, 농담과 같은 나쁜 버릇을 고치는 편이 좋겠다고 생각하고 '침묵'을 두 번째 덕목에 놓았던 것이다.

그리고 '침묵' 다음에 오는 것이 '규율' 덕목인데, 이것을 지킬 수 있다면 자신의 계획이나 공부에 전념할 수 있는 시간이 더 늘어나지 않을까 하는 기대도 있었다. '결단'은 일단 이것을 습득해 놓으면 남은 덕목을 모두 익히기 위한 노력이 흔들리는 일은 일어나지 않을 것이고, 또 '절약'과 '근면'을 지키면 아직 남아 있는 빚을 모두 갚고 풍요로운 독립생활을 보낼 수 있을 터였다. 그렇게 되면 '성실'이나 '정의'를 비롯한 다른 덕목들을 실천하는 것도 그만큼 편해지리라 생각했던 것이다. 그 뒤로 나는 피타고라스의 《금언집》[6]의 충고에 따라 매일 자신의 행위를 점검할 필요를 느끼고, 다음과 같은 방법을 고안해서 스스로를 점검하기로 했다.

나는 작은 수첩을 만들어서 각 덕목마다 한 페이지씩 할당했다. 그리고 각 페이지에 붉은 잉크로 세로선을 그어서 일주일 동안 각 요일에 배정하기 위한 칸을 만들었다. 이어서 각각 해당되는 요일의 머리글자를 써넣고 세로선 위에 역시 붉은 잉크로 가로선 13줄을 그었다. 그리고 각 행의 왼쪽 끝에 각 덕목의 머리글자를 기입했다. 그리고 그 하루 동안 각 덕목에 대해 자신이 어떤 잘못을 저질렀는지 살펴본 다음, 만약 잘못이 있었다면 그것을 하나도 빠짐없이 이 수첩의 해당 칸에 작은 점을 찍어 기록하기로 했다.

---

[6] 피타고라스는 제자들에게 도덕률을 부과하고, 매일 아침저녁으로 자기의 양심을 점검할 것을 명령했다고 한다. 원고 여백의 메모에 의하면, 프랭클린은 '금언집'에서 취침 전에 몇 번씩 하루의 선행과 과실에 대해 반성하라고 요구했다는 구절을 이곳에 끼워 넣을 생각이었던 것 같다.

[페이지 형식]
절제—머리가 둔해질 만큼 먹지 않을 것.
취해서 마음이 들뜰 만큼 술을 마시지 않을 것.

	일	월	화	수	목	금	토
절							
침	·	·		·		·	
규	··	·	·		·	·	·
결			·			·	
절		·			·		
근			·				
성							
정							
중							
청							
평							
순							
겸							

　나는 이 열세 가지 덕목 하나하나를 순서대로 그 주의 과제로 삼고 엄격하게 주의를 쏟기로 했다. 이렇게 해서 첫 번째 한 주일 동안 나는 '절제'에 어긋나는 행위는 아무리 작은 것이라도 다 피하기 위해 경계를 곤두세웠지만, 다른 덕목은 특별히 주의하려 하지 않고 흘러가는 대로 맡겼다. 단지 매일 저녁 그날 저지른 과실을 기록해 둘 뿐이었다. 이렇게 해서 만약 첫 번째 일주일 동안 '절제'의 첫 번째 줄에 점을 찍지 않을 수 있다면, 이 덕목의 습관은 그만큼 더 강해지고 절제하지 못하는 버릇은 반대로 약해졌다는 의미일 것이다. 그러면 나는 작정하고 다음 '침묵' 항목까지 주의를 기울일 수 있게 될 테고, 그 주에는 두 번째 줄까지 점을 찍지 않고 보내는 것을 시도할 수 있을 것이라 판단했던 것이다. 이런 식으로 마지막까지 해내면 13주 만에 모든 코스를 일주하게 될 것이고, 그것을 1년 동안 4번 되풀이할 수 있을 것이었다.

　정원에서 풀을 뽑는 사람은 단 한 번 만에 잡초를 모조리 없애는 무리한 일은 하지 않고, 한 번에 한 곳씩 풀을 뽑아 그 일이 끝난 다음에 다른 장소로 옮겨 간다. 나도 그와 같이 차례대로 각 행에서 점을 지워간다면, 자신의 덕이 진보하는 과정을 페이지를 통해 지켜보면서 스스로를 격려할 수 있을 것이다. 그리고 그렇게 몇 번씩 되풀이하는 사이에, 13주 동안 매일매일 점검해도 수첩에는 점이 하나도 찍히지 않는 기쁜 날이 마침내 찾아오는 것을 바랐던 것이다.

나는 이 작은 수첩에 애디슨의 《카토》[7]의 한 구절을 모토 삼아 적어 놓았다.

나는 이와 같은 신념을 안고 있다.
만약 신이(조화의 오묘함으로
자연이 드높이 고하는 것처럼)
우리 위에 존재하고 계신다면,
신은 덕을 가상히 여기심이 틀림없고
또한 신이 칭찬하신 것은
반드시 축복을 받을 것이다.

또 한 구절은 키케로의 말[8]에서 따왔다.

오, 그대, 인생의 길안내 역할을 맡은 학문이여. 미덕을 추구하고 악덕을 물리치는 학문이여. 그대의 가르침에 따라 유익하게 보내는 하루는, 과오로 가득한 영원한 생보다도 바람직하다.

또 한 가지는 솔로몬의 《잠언》[9]에서 나온 말로, 지혜와 덕에 대해 서술한 것이다.

그의 오른손에는 장수가 있고 그의 왼손에는 부귀가 있나니, 그 길은 즐

---

7) 〈스펙터〉 지의 창간자 가운데 한 사람인 조지프 애디슨(1672~1719)이 쓴 비극. 1713년 초연. 시저와 대립한 로마의 정치가 카토의 최후를 다룬 내용으로, 인용한 부분은 그가 플라톤의 책을 손에 들고 불멸하는 영혼에 대해 생각에 잠기는 장면.
8) 로마의 웅변가, 정치가 키케로(기원전 106~43)가 기원전 45년에 쓴 대화형식의 행복론, '투스쿨란의 대화'에서 인용. 그러나 정확한 인용은 아니다.
9) 《잠언》 3 : 16~17.

거운 길이요 그의 지름길은 다 평강하니라.

그리고 나는 신이 지혜의 원천이라는 생각에 입각하여, 지혜를 얻기 위해서는 신의 도움을 바라는 것이 당연하고 또 필요한 일이라고 여겼다. 이 목적을 위해 다음과 같은 짧은 기도문을 만들었고, 이것을 매일 읊겠다는 생각으로 점검표 앞쪽에 적어 놓았다.

오, 전능한 신이여. 은혜로운 아버지여. 자애 가득한 지도자여. 자신의 진정한 길을 찾기 위한 보다 큰 지혜를 내려주시옵소서. 그 지혜가 가리키는 것을 이룩할 수 있는 결의를 강하게 해주시옵소서. 당신이 내려주시는 끊임없는 은혜에 제가 드릴 수 있는 유일한 보답은, 저와 같은 당신의 아이들에게 진심으로 종사하는 것이니, 신이여, 가상히 여겨주소서.

나는 또 때에 따라서는 톰슨의 시[10]에서 따온 짧은 기도문을 쓸 때도 있었다.

빛과 생명의 아버지여. 그대, 지고의 신이여.
저에게 옳은 길을 가르쳐주소서.
친히 계시를 내려주소서.
어리석은 것, 덧없는 것, 악한 것,
모든 비천한 행위로부터 우리를 구해주소서.
지혜와 마음의 평화, 한 점 티끌도 없는 덕으로
제 영혼을 채워주소서.
신성하고도 덧없지 아니하며 빛 바래는 일 없는 축복을 우리에게 내려주소서.

---

10) 제임스 톰슨(1700~1748)은 스코틀랜드 출신의 영국 시인이다. 스코틀랜드의 자연과 농민의 생활을 사계절로 나누어 그린 장편시 〈사계〉(1726~1730)가 특히 유명하다. 인용된 구절은 겨울 파트부터.

'규율' 덕목에 덧붙인 계율에는 '자신의 일은 각각 시간을 정해서 할 것'이라 명하고 있었으므로, 나는 이 작은 수첩의 한 페이지에 하루 24시간을 어떻게 쓸 것인지 정한 계획표를 작성해 두었다.

	아침		낮		저녁	밤
물음) 오늘은 어떠한 선행을 하면 좋을 것인가					물음) 오늘은 어떠한 선행을 했는가	
5 6 7	8 9 10 11	12 1		2 3 4 5	6 7 8 9	10 11 12 1 2 3 4
기상, 세면, 그리고 '전능한 신에게 기도. 하루 일을 계획하고 그 날의 결의를 굳힐 것. 하던 공부를 마치고 아침식사.	일	독서 또는 장부를 점검. 점심식사.		일	정리정돈. 저녁식사. 음악, 오락 내지는 담화. 하루일 반성.	취침

나는 이 자기반성 계획을 실행으로 옮기고, 가끔 멈춘 적도 있었지만 한동안은 이어 갔다. 나는 자신에게 스스로 생각했던 것보다 많은 결점이 있음을 알게 되어 깜짝 놀랐지만, 동시에 그 결점이 점차 줄어드는 것을 보고 만족하기도 했다. 새로운 코스에 들어가고 나서 또 다른 잘못을 표시할 때면 옛날에 한 표시를 문질러 지우고 빈칸을 만들었다. 그러는 동안 수첩이 구멍투성이가 되고 말았기에 가끔은 새로 만들어야 했다. 그러한 번거로움을 피하기 위해서 메모용 얇은 상아판에 덕목표와 계율을 베껴놓고 지워지지 않도록 붉은 잉크로 선을 그었으며, 젖은 스펀지를 쓰면 간단히 지울 수 있는 연필을 써서 과오 표시를 기록하기로 했다.

하지만 시간이 흐르자 나는 이것을 1년에 한 번 밖에 실행할 수 없게 되었다. 더군다나 그 뒤에는 몇 년에 한 번 겨우 할 수 있을까 싶은 상황에 처해서, 결국에는 완전히 그만두고 말았다. 해외에 나가서 맡은 업무에 종사하게 되고, 여러 가지 용무로 방해받은 덕분에 하고 싶어도 할 수가 없는 상황이 되었던 것이다. 하지만 이 작은 수첩만은 늘 몸에서 떼어놓지 않고 가지고 다녔다.

‘규율’에 대한 계획은 내게 있어 가장 성가신 것이었다. 이 계획은, 예를 들어 인쇄공처럼 스스로 작업 시간을 자유롭게 나눌 수 있는 상황이라면 실행할 수 있을 지도 모른다. 하지만 가게 주인이라면 다른 사람들과 어울려야만 했다. 나도 나중에 깨달은 사실이지만, 이쪽 사정은 생각지 않고 자기 일만 생각하면서 찾아오는 상담 고객을 맞을 일이 많았으므로 시간을 계획대로 엄격하게 지키는 것은 불가능했다. 마찬가지로, 종이류나 그 밖의 온갖 상품을 정리하는 장소에 대해 규칙적인 습관을 들이는 것도 매우 어려웠다. 어렸을 때부터 그런 습관과는 거리가 멀었던 데다, 기억력이 워낙 뛰어났으므로 물건을 난잡하게 늘어놓아도 그리 불편을 느끼지 않았기 때문이었다. 이 항목에 들어와서는 꽤 많은 고생을 하면서 주의를 기울였지만, 그럼에도 불구하고 규율을 어기는 실수를 너무나 많이 저질렀기에 스스로도 안절부절못했던 것이다. 내 경우에는 더 나아진 흔적이 거의 느껴지지 않았을 뿐더러 오히려 뒷걸음치는 일이 더 많았다. 그러므로 자칫하면 이 계획을 포기하고 아래 이야기에 나오는 사나이처럼, 이것은 원래부터 결함이 있었던 것이니 어쩔 수 없다고 생각했을 지도 모른다.

그 사나이란 내 이웃 대장간에서 도끼를 사서, 그 도끼 표면 전체를 날 부분처럼 반짝거리게 갈아달라고 부탁한 사람이었다. 대장장이는 그가 숫돌바퀴를 돌려준다면 원하는 대로 도끼를 갈아주겠다고 대답했다. 그래서 그 사람은 바퀴를 돌렸는데, 대장장이가 도끼의 폭 넓은 표면을 숫돌 위에 단단히 눌러 붙이는 바람에 바퀴를 놀리는 것이 매우 어려워졌다. 그는 몇 번이나 손을 놓고 도끼가 얼마나 반짝이는지 확인했는데, 결국에는 더 이상 반짝이지 않아도 그쯤이면 충분하니 가지고 가겠다고 말했다. 그런데 대장장이가 보기에는 “아직 멀었다”는 것이다. “좀 더 돌려요. 곧 번쩍거리게 될 테니까. 이거야 아직 군데군데 반짝거릴 뿐이잖아요.” 그러자 그 남자는 이렇게 대답했다. “그야 그렇겠지. 하지만 나는 이렇게 군데군데 빛나는 도끼를 제일 좋아하거든.”

나는 다른 많은 사람들도 이와 같은 일을 겪었던 것이 아닐까 생각한다. 그들은 내가 쓴 것과 같은 방법을 몰랐으므로 덕과 악덕, 그 밖의 일에 대해서도 좋은 습관을 익히고 나쁜 습관을 버리는 것이 어렵다고 느낀 순간 바로 노력을 포기하고, “군데군데 반짝이는 도끼를 제일 좋아한다”는 결론을 내리고 마는 것이다. 나 역시 자신이 스스로에게 강요하는 이 극단적인 정밀함이 도덕에 대한 우스꽝스러운 거드름의 하나에 지나지 않고, 만약 이것이 다른 사람에게 알려지면 웃음거리가 되는 것이 아닐까 하는 생각이 들었다. 또 완전무결한 인간에게는 질투나 미움을 받는 불편이 따르기 마련이니, 착한 사람은 친구들이 부끄럽지 않도록 약간의 결점이야 남겨둘 필요가 있지 않을까, 그런 생각이 가끔 뇌리를 스치곤 했다. 나는 그것이 이성의 목소리가 아닐까 생각하기도 했다.

'규율'에 대해서도 솔직히 말하면, 내 나쁜 버릇은 도저히 고칠 길이 없는 것이었다. 그리고 나이를 먹어서 기억력이 나빠진 지금, 나는 자신에게 이 덕목이 모자란다는 것을 사무치게 느끼고 있다. 하지만 전체적으로 봤을 때 나는 자신이 염원했던 도덕적으로 완벽한 경지에 도달하기는커녕 그 근처까지도 가지 못했지만, 그리 되고자 노력했던 덕분에 아무것도 하지 않았던 것에 비하면 훨씬 뛰어나고도 행복한 사람이 될 수 있었다고 생각한다. 이것은 인쇄된 견본을 흉내 내어 완벽하게 문자를 쓰는 법을 익히려 한 사람이, 염원했던 것처럼 견본과 똑같이 훌륭한 문자를 쓰지는 못하더라도 노력한 만큼 글씨체가 좋아져서, 읽기 쉽고 아름답게 글씨를 쓰면 꽤나 볼만한 필적이 나오는 것과 마찬가지다.

그리고 내가 이 이야기를 쓰고 있는 햇수로 79세인 오늘날까지 계속 행복한 생활을 할 수 있었던 것은 물론 신의 은혜이기도 하지만, 이처럼 조금씩이나마 공부를 해온 덕분이기도 하다. 그 사실을 내 자손들이 잘 알아주기를 바란다. 앞으로 내 남은 삶에 어떠한 불행이 닥쳐올 지는 신만이 아시는 일이겠지만, 나는 만약 그와 같은 불행이 오더라도 이제까지의 행복을 떠올리면서 기꺼이 받아들일 것이고, 쉽게 견뎌낼 수 있으리라고 생각한다.

내가 오랫동안 건강을 유지할 수 있었던 것도, 지금도 여전히 건강한 몸을 가지고 있는 것도 모두 '절제' 덕목 덕분이다. 내가 젊었을 때 편한 생활을 누리고 재산도 모은 데다, 지식을 익혀 유능한 시민이 되고 지식인들 사이에서 제법 이름을 알리게 된 것은 모두 근면과 절약 덕분이다. 내가 우리나라 사람들에게서 신뢰를 얻고 명예로운 임무를 맡게 된 것은 성실, 정의 덕목 덕분이다. 그리고 나는 늘 감정이 안정되어 있고, 다른 사람과 담소를 나눌 때 밝고 쾌활하므로 지금까지도 교제를 청하는 사람이 끊이지 않는다. 또 젊은 벗들까지도 나를 싫어하는 경우가 없는데, 이는 비록 완전히 익히지는 못했다 한들 지금까지 이야기한 그 덕목들이 전체적으로 영향을 미친 덕분일 것이다. 그렇기에 나는 내 자손이 나의 이러한 면을 본받아서, 전부는 아니더라도 자신에게 도움이 될 유익한 무언가를 얻기 바란다.

그런데 내 계획에는, 종교와 아무 관련도 없다고 말할 수는 없더라도 어떤 특정 종교의 특징을 확연히 드러내는 교의는 포함되어 있지 않다는 것을 이미 깨달은 사람도 있을 것이다. 의식적으로 그러한 교의를 피했기 때문이다. 나는 자신의 방법이 유익하고 우수하다는 사실과, 모든 종파 사람들에게 도움이 될 것이라는 깊은 확신을 품고 있었다. 이것을 언젠가 공표할 생각이었기에, 어떤 종파 사람이라도 내 방법에 편견을 품거나 적으로 돌아서는 일이 생길만한 부분은 전혀 덧붙이고 싶지 않았던 것이다.

나는 덕목 하나하나마다 짧은 주석을 쓸 생각을 갖고 있었다. 그리고 그 안에는 이와 같은 덕목을 익히는 것이 얼마나 유익한 일인지, 반대로 악덕에는 얼마나 큰 폐해가 따라붙는지를 밝히고, 제목을 '덕에 이르는 길'[11]이라고 할 생각이었다. 나는 이 책으로 덕을 익히는 수단과 방법을 제시할 생각이었기 때문이다. 그 부분에서는 수단을 제시하거나 가르쳐주지도 않으면서 그저 훌륭한 사람이 되라고 훈계하는 책과는 차별화될 예정이었다. 그러지 않으면, 입을 것도 먹을 것도 없는 사람들에게 어디에 가면 입고 먹을 수 있는지는 안 가르쳐주고 그저 "더웁게 하라, 배부르게 하라"고 훈계한 그 사도전에 나오는 사람처럼 말뿐인 친절이 되고 말 것이기 때문이다(《야곱서》 2 : 15~16[12]).

하지만 이처럼 주석을 써서 출판을 하겠다는 계획은 결국 실현되지 못했다. 나는 그 책에 활용할 생각으로 기회가 있을 때마다 감상이나 추론 등 짧은 메모를 적는 작업만은 계속하고 있었고, 그 일부는 지금도 가지고 있다. 그러나 삶의 전반부는 일에 매달려야 했고 후반부에 접어든 뒤로는 공무에 쫓기게 된 탓에, 나는 이 계획을 이어서 뒤로 미룰 수밖에 없었던 것이다. 내 계획으로는 이것을 한 인간이 전력을 기울이지 않으면 실현시킬 수 없는 '원대한 계획'의 일

____

11) 1731년경, 프랭클린은 선행을 권함과 동시에 그 실천방법을 설명하는 책을 쓸 계획을 세웠다. 공적으로나 사적으로나 매우 바빴던 나머지, 그는 그것을 써낼 마음도 있었고 앞장의 본처럼 집필을 권하는 친구들도 있었지만 결국 완성시키지 못했다.

12) "만일 형제나 자매가 헐벗고 일용할 양식이 없는데 너희 가운데 누구든지 그에게 이르되 평안히 가라, 더웁게 하라, 배부르게 하라 하며 그 몸에 쓸 것을 주지 않으면 무슨 이익이 있으리요."

부로 만들 생각이었다. 그러나 이후 예상치 못했던 일들이 계속해서 생기는 바람에 이 작업에 할애할 시간을 얻을 수가 없었고, 마침내 오늘날까지 미완성인 채로 방치되고 말았다.

이 작은 책을 통해 내가 강조하고 싶었던 것은, 인간의 본성만을 생각해 봐도 나쁜 행위라는 것은 신이 금지하셨으므로 유해한 것이 아니라 유해하므로 금지당한 것이고, 따라서 내세는 물론 현세에서도 행복해지고 싶은 사람이 덕을 쌓는 행동은 열외 없이 자신의 이익으로 이어진다는 가르침이었다. 또한, 나는 다음과 같은 사정(이 세상에는 맡은 일을 성실하게 해줄 사람을 원하는 유복한 상인, 귀족, 국가 내지는 제후들이 늘 있음에도 불구하고 그처럼 성실한 인간은 극소수밖에 찾아볼 수 없다는 것)으로 인해, 정직과 성실 이상으로 가난한 사람이 사회적으로 성공하는 데 도움을 주는 덕목은 없다는 사실을 젊은이들이 납득하게끔 만들어주고 싶었던 것이다.

내가 만든 덕목 리스트에는 처음에는 열두 가지 항목밖에 없었다. 그런데 친절하게도 어느 퀘이커 교도 친구가 나를 찾아와 주의를 주었던 것이다. 세상에서 내가 오만한 인간으로 여겨지고 있다는 사실과 말투 같은 데서 그런 부분이 가끔 드러난다는 것, 어떤 토론을 할 때의 나는 자신이 옳다는 것만으로 만족하지 못하고 위압적인, 아니 불손한 태도를 취하는 점 따위에 대한 충고였다. 그리고 몇 가지 예를 말해주었으므로 나는 그에 납득하고 나쁜 버릇, 아니 어리석은 행동을 다른 악덕과 함께 최대한 바로잡아 보자고 생각했다. 그리하여 '겸손'을 목록에 추가시키고 그 말에 폭넓은 의미를 담았던 것이다.

나는 이 덕을 "진정으로" 자신의 것으로 했다는 식으로 큰소리를 치지는 않겠지만, '외면'적으로는 꽤 성공했다고 생각한다. 타인의 의견에 대해 정면에서 반대하거나 자신의 의견을 억지로라도 통과시키려는 태도를 일절 삼가게 되었기 때문이다. 전토 클럽의 오래된 규칙에 따라 "확실히"라던가 "의심할 바 없는"과 같은 단정적인 느낌을 주는 말이나 표현을 쓰는 것을 완전히 그만두었고, 그 대신 그것은 이렇지 않을까 하고 "생각한다"든가, "믿는다"든가, "상상한다" 내지는 "현재로서는 나는 이렇게 여긴다"는 식의 말투를 쓰게 되었다. 어떤 사람이 내가 보기에는 잘못됐다 싶은 주장을 했을 경우에도, 느닷없이 그 사람의 의견에 반대하거나 그 주장의 모순점을 직접 지적하거나 해서 쾌감을 얻는 것을 그만두고, 대신 반론할 때에도 우선 시간과 장소를 고려해서 그 의견이 올바른 경우도 있겠지만 이 경우에는 잘못된 것처럼 보이는데 어떻게 생각하느냐는 식으로 말하게 되었던 것이다.

이윽고 나는 이처럼 태도를 바꾼 덕분에 좋은 결과가 오게 되었다는 사실을 알게 되었다. 다른 사람과 이야기를 나눌 때 전보다 더 순조롭게 대화를 진행할 수 있었고, 또 자신의 의견을 말할 때 조심스러운 태도를 취하면 이제까지와 달리 내 의견이 기꺼이 통하는데다가 반대를 당하는 일도 줄었던 것이다. 게다가 자신의 의견이 잘못되었다는 것을 다른 사람에게 지적받았을 때에도 큰 부끄러움을 느끼지 않을 수 있었다. 또 어쩌다 내 쪽이 옳았을 경우에도 이전과는 달리 상대방을 간단히 설득해서 잘못된 생각을 버리고 나를 지지하게 만들 수 있었다.

이러한 태도는 타고난 성질에는 맞지 않는 것이었으므로 처음에는 꽤 무리해서 가장해야 했지만, 어느새 이것이 자연스럽게 몸에 붙은 습관이 되었다. 아마도 지난 50년 동안 내 입에서 독단적인 말이 쏟아져 나오는 것을 들은 사람은 한 명도 없지 않을까 싶다. 그리고 새로운 제도를 제안하거나 낡은 제도 개혁을 제안할 때에 내 의견이 일찍부터 시민들 사이에서 그토록 중시되었던 것도, 또 몇 가지 공식 회의에 의원으로 출석했을 때 상당한 세력을 가지게 되었던 것도 물론 내가 성실한 사람으로 알려졌던 것이 첫 번째 원인이기는 하지만, 그에 대해서는 이 습관 덕분이었다고 생각한다. 나는 원래부터 이야기를 잘 못하고 결코 웅변가는 아니다. 말을 고를 때에도 망설이는 일이 많고 적당한 말을 잘 떠올리지 못하는 인간이지만, 그래도 내 주장은 대체로 잘 통했다.

인간이 타고난 감정 속에서 진정 '교만'만큼 억누르기 힘든 것은 아마 없을 것이다. 교만이라는 것은 아무리 감추고 꾸미려 해도, 치고 박고 싸운 끝에 완전히 박멸하고 마침내 억눌러 놓아도, 의연히 계속 살아나서 가끔 머리를 내밀거나 모습을 드러내곤 한다. 아마 이 이야기 속에서도 나의 그런 교만함이 가끔씩은 나타날 것이다. 내가 자신의 교만함을 완전히 극복했다고 생각하게 되더라도, 만약 그렇게 되면 아마 이번에는 자신의 겸손함이라는 미덕을 자랑하며 교만해진 것처럼 보일 것이기 때문이다.

제7장
성공의 길을 가다

1788년 현재, 나는 이곳 필라델피아에서 또다시 자서전을 쓰려하고 있다. 하지만 의지하던 서류 대부분이 전쟁 중에 사라지고 말았으므로, 그것을 참고해서 쓰는 것은 불가능하게 되었다. 그러나 다음과 같은 내용을 서류들 속에서 발견했다.

전에 어떤 '원대한 계획'을 떠올린 것에 대해 쓴 적이 있었던 것으로 기억하므로, 이쯤에서 그 계획과 목적에 대해 조금 설명해 두는 편이 좋으리라 본다. 우연히 남아 있던 아래의 작은 종잇조각에 그 계획을 처음에 어떻게 해서 생각해냈는지 쓰여 있었기 때문이다.

1731년 5월 9일, 도서실에서
역사서를 읽음. 그 때의 감상.

프랭클린의 '원대한 계획'

전쟁, 혁명과 같은 세기의 사건은 당파들 때문에 일어나고 실행된다.

이와 같은 당파가 목표로 삼는 것은, 그 시점에서의 이익 내지는 이익으로 보이는 것을 쟁취하는 것이다.

각 당파는 서로 다른 목표를 가지고 있으므로 그로 인해 여러 가지 분쟁이 일어난다.

당파는 그들 전체의 목표에 바탕을 두고 행동하지만, 그 구성원은 각자 개인적은 목표를 가지고 있다.

당파가 전체의 목표를 이루려 한다면, 각 구성원은 자신의 특정 이익만을 생각해서 타인을 밀어제치고 당파를 분열시키며 보다 심각한 분쟁을 초래한다.

공공의 문제와 관련된 경우, 아무리 번지르르하게 꾸며 봤자 나라 전체의 이익만을 생각하며 행동하는 자는 거의 없다. 예컨대 그들의 행동이 진정으로 나라에 이익을 가져다주는 것이라 해도, 사람들은 우선적으로 생각하는 것은 자신의 이익과 나라의 이익이 일치하는 것이다. 박애 원칙에 따라 행동하는 것이 아니다.

공공의 문제를 놓고 인류 전체의 이익을 생각하며 행동하는 자는 더욱 적다.

지금은 온 나라에서 훌륭한 덕을 갖춘 선량한 사람들을 그에 걸맞은 뛰어나고도 현명한 규칙을 통해 세운 정규 단체에 집결시키고, 그로 인해 미덕으로 통일된 당파를 결성할 필요성이 절실한 상태이다. 그런 규칙이라면, 아마 선량하고 현명한 사람들은 일반인들이 관습법에 따르는 것 이상으로 일치단결해서 그에 따를 것이 분명하다.

충분히 자격을 갖추었을 뿐만 아니라 정직하고자 하는 사람이 있다면 신은 분명 그를 가상히 여기실 것이니, 그런 사람은 반드시 성공할 것이라고 나는 믿고 있다.

B.F.

나는 생활이 좀 편해지고 필요한 시간적 여유가 생긴다면 이 '원대한 계획'을 실행할 생각으로, 틈이 날 때마다 그에 대해 떠오르는 생각을 종잇조각에 적어두었다. 대부분은 잃어버렸지만 딱 한 장이 남아 있었다. 그것은 신앙 항목의 요점으로 삼을 생각으로 쓴 것이었다. 그 안에는 그 무렵 내가 온갖 기성 종교의 본질이라고 생각했던 것들이 포함되어 있었고, 한편으로는 어떤 종교든 간에 그것을 믿는 사람에게 충격을 안겨줄 만한 내용은 모두 지워져 있었다. 그것은 아래와 같은 말로 표현되어 있었다.

만물을 창조하신 유일한 신이 존재한다.

신은 스스로의 섭리에 따라 세계를 다스리신다.

신은 예배, 기도, 감사로써 숭배해야 할 존재이다.

하지만 신이 가장 기뻐하시는 봉사는 타인에게 선을 베푸는 것이다.

인간의 혼은 영원불변하다.

신은 현세 혹은 내세에서 반드시 덕에는 보답을, 악에는 벌을 내리신다.

그 무렵 내가 이 계획에 대해 생각했던 것은 다음과 같다. 이 동맹은 처음에는 젊은 독신자만으로 시작해서 그들 사이에서 세력을 넓힌다. 동맹에 가입할 사람은 이 교의에 동의를 표명할 뿐만 아니라 앞서 서술한 예에 따라 13주 동안 덕목에 관한 자기점검을 실행해야 한다. 이와 같은 동맹이 존속되기 위해서는, 어울리지 않는 인간이 가입하지 않도록 어느 정도 규모가 커질 때까지 그 존재를 비밀로 한다. 회원은 각자 지인들 가운데에서 총명하고 인품 좋은 젊은 이를 찾아서 시간을 들여 신중하게 주의를 기울여 계획에 대해 가르쳐준다. 또한 회원은 상호간의 이익이나 일, 생활 향상을 위해 서로 충고와 원조, 지원을 하도록 맹세한다. 그리고 다른 그룹과 구별하기 위해 이 동맹은 '자유롭고 여유 있는 자들을 위한 동맹'이라 칭한다. '자유롭고'라 함은 일반적으로 미덕을 실천할 뿐만이 아니라 그것을 습관으로 삼아 악덕에 지배당하기 쉬운 것들로부터 '자유'롭고, 또 무엇보다도 성실함과 절약 습관으로 인해 빚에서 '자유'롭다는 것을 염두에 둔 것이다. 빚은 채권자를 만들어 인간을 감금하거나 노예상태로 만들 위험이 있다.

이상이 이 계획에 관해 현재 떠올릴 수 있는 모든 것이지만, 내가 이 계획의 일부를 두 청년에게 전달했을 때 두 사람 모두 열심히 편승해 주었던 것도 기억하고 있다. 하지만 그 무렵은 아직 생활형편이 어려워서 자신의 일에 매달리지 않으면 안 될 상황이었기에 곧바로 이 계획을 실행시킬 수는 없었다. 그리고 그 뒤에도 공사 양면으로 온갖 일이 생기는 통에 계속 미룰 수밖에 없었고, 지금 와서는 그것을 실행하는 데 필요한 체력이나 기력마저 잃어버리고 말았다. 하지만 지금도 이것은 많은 선량한 시민을 모아서 실행하면 충분히 가능한 기획이고, 또 매우 유익한 것이라고 생각한다. 또한, 이 기획의 규모가 언뜻 보기에 매우 커 보인다고 해서 내가 겁을 먹거나 하는 일은 없었다. 어느 정도 능력이 있으면 사람은 혼자서도 큰 변화를 일으킬 수 있고, 처음에만 확실히 계획을 세워서 오락 등 주의를 끌 만한 것에는 일체 눈도 돌리지 않으며 한 가지 계획 달성을 인생의 유일한 목적과 일로 삼는다면, 인간은 어떠한 위업이라도 이룰 수 있을 것이라고 믿기 때문이다.

'가난한 리처드의 달력' 발행

1732년, 나는 리처드 손더스[1]라는 이름으로 내게 있어 최초의 달력을 출판했다. 그 달력은 일반적으로 '가난한 리처드의 달력'[2]이라고 불리었고, 약 25년 동안 출판되었다. 나는 가능한 이 달력을 그냥 읽고 즐기기만 하는 것이 아니라 생활에 도움이 될 만한 것으로 만들었으므로, 엄청난 판매량을 선보이게 되었다. 이것은 매년 1만부 가까이 팔렸고, 덕분에 꽤 높은 수익을 얻을 수 있었다. 그리고 널리 읽히게 되어 대부분의 식민지의 어디에 가더라도 이 달력이 보이지 않는 곳이 없을 정도였다. 그것을 알게 되자 나는 이것이 사람들을 교육하기에 적당한 수단이 아닐까 생각했다. 그 무렵 일반인들은 달력 외의 책을 사는 일이 거의 없었기 때문이다. 그래서 달력의 날짜와 날짜 사이에 생기는 작은 여백 전부를, 주로 부를 얻음과 동시에 그로 인해 미덕을 익힐 수 있는 성실함과 절약의 중요성을 가르쳐주는 속담 등의 문장을 쓰기로 했다. 사람은 가난하면(달력에 실은 속담 가운데 하나를 인용하면) "텅 빈 주머니는 똑바로 서기 어렵다"는 말처럼, 올곧고 정직하게 사는 미덕을 늘 쉽게 익힐 수 있다고 말하기는 어렵기 때문이다.

나는 많은 시대와 많은 나라의 지혜를 머금은 이 속담들을 모아서 한 사람의 지혜로운 노인이 경매장에 모인 사람들에게 설교하는 형식을 취해서 통합된 하나의 이야기로 만들었다. 그리고 그것을 1757년 달력 서문[3]에 써 보았다.

---

1) 프랭클린은 가공의 인물로서 이 이름을 썼지만, 동명의 달력 발행자가 17세기 런던에 실재했고(1613?~1687), '아폴로 앵그리카나에'라는 평판 좋은 농업용 달력을 발행하고 있었다. 그는 당연히 이것을 알고 있었을 것이다.

2) 그 무렵 영국에서 천문학, 점성술에 기반을 둔 본격 달력을 패러디한 '가난한 로빈의 달력'(1661~1766)이 발행되고 있었고, 프랭클린은 이 달력에 감화되어 '가난한 리처드의 달력'이라 칭한 것으로 보인다. 로드아일랜드 식민지에서 인쇄소를 연 프랭클린의 형도 달력을 발행했는데, '가난한 로빈의 달력'이라고 칭했다. 또한 그 무렵 필라델피아 인구는 약 2만 명이었다. 그곳에서 그의 달력이 1만부 팔렸다는 것은 근교 사람들까지 사갔다는 의미가 된다. 가격은 한 부에 4펜스.

3) 1757년 출판, 즉 1758년도 달력. 에이브러햄이라는 노인이 경매장에 모인 사람들에게 가난한 리처드의 속담을 인용해서, 성실함과 절약의 효능과 필요성을 하나의 정리된 설화로 들려준다. 이 서문은 뒤에 독립해서 '부에 이르는 길'이라는 제목으로 출판되었고, 베스트셀러가 되어 성공을 꿈꾸는 젊은이들에게 큰 영향을 미쳤다. 18세기만 해도 7개 국어로 번역되었고 다른 형식으로 145판이 출판되었다고 한다.

달력의 여백에 쓰인 아무 연관도 없는 충고를 이와 같이 모아서 초점을 맞추는 것으로 보다 강한 인상을 남기고자 한 것인데, 이 서문은 일반인들에게서 큰 환영을 받았다. 미국의 신문은 어느 것이나 이것을 그대로 옮겨 실었고, 영국에서는 대판지에 다시 인쇄해서 그것이 각 집들의 벽에 붙게 되었다. 프랑스에서는 두 종류의 번역이 나왔고, 종교 관계자와 상류층 지주들이 교구 내의 가난한 사람들이나 소작인들에게 무료로 나누어 주고자 대량으로 사들였다. 펜실베이니아 식민지에서는 달력 출판 뒤 몇 년 동안 화폐량이 늘어나서, 이 달력이 어느 정도 큰 영향을 미친 게 아닌가 생각하는 사람도 있었다. 내가 달력 속에 외국에서 들어온 사치품에 돈을 낭비하는 것에 대해 훈계하는 글을 넣었기 때문이다.

또 나는 발행하던 신문도 사람들을 교육시킬 수단 가운데 하나가 될 것이라 생각하고, 그것을 기대하고 '스펙테이터' 신문이나 교훈적인 작가에게서 발췌한 문장을 신문에 싣기로 했다. 여러 차례 신문에 싣기로 했다. 또 원래는 전토 클럽에서 발표하기 위해 썼던 대수롭지 않은 글을 싣는 경우도 있었다. 그 가운데에는 소크라테스의 논법을 활용해서, 어떠한 재능이나 능력을 가지고 있더라도 덕이 없는 사악한 인간은 진실로 분별 있는 사람이라 부를 수 없다는 것을 증명한 것도 있었다. 자기억제에 대한 논설문도 있었는데, 거기에서는 미덕이란 그것을 행하는 것이 습관이 되고 미덕에 거스르는 경향에서 완전히 자유롭지 않은 한 그것을 확실히 익혔다고 말할 수는 없다는 사실을 증명했다. 이러한 글은 1735년 무렵의 신문에 나와 있을 거라 생각한다.

신문발행에 착수한 나는 비난이나 중상모략, 개인공격 일체를 피하고 있었지만, 이러한 비난은 최근 우리나라에 있어서 매우 부끄러워 할 것이 되어 있었다. 그런 종류의 글을 신문에 실어달라고 부탁하는 사람이 늘 그러는 것처럼 출판의 자유를 들고 나오거나 신문이란 것은 요금을 낸 사람한테 글을 실을 권리가 있는 승합마차와 똑같은 거라고 우기거나 하면, 나는 늘 이렇게 대답하곤 했다. 정말로 그러기를 원하는 거라면 따로 인쇄해 줄 테니까 돌리는 건 스스로 해라. 그렇게 한다면 원하는 부수만큼 인쇄해 주겠다. 하지만 나로서는 세상에 개인적인 험담을 뿌리는 일을 맡을 생각은 털끝만큼도 없다. 게다가 신문 구독자들과는 도움이 되거나 읽었을 때 재미있는 신문을 제공하기로 계약을 맺고 있는 것이니, 그들이 아무 관심도 없는 개인적 말다툼을 실을 수는 없다. 만약 그런 짓을 했다가는 독자들에게 확실히 부당한 대우를 하는 셈이다. 이렇게 말한 것이다.

그런데 현재, 미국에서는 신문을 발행하는 인쇄업자들 가운데 다수가 아무 망설임도 없이 가장 고결한 사람까지도 부당하게 비난하고 중상모략을 일삼는 것으로 개인적인 악의를 만족시키는 일에 손을 빌려주고, 그로 인해 서로의 적의를 부추겨서 결투 소동까지 일으키고 있다. 게다가 정말 조심스럽지 못하게도, 가까운 식민지 정부나 우리나라의 가장 중요한 동맹국의 행동에 대해서도 지저분한 비난을 쓰고, 그로 인해 더할 나위 없이 치명적인 결과를 초래하는 것이다. 여기서 이와 같은 내용을 적는 것은 젊은 인쇄업자들에게 경고해 두고자 하는 의도에서이다. 그와 같은 부끄러운 행위로 그들이 자신들의 신문을 모독하거나 자기 직업의 이름에 먹칠을 하는 일이 없도록, 그러한 일은 단호히 거부해야 한다고 생각한다. 내 경우를 보면 알 수 있듯이, 이러한 내 경영방침은 전체적으로 봤을 때 결코 자신의 이익을 축내는 결과로 이어지지는 않았다.

젊은 여성을 위한 교육

1733년, 나는 인쇄소에 빈자리가 하나 생겼다는 사우스캐롤라이나 식민지의 찰스턴으로 내 직공 가운데 한 명을 보냈다.[4] 공동경영이라는 계약으로 그에게 인쇄기 한 대와 활자 한 세트를 주었는데, 계약에 의하면 나는 경비의 1/3을 부담하고 수익의 1/3을 받게 되어 있었다. 그는 학식이 있고 정직한 사람이었지만 회계에 대해서는 문외한이었고, 가끔 송금을 하긴 했지만 계산서를 보낸 적은 한 번도 없었다. 그가 죽을 때까지 나는 경영 상태에 대해 만족스런 보고를 받아본 적이 없었다. 그가 죽은 후 미망인이 사업을 이어받았다. 그녀는 네덜란드에서 태어나 네덜란드에서 자랐는데, 내가 듣기로 그곳은 회계 지식은 여성 교육의 일부라고 했다. 덕분에 그녀는 조사 가능한 과거의 거래내용에 대해 명확한 수지보고서를 보냈을 뿐만 아니라, 그 뒤에도 사분기마다 더 없이

---

4) 프랭클린은 1731년에 이미 휘트마시라는 인쇄공에게 찰스턴에서 인쇄소를 차리도록 했는데, 1733년 11월 그가 죽는 바람에 자신의 밑에서 일하던 루이 티모시라는 직공을 보냈다. 그도 5년 뒤에는 죽었다.

정확한 보고서를 형식에 맞게 보내 주었다. 인쇄소 경영에도 멋지게 성공해서 남은 아이들을 훌륭하게 키워냈으며, 계약기간이 만료되었을 때 내게서 인쇄소를 사들여 자신의 아들이 그 일을 시작하도록 했다.

내가 여기서 이러한 일을 화제로 삼은 주된 이유는, 우리나라의 젊은 여성들을 위해 회계라는 학문을 가르치게 되면 만에 하나 미망인이 되었을 때 음악이나 댄스보다 훨씬 본인과 아이들을 위해 도움이 될 것이라 생각했기 때문이다. 나는 그것을 장려하고, 이해받고 싶다고 생각한다. 그와 같은 지식이 있으면 교활한 사내들에게 속아서 손실을 입는 일도 없을 것이고, 아들이 성장해서 사업을 이어받을 수 있게 될 때까지 이미 길을 닦아놓은 거래관계를 유지하고 수익을 올릴 수 있는 가게를 운영할 수도 있으며, 그 뒤에도 가족의 좋은 수입원이 될 것이라 생각하기 때문이다.

이단으로 간주된 유익한 설교

아마 1734년이었을 것이다. 헴필[5]이라는 젊은 장로회파 목사가 아일랜드에서 이쪽으로 건너왔다. 그는 멋진 목소리를 가지고 있었고, 게다가 준비 없이 즉석에서 하는 게 아닐까 싶은 뛰어난 설교를 했다. 덕분에 서로 다른 종파의 사람들이 꽤 많이 그의 설교를 들으러 모였고, 모두 이구동성으로 그의 설교가 얼마나 대단한지 칭찬했다. 나도 다른 사람들과 마찬가지로 그의 설교에 출석하는 단골손님 가운데 하나였다. 그의 설교는 독단적인 교의를 설명하는 것이 아니라 미덕, 종교적인 말로는 선행이라 부르는 것을 적극적으로 가르쳐주려 하고 있었는데 그것이 바람직하게 느껴졌기 때문이었다. 그런데 우리 교회에서 장로회파의 정통파를 자처하던 사람들은 이 목사가 설명하는 교의에 반대했다. 더군다나 나이든 목사 대부분이 그에 동조해서, 설교를 금지시키기 위해 종교회의에서 이단적인 내용을 설명한다는 이유를 들어 탄압하기 시작했다.

---

5) 사무엘 헴필(생몰연도 불명). 아일랜드 출신의 목사. 1734년 필라델피아 유일의 장로회파 교회 목사 제데디아 앤드루스의 부목사로 채용되어 전통적 신학교의보다 종교의 합리적 측면과 일상생활의 도덕률을 강조한 설교로 인기를 모았다. 그러나 그 덕분에 '자유사상가'와의 관계를 의심받고 또한 설교의 도용을 지적당해 교회에서 내몰렸다. 앤드루스 목사가 그의 인기에 질투를 품었기 때문이라고도 한다. 프랭클린은 그를 지지하고 옹호했다.

나는 그의 열렬한 지지자가 되었던지라, 같은 생각을 가진 일파를 조직하고자 노력했다. 그리고 그를 위해 논진을 폈는데, 한때는 그것이 성공할 것처럼 보였다. 이를 계기로 찬반양론의 토론이 펼쳐지기 시작했다. 나는 그가 뛰어난 목사이긴 하지만 글 솜씨가 전혀 없다는 사실을 알게 되어, 그를 대신해서 2, 3가지 팸플릿을 써주었다. 그리고 1735년 4월 '페실베이니아 가제트' 신문에 그중 한 편을 게재했다. 이 팸플릿은 논쟁에 대한 문서가 대체로 그렇듯 그 무렵에는 그야말로 뜨거운 반응을 얻었지만 얼마 안 가서 식어 버리고 말았다. 현재 그 팸플릿이 한 장이라도 남아 있는지 의심스러울 정도다.

그런 논쟁이 계속되는 동안, 어떤 불행한 사건이 일어나서 그를 지지하던 운동은 극심한 타격을 입고 말았다. 그의 설교는 큰 호응을 얻었고 평판도 좋았지만, 마침 그것을 듣게 된 반대파의 일원이 그 설교 혹은 일부 내용을 전에 어디선가 읽어본 것 같다는 생각이 들어 조사를 해보았던 것이다. 그러자 설교의 일부가 영국의 어떤 평론지에 실린 포스터 박사[6]의 강의를 길게 인용한 것이라는 사실이 판명되었다. 그리고 이 사실이 밝혀지자 우리 쪽에서도 많은 사람들이 정나미가 떨어져서 더 이상 상대하지 않으려 하게 되었고, 결국 우리는 패배하고 말았다. 하지만 나는 변함없이 그를 지지했다. 다른 사람이 쓴 것이라 하더라도 이처럼 설교를 한 것은 스스로 쓴 보잘것없는 설교를 하는 것보다 오히려 인정해줘야 할 일이 아닐까 생각했기 때문이었다. 직접 쓴 별 볼일 없는 설교야 우리의 평범한 목사님들이 연중 하고 있는 것이 아닌가. 나중에 이 목사는 자신이 행한 설교는 모두 스스로 쓴 것이 아니라는 사실을 인정하고, 자신은 매우 뛰어난 기억력을 가지고 있기에 어떤 설교라도 한 번 들으면 그대로 기억에 남아 되새겨볼 수 있다고 내게 말했다. 우리가 패배한 뒤 그는 보다 좋은 운명을 찾아 다른 지방으로 떠났고, 나도 내가 소속되어 있던 교회와 인연을 끊고 다시는 복귀하지 않았다. 하지만 그곳의 목사들을 지원하기 위한 헌금은

---

6) 제임스 포스터(1697~1753). 런던 침례교 목사. 종교의 신비성을 부정하고 합리적 측면을 강조한 탓에 '자유사상가'로 간주되었지만 매우 매력적인 설교로 인기를 모아, 파리넬리(이탈리아의 명가수)의 노래와 포스터의 설교를 들어보지 않은 사람은 사교계에 출입할 자격이 없다는 말까지 나올 정도였다. 헴필이 그의 설교를 도용한 것은 내용적으로 이해할 수 있다. 4권짜리 '설교집'이 있다.

그 뒤로도 이어졌다.

나는 1733년에 외국어 공부를 다시 시작했다. 얼마 안 있어 프랑스어는 간단히 책을 읽을 수 있을 정도가 되었고, 이어서 이탈리아어를 시작했다. 마찬가지로 이탈리아어를 공부하던 친구가 있었는데, 그는 자주 함께 체스[7]를 두자고 권하곤 했다. 그런데 체스를 시작하면 외국어 공부를 위해 마련한 시간을 지나치게 빼앗기게 된다는 것을 눈치 채게 되었다. 그래서 나는 조건을 걸고, 그것을 들어주지 않으면 더 이상 체스를 두지 않겠다고 했다. 그 조건이란 바로, 게임에서 이긴 자가 그 때마다 상대방에게 문법 암기나 해석과 같은 숙제를 낼 권리를 갖는 것을 인정하고, 진 쪽은 명예를 걸고 그 숙제를 다음에 만날 때까지 해오기로 하는 것이었다. 우리는 서로 이기거나 지거나 하면서 승부를 겨뤘고, 이런 식으로 상대방을 꺾으면서 함께 이탈리아어를 익혀 나갔다. 그 뒤, 조금 고생을 하긴 했지만 스페인어도 책을 읽을 수 있을 만큼 습득했다.

외국어 공부법

앞서 서술했다시피, 나는 라틴어 문법학교에서 1년밖에 교육을 받지 못했다. 게다가 그것은 아주 어릴 적 이야기이고, 그 뒤로 라틴어 공부는 거의 손을 놓다시피 한 상태였다. 하지만 프랑스어, 이탈리아어, 스페인어를 공부하고 나서 라틴어 성서를 훑어보았더니 상상 이상으로 이해가 잘 된다는 것을 깨닫고 놀라게 되었다. 나는 이에 용기를 얻어 다시 라틴어 공부를 시작했는데, 이미 익혀놓은 세 가지 언어가 큰 도움이 되어주었기에 예상한 것 이상으로 큰 성공을 거둘 수 있었다.

이를 통해 나는 현재 미국에서 일반적으로 행하고 있는 외국어 교육 방법에 모순이 있는 것이 아닌가 생각하게 되었다. 우리는 처음에는 라틴어부터 시작하는 것이 적절하고, 라틴어를 마스터하면 그로부터 파생된 프랑스어 등의 근대 언어를 습득하는 것이 쉬워진다고 들었다. 하지만 그러면서도 라틴어를 보

---

7) 체스는 프랭클린이 평생 즐긴 게임이다. 1779년 프랑스 주재 전권 공사로 파리에 머무를 때 '체스의 모럴'이라는 제목으로 에세이를 써서, 체스가 단순히 '시간 때우는 놀이'가 아니며 인생 자체가 '체스의 일종'이라고 말했다. 체스를 통해 '선견지명', '용의주도', '경계심', '인내력' 등의 정신적 성격을 강화시킬 수 있다고 한다. 체스를 둘러싼 흥미로운 일화도 남아 있다.

다 쉽게 배우기 위해 그리스어부터 시작하자는 말은 나오지 않는다. 확실히 단숨에 계단을 뛰어 올라가서 꼭대기에 이르면, 그곳에서부터 내려오는 길은 쉬울 것이다. 하지만 맨 아래 계단부터 한 단씩 올라가면 보다 쉽게 정상에 닿을 수 있는 것 또한 분명한 사실이다. 외국어 공부를 할 때 라틴어부터 시작하는 사람이 많지만, 몇 년이 지나도 큰 진보 없이 라틴어 공부를 그만두게 되면 공부한 것도 거의 도움이 되지 못하니 쓸데없이 시간낭비를 한 셈이 되고 만다. 그러니 외국어 교육을 프랑스어부터 시작해서 이탈리아어 등으로 진행시키는 쪽이 좋지 않을까 싶다. 이를 청년교육 감독에 해당하는 분들도 생각해 봐 주셨으면 하는 마음에서 문제 제기를 하는 것이다. 같은 시간을 소비하고 난 뒤, 만약 외국어 공부를 그만두는 바람에 라틴어까지 가지 못하더라도, 공부한 것이 현재 널리 쓰이는 언어라면 일상생활에서 도움이 될 만한 외국어를 한둘 쯤 익힌 셈이 될 테니 말이다.

보스턴을 다시 방문 형과의 화해

보스턴을 떠난 지 10년이 흘렀고 생활형편도 무척 편해졌으므로, 나는 식구들을 한 번 만나러 보스턴으로 여행을 떠나기로 했다.[8] 그때까지는 여행을 할 만한 여유가 없었던 것이다. 여행 도중에 나는 뉴포트에 숙소를 잡아놓고, 인쇄소를 운영하는 형을 만나기 위해 그곳을 들렀다. 우리의 재회는 옛날에 싸움을 했던 것은 다 잊고 진심으로 애정이 흘러넘치는 것이었다. 형은 급속도로 건강이 나빠져 자신이 죽을 날이 멀지 않았다고 여기고 있었고, 만약의 경우에는 아직 열 살도 되지 않은 자신의 아들을 맡아서 인쇄공으로 키워주길 바란다고 부탁했다. 형이 죽은 뒤 나는 부탁받은 대로 형의 아들을 맡아서 몇 년 동안 학교에 다니게 해 주었고, 그 뒤에는 인쇄소로 데리고 갔다. 그가 성인이 될 때까지 인쇄 일은 어머니가 이어 가고 있었는데, 아들이 인쇄소를 이어받게 되었을 때 그의 아버지가 쓰던 활자가 완전히 다 닳아버린 상태였기에 나는 새 활자 한 세트를 맞춰 주었다. 이것으로 소년 시절 형 밑에서 뛰쳐나와 계약대로 도제 일을 하지 않고 폐를 끼쳤던 것을 충분히 보상할 수 있었다고 생각한다.

---

8) 1733년 9~10월의 일. 1723년 9월 25일에 보스턴을 떠난 뒤 딱 10년째가 된다.

1736년, 나는 천연두 때문에 아들 하나를 잃게 되었다. 4살 된 아주 착한 아이였다. 나는 그 뒤 오랫동안 아들에게 천연두 예방접종을 해주지 않았던 것을 후회했다. 나는 이 일을 특히 세상의 모든 부모들에게 말해두고 싶다. 부모들은 예방접종을 한 것 때문에 아이가 잘못되기라도 하면 절대로 자신을 용서하지 못할 거라 생각해서 접종을 피하는 것 같은데, 내 경우를 보면 알 수 있듯이 아이에게 무슨 일이 생기면 어차피 후회하는 것은 마찬가지이다. 그러니 보다 안전한 쪽을 선택해야 한다고 생각한다.

우리 클럽, 전토가 매우 유익한 모임이라는 사실이 명백하게 드러나자 회원들도 모두 만족스러워하게 되었고, 친구 몇 사람을 소개하고 싶다는 강한 희망을 품고 있었다. 하지만 입회를 인정하면 우리가 처음에 토론을 거쳐 적절하다고 정해놓은 회원 수 12명을 넘어서게 될 것이었다. 우리는 처음부터 규칙을 통해 이 클럽을 비밀스런 모임으로 놓아두기로 약속한 상태였고, 그것은 꽤 잘 지켜져 왔다. 그 규칙의 의도는 탐탁지 않은 사람이 입회하려는 것을 피하는 데 있었다. 거절하기 어려운 사람이 입회를 청할 가능성이 있었기 때문이다. 나는 처음 회원 수보다 한 사람이라도 더 추기하는 것은 빈대하는 입장이있지만, 그 대신 입회 희망자가 있으면 회원 각자가 개별적으로 우리 클럽에 종속된 새로운 모임을 만들면 어떻겠느냐고 제안했다. 그 경우에도 토론할 문제 제기에 대해서는 우리와 같은 규칙을 마련하고, 전토 클럽과의 관계에 대해서는 말하지 않기로 했다.

이 제안의 이점은 다음과 같다. 우리 모임을 본받아 같은 수의 젊은 시민이 계발된다는 점. 그리고 무언가 문제가 생겼을 때 전토 클럽은 어떤 부분을 문제로 제기할 것인지 그리고 하위 모임에서는 어떤 결론을 내릴 것인지 등을 서로 보고해서, 그로 인해 주민 전체의 의견을 정확하게 알 수 있게 되었다는 점. 보다 많은 사람들의 찬성을 얻어 특정 사업을 추진할 수 있게 되었다는 점. 그리고 공공사업에서도 우리의 영향력이 보다 커지고, 종속 모임을 통해 전토 클럽의 사고방식이 널리 퍼져서 그로 인해 개혁의 힘을 강화시키게 된 점 등이었다. 내 제안이 인정받자 회원들은 각자 자신의 모임을 만들게 되었다. 그러나 모든 모임이 잘 해나가리라 확실할 수는 없었다. 대여섯 개쯤의 모임이 생겼고, 각각 '와인 클럽', '유니언 클럽', '밴드 클럽'이라는 이름이 붙었다. 새 회원들에게 유익한 것은 물론이고 우리들에게도 꽤나 즐거움과 정보, 지식을 제공해 주었다. 그 가운데에서도 특정 문제에 대해 여론을 움직이고자 할 때, 우리의 목적에 매우 큰 공헌을 해 주었다. 그 부분에 대해서는 이후 관련된 부분이 나오면 몇 가지 사례와 함께 소개해보기로 하겠다.

제8장

사회활동 1

식민지의회 서기로 선정되다

내 존재를 처음으로 사회적으로 인정받은 것은 1736년 식민지의회의 서기로 선정되었을 때였다. 그 해에는 아무런 반대도 없이 선정되었지만, 다음해에는 다시 추천을 받기는 했지만(서기도 의원과 마찬가지로 임기제였다) 새 의원[1] 한 사람이 다른 후보를 지지하는 바람에 오랫동안 반대연설을 해야 했다. 하지만 결국 선정된 사람은 나였다. 이 지위는 서기로서 수당이 나올 뿐만 아니라 의원들과 인맥을 쌓을 수 있었고, 채결이나 법률, 지폐 인쇄 및 공공을 위한 임시 업무를 맡을 기회가 늘어나기도 했다. 전체적으로 꽤나 득이 되는 일이있던 것이다. 따라서 나는 그 새 의원의 반대를 탐탁지 않게 여겼지만, 그는 자산가인 유복한 신사이며 수준 높은 교육을 받았고 또 뛰어난 재능의 소유자였다. 그러니만큼 앞으로 식민지의회에서 큰 세력을 확보할 것으로 여겨졌고, 실제로도 그렇게 되었다. 하지만 나는 처음부터 그에게 비굴하게 빌붙으면서 호감을 살 생각은 하지 않았다.

하지만 나는 그 뒤에 다음과 같은 다른 방식으로 그에게 접근했다. 그가 자신의 도서실에 매우 희귀한 도서를 한 권 가지고 있다고 듣고, 나는 꼭 그 책을 읽고 싶으니 괜찮다면 며칠 빌려줄 수 없겠느냐는 짧은 편지를 보냈던 것이다. 그러자 그는 바로 그 책을 보내주었고, 나는 그것을 1주일쯤 뒤에 진심 어린 감

---

1) 아이작 노리스(1701~1766). 필라델피아의 퀘이커 교도 명문가 출신으로, 1734년 식민지의회에 선출된 뒤부터 의회의 실력자로서 정계를 좌지우지했다. 프랭클린은 칼라일에서 인디언과 교섭을 벌이거나 올버니 회의(1754) 등에서 협력한 바 있고, 영주에게 저항한다는 부분에서는 뜻을 함께 했으나, 기득권을 주장하는 보수적 경향이 강한 지배계급인 그와는 맞물리지 않는 면이 있었고 결국에는 정치적으로 대립하게 되었다. 그의 장서는 제임스 로건에 이어 필라델피아에서 손꼽힐 만큼 충실했다고 한다.

사의 인사를 담은 편지와 함께 돌려주었다. 다음에 의회에서 그를 만나게 되자, 그는 아주 정중하게 말을 걸어왔다(그때까지는 한 번도 그런 일이 없었다). 그리고 그 뒤로는 기회가 있을 때마다 내게 신경을 써 주었고, 우리는 둘도 없는 친구가 되었다. 그와의 우정은 그가 죽을 때까지 이어졌다. 이는 내가 외우고 있는 "내 쪽에서 친절했던 사람보다, 저쪽에서 친절하게 대해주었던 사람이 다시 친절을 베풀어줄 가능성이 높다"는 오래된 격언이 옳았다는 것을 증명하는 사례로 볼 수 있을 것이다. 또한 이 일로 인해, 그저 화가 나서 복수를 하거나 적대적인 태도를 계속 취하는 것보다 신중하게 상대방의 적대감을 지워 나가는 편이 이득이라는 것을 깨달았을 것이다.

1737년 버지니아 식민지의 전 총독이자 그 뒤 우정 장관을 맡은 스포츠우드 대령[2]이, 자신의 대리인 필라델피아 우체국장이 회계보고를 게을리 하거나 정확하지 못한 것에 불만을 품고 해고한 뒤 그 자리를 내게 내려주었다. 나는 곧바로 받아들였는데, 그것은 내게 있어 아주 좋은 일이 되었다. 급료는 적었지만 통신을 간단히 할 수 있게 되어 신문의 내용을 충실하게 만들 수 있었고, 게재하는 광고와 발행부수가 함께 늘게 되었다. 결과적으로 나는 꽤 높은 수입을 올리게 되었던 것이다. 그리고 라이벌이었던 브래드포드의 신문은 그만큼 잘 팔리지 않게 되었다. 우체국장이었을 때 내 신문을 우편마차로 배달하는 것을 허락하지 않았던 그의 심술에 일부러 보답을 해줄 것도 없이, 그의 신문이 팔리지 않게 된 것만으로도 나는 크게 만족했다. 이렇게 해서 그는 당연히 해야할 회계보고를 태만히 한 것 때문에 뼈아픈 손실을 입게 되었던 것이다. 여기서 이 일에 대해 이야기한 이유는, 다른 사람에게 고용되어 회계 등의 일을 하는 젊은이들이 결산보고를 철저히 하고 보고를 할 때, 늘 명확하고 기한을 잘 맞추는 것이 얼마나 중요한지에 대한 교훈을 얻기를 바라기 때문이다. 그 일이 가능한 사람이라는 평판을 얻으면 앞으로 취직하거나 사업을 확대할 때 가장 좋은 추천장이 될 것이다.

---

2) 알렉산더 스포츠우드(1676~1740). 영국의 군인. 버지니아 식민지 총독대행(1720~1722)을 맡은 뒤, 1730년에 북아메리카 우정 차관이 되었다. 우정사업에서는 영국 정부의 이익을 최우선으로 했고, 식민지 우편의 효율화를 꾀하던 프랭클린과는 입장을 달리했다.

야경제도 개선과 소방조합 설립

이 무렵, 나는 비록 작은 일이라도 공공의 문제에 조금씩 관심을 품게 되었다. 내가 처음으로 생각한 문제 가운데 하나는 거리의 야경들에게 규제가 필요하다는 것이었다. 그 무렵 야경은 각 지구의 경찰이 교대로 관리하게 되어 있었다. 그 경찰은 시내의 세대주를 여럿 모아서 함께 밤마다 야경에 참가하도록 명령하고, 참가하기 싫은 사람은 1년에 6실링을 받고 면제해주고 있었다. 이것으로 야경으로 나갈 대리인을 고용하게 되어 있었는데, 실제로는 6실링이라는 돈이 목적에 필요한 금액을 크게 웃돌고 있었기에 남은 돈은 모두 경찰의 주머니로 들어가고 있었다. 게다가 경찰은 사회적 신분이 있는 인간이라면 함께 있는 것을 불쾌하게 여길 만한 불한당 같은 자들을 가끔 술값 몇 푼으로 고용하곤 했다. 그런 무리들은 담당구역을 돌아보려고도 하지 않고, 술이나 홀짝거리면서 대부분의 시간을 소비하고 있었다. 그래서 나는 이러한 위법행위를 고발할 뿐만 아니라, 경찰에게 지불하는 6실링도 그 사람의 경제 상태를 생각하면 불공평하다는 사실을 최대한 상세히 지적한 논문을 써서 전토 클럽에 제출했다. 다시 말해, 야경이 지켜주는 재산이 다해서 50파운드도 되지 않는 가난한 미망인이나 몇 천 파운드의 가치가 있는 상품을 가게에 쌓아놓고 있는 유복한 상인이 똑같은 부담을 지는 것은 문제가 된다고 생각했던 것이다.

나는 전체적으로 봐서 가장 효율적으로 생각되는 야경제도로 다음과 같은 것을 제안했다. 다시 말해 부업이 아니라 늘 야경을 전업으로 삼을 사람을 고용할 것, 부담을 보다 공평하게 하기 위해 재산에 비례하는 부담금을 거두어들일 것이 바로 그것이다. 이 생각은 전토 클럽에서도 찬성을 얻었고, 우리에게 종속된 다른 클럽에도 전달했는데 그쪽에서도 이미 비슷한 제안이 나와서 찬성을 얻고 있다는 것이었다. 이 제안은 곧바로 실행되지는 않았지만 개혁이 필요하다는 것을 이해시켰고, 몇 년 뒤에 새로운 법을 제정하는 길을 열게 되었다. 그 무렵에는 우리 클럽 회원들도 상당한 영향력을 갖추고 있었다.

이 무렵 나는 또 다른 논문[3]도 발표했다(처음에는 전토 클럽을 위한 것이었지만 그 뒤에 출판했다). 그것은 화재의 원인이 되는 여러 가지 사고나 부주의를 문

---

3) '거리를 화재에서 지키는 방법에 대해'라는 제목의 논문. 1735년 12월 4일자 〈펜실베이니아 가제트〉 신문에서 발표.

제로 삼은 논문이었는데, 그와 같은 사고가 일어났을 때 주의할 것이나 그런 일이 일어나는 것을 막기 위한 예방책을 다루고 있었다. 그것이 사회에 유익한 논문이라고 화제가 되었고, 이를 계기로 신속한 소화 작업과 함께 위험이 닥쳐왔을 때 재산을 들고 나오거나 확보하기 위한 소방조합을 만들어야 한다는 계획이 나오게 되었다. 계획에 참가하려는 사람도 순식간에 30여명에 이르렀다. 우리의 협정서 조항에는, 모든 조합원은 불이 났을 때 곧바로 현장으로 가져가기 위한 튼튼한 가방과 바구니(짐을 나르기 위해서였다), 정해진 수의 가죽 양동이를 언제든지 쓸 수 있도록 해두는 것이 의무사항으로 정해져 있었다. 우리는 매달 한 번 집회를 열고 함께 밤을 보내면서 그럴 때에는 어떻게 행동하면 좋을지 각자 생각한 바를 주고받았다.

이 소방조합이 얼마나 유익한 것인지는 금방 밝혀졌다. 한 소방조합에는 지나치다 싶을 만큼 많은 사람이 참가신청을 해왔다. 그래서 그와 같은 사람들에게는 또 다른 소방조합을 만들도록 권하여 실제로 많은 조합이 만들어지게 되었다. 이렇게 해서 새로운 소방조합이 계속 생겨났고, 재산을 가진 주민들이 거의 모두 가입할 정도로 수가 늘어났다. 이 글을 쓰고 있는 지금은 결성으로부터 벌써 50년 이상이 지났다. 내가 처음으로 만든 유니언 소방조합[4]의 결성 당시부터의 조합원은, 나와 나보다 한 살이 많은 한 명을 제외하면 모두 세상을 떠나고 말았다. 하지만 조합 그 자체는 여전히 건재하고, 활발한 활동을 이어 가고 있다. 매달 모임에 빠지는 조합원은 벌금을 내게 되어 있었고, 그 얼마 안 되는 벌금을 모아서 각 소방조합의 소방차나 사다리, 소화용 갈고리 등 필요한 도구를 구입하는 데 썼다. 나는 전 세계를 찾아봐도 이보다 더 초기 화재 진압에 필요한 도구를 잘 갖춘 도시는 또 없을 거라 여겼다. 실제로 이 소방조합이 생긴 뒤로 필라델피아에서는 한 번의 화재로 두 채 이상의 집을 잃어버리는 일은 없어졌고, 대부분의 경우 불이 난 집이 반도 타기 전에 무사히 진압될 수 있게 되었다.

---

4) 1736년 12월 7일에 창설.

미국에서의 화이트필드 목사

1739년 영국에서 화이트필드 목사이 우리 필라델피아를 찾아왔다. 그는 영국에서 순회목사로 이름이 널리 알려진 사람이었다. 처음에는 필라델피아의 교회 몇 군데에서 설교하도록 허락받았지만,[5] 이윽고 다른 목사들이 그를 싫어하게 되어 제단을 쓰는 것을 거부하게 되었다. 덕분에 그는 야외에서 설교를 할 수밖에 없었다. 종파, 분파를 막론하고 그의 설교에 출석하는 청중의 수는 그야말로 어마어마했으며 나도 그 가운데 한 명이었다. 그의 웅변이 청중에게 미친 놀랄 만한 영향력, 그가 청중을 향해 너희들은 반은 동물에 반은 악마로 태어났다고 단정하고 욕설을 퍼부어도 계속 그를 숭배하고 존경하는 사람들의 모습을 보면서 나는 여러 모로 느끼는 바가 있었던 것이다. 주민들에게 나타난 변화 또한 놀랄 만한 것이었다. 그때까지 주민들은 무언가를 깊이 생각하려 들지 않았고 종교에도 무관심하기 짝이 없었다. 그런데 이제는 세상의 모든 인간이 종교적으로 변한 건가 싶을 정도였다. 이제는 저녁에 필라델피아 시내 거리를 걸을 때 집집마다 흘러나오는 찬송가를 듣지 않고 가는 것은 불가능한 일이었다.

날씨에 좌우되는 야외에서 집회를 여는 것은 여러 모로 불편한 일이었기에, 집회를 열기 위한 건물을 세우자는 제안이 나왔다. 그리고 기부금을 모을 사람이 정해지자, 곧바로 땅을 구입해서 웨스트민스터 홀[6]처럼 안길이 100피트에 폭이 70피트 되는 건물을 세우기에 충분한 금액이 모였다. 건축공사도 활기를 띠어 예상보다 훨씬 짧은 기간에 완공되었다. 이 건물과 땅을 관리하는 위원회가 생기고, 필라델피아 주민에게 무언가를 호소하고 싶다고 희망하는 설교사에게는 종파를 묻지 않고 건물을 개방하게 되었다. 이는 특별히 확실히 해놓은

5) 조지 화이트필드(1714~1770). 영국의 칼뱅주의 메서디스트파의 열변으로 알려진 목사. 영국 본국 및 미국에서 널리 야외포교를 행했고, 그 광신적 설교로 사람들의 종교심을 부추겼다. 특히 1730~40년대 매사추세츠 식민지에서 조나단 에드워드와 함께 '대각성'이라 불린 신앙부흥운동의 불씨 역할을 수행했다. 미국에는 1738년 처음 온 뒤로 1770년까지 6번 방문했다. 프랭클린은 그의 종교상 교의보다 수만 명의 청중을 모았다는 설교 방법 등에 흥미를 품었고, 포교활동에 협력하면서도 마지막까지 개종은 하지 않고 중립적 입장을 지켰다. 인쇄업자로서 그를 둘러싼 종교논쟁의 두 진영 모두의 소책자 인쇄에 편의를 봐주기도 했다.

6) 런던의 웨스트민스터에 있는 국회의사당 부속회관. 원래는 궁전의 일부였다. 의사당, 법정으로 쓰인 적도 있다. 안길이 29피트, 폭 68피트, 높이 92피트.

부분이었다. 건물 구조도 특정 종교에 치우치지 않도록 하고 주민 전체의 이익을 위한 설계로 되어 있었기에, 만약 콘스탄티노플 무프티[7]가 이슬람교를 설법하기 위해 전도사를 이곳으로 파견하더라도 원하는 만큼 제단을 쓸 수 있었을 것이다.

화이트필드 목사는 우리 쪽에서 조지아 식민지까지 설교 여행을 이어 갔다. 조지아 식민지[8]는 최근에 입주가 시작된 참이었는데, 육체노동에 익숙한 튼튼하고 성실한 농민—다시 말해 개척 작업에 어울리는 사람들이 아니라 파산한 상인이나 빚 때문에 다른 도리가 없는 사람들, 감옥에서 막 나온 게으름뱅이 등 일할 기력도 없거니와 그런 습관도 들지 않은 사람들이 대다수였다. 그들은 숲속에서 개척을 시작하긴 했지만, 원래부터 토지를 개간할 자격을 전혀 갖추지 못한 사람들인 데다 개척지에서 찾아드는 고난을 이겨낼 기운도 없었기에 하나 둘씩 죽어가고 있었다. 남은 것은 일가친척 하나 없는 아이들뿐이었다. 그 아이들의 비참한 모습을 본 자애로운 화이트필드 목사는 가슴이 아픈 나머지, 그곳에 고아원을 설립하자는 생각을 해냈다. 고아원에 아이들을 수용해서 교육을 베풀 생각이었던 것이다.

그는 다시 북쪽 식민지로 돌아와서 이 자선계획을 설명하러 다녔고, 그 결과 많은 기부금을 모을 수 있었다. 그의 열변은 청중의 마음과 지갑에 놀랄 만한 영향력을 행사했기 때문이다. 나 역시 그 가운데 하나였다. 나는 결코 이 계획에 반대할 생각은 아니었지만, 조지아 식민지에는 건축자재가 없고 일을 할 수 있는 기술자도 없었다. 필라델피아에서 막대한 비용을 들여 필요한 것들을 그쪽으로 보내는 것보다 차라리 이곳에 고아원을 세워서 아이들을 데리고 오는 쪽이 훨씬 경제적이라 생각했던 것이다. 목사에게 그렇게 하는 게 어떻겠냐고 제안해 보았지만, 그는 자신이 처음에 세운 계획을 고집하면서 내 충고를 물리쳤다. 그래서 나도 기부를 거절할 생각을 하고 있었다.

---

7) 이슬람교에서 교전의 해석, 의문점 등을 해명하는, 권위 있는 고위 성직자.

8) 1733년, 자선가이기도 했던 제임스 오글소프 장군(1696~1785)이 조지 2세로부터 특별허가를 받고 개척한 식민지. 당초의 목적은 영국 본국에서 빚을 지고 투옥된 자들에게 재기할 길을 마련해주고 가톨릭교의 나라에서 박해당하는 프로테스탄트 교도에게 도피처를 제공하는 것이었다. 프랭클린의 기사가 아무 근거도 없는 개인적인 편견이라 할 수는 없다.

그로부터 얼마 뒤에 그의 설교를 들을 일이 생겼다. 도중에 그 설교의 목적이 기부라는 사실을 깨닫게 되자, 나는 속으로 무슨 일이 있어도 기부를 하지 않을 거라고 다짐하고 있었다. 그때 주머니 속에는 한 줌의 동화와 달러은화가 서넛, 금화가 5피스톨 들어 있었다. 그런데 설교를 듣는 사이에 조금씩 마음이 약해져서, 결국 동화 정도라면 기부해도 괜찮겠다고 생각하게 되었다. 그리고 그 뒤로도 계속 그의 뛰어난 언변을 듣는 동안 스스로가 부끄럽게 느껴진 나머지 정신을 차려보니 은화를 내밀 결심을 하고 있었다. 그의 설교가 얼마나 대단했던지, 마지막에는 금화부터 시작해서 가진 돈 전부를 기부 그릇에 던져 넣는 바람에 주머니가 텅 비고 말았을 정도였다.

이 설교 때는 전토 클럽 친구 가운데 한 명도 출석했는데, 그도 나와 마찬가지로 조지아에 고아원을 설립한다는 계획에는 반대하는 입장이었다. 그는 기부금을 내라고 할 것을 예상하고 그것을 경계하여 집을 나올 때 일부러 주머니를 텅 비우고 왔던 참이었다. 그런데 설교가 끝날 때쯤에는, 아니나 다를까 그도 기부하고 싶은 마음이 솟구쳐 올랐던 것이다. 그는 가까이 서있던 친구들 가운데 한 명에게 기부금을 내고 싶으니 돈을 조금 빌려달라고 부탁했다. 하지만 그가 부탁한 상대는 불행히도 청중들 가운데에서 거의 유일하게 확고한 신념을 가진 사람이었기에, 이런 대답이 돌아오고 말았던 것이다. "홉킨슨 씨, 다른 때 같았으면 얼마든지 빌려드렸을 테지만 오늘은 거절하겠습니다. 아무래도 감격이 지나친 나머지 평소의 당신이 아닌 것처럼 보이거든요."

화이트필드 목사를 적대시하는 사람들 가운데에는 그가 이렇게 모은 기부금을 개인적인 용도로 쓴다고 주장하는 이도 있었다. 하지만 나는 그를 개인적으로 알고 지냈는데(그의 설교나 일지 등을 인쇄해 달라는 부탁을 받았었다), 화이트필드 목사가 성실한 사람이라는 사실을 의심한 적은 한 번도 없었다. 지금도 여전히 그에 대해 모든 언동이 매우 정직한 사람이었다고 믿고 있다. 그리고 이처럼 그를 장려하는 내 증언은, 우리 관계가 전혀 종교적인 것이 아니었기에 보다 큰 의미를 가지는 게 아닐까 생각한다. 사실 화이트필드 목사는 나를 자신의 종파로 개종시키기 위해 기도를 올린 적도 있었지만, 결국 그 기도가 통했다는 만족감을 느낄 수는 없었다. 우리의 교우관계는 종교적인 것과는 아무 관련도 없었고, 그것은 그가 죽을 때까지 이어졌다.

다음에 서술할 일화는 우리 두 사람이 어떤 관계였는지를 보여주는 사례가될 것이다. 그는 번번이 영국에서 보스턴으로 찾아오곤 했다. 어느 날 그는 보스턴에 닿자마자 곧바로 필라델피아로 가게 되었다. 그런데 오래전부터 필라델피아에서 친절하게 머물 곳을 제공해 주던 베네제 씨[9]가 저먼타운[10]으로 이사갔다는 이야기를 듣고, 나에게 어디서 묵으면 좋을지 가르쳐달라고 했다. 나는그에게, 우리 집은 알다시피 대단한 대접은 못하지만 그래도 괜찮다면 진심으로 환영하겠다고 대답했다. 그러자 그는 그리스도를 위해 이토록 친절한 제의를 해주신 것에 대해 반드시 신의 보답이 있을 거라는 답변을 보냈다. 나는 나대로 오해하지 말아 달라고, 우리 집으로 오라고 한 것은 그리스도를 위해서가아니라 당신을 위해서라고 말해주었다. 우리의 공통된 친구 가운데 한 사람은그 이야기를 듣더니 농담조로 이렇게 말했다. "성인들은 아무래도 친절을 받으면 그 무게를 자기 어깨에서 신에게로 옮기는 버릇이 있는 것 같단 말이야. 자네는 그걸 알고 일부러 친절의 무게를 지상에 묶어놓으려 한 건가?"

화이트필드 목사와는 런던에서 마지막으로 만났는데, 그때 그는 고아원에대한 것과 그것을 토대로 대학을 설립할 생각을 이야기했다.

3만 명이 들은 화이트필드 목사의 설교

그는 크고 아주 잘 통하는 목소리를 가지고 있었고, 말과 문장의 발음도 매우 또렷했다. 덕분에 거리가 꽤 떨어진 곳에서도 잘 들렸고 이해하기도 쉬웠다. 청중이 아무리 많이 모여도 모두 숨소리까지 죽이고 들었기에 더 그랬던 것 같다. 어느 날 밤, 그는 마켓 스트리트 중앙에서 그와 직각으로 교차하는 세컨드 스트리트 서쪽에 있는 재판소 입구 계단 맨 위에서 설교를 했다. 두 거리는꽤 먼 곳까지 청중들로 가득 차 있었다. 마켓 스트리트에서 가장 먼 곳에 서있던 나는 그의 목소리가 얼마나 멀리까지 들릴지 흥미를 품고 강가까지 내려가

보았다. 아무래도 프론트 스트리트까지 오고 나니 거리의 소음 때문에 들리지 않게 되었지만, 그 전까지는 확실히 들려왔다. 그래서 재판소에서 내가 있는 곳까지의 거리를 반경으로 반원을 그리고 그 안에 2평방피트에 청중 한 사람이라는 비율로 계산해 본 결과, 그의 설교는 3만 명 이상의 귀에 전해지고 있다는 결론이 나왔다. 그로 인해 그가 야외 집회에서 2만5천 명의 청중을 상대로 설교를 하고 싶다고 했던 신문기사가 거짓말이 아니라는 것을 납득할 수 있었다. 또한, 고대사에 나오는 장군들이 모든 병사들을 향해 열변을 떨쳤던 것에 대해 가끔씩 의문을 느꼈던 것도 이제는 있을 수 있는 일이라고 생각하게끔 되었다.

몇 번이나 그의 설교를 듣는 사이에, 새로 쓴 설교와 여행 중에 몇 번씩 되풀이하는 것의 차이점을 간단히 파악할 수 있게 되었다. 후자의 경우 몇 번 되풀이하는 사이에 말하는 방식이 꽤 능숙해져있을 뿐만 아니라 발음, 중점을 두는 방식, 목소리의 억양까지 모두 완벽한 상태가 되어 흥미 없는 내용일지라도 설교를 들으며 쾌감을 느끼게 되었기 때문이었다. 그것은 훌륭한 음악을 들을 때 느끼는 쾌감과 같은 것이었다. 늘 같은 교회에서 설교를 하는 목사에게서는 바랄 수 없는, 순회목사만이 가지고 있는 유리한 조건이었다. 교회 목사는 같은 설교를 몇 번 되풀이하면서 더 좋게 만드는 것이 불가능하니 말이다.

그가 쓴 것이나 인쇄한 것은 가끔 적들이 파고들 틈을 제공하곤 했다. 입으로 하는 설교라면 조심성 없는 표현, 아니 잘못된 의견이라도 나중에 설명을 덧붙이거나 원래는 이런 의도로 말하려 했던 거라고 수정할 수도 있다. 혹은 그런 소리를 한 적이 없다고 딱 잡아뗄 수도 있다. 하지만 속담에서 이르듯이, "글로 쓴 것은 남는다". 비판하는 자들은 그가 글로 쓴 내용을 격렬하게 공격했다. 게다가 아주 그럴듯한 이유를 늘어놓은 덕분에 그의 신자들은 줄어들기만 할 뿐 늘어나지는 않았다. 만약 그가 아무것도 글로 남기지 않았더라면, 신자도 더 많았고 뒷날 중요시되는 종파로 남지 않았을까 싶다. 만약 그렇게 되었다면 그의 명성은 죽은 뒤에 더 높아졌을 것이다. 그를 비난할 근거로 쓰이고 평판을 떨어뜨리는 데에만 이용되었던 그의 글들이 하나도 남지 않았더라면, 신자들은 그를 열렬히 숭배하면서 자신들이 원하는 뛰어난 목사의 여러 가지 일면을 만들어내서 그에게 덮어씌웠을 터이니 말이다.

인쇄소 경영 확장

내 사업은 이제 눈에 보이도록 확장되었고, 살림살이에도 나날이 여유가 생겨났다. 내 신문은 한때는 펜실베이니아 식민지와 근처 식민지에서 거의 유일하다 할 수 있는 신문이 되어 큰 수익을 올렸다. '처음으로 100파운드를 버는 것은 힘들지만, 그 다음 100파운드는 아무것도 아니다'라는 말이 옳다는 것을 직접 체험할 수 있었다. 돈이란 것은 원래부터 증식하는 성질을 갖추고 있는 것이었다.

캐롤라이나에서 공동경영이 잘 풀린 덕분에 용기를 얻은 나는 다른 곳에서도 해보자고 생각하게 되었다. 그래서 나무랄 데 없이 일하던 직공들 몇 명을 승격시키고, 캐롤라이나와 같은 조건으로 다른 식민지 몇 군데에서 인쇄소를 열도록 했다. 그들 대부분은 사업을 잘 꾸려나갔고, 6년 계약이 끝나면 내게서 활자를 사들여 독립해서 일을 이어 가고 그로 인해 몇 가족이 살아갈 수 있을 정도가 되었다. 공동경영이라는 것은 이런저런 싸움 끝에 헤어지기 일쑤이지만, 내 경우에는 모든 것이 잘 풀려서 우호적으로 끝나는 혜택을 받았다. 이것은 만의 하나까지 상정해서 계약조항에 서로의 의무와 기대해도 좋은 것 따위를 가능한 명확하게 정해둔 결과라고 생각한다. 덕분에 다툴 일은 아무것도 없었다. 그러니 공동경영을 시작하려는 모든 사람들이 나와 같이 주의를 기울일 것을 권하고 싶다. 계약 당초에 아무리 서로를 존경하고 믿더라도, 사업에 따른 책임이나 부담과 같은 부분에서 불공평하다는 느낌을 받게 되면 작은 시기와 의심, 혐오감이 싹트기 시작해 그때까지 쌓아온 우정에 금이 가게 될 것이다. 그리고 자칫하면 소송이라는 불쾌한 결과로 이어지는 일이 많기 때문이다.

식민지 방위와 학교 교육

나는 전체적으로 봤을 때 펜실베이니아에 자리를 잡은 것에 만족할 이유가 많다고 여기지만, 그래도 유감스러운 것이 두 가지쯤 있었다. 도시를 스스로 막아 낼 수단이 없다는 것과 청년 교육 시설이 없다는 것이 그것이었다. 자위대와 고등교육을 위한 학교가 없었던 것이다. 그래서 나는 1743년에 학교 설립안의 초안을 작성했다. 나는 일선에서 물러나 있던 피터스 목사이 그러한 학교의 감독을 맡기에 꼭 알맞다고 생각해서 그에게 이 계획을 털어놓았다. 그러나 그는 영주와의 관계를 통해 더 이득이 될 만한 일을 맡게 될 참이었는데, 그것이 잘 풀릴 조짐이 보인다며 내 의뢰를 거절했다. 그리고 그 무렵 나는 일을 맡기기에 걸맞은 사람이 달리 떠오르지 않았기에,[11] 이 계획은 한동안 방치해 둘 수밖에 없게 되었다. 하지만 다음 해인 1744년, 나는 학술협회창설을 제안했고,[12] 이번에는 그것을 실현시키는 데 성공했다. 이 목적을 위해 쓴 취의서는 내가 쓴 문서들을 모아놓으면 아마 그 속에서 찾을 수 있을 것이다.

식민지의 자위대에 대해서 말하자면, 그 무렵 스페인은 몇 년 동안 영국과 전쟁상태[13]에 놓여 있었고, 프랑스가 장년에 걸쳐 그에 가담하고 있었다. 때문에 우리 식민지는 점점 더 위험한 상황에 빠지고 있었다. 토머스 총독[14]이 오랫동안 고생해서 퀘이커 교도가 다수를 차지한 식민지의회에 자위대 법안을 승인시키려 노력했고, 그밖에도 식민지의 안전을 위한 대책을 강구했지만 결국 모두 실패로 끝나고 말았다. 나는 그것을 보고 식민지 주민들을 자발적으로 한데 모여서 무언가를 할 수 있지 않을까 시험해 보기로 했다. 이 계획을 어떻게든 추진해 보고자, 나는 '명백한 사실'[15]이라는 제목의 팸플릿을 써서 출판

---

11) 리처드 피터스(1704년경~1776). 영국 국교회의 목사, 펜실베이니아 참의원 서기. 식민지 유수의 지식인으로 간주되고 있었고, 프랭클린도 고등학원 창립에 협력을 구했지만 정치적으로는 영주 쪽에 가까웠다. 영국에 보낸 그의 식민지 보고서는 프랭클린의 '자서전'에 나온 정치 상황과는 전혀 다르게 쓰여 있었다.

12) 1743년, 프랭클린의 '아메리카 식민지 사이에 유익한 지식을 보급하기 위한 제안'에 근거하여, 전토 클럽을 발전시킨 변호사 토머스 홉킨슨을 초대회장, 프랭클린을 서기로 삼아 필라델피아에서 결성되었다. 1769년 프랭클린을 회장으로 재편성하게 되었고, 과학, 정치(사회과학), 인문학 분야에서 학문의 발전 및 진흥을 목적으로 활동하여 현재까지 이르고 있다.

13) 영국과 스페인 사이에서는 서인도제도 및 아메리카 식민지 지배권을 둘러싸고 대립항쟁이 이어지고 있었다. 영국 상선의 젠킨스 선장이 스페인 군에 붙잡혀 귀가 잘리는 사건이 일어나자 이것을 계기로 1739년 두 국가는 전쟁에 돌입했다. 다음해인 1740년 스페인은 오스트리아 왕위계승전쟁에 개입해서 프랑스와 결탁했고, 오스트리아를 지원한 영국과의 전쟁은 확대되었다. 아메리카 식민지에서는 조지왕 전쟁(1744~1748)이 일어나서 인디언 부족까지 말려든 채 노바스코샤에서 펜실베이니아, 거기에 오하이오강 유역까지 프랑스군과 전투를 되풀이했다.

14) 조지 토머스(1695년경~1774). 서인도제도 출신. 펜실베이니아 식민지 총독(1738~1747). 식민지 방위책을 추진했지만 식민지의회, 특히 퀘이커 교도의 반대 때문에 기대한 만큼의 결과를 내지 못했다.

15) '명확한 진실, 필라델피아 시 및 펜실베이니아 식민지의 현재 상황에 대한 중대한 고찰'(1747).

했다. 그것을 통해 식민지가 무방비한 상태에 놓여있다는 것을 확실히 깨닫게 하는 것과 동시에, 스스로를 지키기 위한 단결과 군사훈련의 필요성을 설명했다. 또한, 며칠 안에 이 목적을 위한 주민 연합을 결성할 생각으로 모든 사람들에게 그에 찬성하는 서명을 해줄 것을 호소했다. 팸플릿은 곧바로 놀라운 반향을 일으켰고, 나는 책임자가 되도록 등을 떠밀렸다. 몇몇 친구들도 이 연합을 위한 규칙의 원안을 작성했고, 앞서 말한 바 있는 도시 내 대형 건물에서 집회를 열 준비를 갖추었다.

집회장은 거의 꽉 찼다. 나는 취의서 사본을 충분히 준비하고, 곳곳에 잉크를 놓아두었다. 우선 내가 이 문제에 대해 조금 긴 연설을 하고 또 취의서에 대해 설명했으며, 그 뒤에 사본을 배포했다. 반대하는 사람은 한 명도 없었고 모두가 열렬히 찬성의 서명을 했다. 집회가 끝난 뒤 취의서를 모아보니 서명을 한 사람은 2천3백 명 이상이었다. 그 뒤 식민지의 다른 지방에서도 취의서를 배포했더니, 결과적으로 찬성하는 사람은 1만 명을 넘어서게 되었다. 사람들은 시간을 들이지 않고 곧바로 무장을 갖추어 중대, 연대를 편성했다. 각자 자신들의 장교를 선택하고, 매주 한 번 모임을 열어 총기훈련이나 그 밖의 군사훈련을 했다. 여성들은 여성들 사이에서 헌금운동을 시작했고, 비단으로 군기를 만들어 그것을 각 중대에 증정했다. 그 군기에는 내가 고안한, 중대마다 다른 문장과 표어가 수 놓여 있었다.

필라델피아 연대를 구성하는 중대 장교들은 집회를 열어 나를 연대장으로 뽑았는데, 나는 자신이 적임자가 아니라고 생각했다. 그래서 대신 훌륭한 신사이자 이 지방의 유력자인 로렌스씨를 추천했고, 그도 그것을 받아들여 연대장에 임명되었다.

그 뒤로 나는 필라델피아 아래쪽에 포대를 건설하고, 그곳에 대포를 갖춰놓을 비용을 조달하기 위해 복권을 발행할 것을 제안했다. 이 복권은 눈 깜짝할 사이에 매진되어 포대 건설도 바로 시작할 수 있었다. 포대 총구멍 사이의 벽은 통나무를 쌓아 올리고 흙을 발라 만들었다. 대포는 보스턴에서 구식으로 구입해 왔지만 그것만으로는 모자랐으므로 영국에 더 주문을 넣었다. 동시에 식민지 영주에게서도 비용을 조금 원조해 달라고 부탁했지만, 그들의 원조를 크게 기대하고 있었던 것은 아니었다.

그러는 사이 로렌스 대령,[16] 윌리엄 앨런,[17] 에이브러햄 테일러[18]와 나 이렇게 넷은 자위대로부터 뉴욕의 클린턴 총독에게서 대포를 몇 대 빌려오라는 임무를 떠맡고 그쪽으로 파견되었다. 클린턴 총독은 처음에는 딱 잘라 거절했다. 하지만 참의원 멤버들도 참석한 만찬회에서 대접받은 마데이라주를 마시는 사이에 점차 태도가 부드러워져서, 여섯 대쯤이라면 빌려줄 수 있다고 했다. 그 무렵 뉴욕에서는 이처럼 마데이라주를 대접하는 것이 관례가 되어 있었던 모양이다. 그리고 계속 잔을 기울이는 사이에 10대까지라면 어떻게든 해보겠다고 말하더니, 마지막에는 시원스럽게 18대까지 인정해 주었다. 전부 다 가대가 딸린 훌륭한 18파운드 포였다. 그것을 곧바로 수송해서 포대에 설치했다. 전쟁이 계속되는 한 자위대는 그곳에서 밤에 망을 보는 일을 결코 게을리 하지 않았다. 그리고 다른 사람들과 마찬가지로 나 역시 한 병사로서 정해진 시간 동안 자신의 의무를 다했던 것이다.

이와 같은 계획에서 내 활동은 총독과 참의원의 사고방식과 일치하는 부분이 많이 있었기에 그들은 나를 믿게 되었다. 그래서 어떤 계획이 나왔을 경우, 그들의 동의가 자위대에게 유익할 것으로 보이는 정치적 결정을 내리게 될 상황이면 항상 늘 찾아와서 상담하게 되었다. 나는 식민지 방위를 위해서는 종교의 도움을 빌리는 것이 좋을 것이라 생각하고, 신께서 주민들의 생활을 향상시키고 우리 계획에 축복을 내려주시도록 단식일을 제정하면 어떻겠느냐고 제안했다. 내 안건은 받아들여졌지만, 이 식민지에서 단식 같은 것을 생각해낸 것은 이번이 처음이었기에 사무담당 서기도 선포 원안을 찾아낼 수가 없었다. 뉴잉글랜드에서는 매년 단식을 선포하고 있었고 나는 그곳에서 교육을 받았으므

---

16) 토머스 로렌스(1689~1754). 뉴욕의 상인. 퀘이커 교도인 실력자 제임스 로건과 친했고, 펜실베이니아 참의원 의원이나 자위대 연대장, 고등학원 평의원 등을 맡았다.

17) 1704~1780. 필라델피아에서 가장 유복한 가정에서 태어난 상인. 최고재판관 등 여러 가지 공직에 취임했고, 영주 측을 지지하는 정계의 보스라는 입장에서 필라델피아의 발전에 진력했다. 자선가이자 사회 개량주의이기도 했다. 프랭클린을 우정장관으로 추천한 것도 그였다.

18) 1703년경~1772. 영국 출신의 필라델피아 상인. 참의원 의원, 세관소장을 맡았다. 그러나 세관소장으로서 필라델피아의 유력한 사탕과 럼주 수입업자들과 유착하여 뇌물수수 혐의가 있었고, 펜실베이니아—메릴랜드 식민지 경계선 분쟁 문제에서는 볼티모어 경을 지지해서 참의원 의원에서 해임당하는 등 문제가 많았다. 프랭클린은 필요하다면 이런 사람과도 함께 행동하곤 했다.

로 그 때의 지식이 조금이나마 도움이 되었다. 나는 전례에 따라 포고문을 만들었고, 그것을 독일어로 번역해서[19] 영어와 독일어 양쪽으로 인쇄해서 식민지 전체에 선포했다. 이를 기회로 각 종파의 목사들은 그들 교회의 신자들이 자위대에 참가하도록 손을 썼다. 만약 평화가 그처럼 빨리 성립돼지 않았더라면, 아마 자위대는 퀘이커 교도를 제외한 식민지 전체에 이르렀을 것이라 생각한다.

식민지 방위와 퀘이커 교도

친구들 중에는 내가 이러한 활동을 벌이는 것 때문에 퀘이커 교도의 분노를 사서, 그들이 절대다수를 점하고 있는 식민지의회에서 영향력을 잃게 되는 것이 아닌가 걱정해 주는 이도 있었다. 나와 마찬가지로 의회에 지지자 몇 사람을 두고 있으며 의회 서기 지위를 노리고 있던 젊은 신사가 있었는데, 그는 다음 선거에서 내 자리를 차지하기 위해 사전공작을 펼치고 있었다. 그는 내게 밀려나는 것보다는 스스로 그만두는 편이 명예롭지 않느냐면서, 자신에게 있어서는 좋은 일이 아니지만 나를 생각해서 충고하는 거라고 말했다. 그래서 나는 그에게 이렇게 말해주었다. 어떤 공무원에 대해 읽거나 들은 적이 있는데, 그 사람은 자신이 공직을 원한 적도 없거니와 제의받은 공직을 거절한 적도 없고, 그것을 자신의 이념으로 삼고 있다고 했다고 한다. 나도 그 사람의 이념에 찬성이며, 이러한 문제에서는 그처럼 대처하고 싶다. 다시 말하면, 스스로 공직을 원한 적도 거부한 적도 없거니와 그만두지도 않을 것이다. 만약 내게서 서기직책을 빼앗고 다른 곳으로 돌리고 싶다면 그렇게 해라. 나는 그 자리를 빼앗기게 되더라도 장래의 적에게 보답을 할 권리까지 포기할 생각은 털끝만큼도 없다고 말이다. 하지만 이 이야기는 이것으로 끝나고 말았다. 다음 선거에서도 나는 그때까지와 마찬가지로 만장일치로 서기에 재선되었기 때문이다.

그 무렵 식민지의회는, 오랫동안 대응에 애를 먹고 있던 군비 문제에 대한 논의에서 늘 총독 측을 지지하던 참의원 의원들과 내가 가깝게 지내는 것을 탐탁지 않게 여기고 있었다. 내가 만약 이때 자발적으로 그만둔다고 말했다면 아마 그들은 매우 기꺼워했을 것이다. 그러나 한편으로는, 내가 자위대를 열심

---

19) 그 무렵 저먼 타운 등에는 '펜실베이니아 더치'라는 독일계 이주민이 꽤 많았다.

히 지지하고 있다는 이유만으로 그만두게 할 수는 없었던 것이 분명하다. 나는 결국 그만두지 않게 되었는데, 그 이외의 이유는 짐작이 가지 않는다.

실제로 식민지 방위에는—의원들에게 원조를 요청한다면 이야기가 달라지겠지만—딱히 그들에게서 반대를 받을 만한 이유가 없었다. 나는 몇 가지 근거를 통해 그 사실을 믿고 있었다. 그리고 상상 이상으로 많은 의원들이, 침략 전쟁에는 확실히 반대하고 있었지만 스스로를 지키기 위한 전쟁이라면 찬성의 뜻을 품고 있었던 것이다. 이 문제에 대해서는 찬성과 반대 양쪽의 팸플릿이 다수 출판되었고, 그 가운데에는 양식 있는 퀘이커 교도가 쓴 식민지 방위에 찬성하는 글도 섞여 있었다. 퀘이커 교도 가운데 젊은 세대는 대부분 이것을 읽고 설득 당한 것이 아니었을까 싶다.

소방조합을 결성했을 때의 경위를 통해, 나는 주민들이 평소에 어떤 식으로 생각하는지 간파한 상태였다. 자기방위를 위한 포대 건설 계획을 추진하기 위해, 그 무렵 소방조합이 가지고 있던 60파운드의 자금으로 복권을 사자는 제안이 집회에서 나온 적이 있었다. 규칙에 의하면 자금은 그러한 제안이 나온 다음 집회에서 승인받아야만 쓸 수 있게 되어 있었다. 그 무렵 조합원 수는 30명으로, 그 가운데 22명은 퀘이커 교도였고 남은 8명만이 다른 종파였다. 이 8명은 매번 착실히 집회에 출석하고 있었다. 우리는 퀘이커 교도 가운데 몇 사람은 찬성할 것이라 생각하고 있었지만, 과반수를 넘길 수 있을지에 대해서는 도저히 확신할 수 없었다. 퀘이커 교도인 제임스 모리스씨가 혼자 집회에 찾아와서 제안에 반대했다. 그의 말에 의하면 퀘이커 교도는 모두 이 제안에 반대하고 있으며, 그런 제안을 한 것 자체에 대해 지극히 유감스럽게 생각한다는 것이다. 이대로는 조합원들 사이에서 치명적인 분열이 일어나 소방조합이 무너지게 될 거라는 말도 했다. 나는 그런 일이 벌어질 거라고 믿지는 않았다. 하지만 우리는 소수파이니만큼, 만약 퀘이커 교도 사람들이 반대해서 승리하게 된다면 그때는 이러한 단체의 관행에 따라 결과를 받아들일 수밖에 없으며 그럴 생각이라고 대답했다.

마침내 결착을 지을 때가 찾아와서, 투표를 하자는 안건이 제출되었다. 모리스씨도 규칙에 따라 투표를 하는데 동의했지만, 이 안건에 반대하기 위해 출석하려는 동료들이 몇 명 있다는 이야기를 들었다며 그들이 올 때까지 좀 기다리는 것이 공평하다고 주장했다.

이런 식으로 논쟁을 벌이고 있을 때, 하인이 들어와서 나와 이야기를 하고 싶다는 신사 두 사람이 아래층에서 기다리고 있다고 말했다. 내려가 보니 퀘이커 교도 조합원 두 명이 기다리고 있었다. 그들이 말하기를, 바로 근처 술집에 8명의 동료들이 모여서 이 문제에 대해 토론을 했다는 것이다. 그 결과, 아마 투표까지는 가지 않으리라 생각하지만 만약 그렇게 될 경우 찬성에 한 표를 던지기로 했다는 것이다. 단, 그러지 않고도 결론을 내릴 수 있다면 투표에는 참가하지 않고 끝내고 싶다고 말했다. 만약 찬성표를 던진다면 자신들은 퀘이커 교도의 장로나 친구들에게 눈총을 받게 될 것이기 때문이라고 했다. 이것으로 과반수를 넘은 표를 모을 수 있으리라 확신한 나는 2층으로 돌아가서, 표면적으로는 아직도 망설이는 기색을 보이면서 1시간쯤 기다리는 데 동의했다.

아무것도 모르는 모리스씨는 그래야 공평하다고 했다. 그런데 반대표를 던질 동료들은 한 사람도 나타나지 않았다. 그는 매우 이상스럽게 여기는 눈치였지만, 약속했던 한 시간이 지났으므로 투표를 단행하게 되었다. 그 결과 이 안건은 8대 1로 통과되었다. 퀘이커 교도 회원 수 22명 가운데 8명은 여차하면 찬성 쪽으로 투표하겠다고 말했고, 결석한 13명도 반대할 생각은 없다고 미리 확언을 받아놓은 상태였다. 그 뒤 나는 식민지 방위에 진심으로 반대하는 퀘이커 교도의 비율은 21명 가운데 한 명에 지나지 않는다고 추정했다. 찬성한 21명은 모두 정식 퀘이커 교도였고, 그 중에서도 높은 평판을 받는 사람들이었다. 그들은 집회에서 어떤 문제가 제기되더라도 올바르게 인식할 수 있는 이들이었다.

퀘이커 교도의 딜레마

고결한 인품으로 유명하고 학식 높은 제임스 로건 씨[20]는 오래전부터 퀘이

---

20) 1674~1751. 필라델피아의 퀘이커 교도 정치가이자 수출업자 겸 학자. 프랭클린도 그의 인격과 학식에 경의를 나타내고 있었다. 1699년 영주 윌리엄 펜의 비서로 식민지에 온 뒤 반세기에 걸쳐 필라델피아 정계에서 중요한 자리를 차지했고, 영주의 두터운 신임을 받았다. 한편으로는 모피 등을 수출해서 재산을 모았고, 과학, 문학, 특히 고전학에 정통해서 만년 20년은 학문에 전념하며 지냈다. 3천 권에 이르는 그의 장서는 식민지에서 유일한 것이라는 평을 들었고, 그가 죽은 뒤 필라델피아 도서관에 기증되었다.

커 교도였지만, 자기방위를 위한 전쟁은 용인하겠다고 분명히 밝혔다. 그는 동료들을 위해 자신의 주장이 옳다는 사실을 뒷받침할 근거를 수반한 문서를 작성하고 있었다. 그는 포대건설 목적으로 소방조합의 60파운드를 복권 자금으로 쓰도록 내게 넘겨주었고, 복권으로 벌어들인 돈은 남김없이 그 목적을 위해서만 써야 한다고 지시했다. 그리고 식민지 방위에 관련하여 전 영주 윌리엄 펜[21]에 대한 다음과 같은 일화를 들려주었다.

로건 씨는 젊었을 때 펜 영주의 비서로서 그와 함께 영국에서 식민지로 건너왔는데, 그 무렵은 전쟁 중이었기에 타고 있던 배가 적군으로 추정되는 무장선의 추적을 받게 되었다. 선장은 곧바로 방위태세를 취했지만, 영주와 동료 퀘이커 교도들의 협력을 구할 생각은 없었기에 선실로 돌아가도 상관없다고 말했다. 갑판에 남아 협력할 것을 희망한 로건 씨를 제외한 다른 사람들은 선실로 돌아갔다. 로건 씨는 포열 갑판에 배치되었는데, 이윽고 적이라고 생각한 배가 사실은 아군이라는 것을 알게 되어 전투를 피할 수 있게 되었다. 그는 그 사실을 알리기 위해 선실로 내려갔다. 그런데 윌리엄 펜은 그의 행동을 엄격하게 나무랐다. "선장이 그러라고 요구한 것도 아닌데, 어째서 퀘이커 교도의 교의에 등을 돌리고 전투에 협력한 거지?" 게다가 그 질책은 모든 사람들의 눈앞에서 한 것이었다. 아무리 로건 씨라도 잠자코 있을 수가 없어서, 이렇게 대답했다고 한다. "저는 당신 밑에서 일하는 사람입니다. 그런데 어째서 당신은 그때 제게 함께 선실로 내려갈 것을 명령하지 않았던 겁니까? 아까는 위기 상황이라고 생각한 나머지, 속으로는 제가 갑판에 남아 배를 지키는 데 협력하기를 바라고

---

21) 1644~1718. 펜실베이니아 식민지의 건설자, 영주. 아버지가 해군제독인 명문가 출생. 옥스퍼드 대학 재학 중에 퀘이커 교도가 되었고, 기독교의 삼위일체설 등을 비판한 팸플릿으로 필화사건을 일으켜서 런던탑에 투옥된 적도 있다. 찰스 2세에 대한 아버지의 막대한 채권을 포기하는 대신 델라웨어강과 서스쿼해나강 사이에 있는 드넓은 토지의 영주권을 얻어 종교적으로 박해받던 사람들의 도피처가 될 식민지 건설이라는 '신성한 실험'에 착수하여, 주민들의 기본적 인권과 모든 종파에 대한 신교의 자유를 보증했다. 1682~1684년, 퀘이커 교도를 이끌고 이주해 와서 부재영주가 아니라 직접 필라델피아 시를 건설했다. 그 뒤 일단 귀국했지만 1699~1701년 식민지를 다시 방문해서 주민의 요구를 인정한 민주적인 '권리의 헌장'(1701)을 제정. 하지만 과세문제에서는 영주 소유지의 비과세를 주장해서 식민지의회와 대립했다. 시대적으로 봤을 때 프랭클린이 대결했던 것은 동년배인 차남 토머스 펜(1702~1775)이었다.

있었던 게 아닙니까?”

던커 교도의 유연한 교의

퀘이커 교도가 과반수를 차지하는 식민지의회에 오랜 세월 의석을 두고 있던 덕분에, 나는 영국 국왕의 명령으로 식민지 방위를 위한 군사비 요청이 있을 때마다 전쟁을 반대하는 것을 교의로 삼은 그들이 스스로 거북한 딜레마에 빠지는 것을 자주 볼 수 있었다. 식민지의회는 그러한 요청을 딱 잘라 거절하는 바람에 영국 본국 정부의 분노를 사는 것은 원치 않았지만, 한편으로는 퀘이커 교도의 주의주장에 반하고 그에 찬성하여 모든 동료들을 적으로 돌리게 되는 것도 피하려 하고 있었다. 그래서 그들은 승낙을 피하기 위해 교묘한 방법을 고안해 내곤 했다. 그리고 결국에는 ‘국왕을 위해서’라는 명목으로 지출을 인정하고, 어디에 쓸 것인지는 문제 삼지 않는 교묘한 방법을 일반적으로 쓰게 되었다.

하지만 그 요구가 국왕을 통해서 직접 내려오는 것이 아닐 때는 이 방법도 통하지 않았기에 다른 수를 찾아내야 했다. 예를 들어 화약이 부족(루이스버그[22]의 경우가 그랬다고 생각한다)하다던가, 뉴잉글랜드 식민지 정부가 펜실베이니아 식민지에 원조금을 요청해서 토머스 총독이 그것을 들어주라고 의회에 강한 압력을 가했을 때 등이 그런 때였다. 화약은 전쟁과 직접적으로 연결된 것이었으므로 의회는 그것을 구입할 자금을 승인할 수는 없었던 것이다. 하지만 결국에는 뉴잉글랜드에 대한 지원금 3천 파운드를 내는 것을 승인할 수밖에 없었고, 토머스 총독에게 그것을 맡기게 되었다. 하지만 빵, 밀가루, 밀, 그밖의 분말을 구입한다는 조건이 붙었다. 의회에 비협조적이라는 비난을 돌리고 싶었던 참의원 의원들 가운데에는, 이것은 총독이 요구한 것이 아니니 식료품 구입 같은 조건이 붙은 원조금을 받아서는 안 된다고 조언하는 자도 있었다. 하지만 총독은 이렇게 말했다. “받아들이지. 의회가 무슨 생각으로 하는 말인지 잘 알 것 같으니. ‘그 밖의 분말’에는 화약도 포함되어 있는 거야.” 그리고 그 말대로 화약을 구입했는데, 의회는 그에 대해 아무런 반대의 말을 하지 않

---

22) 캐나다의 노바스코샤, 케이프브레튼 섬에 있던 요새. 프랑스군의 거점이 되어 있었지만 1737년 윌리엄 페퍼렐의 지휘 아래 식민지군이 차지했다.

았다.

　나는 소방조합 집회에서 복권을 살 계획을 제안한 뒤 그것을 인정받을 수 있을지 자신이 없었을 때 이러한 것들을 떠올렸다. 나는 친구이자 조합원의 일원인 싱씨[23]에게, 만약 이 계획이 인정받지 못한다면 그 돈으로 소방차를 구입한다는 안건을 내놓자고 말했다. 퀘이커 교도들도 소방차라면 반대하지 않을 거라고 생각했던 것이다. 이 제안이 통과되면 소방차를 구입할 위원을 선정하게 될 텐데, 그때 우리는 서로를 추천하기로 했다. 그리고 우리는 대포를 구입하는 것이다. 대포는 전쟁이라는 불을 끄는 소방차라고 말하면 어떻게든 얼버무릴 수 있을 것이기 때문이다. 그러자 그는 이렇게 말했다. "대단한데. 의회에 오래 있으면 핑계 대는 데 능숙해지는가 보군. 이거야 치사하다는 점에서는 그 유명한 '그 밖의 분말'에 뒤지지 않을 정도야."

　퀘이커 교도는 전쟁이라면 무조건 위법이라고 정해놓고 그것을 자신들의 이념으로 공표한 탓에, 스스로를 이러한 성가신 사태에 밀어 넣게 되었던 것이다. 일단 그것을 공표하고 나면 그 뒤에 아무리 생각이 바뀌더라도 그 이념을 간단히 버릴 수는 없다. 나는 그것을 보고, 그보다 더 신중하고 현명하게 느껴지는 태도를 취한 식민지의 또 다른 종파, 던커 교도[24]를 떠올렸다. 그 종파가 나타난 직후 나는 창설자 가운데 한 명이었던 마이클 웰페어씨[25]와 아는 사이가 되었다. 그는 내게, 자신들은 다른 광신적 종파들에게서 심한 중상모략을 당해서 아무 관계도 없는 부정적인 교의나 예배를 여는 것처럼 공격받고 있다고 불만을 토로했다. 그에 대해 나는 새로운 종교에는 늘 그런 일이 생기는 법이라고 위로하면서, 그 비난들을 잠재우고 싶다면 자신들의 교의와 계율 규칙을 확실히 공표하는 편이 좋지 않겠느냐고 말해 보았다.

　그러자 그는 공표하자는 의견은 이미 나온 적이 있지만 아직 합의를 내리지

---

23) 필립 싱(1703~1789). 아일랜드 출신 은 세공사. 전토 클럽이 처음 생겼을 때부터의 회원으로, 공공사업이나 전기실험에서 프랭클린과 함께 행동하는 일이 많았다. 독립선언 서명 때에는 그가 제작한 잉크스탠드가 쓰였다고 한다.
24) 18세기 초엽 독일에서 나타난 침례파. 세례 방법 때문에 문자 그대로 '적시는 사람'이라고 불렸다.
25) 1687~1741. 독일식 이름은 볼파르트. 던커 교도의 지도자. 거점인 랭커스터의 '에프라타 클로이스터'에서 필라델피아로 왔고, 프랭클린과 교우가 있었다.

못했다고 말했다. 그의 말로는, 합의를 내리지 못하는 이유는 다음과 같은 사정 때문이라고 했다. 처음 그들이 모여 새 종파를 일으켰을 때, 신께서 내려주신 고마우신 빛에 의해 그때까지 진리라고 생각하던 교의에 사실 잘못된 부분이 있다는 사실과 잘못인줄 알았던 곳에 진정한 진리가 숨어 있다는 것이 명확히 밝혀졌다고 한다. 그 뿐만이 아니라, 그 뒤에도 그 빛 덕분에 그들의 교의는 더더욱 개선되었고 그에 비례하여 잘못된 부분은 줄어들고 있다는 것이다. 그리고 지금 그들은 자신들이 개선의 마지막 단계, 영적 혹은 신학적으로 완벽한 상태에 이르렀는지의 여부를 단언할 수 없는 상태라고 한다. 따라서 신앙고백을 공표하게 되면 그로 인해 오히려 스스로를 묶게 되고, 그 안에 갇혀 버린 나머지 더 이상 개선할 수 없게 된다는 것이다. 그 두려움과 또한 뒤를 잇는 자들이 선배나 창설자 등이 정했던 것을 결코 일탈해서는 안 될 신성한 것으로 생각한 나머지 점점 더 교의를 개선하지 못하게 될 수도 있다는 우려 때문이라고 했다.

이 종파에서 볼 수 있는 이와 같은 겸허함은, 다른 종교들이 자신들이야말로 진리를 갖추고 있고 다른 종파는 잘못된 것이라고 여기는 것을 생각해 보면 인류의 역사로 따져도 아주 희귀한 사례가 아닐까 생각하게 만들었다. 안개가 짙게 낀 날에 여행을 하는 사람이 있다면, 같은 길에서 조금 앞을 걷고 있는 사람이나 뒤에서 오는 사람이나 그의 눈에는 모두 안개에 완전히 둘러싸인 것처럼 보일 것이다. 그리고 자신의 주변만이 안개가 없고 밝은 것처럼 느낀다. 그런데 사실은 자신도 역시, 멀리서 보면 다른 사람과 마찬가지로 안개에 둘러싸여 있는 것이다. 최근에는 퀘이커 교도도 이러한 성가신 사태를 피하기 위해 식민지의회나 총독 등의 공직에서 물러나는 사람이 많아지고 있다. 종교상 주의주장을 꺾을 정도라면 세속적 권력을 버리는 쪽을 선택하게 되었던 것이다.[26]

---

26) 1756년 6월 이후, 퀘이커 교도인 식민지의회 의원 35명 가운데에서 25명이 양심상 이유 내지는 브래독 장군의 원정 실패에 대한 책임을 지게 되어 사임했다.

제9장
사회활동 2

프랭클린 스토브 고안

　시간 순서로 따지면 좀 더 일찍 써두었어야 했는데, 1742년에 나는 방 난로를 개선하면서 바깥에서 들어오는 신선한 공기를 도중에 따뜻하게 데운다면 연료도 아낄 수 있으리라 생각하여 개방식 스토브를 발명했다. 나는 오랜 친구인 로버트 그레이스씨에게 그 신형 스토브를 증정했다. 용광로를 보유하고 있던 그는 이 스토브가 굉장히 효율적이라고 깨닫자, 스토브용 철판의 수요가 늘어날 것이라 생각해서 철판 주조에 착수했다. 나도 수요를 늘리기 위해 팸플릿을 써서 출판했다. 타이틀은 '신발명 펜실베이니아형 난로의 해설, 구조 및 사용법에 대한 상세한 설명. 기존 방 난로를 뛰어넘는 장점을 증명. 본 상품에 대한 의문이나 반대의견에 대한 답변 및 반론 등'이라고 했다. 이 팸플릿은 매우 효과적이었다. 토머스 총독은 팸플릿에서 설명한 스토브의 구조가 매우 마음에 들었는지, 몇 년 동안 독점판매 특허권을 인정해 주겠다고 했다. 하지만 나는 그 과분한 제안을 거절했다. 그 이야기가 나왔을 때 나는 늘 자신에게 중요한 의미를 지니는 자기 나름의 원칙을 가지고 있었기 때문이었다. 즉, 우리는 타인의 발명품으로 많은 은혜를 받고 있으니, 자신의 발명품을 타인에게 제공할 기회가 생기면 그 자체에 감사하고 시원스럽게 무료로 제공해 마땅하다고 생각했던 것이다.

　그런데 런던의 어느 철강 상인이 내 팸플릿의 대부분을 멋대로 이용해서 그것을 꼭 자기 것인 양 다시 써냈고, 스토브 구조에 세세한 변경을 준 탓에 효율을 떨어뜨린 채로 런던에서 특허를 얻었다고 한다. 내가 들은 바에 따르면 그는 그것으로 재산을 꽤 모았다고 했다. 그리고 이 사건은 타인이 내 발명을 훔쳐가서 특허를 얻은 유일한 사례는 아니었다. 게다가 그런 짓을 한 모든 자들이 성공했던 것도 아니었다. 나는 이런 일이 일어났을 경우, 스스로가 특허를 얻어서 돈을 벌고 싶은 마음도 없었고 또 싸움으로 번지는 것이 싫었으므로 굳이 이의를 제기하려 하지 않았다. 펜실베이니아 부근 식민지의 많은 가정에서 이 스토브를 쓰게 된 뒤로 주민들은 땔감을 크게 아낄 수 있게 되었고, 지금도 그 상태가 계속 이어지고 있다.

고등학원 설립

화평이 성립되어 강화조약이 체결되고, 그 결과 자위대 문제도 매듭짓게 되어 나는 다시 고등학원 설립 문제에 눈을 돌리게 되었다. 첫 번째 단계로 이 계획에 적극적으로 참가해줄 만한 친구들을 모집했다. 그 친구들은 대부분 전토 클럽 회원들 가운데에서 모을 수 있었다. 나는 '펜실베이니아 청년교육에 대한 제안'이라는 제목의 팸플릿을 써서 출판했고, 주요 주민들에게 그것을 무료로 나누어 주었다. 이것을 읽고 주민들의 마음이 기울었는가를 생각할 겨를도 없이, 나는 청년들을 위한 고등학원을 세우고 유지하기 위한 모금운동을 시작했다. 모금은 5년 동안 매년 분할해서 내도록 했다. 분할하는 쪽이 더 많은 금액을 모을 수 있으리라 판단했기 때문이었는데, 그 판단은 틀리지 않아서 최종적으로는(내 기억이 잘못되지 않았다면) 5천 파운드의 모금액을 달성하게 되었다. 이 제안서의 서문 가운데 나는 이것을 제안한 사람이 내가 아니라 공공 문제에 관심이 많은 신사 몇 명이라고 서술해 놓았고, 평소 방침대로 공공의 이익을 목적으로 한 이 기획의 제안자로서 나 자신의 이름을 드러내는 일은 최대한 피했다.

기부에 응해준 사람들은 곧바로 계획을 실행으로 옮기기 위해 자신들 가운데에서 40명을 학원평의원으로 뽑아, 그 무렵 법무장관을 맡고 있던 프랜시스 씨[1]와 나에게 관리 및 운영에 대한 규칙의 기초를 정해 달라고 요청했다. 이 규칙이 완성되고 서명도 끝났을 때 우리는 한 채의 집을 빌려 학교로 삼고 교사를 고용해서 어찌어찌 개교하기에 이르렀는데, 그것은 같은 1749년의 일이었다

---

1) 텐치 프랜시스(?~1758). 변호사. 1783년 메릴랜드 식민지에서 이주해 왔고, 3년 뒤 펜실베이니아 식민지 법무장관으로 임명받아 14년 동안 그 지위에 앉아 있었다. 고등학원 설립의 법률적인 면 정리에서 프랭클린에게 협력.

고 기억하고 있다. 학생 수가 급속도로 늘어나서 건물 하나로는 감당할 수 없게 되었기에, 학교를 증축할 목적으로 적당한 위치의 토지를 찾게 되었다. 우연히도 이미 완성된 큰 건물 한 채가 비어 있었고, 조금만 손질하면 충분히 학교로 쓸 수 있다는 것을 알게 되었다. 이 건물은 앞서 이야기한 적 있는 화이트필드 목사의 설교를 들으러 모였던 사람들이 지은 것이었는데, 다음과 같은 경위로 쓸 수 있게 되었다.[2]

이 건물은 다른 종파 사람들이 각자 기부한 돈으로 세운 것이었으므로, 그 점을 가장 고려해야 했다. 건물 및 토지 관리권을 가질 위원을 지명할 때는 그들의 수가 특정 종파에 치우치지 않도록 주의했다. 그러지 않으면 본래의 의도와는 다르게 사람 수의 힘으로 특정 종파가 건물 사용을 독점하게 될 것이기 때문이었다. 따라서 각 종파에서 위원 한 명씩을 선출하도록 했다. 영국국교회, 장로교, 침례교, 모라비안[3] 등에서 각각 한 명씩을 선택하는 것이다. 만약 사망으로 인해 결원이 생길 경우에도, 결원 보충은 그 종파의 기부자 가운데에서 선정한다. 모라비안 위원은 동료들 사이에서 평가가 그리 좋지 않았기에, 그가 죽고 나면 그 종파에서는 채우지 않기로 했다. 그런데 그렇게 되면 다른 종파 가운데 한곳에서 두 위원이 나오게 되므로, 그 상황을 피하기 위해서는 어찌하면 좋을지가 문제가 되었다. 몇 사람의 이름이 입에 올랐지만 이와 같은 이유로 도저히 이야기가 진행되지 않았다. 그러던 가운데 결국 어떤 사람이, 나는 어떤 종파에도 소속되어 있지 않고 정직한 사람이니 적임자가 아니겠느냐며 내 이름을 꺼내게 되었다. 그것이 주효하여 결국 내가 선출되었던 것이다.

이 건물이 막 세워졌을 무렵의 열광적인 분위기는 이미 다 식은 뒤라, 관리위원회는 땅값 지불이나 건축할 때 진 빚의 남은 금액을 갚기 위해 새로운 기부

---

2) 프랭클린의 기억이 잘못된 것으로, 사실은 1751년이다. 학교 건물 개조는 아직 끝나지 않았지만, 첫해부터 100명을 넘어서는 학생이 모였다. 그 뒤 1755년에 단과대학으로서, 그리고 1791년에 종합대학으로서 각각 인가를 받았다. 단과대학 인가에 임해 프랭클린은 예상과 달리 대학평의회 의장에서 제외되었다. 이것이 현재의 펜실베이니아 대학교로 발전한다.

3) 15세기에 체코슬로바키아 중부의 모라비아 지방에서 일어난 프로테스탄트 일파. 이단자로서 화형에 처해진 얀 후스의 신봉자들에게서 시작되었다. 1741년 친첸도르프 백작이 이끄는 신자들이 아메리카 대륙으로 이주해 와서, 신앙의 자유를 보증하는 펜실베이니아 식민지에 베슬리헴이라는 도시를 세웠다. 프랭클린도 말했다시피 뛰어난 교회음악으로 유명했다.

금을 시급히 모을 필요가 있었지만 생각대로 잘 풀리지 않아 매우 곤란한 상황이었다. 그때 나는 건물과 학원 양쪽에 책임이 있는 위원이었기에, 기회가 있을 때마다 양쪽 위원회와 교섭해서 이렇게 상황을 마무리 지었다. 즉, 건물 관리 위원회는 건물을 학원 측에 양도하고, 학원측은 빚을 갚는다. 그리고 본래의 목적에 맞게 가끔 찾아오는 설교사를 위해서는 언제라도 건물의 대형 홀을 쓸 수 있도록 하며, 가난한 청년들의 교육을 위해 계속 수업료를 받지 않고 고등학원을 운영해 나간다는 것이었다. 그 선에 따라 서류를 작성하여, 고등학원 평의회는 빚을 갚는 대신 토지와 건물 소유권을 차지하게 되었다. 그들은 넓고 천장이 높은 대형 홀을 위아래로 나누어 각 층에 수업을 위한 교실을 만들었고, 토지를 더 사서 보탬으로써 모든 것이 우리의 목적에 적합하도록 정비했다. 그 작업이 모두 끝나자 학생들을 이 새로운 학교로 옮기게 되었다.

기술자와 교섭하는 일, 자재 구입, 공사현장 감독 등 까다롭고 수고가 들어가는 일은 전부 내 어깨에 걸려 있었다. 하지만 그 무렵의 나는 이미 개인적 사업 때문에 방해받을 일이 없는 상황이었으므로, 오히려 즐겁게 해나갈 수 있었다. 그 지난해에 성실하고 정직한데다 아주 유능한 데이비드 홀씨[4]를 공동경영자로 선택한 덕분이었다. 그는 4년 동안 내 인쇄소에서 일했으므로 성품에 대해서는 충분히 잘 알고 있었고, 내 대신 인쇄소 일을 모두 맡아서는 벌어들인 수익 가운데 내 몫을 매년 확실히 지불하고 있었다. 그와의 공동경영은 우리 모두에게 성공적이었고, 그 뒤로도 18년 동안 이어졌다.

학원 평의회는 그 뒤 총독으로부터 특별 허가를 받아 법인조직이 되었다. 기금 또한 영국에서 모금을 한 것과 식민지 영주에게서 토지를 불하받은 것으로 점점 늘어나게 되었다. 게다가 식민지의회도 상당히 보조해 주었기에, 이렇게 해서 현재의 필라델피아 대학의 기초를 닦을 수 있었던 것이다. 나는 창설 무렵부터 이미 40년 가깝게 평의원을 맡고 있다. 이 대학에서 교육을 받은 청년들이 그 능력을 살려 저명인사가 되고 공직을 맡아, 사회에 봉사하고 이 나라에 광채를 더해 줄 인물이 되어가는 것을 눈앞에서 바라보면서 더 할 나위 없

---

4) 1714~1772. 런던의 인쇄공. 스코틀랜드계. 1744년, 3년 뒤에 서인도제도에서 독립하게 해준다는 프랭클린의 권유에 응하여 필라델피아로 왔지만, '자서전'에 나온 것처럼 1748년 그의 사람됨과 기술에 반한 프랭클린은 공동경영자로서 인쇄소 사업을 맡겼다.

는 만족감을 느끼고 있다.

앞서 서술한 것과 같이 개인적 사업에서 벗어나 자유로워졌을 때, 나는 그때까지 모았던 조촐하지만 충분한 재산으로 자신이 좋아하는 과학 연구나 취미 생활에 투자할 시간적 여유가 생기게 되었다고 기뻐했다. 나는 강연을 위해 영국에서 온 스펜서 박사[5]의 실험기구를 모조리 사들여서, 기쁨에 넘쳐 내 나름대로 전기 관련 실험을 벌이는 데 착수했다. 그런데 세상 사람들은 내가 아주 한가한 사람인 것으로 생각하고 온갖 공무로 끌고 나오려 하는 것이었다. 시의 온갖 행정 부문에서 여러 이유를 붙여 말을 걸어왔고, 의무라도 되는 것처럼 일을 떠넘겼다.

식민지의회 의원이 되다

총독은 나를 치안판사에 임명했고, 시 행정당국은 나를 시의회 의원으로, 그 뒤에는 참의원 의원으로 선정했다. 일반시민은 식민지의회 필라델피아 대표로 나를 뽑았는데, 이것은 내게 있어 매우 고마운 일이었다. 나는 이전부터 서기로서 의회에 출석하고 있었지만, 회의에 직접 참가할 수는 없었다. 그만큼 재미도 없는 의원들의 논쟁을 그저 잠자코 듣기만 하는데 완전히 질린 참이었던 것이다. 그럴 때면 나는 지루함을 참기 위해 마방진을 고안하거나 원진을 만들거나 하면서 겨우겨우 버틸 수밖에 없었던 것이다. 또한 자신이 의원이 되면 사회에 도움이 될 일을 많이 할 수 있지 않을까 하는 생각도 있었다. 이처럼 중요한 직책에 추천 받은 일이 전혀 내 자존심을 추켜세워 주지 않았다고 말할 수는 없을 것이다. 가끔은 스스로도 그것을 느낄 때가 있었으니 말이다. 내 타고난 신분이 미천했다는 것을 생각해 보면, 이러한 사회적 지위는 큰 의미를 지니고 있었다. 그리고 그것이 이쪽에서 원한 일이 아니고, 세상 사람들에게 높은 평가를 받고 있다는 것을 저절로 증명한 셈이라 나는 그것만으로도 무척 기뻤다.

---

5) 아치볼드 스펜서(1698경~1760). 에든버러 출신. 남성 조산사였지만 아메리카 대륙으로 건너 온 뒤부터는 전기 실험을 구경거리로 삼는 순회교사로 알려졌다. 1743년 보스턴에 머물던 중 그의 실험을 본 프랭클린은 전기현상에 흥미를 품게 되었다. 나중에 버지니아 식민지 프레더릭스버그에 정착했다. 성을 '스펜스'라고 표기하는 경우도 있다.

치안판사 직무로 몇 번쯤 법정에 출석해서 판사석에 앉아 소송을 제기하는 것을 들어보고, 판사로서 부끄럽지 않은 역할을 수행하기 위해서는 자신이 지금 갖추고 있는 것보다도 더 많은 보통법 지식이 필요하다는 것을 깨달았다. 나는 식민지의회의 입법자로서 해야 하는 보다 중요한 의무를 소홀히 할 수는 없다는 구실을 달아서 이윽고 재판소에 나가지 않게 되었다. 식민지의회에는 10년 동안 계속해서 선정되었지만, 유권자들에게 표를 요구한 적은 한 번도 없었고 직접적으로든 간접적으로든 내게 투표해 달라는 의사표시를 한 적도 없었다. 의회에 자리를 얻게 된 그 해부터는 나를 대신해서 아들이 서기에 임명되었다.[6]

인디언과 교섭, 그리고 럼주 소동

다음 해, 인디언과 칼라일[7]에서 협정을 맺게 되었다. 총독은 식민지의회에 교서를 보내어 참의원의 몇 사람과 함께 협정 교섭에 나설 위원을 의회에서 선출하라고 지시했다. 의회는 의장(노리스씨였다)과 나를 지명했다. 우리는 권한을 위임받고 예정대로 칼라일로 떠나서 인디언들과 만났다. 그들은 극단적으로 술에 잘 취했고, 한 번 취하면 호전적으로 변해서 폭력을 휘두르기에 우리는 그들에게 파는 것을 일체 금지하고 있었다. 그러자 그들이 이 금지 조치에 불만을 표시했으므로, 만약 교섭 중에 술을 마시지 않고 평소 같은 태도를 유지한다면 교섭이 끝나는 대로 럼주를 마음껏 마시게 해주겠다고 말했다. 그들은 마시지 않겠다고 약속했고 그것을 지켰다. 그것은 마시려야 마실 술이 없었기 때문이었지만, 교섭은 그야말로 차분하게 진행되어 양측 모두 만족할 만한 결과를 얻을 수 있었다.

교섭이 완료되자 그들은 곧바로 럼주를 요구했고, 우리는 약속한 대로 술을 건네주었다. 오후의 일이었다. 그들은 성인 남녀와 아이들까지 해서 거의 100명

---

6) 다음 해라고 하면 1752년이 되지만, 프랭클린의 기억이 잘못된 것으로 정확히는 1753년의 일이다.

7) 펜실베이니아 식민지 컴벌랜드 카운티의 중심지. 서스쿼해나강 45마일 지점에 위치. 그 무렵은 개척이 시작된 지 몇 년밖에 지나지 않았기에, 주민들의 안전과 인디언들과의 교역을 위해서도 그들과 협정을 맺을 필요가 있었다.

에 이르렀다고 기억하는데, 마을 경계선 바로 밖에 지은 오두막에서 지내고 있었다. 저녁 무렵 그들이 있는 곳에서 어마어마한 소리가 들려왔기에, 교섭위원은 무슨 일인가 하여 찾아가 보았다. 그들은 광장 한 가운데에 커다란 화톳불을 피워놓고, 남자도 여자도 모두 곤드레만드레가 되어 말싸움을 하면서 주먹을 휘두르고 있었다. 희미한 화톳불에 비친 적동색 몸은 반라 상태였고, 입에서는 무시무시하게 큰 소리를 지르면서 타다 남은 장작을 손에 들고 서로를 쫓아다니거나 두들겨 패곤 했다. 그 광경은 우리가 상상할 수 있는 지옥의 모습과 많이 비슷했다. 이 소동을 진정시킬 방법이 생각나지 않았기에 우리는 우리 숙소로 다시 돌아갔다. 한밤중이 되자 그들은 우리들 쪽으로 한꺼번에 밀어닥쳐서, 문을 두들기며 럼주를 더 내놓으라고 고래고래 소리를 질렀다. 그러나 우리는 끝까지 모르는 척했다.

다음날, 그들은 대소동을 일으켜서 우리에게 폐를 끼쳤다는 것을 깨달았다. 장로 세 사람이 사과하러 찾아왔다. 그런데 대표들은 자신들의 잘못은 인정했지만, 그걸 전부 럼주 탓으로 돌리지 않고 오히려 술을 변호하기 위해 이런 소리를 하는 것이었다.

"만물을 창조하신 위대한 영혼께서는 모든 것에는 반드시 쓰임이 있도록 만드셨다. 어떠한 역할을 생각하시고 창조하셨든 간에 언제나 그 역할을 제대로 수행해야만 한다. 럼주를 만드셨을 때 위대한 영혼은 '이것은 인디언이 마시고 취하는 것'이라 말씀하셨으니 그렇게 하지 않으면 안 된다."

만약 대지의 경작자인 백인에게 토지를 주기 위해 이 야만인들을 근절하는 것이 진정 신의 의지라면, 나는 이 럼주가 그 수단이라고 해도 이상할 것 없으리라 생각한다. 실제로 옛 해안지방에 살던 모든 부족은 이렇게 해서 절멸하게 되었던 것이다.[8]

---

8) 이 인디언관은 프랭클린의 편견이라기보다, 인류 역사는 수렵 단계에서 농작, 공업으로 발전해 간다는 그 무렵의 통설에 근거한 것이다. 대서양연안의 인디언 실태에 대해서는 크레브쾨르의 '미국 농민의 편지'(1782)를 읽은 것으로 추정된다. 그러나 그는 인디언에 의한 변경지의 백인 입식자에 대한 도가 지나친 습격 때문에 고민하고 있었다. 따라서 인디언은 '야만인'이고, 그들을 '말살'하는 것이 '신의 의사'라고 믿었던 것도 무리는 아니었다.

병원건설을 위한 모금

1751년, 나와 각별히 친했던 벗 토머스 본드 박사[9]가 필라델피아에 이곳 주민이든 아니든 구별 없이 가난한 병자들을 받아들여 치료하는 병원을 건설하자는 생각을 해냈다. 이 계획은 정말 유익한 것이었다. 세간에서는 이것도 내가 처음 생각해낸 계획이라고 생각하는 모양이지만, 이 이야기를 처음 꺼낸 것은 본드 박사였다. 그는 계획을 위해 매우 열심히 적극적으로 모금활동을 했지만, 병원을 세운다는 계획은 그 무렵 아메리카 대륙에서는 전례가 없는 일이었기에 처음에는 이해해 주는 사람이 거의 없었다. 덕분에 순조롭게 성공을 거두는 것은 불가능했다.

결국 그는 내가 좋아할 만한 소리를 하면서 협력을 요청해 왔다. 그는 이렇게 말했다. "기부를 부탁하러 가면 많은 사람들이 몇 번씩 이 일에 대해 프랭클린씨와 상담을 했는지, 그때 그가 무어라 말했는지 물어보더군요. 아직 상담하지 않았다(이 일은 당신과는 분야가 다르다고 생각했으니까요)고 대답했더니, 그렇다면 좀 생각할 시간이 필요하다면서 기부를 거절했습니다." 나는 계획의 성격과 예상할 수 있는 유용성에 대해 몇 가지 질문을 해보고 매우 만족스러운 설명을 들었으므로, 자신도 기부금을 내는 것은 물론 모금운동에도 전면적으로 협력하겠다고 약속했다. 하지만 모금에 나서기 전에 신문에 이 병원 문제에 대한 글을 실어서[10] 사람들이 마음의 준비를 할 수 있도록 미리 땅을 골라두었다. 나는 이럴 때마다 늘 그렇게 하고 있었지만, 그는 그런 준비에 소홀했던 것이다.

그 뒤로 강요하지 않아도 선선히 기부하는 사람이 늘어나긴 했지만, 이윽고 다시 모금액이 줄어들기 시작했다. 그래서 식민지 의회에 어떤 식으로든 원조를 청하지 않으면 무리일 것이라 생각하여, 의회에 청원을 넣기로 결심하고 실제로 청원서를 제출했다. 그런데 지방 출신 의원들이 난색을 표했다. 이 병원은

---

9) 1712~1748. 런던, 파리에서 의학교육을 받고 동생 피니어스(1717~1775)와 함께 식민지에서 의사로 활약했다. 프랭클린 집안의 주치의 같은 존재이기도 했다. 필라델피아 병원 건설, 아메리카 학술협회 설립 때 프랭클린에게 협력했다.

10) 1751년 8월 8일의 '가제트'신문에 발표한 '펜실베이니아 병원에 대한 보고'. 이 병원건설 계획은 18세기 초엽 영국의 지방 실정을 그대로 보여주는 자료로 알려진 디포의 '영국주유기'를 읽고 생각해 낸 것으로 보인다.

필라델피아 주민밖에 이용할 수 없으니 그들이 전부 부담해야 옳다며 반대하는 것이었다. 게다가 주민들 전원이 찬성할 것인지도 알 수 없는 일이라고 했다. 나는 그러한 반대에 대해, 이미 많은 사람의 찬성을 얻어서 자발적인 기부금만 해도 틀림없이 2천 파운드는 모을 수 있다고 주장했다. 그러나 그들은 그것이 실현성 없는 예상이라 생각해서 절대 불가능할거라 주장하며 물러나지 않았다.

이러한 사태에 맞닥뜨려 나는 한 가지 계책을 생각해 냈다. 기부자 청원의 취지에 따라 기부자를 법인조직으로 하고, 금액미정의 교부금을 그 법인에 내어준다는 법안을 제안할 허가를 요청한 것이다. 이 법안은 내키지 않을 때 부결시킬 수 있으리라 생각한 의회는 그것을 허가했다. 나는 중요한 조항 하나를 조건으로 달고 법안 원안을 작성했다. "또한, 전기의 권한에 근거하여 이하와 같이 정하도록 한다. 전기의 기부자는 총회를 열고 간사 및 회계담당자를 선임하여 기부를 통해 2천 파운드의 기금을 적립하고(그로 인해 발생하는 연간이자는 가난한 병자를 위한 식사, 간호, 진료상담, 약품 등의 비용을 청구하지 않고 전기의 병원에 수용한다는 목적을 위해 쓰도록 한다), 또한 당분간 식민지의회 의장에게 기부액을 뚜렷이 밝히고, 전기의 의장은 전기의 병원 창설, 건축, 마무리 비용을 충당하기 위해 병원 회계 담당자에 대해 2년 할부로 2천 파운드를 지급하도록 식민지정부 재무담당자에게 명령서를 내리며, 그에 서명하는 것을 합법으로 간주하고 그것이 요구된 것으로 한다"고 한 것이다. 이와 같은 조건을 붙인 덕분에 법안은 의회를 통과할 수 있었다.

보조금 교부에 반대하던 의원들도 비용을 부담하지 않고 자선가라는 명예만을 얻을 수 있으리라는 생각으로 법안통과에 찬성했다. 그리고 그 뒤 나는 기부금을 모으러 다닐 때 이 법률의 조건이 붙은 계약을 기부 권유를 위한 새로운 이유로 내걸었다. 한 사람에게 기부를 받으면 그것이 두 배가 되기 때문이었다. 이렇게 해서 이 조건은 쌍방에게 도움이 되었던 것이다. 이렇게 해서 기부금은 순식간에 목표금액을 넘어섰고, 우리는 의회에 교부금 청구를 해서 수취할 수 있었다. 그리하여 병원 건설 계획을 실행할 수 있게 되었다. 편리하고 훌륭한 병원이 단기간에 완성되었고, 이용자가 끊이지 않아 그 유용성을 증명하였다. 이 시설은 오늘날까지도 계속 번성하고 있다. 나는 정치적 흥정이 성공했던 것을 이렇게까지 기쁘게 여긴 적이 없었다. 아니, 훗날 돌이켜 보더라도 교활한 계책을 새우면서 이만큼 변명거리를 손쉽게 찾아낼 수 있었던 예는 달리 떠올릴 수가 없을 것이다.

이와 비슷한 시기의 일이었다고 기억하는데, 새로운 계획을 생각해 낸 또 한 사람, 길버트 테넨트 목사가 나를 찾아왔다. 새로운 교회를 건설하기 위한 모금운동을 도와줄 수 없겠냐는 것이었다. 이 교회는 그가 이전 화이트필드 목사의 가르침을 따르던 장로회파 사이에서 조직한 신자들을 위해 건설하려는 것이었다.[11] 나로서는 너무 자주 기부를 청해서 동료 시민들이 불쾌해 하는 것을 바라지 않았으므로, 이때는 딱 잘라 거절했다. 그러자 그는, 그렇다면 내가 이제까지의 경험으로 봤을 때 씀씀이가 좋고 공공심으로 충만하다고 느끼는 사람들의 목록을 줄 수는 없겠느냐고 물었다. 나는 이제까지 기부를 부탁했을 때 흔쾌히 응해준 사람들에게, 이제 와서 다른 기부를 강요하러 갈 것이 분명한 사람에게 그들의 이름을 가르쳐주는 것은 도저히 못할 짓이라고 여겼다. 그래서 목록을 넘겨주는 것도 거절했다.

그러자 이번에는 조언만이라도 좋으니 부탁한다고 하는 것이었다. 나도 조언만이라면 기꺼이 응하기로 했다. 내가 조언한 내용은 다음과 같았다. 처음에는 흔쾌히 기부해줄 것으로 예상하는 사람들을 찾아간다. 그 다음에는 기부를 할지 안 할지 애매한 사람들에게 가서, 앞서 기부한 사람들의 목록을 보여주면서 부탁한다. 그리고 마지막으로는 절대로 기부하지 않을 것으로 보이는 사람들을 찾아가서 부탁만이라도 해 본다. 그 사람들 가운데에는 이쪽에서 오해를 하고 있는 경우도 있을 수 있기 때문이다. 그 이야기를 듣자 그는 큰 소리로 웃음을 터뜨리더니, 감사의 말을 하면서 조언을 받아들였다. 그리고 그는 내 말대로 실행했다. 그렇게 모든 사람들을 찾아가서 부탁한 결과 예상보다 많은 기부금을 모으게 되었고, 그로 인해 지금도 아치 스트리트에 자리 잡고 있는 넓고 훌륭한 교회를 건축했던 것이다.

---

11) 1703~1764. 아일랜드 출신 장로회파 목사. 1718년 일가를 끌고 아메리카 대륙으로 건너와서 예일 대학교를 졸업하고 뉴저지 식민지 브런즈윅에서 목사로 활동했는데, 1740년 화이트필드 목사와 동해안 각지를 포교하고 다니면서 '대각성'운동에 참가했다. 그 뒤 필라델피아에 머물면서 화이트필드 목사의 신봉자를 중심으로 새로운 '뉴 라이츠 New Lights' 장로회파를 조직했다.

도로 포장과 조명

우리의 도시 필라델피아는 매우 정연하게 설계되어서, 도로가 넓고 곧으며 직각으로 교차되어 있었다. 그러나 유감스럽게도, 오랫동안 도로를 포장하지 않은 채 방치해 놓았다. 덕분에 비가 내리면 무거운 짐을 실은 마차 바퀴 때문에 길이 파헤쳐져서 온통 진흙탕으로 변하는 바람에 지나다니기가 어려워지곤 했다. 하지만 비가 내리지 않으면, 이번에는 흙먼지 때문에 견디기 힘들어지는 것이다. 나는 저지 마켓[12]이라는 시장 근처에 살고 있었는데, 주민들이 식료품을 사러 갔다가 진흙투성이가 되어 돌아다니는 모습이 참 가엾어 보였다. 그러던 가운데 시장 한 가운데의 극히 일부 지면을 벽돌로 포장하게 되어, 안으로 들어오기만 하면 단단한 바닥을 디딜 수 있게 되었다. 그러나 거기까지 닿을 즈음이면 신고 있던 신발은 발목까지 온통 진흙투성이가 되어버리곤 했다. 나는 이 문제에 대해 모두와 함께 이야기를 나누고 글을 쓰기도 했다. 결국에는 시장과 집이 늘어서 있는 양측이 벽돌이 깔린 도로 사이의 길을 포장한다는 계획을 세우고 실행하게 되었다. 이렇게 해서 얼마 동안은 발을 적시지 않고도 쉽게 시장까지 오갈 수 있게 되었다. 하지만 같은 거리에도 여전히 포장되지 않은 부분이 남아있었다. 그리고 마차가 진흙탕이 된 길에서 포장된 부분으로 건너와 길 위에 진흙을 흩뿌리는 통에, 결국 포장도로까지 진흙투성이가 되어 버리곤 했다. 도로 청소부 같은 직업이 아직 없던 시절인지라, 길에 쌓인 진흙은 아무리 시간이 흘러도 고스란히 남아있었다.

나는 어떻게든 해결책을 강구해야 한다고 생각하여 닥치는 대로 방법을 찾아보았다. 그 무렵, 집집마다 한 달에 6펜스씩만 내준다면 일주일에 두 번씩 도로 청소를 하고 집 앞의 진흙까지 치워서 포장도로를 늘 깨끗이 하는 일을 맡겠다는 가난한 노동자 한 사람을 찾아냈다. 나는 이처럼 적은 비용으로 인근 지역이 얻을 수 있는 편의, 즉 실내에 진흙발로 들어가지 않아도 되니 집안을 깨끗이 할 수 있다든가, 시장에 오기 쉬워져서 손님이 늘어나고 매상도 오를 것이라든가, 바람이 세게 부는 날 흙먼지가 상품 위에 쌓이는 일이 없어진다는 등의 장점을 설명한 글을 인쇄해서 집집마다 나누어 주었다. 그리고 하루 이틀

---

12) 필라델피아의 부두 근처 마켓 스트리트에 있던 오래된 시장.

안으로 6펜스를 지불한다는 계약에 응할 것인지 일일이 돌면서 확인했다. 반대하는 사람은 한 명도 없었고 모두 찬성에 서명했으므로, 이렇게 해서 한동안은 잘 풀려나갔다. 주민들은 모두 시장 부근의 포장도로가 깨끗해진 것을 달갑게 여겼다. 누가 보더라도 그 편이 훨씬 좋았던 것이다. 그 결과 주민 모두가 도시 내 거리를 전부 포장하면 좋겠다고 바라게 되었고, 그를 위한 세금이라면 기꺼이 낼 수 있다고 생각하게끔 되었다.

그 뒤 나는 상황을 보아 필라델피아 도로 포장을 위한 법률을 입안해서 식민지의회에 제출했다. 1757년 영국으로 떠나기 직전의 일로, 그 안건이 의회를 통과한 것은 내가 이미 떠난 뒤였다. 그것도 과세 방법에 개선으로 여겨지는 약간의 수정이 가미되어 있었다. 또 도로 포장과 함께 조명을 설치하기 위한 조항이 추가되어 있었는데, 이것은 대단한 개선이라 할 수 있었다. 도시 전체에 조명을 설치해서 밝게 만든다는 생각의 중요성을 사람들에게 처음으로 인식시킨 사람은, 지금은 고인이 된 민간인 존 클리프턴씨였다. 그는 자택 현관에 램프를 매달아 조명의 효과를 실제로 증명해 보였다. 도시 전체를 밝게 만들어서 공공의 이익을 가져왔다는 명예는 사실 내가 아니라 이 신사에게 주어져야 할 것이었다.

나는 그저 그를 따라했을 뿐이다. 만약 내게 어떤 공적이 있다면, 그것은 처음에 런던에서 주문해 가져온 구형 램프와는 다른 형태의 램프를 골랐다는 것이다. 구형 램프는 거리 조명으로 이용하기에 불편하다는 것을 깨달았기 때문이었다. 공기가 밑에서 들어가는 것이 아니므로 연기가 간단히 위로 빠져나가지 못하고 안에 갇혀 구체 속에서 맴돌기만 하므로, 본래 목적인 불빛이 흐려지고 마는 것이다. 더군다나 거추장스럽게도 매일같이 닦아주어야 했다. 게다가 실수로 무언가와 부딪치기라도 하면 깨져버리니 전체를 다 버리게 된다. 그래서 나는 네 장의 평평한 판유리로 램프를 만들었다. 위에는 연기가 나가기 위한 긴 깔때기 형태의 통풍관을, 밑에는 공기가 통하기 위한 흠을 만들어서 연기가 올라가기 쉽게 하고자 궁리했다. 이렇게 해두면 램프는 늘 깨끗하게 유지되었고, 런던 제품처럼 몇 시간 만에 흐려지는 일 없이 아침까지 쭉 밝았다. 그리고 실수로 무언가와 부딪치게 되더라도 대부분의 경우 유리 한 장만 깨지고 끝나므로 간단히 교체할 수 있었다.

내가 가끔 신기하게 생각했던 것은, 런던 사람들이 복스홀[13]에서 쓰는 구형 램프가 바닥에 구멍이 뚫린 덕분에 잘 흐려지지 않는 것을 보고 있으면서 어째서 가로등으로 쓰는 램프는 그렇게 만들 생각을 하지 않느냐는 부분이었다. 하지만 그 구멍은 다른 목적, 즉 그것을 통해 늘어뜨린 가느다란 삼실로 램프 심지에 빨리 불을 붙이기 위해 뚫어놓은 것이었다. 때문에 공기를 들여보낸다는 다른 쓰임새는 생각하지 못했던 모양이었다. 덕분에 램프를 점화시키고 몇 시간만 지나면 런던 거리의 조명은 턱없이 모자란 것이 되고 말았던 것이다.

사회개량 계획을 화제로 삼으면서 막 떠올린 것인데, 런던에서 머무를 때 나는 그곳에서 알게 된 가장 훌륭한 인물 가운데 하나이자 유익한 기획을 추진하는 데 뛰어난 포더길 박사[14]에게 이와 같은 계획을 제안한 적이 있었다. 런던 거리는 맑은 날에도 청소를 하는 일이 없었고, 살짝 쌓인 흙먼지도 치우지 않았다. 그 흙먼지는 쌓인 채로 방치되어 있다가 한 번 비가 내리면 진흙탕으로 변하고, 며칠이 지나면 도로포장 위가 질퍽거리게 된다. 덕분에 가난한 사람들이 늘 빗자루로 쓸고 있는 좁은 길이 아니면 지나다닐 수가 없었다. 그래서 잔뜩 쌓인 진흙을 긁어모아 덮개를 걷은 짐수레 속에 던져 넣고 날랐는데, 그때마다 엄청난 노동력이 필요했다. 그리고 그 짐수레가 양쪽으로 흔들릴 때마다 쌓아놓은 진흙이 조금씩 도로포장 위로 흩뿌려져서 보행자들에게 불편을 끼쳤다. 나는 그런 일들을 매일같이 보고 있었는데, 그럼에도 불구하고 이 진흙투성이 거리를 청소하지 않는 이유는 청소할 때 흙먼지가 창문으로 들어와서 가게나 주택에 날아들기 때문이라는 것이었다.

어떤 우연으로 인해 나는 거리 청소를 얼마나 짧은 시간에 끝낼 수 있는지 알게 되었다. 어느 날 아침 내가 머무르던 크레이븐 스트리트[15]의 하숙집 현관 앞으로 나와 보니, 한 가난한 여성이 자작나무 빗자루로 집 앞 포장도로를 쓸

---

13) 복스홀 가든의 약칭. 런던의 템스강 남쪽 연안에 있었던 대중유원지. 17세기 후반 개장해서 1859년 폐쇄될 때까지 사교와 유행의 중심지로 유명했다.

14) 존 포더길(1712~1780). 영국의 의사이자 퀘이커 교도. 펜실베이니아 식민지의 퀘이커 교도들과도 관계가 있었고, 시종일관 식민지 측을 지지하였다. 프랭클린이 펜 일족과의 교섭에 임했을 때 그를 옆에서 원조했다. 제12장 참조.

15) 프랭클린은 1757~1762년과 1764~1775년의 두 차례에 걸쳐 이 거리에 사는 미망인 마가렛 스티븐슨의 집에서 머물렀다.

고 있는 것이 보였다. 그녀는 무척 핼쑥한 얼굴을 하고 있었고, 병 때문에 일어난 발작이 가라앉은 직후인 것처럼 허약해 보였다. 나는 누구에게 고용되어 청소를 하고 있는지 물어보았다. 그러자 그녀는 이렇게 대답했다. "부탁한 사람은 없지만, 저는 너무 가난해서 돈이 궁한 나머지 신사 분들의 현관 앞을 청소하는 거랍니다. 조금이나마 돈을 주실 분이 있을까 싶어서요." 그래서 나는 거리를 전부 깨끗하게 쓴다면 1실링을 주겠다고 말했다. 이것이 9시쯤의 일이었다. 정오가 되자 그녀는 1실링을 받으러 왔다. 처음 그녀를 보았을 때 너무나도 느릿느릿 일하고 있었기에, 이렇게 빨리 일을 마쳤으리라고는 도무지 믿을 수가 없었다. 그래서 하인을 시켜 조사해 봤더니, 그는 돌아오자마자 정말로 청소가 다 끝났고 진흙도 거리 한가운데의 하수구로 쓸어 넣었다고 보고했다. 그리고 그 뒤에 내린 비 덕분에 하수구 속의 진흙도 완전히 쓸려나가서, 도로만이 아니라 하수구까지 완전히 깨끗해져 있었다.

그로 인해 나는 이토록 연약한 여성이 고작 3시간 만에 이만큼 청소를 할 수 있다면, 한창 일할 때인 건강한 남자라면 그 절반밖에 안 되는 시간으로도 할 수 있을 거라고 판단했다. 덧붙여 말해두고 싶은 것이 있는데, 이처럼 좁은 길이라면 하수구는 각 보도에 가까운 양측에 두 군데로 설치하기보다 길 한가운데에 한 군데만 설치하는 편이 훨씬 편리하리라 생각한다. 거리에 떨어지는 빗물은 양 측면에서 한가운데로 흐르고, 그곳에 모여서 강해진 물살로 하수구에 쌓여 있던 진흙을 남김없이 쓸어가기 때문이다. 하지만 둘로 나누면 그만큼 물살이 약해져서, 어느 쪽 하수구도 깨끗해지지 못하고 바닥에 쌓인 진흙을 그저 더 질척거리게 만들어 흘러넘치게 할 뿐이다. 흘러넘친 진흙은 마차 바퀴나 말발굽에 의해 도보 위로 세차게 튀어오를 것이고, 그 결과 거리가 더러워지고 미끄러지기 쉬워지는 데다 지나가던 사람에게 진흙이 튀는 일도 생긴다.

내가 신뢰하는 포더길 박사에게 했던 제안은 다음과 같은 내용이었다.

"런던 및 웨스트민스터 거리를 효과적으로 청소하고, 또 그 효과를 높이기 위해 다음과 같은 제안을 하고 싶소.

건조한 계절에는 각자 맡은 거리와 골목길에 쌓인 흙먼지를 쓸어낸다. 그 외의 계절에는 거리에 쌓인 진흙을 쓸어 모으기 위해 야경 몇 명과 계약을 맺는다.

이 목적을 위해 야경에게는 빗자루를 비롯하여 그 밖에 필요한 도구를 제공하고, 청소를 위해 고용한 가난한 사람들에게 건네줄 수 있도록 늘 야경 대기소에 보관해 놓기로 한다.

건조한 여름에는 상점이나 주택 창문이 열리기 전에 도로의 흙먼지를 일정 거리마다 쓸어 모아서 청소부가 덮개 딸린 짐수레에 실어 나르도록 한다.

쓸어 모은 진흙은 마차 바퀴나 말발굽 때문에 튀기는 일이 생기지 않도록 그냥 쌓아놓지 않도록 한다. 청소부는 차체가 바퀴 윗부분이 아니라 지면에 스칠 만큼 낮은 곳에 달려있는 짐수레로 나르도록 한다. 차체의 바닥에 격자 세공을 해서 짚을 깔아놓으면 쌓은 진흙이 흘러내리지 않고 무게의 대부분을 차지하는 물만이 새어나가 전체 중량이 많이 가벼워지므로, 이와 같은 짐수레를 적당한 거리에 배치해 놓는다. 거기까지는 손수레로 진흙을 나르고, 진흙의 수분이 빠져나갈 때까지 짐수레를 그곳에 세워놓는다. 그 뒤에 말에게 끌도록 하여 나른다."

그 뒤, 나는 이 제안의 후반부 내용을 정말로 실행할 수 있을지 의심을 품게 되었다. 길이 좁을 경우, 통행에 방해되지 않도록 주의하면서 수분 제거를 위한 짐수레를 세워두는 것은 어려운 일이었기 때문이었다. 하지만 전반부 내용, 즉 상점이 문을 열기 전에 흙먼지를 쓸어낸다는 부분은 새벽이 빨리 오는 여름이라면 실행할 수 있으리라고 지금도 믿고 있다. 어느 날 아침 7시경에 스트랜드 대로와 플리트 거리[16]를 거닐다가, 날이 밝은지 벌써 3시간이나 지나 주변이 환해졌는데 상점은 한 군데도 문을 열지 않았던 것을 내 눈으로 확인했기 때문이다. 런던 주민들은 밤늦게까지 촛불을 켜놓고 깨어있기를 좋아하고 햇빛이 비칠 때 잠을 자곤 했다. 덕분에 그들은 늘 양초에 매겨지는 세금이나 수지 가격이 비싸다며 투덜거리고 있었다.

이런 하찮은 일들에 대해서는, 특별히 주목할 가치는 물론이거니와 일부러 언급할 필요도 없다고 생각하는 사람이 있을지도 모르겠다. 분명히 바람이 강한 날에 흙먼지가 어떤 사람의 눈에 들어갔다던가, 한 상점에 불어 닥쳤다는

---

16) 스트랜드 대로는 더 시티와 웨스트민스터를 잇는 주요 도로로, 템스강과 나란히 달리고 있다는 의미로 스트랜드(Strand : 물가)라고 불리었다. 플리트 거리는 런던의 오래된 길로 신문 등 출판업의 중심지로 유명하다.

이야기는 별로 중요한 것이 아닐지도 모른다. 하지만 인구가 많은 도시에서 이와 같은 일이 무수히 되풀이되고 있다면 그것은 나름대로 중요한 의미를 갖게 되는 것이다. 그러니 이처럼 언뜻 보기에는 하찮은 것으로 보이는 일에 주의를 기울이는 사람이 있더라도 비난할 일은 아니라고 생각한다.

인간의 행복이란 아주 드물게 일어나는 커다란 행운보다는 매일같이 맛볼 수 있는 작은 편리함에서 생겨나는 것이다. 그러므로 가난한 청년에게 천 기니의 돈을 주는 것보다는 수염 깎는 방법과 면도칼을 가는 방법을 가르쳐주는 편이 더 행복에 공헌하는 일이라 할 수 있다. 돈은 쓰면 바로 없어지는 것이고, 쓸데없는 데에 낭비를 하고 말았다는 후회를 빼면 남는 것이 없다. 그러나 후자의 경우라면, 연중 이발소에서 대기하거나 이발사의 지저분한 손가락과 불쾌한 숨결을 참는 일도 없어질 것이고, 무디기 짝이 없는 면도칼 때문에 골머리를 썩는 일에서도 벗어날 수 있다. 자신이 원할 때 수염을 깎을 수 있고, 잘 드는 칼을 쓰는 쾌감을 매일같이 느낄 수 있는 것이다. 나는 이와 같은 생각을 하면서 필라델피아에서 오랫동안 매우 행복한 생활을 보내왔다. 그리고 언젠가 사랑하는 이 도시를 위해 내가 도울 수 있는 일이 있기를 바라면서, 그에 앞서 몇 페이지를 써보았던 것이다. 그리고 미국의 다른 도시에서도 이것이 도움이 되기를 바라고 있다.

우편사업 개선

나는 이 무렵 얼마 동안 아메리카의 우정공사총재에게 회계검사관으로 채용되어, 우체국 몇 곳을 관할에 두고 직원들을 단속하고 있었다. 그런데 1753년 총재가 세상을 떠나자, 영국의 체신공사총재의 지명으로 윌리엄 헌터[17]씨와 함께 그 자리를 이어받을 총재대리가 되었다. 아메리카의 우체국은 이제까지 영국의 우편사업에서 흑자를 본 적이 없었다. 우리는 우체국이 수익을 올려서 600파운드를 거두어들인다면 둘이서 그 돈을 보수로 받게 되어 있었는데, 그만큼의 이익을 거두기 위해서는 여러 가지 개선할 부분이 있었다. 그와 같은

---

17) ?~1761. 버지니아 식민지 윌리엄즈버그에 점포를 낸 인쇄업자. '버지니아 가제트' 신문을 발행. 프랭클린과 함께 아메리카 우정공사총재 대리로 임명받았다. 동업자로서 친하게 지냈고, 프랭클린의 그의 사생아를 맡아서 교육을 받을 수 있게 해주었다.

개선을 위해서는 마땅히 초기비용이 필요했고, 처음 4년 동안 우리 우체국은 900파운드를 넘어서는 적자를 내고 말았다. 하지만 그 뒤에는 노력이 보답 받아서, 훗날 영국 정부의 변덕으로 경질당하기 전까지 우리 식민지 우체국은 아일랜드보다 3배나 많은 순이익을 왕의 금고에 가져다줄 정도까지 이르렀다. 이 일에 대해서는 이후 다시 언급하게 될 것이라 생각한다. 영국 정부가 이처럼 수치도 모르는 태도를 보인 뒤, 우리는 영국에 한 푼도 지불하지 않게 되었다.[18]

그와 같은 해에 우체국 일로 뉴잉글랜드까지 여행을 할 기회가 있었는데, 케임브리지의 대학이 내게 문학 석사 학위를 수여했다. 그에 앞서 코네티컷 식민지에 있는 예일 대학도 같은 명예를 안겨주었다.[19] 대학 교육을 한 번도 받아본 적 없는 내가 대학으로부터 명예로운 학위를 수여받게 되었던 것이다. 이것은 내가 자연과학의 전기 분야에 공헌한 진보와 발견을 감안해서 주어진 명예일 것이라 생각한다.

---

18) 영국 본국과 식민지의 관계가 험악해지는 가운데, 1764년 프랭클린은 식민지 대표로서 런던에 파견되었다. 그러나 그 사이에 매사추세츠 식민지 총독 허친슨이 영국의 친구에게 보낸 사적인 편지를 입수하여 결과적으로 그것을 공표하게 되었고, 1774년 1월 식민지 주민의 감정을 자극했다는 이유로 추밀원에서 대대적인 정치문제가 되어 총재대리에서 해임되었다. 이 '해친슨 편지 Hutchinson Letters Affair' 사건은 그의 정치생활에서 중대한 사건이었으며, '자서전'에서 '이후 다시 언급'한다고 했지만 결국 쓰지 못하고 끝났다.

19) 케임브리지의 대학이란 하버드 대학을 말한다. 학위수여 날짜는 그의 기억이 잘못되어 앞뒤가 뒤바뀌어 있다. 하버드 대학에서는 1753년 7월 25일, 예일 대학에서는 같은 해 9월 12일에 수여받았다.

제10장
식민지 방위를 위한 군사 활동

올버니 회의에 참가

1754년, 또다시 프랑스와 전쟁이 일어날 상황에 이르렀기에 영국 식민지담당 대신의 명령으로 각 식민지 대표위원은 올버니[1]에 모여 회의를 열게 되었다. 그곳에서 인디언 여섯 부족의 추장과 그들의 점유지 및 우리 식민지 양쪽의 방위 수단에 대해 협의하게 되었다. 해밀턴 총독은 이 명령을 받자마자 식민지의회에 통고하고, 올버니 회의에서 인디언들에게 줄 적당한 선물을 조달함과 동시에 펜실베이니아를 대표해서 영주 측의 토머스 펜[2]씨와 비서인 피터스 씨와 함께 의원으로는 의회의장(노리스씨)과 나를 지명하기를 원했다. 의회는 이 지명을 받아들이고 선물도 조달했다. 개중에는 이 식민지 바깥에서 이러한 회의를 여는 것에는 난색을 표하는 자도 몇 명 있었다. 그러나 그것은 제쳐 두고, 우리는 6월 중순 무렵 올버니에서 다른 식민지 대표들과 만나게 되었다.

올버니로 가는 도중에 나는 식민지 방위를 비롯하여 그 밖의 중요한 목적으로 모든 식민지가 하나의 정부 아래에서 연합한다는 안건을 생각해 냈고, 그 초안을 작성해 보았다. 뉴욕을 지났을 때, 이와 같은 공적인 부분에 대해 많은 지식을 보유한 제임스 알렉산더[3] 씨와 케네디 씨 두 사람에게 내가 쓴

---

1) 뉴욕 식민지의 수도. 동 식민지의 동부에 위치하며, 허드슨 강과 접한다. 정치적으로는 뉴욕 시보다 중요한 위치에 있었다. 1614년 네덜란드인의 교역지로서 성채를 쌓았다.

2) 프랭클린의 기억이 잘못된 것으로, 토머스 펜이 아니라 조카인 존 펜이 맞다. 초대 영주 윌리엄 펜에게는 아들이 셋 있었는데, 아버지의 뒤를 이어 실질적으로 식민지 경영을 했던 것은 차남인 토머스였다. 그러나 그는 올버니 회의가 열렸던 1754년에는 영국에 있었다. 존은 3남 리처드의 아들.

3) 1691~1756. 뉴욕 식민지의 변호사이자 정치가. 스코틀랜드 명문 귀족 출신. 1715년 영국 왕실의 왕위계승을 둘러싼 소란을 피하기 위해 뉴욕 식민지로 건너와 정계에서 활약했다. 학식

초안을 보여주었다. 두 사람의 찬성에 용기를 얻은 나는 마음을 굳게 먹고 이 안건을 의회에 제출했다. 다른 위원들도 비슷한 안건을 작성해 온 사람이 몇 명 있는 모양이었다. 의회에서는 예정보다 앞서서 식민지 연합을 결성할 것인지에 대한 여부가 문제로 채택되었고, 이것은 만장일치로 가결되었다. 그리고 준비해둔 몇 가지 안건을 검토하고, 의회에 그 결과를 보고할 목적으로 각 식민지마다 한 명씩으로 이루어지는 위원회를 만들었다. 그 결과 뜻밖에도 내가 제출한 안건이 선정되어, 몇 가지 수정을 거친 뒤에 전체 회의에 보고하게 되었다.

내가 제출한 안건은, 식민지 중앙정부는 국왕에게 임명받아 지지를 얻은 대총독에 의해 행정상 운영이 이루어지고, 식민지 통일의회는 각 식민지의회 소속 주민들의 손으로 뽑는다는 내용이었다. 이 건에 대한 논의는 인디언 부족과의 협의와 병행해서 매일같이 행해졌고, 많은 반대의견이나 문제점을 지적받았다. 최종적으로는 그러한 문제가 모두 해결되어 연합안은 만장일치로 가결되었다. 그리고 그 가결안의 사본이 영국 상무원(Board of Trade)을 비롯한 각 식민지 의회에 송부되었다. 이 연합안은 기구한 운명을 걷게 되었다. 모든 식민지의회에서는 이 안이 국왕의 특권을 너무 지나치게 인정하는 것으로 보고 채택하기를 거부했다. 또한, 영국에서는 지나치게 민주적이라 보고 있었다. 영국 상무원은 이 안건을 승인하지 않았을 뿐만 아니라, 국왕의 재가를 청할 생각도 하지 않았다. 영국 상무원은(자신들의 제안이 보다 적절하다고 생각한 모양인지) 대안을 제시했다. 그에 따르면 식민지 총독들은 각자의 참의원 의원들과 함께 회의를 열어서 군대 모집이나 요새 건설 따위에 관한 명령을 내리고, 경비는 영국 본국 재무성에 요구하게 되어 있었다. 아메리카 대륙에 대한 과세법을 영국 의회가 결정하고, 그 경비는 거기서 공제한다는 것이었다. 내가 내놓았던 안건은 인쇄되어 나온 내 정치문서 속에서 찾을 수 있을 것이다.

그 해 겨울, 나는 계속 보스턴에서 머물고 있었기에 셜리 총독[4]과 많은 의논

있는 지식인으로 아메리카 학술 협회의 초대 멤버 가운데 한 명이었다. 프랭클린의 올버니 연합안을 적극적으로 지지했다.

4) 윌리엄 셜리(1694~1771). 런던의 법정 변호사. 1731년 보스턴으로 이주. 직업군인은 아니지만 루이스버그 원정에 성공했고, 그 뒤 식민지 방위를 위해 파견된 영국 정규군 브래덕 장군이

을 할 수 있었다. 이때 우리가 주고받은 논의 가운데 일부 또한 내 정치문서 속에 남아있을 것이다. 내 안건에 대한 반대 이유는 여러 가지가 있었고 모순되는 부분도 많았지만, 그래도 나는 현재 그 안건이야말로 중용의 위치를 잡은 것이 아니었던가 싶다. 그리고 지금까지도 내 제안이 채택되었더라면 영국, 식민지 양쪽에 있어 행운이었으리라 생각하고 있다. 식민지가 내 제안처럼 연합을 했더라면 자기방위를 위한 충분한 전력을 보유하게 되어 영국이 군대를 파견할 일도 없었을 것이고, 그로 인해 식민지에 대한 과세를 강화한다는 구실도, 그것을 계기로 일어난 유혈 전쟁도 피할 수 있었을 것이니 말이다. 하지만 그러한 잘못은 어제오늘 시작된 것이 아니다. 역사는 국가나 왕후귀족들의 이러한 잘못들로 가득 차 있다.

세상 사람들을 한 번 둘러보아라,
자신의 행복을 아는 자가
이 얼마나 적은지.
알면서도 그것을 추구하는 이가
이 얼마나 적은지.[5]

일반적으로 위정자들이란 해야 할 일을 잔뜩 끌어안고 있는 사람들인지라, 스스로 나서서 새로운 계획을 세우거나 실행하는 수고를 하려 하지 않는 것이 보통이다. 따라서 아무리 뛰어난 공공정책이라 해도 선견지명으로 채택되는 일은 없다고 봐야 하며, 정말 필요한 상황이 되어서야 어쩔 수 없이 손을 뻗는 경우가 대부분이다.

펜실베이니아 총독[6]은 식민지의회에 내 안건을 제안하면서, 이 계획은 "굉

─────────────

전사한 뒤에는 사령관으로 임명되었다. 이후 국왕으로부터 매사추세츠 식민지 총독으로 임명 받았다. 식민지 연합을 지지했다.

5) 드라이든이 번역한(1693) 유베날리스의 풍자시집(Satvrae) 제10편에서 인용. 인간의 행복을 위해서는 미덕과 건강만으로도 충분한 데도 부를 추구하는 것의 어리석음을 지적하는 내용.

6) 제임스 해밀턴(1710경~1783). 앤드류 해밀턴의 아들. 1748~1754년, 1759~1763년 두 번에 걸쳐 총독을 맡았다. 도서관, 대학, 학술협회 설립에서는 프랭클린에게 협력했지만, 식민지의회와는 대립하는 일이 많았다.

장히 명쾌하고 견실한 판단을 통해 입안된 것으로 보이며, 최대한 상세하고
도 본격적으로 검토할 가치가 있다고 생각한다"면서 찬성 의향을 표명했다.
하지만 식민지의회는 어떤 의원[7]의 꿍꿍이로 인해 내가 어쩌다 회의에 결석
을 했을 때 이 법안을 상정했다. 그리고 제대로 검토해 보지도 않은 채 폐기
시키고 말았던 것이다. 그 사실을 알게 된 나는 분하기가 이루 말할 수 없을
정도였다.

토론을 좋아하는 신임 총독 모리스

그 해, 나는 보스턴으로 여행하던 도중 영국에서 막 뉴욕에 도착한 펜실베
이니아의 새로운 총독 모리스씨[8]와 우연한 만남을 가졌다. 그는 이전부터 친하
게 지내던 벗이었는데, 영주가 내리는 훈령 때문에 식민지와 다툼을 벌이는 데
염증을 느끼고 사직한 해밀턴씨의 후임이 되어 임명장을 지참하고 온 것이었다.
모리스씨는 나에게, 자신도 전임자와 마찬가지로 행정관으로서 불쾌한 대응을
각오해야 할 것인지 물어보았다. 나는 그렇지 않다고, 식민지의회와 무의미한
언쟁을 벌이지 않도록 조심하기만 하면 오히려 꽤 편하게 지낼 수 있을 것이라
고 대답했다. 그러자 그는 밝은 투로 이렇게 말했다.

"그렇다면 프랭클린 군, 그 언쟁이란 것을 피하려면 어떻게 해야 되는지 좀
가르쳐 주게나. 자네도 알고 있겠지만 나는 사실 말싸움을 아주 좋아한다네.
최고의 즐거움 가운데 하나라고 해도 좋을 걸. 하지만 자네의 충고에 경의를
나타내기 위해서라도, 되도록 얌전히 지내겠다고 약속하겠네."

그는 확실히 뛰어난 웅변가이자 예리한 궤변가였으므로 말다툼 벌이기를 좋
아하는 것도 납득 못할 일은 아니었다. 그리고 대화를 나누다가 토론이 시작되

---

7) 식민지의회 의장이었던 아이작 노리스로 추정.

8) 로버트 헌터 모리스(1700경~1764). 펜실베이니아 총독(1754~1764). 뉴저지 식민지 총독이었던
루이스 모리스의 아들. 뉴저지 최고재판사관으로 퀘이커 교도에 대해 강경한 태도를 취하는
것으로 유명했으며, 그 점으로 인해 영주 토머스 펜으로부터 유망하다고 인정받아 총독으로
발탁됐다. 프랭클린은 사적으로는 그와 친구 관계를 유지하고 있었지만 지폐 증쇄, 식민지방
위, 영주의 과세 문제로 대립하는 일이 많았다. 뿐만 아니라 편지에서는 그를 악당, 얼간이, 거
짓말쟁이 등으로 매도하기도 했다. 식민지에서 태어나고 자랐지만 총독으로서 영주의 지시를
받기 위해 영국으로 건너가 있었기에 "영국에서 도착했다"고 되어 있다.

면 늘 상대를 눌러 버리곤 했다. 그는 소년 시절부터 토론을 좋아하는 성격으로 자랐다. 그의 아버지는(내가 들은 바에 따르면) 저녁식사를 마치고 식탁 앞에 앉아있는 동안 아이들끼리 토론을 벌이며 아옹다옹하게 만들어 놓고 그것을 즐겼다고 한다. 나로서는 그런 식으로 토론을 좋아하게 만드는 것은 그리 현명하지 못한 일이라고 생각한다. 내가 관찰한 바로는, 이런 식으로 무엇이든 반대하거나 반론하기를 좋아하는 사람은 인간관계에서 불행해지기 마련이다. 토론에서 승리를 거둘 지라도 그것 때문에 상대의 호의를 얻을 일은 절대로 없을 것이기 때문이다. 그리고 인생에서는 토론에서 승리하는 것보다 남들의 호의를 얻는 편이 훨씬 이익이 되는 법이다.

우리는 뉴욕에서 헤어졌다. 그는 필라델피아로, 나는 보스턴으로 향했다. 보스턴에서 돌아오는 길에 뉴욕에서 펜실베이니아 식민지의회 의사록을 볼 기회가 있었는데, 그것을 훑어보니 그가 나와 약속을 했음에도 불구하고 화려한 언쟁을 벌이고 있다는 것을 알 수 있었다. 그 뒤로도 그가 총독 지위에 머물러 있는 한 싸움이 끊이는 날은 결코 오지 않았다.

그 뒤 나도 이 싸움에 한 몫 가담할 처지에 놓이게 되었다. 식민지의회에 돌아오자마자 나는 총독의 연설이나 교서에 회답하는 모든 위원회에 이름이 오르내리게 되었고, 이따금 회답을 쓰라는 요구를 받았기 때문이었다. 그의 교서도 그랬지만 우리의 답변도 과격할 때가 많았고, 가끔은 도를 넘어서 상대에게 막말을 퍼붓는 경우도 있었다. 그리고 내가 의회를 대신해서 답변을 쓰고 있다는 사실을 그도 알고 있었으므로, 만약 우리가 어딘가에서 정면충돌하게 되면 서로 죽이려 들 만큼 어마어마한 싸움이 벌어지리라 예상하고 있었다.

하지만 그는 매우 마음씨 좋고 온화한 신사였으므로, 이처럼 의견이 대립하더라도 그것 때문에 사적인 관계까지 나빠지는 일은 없었다. 함께 저녁식사를 하는 경우도 드물지 않았다. 의회에서의 대립이 최악의 지경에 이른 어느 날 오후, 우리는 우연히 길에서 마주치게 되었다. "프랭클린 군." 그가 입을 열었다. "괜찮다면 우리 집에 가지 않겠나? 저녁때 함께 어울려 주게. 자네와 마음이 잘 맞을 만한 친구들도 몇 사람 올 예정이니 말일세." 그러더니 내 팔을 붙잡고 집으로 끌고 가는 것이었다.

저녁식사를 마치고 포도주를 마시면서 유쾌한 대화를 나누고 있을 때, 그는 농담 같은 투로 산초 판자[9]에 대한 이야기를 꺼냈다. "그 녀석의 생각은 정말이 지 감탄스럽다니까." 산초 판자는 어느 나라의 수상으로 만들어주겠다는 소리 를 들었을 때, '검둥이 나라의 수상으로 만들어 달라. 그러면 국민과 의견이 맞지 않아도 팔아넘기면 그만이니까' 하고 말했다는 것이다. 그 소리를 듣고 내 옆에 앉아있던 친구 한 사람이 이렇게 말했다.

"프랭클린씨, 어째서 그 빌어먹을 퀘이커 교도 놈들 편을 들고 있는 겁니까? 그들이야말로 팔아넘겨 마땅한 놈들 아닙니까? 영주님이 값을 넉넉하게 쳐줄 겁니다."

나는 이렇게 대답해 주었다. "아니, 총독님은 아직 그들을 팔아치워야 할 만큼 새까맣게 칠하진 못하셨답니다." 총독은 확실히 퀘이커 교도가 대다수를 점거하고 있는 의회에 대한 험담을 모든 교서에 늘어놓으면서 그들에게 먹칠을 하기 위해 노력하고 있었다. 그러나 의회는 의회대로 검게 칠해진 부분을 한쪽 끝에서부터 벗겨 내고, 그것을 오히려 총독에게 되돌려 주고 있었던 것이다. 그 래서 해밀턴씨는, 이런 상황에서는 자신도 물들 수밖에 없으리라 생각하고 의 회와 싸움을 벌이는 데 염증을 느껴 총독 지위에서 내려오기로 결심했던 깃 이다.

이와 같은 총독과 식민지의회 사이의 대립은 사실 식민지 영주, 세습 지배자 가 제멋대로 구는 데서 기인한 것이었다. 영주는 식민지 방위를 위한 비용을 조 달해야 할 상황에 처했을 때, 입이 딱 벌어질 만큼 부당한 방법으로 자신들이 소유한 광대한 영지를 과세 대상에서 제외시킬 것을 법률에 명기한다는 조건 으로 방위에 필요한 세금 징수를 인정하겠다는 훈령을 대리인인 총독에게 보 냈던 것이다. 게다가 총독에게서는 그 훈령을 잘 따르겠다는 계약서까지 받았 다. 의회는 3년 동안 이 부당한 요구에 항의했지만 결국 꺾일 수밖에 없었다. 결국에는 모리스 총독의 후임이 된 데니 대위가 과감하게 일어나 이에 반기를 들게 되었는데, 그때까지 어떤 경위를 거쳐야 했는지는 이후 다시 설명할 기회 가 있을 것이다.

---

9) 세르반테스의 《돈키호테》에 나오는 주연급 인물. 이 이야기는 제1권 29장에 나오는데 세부적 인 내용은 다르다.

자기방위를 위한 공채 발행

아무래도 이야기를 지나치게 진행시킨 것 같다. 모리스 총독 정권 시대에 일어난 일들 가운데 언급해 두어야 할 사건이 아직도 몇 가지 남아있기 때문이다.

사실상 프랑스와 전쟁이 시작되자,[10] 매사추세츠 식민지 정부는 크라운 포인트에 대한 공격을 계획하고 원조를 청하기 위해 펜실베이니아 식민지에는 퀸시 씨[11]를, 뉴욕 식민지에는 훗날 총독이 된 포놀 씨[12]를 파견했다. 퀸시 씨는 내가 식민지의회에 의석을 차지하고 있고 의회 내부사정에 대해 잘 아는 데다, 또 그와 마찬가지로 보스턴 태생이라는 이유로 나를 의지하고 원조를 청했다. 나는 그의 요청을 의회에 전했고, 의회는 그를 받아들여 식량 조달을 위한 경비로 1만 파운드를 원조할 것을 승인했다. 그런데 총독은 영주의 영지에 대해, 아무리 필요한 세금이라 할지라도 완전히 면제한다는 조항이 없는 한 법안을(이 1만 파운드 건과 함께 국왕을 위한 예산도 포함되어 있었다) 승인할 수는 없다고 하는 것이었다. 의회는 뉴잉글랜드에 대한 원조를 인정받고자 했지만, 대체 어떻게 해야 그것을 실현시킬 수 있을지 알 수 없어 쩔쩔매고 있었다. 퀸시 씨는 동의를 얻고자 모리스 총독에게 최선을 다해서 요청해 보았지만, 그는 완강히 받아들이지 않았다.

그래서 나는 총독을 제외시킨 채로 사태를 풀어 나갈 방법을 제안했다. 공채 모집소(Loan Office) 관리위원회에 대한 공채 발행을 요구한다는 방법이었다. 공채를 발행할 권한은 법률상 의회에 속해 있었다. 하지만 사실 그 무렵 공채

---

10) 프렌치·인디언 전쟁 중에 1754년 프랑스군은 오하이오 강 유역의 영국계 식민지 주민에게 공격을 가했는데, 식민지군은 이에 저항조차 하지 못했다. 다음 해인 1755년, 영국 정부는 브래덕 장군이 거느리는 정규군을 파견했고 '자서전'에 쓰인 것과 같은 결과를 초래했다. 한편, 올버니 북방 90마일에 위치한 챔플레인 호수 서쪽 가에 있던 프랑스군의 크라운 포인트 요새는 애머스트 장군 휘하의 영국군이 1759년에 점령했다.

11) 조사이어 퀸시(1710~1895). 매사추세츠 식민지에서 가장 부유하다고 알려진 상인. 식민지의회 의원. 보스턴 교외의 브레인트리에 유리공장을 가지고 있었고, 동업자인 프랭클린의 형 존과 교우가 있었다. 그 인연으로 프랭클린과도 면식이 있었다.

12) 토머스 포놀(1722~1805). 영국의 행정관. 1753년 오즈번 뉴욕 식민지 총독의 비서로서 미국으로 건너왔다. 매사추세츠 식민지 총독(1757~1760). 그 사이에 각 식민지를 시찰하면서 여행했고, 필라델피아에서 프랭클린과 알게 되었다. 영국으로 돌아간 뒤 그간의 견문을 정리해서 '식민지의 행정'(1764)을 발표.

모집소는 보유한 현금이 거의 바닥난 상태였다. 나는 공채 상환 기한을 1년 이내로 하고 5% 이자를 붙일 것을 제안했다. 이 공채로 나는 식료품을 쉽게 구입할 수 있게 될 것으로 여겼다. 의회도 딱히 망설이는 일 없이 이 제안을 채택하기로 했다.

곧바로 공채를 인쇄했고, 나는 그에 서명을 함과 동시에 공채 처리를 맡을 위원으로 임명되었다. 공채 지불을 위한 자금으로는 물품에 붙는 세금으로 얻는 수익과 식민지에서 대부한 유통지폐 이자를 생각하고 있었는데, 충분하고도 남는 금액이라는 사실이 알려진 상태였기에 이 공채는 바로 신용을 얻을 수 있었다. 식료품을 구입할 때 받아주었을 뿐만 아니라, 현금을 쌓아놓고 묵히던 부자들도 여러 명이 이에 투자하게 되었다. 이 공채는 가지고만 있어도 이자가 붙는 데다 필요할 때 현금처럼 쓸 수 있었으므로 여러 모로 유리하다는 생각이 퍼진 것이다. 그 결과, 모두 아무런 다툼 없이 공채를 사들이게 되어 몇 주 만에 다 팔려나갔다. 이렇게 해서 이 중요한 일은 내가 생각한 방법으로 해결되었다. 퀸시 씨는 정중한 메시지를 의회에 보내서 감사를 전했고, 자신의 교섭이 성공한 것에 만족하며 돌아갔다. 그는 그 뒤로도 내게 매우 성실하고 애정 어린 우정을 보여주었다.

브래덕 장군에게 협력

영국 정부는 올버니에서 제안 받은 식민지 연합을 인정하려 하지 않았고, 그렇다고 연합에 식민지 방위를 맡기지도 않았다. 식민지가 이 연합으로 강한 군사력을 얻게 되거나 자신들의 힘을 너무 믿게 되는 것을 두려워한 것이다. 그 무렵에는 식민지에 시기심과 질투를 품고 있었기에, 식민지 방위를 위해서라는 구실로 영국 정규군 이대연대를 이끄는 브래덕 장군[13]을 파견했다. 그는 버지니아 식민지의 알렉산드리아에 상륙해서, 그곳에서부터 메릴랜드 식민지의 프

---

13) 에드워드 브래덕(1695~1755). 영국의 직업군인. 15세 때 연대 소위가 되었고 1754년에 대장이 됐다. 1755년 식민지방위군 최고지휘관으로서 버지니아에 상륙했고, '자서전'에 나오는 것처럼 정보와 방비가 불충분한 채로 처음 가보는 변경으로 군사들을 이끌어야 했다. 머농거힐라 강에서 몰래 숨어 있던 인디언과 만나 치명적인 패배를 당했고, 자신도 중상을 입어 원치 않던 형태로 생을 마감했다.

레드릭턴까지 진군했다. 그리고 수레와 말을 조달하기 위해 잠시 그곳에 주둔하게 되었다. 어떤 정보에 의하면, 장군은 우리가 이번 전쟁에 반대하고 있다고 여기고 식민지의회에 강한 편견을 품고 있다고 했다.

그것을 두려워한 의회는 내게 의회 대표로서가 아니라 식민지의 우정 공사 총재로서 경의를 표하기 위한 방문을 다녀올 수 있겠느냐고 부탁했다. 장군은 앞으로 각 식민지의 총독들과 계속 통신을 할 필요가 있을 텐데, 그 긴급문서를 빠르고도 확실하게 보내는 방법을 미리 상의하고 싶다는 구실로 다녀오라는 것이었다. 이와 같은 통신비용은 식민지의회가 부담하게 되어 있었다. 나는이 여행에 아들도 동행시켰다. 장군은 아직 프레드릭턴에 머물고 있었고, 사륜 짐마차 징발을 위해 메릴랜드와 버지니아 벽지에 파견한 부하들이 돌아오기를 안절부절 못하면서 기다리던 중이었다. 덕분에 나는 며칠 동안 그와 함께 지내면서 매일 함께 식사를 하고, 장군이 아메리카 대륙에 도착하기 전에 식민지가 그가 작전을 쉬이 진행할 수 있도록 미리 준비해 놓은 것들, 현재도 준비 중인 것들을 알려주어 나쁜 편견을 없앨 수 있는 생각지도 못한 기회를 얻을 수 있었다.

브래덕 장군 밑에서 떠나려 할 때, 징발해 온 짐마차에 대한 보고가 도착했다. 그 수는 겨우 25대에 그쳤고, 그것도 모두 다 쓸 수 있는 상태라 장담하기는 어려운 상황인 모양이었다. 장군과 장교들은 모두 이 결과에 놀라움을 금치 못했고, 이제 어찌할 도리가 없다며 이번 원정은 여기서 끝이라고 선언했다. 식량, 짐 따위를 옮길 수단으로 적어도 150대쯤의 짐마차가 필요한데, 그것조차 준비할 수 없는 나라에 군대를 보냈다면서 영국 정부의 무지함을 신랄하게 비난했다.

그것을 듣고 나는 자신도 모르게 이렇게 말하고 말았다. "영국군이 펜실베이니아 식민지에 상륙하지 않는 것이 참으로 유감스럽군요. 그쪽이었다면 거의 모든 농부가 짐마차를 가지고 있을 텐데 말입니다." 그 말을 들은 장군이 내게 달려들듯이 하며 말했다. "그렇다면 말이지, 자네는 그쪽에서 신용도 두텁고 인맥도 넓다고 들었으니 짐마차 조달쯤은 아무것도 아니겠지? 부탁 좀 하겠네." 나는 그렇다면 짐마차 주인에게 어떤 조건을 내밀 셈인지 확인하고 싶다고 했다. 그는 내 생각으로 이러한 경우 필요하다 싶은 것들을 적어줄 수 있겠느냐고 물었다. 나는 그의 말대로 작성한 조건을 내밀었고, 그는 그것에 동의했다. 곧바로 그에 따른 위임장과 훈령이 준비되었다. 그 조건이 어떤 것이었는지는 랭커스터에 도착하자마자 공표한 아래의 공문에 나타나 있다. 이 공문은 바로 대대적인 성과를 일구어냈다.[14] 어떤 내용이었는지 알고 싶은 사람도 있으리라 생각하므로 아래에 그 전문을 실어 놓았다.

공시
1755년 4월 26일, 랭커스터에서[15]

바야흐로 윌스크리크[16]에 모인 영국 국왕의 군대는 사륜 짐마차 150대 및 승마용 혹은 짐말 1500마리를 필요로 하고 있다. 브래덕 장군 각하는 이상과 같이 수레와 말을 임대하는 계약을 내가 대신 체결하도록 권한을 위임하셨다. 그에 따라 랭커스터는 이 시점부터 다음 주 수요일 저녁까지, 요크[17]는 다음 주 목요일 오전부터 금요일 저녁까지 이 목적을 위한 계약을 접수할 것을 공시한다. 짐마차 혹은 말의 임대계약을 체결한다. 그 조건은 다음과 같다.

1. 건강한 말 네 마리와 마부 한 명을 갖춘 짐마차 한 대에는 하루에 15실링을 지불한다. 길마 또는 안장과 마구를 갖춘 건강한 말 한 마리에는 하루에 2실링을 지불한다. 안장이 없는 건강한 말은 하루에 18펜스를 지불한다.

2. 지불은 윌스크리크에서 이 말들이 군대에 참여하는 시점부터 시작한다(군대에 참여하는 시점은 5월 20일까지를 기한으로 한다). 윌스크리크까지 오는 데 필요한 시일 및 제대 후 귀환하는 데 필요한 시일에 대해서는 그에 상응하는 보상금을 지불한다.

3. 짐마차와 그에 딸린 말, 안장 없는 말, 짐말은 나와 소유자가 선정한 제

---

14) 1주일 안으로 150대의 사륜 짐마차와 300마리의 말을 조달하는 데 성공했다.
15) 펜실베이니아 식민지 동남부에 있는 도시.
16) 메릴랜드 식민지 서부에 있는 포토맥 강에 합류하는 작은 강. 그곳에 컴벌랜드 요새가 있었다.
17) 펜실베이니아 식민지 동남부에 있는 도시.

3자에 의해 평가를 받은 뒤 가격을 결정한다. 군 복무 중에 짐마차, 그에 딸린 말, 그 밖의 말에 손실이 생겼을 경우에는 전기의 평가액을 고려해서 보상금을 지불한다.

4. 짐마차와 그에 딸린 말 또는 단독 말의 소유자에 대해, 계약 시에 요구가 있을 경우 7일분을 선불로 지불한다. 나머지에 대해서는 제대 시에 브래덕 장군 내지 군내 급여담당자를 통해 지불한다. 혹은 요구에 따라 매번 지불한다.

5. 짐마차의 마부 내지 말을 돌보는 사람은 어떠한 이유로도 병사의 의무를 요구받지 않는다. 또는, 짐마차와 말을 다루거나 돌보는 것을 제외하면 어떤 임무도 명령받지 않는다.

6. 짐마차 내지 말이 주둔지에 필요한 사료 이상의 귀리, 옥수수 따위의 물자를 가지고 온 경우 군대용으로 사들이고 그에 상응하는 대가를 지불한다.

덧붙임―아들인 윌리엄 프랭클린은 컴벌랜드에서 어떤 자들과도 전기와 같은 계약을 맺을 권한을 부여받았다.

B. 프랭클린

랭커스터, 요크 및 컴벌랜드 각지의 주민 여러분께

친애하는 동포 여러분.

며칠 전 우연히 프레드릭턴[18] 주둔지를 방문했는데, 영국군 장군 및 장교들께서는 기대하던 말과 짐마차 조달이 순조롭지 않아서 몹시 애를 태우고 계셨습니다. 이 식민지야말로 가장 의지할 수 있는 보급지가 될 것으로 기대하고 계셨기 때문입니다. 더군다나 총독과 의회의 대립이 발생하여, 식민지방위를 위한 예산도 인정받지 못하고 그를 위한 조치 역시 강구되지 않고 있습니다.

---

18) 메릴랜드 식민지 볼티모어 서쪽에 있는 도시.

사실은 무장부대를 곧바로 해당 지역인 세 곳으로 파견해서 필요한 만큼 양질의 짐마차와 말을 징발하고, 이들을 다루거나 돌보기 위해 필요한 인원도 징용하라는 명령이 내려온 상태입니다.

이와 같은 상황에서 영국군이 이 지방을 통과하는 일이 생기면 그들은 초조해진 나머지 순간적인 충동으로, 특히 식민지에 대한 격렬한 분노로 인해 주민들과 큰 충돌을 일으킬 수도 있다는 우려를 금할 길이 없습니다. 따라서 저는 적절하고 공정한 수단으로 할 수 있는 모든 방법을 시도해보고 싶다고 생각합니다. 부디 그를 위한 수고를 부탁드립니다.

이 세 벽지의 주민 여러분은 최근 통화 유통이 부족해진 것에 불만을 품고 의회에 항의하고 있습니다만, 여러분에게는 현재 상당한 액수의 통화를 받아 그것을 서로 나눌 수 있는 기회가 주어진 상태입니다. 만약 이번 원정이 120일 동안 이어진다면(그럴 가능성이 충분하다고 생각합니다) 이 사륜 짐마차 및 말의 임대료는 3만 파운드를 넘어갈 것으로 보이고, 그만큼의 돈을 영국 국왕의 화폐인 은화로 받을 수 있을 것이기 때문입니다.

이번 원정은 어려운 일이 아닙니다. 군대는 하루에 12마일 이상 진군하지 않을 것이고, 짐마차나 말도 군사 활동에 절대로 빼놓을 수 없는 물자만을 나를 것입니다. 군대와 행동을 함께하며 그보다 빨리 이동하는 일은 없으며, 진군 중이든 야영지에서든 가장 안전한 곳에 배치될 예정입니다.

만약 여러분이 제 믿음처럼 국왕폐하의 선량하고도 충실한 신하라면, 지금이야말로 국왕폐하에 대한 최선의 봉사를 할 수 있는 기회입니다. 동시에 스스로의 이익까지 거둘 수 있습니다. 농장 일 때문에 혼자서는 짐마차 한 대, 말 네 마리, 마부 한 사람을 제공할 수 없는 경우도 있을 것입니다. 그러나 세 사람 내지 네 사람이 힘을 합친다면 한 명은 마차를, 다른 한 명은 말 한두 마리를, 남은 한 명은 마부를 제공해서 임대료는 제공한 수에 맞추어 분배하는 식으로 협력할 수 있을 것입니다. 이처럼 유리한 보수와 무리 없는 조건을 달았는데도 자발적으로 나서서 국왕 및 식민지를 위해 봉사하려 하지 않는다면, 여러분의 충성심은 큰 의심을 받게 될 것입니다. 국왕의 사업이란 반드시 실행되어야 하는 것입니다. 여러분을 지키기 위해 멀리서 바다를 건너온 많은 용감한 군대가, 여러분이 당연한 의무를 게을리 함으로써 해

서 어쩔 도리 없이 허송세월을 보내는 일이 일어나서는 안 될 것입니다. 마차
와 말이 반드시 필요합니다. 그것을 조달하지 못할 경우, 아마 강제적인 수
단으로 나서게 될 것입니다. 그럴 경우 여러분은 스스로 합당한 배상을 요구
하게 되겠지만, 아마 그 호소는 동정도 받지 못할 것이고 채택되는 일 또한
없을 것입니다.

저는 이 일에 개인적인 이해관계가 있는 사람이 아닙니다. 옳은 일을 위
해 힘쓰고 있다는 개인적인 만족감을 제외하면, 기울인 수고에 대한 보답으
로 얻을 수 있는 것은 아무것도 없습니다. 만약 이 방법으로도 마차를 손에
넣을 가능성이 보이지 않을 경우, 나는 14일 이내에 그에 대해 장군에게 보
고해야만 합니다. 그렇게 되면 아마 경기병대장 존 싱클레어경은 곧바로 일
대(一隊)의 병사를 이끌고 징발을 위해 이 지역으로 들이닥칠 것입니다. 저는
여러분의 진정한 벗이며 진심으로 행복을 기원하고 있습니다. 그러니 이러
한 사태와 맞닥뜨리게 되는 것만은 피할 수 있기를 바라고 있습니다.

B. 프랭클린

나는 장군에게서 마차 주인에게 선금을 지불하기 위한 8백 파운드쯤의 돈을
받았다. 하지만 그것만으로는 모자랐으므로 자기 돈으로 200파운드 이상을 대
신 내 주어야 했다. 이렇게 해서 2주일이 지나자 문제의 마차 150대와 말 259마
리가 진지를 향해 달려오게 되었다. 공문을 통해 마차나 말을 잃게 될 경우 가
격에 맞춰 보상을 해주겠다고 약속하긴 했지만, 주인들은 브래덕 장군에 대해
잘 모르니 그 약속에 얼마만큼 신빙성이 있는지 모르겠다고 했다. 그러니 내가
지불 보증을 해주기를 바란다고 주장하는 것이었다. 나는 그들의 말대로 보증
을 서게 되었다.

어느 날 밤, 부대 내에서 던바 대령[19]의 연대 장교들과 저녁식사를 하고 있을
때였다. 대령은 하급 장교들이 걱정된다고 말했다. 앞으로 오랜 시간 동안 황야
를 진군하게 될 것이고 도중에는 아무것도 살 수 없을 테니 지금 여기서 식량
을 충분히 구입해 놓아야 하는데, 대부분이 그리 유복하지 못한 편인 데다 이

---

19) 토머스 던바(?~1767). 브래덕 장군 사망 뒤 현지에서 지휘권을 인계받은 대령. 변경 방위를
　　포기하고 후퇴한 것으로 인해 직책에서 해임 당했다.

지방은 물가가 비싸서 힘들겠다는 것이었다. 나는 동정심을 느끼고 조금이나마 위문품을 모아 보낼 결심을 했다. 하지만 대령에게는 그 생각을 알리지 않았다. 위원회에는 자유롭게 쓸 수 있는 공금이 조금 있었기에, 나는 다음날 아침 편지를 보내어 장교들의 사정을 고려해서 일용품과 기호품을 기증할 수 없겠느냐고 물어보았다. 내 아들은 어느 정도 군 생활 경험이 있어 부대 내에서 필요한 것에 대해 잘 알고 있었으므로 목록을 만들어 달라고 부탁했다. 나는 그 것을 편지에 동봉했다. 위원회는 내 의견에 동의하고 바쁘게 움직였다. 그 결과, 위문 물자는 그리 긴 시간을 들이지 않고 마차 등과 비슷한 시기에 아들의 안내를 받아 도착했던 것이다. 그것은 20개의 꾸러미로 되어 있었고, 안에는 다음과 같은 것이 들어 있었다.

막대설탕 6파운드
고급 흑설탕 6파운드
고급 녹차 1파운드
고급 무이차 1파운드
고급 커피분말 6파운드
초콜릿 6파운드
최고급 흰 비스킷 50파운드
후추 반 파운드
최고급 백포도주 1쿼트
글로스터 치즈 1개
고급 버터 20파운드짜리 한 통
묵은 마데이라주 2다스
자메이카 럼주 2갤런
겨자 1병
훈제 햄 2개
말린 혓바닥살 반 다스
쌀 6파운드
건포도 6파운드

이상이 스무 개의 꾸러미로 포장되어 같은 수의 말 위에 실려 있었다. 이 꾸러미는 그것을 실은 말과 함께 장교 개개인에게 주는 선물이었다. 장교들은 무척 고마워하면서 받았고, 두 연대장도 내게 최고의 감사와 호의를 담은 편지를 보냈다. 장군도 내가 마차 징발을 위해 취한 조치에 매우 만족해서, 내가 대신 지불했던 금액을 바로 돌려주고 감사의 인사를 몇 번이나 되풀이했다. 또한 앞으로도 군대 식량보급 원조를 계속해 주었으면 좋겠다고 부탁했다. 나는 그 일을 받아들이고 바쁘게 움직이고 있었는데, 이윽고 그가 패전했다는 소식이 들려왔다. 나는 이 일 때문에 개인 재산으로 영국 화폐 천 파운드 이상을 대신 지불했고, 그 명세서를 장군에게 보내둔 상황이었다. 다행히 그것이 전투가 있기 며칠 전에 그의 손에 들어갔으므로, 그는 바로 회계담당자에게 천 파운드라는 큰돈의 지불명령을 보냈고 잔금은 다음 정산 때로 넘기기로 한 상태였다. 그것만이라도 받을 수 있었던 것이 행운이었다. 남은 돈은 끝내 돌려받을 수 없었기 때문이다. 이 일에 대해서는 뒤에서 다시 이야기하게 될 것이다.

내 생각에 이 장군은 분명히 용감한 사람이었다. 만약 이것이 유럽에서 일어난 전쟁이었다면 큰 명성을 얻을 수 있었을 것이다. 하지만 자신감이 지나치고 정규군의 군사력을 과대평가한 나머지, 식민지 군대나 인디언 군대에 대해 전혀 신경을 쓰지 않았다. 우리 측 인디언 통역사인 조지 크로건은 백 명의 인디언을 이끌고 진군 중인 그에게 가담했었다. 그들을 친절하게 대접했더라면 길 안내나 정찰에 큰 도움이 되었을 것이다. 그러나 장군이 그들을 업신여기면서 변변한 취급을 하지 않았으므로, 결국 인디언들은 부대에서 이탈하고 말았던 것이다.

브래덕 장군의 패배

어느 날, 브래덕 장군은 진군 예정에 대해 이렇게 이야기했다.

"듀케인[20] 요새를 함락시키면 나이아가라로 진군할 생각이네. 나이아가라를 점령하면 계절을 봐서 프롱트낙[21]으로 향할 예정인데, 아마 그렇게 될 거라고 예측하고 있지. 듀케인에서 2, 3일 이상 늦출 일은 없을 테고, 거기서부터 나이

---

20) 현재 피츠버그에 있는 프랑스인이 쌓은 요새.
21) 현재의 킹스턴. 캐나다 온타리오 호수 동쪽 기슭에 있다.

아가라까지는 우리 군을 막을 것이 전혀 없으니 말일세."

나는 그의 군대가 숲이나 덤불을 베어 내며 매우 좁은 길을 행진하므로 전체적으로 줄이 길어질 수밖에 없다는 사실과, 예전에 책에서 천오백 명의 프랑스군이 이로쿼이족[22]의 거주지에 침입했다가 쓰디쓴 패배를 맛보았다는 이야기를 읽었던 것 등을 떠올리고 진작부터 이 싸움의 결과에 어느 정도 의심과 불안을 품고 있었지만, 결국 이런 소리밖에 할 수 없었다.

"확실히 각하께서 이처럼 많은 대포로 무장한 늠름한 군대가 아무 상처도 없이 듀케인까지 도착하게 된다면, 그 요새는 아직 방비가 불완전하고 지키는 병사들도 그리 강하지 않으니 아마 미미한 저항으로 그치겠지요. 그러나 각하, 진군을 방해하지 않을까 걱정되는 것은 다름 아닌 인디언 복병입니다. 그들은 언제나 교묘하게 숨어 있습니다. 각하의 군대가 진군할 때에도 거의 4마일에 이르도록 가늘고 길게 줄을 서서 가야 할 테니, 옆에서 기습을 받으면 실처럼 토막토막 끊어질 위험이 있습니다. 만약 그런 일이 벌어질 경우 거리가 떨어진 만큼 서로 도우려 해도 때를 맞추지 못할 것입니다."

그러자 장군은 나의 무지함을 비웃으며 말했다.

"그래, 확실히 제대로 훈련을 받지 않은 자네들 아메리카 의용군에게는 그 야만인들도 무서운 적이겠지. 하지만 평소부터 훈련을 쌓은 국왕폐하의 정규군 입장에서는 그 정도 적이야 간에 기별이나 갈 지 모르겠군."

군인과 전쟁에 대해 토론을 벌여봤자 의미가 없다고 생각한 나는 더 이상 아무 말도 하지 않았다. 그러나 내가 걱정하던 대로 그의 군대가 긴 행렬을 만들어 진군하고 있을 때 습격을 받는 일은 없었다. 요새까지 9마일쯤을 남겨둘 때까지도 아무런 방해도 받지 않고 진군할 수 있었던 것이다. 그러나 강을 막 건너서 전군이 건너오기를 기다리던 선발대와 합류하여 인원이 밀집되고, 지금까지 지나온 것보다 좀 더 널찍한 숲에 이르렀을 때였다. 적들이 나무와 덤불 뒤에서부터 맹렬한 포화를 퍼부으며 전위부대를 공격했는데, 장군은 그때서야 적이 있었다는 사실을 깨달았던 것이다. 전위부대가 공황상태에 빠지는 바람

---

22) 뉴욕주 동북부 허드슨 강 유역으로부터 이리 호수까지의 드넓은 토지에 거주하며 세력을 떨친 인디언 부족. 프렌치·인디언 전쟁에서는 영국과 동맹을 맺고 식민지 동부의 모호크강 유역으로부터 서부 진출을 도모하는 프랑스군과 적대하고 있었다.

에 장군은 구원부대를 급히 파견했지만, 마차와 짐과 가축 사이를 지나가야 했으므로 대혼란이 벌어졌다. 이윽고 적의 포화는 측면으로 향하게 되었다. 장교는 말을 타고 있었기에 바로 눈에 들어왔고, 그대로 적의 목표가 되어 픽픽 쓰러졌다. 병사들은 한 곳으로 몰려 혼잡을 이뤘고 명령을 내려도 듣지 못했으며, 적이 노리는 대로 당한 끝에 2/3 정도가 죽임당하고 말았다. 살아남은 자들도 공포에 질려 허둥지둥 달아나기 바빴다.

마부들은 마차에 매어 둔 말을 풀어서 하나씩 잡아타고 달아났다. 다른 자들도 곧바로 그 뒤를 따랐으므로, 마차와 식량, 대포, 그 밖의 군수품을 모두 적의 손에 넘겨주고 말았다. 장군은 부상을 입긴 했지만 겨우 구출되었다. 비서인 셜리씨[23]는 그의 옆에서 전사했다. 86명의 장교 가운데 사상자가 63명이었고, 1100명의 병사들 가운데 714명이 전사했다. 이들 1100명은 전군 중에서 특별히 뽑은 자들이었고, 남은 병사들은 던바 대령과 함께 후방에 남아 보다 많은 군수품, 식량, 그 밖의 짐을 끌고 뒤를 따를 예정이었다. 도망자들은 추적을 벗어나 무사히 던바 대령의 진지에 닿았는데, 그들이 끌고 온 공포는 곧바로 대령 및 부하들 전원을 사로잡았다. 현재 대령의 군대는 천 명 남짓이었고, 브래덕 장군을 격퇴한 적군은 인디언과 프랑스군을 합쳐도 많아봤자 4백 명을 넘지 않는 상태였다. 그럼에도 그는 군대를 이끌고 잃어버린 명예를 조금이나마 회복하려 들기는커녕, 식량과 탄약 따위를 모두 파기하라는 명령을 내렸다. 영국 식민지 방면으로 달아나기 쉽도록 가능한 말을 늘리고 나를 짐은 최소한으로 줄이려는 것이었다. 식민지에 도착하자 버지니아, 메릴랜드, 펜실베이니아 지사로부터 군을 국경에 배치해서 주민을 보호해 달라는 요구가 날아왔다. 하지만 그는 필라델피아까지 가면 도시 주민들의 보호를 받을 수 있겠지만 그 전까지는 자신의 몸이 위험하다고 판단한 나머지, 그 일대 지역을 거들떠도 보지 않고 통과해 버렸던 것이다. 그 일부시종을 지켜본 우리는 비로소, 그때까지 영국 정규군은 하나같이 용감하다고 생각했던 것이 근거 없는 과대평가가 아니었을까 하고 생각하게 되었다.

그들은 상륙한 뒤 식민지 바깥으로 나가는 첫 번째 진군에서도 주민들의 물

---

23) 윌리엄 셜리 2세(1721~1755). 셜리 총독의 장남. 해군 장교. 브래덕 장군의 비서를 맡고 있었다.

건을 빼앗고 다녔고, 그로 인해 가난한 집은 완전히 망해 버리기도 했다. 사람들이 불평을 하면 모욕을 주거나 윽박지르기도 했고, 감금해 버리는 일까지 있었다. 만약 보호해 줄 사람이 절실히 필요한 상황이라 해도 이런 자들이라면 사양하고 싶다고 생각하게 만들고도 남을 정도였다. 1781년에 우군으로 온 프랑스병의 행동[24]과 얼마나 비교되었는지 모른다. 그들은 로드아일랜드에서 버지니아까지의, 우리나라에서 가장 인구가 많은 지방을 약 7백 마일이나 진군했지만 그 동안 돼지 한 마리나 닭 한 마리, 아니 사과 한 개도 손대지 않았던 것이다. 물론 불평이 나오는 일도 없었다.

브래덕 장군의 부관 가운데 하나였던 옴 대위[25]는 중상을 입었지만 장군과 함께 구출되었고, 며칠 뒤 장군이 죽을 때까지 계속 그 곁을 지켰다. 옴 대위의 말에 따르면 장군은 처음 하루는 종일 한 마디도 하지 않았고, 밤이 된 뒤에도 "누가 이렇게 될 줄 알았을까" 라는 한 마디밖에 하지 않았다. 다음날에도 계속 아무 말이 없었고, 마지막 순간에서야 "다음에 한 번 더 녀석들을 만나게 되면 어떻게 대처하면 될지 깨달았는데 말이야" 하고 말한 것을 끝으로, 그로부터 몇 분 뒤에 죽음을 맞았다고 한다.

장군의 명령, 훈령, 통신 전부와 비밀서류까지 적군의 손에 떨어졌다. 적들은 그중 몇 가지를 골라서 프랑스어로 번역한 다음 인쇄했고, 그것을 통해 영국 정부가 선전포고 전부터 전의를 품고 있었다는 사실을 밝혔다. 그 가운데에는 장군이 대신에게 보내는 편지도 몇 통 있었는데, 내가 군대를 위해 일한 공적을 칭찬하면서 주목할 만하다고 권하는 내용이었다. 데이비드 흄[26]은 이로부터

---

24) 1781년 10월, 독립전쟁에 매듭을 지은 버지니아 식민지 요크타운 포위작전 때의 이야기. 프랑스군은 응원군으로서 먼 길을 급히 달려온 상황이었다. 또한 이 부분은 자서전 원고의 여백에 덧붙인 내용으로, 퇴고하면서 가필한 것으로 보인다.

25) 로버트 옴(?~1790). 육군 대위이자 브래덕 장군의 부관. 1755년 장군과 함께 부상을 입었고, 군인으로서 불명예스러운 어떤 행동 때문에 다음 해 영국으로 돌아가게 되었다.

26) 1711~1776. 스코틀랜드 출신인 영국의 저명한 철학자·역사가·정치경제사상가. 《인성론》(1739~1740), 《인간오성에 관한 철학논집》(1748), 《영국사》(1754~1761) 등의 저서가 있다. 헨리 콘웨이 장군, 하트퍼드 프랜시스 콘웨이 장군 등의 비서를 맡았다. 프랭클린과는 1757년 그가 영국으로 건너간 뒤에 알게 되었다. 신대륙이 낳은 '최초의 철학자'이자 '뛰어난 문인'으로서 프랭클린을 높이 평가했지만, 한편으로는 '지극히 당파적인 인물'이라며 경계하기도 했다. 또한 하트퍼드경(1721~1795)은 영국의 외교관이자 아일랜드 지사. 흄은 그의 비서로서 파리

몇 년 뒤 하트퍼드경이 프랑스 공사가 됐을 때 비서로 일했고, 이후 콘웨이 장군[27])이 국무대신을 맡았을 때에도 그의 비서를 맡았는데, 훗날 그도 관청 공문서 안에서 나를 거듭 칭찬하는 브래덕 장군의 편지를 몇 통 봤다고 이야기했다. 하지만 원정이 실패로 끝났으므로 내가 했던 일도 제대로 평가받을 수 없었던 모양으로, 그 칭찬들은 결국 내게 별 도움이 되지 않았다.

내가 장군에게 보수로 원했던 것은 단 한 가지, 우리가 고용한 일꾼들을 두 번 다시 군대에 징발하지 말고 이미 군적에 들어있는 자들도 제대시키도록 부하 장교들에게 명령을 내려달라는 것뿐이었다. 그는 쾌히 승낙했고, 그 결과 몇 사람이 고용주에게 돌아가게 되었다. 그러나 던바 대령에게 지휘권이 넘어간 뒤부터는 장군 때와 같은 너그러움을 찾아볼 수 없게 되었다. 그가 퇴각, 아니 달아나면서 필라델피아까지 이르렀을 때, 나는 장군의 명령을 내세워 그가 징집한 랭커스터의 가난한 세 농부 밑에서 일하던 일꾼을 제대시켜달라고 부탁했다. 그는 2~3일쯤 지나면 뉴욕으로 진군하는 중간에 트렌턴[28])에 들리게 되니, 주인이 직접 그곳으로 출두한다면 돌려보내주겠다고 약속했다. 그래서 주인들은 비용과 시간을 들여서 트렌턴으로 갈 수밖에 없었는데, 실상 대령은 약속을 지킬 생각이 전혀 없었던 것이다. 결국 그들은 큰 손해를 본 것도 모자라 깊은 실망을 맛보게 되었다.

마차와 말을 잃어버렸다는 소식이 널리 퍼지자 모든 소유주들이 나에게 들이닥쳤다. 그들은 내가 보증을 섰던 돈을 내놓으라고 계속 비난하고 재촉을 했으므로 나도 매우 당혹스러운 심정이었다. 돈은 군 회계 밑에 준비된 상태였지만, 우선 셜리 장군에게 지불명령을 받아야만 했다. 나는 청구하는 편지를 보내두었으나 장군이 매우 먼 곳에 있는 지라 쉽게 대답을 받을 수가 없다고, 그러니 조금만 기다려 달라고 부탁했다. 그러나 그 정도로 얌전히 물러갈 리가 없었고, 개중에는 나를 고소하는 사람도 있었다. 그러던 중 셜리 장군이 위원을 임명해서 그들의 청구내역을 조사한 뒤 지불명령을 내렸으므로, 나는 겨우

에 머물렀다(1736~1765). 헨리 시모어 콘웨이는 그의 동생이다. 군인, 정치가로 1765~1768년 동안 국무대신을 지냈다. 식민지와의 무력 충돌에는 끝까지 반대했다.

27) 1721~1795. 영국의 장군이자 정치가.
28) 뉴저지 식민지의 수도.

이 무시무시한 입장에서 벗어날 수 있었다. 그 돈의 총액은 2만 파운드에 이르렀으므로, 만약 개인적으로 지불할 상황에 이르렀다면 나는 분명 파산을 면할 수 없었을 것이다.

패배 소식이 들려오기 전의 일인데, 두 명의 본드 박사(9장에 나온 토머스 본드와 물리학자인 피니어스 본드 두 사람)가 기부금 용지를 들고 나를 찾아왔다. 듀케인 요새를 무너뜨렸다는 소식이 들려오면 불꽃놀이를 하면서 축하하자는 생각으로, 그 비용을 대기 위한 돈을 모으러 왔다는 것이었다. 나는 심각한 얼굴로, 준비는 축하할 이유가 확실해진 다음에 시작해도 늦지 않는다고 말했다. 두 사람은 내가 곧바로 기부에 응하지 않은 것이 꽤나 뜻밖이었던 모양이었다. 한 사람이 물었다.

"뭐라고요? 설마 요새를 무너뜨리지 못할 거라고 생각하는 겁니까?"

"그런 의미는 아닙니다. 그저, 전쟁이란 그리 쉽게 결과를 예측할 수 있는 것이 아니라는 거죠."

이렇게 대답한 뒤, 나는 불안을 느끼는 이유에 대해 일일이 설명해 주었다. 결국 기부 계획은 중지되었고, 덕분에 발안자들은 계속 불꽃놀이 준비를 했다가 어마어마한 창피를 당할 뻔 했던 것을 면할 수 있었다. 그 뒤 본드 박사는 어떤 기회에 "프랭클린의 예언은 싫다"는 말을 했다고 한다.

제11장

식민지 과세문제 대립과 항쟁

영주에 대한 과세문제를 둘러싸고

모리스 총독은 브래덕 장군이 패배하기 전부터 끊임없이 교서를 보내 식민지의회의 입장을 난처하게 만들었다. 의회를 굴복시켜 영주 소유지에서는 세금을 걷지 않으면서 식민지 방어 비용을 모으는 법안을 만들라고 강요했다. 그리고 그 면세조항을 포함시키지 않는 법안은 받아들이지 않았다. 이제 위험도 필요성도 매우 높아진 상태였지만, 그는 오히려 그것을 기회로 삼아 공격을 더 강화시켰다. 그러나 의회는 자신들이 옳다고 믿고 있었으며, 또 의회의 재정법을 총독이 마음대로 고치도록 용납하는 것은 중요 권리를 포기하는 것이라고 생각하여 물러서지 않고 단호하게 맞섰다.

마지막에 나온 법안 가운데 하나였던 5만 파운드 지출안에 대해, 총독은 항목의 내용을 약간 고치라고 요구했다.[1] "동산 및 부동산은 모두 과세대상에 포함된다. 영주의 동산 및 부동산도 제외되지 않는다"는 항목을 고쳐서, "~도 제외되지 않는다"를 "~만은 제외한다"로 바꾸라는 것이었다. 이는 작은 것처럼 보여도 매우 중대한 변경이었다. 하지만 이 당치도 않은 요구가 영국까지 전해지자, 본국에 있는 식민지 지지자들은 영주가 총독에게 이와 같은 훈령을 보낸 것은 비열하고 부당한 짓이라며 비난의 소리를 높이기 시작했다. 오래 전부터 우리는 식민지의회가 총독의 교서에 보낸 답변을 하나도 남김없이 알리도록 주의를 기울이고 있었다. 그 가운데에는 영주가 식민지 방위를 방해하고 있으니 그 땅에 대한 권리를 잃어버린 것이나 다름없다고 주장하는 사람도 있었다. 일이 이렇게 되자 아무리 영주라도 두려움을 느꼈는지, 그 세입 징수관에게 명령

---

1) 모리스 총독이 이를 요구했던 것은 1755년 11월 17일이었다.

을 내려서 의회가 이 목적을 위해 할당하는 금액이 얼마가 되었든 영주의 돈 5천 파운드를 추가시키기로 했다.

이 소식을 들은 의회는 일반 세금 가운데에서 영주가 부담할 금액 대신 이를 받아들이기로 결정하고, 바로 면세조항을 포함한 새 법안을 만들어서 가결시켰다(1755년 11월). 이 법안으로 인해 나는 6만 파운드의 방어비용을 처리할 위원의 한 사람으로 임명되었다. 나는 조례를 작성하고 통과시키기 위해 노력하는 동시에, 의용군 창설 및 훈련에 대한 법안 초고도 작성했다. 이 법안은 특별한 반대 없이 의회를 통과했다. 퀘이커 교도는 자유의지에 따라 행동할 수 있도록 배려한 덕분이었다. 이어서 나는 의용군을 조직하는 데 필요한 조합을 만들기 위해, 생각할 수 있는 모든 반대의견을 거론하고 그에 반박하는 내용을 적은 《대화집》[2]을 인쇄해서 게재했다. 이것은 매우 큰 효과를 거두었다.

필라델피아 시 및 지방에서 몇 개 중대가 편성되어 훈련을 받고 있었을 때였다. 총독이 나를 부르더니, 적군이 출몰하는 북서쪽 국경지대 방어를 맡아서 군대를 모아 요새를 쌓고 주민들을 보호해줄 수 없겠느냐고 말했다. 나는 스스로를 적임자라고 여기지는 않았지만 그 일을 받아들이기로 했다. 총독은 내게 전권을 위임하고 백지 상태인 장교 임명장을 한 묶음 건네주었으므로, 나는 적당한 사람을 바로바로 장교에 임명할 수 있게 되었다. 군대를 모으는 것은 그리 어려운 일도 아니었다. 얼마 지나지 않아 560명의 부하가 생겼다. 캐나다와의 전쟁 때 의용군 장교였던 아들[3]이 부관을 맡아서 많은 도움을 주었다.

변경 요새 건설

인디언들은 모라비아교도들이 개척한 그네이든허트[4]라는 마을을 불태우고 주민을 학살했는데, 나는 그 땅이 요새를 쌓기에 알맞은 곳이라고 생각했다.

---

2) '펜실베이니아 현장에 대한 X와 Y와 Z 사이의 대화'라는 이름이 붙은 논문으로, 처음에는 〈펜실베이니아 가제트〉 신문(1755년 12월 18일)에 게재되었고 이후 〈젠틀맨스 매거진〉(1756년 3월)에 재수록 되었다.

3) 윌리엄 프랭클린은 킹 조지 전쟁(1746~1747) 중에 영국 식민지군 소위로 참전했으며 올버니에 머물렀다.

4) 현재의 펜실베이니아 주에서 북쪽으로 75마일 거리에 있는 마을. 1755년 11월 24일 인디언의 습격을 받았고, 1756년 1월 1일에 이곳에 주둔하던 식민지군이 다시 공격받았다.

나는 그곳으로 진군하기 위해 베슬리헴(필라델피아 북쪽 55마일 거리에 있는 도시)으로 중대를 집합시켰다. 이 땅은 모라비아교도들의 주요 근거지였는데, 생각보다 방비태세가 잘 갖춰져 있었다. 그네이든허트가 파괴당한 것 때문에 위험을 느낀 덕분이었다. 주요 건물에는 방어를 위해 울타리를 둘렀고, 뉴욕에서 무기와 탄약을 다량으로 매입해 왔다. 그 뿐만이 아니라, 높은 석조 가옥의 창과 창 사이에는 포장용 작은 돌이 높이 쌓여 있었다. 이것은 만에 하나 인디언이 습격해 오면 여자들이 그들의 머리를 향해 집어던지도록 하기 위한 것이었다. 또한 무장한 남자 신도가 도시 수비병들처럼 철저히 주변을 경계하며 교대로 망을 보고 있었다.

나는 이곳에서 스팽겐버그 주교[5]와 회담을 가졌을 때, 나는 매우 의외였다고 말했다. 왜냐하면 그들은 본국회의 법률에 따라 식민지에서의 병역 의무를 면제받았기 때문이었다. 그러니만큼 무기를 잡는 것은 양심에 어긋나는 짓이라며 쉬이 고개를 끄덕이지는 않을 거라 생각하고 있었던 것이다. 주교는 나에게 그것은 자신들에게 절대적인 신조는 아니라고 말했다. 그 법률을 쟁취해 냈을 때 대다수가 그것을 이념으로 삼자고 했었지만, 이번 일을 보면 그에 찬동하는 사람은 사실 얼마 되지 않았다는 놀라운 사실을 깨달을 수 있었다. 아마도 그들은 자신을 속이고 있었던가, 아니면 의회를 속이고 있었거나 둘 가운데 하나였을 것이다. 눈앞에 위험이 닥치면, 변덕스러운 생각보다는 상식 쪽이 더 강한 설득력을 지닐 수도 있는 법이다.

내가 요새를 쌓는 일에 착수한 것은 1월 초(1856년)의 일이었다. 나는 한 부대를 미니싱크 방면[6]으로 보내고 이 고지대 방어를 위한 요새를 쌓도록 명령했다. 그리고 다른 부대를 저지대로 보내서 같은 명령을 내렸다. 나 자신은 남은 부대와 함께 그네이든허트를 향해 가기로 결정했다. 이곳은 어디보다도 신속하게 요새를 지을 필요가 있는 곳이라 생각했기 때문이었다. 모라비아 교도들은 공구나 재료, 화물 따위를 싣기 위한 마차 다섯 대를 조달해 주었다.

우리가 베슬리헴을 떠나기 직전, 인디언의 습격을 받아 경작지에서 달아났

<hr>

5) 오거스터스 고틀립 스팽겐버그(1704~1792). 독일 태생 모라비아파 주교. 1735~1762년 미국에 머물면서 식민지의 신자들을 지도했고, 그 포교상황을 유럽에 보고했다.
6) 펜실베이니아 식민지 델라웨어 강 상류 지역 일부를 가리키는 인디언식 명칭.

던 11명의 농부가 찾아왔다. 그들은 돌아가서 가축을 찾아 오고 싶으니 총을 빌려달라고 했다. 나는 한 사람 당 총 한 자루와 적절한 양의 탄약을 나눠주었다. 우리가 행진을 시작한 뒤 몇 마일도 못 가서 비가 내리기 시작했다. 비는 하루 종일 이어졌다. 길에는 비를 피할 만한 집 한 채도 보이지 않았고, 해가 질 무렵에야 겨우 어떤 독일인의 집에 닿았다. 우리는 몸이 흠뻑 젖은 채로 헛간에 꽉 들어차 있게 되었다. 행진 도중에 습격을 받지 않았던 것이 다행이었다. 우리의 무기는 아주 흔한 종류였고, 총기가 젖지 않게 간수하는 것은 불가능했기 때문이었다. 인디언은 무기를 간수하는 법을 이리저리 궁리해 놓았지만 우리는 아직 그에 미흡했다. 실제로, 인디언은 그날 앞서 언급한 열한 명의 가엾은 농부를 만나 그 가운데 열 명을 살해하고 말았다. 유일하게 살아남아 달아난 사람의 말을 들어보면 그와 동료들의 총은 화약이 비에 젖어서 총알이 전혀 나가지 않았다고 한다.

다음 날은 맑게 개어서 우리는 행군을 계속했고, 마침내 황폐하기 짝이 없는 그네이든허트에 닿았다. 가까운 곳에 제재소가 있고 그 주변에 판재가 쌓인 산이 몇 개나 남아있었으므로 곧바로 비를 피할 오두막을 짓기로 했다. 혹독한 추위가 닥쳐오는 계절이었고, 텐트도 가지고 오지 않았으므로 이것은 반드시 필요한 작업이었다. 그리고 우리가 가장 먼저 한 일은 그 지방 사람들이 적당히 매장해 놓은 시체를 찾아내서 제대로 장례를 치러주는 것이었다.

다음 날 아침이 되자 요새 설계가 끝났고 지면 구획을 짓는 일도 마무리되었다. 주변은 445피트, 따라서 직경 1피트짜리 기둥 455개를 편성해서 울타리를 만들 필요가 있었다. 우리는 가지고 온 도끼 70자루로 나무를 베기 시작했다. 다들 도끼 다루는 솜씨가 좋아서 일은 금방 진척되었다. 나무가 너무 빨리 쓰러지는 바람에 나는 재미있다는 생각이 들어서, 두 사람이 한 그루의 소나무를 베기 시작했을 때 시계를 꺼내 보았다. 그들은 6분 만에 나무를 땅 위로 쓰러트렸는데, 그것은 지름이 14인치나 되었다. 소나무 한 그루에서 한쪽 끝을 뾰족하게 깎은 18피트짜리 말뚝 3개를 만들어낼 수 있었다. 이런 식으로 말뚝을 만들고 있을 때 다른 이들은 그것을 땅에 박아 세울 수 있도록 주위에 3피트 깊이의 구멍을 팠다. 이어서 사륜마차의 차체를 분리하여 연환 양쪽을 이은 사슬을 없애고, 앞뒤 바퀴를 떼어내서 이륜마차 열 대를 만들었다. 여기에 말을 두 마리씩 매어 숲에서 현장까지 말뚝을 날랐다. 말뚝을 다 세우자 목수가 안쪽에 약 6피트 높이의 발판을 둘러쳤다. 이 위에 서서 총구멍을 통해 발포할 생각이었다. 우리는 선회포를 한 대 놓아 두었는데, 그것을 한쪽에 고정시켜 두었다. 선회포 설치가 끝나자 우리는 곧바로 시험발포를 했다. 가까운 곳에 인디언이 있을지도 모르니만큼, 우리에게는 이런 무기도 있다고 위협하기 위함이었다. 이렇게 해서 우리 요새는—이렇게 빈약한 울타리를 그렇게 부르는 것은 어색할 지도 모르지만—아무튼 하루 간격으로 세찬 비가 쏟아지는 바람에 작업이 힘들었음에도 불구하고 일주일 만에 완성되었다.

이때 병사들의 모습을 보고 생각한 것이 있는데, 인간은 무언가에 집중하고 있을 때 가장 만족스러워한다는 것이었다. 작업에 열중한 날에는 다들 기분이 좋고 쾌활했으며, 낮에 열심히 일했다는 자각이 있으므로 밤에는 마음 편히 쉴 수 있었다. 그러나 일을 쉰 날에는 반항적이고 예민해진 상태였고, 돼지고기나 빵 같은 것에 불평을 늘어놓거나 하루 종일 기분이 나빴다. 그래서 나는 어떤 선장에 대한 이야기를 떠올렸다. 그는 부하들에게 계속해서 일을 할당해 주었다. 어느 날 항해사가 찾아와서, 모든 일이 다 끝나 더 이상 할 것이 없다고 보고했다. 그러자 그는 이렇게 말했던 것이다.

“그럼 닻이라도 갈고 닦도록 하게나.”

아무리 허술한 요새라도 대포가 없는 인디언들을 막기에는 충분했다. 이렇게 안전한 거점을 마련했고 만일의 경우 퇴각할 장소도 정해졌으므로, 우리는 부대를 나누어 주변을 탐색하고 다녔다. 인디언들의 모습은 찾을 수 없었지만, 근처에 있는 작은 산에서 그들이 숨어서 우리가 공사하는 것을 지켜보고 있었던 것으로 추정되는 곳을 몇 군데 발견했다.

인디언들은 여기서 언급할 가치가 있을 만큼 교묘하게 머리를 짜내었다. 겨울이니만큼 모닥불을 지필 필요가 있었는데, 평범하게 땅 위에 불을 피우면 빛 때문에 멀리 떨어진 곳에까지 들킬 염려가 있었다. 그래서 그들은 지면에 지름 약 3피트, 깊이는 3피트를 조금 넘는 정도의 구멍을 팠다. 숲속에 굴러다니던 타다 만 통나무에는 손도끼로 숯을 베어낸 흔적도 남아 있었다. 이 숯으로 구멍 속에 작은 불을 피운 뒤, 안쪽에 다리를 집어넣고 상반신은 주변에 눕혀 놓았던 모양이었다. 잡초나 풀숲에 그 자국이 남아 있었다. 그들에게 있어서 다리를 따뜻하게 하는 것은 매우 중요한 일이었다. 이런 식으로 일으킨 불이라면 빛이나 불길, 불똥 내지는 연기가 피어오르는 것 때문에 들킬 염려는 없었다. 사람 수는 그리 많지 않았는지, 우리 인원을 보고 습격해봤자 승산이 없다는 판단을 내린 게 아닌가 싶었다.

우리는 교회사이자 독실한 장로회파 목사인 비티 씨[7]와 동행하고 있었다. 그는 내게 병사들이 기도나 설교에 나오지 않는다며 푸념을 늘어놓았다. 병사들은 입대할 때 급료와 식량 외에 매일 럼주 1질[8]을 지급받기로 했는데, 그 술은 아침과 저녁 두 번에 걸쳐 절반씩 나오고 있었다. 나는 그들이 술을 받을 때는 꼬박꼬박 잘 나온다는 사실을 알고 있었다. 그래서 비티 씨에게 이렇게 충고해 주었다.

"술 배급 같은 일은 당신의 위엄을 손상시킬 지도 모르지만, 당신이 직접, 그것도 기도가 끝난 다음에 나눠준다면 분명히 모두 잘 모일 겁니다."

목사는 이 생각에 감탄하면서 그 일을 맡겠다고 했다. 몇 사람의 도움을 받아 술을 나눠주는 일을 시작했는데, 나무랄 데 없이 잘 해내서 지금까지 이상으로 많은 사람들이 꼬박꼬박 기도에 출석하게 되었다. 나는 그것을 보고 예배에 출석하지 않는다고 군율을 들먹이며 처벌을 내리기보다는 이와 같은 방법을 쓰는 편이 바람직하다고 느꼈다.

이 일도 어찌어찌 끝에 이르고, 요새의 식량도 충분히 비축해 두었다 싶을 무렵에 총독으로부터 편지가 도착했다. 식민지의회를 소집했으니, 국경 지대가 이제 내가 없어도 괜찮을 상황에 이르렀다면 부디 참석해 달라는 것이었다. 의회의 친구들도 가능하면 출석하도록 채근하고 있었다. 내가 계획한 요새는 이미 3개나 완성되어 주민도 그 보호를 받으며 안심하고 농장에 머무르고 있었으므로, 마침내 나도 돌아갈 결심을 하게 되었다. 특히 인디언과의 전투 경험이 있는 뉴잉글랜드 장교 클래펌 대령이 우리 요새를 방문해서 지휘를 맡기로 쾌

---

7) 찰스 클린턴 비티(1715?~1772). 뉴 라이츠 장로회파의 목사. 듀케인 원정군의 교회사. 뉴저지 대학(현재의 프린스턴 대학) 창립에 관여했고 기부금을 모으기 위해 영국과 서인도 제도를 여행했다. 인디언이 이스라엘 10부족의 자손이라든가, 콜럼버스 이전에 미아메리카 대륙을 발견했다는 웨일즈의 전설적인 왕자 매도크의 후예라는 등 기발한 이야기로 청중의 마음을 끌어당겼다.

8) gill. 용량 단위, 1/4파인트.

히 승낙했으므로 안심하고 돌아갈 수 있었다. 나는 대령에게 위임장을 건네주고 병사들을 모아 그 앞에서 발표하도록 했다.[9] 이어서 그들에게 나보다 훨씬 지휘자에 적임인 숙련된 인물이라는 말과 함께 대령을 소개하고, 훈시를 조금 덧붙인 뒤 작별을 고했다. 베슬리헴까지는 호위를 붙이기로 하고, 그동안의 피로에서 회복하기 위해 그곳에 며칠 동안 머물렀다. 첫날 저녁에는 훌륭한 침대에 누웠는데도 한 숨도 자지 못했다. 그네이든허트의 오두막에서 담요 한두 장만 덮고 딱딱한 바닥에서 자던 것과 차이가 너무 심했기 때문이었다.

베슬리헴에 머무르는 동안 나는 모라비아파 사람들의 습성을 조금 조사해 보았는데, 그 과정에서 두세 명 정도가 나와 동행해 주었고 다들 무척 친절했다. 그들은 공동재산을 위해 일하고 공동의 식탁에서 식사를 했으며, 공동 숙소에 여럿이 모여 잠을 잤다. 숙소에는 천장 바로 밑에 작은 구멍 몇 개가 일정한 간격으로 뚫려 있었는데, 환기장치로 좋은 수단이라고 여겨졌다. 교회에도 가 보았는데, 오르간과 바이올린, 오보에, 플루트, 클라리넷 등의 반주가 있는 꽤 수준 높은 음악을 들을 수 있었다. 또한 그들의 설교는 우리와는 달리 남녀노소가 섞인 청중에게 베푸는 것이 아니라 특정 대상이 정해진 것이었다. 어떤 때에는 기혼 남자, 또는 부인들, 그리고 젊은 남자, 젊은 여자, 마지막으로 아이들을 위한 설교를 했다. 남자아이들은 청년 교사, 여자아이들은 젊은 부인의 인솔로 예배당에 들어와서 줄을 지어 의자에 앉았다. 아이들도 이해하기 쉽게 궁리해서 즐겁고 허물없는 방식으로 이야기하면서, 나쁜 짓을 하지 않도록 잘 타이르는 것이었다. 아이들은 매우 예의 발랐지만 안색이 창백하고 건강이 나빠 보였다. 아마도 계속 집안에만 있기 때문이거나, 충분한 운동을 허락받지 못한 탓이 아닐까 싶었다.

모라비아파의 결혼은 제비뽑기로 정한다는 소문이 있지만, 정말인지 물어보니 특별한 경우에만 그렇다고 했다. 보통 때에는 결혼하고 싶어진 청년이 그가 속한 단체의 장로를 찾아가서 이야기를 한다. 그러면 그들은 젊은 여성들을 감독하는 연배 부인들에게 상담한다. 남녀 연장자들은 모두 자신이 감독하는 젊

---

9) 윌리엄 클래펌(?~1763). 인디언 토벌로 유명한 뉴잉글랜드의 군인. 프랭클린의 추천으로 요새 지휘관이 되었지만, 술버릇 때문에 문제를 일으켜 해임되었다. 제대 후 피츠버그 부근에서 살고 있었는데, 인디언의 습격을 받아 두피가 벗겨지는 비극에 빠졌다.

은이들의 성벽이나 기질을 잘 파악하고 있으므로, 누구와 누구를 결혼시키면 좋을지 가장 적절한 판단을 내릴 수 있다. 그리고 그 판단은 대부분의 경우 동의를 얻는다. 그러나 만약 한 청년에게 적당하다 생각되는 처녀가 두세 명 있을 경우에는 제비뽑기를 통해 정한다는 것이다. 당사자의 선택 없이 결혼을 하게 되면 불행해지는 경우도 나올 수 있지 않느냐고 이의를 제기해 보았다. 그러자 그 이야기를 해준 사람은 이렇게 대답했다.

"아니, 본인들이 좋을 대로 고르라고 해본들 불행해지는 일이 생기는 건 마찬가지니까요."

확실히 그 말도 사실이긴 했다.

필라델피아로 돌아가 보니, 의용군 조합은 순조롭게 해 나가고 있었다. 퀘이커 교도가 아닌 주민들은 대부분이 조합에 가입했고, 몇 개 중대를 조직해서 새 법안에 따라 대위, 중위, 소위를 뽑고 있었다. 본드 박사는 나를 찾아와서 일반 시민들이 이 법률에 호감을 품을 수 있도록 얼마나 노력했는지 모른다고 이야기했다. 모든 일이 잘 풀린 것은 모두 그의 노력 덕분이라는 말투였다. 그 무렵 나는 이 모든 것이 내가 쓴 '대화집' 덕분이라고 우쭐해하고 있었지만, 그의 말도 틀렸다고 할 수는 없었으므로 잠자코 있기로 했다. 이와 같은 일이 있을 때는 대부분의 경우 이렇게 행동하는 것이 가장 좋은 방법이라 생각한다.

장교들은 모임을 열어 나를 연대장으로 선택했고, 이번에는 나도 그것을 받아들이기로 했다. 중대가 몇이나 되었는지는 잊어 버렸지만, 매우 믿음직스러운 1200명의 병사와 놋쇠 야포 6문을 보유한 포병 한 개 중대를 정렬시켰다. 포병들은 이 야포를 다루는 데 매우 능숙해져서, 이제는 1분에 12발이나 발사할 수 있었다. 처음으로 내가 연대를 정렬시킨 그날, 병사들은 나를 집까지 배웅하고 부탁도 하지 않았는데 문 앞에서 일제사격을 몇 차례 행하는 것으로 경의를 표했다. 그러나 덕분에 내 전기장치가 그 진동으로 바닥에 떨어져서 유리가 몇 장이나 깨지고 말았다. 그러나 나의 이 새로운 명예 또한 유리와 마찬가지로 연약한 것이었다. 영국 본국에서 이 법률을 폐지하는 바람에,[10] 우리의 임무도 오래 지나지 않아 전부 사라지고 말았던 것이다.

---

10) 이 사건은 1756년 2월 28일에 일어난 것으로, 영주는 식민지 자위군의 강화에 위험을 느끼고 같은 해 10월에 자위군 설치법을 폐지시켰다.

내가 연대장을 맡고 있던 짧은 기간 동안의 일이다. 어느 날 나는 버지니아로 떠날 준비를 하고 있었다. 연대 장교들은 나를 변두리에 있는 로워 페리까지 호위해야 마땅하다는 생각을 떠올렸고, 내가 마침 말에 올라타려고 할 때 현관으로 들이닥쳤다. 인원은 30~40명쯤이었고 모두 제복 차림에 말을 타고 있었다. 나는 이 계획에 대해 아무런 귀띔도 받지 못했다. 나는 언제 어디서나 지나치게 야단스러운 것을 싫어하는 성미이니, 만약 알고 있었다면 절대로 못하게 막았을 것이다. 나는 그들이 찾아온 것에 대해 정말이지 민폐라고 생각했지만, 이제 와서 따라오지 말라고 할 수도 없었다. 그러나 그들은 한 술 더 떠서, 행진을 시작하기 무섭게 검을 빼들고 그 상태로 말을 달린 것이었다. 누군가가 이 이야기를 영주에게 들려주자[11] 그는 노발대발했다고 한다. 그가 이곳에 직접 왔을 때나 자신이 직접 임명한 총독에게도, 이렇게까지 경의를 나타낸 적은 한 번도 없었다. 그는 이것이 오직 왕족에 게만 취할 수 있는 예법이라고 말했다. 나는 그때나 지금이나 그런 예의에 대해서는 문외한이지만, 그의 말이 옳을 수도 있다고 생각한다.

나는 그렇지 않아도 영주 면세 문제에 대해 의회에서 취한 태도 때문에 그에게 깊은 원한을 사고 있었는데, 이 바보 같은 사건 때문에 그것이 더 심해지고 말았다. 나는 그의 소유지에 면세 특권을 주는 것을 맹렬히 반대했으며, 그것이 마땅한 일이라고 주장하는 영주의 비열하고도 부당한 태도를 호되게 비난하고 있었던 것이다. 그는 대신에게 내가 의회 내 자기 세력을 이용해서 타당한 세금 징수 법안 통과를 가로막고, 국왕에 대한 충성에 심각한 지장을 주고 있다고 호소했다. 그리고 방금 이야기한 장교들의 행진을 예로 들고, 그것이야말로 내가 폭력에 의지해서 이 땅의 정권을 빼앗을 생각을 품고 있는 증거라고 말했다. 또한 그는 우정장관 에버라드 포크너[12]경을 설득해서 내 지위를 빼앗으려고도 했다. 그러나 그 결과는 에버라드경에게서 부드러운 경고를 받는 정도에서 그쳤다.

총독과 식민지의회 사이에서는 분쟁이 끊이는 날이 없었다. 나도 의회의 일

---

11) 리처드 피터스가 영주 토머스 펜에게 프랭클린이 왕실의 일원이라도 된 것처럼 행동하고 있다고 보고했다.

12) 1684~1758. 영국의 상인·행정관. 1745년 우정장관.

원으로서 그 싸움에 한 몫을 하고 있었다. 그럼에도 나와 총독은 사적으로는 불화 한 번 일으키지 않고 친구 관계를 유지하고 있었다. 나중에 가끔 생각한 것인데, 교서에 대한 답변 기안을 작성하는 사람이 바로 나라는 사실을 알고 있으면서도 그가 한 번도 화를 내지 않았던 것은 직업상 습관 때문이 아니었을까 싶다. 법률가였던 그는 우리를 소송으로 다투고 있는 두 의뢰인의 변호사라고 여겼을 것이다. 다시 말해 그는 영주를, 나는 의회를 변호하고 있는 것뿐이라고 생각한 것이다. 그래서 곤란한 문제가 생기면 아무렇지도 않게 나를 찾아와서 상담하기도 했고, 가끔이나마 내 충고를 받아들일 때도 있었다.

우리는 브래덕 장군의 군대에 식량을 공급하기 위해 서로 협력했다. 그리고 장군이 패배했다는 비보가 날아들자, 그는 서둘러 내게 사람을 보내서 미개척지를 어떻게 유지하면 좋을지 의견을 물었다. 그때 어떤 의견을 제시했는지 지금은 잘 기억이 나지 않는다. 아마도 던바 대령에게 편지를 보내서 되도록이면 그대로 국경선에 군대를 배치해서 개척지를 지키라고 설득하고, 식민지에서 원군이 올 때까지 기다린 다음 진군하도록 하면 어떻겠느냐고 했을 것이다. 내가 국경 지대에서 돌아왔을 때 던바 대령과 그의 군대는 다른 임무로 바빴으므로, 총독은 내가 식민지군을 끌고 원정을 떠나 듀케인 요새를 공략해 주기를 바란다고 했다. 그러기 위해 나를 사령관으로 임명하고 싶다는 것이었다. 나는 그처럼 자신의 군사적 수완을 과대평가하지는 않았고, 총독의 말 또한 본심보다 부풀린 것이 분명하다고 생각했다. 아마 그는 주민들 사이에서 인기가 높은 나라면 군대도 비교적 간단히 모을 수 있을 것이고, 의회 내에 세력이 있으니 군비용도 쉽게 받아낼 수 있을 것이라 생각했던 것이리라. 더 나아가, 이 모든 일들을 영주에게 과세 의무를 지우지 않고 해결할 수 있으리라 여겼을지도 모른다. 그러나 내가 그의 생각만큼 흥미를 보이지 않았으므로 결국 이 계획은 철회되었다. 얼마 뒤에 그는 총독에서 물러났고, 데니 대위[13]가 그 자리를 대신했다.

---

13) 윌리엄 데니(1709~1765). 영국 군인. 1756년에 펜실베이니아 총독으로 임명되었다. 식민지에 왔을 때의 정황이 묘사되어 있는데, 사실 경제적 이유로 할 수 없이 그 자리를 떠맡은 것에 지나지 않는다. 행정능력이 모자라고 영주와 식민지 양쪽에서 불신을 산 데다, 결국에는 밀수업자로부터 뇌물을 받은 혐의로 3년 만에 해임 당했다. 영국으로 돌아간 뒤에는 식민지에서 벌어들인 돈으로 부유하게 살았다고 한다.

전기실험 성공

새로운 총독의 재임기간 중 내가 공공문제에 대해 어떠한 역할을 수행했는지 이야기하기 전에, 과학자로서 명성을 얻게 된 경위부터 설명해두는 편이 좋을 것 같다.

1746년 보스턴에 갔을 때, 나는 얼마 전에 스코틀랜드에서 왔다는 스펜스 박사[14]를 만나서 전기 실험을 구경할 기회를 얻었다. 박사는 그리 숙련된 사람이 아니라 완벽한 실험이라 할 수는 없었지만, 전기라는 대상이 내게 있어서는 매우 새로운 것이었으므로 놀라움과 흥미를 함께 느끼게 되었다. 필라델피아에 돌아오고 나서 얼마 지나지 않았을 때, 런던 왕립학회 회원 피터 콜린슨씨[15]가 조합 도서관 앞으로 소포를 보냈다. 전기 실험에 쓰는 유리관 하나를 설명서와 함께 기증한 것이었다. 나는 기회라는 생각으로 곧바로 보스턴에서 봤던 실험을 다시 시작했다. 연습도 많이 했으므로 영국에서 보내준 설명서에 적혀 있는 실험을 능숙하게 할 수 있었을 뿐만 아니라, 새로운 시도도 몇 가지 해볼 수 있게 되었다. 방금 연습을 많이 했다고 말했는데, 그 덕분에 내 집은 한동안 이 새롭고도 불가사의한 현상을 구경하려는 사람들로 북적거리게 되었다.

나는 이 번거로운 손님들을 조금이나마 친구들이 함께 부담해 주었으면 해서, 필라델피아 유리공장에 의뢰해서 똑같은 유리관을 몇 개 만들어 나눠주었다. 덕분에 나 말고도 이 실험을 할 수 있는 사람이 몇 명이나 나오게 되었다. 그중에서도 가장 두드러진 것은 키너슬리 씨[16]였다. 그는 근처에 사는 손재주가 좋은 사람이었는데, 마침 직장을 잃은 상태였으므로 나는 돈을 받고 실험을 보여주면 어떻겠느냐고 권했다. 그리고 그를 위해 두 편의 강의계획서를 써 주었는데, 실험 순서나 설명 방법 모두 앞 내용을 이해하면 뒷부분도 무리 없이 소화해 낼 수 있도록 한 것이었다. 그는 이 목적을 위해 꽤 훌륭한 실험기계

---

14) 9장의 주5 참조.

15) 1694~1768. 영국 퀘이커 교도 상인. 자연과학에도 조예가 깊었고, 특히 식물학자로서는 린네나 미국의 존 버트람과 친교가 있었다. 왕립학회 회원. 프랭클린의 인생에서 가장 중요한 벗 가운데 한 명. 필라델피아 도서관의 도서 선정에 조언을 해 주었고, 프랭클린의 전기에 대한 실험 관찰 보고서를 출판했다(1751).

16) 에버니저 키너슬리(1711~1778). 침례교 목사. 필라델피아 고등학원 교사. 프랭클린의 지도를 따라 전기실험을 실연했다.

를 손에 넣었는데, 내가 예전에 혼자서 만들었던 변변치 못한 기계들을 전문 기계공의 손으로 멋지게 완성시킨 것이었다. 그의 강의에는 많은 사람들이 출석했고 모두 크게 만족해서 돌아갔다. 오래지 않아 그는 여러 식민지를 돌면서 중심 도시에서 공개실험을 하는 것으로 많은 돈을 벌게 되었다. 그러나 서인도 제도에서는 습기가 많은 지방이니만큼 실험에 곤란을 겪은 모양이었다.

우리는 콜린슨씨의 후의 덕분에 유리관 등의 실험기구를 받을 수 있었으므로, 제대로 쓸 수 있게 된 것에 대해서는 보고를 해야겠다고 생각했다. 나는 편지를 몇 통 써서 우리 실험의 결과를 설명했다. 그는 이 편지를 왕립학회에서 공표했는데, 처음에는 그다지 주목을 끌지 못했다. 보고서에 실을 만한 가치가 있다고 생각하는 사람도 한 명도 없었다. 나는 키너슬리 씨를 위해 쓴 번개와 전기가 같다는 사실을 증명한 논문을, 마찬가지로 왕립학회 회원이자 오랜 친구인 미첼씨[17]에게 보냈다. 그의 답변에 따르면, 논문을 발표하기는 했지만 전문가들에게서는 비웃음밖에 사지 못했다는 것이었다.

그런데 이 논문을 포더길 박사에게 보여주었더니, 그는 그냥 구겨버리기에는 아까우니 인쇄해보는 것이 어떻겠느냐고 말했다. 그래서 콜린슨씨는 이것을 케이브 편집장[18]에게 넘겨주고 그가 경영하는 〈젠틀맨스 매거진〉에 실어 달라고 부탁했다. 케이브는 별도 팸플릿으로 인쇄했고, 포더길 박사가 서문을 썼다. 아마 케이브는 이것으로 한 몫 잡을 수 있으리라고 생각했을 것이다. 그리고 그 판단은 옳았다. 그 논문은 나중에 도착한 추가분을 더해 4절판 책으로 발전했고, 그것이 5쇄까지 간 데다 인세를 한 푼도 지불할 필요가 없었기 때문이었다.

'필라델피아 실험'과 놀레 신부의 반론

그러나 이 논문들이 영국에서 주목을 끈 것은 좀 더 시간이 흐른 뒤의 일이었다. 어쩌다보니 그 가운데 일부가, 프랑스만이 아니라 유럽 전체에서 이름이

---

17) 존 미첼(?~1766). 영국의 의사·박물학자·지도 제작자이자 왕립학회 회원. 1720년에 버지니아 식민지로 건너온 뒤, 여러 곳을 여행하면서 그 무렵 가장 믿을 수 있는 것으로 여겨진 지도를 작성했다.

18) 에드워드 케이브(1691~1754). 영국 인쇄·출판업자 겸 저널리스트. 〈젠틀맨스 매거진〉을 발행. 미국에 대한 논문과 과학논문을 적극적으로 게재했다. 프랭클린의 전기에 대한 논문집도 펴냈다.

높고 그 명성에 부끄럽지 않은 위대한 학자 뷔퐁 백작[19]의 손에 들어가게 되었다. 백작은 달리바르 씨[20]를 설득해서 이것을 프랑스어로 번역하고 파리에서 인쇄를 했다. 이 사실을 알게 된 놀레 신부[21]는 매우 화를 냈다. 이 사람은 프랑스 궁정 자연과학 교사이자 뛰어난 실험 전문가였고, 이미 전기에 관한 학설을 하나 세워서 발표한 상태였다. 그리고 그 무렵에는 그 설이 일반적으로 보급되어 있었던 것이다. 그는 처음에는 이러한 연구가 아메리카 대륙에서 나왔다는 것을 믿을 수 없었고, 파리의 적들이 자신의 학설에 반대하기 위해 날조해 낸 것이 분명하다고 여겼다. 그는 프랭클린이라는 인물의 존재를 의심하고 있었지만, 나중에 그러한 인물이 확실히 필라델피아에 존재한다는 사실을 알게 되자 책 한권 분량의 편지를 써서 출판했다. 그것은 주로 내 앞으로 보내는 말이었는데, 자신의 학설을 변호하고 내 실험 및 그로 인해 도출된 명제는 모조리 잘못된 것이라고 주장하는 내용이었다.

나도 한때는 놀레 신부에게 답변을 쓰려고 했고, 실제로 쓰기 시작한 적도 있었다. 하지만 다시 생각해 보면 내 책에는 실험 기록이 실려 있으니, 누구든 그 실험을 되풀이하는 것으로 직접 확인할 수 있을 터였다. 그리고 그것이 불가능했을 때 내 학설을 무너뜨리게 되는 것이다. 관측 결과에 대한 여러 학설 역시 가설로 제출한 것뿐이지 독단적으로 주장하는 것이 아니었으므로, 그에 대해 일일이 해명할 의무는 없었다. 또한 우리의 논쟁이 서로 다른 언어로 이루어진다면, 오역이나 그로 인해 생긴 오해 때문에 꽤 오랜 시간 동안 질질 끌게 될 가능성도 있었다. 실제로 놀레 신부의 편지 가운데에는 번역으로 인한 오류에 근거한 내용도 적지 않았다. 게다가 공무 중에 조금이나마 여가시간이 생긴다면 이미 끝난 실험에 대해 논쟁하며 허비하기보다는 새로운 실험을 하는 데

---

19) 조르주루이 르클레르 뷔퐁(1707~1788). 프랑스의 저명한 박물학자 겸 사상가. 저서인 《박물지》(1784~1789)로 유명하다. 뉴턴의 책도 번역했다. 미국의 다습한 기후가 인간을 포함한 동식물을 퇴화·왜소화 시킨다고 주장했고, '버지니아 각서'로 제퍼슨의 반박을 초래했다.

20) 토마 프랑수아 달리바르(1703~1799). 프랑스의 물리학자·식물학자. 프랭클린의 전기 관련 저서를 불어로 번역하고, 번개와 전기의 동일성을 실험으로 증명했다. 프랭클린은 1767년에 그와 파리에서 만난 바 있다.

21) 장 앙투안 놀레(1700~1770). 프랑스의 대표적인 자연과학자. 프랑스 국립학술협회 회장, 프랑스 황태자의 개인교수. 그의 '실험물리학강의'(1743)는 그 무렵 이 방면에서 가장 권위 있는 저서로 여겨지고 있었다.

쓰는 편이 좋을 거라 생각했던 것이다. 논문의 운명은 그대로 자연스런 흐름에 맡기기로 하고, 나는 놀레 신부에게 한 번도 답변을 하지 않았다. 그리고 답변을 하지 않은 것을 뉘우칠 일도 생기지 않았다. 내 친구이자 프랑스 왕립학술협회 회원인 르 로이 씨[22]가 내 학설을 지지하면서 놀레 신부에게 반론을 가했던 것이다. 내 저서는 이탈리아어, 독일어, 라틴어로 번역되었고, 내 학설 역시 점차 널리 퍼져서 놀레 신부의 그것을 대신해 유럽 학자들의 인정을 받게 되었다. 결국에는 그의 학파에 소속된 사람은 직계 제자인 파리의 B씨를 제외하면 본인밖에 남지 않게 되었다.

내 저서가 갑자기 주목을 끌게 된 이유는 책에서 제안한 실험 가운데 하나를 달리바르 씨와 드 로르 씨[23]가 마를리[24]에서 시험해 본 결과 구름 속에서 번개를 끌어내는 데 성공했기 때문이었다. 로르 씨는 실험물리 기계장치를 소유하고 그 분야에 대한 강의를 하던 사람이었는데, 그는 '필라델피아 실험'이라는 이름이 붙은 이 실험을 몇 번이나 되풀이했다. 국왕이나 신하들 앞에서 이 실험을 행한 뒤부터는 호기심 강한 사람들이 파리 전체에서 이것을 구경하기 위해 몰려왔다. 이 대단한 실험에 대한 이야기나, 그 뒤 내가 필라델피아에서 연을 써서 행한 실험에 성공해서 매우 기뻤다는 이야기에 대해 긴 말을 늘어놓는 것은 그만두기로 하겠다. 두 가지 모두 전기학 발달사에 나오는 이야기일 테니 말이다.[25]

번개 실험으로 영국 왕립학회에서 금메달 수여받다

그 무렵 파리에 있던 영국인 의사 라이트 박사은 영국 왕립학회 회원인 한 친구에게 편지를 보내서, 내 실험이 외국 학자들 사이에서는 매우 중요시되고

---

22) 장바티스트 르 로이(1720~1800). 프랑스의 물리학자. 발전기, 피뢰침 등 실용적인 장치를 발명했다. 프랭클린은 파리에 머물던 1767년에 그를 만나 친교를 맺었고, 1773년에는 미국 학술협회 회원으로 추천했다.

23) 프랑스의 자연학자. 상세한 것은 불명. 소르본 대학에서 달리바르의 지도를 받았다고 한다.

24) 파리에서 18마일 떨어진 곳에 있는 마을.

25) 예를 들어, 산소 발견자로 알려진 영국의 화학자 조지프 프리스틀리의 '전기의 역사'(1767)에는 프랭클린이 직접 제공한 정보를 기초로 삼은 것으로 보이는 이 실험에 대한 기록이 있다. 그 자신이 이 실험 보고서를 공표하지 않았다는 사실 때문에, 그의 인생의 하이라이트라 할 수 있는 이 발견에 의문을 품는 연구자도 있다.

있는데 어째서 영국에서는 이 논문을 소홀히 대접하는 건지 모르겠다고 말했다.[26] 이 이야기를 들은 왕립학회에서는 전에 학회에서 발표했던 나의 연구보고서를 재심사하기로 결정했다. 저명한 왓슨 박사[27]가 그 보고서와 나중에 일어난 문제에 대해 내가 보낸 모든 서신의 요점을 뽑아 정리했고, 필자에 대한 칭찬의 말까지 첨부했다. 이 요약본은 왕립학회 기요에 실렸다. 그리고 런던에 거주하는 회원들 가운데 몇 명, 특히 손재주가 매우 뛰어난 캔턴씨[28]가 끝이 뾰족한 금속 막대기로 구름 속에서 번개를 얻는 것을 실험으로 확인하고 그 성과를 보고했다. 이에 왕립학회는 과거 나를 경시했던 것에 대해 충분한 보상을 해 주었다. 입회시켜달라고 부탁한 적도 없는데 그들은 나를 회원으로 추천했고,[29] 관례인 회비(25기니에 달할 뻔했다)까지 면제해 주기로 결정했다. 기요도 무료로 받아볼 수 있었다. 그뿐만이 아니라, 왕립학회는 1753년 고드프리 코플리경[30] 금메달을 나에게 수여했다. 협회장인 메이클즈필드경[31]은 매우 정중한 연설로 내게 최대의 경의를 표해 주었다. 나는 이것이야말로 가장 명예로운 일이라고 생각했다.

---

26) 에드워드 라이트(?~1761). 스코틀랜드 출신 의사. 현미경에 관심을 가지고 있었다. 노아의 대홍수를 역사적 사실로 증명하고자 했다고 전해진다.

27) 윌리엄 왓슨(1715~1787). 영국의 자연과학자 겸 박물학자. 왕립학회 회원. 전기에 대해 선험적 실험을 행한 적이 있다.

28) 존 캔턴(1718~1772). 영국의 자연과학자이자 학교 교사. 왕립학회 회원. 전기현상에 흥미를 품었고, 일찍부터 프랭클린의 번개＝전기 학설을 지지했다.

29) 1756년 5월의 일이었다. 왕립학회 회원이 되기 위해서는 최소한 3명의 회원의 추천장이 필요하고 본인이 직접 출원해야 했다. 프랭클린은 스스로 신청한 것이 아니므로 이례적인 일이었다. 프랭클린의 경우에는 의장 메이클즈필드 외 2명이 추천장에 서명했고, 전원일치로 그를 회원으로 추대하였다. 또한 스스로 입회를 지망한 것이 아니라는 이유로 회비를 면제받게 되었다. 그 무렵 회원은 입회비 5기니, 연회비 2기니 반 또는 25기니를 일시불로 내게 되어 있었다.

30) 1654?~1709. 영국의 국회의원. 준남작. 자연과학에 흥미를 품고 있었지만 본인은 학자가 아니었다. 한스 슬론경과 친했고 희귀본이나 낡은 원고 수집가로 유명했다. 죽은 뒤 그의 기부금 100파운드를 바탕으로 매년 1명씩 과학 발전에 공헌한 학자를 뽑아 '기념 금메달'을 수여했다.

31) 메이클즈필드 백작 조지 파커(1697~1764). 영국의 천문학자·수학자. 왕립협회 회장(1752~1764).

데니 신임 총독과 영주의 훈령

식민지의 새로운 총독이 된 데니 대위[1]는 앞서 이야기했던 영국 왕립학회 금메달을 들고 와서, 시에서 주최한 그의 환영회에서 나에게 넘겨주었다. 그리고 그는 오래전부터 내 명성을 듣고 경의를 품고 있었다면서 매우 정중하게 인사를 건넸다. 식사가 끝나고 그때의 습관에 따라 모두 함께 술을 마시며 담소를 나누고 있을 때였다. 그는 나를 별실로 데리고 가더니, 영국의 지인들이 나야말로 정무를 원활히 진척시키기는 데 필요한 여러 좋은 조언들과 아낌없는 협력을 베풀어줄 사람이니 꼭 가깝게 지내도록 권했다고 말했다. 그러니 서로를 충분히 이해할 수 있었으면 하고, 자신이 할 수 있는 일이라면 무엇이든 기꺼이 도울 터이니 믿어달라고 하는 것이었다. 그는 또 영주가 식민지에 호감을 품고 있다거나, 그의 정책에 대해 주민들이 오래도록 계속해 온 반대운동이 수습되고 원만하게 지내게 되는 것이 모두에게—특히 나에게 있어 좋은 일이라거나, 그 결과를 이끌어내는 데 나보다 더 적합한 사람은 없다거나, 내가 힘을 써준다면 꼭 사례를 하겠다는 등의 이야기를 열심히 했다. 술을 마시던 사람들은 우리가 좀처럼 테이블로 돌아올 생각을 하지 않자 마데이라주 한 병을 가져다 주었다. 총독은 술이 들어갈수록 말수가 늘어서 부탁을 하거나 약속을 하거나 했다.

그에게 나는 이렇게 대답했다.

"자비로우신 신의 은총으로, 저는 영주님의 보살핌이 없어도 살아갈 수 있는 형편입니다. 특별취급을 해주겠다 말씀하셔도 의회의 일원으로는 받아들일 수

---

1) 11장의 주13 참조. 또한, 그가 고드프리 코플리경 기념 금메달을 맡아왔다는 것은 프랭클린의 기억 착오이다. 1754년 5월, 데니 총독 착임 전에 그는 이미 메달을 맡은 상태였다.

가 없군요. 그렇다고 해서 제가 영주님께 원한을 품고 있는 것은 아닙니다. 그분이 제안하는 공공정책이 주민들의 이익과 부합하는 것이라면, 저는 누구보다도 열심히 지지하고 도울 것입니다. 지금까지 반대했던 것은 그 법안이 명백하게 영주님만의 이익을 목적으로 한 것이어서, 그 때문에 주민들이 큰 피해를 입게 될 것이라 판단했기 때문입니다. 총독님이 제게 진심으로 경의를 나타내주신 것에 대해서는 정말 감사하게 생각합니다. 저 또한 행정이 원활히 돌아갈 수 있도록 가능한 모든 일을 할 생각입니다만, 전임자의 무거운 짐이었던 그 불행한 훈령에 대한 문제는 두 번 다시 들고 나오는 일이 없기를 바랍니다."

내가 이와 같은 답변을 했을 때, 총독은 딱히 자신의 입장에 대해 설명을 늘어놓으려 하지는 않았다. 그러나 그 뒤 의회와 교섭을 하게 되었을 때에 다시 그 법안을 끄집어내서 문제 삼았다. 나는 전과 마찬가지로 맹렬히 반대했고, 제일 먼저 영주 훈령 통지를 요청한 뒤 이를 비평하는 글을 썼다. 그 글들은 그때의 의사록이나 내가 그 뒤에 발행한 《역사적 개관》[2]에 실려 있을 것이다. 그러나 총독에게 개인적인 적대감 같은 것은 조금도 없었다. 오히려 자주 함께 시간을 보내곤 했다. 그는 학식이 풍부하고 세상을 잘 알았으므로 대화상대로는 꽤나 유쾌하고 즐거운 사람이었다. 내 옛 친구 랄프가 아직 살아있다는 사실을 알려준 것도 그였다. 랄프는 영국에서 일류 정치평론가로 존경받고 있으며, 프레데릭 황태자와 국왕이 다툼[3]을 벌였을 때의 활약 덕분에 연금 3백 파운드를 받는 몸이 되었다. 포프가 《우인열전》[4]에서 그의 시를 마구 비판했다시피 시인으로서는 명성을 얻지 못했지만, 산문에서는 일류로 통하는 모양이었다.

---

2) 정확히는 '펜실베이니아 헌법과 정부의 역사적 개관'이라고 한다. 1757년에 프랭클린이 영주와의 교섭을 위해 영국으로 건너갔을 때, 식민지의 입장을 분명히 하면서 세간에 호소하기 위해 아들 윌리엄이 소재를 제공하고 글을 잘 쓰는 변호사 리처드 잭슨이 집필했다. 1759년에 출판.

3) 영국 황태자 프레데릭(1707~1751)은 결혼이나 정치 문제로 부왕인 조지 2세와 대립했다. 따라서 국왕 및 국왕을 지지하는 로버트 월폴경에게 반발심을 품은 자들이 황태자의 주위에 몰려들었다. 랄프는 황태자파 소속으로 기관지 편집에 관계했는데 나중에 정부로부터 연금을 받게 되었다. 이것은 그가 정치부의 문필 활동을 하지 않는 대가였다고 전해진다.

4) 제2장 주19 참조.

우유부단한 라우던 경

영주가 주민들의 권리만이 아니라 국왕에 대한 충의에마저 등을 돌린 훈령[5]을 계속 보내고 대리인을 강제로 구속하려 드는 것을 보고, 의회는 마침내 국왕에게 직접 청원을 내기로 결정했다. 그리고 나를 대표자로 임명해서, 영국으로 건너가 청원서를 제출하고 그것을 지지하도록 지시했다. 앞서 의회는 6만 파운드의 돈을 국왕 자산으로 삼는다는 법안을 총독에게 송부했는데(그중 1만 파운드는 그 무렵 군사령관 라우던 경[6]의 재량에 맡기게 되어 있었다), 총독은 영주의 훈령에 따라 이 법안을 통과시키는 것을 완강히 거부하고 있었던 것이다.

나는 뉴욕에 정박하고 있던 우편선 선장 모리스씨와 함께 떠나기로 약속하고 식료품도 다 실어놓은 상태였는데, 그때 라우던 경이 필라델피아로 찾아왔다. 그의 말로는, 총독과 의회의 다툼 때문에 국왕에 대한 충성에 영향이 가서는 안 되니까 양쪽의 입장을 중재하기 위해 일부러 바다를 건너왔다는 것이었다. 그는 양쪽의 이야기를 들어보기 위해 총독과 나에게 회견을 요청했다.

우리는 회견을 열고 문제의 법안에 대한 주장을 펼쳤다. 나는 의회를 위해 그 무렵 공보에 게재된 논점을 들어가면서 강경한 태도로 나섰다. 그것을 쓴 사람도 나였고, 식민지의회 의사록과 함께 인쇄했던 것이었다. 총독은 영주의 훈령을 지키기로 약속했으며, 만약 그에 따르지 않으면 자신이 파멸하게 될 것이라는 식으로 말했다. 그래도 라우던 경이 그렇게 하라고 한다면 훈령에 등을 돌리는 한이 있어도 따르겠다고 말했다. 한때는 내 설득 덕분에 라우던 경도 그리 권할 것처럼 보였다. 하지만 결국 그리 되지는 않았고, 의회 측이 양보하라고 말하기 시작했다. 라우던 경은 식민지의회를 물러서게 만들기 위해 의원들을 설득하도록 노력해 달라고 했다. 자신은 국경 방어를 위해 국왕의 군대를 파견하는 수고를 기꺼이 감수할 생각이지만, 그 비용은 지금까지와 마찬가지로 우리가 부담해야 마땅하다는 것이었다. 그리고 만약 낼 수 없다면 국경을 위험

---

5) 이전에 영주는 식민지 방위비 일부로 5천 파운드의 돈을 내겠다고 약속했지만, 그 돈을 본국에서 내는 것이 아니라 식민지에서 거두라고 총독에게 훈령을 내렸다. 이 때문에 총독과 식민지의회는 대립하고 있었다.

6) 라우던 백작 존 캠벨(1705~1782). 영국의 장군. 1756년 미국 파견부대의 총사령관으로 임명되었으나, 루이스버그 원정에 실패한 뒤 피트 총리에게 경질 당했다.

속에 방치할 수밖에 없다고 선언했다.

나는 회견의 경과를 의회에 보고했고, 몇 가지 결의문을 기초 작성했다. 그 것은 우리의 권리를 선언하고, 우리가 스스로 이 권리에 따른 주장을 포기하는 것이 아니라 권력의 힘 때문에 단 한 번만 그 권리를 행사하는 것을 보류하는 것뿐이며, 이와 같은 강제적인 처사에 강하게 반발한다는 뜻을 드러내는 것이 었다. 의회도 결국 지난 법안을 철회하고 영주의 훈령에 저촉되지 않는 다른 법 안을 만드는 데 동의했다. 총독은 당연하게도 그 새로운 법안을 가결시켰으므 로, 나는 겨우 배를 탈 수 있게 되었다. 그러나 그 사이에 우편선이 내가 실어 놓은 식량과 함께 떠나 버렸고, 덕분에 상당한 손해를 입게 되었다. 그에 대한 보상이라고는 라우던 경이 치하하는 말 한마디를 해준 것 뿐이었다. 중재에 대 한 공적은 모조리 그의 것으로 돌아갔던 것이다.

라우던 경은 나보다 앞서서 뉴욕으로 떠났다. 우편선 출항 일시는 그가 마음 대로 결정할 수 있었는데, 그 무렵 뉴욕에는 두 척의 우편선이 머물고 있었다. 그는 그중 한 척은 바로 출항할 예정이라고 말했다. 나는 꾸물거리다 배를 놓치 는 일이 생기지 않도록 정확한 출항시간을 알려달라고 부탁했다. 그의 답변은 다음과 같았다.

"배는 돌아오는 토요일에 떠난다고 공표해 두었습니다. 하지만 당신에게만 하는 말인데, 사실은 월요일 아침까지만 가면 충분히 탈 수 있을 겁니다. 그보 다 더 늦으면 안 됩니다."

나루터에서 뜻밖의 사고가 있었으므로 나는 월요일 정오 무렵에 도착하게 되었다. 순풍이 불고 있었으므로 이미 출항한 게 아닐까 매우 걱정했지만, 배 가 아직 항구에 머무르고 있고 다음날까지는 떠나지 않을 거라는 사실을 알게 되어 안심했다. 이렇게 해서 내가 마침내 유럽으로 떠나게 되었다고, 누구나 그 렇게 상상했을 것이다. 사실 나도 그렇게 생각하고 있었다. 그러나 그때의 나는 아직 라우던 경이란 사람에 대해 잘 모르고 있었던 것이다. 그의 가장 두드러 진 특징은 바로 '우유부단'이었다. 예를 들어보자면 다음과 같다.

내가 뉴욕에 닿은 것은 4월 초였는데, 겨우 출항할 수 있게 된 것은 6월이 다 끝나갈 때였던 것으로 기억한다. 처음에는 우편선이 두 척 있었고, 출항 준비 는 이미 끝난 상태였다. 그러나 라우던 경이 계속해서 내일이면 편지가 완성된다는 말만 되풀이한 덕분에 발이 묶여 있었다. 그 사이에 우편선이 또 한 척 도착했지만, 역시나 오도가도 못 하는 처지에 빠졌다. 결국에는 우리가 떠나기도 전에 배가 네 척이나 도착하고 말았다. 우리 배는 가장 긴 시간 동안 기다리고 있었기에, 승객들 가운데에는 빨리 떠나고 싶어서 안달이 난 사람도 있었다. 특히 상인들은 편지 또는 전쟁 때문에 보험 삼아 내렸던 지시나 집하 등의 문제로 안절부절 못하고 있었다. 그러나 아무리 걱정해 봤자, 라우던 경의 편지가 완성되지 않는 한 아무 소용도 없었다. 게다가 누군가가 라우던 경을 찾아가 보면 그는 늘 펜을 든 채 책상 앞에 앉아있었으므로, 곧바로 처리하지 않으면 안 되는 일들이 산더미처럼 쌓여 있는 것이 분명하다고 생각할 수밖에 없었다.

어느 아침, 나는 경의를 표하기 위해 그를 찾아갔다. 대기실에는 필라델피아에서 온 이니스[7]라는 사자가 도착해 있었다. 그는 데니 총독이 라우던 경에게 보내는 서류를 들고 서둘러 찾아왔다고 했다. 내게도 필라델피아에 있는 친구들이 보낸 편지 몇 통을 건네주었는데, 나는 상황을 봐서 답장을 쓸 생각으로 언제 돌아갈 예정이고 어디에 머무르는지 물어보았다. 그는 다음날 아침 9시에 총독에게 보내는 답장을 가지러 올 예정이며, 그것을 받으면 바로 떠나야 한다고 했다. 그래서 나는 그날 중으로 편지를 써서 건네주었다. 그로부터 2주일이 지난 뒤, 나는 또다시 같은 장소에서 그를 만나게 되었다.

"아니, 벌써 갔다 온 건가? 이니스군."

"갔다 오다니요? 천만의 말씀입니다. 아직 떠나지도 못했는걸요."

"대체 어찌된 영문이지?"

"저는 2주일 동안 내내 아침마다 라우던 경의 말씀대로 편지를 가지러 왔습니다. 하지만 아직도 다 쓰지 못했다고 하시는군요."

"그게 무슨 소린가? 라우던 경은 글을 부지런히 쓰시는 분인데. 늘 책상 앞에 앉아 계시지 않나."

"그렇지요. 하지만 그 분은 간판에 그려진 성 조지[8] 같은 분이거든요. 언제 봐도 안장 위에 앉아있지만, 앞으로 달려 나가는 일은 절대로 없죠."

이 사자는 매우 날카로운 관찰력을 가지고 있었다. 런던에 도착한 뒤에야 알

---

7) 제임스 이니스(1709?~1771). 펜실베이니아 정부 공문서 배송 담당관.

8) 영국의 성인. 전설에 의하면 용을 물리쳤다고 하며, 보통 말을 타고 싸우는 모습으로 그려진다.

게 된 사실인데, 피트 씨[9]가 라우던 경을 해임시키고 애머스트 장군과 울프 장군[10]을 파견한 이유 가운데 하나는 그가 자신에게 전혀 보고를 하지 않았으므로 대체 무슨 일을 하고 있는지 알 수가 없었기 때문이었다.

이런 식으로 이제나 저제나 기다리던 사이에, 우편선 세 척은 모두 샌디훅[11]으로 내려가서 그곳에 머물고 있던 함대에 합류했다. 승객들은 갑자기 명령이 내려와서 배가 떠나는 바람에 혼자 남겨지기라도 하면 큰일이라 여기고, 배에 탄 채로 있기로 했다. 우리는 이곳에서 6주 동안 머물렀고, 항해를 위해 준비한 식량을 전부 먹어치우는 바람에 다시 사들여야만 했다. 그리고 마침내 함대는 라우던 경과 전군을 태우고 떠나서 루이스버그로 향했다. 루이스버그 요새를 포위 공격해서 점령할 생각이었던 것이다. 함대와 합류한 우편선은 세 척 모두 경이 탄 배 가까이에 머무르면서, 그가 화급을 요하는 공문서를 작성할 때까지 기다리라는 명령을 받았다.

우리 배는 바다로 나온 지 5일이나 지나서야 겨우 출항허가증을 받을 수 있었다. 이렇게 해서 마침내 함대와 헤어져서 영국으로 향하게 되었다. 다른 두 척의 우편선은 여전히 떠나지 못한 채 라우던 경을 따라 핼리팩스[12]까지 끌려가고 말았다. 경은 이곳에서 잠시 머물면서 연습을 위해 모의요새에 공격을 가했는데, 그 결과 루이스버그 포위공격을 취소하기로 결정했다. 그리고 부하 전군과 앞서 말한 두 척의 우편선 및 승객 전원을 이끌고 뉴욕으로 되돌아가고 말았던 것이다. 그가 부재중일 때 프랑스군과 인디언은 국경에 있는 조지요새[13]를 점령했고, 또 인디언은 항복한 수비대원 다수를 학살하고 있었다.

그 뒤 나는 런던에서 이 우편선들 가운데 한 척의 선장인 본넬씨를 만나게

9) 채텀 백작 윌리엄 피트(1708~1778). 7년 전쟁 동안 실질적인 총리로서 전쟁을 지도한 영국의 유능한 정치가. 미국 독립전쟁 때에는 식민지에 동정심을 품긴 했지만 독립을 지지하지는 않았다. 병을 무릅쓰고 출두해서, 그 무렵 노스 내각의 식민지 정책에 대해 비난연설을 하다 쓰러졌다. 프랭클린은 본국과 식민지가 본격적으로 결렬되는 것을 막기 위해 피트에게 협력하는 태도를 취하고 있었다.
10) 제프리 애머스트(1717~1797). 영국의 장군. 루이스버그 요새 점령 등 캐나다 정복에서 활약. 제임스 울프(1727~1757) 역시 영국 장군이다. 퀘벡 공략 때 승리를 눈앞에 두고 전사했다.
11) 뉴욕시 남쪽, 뉴저지 주에 있는 곳.
12) 노바스코샤 주의 수도. 캐나다 남동부에 있다.
13) 뉴욕주 동부, 조지호 남쪽에 있던 요새.

되었다. 그의 말을 들어보니, 한 달 동안 떠나지 못하고 기다리는 사이에 조개 껍질이나 해초 따위가 배 밑바닥에 잔뜩 달라붙고 말았다는 것이었다. 이 상태로는 우편선의 생명이라 할 수 있는 속도가 크게 떨어질 것이 분명했으므로, 라우던 경에게 배를 기울여 밑바닥을 청소하고 싶으니 시간을 좀 달라고 부탁했다고 한다. 그러자 얼마나 걸릴 것 같으냐고 묻기에 3일쯤이면 충분하다고 했더니, 이렇게 대답했다는 것이다.

"하루 만에 끝낼 수 있다면 허가하겠네. 하지만 그 이상은 안 돼. 모레에는 반드시 떠나야 하니 말일세."

그래서 결국 청소를 포기할 수밖에 없었는데, 그 뒤로 3개월 동안이나 발이 묶였다는 것이었다.

나는 또 런던에서 본넬 선장의 배를 탔던 승객 가운데 한 사람을 만났다. 그는 라우던 경이 자신들을 속이고 그토록 오랫동안 뉴욕에 잡아둔 데다, 핼리팩스까지 끌고 갔다가 도로 뉴욕으로 돌아오다니 대체 뭐 하는 짓인지 모르겠다고 단단히 화가 난 상태였다. 그는 반드시 소송을 걸어서 손해배상을 받아내고 말 거라고 별렀다. 정말로 소송을 걸었는지는 알 수 없지만, 그 사람의 말을 들어보면 정말 엄청난 손실을 입은 모양이었다.

요컨대, 나는 이런 작자가 어떻게 해서 대군을 지휘하는 중요한 책임을 맡게 되었는지 이해할 수가 없었다. 그러나 그 뒤 넓은 세상을 보고 지위나 직업을 사는 수단이나 그것을 내려주는 자들에 대해 알게 되자 그리 놀랍지도 않게 되었다. 브래덕 장군 사후에 지휘권을 이어받은 셜리 장군[14]이 그 자리에 계속 머물렀더라면 1757년의 라우던 장군보다는 훨씬 능숙하게 전쟁을 치렀을 것이라 생각한다.

라우던의 전쟁은 정말이지 경솔하기 짝이 없어서, 비용만 많이 들고 나라에 얼마나 많은 불명예를 안겨주었는지 모른다. 셜리 장군은 군인 출신은 아니었지만 분별력 있고 총명한 사람이었으며, 다른 사람의 충고에 귀를 기울이고 현명한 계획을 세울 수 있는 역량을 갖추고 있었다. 그리고 일단 계획을 세우면 신속하고도 적극적으로 실행에 옮겼던 것이다. 라우던은 대군을 이끌면서도 식

---

14) 윌리엄 셜리(1694~1771). 런던의 변호사였으나 미국으로 이주했고, 1741년에는 매사추세츠 총독이 되었다. 루이스버그 요새 공방전(1745)으로 이름을 떨쳤다. 제10장 주4 참조.

민지를 지키기는커녕 핼리팩스에서 나태하기 짝이 없는 훈련만 되풀이했다. 그동안 식민지는 무방비상태나 마찬가지였고, 결국에는 조지 요새를 적에게 넘겨주게 되었다. 게다가 오랫동안 식량 수출을 금지해서 상업거래에 혼란을 초래하고 무역에 큰 피해를 입혔다. 표면적인 이유는 적에게 식량을 넘기지 않기 위해서라고 했지만, 사실은 군 계약자들의 이익을 위해 가격을 낮추는 것이 목적이었다. 또한, 억측에 지나지 않을지도 모르지만 라우던 역시 그 이익금을 배당받고 있다는 이야기도 있었다. 결국 금지를 풀었을 때에도 찰스타운[15]에 알리는 것을 잊어버리는 바람에, 캐롤라이나에 있던 배들은 그 뒤로도 3개월쯤 더 발이 묶여야 했다. 덕분에 배 밑바닥이 벌레 때문에 심각한 손상을 입었고, 결국 영국으로 돌아갈 때쯤에는 대부분이 침수당해 가라앉고 말았다.

아마도 셜리씨는 거추장스러운 책임에서 벗어나게 된 것을 진심으로 기뻐했을 것이다. 군사적인 일에 능통하지 않은 인간에게 군대 지휘를 맡는 것은 더할 나위 없이 번거로운 일일 터이니 말이다. 라우던 경이 지휘를 맡게 되었을 때 뉴욕시 주최로 환영회를 열었는데, 나도 그 자리에 참석하게 되었다. 셜리씨는 그 날로 해임 당하게 되어 있었지만 나와 마찬가지로 연회에 참석했다. 그 자리에는 장교나 시민을 비롯해 이 지방 사람이 아닌 이들까지도 많이 출석했기에 다른 곳에서 의자를 빌려와야 했다. 그 가운데 유달리 낮은 의자가 하나 있었는데, 어쩌다보니 그것이 셜리씨에게 가게 되었다. 나는 그의 옆에 있다가 이 의자를 보고 말했다.

"너무 낮은 자리를 마련해 준 것 같군요."

그러자 그는 이렇게 대답했다.

"무얼, 상관없어요. 낮은 자리가 제일 마음 편하니까."

앞서 이야기했듯이 나는 오랫동안 뉴욕에 발이 묶여 있었는데, 그 동안 브래덕 장군에게 납품했던 식료품이나 그 밖의 계산서를 모두 모을 수 있었다. 나는 이 일을 위해 여러 사람을 고용했으므로, 이보다 더 빨리 계산서를 제출할 수는 없었을 것이다. 나는 이것을 라우던 경에게 제출하고 잔금 지불을 청구했다. 그는 규칙에 따라 담당자에게 검토할 것을 명령했다. 담당자는 수령증

과 물건을 일일이 맞춰보고 계산서대로 잔액을 지불해야 한다는 사실을 확인했다. 이에 라우던 경은 회계에게 지불명령을 내리겠다고 약속했다. 그러나 이것은 계속 뒤로 미뤄지기만 했다. 나는 가끔 그와 만날 약속을 잡고 걸음을 옮겼지만, 아무리 시간이 흘러도 명령서를 받을 수가 없었다. 결국에는 내가 영국으로 떠나게 되었을 때, 그는 다시 생각해 보고 전임자와 자신을 혼동하지 않기로 결론지었다고 말했다.

"그러니 영국에 가서 재무성에 이 계산서를 제출하도록 하시오. 바로 지불해 줄 거요."

나는 뉴욕에서 너무 오랫동안 지체한 탓에 예상 밖의 비용이 많이 들었으므로, 지금 당장 지불해주기를 원한다고 말했다. 그러나 소용없었다. 나는 수수료를 받아가며 했던 일도 아닌데 융통해준 금액을 돌려받는 것이 계속 뒤로 미뤄지거나 성가신 상황에 처해 있다고, 이래서는 수지 타산이 맞지 않는다고 말했다. 그러자 그는 이렇게 대답했다.

"자기 입으로 아무 것도 받은 게 없다고 말해 봤자 믿을 수 없소. 이런 일에 대해서라면 우리가 잘 아니까. 군대 납품 관계자라면 누구든지 자기 주머니를 두둑이 채울 방법쯤은 찾아내는 법이거든."

나는 절대로 그렇지 않다, 한 푼도 벌어들인 적이 없다고 잘라 말했다. 그러나 그는 내 말을 믿는 눈치가 아니었다. 사실 그것도 무리는 아니다. 나는 나중에서야 이 같은 일을 맡아 막대한 돈을 모으는 자가 많이 있다는 것을 알게 되었다. 결국 나는 지금까지도 그 돈을 받지 못했다. 이 일에 대해서는 나중에 다시 이야기하게 될 것이다.

내가 탄 우편선 선장은 출항 전에 자기 배가 엄청 빠르다고 자랑을 늘어놓았다. 그러나 정작 바다로 나가보니, 돛을 96장이나 펼쳤음에도 불구하고 불쌍하리만큼 느릿느릿 나아가는 것이었다. 선장은 완전히 면목을 잃고 말았다. 우리 배와 거의 비슷하게 느린 배가 근처에 있었는데, 이윽고 그 배마저도 우리를 앞지르고 말았다. 선장은 원인이 무엇인지 여러모로 생각해보았고, 마침내 모든 선원들에게 배 뒤쪽으로 모여서 가급적 깃대와 가까운 곳에 서 있도록 명령했다. 배에는 승객을 포함해 40명쯤 타고 있었다. 우리가 선장의 말대로 따른 지 얼마 지나지 않아 배의 속력이 올라가기 시작했다. 그리고 앞에서 언급했던 배를 완전히 따돌렸다. 선장의 짐작처럼, 뱃머리 쪽에 짐을 지나치게 많이 실었던 것이 원인이었던 것이다. 물을 넣은 통을 전부 뱃머리 쪽에 쌓아두었었는데, 선장은 그것들을 전부 뒤쪽으로 옮기게 했다. 그러자 배는 원래 성능을 되찾아 유일한 쾌속선이 되었다.

선장의 말에 따르면 이 배는 예전에는 평균 13노트, 즉 한 시간에 13마일의 빠르기로 달린 적이 있었다고 한다. 승객 가운데 영국 해군의 케네디 대령[16]이 있었는데, 이 사람은 선장의 말에 반대하면서 절대로 불가능한 일이라고 주장했다. 그렇게 빨리 달리는 배는 이제까지 본 적이 없다고, 그러니 분명히 측정기의 눈금에 오류가 발생했거나 측정기의 사용법이 잘못 되었던가 둘 가운데 하나가 틀림없다는 것이었다. 두 사람은 내기를 하기로 하고, 바람이 많이 부는 날 결판을 짓기로 했다. 케네디는 측정기를 납득할 수 있을 때까지 철저히 검사했고, 측정 또한 직접 하기로 결정했다. 그로부터 며칠 뒤, 강한 순풍이 부는 날이었다. 루트위지 선장[17]은 오늘이야말로 틀림없이 13노트는 나올 거라고 말했다. 직접 측정기로 속도를 재본 케네디는 결국 자신이 졌다고 인정했다.

이 일을 언급한 것은, 아래의 관찰 내용에 대해 이야기하기 위해서이다. 이제까지는 조선 기술의 결함으로 인해, 새로 건조한 배가 빠를지 느릴지는 실제로 바다에 띄워보지 않으면 알 수 없었다. 쾌속선 설계도를 보고 그대로 새 배를 만들어도, 막상 띄워보면 빠르기는커녕 심각하게 느린 경우도 있었던 것이다. 그러나 나는 그 이유가 화물의 무게, 의장 방법, 그리고 저마다 조타 방법에 대한 견해가 다른 데서 비롯되지 않았나 싶었다. 모두가 독자적인 방법을 쓰므로, 선장에 따라서 똑같은 배라도 그의 판단이나 명령으로 짐을 싣고 내렸을 때 속도가 달라지는 것이다. 게다가 배가 한 척이라고 해서 한 사람이 설계, 의장, 조타까지 도맡아 하는 경우는 없다. 한 사람이 선체를 만들고 다른 사람이 의장을 하며, 또 다른 사람이 짐을 싣고 배를 모는 식이다. 누구라도 모든 사람

---

16) 아치볼드 케네디(?~1794). 해군 군인. 제10장 주 4에 나오는 케네디의 아들. 1972년 사촌의 죽음으로 인해 스코틀랜드의 캐실리스 백작을 이어받았지만, 2년 뒤에 죽었다.

17) 월터 루트위지(?~1761). 우편선 제너럴 윌 호의 선장. 1757년 항해 중 프랭클린에게 선내 요리사가 버리는 기름 때문에 바다의 수면이 매끈매끈해지는 것에 대해 이야기했다. 그것을 계기로 프랭클린은 수면에 기름을 살포해서 파도를 가라앉히는 실험을 거듭하게 되었다. 1761년 프랑스 사나포선과 전투를 벌이다 전사했다.

들의 의견과 경험에 대해 정통할 수는 없으니 만큼, 모든 것을 종합해서 올바른 결과를 끌어낸다는 것은 불가능한 일이다.

항해 중에 돛을 조작하는 간단한 일조차, 바람은 변함이 없는데 당직을 서는 고등선원에 따라 판단이 바뀌는 것을 자주 볼 수 있다. 사람에 따라 돛을 졸라매고 반대로 더 활짝 펼치기도 하는 식이었고, 반드시 지켜야 할 규정은 없는 모양이었다.

우선 빠른 항해에 가장 적합한 선체의 형태, 다음으로는 돛대의 적당한 크기와 위치, 그리고 돛의 형태와 수 및 풍향의 각도, 마지막으로 화물을 쌓는 법 등을 결정하기 위해 실험을 해보면 좋지 않을까 싶다. 현재는 실험의 시대이다. 모든 실험을 정확히 실행하고 그 결과를 종합한다면 매우 큰 성과를 얻을 수 있을 것이다. 나는 머지않아 어떤 현명한 학자가 이와 같은 실험을 할 것을 확신하고 있으며, 진심으로 그의 성공을 기원하고 싶다.

항해 중의 위험

우리는 항해 도중에 몇 번이나 적선의 추격을 받았는데, 그 때마다 전속력으로 배를 몰아 위기를 넘겼다. 30일 뒤에는 마침내 측연(測鉛)이 도달하는 곳까지 이르렀다. 신중히 위치를 측정한 결과, 선장은 이제 목적지인 팰머스 항구[18]가 가까워졌으니 밤사이에 분발하면 다음날 아침에는 바로 앞바다까지 닿을 수 있으리라 판단했다. 또한 밤에 항해를 하면 영국 해협 입구 부근에 가끔 출몰하는 사나포선의 눈을 피할 수 있으리라 여겼다. 그래서 배는 모든 돛을 활짝 폈다. 바람도 순풍이었고, 매우 강했다. 배는 바람을 타고 거침없이 나아갔다. 선장은 여러 차례 위치를 측정하고 실리 제도[19]의 암초를 피해 통과할 수 있도록 진로를 잡았다. 그러나 세인트조지 해협[20]에서는 이따금 격렬한 조류가 발생해서 배가 북쪽으로 떠밀려가는 일이 있는데, 클로디즐리 쇼벨경[21]의

---

18) 잉글랜드 콘월에 있는 항구도시.

19) 잉글랜드 서남쪽 난바다에 있는 140여 개의 작은 섬으로 이루어진 제도.

20) 아일랜드와 웨일즈 사이에 있는 해협.

21) 1650~1707. 영국 해군 제독. 1707년 10월 함대를 이끌고 지중해에서 귀국하던 도중에, 실리 제도의 먼 바다 쪽에서 본인이 타고 있던 기함 이하 두 척의 배가 조난당해 800여명의 장병들이 익사했다. 본인은 죽기 직전에 해안으로 떠밀려왔지만, 손가락에 끼고 있던 에메랄드

함대가 조난당했던 것도 그 때문이었다. 아마 우리에게 들이닥친 재난도 이 조류 탓이었을 것이다.

뱃머리에는 망을 보는 사람이 하나 있었다. 선원들은 가끔씩 그에게 말을 걸었다.

"앞을 잘 보고 있으라고!"

"알았어, 알았다고."

그럴 때마다 그는 이렇게 대답하곤 했다. 그러나 그 때의 그는 아마도 반쯤 졸고 있었을 것이다. 그 상태에서 비슷한 일을 맡은 사람들이 가끔 그러듯이 거의 기계적으로 대답하고 있었던 모양이었다. 등대의 불빛이 바로 앞에 나타났는데도 눈치 채지 못했으니 말이다. 더군다나 보조 돛의 그림자 때문에 조타수나 망을 보던 다른 이들 또한 그쪽을 주목하지 않았다. 뱃머리가 흔들리던 순간에야 눈치 챌 수 있었고, 그때는 이미 등대 불빛이 코앞까지 다가와 있었기에 큰 소동이 벌어졌다. 내 눈에는 그 빛이 수레바퀴만큼 크게 보였다. 이것은 한밤중의 일로, 선장은 깊이 잠들어 있었다. 그러나 케네디 대령이 갑판으로 뛰쳐나와서 위험이 닥쳐온 것을 간파할 수 있었고, 돛은 그대로 놔둔 채 배를 바람이 부는 방향인 하류 쪽으로 돌리라고 명령했다. 이것은 돛대에 매우 무리를 주는 처치였지만, 덕분에 우리는 충돌을 피할 수 있었다. 배는 등대가 세워진 바위를 향해 쏜살같이 나아가다 좌초당하기 직전에 있었다. 이 위험한 경험을 통해 나는 등대의 필요성을 실감하게 되었다. 그리고 무사히 아메리카로 돌아가게 된다면 보다 많은 등대를 세우도록 힘써야겠다고 결심했다.

아침이 되어 측연 등을 써서 수심을 재본 결과, 배가 항구 근처까지 왔다는 사실을 알 수 있었다. 그러나 짙은 안개 때문에 육지가 보이지 않았다. 안개는 9시쯤 걷히기 시작했는데, 마치 극장의 막이 올라가듯 서서히 수면에서 흩어져 사라져 갔다. 그 밑에서 팰머스 시, 항구에 정박한 배, 주변에 있는 밭 등이 모습을 드러냈다. 오랫동안 단조로운 바다 풍경 외에는 아무것도 보지 못한 사람에게는 정말로 반가운 정경이었다. 특히 전쟁 때문에 따라붙었던 적선에 대한 걱정도 이제 끝났다고 생각하면 더욱 기뻐지는 것이었다.

반지를 탐낸 어떤 여자의 손에 살해당했다.

나는 곧바로 아들과 함께 런던으로 떠났다. 도중에 솔즈베리 평원의 스톤헨지[22]나, 진귀한 골동품을 모아놓은 펨브로크 경[23] 저택과 정원이 있는 윌튼 마을에 들러 구경을 하느라 걸음을 멈추기도 했다. 그리고 1757년 7월 27일, 마침내 우리는 런던에 닿았다.[24]

그랜빌 경과 의견 교환

나는 찰스 씨[25]가 마련해준 숙소에 자리를 잡자마자 포더길 박사[26]를 찾아갔다. 그를 만나서 어떤 수단을 써야 할지 물어보는 편이 좋겠다는 권유를 받았기 때문이었다. 그는 정부에 직접 청원하는 방식에는 반대했다. 우선 영주를 만나 부드럽게 부탁해 보는 편이 좋겠다는 것이었다. 영주 역시 친한 친구들이 옆에서 중재나 설득을 해준다면 일을 부드럽게 처리할 마음을 먹을 것이라고 했다. 이어서 나는 옛 친구이자 거래처이기도 했던 피터 콜린슨 씨를 방문했다. 그는 버지니아의 대상인 존 핸버리[27]로부터 내가 찾아오면 연락해 달라는 말을 들었다고 일러주었다. 그 무렵 추밀원의장 그랜빌 경[28]이 되도록 빨리 나를 만나보고 싶다고 해서, 나를 그에게 안내하고 싶다는 것이었다. 나는 다음날 아침에 함께 가기로 했고, 약속한 시간이 되자 핸버리 씨가 나를 찾아왔다. 그는 나를 자신의 마차에 태우고 그 귀족의 집까지 데려다 주었다. 그랜빌 경은 매우 정중한 태도로 맞아 주었고, 아메리카 대륙의 정세에 대해 이것저것 물어보았다. 그런 식으로 잠시 동안 이야기를 나눈 뒤, 그는 나에게

---

22) 잉글랜드 남부, 윌트셔 고원에 있는 선사시대의 유명한 유적.

23) 펨브로크 백작 헨리 허버트(1734~94). 영국의 장군. 이 일대의 고급 주택은 윌튼 하우스라 불렸고, 그리스—로마의 조각 등을 수집한 것으로 유명했다.

24) 여기까지는 1788년에 쓴 것이다. 남은 분량은 세상을 떠나기 몇 개월 전(1789~1790년 겨울)에 집필한 것으로, 원고의 필적을 통해 건강이 나빠진 것이 확연히 드러나 있다. 마지막에는 결국 미완성인 채로 끝났다.

25) 로버트 찰스(?~1770). 펜실베이니아 총독 고든의 비서. 1757~1761 동안 프랭클린과 함께 펜실베이니아 대표로서 과세문제에 대한 교섭을 맡았다.

26) 제9장의 주14 참조.

27) 1700~1758. 식민지 담배 무역으로 많은 재산을 모은 영국의 퀘이커 교도 상인.

28) 그랜빌 백작 존 카터릿(1690~1763). 영국 정계의 실력자로, 1751~1763 동안 추밀원 의장을 지냈다. 토머스 펜의 친척 여성과 결혼했으며, 펜 일족과 관계가 깊었다.

이렇게 말했다.

"당신들 아메리카 사람은 헌법의 본질에 대해 잘못된 인식을 품고 있는 것 같군요. 당신들은 국왕이 총독에게 내려준 훈령은 법률이 아니라고 주장하면서, 이것을 인정하고 말고는 자신들 마음이라고 생각하고 있어요. 하지만 이 훈령은 국왕이 하찮은 의례 때문에 외국에 파견된 사신에게 내려주는 비공식적 훈령과는 다른 것입니다. 그것은 우선 법률에 정통한 판사가 기초 작성을 하고, 이어서 추밀원의 심의와 토론을 거쳐 대체적으로 수정을 하고, 그 뒤에 국왕이 서명을 하시는 것입니다. 그러므로 당신들에게 있어 국법이나 다름이 없습니다. 국왕이야말로 식민지의 입법자이니 말이죠."

나는 처음 듣는 이야기라고 대답했다. 나는 오래 전부터 우리 법률은 우리 헌장에 따라 의회가 만드는 것으로 이해하고 있었다. 확실히 재가를 청하기 위해 국왕에게 제출하기는 하지만, 일단 재가 받은 이상은 아무리 국왕이라도 함부로 철회 또는 변경할 수 없다. 또한 의회가 국왕의 동의 없이 영구적인 법률을 만들 수 없는 것과 마찬가지로, 국왕 역시 의회의 동의를 얻지 않고 식민지의 법률을 만들 수는 없다고 말했다. 경은 내 생각이 완전히 잘못된 것이라고 단언했다. 나는 그렇게 여기지 않았지만, 경의 말을 듣고 궁정이 우리에게 어떤 마음을 품고 있는지 알게 되어 조금 뜻밖이라 생각했다. 그래서 숙소로 돌아오자마자 이에 대해 메모를 해 두었다.

거의 20년이나 지난 일이지만, 정부가 의회에 제출한 법안 가운데 국왕의 훈령만은 고스란히 식민지의 법률로 삼는다는 조항이 있었다. 하원이 그 항목의 조항을 부결시켰으므로 우리는 식민지의 벗이자 자유의 아군이라 여기고 그들에게 박수를 보냈다. 그런데 그들이 1765년에 우리에게 취했던 태도[29]를 보면, 그들이 국왕에 대한 특권을 거부했던 것은 그저 자신들을 위해 주권을 유보해 놓고 싶었기 때문이었던 것 같다.

펜 영주와의 교섭

포더길 박사가 미리 이야기를 해놓은 덕분에, 영주 측은 며칠 뒤 스프링 가

---

29) 1765년 2월, 하원이 식민지 파견 부대 비용을 충당할 목적으로 인지세법을 가결했던 것을 말한다.

든[30]에 있는 토머스 펜 씨[31]의 저택에서 나와 회견을 가지는 데 동의했다. 회견은 서로 합리적인 화해를 희망한다는 선서로 시작되었다. 그러나 '합리적'이라고 해도, 그에 대해 서로가 생각하는 의미는 완전히 다른 것이었으리라 생각한다. 이어서 우리는 내가 열거하는 몇 가지 조항에 대한 항의를 심사하게 되었다. 영주들은 자신들의 태도에 대해 최대한 변호했고, 나 역시 의회를 변호했다. 우리 사이에는 깊은 골이 패여 있었고, 양쪽의 의견이 너무나 멀리 떨어져 있어서 도저히 합의점을 도출할 희망이 보이지 않았다. 그래도 일단 내가 항의하기로 한 각 조항에 대한 서류를 만들어 제출하기로 했고, 그들은 그것을 잘 검토하겠다고 약속했다.

나는 곧바로 서류를 제출했다. 그들은 그 서류를 고문 변호사 페르디난트 존 패리스[32]에게 맡겼다. 그는 70년 동안이나 계속된 이웃 메릴랜드 식민지 영주 볼티모어 경과의 대규모 소송사건[33]에서 그들을 대신해 모든 법률상 수속을 처리했고, 의회와 분쟁이 일어났을 때 영주 측의 서류나 교서 등을 도맡아 작성한 사람이었다. 성격은 거만하고 다혈질이었다. 그가 쓴 서류는 논리가 매우 빈약하고 문장에서 거드름 피우는 기색이 느껴졌다. 나는 의회의 반박문을 통해 몇 번이나 패리스를 단단히 혼내 주었는데, 그는 그에 대해 깊은 앙심을 품고 있었다. 그가 만날 때마다 적대감을 숨기지 않고 드러냈으므로 나는 패리스와 둘이서 항의 항목에 대한 의견을 나누라는 영주 측의 제안을 거절했다. 누구든지 영주가 아닌 자와는 교섭하지 않겠다고 말한 것이다. 그러자 영주들은 패리스의 책략으로 서류를 법무장관 및 법무차장에게 제출해서 그들의 의견과 권고를 얻기로 했다. 그런데 그것은 8일만 더 지나면 1년에 이르는 긴 시간 동안 그대로 방치되고 있었다. 그 동안 나는 계속해서 영주 측에 답이 왔느냐

---

30) 런던 동부에 있는 거리.

31) 1702~1775. 펜실베이니아 식민지의 창설자 윌리엄 펜의 차남. 형, 동생과 함께 동식민지 영주가 되었다. 형이 죽은 뒤 식민지의 3/4를 소유했고, 동생이 식민지에 큰 열의를 보이지 않았으므로 펜 일족을 대표해서 식민지의회에서 파견된 프랭클린과 과세문제로 대립했다.

32) ?~1759. 식민지 문제를 전문으로 다루던 변호사로, 펜 일족의 고문 변호사. 교섭 흥정 기술이 특히 뛰어났다고 한다.

33) 펜 일족은 펜실베이니아와 메릴랜드의 경계선 문제 때문에 메릴랜드 영주인 볼티모어 가문과 1734년 이래 쭉 대립하고 있었다. 이 사건이 최종적으로 해결된 것은 메이슨과 딕슨의 측량 결과가 확실하게 나온 1767년에 이르러서였다.

고 묻고 다녔지만, 법무장관 및 법무차장은 아직 아무 의견도 피력하지 않았다는 대답밖에 듣지 못했다. 결국 어떤 의견이 나왔는지는 전해 듣지 못했으므로 나로서는 알 길이 없다. 그러면서도 그들은 패리스가 기초 서명한 장문의 교서를 의회에 보내고, 내가 쓴 서류는 서식이 잘못되었다며 예의에 어긋나는 짓이라고 비난했다. 또한 속이 다 들여다보이는 자기변호를 시도했고, 심지어 사태 해결을 위해 식민지의회가 "공평무사한 인물"을 파견해서 교섭할 생각이라면 기꺼이 응하겠다고 말했다. 이것은 내가 그들이 말하는 "공평무사한 인물"이 아니라는 것을 돌려 말한 것이었다.

아마도 서식이 미흡하다거나 무례하다고 한 이유는 내가 서류에 서명을 할 때, 그가 자칭하는 "진실하고도 절대적인 펜실베이니아 식민지 영주"라는 직함을 쓰지 않았던 것 때문이 아닐까 한다. 내가 그것을 생략한 이유는 회담에서 입으로 이야기한 것을 확인하기 위해 쓴 것뿐인 서류에 그처럼 거창한 직함은 필요 없으리라 생각했기 때문이었다.

이런 식으로 꾸물거리는 사이에 식민지의회는 데니 총독을 설득하는 데 성공했다. 일반인들과 마찬가지로 영주의 재산에도 세금을 매긴다는 법안을 통과시켰고,[34] 그 교서에 대해서는 아무 답변도 하지 않았다. 그리고 영주에 대한 과세 문제야말로 우리가 다툼을 벌이게 된 가장 중요한 이유였던 것이다.

그러나 이 법안이 영국까지 전해지자, 영주들은 패리스의 의견에 따라 국왕의 재가를 얻지 못하게 막겠다고 결심하게 되었다. 그리고 추밀원을 통해 국왕에게 청원을 넣었으므로 심문이 행해지게 되었다. 그들은 변호사를 두 명 고용해서 법안에 반대하도록 했다. 나도 마찬가지로 두 변호사에게 이에 맞서 변호할 것을 의뢰했다.

그들의 주장은 이 법안은 일반주민의 부담을 가볍게 하기 위해 영주의 재산에 무거운 세금을 물고자 하는 것이라고 말했다. 만약 법안이 이대로 실행되는 날에는 영주는 세금 할당에 대해 의회가 하는 대로 맡겨놓을 수밖에 없다. 그러면 일반주민들에게 인기가 없는 영주는 파산까지 이를 수 있다는 것이었다. 우리는 이 법안은 결코 그와 같은 목적을 가진 것이 아니며, 그런 결과가 나올

---

34) 이 법안이 성립된 것은 1759년 4월의 일이었다.

것이라고는 상상도 할 수 없다고 말했다. 세금 액수를 정하는 이들은 모두 성실하고 생각이 깊은 사람들이고, 공평하고 정당하게 평가하겠다는 선서도 했다. 영주 측의 부담을 늘려서 자신들의 세금을 가볍게 한다 해도, 그로 인해 개인에게 돌아갈 이익은 매우 적을 것이다. 그러니 그 때문에 위증죄를 범할 사람은 한 명도 없을 것이라고 말했다. 이것이 양측 주장의 요점이었던 것으로 기억한다.

우리는 또 이 법안이 철회될 경우 반드시 안 좋은 결과가 돌아올 것이라고 강력하게 주장했다. 왜냐하면, 이미 국왕 사용금으로 10만 파운드 지폐가 발행되었기 때문이었다. 그것은 현재 식민지 방위비로 쓰이고 있고, 일반 주민들 사이에도 널리 퍼져 있었다. 법안이 철회되면 그들이 지금 가지고 있는 지폐는 종잇조각이 될 것이고, 많은 피해자가 생길 것이다. 그리고 이제부터 식민지로 이주하려는 자들도 완전히 의욕을 잃게 될 것이다. 단순히 자신이 물어야 할 세금이 너무 비싸지지 않을까 하는 근거 없는 걱정 때문에, 일반 주민들에게 이처럼 거대한 재앙을 안겨주려는 영주의 이기적인 태도는 말도 안 되는 것이라고 격렬하게 비난했다.

과세 확인서 교환

이 이야기를 듣고 있던 추밀원 고문관 가운데 한 사람인 맨스필드 경[35]은 자리에서 일어나 손짓을 했다. 변호사들이 열띠게 변론을 주고받고 있는 가운데 나를 서기실로 데리고 가더니, 그 법안을 시행해도 영주의 재산에는 아무 손해도 없을 거라는 사실을 진심으로 믿고 있는지 물어보았다. 나는 물론이라고 대답했다.

"그렇다면 그것을 보증하는 확인서를 작성하는 것에 이의는 없겠군요."

"물론입니다."

그러자 그는 패리스를 불러왔다. 잠시 이야기를 나눈 뒤, 양측 당사자는 경의 제안에 승낙하기로 했다. 추밀원 서기의 손으로 이와 같은 취지의 서류가 작성되었고, 나는 찰스 씨와 함께 그것에 서명했다. 찰스 씨 역시 보통 사무를

---

35) 맨스필드 백작 윌리엄 머레이(1705~1793). 18세기 영국 최고의 법률가 가운데 한 명. 식민지에 대해서는 위압적인 정책을 지지했다.

담당하는 식민지 대표였다. 그리고 맨스필드 경은 추밀원 의회실로 돌아갔다. 그리고 마침내 법안이 가결되었다.

그러나 몇 가지 항목에 대해 변경 요청이 있었고, 우리는 이후 새로운 법률을 제정할 때 수정하겠다고 약속했다. 하지만 의회는 그럴 필요성을 인정하지 않았다. 추밀원의 명령이 전해지기 전에 의회는 이미 1년분의 과세를 끝낸 상태였는데, 그 와중에 과세 평가인에 대한 감사위원회를 조직했던 것이다. 영주와 친한 사람도 몇 명 소속되어 있었다. 위원회는 상세한 조사를 한 뒤, 만장일치로 과세가 매우 공평하게 행해지고 있다는 보고서에 서명했다.

의회는 앞서 나온 확인서의 첫 부분을 보고, 식민지 전체에 대한 큰 공적이라고 인정했다. 덕분에 그 무렵 널리 유통되던 지폐의 신용을 유지할 수 있었기 때문이었다. 의회는 내가 귀국했을 때 정식으로 감사를 표했다. 그러나 영주들은 데니 총독이 문제의 법안을 통과시킨 것에 분개한 나머지, 그의 지위를 빼앗고 훈령을 준수하겠다는 약속을 지키지 못한 것에 대해 고소하겠노라 협박했다. 그러나 그는 의회의 요청으로, 게다가 국왕폐하의 사용금을 위해 그와 같은 일을 한 것 뿐이었다. 또한 궁정에 세력을 둔 지지자들도 있었으므로 영주의 협박에 대해 별다른 걱정을 하지 않았다. 그리고 그 협박은 결국 입으로만 떠들다가 끝나고 말았던 것이다.

프랭클린의 부자에 이르는 길

독자 여러분.

글 쓰는 사람의 즐거움은 매우 많지만, 자신이 쓴 글을 학식 높은 다른 작가들께서 존경을 담아 인용하신 것을 알게 되었을 때 느끼는 기쁨을 넘어설 것은 없다고 합니다. 그러나 나는 오늘날까지 그 커다란 기쁨을 경험한 적이 없습니다. 결코 자만심으로 하는 이야기는 아닙니다만, 나는 이제까지 25년 동안 빠짐없이 달력을 발행했으므로 업계에서 제법 이름이 알려져 있습니다. 그럼에도 불구하고, 마찬가지로 달력을 발행하는 동업자들은 무슨 이유에서인지 칭찬 한 마디 건네는 것조차 매우 아까워하고 있습니다. 다른 방면의 저술가들 또한 나 같은 사람은 안중에도 없는 것처럼 보입니다. 만약 이 글이 다소나마 물질적 이익을 가져다주지 않았더라면, 나는 칭찬에 목이 마른 나머지 이미 오래전에 낙담하고 말았을 것입니다.

그러나 나는 점차 자신의 장점을 가장 잘 이해해 주는 것은 바로 평범한 사람들이라고 굳게 믿게 되었습니다. 내가 쓴 것을 사 주시는 것도 그 사람들이고, 또 길을 걷다 보면 아무도 내 얼굴을 모르는 곳에서 "가난한 리처드의 말에 따르면," 하고 달력에 들어있는 격언을 이것저것 인용하는 것을 몇 번이나 듣게 되기 때문입니다. 덕분에 나는 조금이나마 자신감을 가지게 되었습니다. 여러분이 내 가르침을 존중하고 계시다는 것을 알게 된 데다, 그 격언을 지은 나에게도 조금이나마 존경심을 품고 있음을 깨달았기 때문입니다. 덧붙여 고백하자면 세상 사람들이 그 금언을 명심하고 수시로 입에 담는 습관을 장려하고자, 나 역시 달력에 나온 격언을 진지하게 인용하곤 했습니다.

이런 형편이니, 이제부터 여러분께 들려드릴 일화를 통해 내가 얼마나 큰 만족을 얻었을 지 능히 상상할 수 있으실 것입니다.

얼마 전의 일입니다. 나는 상품 경매장에 많은 사람이 모여 있는 것을 보고 말을 멈췄습니다. 아직 경매 시간이 되지 않았으므로 사람들은 요즘 시세가 좋지 않아 곤란하다는 식의 이야기를 나누고 있었습니다. 이윽고 그 가운데 한 사람이, 소박하지만 말쑥한 차림을 한 백발 노인에게 말을 걸었습니다.

"에이브러햄 어르신, 실례지만 요즘 세상에 대해 어떻게 생각하십니까? 이렇게 세금이 높아서야 이 나라도 이제 끝장나는 게 아닐까요? 대체 어떻게 이 많은 세금을 다 감당하라는 걸까요. 지혜를 좀 빌려주세요."

그러자 에이브러햄이라는 노신사는 자리에서 일어나서 대답했습니다.

"내 지혜를 빌리고 싶다면, 좋습니다. 간단하게 말씀드리지요. 가난한 리처드가 말하길, '현자는 한 마디로 충분하다', '말 많다고 다 채울 수 있는 것은 아니다'라고 하잖소."

모두가 노신사의 생각을 듣고 싶다고 입을 모아 부탁했습니다. 그는 사람들에게 둘러싸여서 다음과 같은 이야기를 시작했습니다.

여러분, 여러분이 말씀하신 대로 현재 우리는 너무나 무거운 세금에 짓눌리고 있습니다. 만약 우리가 내야 하는 세금이 단순히 정부가 매긴 것뿐이라면 그래도 쉽게 낼 수 있을 것입니다. 하지만 우리는 그밖에도 세금을 내야 할 일이 여럿 있습니다. 사람에 따라서는 정부가 매기는 것과는 비교도 안 될 만큼 무거운 세금을 짊어지기도 합니다. 다시말해 게으름으로 두 배, 허영심으로 인해 세 배, 어리석음으로 인해 네 배나 되는 세금을 떠안게 되는 것입니다. 그런데 이러한 종류의 세금은 거두어들이는 관리들이 감세해 준다 하더라도 결코 가벼워질 수 없는 것들입니다. 하물며 면제야 절대로 불가능합니다. 그래도 좋은 충고에 귀를 기울인다면, 조금이나마 도움이 될 수 있을 것입니다.

"하늘은 스스로 돕는 자를 돕는다."

가난한 리처드가 1733년 달력에서 이렇게 말한 적도 있으니까요.

만약 국민에게 개인적인 시간 1/10을 제공해서 정부를 위해 일하라고 요구하는 나라가 있다면, 분명히 가혹하다 할 수 있습니다. 그러나 게으름은 많은 사람들에게 더욱 무거운 것을 요구합니다. 완전한 나태, 즉 아무것도 하려고 들지 않는 동안 흘러가는 시간을 생각해 보십시오. 그밖에도 어처구니없는 일이나 아무 짝에도 쓸모없는 놀이 따위에 허비하는 시간을 떠올려 보면 이해할 수 있을 것입니다. 게으름은 병을 부르고, 결과적으로 소중한 수명을 갉아먹게 됩니다.

"게으름은 녹과 마찬가지라 일을 할 때보다 더 빨리 지치게 만든다. 늘 쓰는 열쇠는 언제나 윤이 난다."

가난한 리처드가 이렇게 이야기했듯이 말입니다. 리처드는 이렇게도 말했습니다.

"인생을 소중히 여기라는 말을 들어보았는가? 그렇다면 시간을 허비하지 않는 편이 좋겠다. 시간이야말로 인생의 형태를 만드는 재료이기 때문이다."

그러고 보니 우리는 필요 이상으로 잠을 자는 데 얼마나 많은 시간을 쓰고 있는 걸까요?

"잠자는 여우는 닭 한 마리도 잡지 못한다."

"잠은 무덤에 들어간 뒤에 자도 늦은 것이 아니다."

가난한 리처드가 이렇게 말한 것조차 잊어버리고 말입니다. 시간이 세상에서 가장 중요한 것이라면 가난한 리처드의 말처럼 "시간낭비야말로 최고의 사치"임에 틀림없습니다. 다른 대목에서도 이야기했던 것처럼 "잃어버린 시간은 다시 찾는 것이 불가능"합니다. 우리가 평소에 "아직 시간은 충분하다"고 말하는 것은 "늘 시간 부족에 시달리니까" 그런 것입니다. 그러니 함께 힘을 내어 무슨 일이든, 그것도 되도록이면 유익한 일을 해야 하지 않겠습니까. 적은 수고로는 많은 일을 할 수 없는 법입니다. 가난한 리처드는 이렇게 말했습니다.

"나태는 모든 일을 어렵게 만들지만 근면은 쉽게 만든다."

그 달력에는 이런 말들도 적혀 있었습니다.

"늦잠을 잔 사람은 하루 종일 뛰어다녀야 하고 밤이 되어도 일을 마치지 못한다."

"게으른 자의 느린 걸음에는 머지않아 가난이 따라붙는다."

덧붙여 이런 이야기도 있습니다.

"일을 쫓아다녀라. 일에 쫓겨서는 안 된다."

"일찍 자고 일찍 일어나는 것이 건강의 기반,
　재산을 불리고 지혜를 늘린다."

더 좋은 세상이 됐으면 좋겠다고 마냥 바라기만 하는 것으로는 아무것도 이루어지지 않습니다. 기운내서 일을 해야만 좋은 세상을 만들 수 있습니다. 가난한 리처드의 말처럼 "부지런한 자는 소원을 빌 필요가 없고", "희망만 쫓아다니는 자는 굶어 죽는" 법입니다. "고생 없는 곳에 이득도 없다", "땅이 없다면 자신의 손발에 도움을 청하라"는 말도 있습니다. 만약 땅을 가지고 있다면 무거운 세금을 감수해야 할 것입니다. 그런데 가난한 리처드는 그 뒤에 이런 말도 했습니다.

"가게를 가진 사람은 재산을 갖는다."

"직업 있는 사람은 명예로운 관직을 얻기에 유리하다."

그러나 가게를 가지고 있다면 장사에 온 힘을 기울여야 할 것이고, 직업에 종사하고 있는 사람도 그에 많은 노력을 쏟아야 할 것입니다. 그렇지 않으면 겨우 모은 재산이나 관직도 세금을 내는 데 아무 도움도 되지 못할 것입니다. 그 대신 성실하게만 한다면 굶주림에 대한 걱정은 조금도 할 필요가 없습니다. 가난한 리처드도 말했습니다.

"일하는 자의 집은 굶주림이 들여다보는 일은 있을지라도 감히 안으로 들어오는 일은 결코 없다."

그런 사람의 집에는 집행관도 경찰도 들어올 일이 없습니다. "성실함은 빚을 갚지만, 자승자박은 빚을 키운다"고 하지 않습니까.

보물 한 점도 찾지 못한다 해서, 또는 유산을 물려줄 부자 친척이 한 사람도 없다고 해서 무엇이 나쁘단 말입니까. 가난한 리처드도 말했지만, "성실은 행운의 어머니"이며 "성실한 자에게 신은 아무것도 아까워하지 않는다"고 합니다.

가난한 딕[1]은 이렇게도 말했습니다.

"게으름뱅이가 잠든 사이에 밭을 갈아라,

　내다 팔고도 남을 만한 수확을 얻을 것이다."

'오늘' 안에 해야 합니다. 내일이 되면 어떤 방해가 생길지 알 수 없는 일입니다. 그래서 가난한 리처드는 "오늘 하루는 두 번의 내일과도 같다"고 했고, "내일 할 일이 있다면 오늘 안에 끝내라"는 말도 했던 것입니다.

---

1) 리처드의 애칭.

만약 당신이 다른 사람에게 고용된 몸이라면, 일을 게을리 하는 것을 선량한 주인에게 들키기라도 했다간 큰 창피를 당하게 되지 않을까요? 만약 당신이 독립한 사람이라 해도 가난한 딕의 말마따나 "게으름 피우는 자신을 들킨 것을 부끄럽게 여겨야" 할 것입니다. 스스로를 위해서나 가족을 위해서나, 그리고 조국을 위해서도, 나아가 국왕폐하를 위해서도 꼭 해야 할 일들이 산더미처럼 쌓여 있는 이상 날이 밝기가 무섭게 자리에서 일어나야 합니다.

"태양이 내려다보면서 '수치도 모르고 계속 누워 있구나' 하고 혀를 끌끌 찬다."

도구를 쓸 때는 장갑 같은 것을 끼지 않는 편이 좋습니다. 가난한 리처드가 "장갑 낀 고양이는 쥐를 잡을 수 없다"고 말했던 것을 잊으면 안 됩니다.

해야 할 일들은 분명 산더미처럼 쌓여 있습니다. 당신의 힘이 모자랄 때도 있을 수 있습니다. 그래도 착실히 일을 계속해야 합니다. 그러면 반드시 큰 효과를 거두게 될 것입니다.

"낙숫물이 바위를 뚫는다."

"쥐가 근면과 인내로 결국 밧줄을 갉아 끊는다."

"작은 일격도 쌓이면 큰 나무를 넘어뜨린다."

언제 적 달력인지는 기억나지 않지만, 가난한 리처드도 이와 같은 이야기를 한 적이 있습니다.

그런데, 누구시더라. 여러분 가운데 어느 분께서 "여가를 즐기면 안 되는 건가?" 하고 말씀하시는 것을 들은 것 같군요. 그 분에게 가난한 리처드가 한 말을 들려드리겠습니다.

"여가를 원한다면 시간을 잘 활용해야 한다."

"1분이라는 시간조차 간단히 얻을 수 없는 이상, 한 시간이나 되는 시간을 허비하지 마라."

여가란 무언가 유용한 일에 쓰는 시간을 말합니다만, 그러한 시간은 성실해야만 얻을 수 있는 것이고 게으른 자는 결코 손에 넣을 수 없습니다. 그렇기에 가난한 리처드는 "여유 있는 생활과 게으른 생활은 전혀 다른 것"이라고 말한 것입니다. 여러분은 일하는 것보다 게으름 피우는 쪽이 편하다고 생각하실 지도 모르겠습니다만, 절대로 그렇지 않습니다. 가난한 리처드의 말처럼, "걱정거리는 게으름에서 비롯되고, 큰 고생은 무익한 평안에서 생기는 것"입니다.

"수고스러운 일은 하나도 하지 않고 잔재주만 부리며 살아가려는 자가 많은데, 그런 사람들은 점차 자본을 잃고 반드시 파산하게 된다."

한편, 성실함은 안락과 부와 존경을 가져다줄 것입니다.

"쾌락은 오히려 달아날 때 쫓아온다."

"부지런한 방직공은 갈아입을 옷이 많이 생긴다."

"양과 소가 한 마리씩 손에 들어오고 나니,
　모든 사람들이 내게 아침인사를 건넨다."

가난한 리처드는 이렇게 이야기했습니다. 어느 것이나 정말 마땅한 이야기가 아닐 수 없습니다. 그러나 우리는 성실한 동시에 진지하고 착실하고 주의 깊은 사람이 되어야만 합니다. 자신의 일은 스스로 감독하고 되도록 남에게 맡기는 일이 없어야 합니다. 가난한 리처드의 말을 인용해 보겠습니다.

"몇 번이나 옮겨 심은 나무나
　몇 번이나 이사하는 집안은
　제 자리를 지킬 때보다 번영하지 못한다."

또 "이사 세 번은 화재 한 번과 마찬가지", "가게를 지켜라, 그러면 가게가 너를 지킬 것이다"와 같은 말도 했습니다. 그리고 "일을 완수하고 싶다면 직접 가라. 그러고 싶지 않다면 남을 보내라."라고도 말입니다. 또한 이와 같은 이야기도 했습니다.

"밭농사로 재산을 모으고 싶다면
　쟁기든 괭이든 직접 손에 들어라."

그밖에도 "남을 부리는 사람의 눈은 두 손보다 많은 일을 한다", "주의 부족은 지식 부족보다 많은 손해를 불러온다", "사람을 부리면서 감독을 게을리 하는 것은 지갑을 연 채로 앞에 놓아두는 것과 마찬가지"라고도 했습니다.

다른 사람을 믿고 모든 일을 그에게 맡겨버렸다가 스스로의 파멸을 불러온 예가 적지 않습니다. 가난한 리처드의 달력에 나오다시피, "이 세상에서 인간을 구원하는 것은 신이 아니라 남을 쉽게 믿지 않는 신중함"이기 때문입니다. 반대로 자신의 일을 스스로 돌본다면 유익한 결과를 낳을 것입니다. 가난한 딕이 말했던 것처럼 "힘은 용기 있는 자에게" "지상의 행복은 어진 이에게" 가는 것이며, "지식은 공부하는 자에게, 부귀는 신중한 자에게" 주어지는 것입니다. "충실하고 믿음직스러운 하인을 얻고 싶다면 스스로를 하인으로 삼도록" 해야 할 것입니다.

또, 아무리 하찮은 일일지라도 늘 주의를 기울여 빈틈이 없도록 해야 한다고 충고하기도 했습니다. 때때로 "작은 게으름이 큰 재앙을 부를 수 있다"고 하지 않습니까. "못 하나가 빠져서 말편자가 빠지고, 말편자가 빠져서 말이 쓰러지고, 말이 쓰러져서 기수가 목숨을 잃었다"는 이야기도 있습니다. 기수는 적에게 붙잡혀 살해당한 것이지만, 결국 말편자의 못에 신경 쓰는 사소한 일을 소홀히 했으므로 그런 일이 벌어졌던 것입니다.

여러분, 성실하고 자기 일을 소홀히 하지 말라는 충고는 이쯤에서 끝내겠습니다. 하지만 성실함이라는 덕으로 보다 확실한 성공을 이루고 싶다면, 검소함이라는 덕을 겸비해야 할 것입니다. 만약 벌기만 하고 저축할 줄은 모른다면 "평생 땀 흘려 일해 봤자 죽음을 맞이할 때는 한 푼도 남지 않을 것"이고 "부엌이 뚱뚱해지면 유언장은 홀쭉해진다"고, 가난한 리처드도 그렇게 이야기하고 있습니다.

"겨우 모은 재산을 탕진하는 자가 적지 않다,
　차에 푹 빠진 여자는 뜨개질을 게을리 하고
　술에 사족을 못 쓰는 남자는 장작 마련을 소홀히 한다."
그러니 부자가 되고 싶다면, 가난한 리처드가 다른 해 달력을 통해 했던 말을 명심하는 것이 좋을 것입니다.

"버는 것만이 아니라 남기는 것도 생각하라. 스페인은 서인도를 손에 넣었는데도 부유해지지 못했다. 들어오는 것보다 나가는 것이 더 많았기 때문이다."
그러니 어리석게 낭비하는 버릇을 고치지 않으면 안 됩니다. 그대로 놔두면 세상 살기 참 힘들다거나 세금이 높다, 가족 때문에 돈이 많이 든다는 등 불평의 씨앗이 결코 줄어들지 않을 것입니다. 가난한 딕도 이렇게 말했습니다.

"술과 여자, 도박과 사기
　재산은 여위고 욕심만 늘어난다."
또한, "한번 놀 돈으로 아이 둘을 키운다"고 하지 않습니까. 어쩌면 여러분은 가끔씩 차나 술을 좀 마시거나 조금 비싼 음식을 먹고, 가끔 예쁜 옷을 입거나 작은 유희를 즐기는 정도는 그리 큰일도 아니라고 생각하실 지도 모릅니다. 하지만 가난한 리처드가 이렇게 말했던 것을 잊지 마십시오.

"티끌 모아 태산."

"하찮은 지출에 주의해라. 작은 구멍 하나 때문에 큰 배가 가라앉는다."

"미식가의 말로는 걸식(乞食)."

또한, "맛있는 음식을 만드는 것은 바보일 지라도 그것을 입에 넣는 것은 현명한 자"입니다.

여러분은 지금 이곳, 아름다운 옷이나 아기자기한 잡화를 경매하는 곳에 모여 계십니다. 여러분은 이 물건들을 구입하면 꽤 이득이 된다고 말씀하고 계시죠. 그러나 조심하지 않으면, 사람에 따라서는 '꽤' 정도가 아니라 어마어마한 재앙이 될 가능성도 있습니다. 여러분은 경매장에서 구입하면 싸게 손에 넣을 수 있다고 생각하시지요. 확실히, 잘만 하면 원가보다 싼 값에 구입할 수 있을 지도 모릅니다. 하지만 필요 없는 물건을 사는 것은 꽤 비싼 값을 지불하는 것과 다를 바가 없습니다. 가난한 리처드의 말을 잊지 마십시오.

"필요 없는 물건을 사게 되면 머지않아 꼭 필요한 물건까지 팔아치울 지경에 이른다."

"싸다고 해서 함부로 손을 내밀지 마라."

다시 말해, 싸다고 해도 그저 그렇게 보일 뿐이지 실제로는 비싼 것일 가능성도 있습니다. 또한 싸다고 함부로 사들였다가는 주머니 사정이 어려워져서 득보다 실이 커질 수도 있습니다. 실제로 달력의 다른 부분에는 "좋은 물건을 샀다가 파산한 자가 많다"는 이야기도 적혀 있습니다.

또한, 가난한 리처드는 "돈을 내고 후회를 사들이는 어리석은 자"라는 말도 했습니다. 그러나 많은 사람들이 달력이 말해 주는 교훈에 귀를 기울이지 않고 매일같이 경매장에서 어리석은 짓을 되풀이하고 있습니다.

가난한 리처드는 "현명한 사람은 다른 사람의 불운을 보고 깨달음을 얻지만, 어리석은 자는 자기 몸으로 겪고도 눈을 뜨지 못한다"고 말했습니다.

"Felix quem faciunt aliena pericula cautum(남의 불운을 보고 신중해질 수 있는 자는 행복한 사람이다)."

아름다운 옷을 입고 자기를 꾸미려 하다가 끝없는 굶주림에 괴로워하게 되고, 결국 처자식까지 배를 곯게 만든 예는 옛날부터 드물지 않았습니다. 가난한 리처드의 말처럼 "비단과 수자, 홍견(紅絹)과 비로드는 부엌 화덕을 싸늘하게 만드는 것"입니다. 비단 같은 것은 생활필수품이 아닙니다. 귀중한 것도 되지 못합니다. 그럼에도 겉보기가 좋다는 이유 하나 때문에 얼마나 많은 사람들이 탐을 내는지 모릅니다. 이와 같은 인간의 부조리한 욕망이 점차 자연스러운 욕구를 넘어서게 되었고, 그 결과 가난한 딕이 말한 것처럼 "진짜 거지 한 명에 사치스런 거지가 백 명"이라는 상황에 이른 것입니다.

이와 같은, 그리고 그 밖의 온갖 사치 때문에 신사로 통하는 높으신 분들마저 가난에 빠져들기도 합니다. 그리고 옛날에는 그 신사들의 경멸을 받았지만 성실과 절약을 실천해서 사회적 신분을 유지한 사람들을 찾아가 돈을 빌려야 할 상황에 처합니다. 그러한 상황에 처하면, 가난한 리처드의 말처럼 "자기 다리로 서있는 농부가 무릎 꿇은 신사보다 키가 크다"는 것을 실감할 수 있습니다. 짐작컨대 그 신사들의 재산은 자신이 일해서 손에 넣은 것도 아니고, 부모님께 물려받은 것에 지나지 않을 것입니다. "지금은 낮이고, 이대로 영영 해가 지지 않을 것이다", "이렇게 많으니 조금 낭비해도 상관없겠지" 하는 식으로 생각한 것이겠지요. 가난한 리처드의 말로는 "20실링과 20년의 세월, 아무리 써도 닳지 않으리라 생각하는 것은 어린애와 바보 뿐"이라고 합니다. 그러나 "늘 꺼내 쓰기만 하고 채우지 않으면 부자의 창고도 바닥을 드러낸다"는 말이 있지요. 그 지경에 이르고 나서야 처음으로, 가난한 리처드의 말을 빌리자면 "우물이 마른 뒤에야 물의 소중함을 알게 되는 것"입니다. 처음부터 충고를 잘 따랐더라면 그 정도쯤은 진작 깨달았을 것입니다. "돈의 귀중함을 알고 싶다면 나가서 돈을 빌려보라"는 말도 있습니다. 왜냐하면, "돈을 빌리러 가는 자는 슬픔을 빌리려는 것"이기 때문입니다. 또 그런 사람들에게 돈을 빌려준 사람 역시 돌려받으러 갈 때마다 마찬가지로 곤경에 처하게 될 것입니다.

가난한 딕은 이어서 이렇게 충고했습니다.

"어리석은 몸치장은 커다란 재앙,
　취향과 타협하기 전에 지갑과 상담하라."

"허영심은 가난과 똑같이 구걸을 종용하고, 낯 두껍기로는 오히려 한 술 더 뜬다."

아름다운 물건을 하나라도 구입했다가는, 그에 맞추어 몸을 치장하기 위해 필요도 없는 것을 계속 사들일 수밖에 없게 됩니다. 그러나 가난한 딕은 "처음부터 갖고 싶다는 마음을 억누르는 편이 이후 꼬리를 물고 솟아오르는 소유욕을 다 만족시키는 것보다 쉽다"고 말했습니다. 그리고 가난한 사람이 부자 흉내를 내는 것은 개구리가 배를 부풀려서 황소와 맞서려는 것과 마찬가지로 어리석음의 극치라 할 수 있습니다.

"밑천이 든든하다면 새로운 모험을 해도 좋으리라,
 작은 배라면 해안 부근에서 멀리 가지 말라."

그러나 밑천이 든든하다고 해서 새로운 모험에 나서는 것 또한 어리석은 행위입니다. 분명히 머지않아 그 행동의 결과가 자신에게 돌아올 것입니다. 가난한 리처드의 말처럼 "호화로운 점심 뒤에는 후회스러운 저녁"이 오는 법입니다. 다른 장에는 "아침의 호사, 점심의 빈곤, 저녁의 몰락"이라는 말도 실려 있습니다.

결과적으로, 그토록 많은 위험을 무릅쓰고 고생을 하면서까지 몸치장을 한다고 해서 대체 무슨 도움이 된다는 말입니까. 몸을 건강하게 만들어주는 것도 아니고 고통을 가라앉혀주는 것도 아닙니다. 그 사람의 가치가 올라가는 것도 아니고, 오히려 다른 사람의 질투를 불러 일으켜 불행이 찾아오도록 재촉하는 결과가 될 뿐입니다.

"나비란 무엇인가?
 결국 화려하게 치장한 털북숭이 벌레일 뿐,
 실제 모습은 멋진 옷을 입은 허영심 많은 사나이."

가난한 리처드는 이렇게 이야기하고 있습니다.

아무튼 이처럼 없어도 상관없는 사치품을 빚까지 져가면서 사들이는 것은 도저히 제정신이라 봐줄 수 없는 행동이라 할 것입니다. 이 경매장에서는 6개월 동안 연체 지불을 할 수 있습니다. 여러분 가운데에는 그 조건에 끌려서 오신 분도 있을 것입니다. 곧바로 지불할 여유는 없지만 그런 조건이라면 현금이 없어도 지금 곧바로 몸치장을 할 수 있게 된다고 생각하신 거죠. 만약 그런 분이 계시다면, 말도 안 되는 착각을 하시는 거라고 말씀드리겠습니다. 일단 한 번 빚을 만들고 나면 어떤 결과가 찾아올지, 한 번 생각해 보십시오. 다른 사람에게서 돈을 빌리는 것은 그에게 자신의 자유를 파는 것과 다를 바가 없습니다. 기한이 다 됐는데 갚을 형편이 못된다면 면목이 없어서 채권자를 만나는 것을 괴롭게 느끼게 될 것입니다. 이야기를 나눌 때도 계속 흠칫흠칫 떨어야 하고, 얼토당토않고 한심스러운 데다 얄팍하기 짝이 없는 변명을 이것저것 지어내어야 합니다. 그러는 사이 점차 성실함을 잃게 되고, 새빨간 거짓말을 아무렇지도 않게 입에 담게 되는 것입니다.

가난한 리처드도 말했지만 "빚은 거짓의 시작"이며, "빚이란 이름의 말에 오르는 것은 거짓"이기 때문입니다. 자유로운 몸으로 태어난 영국인[2]이라면 상대가 누구라 해도 만나는 것을 수치스러워하거나 대화를 나누기를 두려워해서는 안 됩니다. 그러나 가난은 우리에게서 기백과 도의심을 뿌리 채 뽑아가고 맙니다. 가난한 리처드가 입에 담은 바른 말 가운데에 "빈 자루는 똑바로 서지 못한다"는 것이 있습니다. 만약 국왕이나 정부가 신사숙녀다운 말쑥한 차림을 해선 안 된다, 그 금기를 어기는 자는 감금 내지 징역에 처하겠다는 식의 포고를 내린다고 상상해 보십시오. 그 때 여러분은 어떻게 생각하시겠습니까? 틀림없이 우리는 자유의 몸이고 원하는 옷을 입을 권리가 있다, 이 포고는 기본적 인권을 침해하는 것이며 그것을 강요하는 정부는 전제정치나 다를 바가 없다고 주장할 것입니다. 만약 여러분이 빚을 내서까지 아름다운 옷을 사고 싶다면, 그것은 방금 말씀드린 것과 같은 탄압 속으로 자진해서 들어가는 것과 다름이 없습니다. 왜냐하면 여러분의 채권자는 돈을 돌려받을 수 없게 될 경우, 여러분을 종신형에 처하거나 노예로 팔아넘기거나 하는 등 자유를 구속할 할 권리를 가지게 되기 때문입니다. 연체 지불이라는 말에 아주 좋은 조건이라 여기고 물건을 사들일 때, 여러분은 아마 지불에 대한 것은 생각하지 않고 계실 겁니다. 그러나 가난한 리처드가 말했다시피, "채권자는 채무자보다 기억력이 좋습니다". 또한 리처드는 이런 이야기도 한 적이 있습니다.

"채권자는 미신을 좋아하는 사람들이라 정해진 기한에 매우 까다롭다."

빚을 갚을 기한은 모르는 사이에 바짝 다가오고, 청구서는 우리가 준비를 마치기 전에 날아오는 것입니다. 빚에 대한 것을 잊지 않더라도, 처음에는 아주

---

2) 이 무렵 미국은 영국의 식민지였다.

먼 훗날인 것처럼 보이던 기한이 시간이 지날수록 매우 짧은 것처럼 느껴지게 될 것입니다. 시간의 어깨만이 아니라 발꿈치에마저 날개가 돋아있는 것처럼 느끼게 되겠지요. 그래서 가난한 리처드는 "부활제까지 갚을 빚을 짊어진 자는 사순절도 눈 깜짝할 사이에 지나가는 것처럼 느낀다"고 말하고 있습니다. 가난한 리처드의 말처럼 "채무자는 채권자의 노예, 채권자는 채무자의 주인"인 셈입니다. 그러니 몸을 속박하는 사슬 따위는 상대하지 말고, 자유를 잃지 않고 자주독립을 계속 지켜나가야 할 것입니다. 성실과 절약으로 자유를 누리도록 하십시오. 어쩌면 지금은 주머니 사정이 좋으니 조금쯤은 사치를 부려도 끄떡없으리라 생각하시는 분이 계실 지도 모르겠습니다. 그러나 이 말을 명심하시기 바랍니다.

　"할 수 있을 때 노후와 불시의 사고에 대비하라,

　　아침 해는 하루 종일 떠 있는 것이 아니다."

　가난한 리처드의 말처럼 돈벌이는 일시적이고 불안정한 것이지만, 돈을 쓸 일은 살아있는 한 계속 닥쳐오게 됩니다. "아궁이 두 개를 만드는 것은 쉽지만, 한 아궁이의 불을 꺼뜨리지 않는 것은 어렵다"는 말이 있습니다. 그러므로 "내일 빚을 짊어지고 일어나기보다 오늘밤 저녁을 굶고 바닥에서 자도록 하라"고들 하는 것입니다.

　"얻을 수 있는 것은 반드시 얻어내고, 손에 쥔 것은 놓지 마라.

　　이것이야말로 납을 황금으로 바꾸는 돌[3]이다."

　가난한 리처드는 이렇게 말했습니다. 그리고 한 번 이 돌을 손에 넣기만 하면 세상 살기가 어렵다거나 세금을 내기 힘들다는 등의 불평은 두 번 다시 흘러나오지 않을 것입니다.

　여러분, 이와 같은 교훈은 그야말로 도리에 맞고 지혜롭기 그지없는 것입니다. 그러나 분명 성실, 절약, 신중은 빼어난 미덕이지만, 너무 그것에만 의지해서는 안 됩니다. 아무리 좋은 미덕이라도 신의 축복이 없으면 아무 도움도 못 될 수 있기 때문입니다. 그러니 조심스런 마음으로 신의 축복을 구하는 한편, 이 순간 신의 손길이 절실한 사람들에게도 무자비한 태도를 취하지 마시기 바

───────────────

3) 비금속을 황금으로 바꾸는 힘을 가지고 있다는 상상의 광물로, '현자의 돌'이라는 이름으로 알려져 있다.

랍니다. 그들을 격려하고 도와주십시오. 욥은 그토록 큰 고난을 겪었지만, 마지막에는 보답을 받았다는 것을 잊지 마시기 바랍니다.

그럼 마지막으로 한 마디만 더 하겠습니다.

"경험이 경영하는 학교는 수업료가 비싸다. 그러나 어리석은 자는 다른 사람의 학교로 올라가려 하지 않는다. 올라가더라도 별다른 배움을 얻지 못한다."

가난한 리처드도 말했지만, 확실히 "충고를 해줄 수는 있어도 처세술까지는 무리"라고 생각합니다. 또 "받아들일 마음이 없는 자에게 조언하는 것은 어렵다"는 사실, 그리고 "도리에 귀 기울이지 않는 자에게는 반드시 엄격한 대가가 돌아온다"는 가난한 리처드의 말을 명심하시기 바랍니다.

이렇게 해서 노신사는 긴 연설을 끝냈습니다. 듣고 있던 사람들은 정말 그말 대로라며 수긍했습니다. 그러나 어찌된 일인지, 사람들은 이야기가 끝나자마자 그것이 흔하기 짝이 없는 설교였다는 식으로 노신사의 가르침과 완전히 반대되는 행동에 나서기 시작했습니다. 경매가 시작되자 그들은 노인의 훈계나 세금 걱정에 대한 것은 전부 잊어버리고 터무니없이 많은 돈을 쓰기 시작했던 것입니다.

나는 이 어진 노신사의 이야기를 듣고, 그 분이 내 달력을 구석구석까지 조사했을 뿐만 아니라 25년 동안 내가 성실함을 비롯한 여러 항목에 대해 썼던 내용을 완벽하게 소화하고 있음을 알게 되었습니다. 계속 이름을 인용했으니, 만약 다른 사람이었다면 불편한 기분이 들었을지도 모릅니다. 그러나 자만심 강한 저는 이에 엄청난 만족감을 느꼈습니다. 노신사는 가난한 리처드가 말한 교훈이라고 말했지만, 사실 그 가운데 내가 직접 생각해낸 것은 1/10도 되지 않습니다. 나머지는 모두 동서고금의 명언을 모아놓은 것에 지나지 않았고, 나 역시 그 사실을 잊고 있었던 것은 아니었습니다.

나는 그 명언을 다른 사람이 입에 담는 것을 듣자 이대로 있어서는 안 되겠다고 결심했습니다. 원래는 윗옷을 새로 만들기 위해 나사 천을 살 생각으로 왔지만, 당분간 낡은 윗옷으로 만족하자고 마음을 고쳐먹고 그 자리를 떠났습니다.

독자 여러분, 여러분도 이처럼 행동한다면 나에게 뒤지지 않을 만큼 많은 것

을 얻을 수 있게 되실 겁니다. 그럼, 이 이야기가 언제까지나 여러분의 도움이
되기를 빌며 이만 마칩니다.

1757년 7월 7일
리처드 선더스

프랭클린의 13가지 덕목

프랭클린의 13가지 덕목

제1장
새로이 조명받는 프랭클린의 삶

독학으로 자기의 길을 개척한 프랭클린

벤자민 프랭클린이 태어난 것은 1706년 1월 17일로 17남매 가운데 15번째였다. 아버지는 종교적인 이유로 영국에서 식민지인 미국으로 이민 온 사람으로서 보스턴에서 양초와 비누를 만드는 공장을 경영하고 있었다. 자녀가 이토록 많았으니 당연히 생활은 궁핍했다.

벤자민은 8세 때 보스턴 라틴어학교에 입학한다. 이 학교는 성직자나 변호사가 될 사람에게 그 무렵 교양에서 빼놓아선 안 될 라틴어 기초를 가르치는 것이 목적인 학교인데, 가정의 경제사정 등도 있어서 1년도 채 다니지 못하고 그만둔다. 그 뒤로 '읽기와 쓰기, 산수'를 가르치는 실용학교로 옮겼는데 그것도 10세 때 그만두고 가업을 돕게 된다.

그 뒤로 그는 놀랍게도 정규교육이라곤 전혀 받지 않았다. 다만 어려서부터 글을 깨치는 것이 빨랐고, 보스턴 라틴어학교에 다닐 때는 월반을 할 정도로 우수한 학생이었으며, 특히 독서에 매우 열심이어서 얼마 되지 않는 용돈을 모아 책을 사곤 했다고 한다.

아버지의 일을 돕기 시작한 프랭클린은 일이 마음에 들지 않았고, 선원이 되고 싶어 했으므로 혹시 집을 나가는 게 아닐까 하고 아버지는 노심초사했다. 그의 재능이 꽃피기 시작한 것은 형 제임스의 인쇄소에서 일하게 된 뒤부터이다. 겨우 13세 때 〈촛대의 비극〉과 그 밖의 시사소설을 써서 팔러 다녔고, 15세 때는 형이 발행하는 신문에 익명으로 기고하기도 한다. 그러나 형과의 관계가 좋지 않아서 자주 충돌하다가 17세 때 보스턴을 떠나 필라델피아로 옮긴다.

필라델피아에서도 인쇄공이 되었고, 두뇌회전이 빠른 프랭클린 소년은 주위로부터 인쇄공으로서의 확실한 수완을 평가 받아 18세 때는 영국 런던으로 건너가서 역시 인쇄공으로 1년 반 동안 머무른다. 이것은 독립을 권하는 사람이 있었는데 자기가 비용을 댈 테니 걱정 말고 다녀오라는 말을 믿고 인쇄기계 등을 구입하기 위해 그 무렵 선진국인 영국으로 건너갔던 것이다. 그러나 그 사람은 돈을 부쳐주지 않았다. 말하자면 듣기 좋은 말에 보기 좋게 속아 넘어간 것이다. 프랭클린 같은 인물도 젊을 때는 이런 실수를 했던 것이다. 런던에선 일하는 틈틈이 연극을 보러 가기도 하고, 책을 읽으며 보냈다고 한다.

런던에서 보낸 이 시기의 일화가 있다. 프랭클린은 어릴 때부터 수영을 무척 좋아했는데 런던에서 알고 지낸 청년에게 수영을 가르쳐주었더니 그 이야기를 들은 상류가정에서 자기 아이에게 수영을 가르쳐달라는 의뢰가 들어왔다고 한다. 결국 그는 겨우 몇 시간 만에 2명의 청년을 헤엄칠 수 있도록 지도했다는 것이다. 런던에서 수영학교를 열었으면 아마 한몫 단단히 잡았을지도 모른다고 프랭클린은 회고하고 있다.

사업가로 대성공

독립에의 꿈이 무너지고 런던에서 인쇄공으로 일하던 프랭클린은 영국에서 들여온 상품을 미국에서 파는 일을 도와달라는 부탁을 받고 필라델피아로 돌아간다. 그 사람에게서 부기와 사업수완을 배워 한동안 일이 잘 돌아갔는데 그만 그 사업가가 병으로 세상을 떠나는 불운을 겪는다. 그는 다시 남의 밑에서 일하는 인쇄공이 되었다.

그러나 그는 이러한 좌절에도 전혀 굽히지 않는다. 십대 후반부터 이십대까지는 문필가와 경영자로서의 두 가지 일을 매우 훌륭하게 해낸다. 22세 때는 친구와의 공동출자로 인쇄소를 차리고, 이듬해에는 신문 〈펜실베이니아 가제트〉를 인수하고, 그것을 식민지 유수의 신문으로 키워낸다. 또한 〈지폐의 본질 및 그 필요성〉이라는 논문을 발표하여 지폐발행을 늘릴 것을 요구한다.

사업가로서의 프랭클린은 도무지 빈틈이라곤 없었다. 예를 들면 관청과 관련된 인쇄물을 독점하고 있는 인쇄소가 있었는데, 그 인쇄소에서 찍은 청원서가 오자투성이인 것을 발견하고 프랭클린은 자기의 공장에서 똑같은 것을 정확하고 깨끗하게 인쇄해서 그것을 주의회 의원들에게 1부씩 보낸다. 이로써 주의회의 일감을 보란 듯이 따낸다.

또한 〈지폐의 본질 및 그 필요성〉이라는 논문은 그가 서민의 이익을 대표하는 입장에 있음을 나타내고 있다. 그 무렵의 미국은 지방에 따라 돈의 가치가 달랐고, 지폐발행 등도 주정부가 결정하고 있었다. 그 무렵 부자들은 지폐의 발행증대에 반대하고 있었다. 그러나 프랭클린의 말을 빌리면 "부자들 가운데엔 나의 논문에 반박할 수 있는 필자가 단 한 사람도 없었기 때문에" 이 논문이 주의회를 움직여 지폐발행 증대가 결정되었고, 더구나 지폐를 인쇄하는 일이 프랭클린의 공장으로 돌아온다. 이것은 상당한 수입원이 되었던 듯하다.

이리하여 24세 때 독립하여 인쇄소를 경영하게 되고, 사업이 번창하여 크게 고무됨과 동시에 그는 서서히 활동범위를 넓혀간다.

25세 때는 훗날 필라델피아도서관으로 발전하는 회원제 도서관을 창설하고, 동시에 13가지의 덕목을 정하기에 이른다.

그리하여 26세 때 발행한 〈가난한 리처드의 달력〉이 폭발적 히트작이 되어 프랭클린은 경제적인 기반을 굳히는데 성공한다. 이것은 달력의 여백에 교훈적인 격언을 인쇄한 것으로서 1757년까지의 25년 동안 매년 1만부 이상이 팔려나가 당시로선 어마어마한 베스트셀러였다. 미국뿐만 아니라 유럽에서도 평판을 거두어 프랑스에선 번역물이 2종류나 나왔다고 한다. 그의 이름이 비로소 세상에 알려진 것이다. "일단 100파운드만 모으면 그 다음의 100파운드는 저절로 모아진다"는 것을 실감했다고 할 정도로 사업은 순조로웠다.

또한 우수한 직원을 뽑아서 활자 등의 자재를 제공하여 공동으로 인쇄소를 열게 했다고 한다. 이것은 요즘으로 따지면 '프랜차이즈사업의 전개' 같은 것이었다. 이것은 6년 기간의 계약으로 6년 뒤에는 독립할 수 있는 시스템으로 되어 있었다.

이렇게 사업가로서 일단 성공을 거둔 프랭클린은 사회적인 신용도 얻어 30세가 되자 펜실베이니아 식민지의회 서기에 선임되고, 이로써 정치의 세계에 서서히 발을 들여놓게 된다.

또한 같은 해에 유니온 소방조합을 조직하여 널리 공공사업에도 눈을 돌린다. 이것은 지금까지의 야간경비시스템이 불합리하다고 판단한 프랭클린이 제창하여 시작된 조합으로서 처음엔 짐을 나르기 위한 포대나 바구니, 양동이 등을 준비해 놓고 불이 났을 때 곧바로 쓸 수 있도록 철저히 관리하는 데서 시작되었는데 훗날 소방펌프와 사다리 등의 기구까지 갖추게 되었다고 한다.

'배터리'라는 전기용어는 프랭클린이 만들었다

프랭클린은 피뢰침의 발명으로도 유명하지만, 그가 발명한 것은 그것만이 아니다. 그의 발명품 가운데 최초로 유명해진 것은 프랭클린 난로였다. 그가 36세 되던 해이다. 장작이 효율적으로 타고, 연료가 절약되는 이 오븐 난로는 그의 친구가 만들어서 내다 팔았는데 매우 잘 팔려서 큰돈을 벌었다고 한다. 프랭클린은 이 난로의 선전 팸플릿까지도 제작했는데 전매특허를 따내어 특허료를 받으면 어떻겠느냐는 주위의 권유를 단호하게 거절했다고 한다.

그는 이때부터 이미 과학연구도 광범위하게 하고 있었고, 결국 40세 무렵부터는 전기에 대한 연구까지 시작한다. 전기연구는 분명 그 무렵 최첨단과학이라 해도 과언이 아니리라. 그리하여 벼락과 전기가 같다는 것을 발견하고, 동시에 피뢰침의 발명을 이룩해 낸 것이 46세 때이다. 대단한 의욕이다.

놀랍게도 '배터리(전지)'나 '차지(충전)' '네거티브(음전기)' '포지티브(양전기)' 등의 전기관련 용어에는 프랭클린이 만들거나, 전기관계용어로서 처음 쓰기 시작한 것이 꽤 있다고 한다.

이야기가 조금 앞서 나갔는데 사업에서 성공을 거두어 부를 쌓은 프랭클린은 42세 때 인쇄업을 친구에게 맡기고 과학연구와 정치활동에 전념하게 된다. 물론 그 사이에도 문필가로서의 일을 쉰 적은 없었다. 몇 가지의 재능을 꽃피운 위인들의 대부분이 어떠한 전기를 거치면서 한두 가지씩 도전해 나가는데 반해 그의 경우는 여러 가지의 재능을 동시에 진행시켰다는 점이 놀랍다.

42세 때 필라델피아의 시의회 의원, 45세에는 펜실베이니아 주의회 의원으로 정치활동에 심혈을 기울인다. 47세에는 북미 우정장관 대리, 48세에는 알바니회의에 펜실베이니아 대표로 출석하여 식민지연합의 필요성을 역설하고, 51세가 되자 펜실베이니아 총독에 대한 과세권 문제로 식민지의회 대표 자격으로 영국으로 건너가 총독인 펜 일족과 함께 영국정부를 상대로 교섭을 진행할 정도였다.

그 사이 45세 때, 펜실베이니아대학의 전신 설립에 크게 힘을 쏟고, 가난한 사람도 치료를 받을 수 있는 병원의 설립과 도로포장, 청소사업을 일으키기도 한다. 이러한 공공사업을 하려면 당연히 상당한 자금이 소요된다. 시에는 그런 돈이 없으므로 기부금을 모으거나, 시민에게서 분담금을 모아야만 하는데, 그럴 때 프랭클린은 그의 주특기인 글을 써서 그것이 많은 사람들에게 얼마나 큰 이익이 되는지를 호소하여 사업을 한 가지씩 실현해 나갔던 것이다. 만약 프랭클린이 요즘 시대에 살았더라면 광고의 천재란 소리를 들었을지도 모른다. 거듭 말하지만 그는 이런 활동을 하면서 전기에 대한 연구까지 동시에 해냈던 것이다.

더욱이 프랑스하고 전쟁이 일어나자(피렌체 인디안 전쟁) 의용군을 조직하여 연대장이 된다. 프랭클린의 나이 50세 때의 일이다. 이 무렵 미국은 영국, 프랑스, 스페인 등 각국의 식민지로 나뉘어 세력다툼이 벌어지고 있었던 것이다.

외교관으로서 미국 독립에 커다란 역할을 하다

그 뒤 프랭클린은 오로지 외교관으로서의 활약이 두드러지기 시작한다. 미국이 영국으로부터 독립을 해내는데 있어 프랭클린의 외교적 수완이 기여한 바는 매우 크다.

그는 조지아, 뉴저지, 매사추세츠의 3개 지역 식민지 대표를 겸임함으로써 식민지 전체를 대표하는 존재가 되어 간다. 그리하여 58세에 영국으로 건너가 영국과의 교섭에 나서 11년 동안 그곳에 머문다.

그 사이 인지조례를 둘러싸고 영국의 하원에서 심문을 받았는데 식민지의 입장을 주장함으로써 끝내 이것을 철폐시키기에 이른다. 이 무렵부터 프랭클린은 영국 본국정부에 대해 절망하고 식민지인 아메리카를 독립시켜야겠다는 의지를 강하게 갖는다. 13가지 덕목에도 있다시피 모든 일에 평정과 중용을 중시한 프랭클린이지만 훗날 영국정부를 격렬히 공격하는 풍자글을 쓰기도 한다.

그리하여 69세 때인 1775년에 영국군과 식민지정부가 무력 충돌하여 결국 독립전쟁이 시작되자 필라델피아로 돌아가 이듬해에는 독립선언의 기초위원이 되었다. 이 독립선언을 기초한 것은 3대 대통령이 되는 제퍼슨이지만, 프랭클린은 그가 쓴 내용에 수정을 가한다.

이렇게 미국이 독립선언을 하자 얼마 뒤 그는 프랑스로 향한다. 독립전쟁을 위해 필요한 원조를 프랑스정부로부터 끌어내기 위해서였다. 그때가 프랭클린의 나이 70세였다. 그는 과학자로서의 명성 등을 이용하여 프랑스의 정치가와 지식인, 끝내는 일반대중의 지지까지 얻어내 프랑스정부를 설득한다. 결국 프랑스정부로부터 총계 2천6백만 프랑이나 되는 재정원조를 획득해 낸다. 이와 같이 그는 대단한 능력을 지닌 설득자였던 것이다.

그 뒤에도 미국·프랑스 동맹조약에 미국대표로 조인하는 등 미국의 독립전쟁을 후방에서 지원하고, 1783년에는 존 애덤스, 존 제이와 함께 파리에서 대영 강화조약에 조인함으로써 결국 미국의 정식독립을 이룩해낸다.

미국으로 귀국한 것은 79세 때로서 82세까지 펜실베이니아 주지사를 역임한다. 그 뒤에도 83세에 흑인노예제도폐지협회를 설립하는 등 사회적인 활동을 계속하다가 84세 때 세상을 떠나 국장이 거행되었다. 또한 그의 서거를 애도하여 프랑스국회도 3일 동안 상복을 입고 애도기간을 가졌다니 그의 국제적인 인기를 짐작할 수 있다.

이로써 벤자민 프랭클린의 대략적인 발자취를 더듬어 보았는데 그의 주요 업적만 간추려보아도 얼마나 많은 일을 해냈는지 읽는 사람이 어지러울 정도의 다채로운 활약상이었음을 알 수 있다.

자력으로 일구어낸 성공

프랭클린의 이러한 생애를 보면 특징적인 것은 글자 그대로 자기 힘으로 성공을 거두었다는 점이다. 그가 인쇄업에서 성공한 것도 처음엔 자금을 대는 사람이 있기는 했어도 사업을 제대로 이끌어나가는지의 여부는 온전히 그의 손에 달려 있었다. 더구나 독립한 뒤의 짧은 기간에 그 자금을 갚고 있다.

또한 그 무렵의 지식인이나 지도자가 되는 인물은 나름의 교육을 받을 수 있는 부유한 가정에서 자랐지만, 가난한 집안에서 태어난 프랭클린의 경우는 그가 지닌 지식의 대부분을 독학으로 얻었고, 더구나 그것이 뛰어난 수준에까지 이르고 있다. 그럼에도 불구하고 속속 성공을 해내고, 사회적으로도 존경받는 인물이 되어감으로써 그야말로 아메리칸드림의 원조라고 해도 과언이 아니다.

앞에서도 소개한 것처럼 프랭클린은 17세 때 형과 다툰 뒤, 나고 자란 보스턴을 떠나 필라델피아로 이주한다. 그 무렵 그는 수중에 돈이라곤 없었고, 긴 빵 2개를 양옆구리에 끼고 빵을 씹어가며 아는 이라곤 한 사람도 없는 거리를 돌아다녔다고 자서전에 쓰고 있다. 결코 자포자기의 심정으로 가출한 것이 아니라 스스로 살아나갈 생각이었던 것이다. 인쇄공으로서의 수완에 자신이 있었으므로 가능한 일이겠지만, 이로써 프랭클린은 진정한 의미에서의 무일푼으로부터의 출발을 한 것이다.

그가 성공을 거둔 비밀 가운데 하나는 호기심이 왕성했다는 점이라고 할 수 있다. 예컨대 그는 독서를 즐겨 십대 전반부터 각종 논문을 두루 읽기도 하고, 〈스펙터 편지〉를 본보기 삼아 문장을 쓰는 연습에 힘쓴다. 설마하니 그 나이에 문필가나 정치가로서의 미래의 성공을 뚜렷하게 예감하고 있었다고는 도저히 생각할 수 없으므로 이러한 글쓰기연습도 그가 자기의 지식욕에 대해 충실했기 때문이라고 할 수 있다.

또는 채식주의가 건강에 좋다는 책을 읽고 곧바로 그것을 실천에 옮겨 직접 식단을 짜고, 요리까지 손수 해내는 실행력도 있다. 만약 프랭클린이 모든 일에 무관심한 현대의 젊은이들과 똑같은 기질이었다면 아마도 이러한 보기 드문 위대한 인물이 되지는 못했을 것이다. 일생을 통해 그는 왕성한 호기심과 도전 정신을 늘 갖고 있었던 것이 틀림없다.

요즘은 마흔 살쯤만 되어도 "나는 이미 나이가 들었으니 새로운 일을 시작할 기력도 체력도 없다"는 따위의 말을 하는 사람이 많다. 그러나 프랭클린은 40세 무렵부터 전기연구를 시작하여 피뢰침까지 발명해 낸다. 새로운 길로 나아가는 데 너무 늦은 경우란 없다는 것을 몸으로 증명하고 있는 것이다.

또한 프랭클린은 다양한 분야에서 재능을 발휘한 매우 보기 드문 인물이기는 하지만, 각각의 재능이 전혀 무관하지는 않다. 소년시절에 푹 빠져 읽었던 논문과 글 등에서 지식을 빨아들이고, 그 지식들을 인쇄업이라는 자기 직업으로 살리고, 나아가 인쇄업이라는 유리한 조건을 살려 자기가 쓴 글을 발표하고, 거기서 얻은 명성과 실적을 내세워 정치의 장으로 나아간다. 이는 매우 훌륭한 전략으로 자기의 지위를 구축해 나갔다고 볼 수도 있다.

이렇게 생각하면 프랭클린의 성공을 향한 궤적은 확실히 무에 가까운 출발이기는 했지만, 완전한 제로였다고 할 수도 없다. 남에게서 받은 것이 없을 뿐, 집을 나설 때까지 그는 주위로부터 지식이라는 무기를 조금씩 갖추어나가고 있었던 것이다.

그의 그러한 노력이 훗날 커다란 성공으로 이어진 것이 아닐까? 그러나 사실은 이것이야말로 성공을 거두는 데 있어 가장 중요한 요소라고 할 수 있다. 남에게서 받은 지식이란 좀처럼 자기 것이 되기 어렵고, 최종적으론 아무 짝에도 도움이 되지 않은 채로 끝나고 마는 경우도 있기 때문이다.

프랭클린이 생각한 성공이란?

프랭클린의 자서전을 읽으면 그가 가진 인생에 대한 생각을 알 수 있어 흥미로운데 꽤 놀라운 것은, 부를 얻는 것을 인생의 목표 가운데 하나로 당당히 내세운다는 점이다. 일반적으로 어느 정도의 지위에 일단 오른 사람은 돈에 대한 이야기는 그다지 하지 않는 경향이 있는데 그 점에서 프랭클린은 매우 솔직하다.

자서전의 첫머리에 "나는 가난하고 비천한 집에서 나고 자라 훗날 차츰 출세하여 부자가 되어 어느 정도 세상에 이름이 알려졌다"면서 자신의 성공과정을 우선 부유해진 것부터 쓰고 있다.

또한 51세 때에는 '가난한 리처드의 일기'에 실린 격언을 정리한 것에 〈부자가 되는 길〉이라는 노골적인 제목을 붙여 출판하고 있다.

프랭클린 자신은 프랭클린 난로를 개발했을 때, "우리는 과거의 발명에서 크나큰 덕을 보며 살고 있으므로 나의 발명으로 이득을 얻기보다는 많은 사람에게 도움이 되었으면 좋겠다"고 특허 내기를 거부한 것에서도 알 수 있다시피 결코 돈에 연연한 것은 아니다. 그러나 돈을 버는 것이 중요하다는 것도 매우 잘 알고 있었던 듯하다.

아메리칸드림을 몸으로 구현한 사람으로서 프랭클린이 미국에서 인기가 있는 것도 그런 점에 큰 이유가 있을 것이다.

그러므로 13가지의 덕목에서도 프랭클린은 단순한 도덕적인 교훈만 이야기하지는 않는다. 성공, 즉 금전적인 성공을 포함한 인생의 성공을 거두기 위해 실천해야만 하는 것들을 들고 있다. 이렇게 되면 '덕목'이 아니라 이득을 본다는 '득목'이 아닐까 농담을 하고 싶어질 정도이다.

솔직히 말하면 프랭클린은 자기의 행동에 대해서도 꽤 솔직하게 이야기하고 있다. 예를 들면 13가지의 덕목 가운데 12번째로 '순결'을 들고, '성교는 오직 건강 내지는 자손을 위해서만 한다'고 말하는데 완전하게 지키지는 못했노라고 자서전에서도 고백하고 있다. 젊었을 때 영국에 건너갔을 때 연애도 한 것 같고, 장남의 어머니는 불명확하다고 한다. 훗날 프랑스에서 외교활동을 할 때에도 여자들과 지나치게 논다는 비판도 받았었다.

프랭클린은 젊은 남자가 여자와 즐기고 싶다면 상대방은 연상의 미망인이 제일이라는 글을 남겼을 정도니까 그 방면에선 매우 도가 튼 사람인 것 같다.

다만 요즘 여성이 그런 글을 읽으면 여성을 성욕의 도구로밖엔 여기지 않으며, 물건취급을 한다고 눈살을 찌푸릴지도 모른다. 하긴 미국에선 오랫동안 여성은 보호받아야 하는 약한 존재로 여겨졌고, 사회적으로는 어엿한 사람대접을 받지 못했었다. 한때 미국에서 맹렬한 여성운동이 일어난 것도 그러한 역사적 배경이 있었기 때문이리라. 여성경시는 프랭클린만의 책임은 아니었던 것이다.

프랭클린의 덕목은 실천해야 비로소 의미가 있다

각 방면에서 혁혁한 성공을 남긴 프랭클린은 어떤 의미에선 천재였다 해도 틀린 말은 아니겠지만, 일반사람들은 발치에도 따라가지 못하는 단순한 천재와는 다르다. 그가 주장한 것은 어디까지나 "어떻게 하면 인생에서 성공할 수 있는가?" 하는 실천론이고, 더욱이 그것은 그럴 마음만 있으면 누구든지 실행할 수 있는 것들이었다.

그의 자서전을 보면 알 수 있다시피 그는 자신의 성공비결을 매우 알기 쉽게 쓰고 있다. 예를 들면 독학으로 프랑스어, 이탈리아어, 스페인어를 배울 때의 체험에서 그때까지의 어학공부는 라틴어에서 시작해야 한다고 여겨졌던 것을 실용적인 프랑스어에서부터 시작하는 게 낫다고 권한다든지, 논리적인 문장력을 기르기 위해 그가 썼던 방법을 소개하고 있다. 뛰어난 문장을 읽고 이것을 자기 나름대로 기억에 의존하여 재구성한 뒤, 원문과 비교해 가면서 어디가 좋고 어디가 나쁜지를 생각한다는 것이다.

또한 타인과 이야기할 때는 상대방이 받아들이기 쉽도록 예컨대 상대의 의견이 잘못되어 있다손 치더라도 다짜고짜 부정할 것이 아니라 "당신의 의견에도 일리가 있을지 모르지만 나는 그렇게 생각하지 않는다"고 일단 상대방의 의견을 인정한 뒤에 반론하는 방식, 즉 요즘 말하는 "Yes, But"방식을 실천하여 효과를 보았다든지, "의심할 것도 없이"라는 단정적인 말은 대화나 토론에선 쓰지 않는 게 낫다는 등 그의 주장은 매우 실천적이다.

누구나 당장에라도 응용하고 실천할 수 있는 지식으로 가득 차 있는 그의 자서전은 어떤 의미에선 성공을 위한 매우 훌륭한 '실용서'라 해도 과언이 아니다.

〈프랭클린 자서전〉이 미국에서 널리 읽히는 것도 이러한 실천적 지혜로 가득 차 있기 때문이리라. 그러므로 13가지 덕목은 곧 성공이라는 '현세이익'을 얻기 위한 방법론인 것이다. 더구나 그는 그 덕목들을 어떻게 하면 실천하고 몸에 배게 할 수 있는지 아주 낮은 자세로 습득방법까지 소개하고 있다. 아무리 훌륭한 덕목이라도 실천하지 않으면 말짱 소용이 없다는 것은 매우 프랭클린다운 점이다.

프랭클린의 뒤를 잇는 성공인들

성공에 이르는 길

프랭클린의 성공철학을 한마디로 말하면 '근면과 절약'이라고나 할까? 시간을 허비하지 말라고 그는 스스로를 잡도리하고 있다. 실제로 그는 매우 부지런히 일을 했으며, 인쇄업을 시작하였을 무렵에 "프랭클린만큼 일을 열심히 하는 사람은 없다"는 평판을 들을 정도로 이른 아침부터 밤늦게까지 일했다고 한다. 가난하고 학벌도 집안도 보잘 것이 없는 사람이 스스로의 힘으로 성공을 거두려면 부지런히 일하는 것이 불가결한 요소임을 그는 잘 알고 있었던 것이다.

그러면서도 프랭클린은 매우 빈틈이 없어서 자기가 짐을 나르는 모습을 거리를 지나는 사람들로 하여금 일부러 보게 하는 측면도 있었다. 아직 젊고, 사업상의 실적도 별로 없는 사람이 사회적인 신용을 얻으려면 주위에 자기가 부지런히 일하는 사람이라는 인상을 주는 것이 중요하다는 걸 터득하고 있었던 것이다.

〈가난한 리처드의 달력〉에도 근면함을 장려하는 말이 자주 나온다.

"게으름은 모든 일을 어렵게만 하지만, 부지런함은 만사를 순조롭게 한다. 아침잠꾸러기는 하루 종일 바쁘며, 저녁이 되어도 일을 끝마치지 못한다."

"게으름은 매우 느려터지기 때문에 가난이 어느새 뒤쫓아온다."

"일찍 자고 일찍 일어나는 것은 사람을 건강하게, 풍요롭게, 지혜롭게 한다."

"게으른 사람이 잠든 사이에 밭을 깊게 갈아라. 그리하면 팔고도 쌓아둘 만큼의 곡식을 거두리라."

등등 현대인으로선 듣기 괴로운 말들을 계속한다.

그는 또한 말한다.

"만일 부자가 되고 싶거들랑 돈 벌 궁리를 함과 동시에 아낄 생각을 해라. 스페인사람들이 인도에서조차 부를 거머쥐지 못한 것은 그들의 지출이 수입보다 컸기 때문이다."

"돈이 도움이 되는 것은 돈을 소유하고 있음으로써 거둘 수 있는 온갖 이익을 창출하기 때문이다."

"5실링의 가치에 상당하는 시간을 허비하는 사람은 5실링을 바닷속에 던진 것과 조금도 다르지 않다. 5실링을 잃어버린 사람은 그 5실링뿐만 아니라 이것을 사업에 활용함으로써 거둘 수 있는 모든 이익도 잃게 된다."

이러한 '근면과 절약'이 프랭클린의 시대에는 성공으로 이어지는 지름길이었던 것이다. 다만 현대인이 보면 낡아빠진 설교처럼 들릴지도 모르지만, 근면과 절약은 말하자면 합리성을 매우 중시하는 데서 나온다. 프랭클린이 말하는 것은 요컨대 쓸데없이 허비하는 시간을 줄이고 효율적으로 일하고, 돈도 효율적으로 쓰라는 말이다.

이러한 근면정신은 미국사회에서의 중추가 되어 있기도 하다. 우리 한국인이 지나치게 일을 많이 한다고 하는데 사실은 미국인 비즈니스맨도 일을 무척 많이 한다. 미국의 대학생은 우리나라의 대학생이 따라가지 못할 정도로 열심히 공부하며, 학자들도 연구에 정력을 쏟는다. 실적을 올리지 못하면 가혹한 평가가 기다리고 있는 미국사회이므로 누구나 부지런히 움직이지 않을 수가 없다.

더구나 주말에도 집에서 느긋하게 보내거나 하지 않고 집에 페인트칠을 한다든지 수리를 하는 등 쉬지 않고 일을 한다. 미국에선 집이 깨끗하게 손질되어 있으면 비싼 값에 팔리는 실리도 챙길 수 있다. 또한 기술자에게 맡기는 것보다 직접 하는 편이 싸게 먹힌다는 '절약정신'도 작용하는 것인지도 모른다. 그렇더라도 우리나라의 남자들로선 좀처럼 흉내 내지 못할 근면성이다. 이러한 근면정신으로 단단히 지탱되는 한 미국의 활력은 사라지지 않을 것이다.

현대인은 학교에서건 직장에서건 극심한 경쟁에 시달리고 있다. 주위의 환경이 어떻게 달라지건 근면이라는 무기를 갖추고 있으면 자기 힘으로 성공을 거둘 수 있다는 프랭클린 정신은 지금이야말로 재조명을 받아야 할 시기라고 생각한다.

'미스터 아메리칸'이라고 불린 프랭클린

프랭클린의 성공철학은 지금까지 많은 사람들에게 영향을 끼쳐 왔는데 그것을 잠깐 살펴보자.

예를 들면 지금은 거대한 금융자본가의 대표로 이름 높은 멜론 가의 초대 토마스 멜론은 가난한 가족들과 함께 아일랜드에서 미국으로 이주했다. 그런 멜론이 자기 대에 거부를 쌓고, 아메리카드림을 실현하는 바탕이 된 것은 바로 프랭클린의 자서전이라고 멜론은 공공연히 말했다고 한다.

실제로 멜론 일족의 경제활동의 거점인 멜론은행 본사의 정면 현관지붕에는 프랭클린의 조각상이 서 있다고 한다. 또한 프랭클린의 교훈은 고스란히 멜론 가의 가훈이 되었다고 하니 초대 멜론이 프랭클린에게 얼마나 경도되어 있었는지 알 수 있다.

물론 토마스 멜론은 프랭클린의 행적 그대로를 따라 한 것은 아니다. 프랭클린의 생활방식을 교과서로 삼으면서도 "재능이 모자란 점은 프랭클린처럼 다방면으로 손을 뻗치지 않아도 된다고 판단하고, 또한 프랭클린처럼 성공하지 않아도 노력하면 그 만큼의 대가가 있으리라고 믿었다"고 밝히고 있다.

미국에는 멜론 정도의 대성공은 거두지 못했어도 프랭클린의 영향을 받아서 성공을 거둔 사람이 매우 많다.

또한 미국에서 출판되는 성공비결서에도 반드시라고 해도 과언이 아닐 정도로 프랭클린의 말이 인용되어 있다. '근면과 절약'을 주장하는 프랭클린의 성공철학의 영향을 받은 사람들은 이루 헤아리지 못할 정도로 많다. 그리고 그런 사람들이 미국의 저력이 되어 지금과 같은 발전을 지탱해 왔다고 할 수 있다. 프랭클린이 '미스터 아메리칸'으로도 불리는 까닭도 거기에 있으리라 본다.

아울러 이러한 프랭클린의 영향을 받은 사람들은 미국뿐만 아니라 프랑스나 이탈리아 등 전 세계의 많은 나라에 있다고 한다.

프랭클린에게 반대했던 사람들

지금까지 프랭클린에 대해 그의 뛰어난 측면을 소개해 왔다. 물론 프랭클린은 모든 이에게서 존경을 받은 것은 아니다. 당연한 일이지만 그를 비판하는 사람들도 있다.

대표적인 인물이 마크 트웨인과 D.H. 로렌스이다. 알다시피 마크 트웨인은 〈톰 소여의 모험〉〈허클베리 핀의 모험〉 등으로 우리나라에도 널리 알려진 작가이며, 로렌스는 표현이 외설이냐 문학이냐 하는 문제로 재판에까지 섰던, 그 〈채털리 부인의 사랑〉의 지은이이다.

마크 트웨인은 12세 때 아버지를 잃자 학교를 그만두고 인쇄공이 된 데서부터 인생을 출발하고, 훗날 작가로서 대성공을 거두어 미국의 국민적 작가가 되었다. 그 점에선 프랭클린과 매우 닮아 있다. 그래서 그도 처음엔 프랭클린에게 푹 빠져 있었던 것 같은데, 훗날 그런 것을 도저히 할 수 없다는 의미의 말을 한다. 또한 로렌스는 보다 격렬하게, 프랭클린을 위선자라고 비판하고 있다. 성욕을 포함한 인간적인 조화를 추구한 로렌스에게 점잖은 얼굴로 순결을 주장하면서 한쪽에선 사생아를 만든 프랭클린을 용서할 수 없었을 것이다.

이러한 비판이 나오는 것도 어쩌면 당연하다. 프랭클린은 물론 완벽한 인간은 아니거니와 노련한 설득기술과 외교석상에서 밀고 당기는 기술을 구사했다는 것은 뒤집어 말하면 그만큼 뻔뻔스러운 사람이었다고 볼 수도 있기 때문이다. 또한 인간은 누구나 겉모습도 있고 속마음도 있다는 점에서 프랭클린도 예외는 아니었다고 본다.

다만 프랭클린이 위대했으므로 마크 트웨인이나 로렌스도 그를 비판했다고 말할 수는 있다. 비판할 가치가 있을 정도로 위대한 인물이었던 것이다.

모든 이가 프랭클린의 인간성 전체를 긍정하는 것은 아니다. 앞에서도 말한 것처럼 여성에 대해선 물건 다루듯 했다고 할 정도의 태도를 취했고, 프랑스에 머물 때 오랫동안 함께 살았고, 그의 사업적 성공에 큰 도움을 준 아내가 세상을 떠났을 때에도 귀국하지 않고 프랑스에 머무는 등 약간 차가운 면도 있다.

다만 그가 말하는 성공을 위한 13가지 덕목은 그런 것들 때문에 가치가 줄어들거나 하지는 않는다. 매우 구체적인 행동규범으로서 표현은 구식이지만 현대사회에서도 충분히 통할 만한 데가 있다고 생각한다.

각 덕목의 다음에 나오는 말은 프랭클린이 실천목표로 삼았던 것이다. 그가 각 덕목을 어떻게 해석했는지를 엿볼 수 있어 매우 흥미롭다.

성공을 위한 프랭클린의 13가지 덕목

(1) 절제—질릴 만큼 먹지 말 것. 취할 때까지 마시지 말 것.

(2) 침묵—나와 타인에게 이익이 되지 않는 말을 하지 말 것. 불필요한 농담도 하지 말 것.

(3) 규율—모든 물건은 정해진 자리에 둘 것. 모든 일은 처음과 끝을 정하고 할 것.

(4) 결단—해야 할 일을 하기로 마음먹을 것. 결심한 것은 반드시 실행할 것.

(5) 절약—나와 타인에게 이익이 되지 않는 일에 돈을 쓰지 말 것. 즉 낭비하지 말 것.

(6) 근면—시간을 헛되이 쓰지 말 것. 늘 뭔가에 이익이 되는 일을 할 것. 쓸데없는 행동은 모두 그만둘 것.

(7) 성실—속임수를 써서 타인에게 해를 입히지 말 것. 마음은 순수하고 공정하게 유지할 것. 입 밖에 내는 말도 모두 그렇게 할 것.

(8) 정의—타인의 이익에 해를 입히거나 또는 해야 할 일을 하지 않아서 타인에게 손해를 끼치지 말 것.

(9) 중용—극단을 피할 것. 설령 불법을 당하여 화낼 만하다고 판단했더라도 격노를 삼갈 것.

(10) 청결—신체, 옷차림, 주거에 불결함을 절대 허용하지 말 것.

(11) 평상심—작은 일, 일상다반사, 또는 피치 못할 일에 평정을 잃지 말 것.

(12) 순결—섹스는 오직 건강 내지는 자손을 위해서만 하고, 이것에 빠져서 두뇌를 아둔하게 하고, 신체를 약화시키고, 또 자타의 평안 내지 신용에 손상

을 입히는 그와 같은 일이 없도록 할 것.
　⒀ 겸양—예수 및 소크라테스를 본받을 것.

제2장

사업, 인간관계, 연애에서 성공을 거두기 위한 기술

1. 성공으로 이끄는 13가지 덕목과 5가지 사회적 기술

실리를 추구한 13가지 덕목

지금까지 프랭클린의 생애와 성공에 이른 궤적을 간단히 살펴보았다. 이번엔 그가 제창한 13가지 덕목을 현대에 살리기 위해선 어떻게 하면 좋을지를 알아보자.

덕목이라고 하면 왠지 고리타분하고 따분하게 느껴진다는 사람이 많을 것이다. 글자가 주는 느낌에서부터 도덕의 '덕'과 결부되므로 그 악명 높은 도덕수업을 떠올리게 돼다. 초·중학교 시절에 받은 도덕교육이 수면시간을 늘리는 이외에 어떤 도움이 되었다고 인정하는 사람이 있을까? 그만큼 요즘 우리의 생활과 도덕은 서로 동떨어져 있다. 그런 이 시대에 덕목을 도덕으로 말해 봤자 시큰둥하게만 들릴 테고, 또 반발마저 느끼는 사람도 많으리라 본다.

그러나 본디 프랭클린 자신에게도 그러한 도덕적 발상은 없었던 게 틀림없다. 폭풍우에 벼락이 칠 때, 연을 띄웠다가 벼락이 전기임을 확인했다는 유명한 일화로도 알 수 있다시피 프랭클린은 책상 위의 이론이나 이념이 아니라 행동과 실천을 중시하고, 현실적 이익을 중시한 인물이다. 자서전에는 자신의 도덕적 완성을 위해 덕목을 두었다고 씌어 있지만, 그 도덕이란 정신적인 것이 아니라 오히려 실리와 결부된 것임이 분명하다.

앞에서 말한 13가지 덕목에 프랭클린이 정한 목표를 다시 한 번 살펴보기 바란다. 예를 들면 첫 번째 덕목의 목표는 "질릴 정도로 먹지 말 것. 취할 때까지 마시지 말 것"이다. 즉 과음과 과식에 주의하자는 것이다.

이런 것들을 좇아가다 보면 프랭클린의 계율은 하나같이 실리와 결부되어 있고, 젊은 날의 프랭클린이 자신의 성공을 꿈꾸면서 어떻게 하면 이익을 낼까 하는 것을 기준으로 삼았음을 상상하기 어렵지 않다. 그의 덕목은 사실은 도덕적으로 수련하고 정진하기 위한 '덕목'이 아니라 성공을 얻기 위한 '수단'이었던 것이다.

현대적인 성공법칙—사회적 기술이란?

훌륭한 덕목이기는 하지만 프랭클린이 살았던 250년 전의 미국과 현대의 우리 상황을 쉽게 바꿔놓고 생각하기는 좀 어렵다. 사회환경도 다르고, 그곳에 존재하는 상식도 완전히 다른데 수단만 똑같은들 그것은 이해하기도 어렵고 전달하기도 어렵다.

실제로 프랭클린이 말하는 덕목은 우리가 볼 때는 어딘가 고리타분하고, 그것만 가지고는 지나치게 추상적이다. 그냥 그대로라면 현대사회와 어딘가 맞지 않는다는 느낌을 지우기 어렵다. 그러므로 여기서 '사회적 기술(소셜 스킬)'이라는 현대의 '성공법칙'에 대해 생각해 보았으면 한다.

사회적 기술이란 사회생활을 하는 데 있어 필요한 기술이란 정도의 의미인데 이 연구는 처음 미국에서 시작되었다. 대인관계에서 어려움을 지닌 사람들에 대해 단지 카운슬링만 하는 것으론 그다지 성과가 오르지 않는다는 데서 착안하여 타인과 커뮤니케이션하는 기술을 구체적으로 연구하기 시작한 것이다.

세계 여러 나라 사람들이 모여 있는 미국에선 문화적 배경이 다른 사람들과의 사이에서 매우 하찮은 일에서 의사소통의 장애가 생기기 쉽다. 그것이 원인이 되어 노이로제가 되는 사람도 많다. 그런 사람들에 대한 구체적인 처방전을 연구한 것도 아주 미국답다.

그러한 사회적 기술의 개념이 우리나라에 도입되어 최근의 심리학 연구에서 주목을 모으고 있는데, 아직은 새로운 학문영역이므로 사회적 기술을 어떻게 이해할 것인지는 사람에 따라 다르다. 의사소통 능력이 낮은 사람이 두드러지기 시작했으므로 우리나라에서도 주목을 받기 시작했다고 할 수 있다.

보통 사회적 기술은 우선 대부분의 사람들은 어릴 때부터 부모의 가정교육을 통해, 학교생활을 통해서 많은 사람과 부딪치며 생활하고, 행동을 함께하는 가운데서 알게 모르게 자연스레 몸에 배는 것이다.

최근 우리나라에서도 핵가족화가 진행되고 공동체의 역할이 무너지기 시작하면서 이러한 능력의 저하가 눈에 띄게 되었다.

당연한 일이지만 사회에서 성공을 거두기 위해선 이러한 인간관계나 사회적 적응이 매우 중요한 역할을 한다. 뒤집어 말하면 이러한 능력이 모자란 사람은 주위 사람과 트러블을 일으킨다든지, 타인과의 원만한 관계형성에서 어려움을 겪는다. 즉 이러한 사회적 기술이 없이는 성공은 바랄 수 없다.

사회적 기술도, 프랭클린의 덕목도 성공을 위한 수단

이로써 현명한 독자 여러분은 금세 알아차렸겠지만 사회적 기술도 덕목도 '성공'을 거두기 위한 수단으로 쓰이는 것이다. 다만 덕목이라고 하면 추상적이어서 실제로 무엇을 어떻게 해야 하는지 파악하기 힘든 부분이 있다. 그것을 보다 확실하게 하고, 이해하기 쉽게 한 것이 바로 이 사회적 기술인 것이다.

사회적 기술에는 여러 가지 종류가 있는데 다음의 5가지로 나눌 수 있다.

"자기조절능력"

"공감성의 기술"

"대인관계기술"

"집단행동기술"

"업무달성기술"

모두 사회적으로 성공하는 데 있어서 없어선 안 되는 것들뿐이다. 여기서 어느 덕목과 어떤 기술이 대응하는지를 자세히 언급하지는 않겠지만 다음의 일람표를 참조하기 바란다.

13가지 덕목과 5가지 사회적 기술 (자기조절능력, 공감성의 기술, 대인관계기술, 집단행동기술, 업무달성기술)	
	덕목과 관계된 사회적 기술
절제	자기조절능력·공감성
침묵	자기조절능력·대인관계기술
규율	자기조절능력·집단적응능력
결단	자기조절능력·집단적응능력
절약	자기조절능력

근면	자기조절능력·집단적응능력
성실	공감성·대인관계기술·집단적응능력·업무달성능력
정의	공감성·대인관계기술·집단적응능력·업무달성능력
중용	자기조절능력·공감성·대인관계기술·업무달성능력
청결	자기조절능력·공감성·대인관계기술·업무달성능력
평상심	자기조절능력·대인관계기술·업무달성능력
순결	자기조절능력
겸양	자기조절능력·대인관계기술·집단적응능력·업무달성능력

이러한 기술은 모두 구체적으로 "무엇을 하면 성공할 수 있는가?"하는 것에 대한 기술로 구성되어 있다. 일일이 검토해 보면 나에게 모자란 것이 무엇인지 뚜렷하게 보일 것이다.

만약 지금 당신이 인간관계에 어려움을 겪고 있다면 '공감성' '대인관계' 기술을 실행해 보면 된다. 각각의 기술은 결코 어려운 것이 아니다. 오히려 "과연 이걸로 될까?" 하고 의아해할 정도로 간단한 것도 있다. 그러나 그런 하찮은 것들이 쌓여서 인생은 달라지는 법이다. 부디 이 기술들을 계기로 성공을 거두기 바란다.

프랭클린식 덕목의 자기 점검표						
	일	월	화	수	목	금	토
절제							
침묵	√	√		√		√	
규율	√√	√	√		√	√	√
결단			√			√	
절약		√			√		
근면			√				
성실							
정의							
중용							

청결							
평상심							
순결							
겸양							

처음 1주일은 한 가지 덕목에 대해서만 집중하고, 다른 것은 평소 하던 대로 하면서 실천하지 못한 것을 체크한다. 그리고 다음 주에는 다음 덕목에 대해 똑같은 과정을 되풀이한다. 프랭클린은 이 방식으로 덕목의 습득을 시도했다.

프랭클린식 덕목 실천법

프랭클린은 이 덕목을 실천할 때 위와 같은 표를 만들어서 자기점검을 했다고 한다. 이 방식은 도표에서도 설명했지만 1주일에 한 가지 덕목에만 주의를 기울이도록 하고, 다른 것은 평소 하던 대로 한다. 다만 실행하지 못한 것은 체크해 둔다. 그리고 다음 주에는 다음 덕목으로 옮겨가는 식으로 주별로 다른 덕목의 습득을 목표로 했다고 한다. 이 방법을 되풀이하면 비록 주의를 기울이지 않아도 앞에서 조심했던 덕목에 대해선 자연스레 주의를 기울이게 되어 매우 효과적인 방식이라고 그 자신의 자서전에 쓰고 있다.

이것은 현대의 심리학에서도 인정하는 방식으로서 예를 들면 되풀이하여 하는 것은 그것을 '강화'한다. 즉 보다 쉽게 몸에 밴다는 것이다. 또한 일주일에 한 가지의 덕목을 실행하고자 하는 것도 목표를 뚜렷이 하여 보다 실행하기 쉽게 한다. 이 점에선 과연 프랭클린답다고 하지 않을 수 없다.

그러나 여기서 주의해야 할 것은 우리의 목적은 덕목이나 사회적 기술을 습득하는 데 있지 않다는 것이다.

덕목이나 사회적 기술은 어디까지나 수단일 뿐, 목적은 아니다. 모든 것을 습득하려 한다든지, 또는 완벽하게 해내려는 생각은 부디 하지 말기 바란다. 그런 것은 해도 무의미할뿐더러 우선은 불가능하다. 프랭클린 자신도 이 덕목을 완전하게는 실행할 수 없었다고 스스로 밝히고 있다.

목적은 어디까지나 성공을 거두는 것이다. 덕목이나 기술에 지나치게 매달리면 정작 중요한 성공을 놓칠 염려가 있다. 이 점을 부디 염두에 두기 바란다.

2. 13가지의 덕목이 당신의 인생을 성공으로 이끈다

성공을 위한 프랭클린 13가지 덕목 ①
―절제
질릴 정도로 먹지 말 것, 취할 때까지 마시지 말 것

프랭클린이 스스로 지켜야 할 덕목으로 내세운 것 가운데 첫 번째로 들고 있는 것이 이 '절제'이다. "질릴 정도로 먹지 말 것, 취할 때까지 마시지 말 것"이라고 프랭클린은 다짐하고 있는데 이 말이 듣기 괴로운 사람도 적지 않을 것이다.

요즘 우리나라는 그야말로 미식의 붐, 미식의 시대라고 해도 과언이 아니다. 서점에 나와 있는 책들을 보아도 미식과 관련된 내용들이 즐비하다. 또한 평판이 좋은 음식점이나 맛집을 소개하는 책들도 꽤 많은 판매량을 과시하고 있다.

책뿐만이 아니다. 텔레비전을 틀면 케이블TV를 포함하여 요리를 내용으로 하는 프로그램이 하루에도 몇 가지나 방송된다. 요리사가 방송에 자주 출연하여 스타 요리사도 나오고 있다. 예전엔 주부를 대상으로 요리법을 가르치는 것이 고작이었는데 지금은 시청자의 식욕을 자극하는 음식점과 요리소개 프로그램이 주류가 되었다. 그야말로 미식의 시대라 해도 과언이 아니다.

많은 사람들이 식사를 살기 위한 수단으로서가 아니라 즐거움으로 여기게 된 것은 그만큼 우리나라 사람들의 생활수준이 넉넉해졌다는 증거이고, 어떤 의미에선 좋은 일이라고 할 수 있다.

전통적인 한식은 물론이고 프랑스요리나 중국요리를 보아도 알 수 있다시피 요리는 그 나라와 국민의 풍토와 전통이 살아 숨쉬고, 오랜 역사 속에서 탄생한 것이므로 하나의 문화로 볼 수 있다.

그러나 최근의 지나치다 싶을 정도의 미식 붐을 보고 있노라면 그것은 미식이라기보다 차라리 '포식'이라고 해야 할 것 같다는 생각이 든다. 대도시에 까치와 까마귀가 늘고 있는 것도 음식쓰레기의 증가와 관련이 있다고 한다. 날마다 미식을 찾아다니는 많은 사람들이 먹고 남긴 것이 음식쓰레기가 된다. 그 쓰레기가 까마귀나 까치에게는 영양가 높은 것을 먹을 수 있는 안성맞춤의 먹이가 된다. 까마귀와 까치의 피해를 들먹이지만 그것은 인간이 스스로 뿌린 씨앗이다.

이러한 비정상적이랄 수 있는 상황을 불러일으킨 배경에는 현대의 한국인에게 자기욕구를 조절하려는 의지의 결여가 있다고 할 수 있다. 실컷 먹고 싶은, 맛있는 것을 많이 먹고 싶은 마음은 인간의 본능일지도 모른다. 그러나 그런 욕구를 억누르고 조절하는 것이 현재의 우리에게 요구되고 있다. 다시 말하면 자기조절을 하지 못하는 방만한 상태가 현재의 이러한 '포식의 시대'를 낳았다고 할 수 있다.

예를 들면 해마다 2, 3월의 대학교 신입생환영회 철이 되면 언제나 급성 알코올중독에 관한 기사가 뉴스를 장식한다. 냉면대접으로 소주를 마시고 급성 알코올중독을 일으킨 학생이 구급차에 실려 가고, 심하면 목숨을 잃기도 한다. 주위에서 억지로 마시게 하는 경우가 많겠지만, 이것이야말로 술에 대한 자기조절능력 결여의 전형이다. 프랭클린은 지나친 음주는 머리를 둔하게 한다고 자서전에서도 되풀이 강조하고 있다. 이것은 단지 젊은이에게만 해당되는 이야기가 아니다. 몇 해 전에 유명한 고위인사가 비행기 안에서 술에 취해 추태를 부린 뉴스가 기억난다.

물론 40대, 50대의 가장은 일터나 가정에서의 스트레스도 많고, 그것의 발산을 위해 술을 마시게 되는데 스스로를 주체하지 못할 정도로 많이 마시고, 그런 끝에 폭력을 휘두르는 것은 인간으로서 부끄러워해야 할 행위이다. 젊을 때라면 너그럽게 용서되는 경우도 있겠지만, 나이가 들만큼 든 사람이 술에 취해 추태를 부리는 것은 볼썽사납다.

다 큰 어른이 자기의지를 제대로 조절하고 절제하지 못해서 일어나는 일인데 그런 어른들을 보고 자라는 아이들이 과연 무엇을 배울지 모르겠다.

술을 마시는 것 자체가 나쁘지는 않지만 주위에 피해를 입혀가며 크게 소리친다든지, 아무 관계도 없는 사람에게 피해를 주는 것은 중대한 규칙위반이다.

런던의 팝에 가면 아무도 술에 취해서 난동을 부리거나 하지 않고 절도를 지켜 술자리를 즐긴다. 과연 신사의 나라답다.

요즘 우리나라사람에게 프랭클린이 말하는 "질릴 정도로 먹지 말 것, 취할 때까지 마시지 말 것"이라는 덕목은 경종을 울리는 바가 있다.

프랭클린은 절제의 대상이 되는 행위나 감정 가운데서 특히 식사를 들고 있는데, 이 덕목은 단지 식사에 대해서만이 아니다. 요즘은 자기감정을 주체하지 못하는 사람이 늘고 있고, 그것이 많은 문제로 이어지고 있다. 범죄의 증가와 청소년 폭력, 원조교제 등도 결국은 자신을 조절할 능력이 아예 사라진 데서 기인한다.

풍요로워진 것을 기뻐하고 누리는 것처럼 보이는 요즘 사람들이지만 이대로 나가다간 그 대가를 치러야만 하는 순간이 반드시 찾아온다. 그러므로 절제라는 말과 그 의미를 다시 한 번 되새길 필요가 있다.

성공을 위한 프랭클린 13가지 덕목 ②
—침묵

나와 타인에게 이익이 되지 않는 말을 하지 말 것, 쓸데없는 농담을 하지 말 것

요즘 학생들을 보고 느끼는 것은 말을 잘 한다, 말수가 많다는 것이다. 남녀노소를 막론하고 두 명 이상이 모이면 와글와글, 시끌벅적 떠들고 많은 이야기를 나누는 사람들뿐이다. 서로 이야기하는 것이 최고의 즐거움이라는 듯 많은 말을 한다. 다른 할 일이 그렇게도 없는지 묻고 싶을 정도다. 옛날엔 수다를 떠는 것은 여성, 그것도 아줌마들 아니면 저잣거리에서나 하는 것이었는데 지금은 그런 것은 통용되지 않는다. 아니 어쩌면 요즘 젊은이들은 남자고 여자고 죄다 아줌마가 되어가고 있는지도 모른다.

또 한 가지 느끼는 점은 그들의 이야기소리가 너무 크다는 것이다. 자기들의 이야기가 주위에 들리는 것 따윈 전혀 개의치 않는다는 듯 별로 알고 싶지도 않은 내용을 큰소리로 하고, 때로는 한 단계 목소리를 더 높이거나 요란하게 웃고 들으라는 듯이 욕설을 내뱉기도 한다. 이렇게 되면 전철 안에서든 벤치에 앉아서든 혼자서 무슨 생각할 것이 있거나, 쉬고 싶어도 도저히 불가능할 것이다.

대학생 또는 고등학생 무리가 주위 사람들은 전혀 아랑곳 않고 큰소리로 이야기하는 모습을 자주 볼 수 있다. 주위 사람들은 잠깐 불편한 기색을 보이지

만 안하무인의 태도와 큰 목소리에 압도되어 주의를 줄 엄두도 내지 못한다.

젊은이들이 주위에 끼치는 불편은 생각지도 않고 커다란 목소리로 떠드는 것은 공공장소에 대한 의식이 없기 때문이다. 이런 면에서도 그들은 아줌마가 되어가고 있다고 할 수 있다. 남 생각은 전혀 않고 방약무인하게 행동하는 뻔 뻔스러움은 아줌마들의 특권인 줄로만 알았는데 이젠 그런 아줌마들도 젊은 이들 앞에선 섣불리 명함을 내밀지 못할 정도가 되었다.

그들, 젊은이들이 나만 좋으면 그만이라는 듯 큰소리로 떠드는 것은 공감성 이 낮기 때문이다. 자기 행동을 타인이 어떻게 느끼는가 하는 의식과, 내가 불 편하다고 느끼는 것은 타인도 불편하게 느낀다는 인식이 결여되어 있는 것이 다. 그것이 공공장소라는 인식의 부족으로도 이어진다.

하지 않아도 되는 말을 쓸데없이 하는 것은 주위에 피해만 준다. 대화는 중 요한 의사소통 수단이고, 정보와 지식을 얻는 기회지만, 그것은 의미 있는 것을 상대방을 고려하고 이야기하기 때문이다. 자기가 하고 싶은 말만 하는 것은 의 사소통이 아니라 단지 소음을 내지르는 스피커 같은 것이다.

잘 들어보면 대부분의 사람들이 상대의 반응 따위 개의치 않고, 상대방의 이야기는 들을 생각도 않고 오로지 자기가 하고 싶은 이야기만 하는 것처럼 느 껴진다. 술집 같은 데서도 언뜻 대화가 활발해 뵈는 아저씨들의 이야기를 귀담 아 들어보면 서로 상대의 이야기에는 반응하지 않고, 저마다 하고 싶은 말만 하는 것을 보고 나도 모르게 쓴웃음을 짓곤 한다.

프랭클린은 "나와 남에게 도움이 되지 않는 말을 하지 말 것, 쓸데없는 농담 을 하지 말 것"이라고 했는데 현실적인 문제, 잠자코 있는 편이 득이 되는 경우 도 꽤 많다. "침묵은 금"이라고 했는데 주절주절 말이 많은 사람은 입이 가볍다 는 인상을 주어 그다지 신임을 받지 못하며, 하지 않아도 될 말까지 하면 말이 많다며 백안시당한다. 말이 너무 많아서 손해를 입지 않기 위해서도 머릿속 한 켠에 '침묵'이라는 두 글자를 새겨 넣도록 하자.

성공을 위한 프랭클린 13가지 덕목 ③

─규율

모든 물건은 두는 장소를 정할 것, 일은 시간을 정해놓고 할 것

규율이란 인간이 살아가는 데 있어서 최소한도로 지켜야만 하는 것이라고 할 수 있다. 그러나 현실을 돌아보면 규칙위반을 하는 사람이 너무나 많다. 개중에는 규칙 따윈 성가시다, 좀 더 자유롭게 내가 좋아하고 편한 것을 해도 되지 않을까 생각하는 사람도 있을 것이다. 오히려 최근 들어서는 내가 좋아서 한다는데 뭐가 나쁘냐고 생각하는 사람이 다수파일지도 모른다. 그렇지만 기억했으면 한다. 어떤 사회나 집단을 막론하고 룰과 규율, 규칙은 있기 마련이며, 규칙이 있으므로 사회와 집단이 성립한다는 사실을 말이다.

회사에도 학교에도 사규와 교칙 같은 규칙이 있는데, 만약 그런 규칙이 없어져 아무 때나 출근하고 등교해도 된다, 마음 내키는 대로 행동해도 된다면 회사도 학교도 더 이상 성립하지 않게 된다.

매일의 생활에 쫓기다보면 좀 더 자유로웠으면 하고 자연히 바라게 되지만 규칙이 있으므로 자유도 존재하는 것이고, 아울러 자유의 기쁨도 맛볼 수가 있다. 학생들은 어서 빨리 여름방학이 시작되어 자유롭게 살고 싶다고 생각하지만 막상 방학이 시작되고 1주일만 지나면 너무 많은 시간을 주체하지 못하고 따분해 하는 경우가 많다. 그래서 뭘 하는가 하면 아르바이트를 한다. 아르바이트를 한다는 것은 자진하여 규율을 찾는 것이다. 이것은 회사원도 마찬가지다. 휴가가 일주일 이상 이어지면 회사 일이 슬슬 궁금해지고, 일을 해야 할 것 같은 생각이 드는 사람이 분명 꽤 있다.

결국 인간은 자유를 원하면서도 규칙이 있으므로 매일의 생활이 성립한다는 측면이 있는 것이다. 그래서 사회나 집단의 규칙에 따르는 것이고, 뿐만 아니라 자기 나름의 규칙을 만드는 것도 중요하다는 얘기가 된다.

자기 나름의 규칙이라고 해서 어렵고 도저히 지키지 못할 그런 일은 아니다. 예를 들면 아침 6시에 일어나서 30분 동안 걷는다, 약속시간엔 늦지 않는다 같은 간단한 것도 괜찮다. 자기 나름의 이러한 규율을 만들고 그것을 지킴으로써 '자율성'이 생겨나는 것이고 그것은 결국 나 자신에게 이득이 된다.

매일 아침 걷기를 하면 일찍 일어나는 새가 벌레를 많이 잡아먹는다는 말도 있다시피 운동부족이 해소되어 건강에 좋고, 아침을 맛있게 먹을 수 있다. 늦잠을 자고는 허둥지둥 일어나 학교나 회사로 갈 때보다 적으나마 자기만의 시간을 만들 수도 있다.

약속시간에 늦지 않도록 하면 타인에게서 "저 사람은 시간을 정확히 지킨다"는 평가를 받아 신임을 받게 된다. 그런 당연한 일로 얻어낸 신용이 실적으로 이어지는 경우도 있다.

프랭클린이 말하는 "모든 물건은 두는 장소를 정할 것, 일은 시간을 정해놓고 할 것"도 거추장스럽게만 여겨질지도 모르지만, 결국엔 나 자신에게 이득이 된다. 신변의 물건이란 자세히 둘러보면 상상 이상으로 많다. 이사할 때 정리하다 보면 깜짝 놀라게 된다. 그것이 깔끔하게 정리되어 있으면 찾을 때 품도 시간도 들지 않는다.

일하는 시간을 정하는 것도 마찬가지다. 늘 정해진 시간에 생활하면 생활리듬이 생겨 능률도 올라가고, 자유로운 자기시간을 찾기도 쉽다. 샐러리맨은 자유직업을 가진 사람을 보며 "저들은 일하고 싶을 때 일하고 놀고 싶을 때 노니 좋겠다"며 부러워하는데 스스로 일에 규칙을 세우고 리듬을 만들어 나가는 것은 결코 쉬운 일이 아니다.

거듭 말하지만 규율이란 스스로를 옭아매는 것이 아니다. 자기 인생에 하나의 기둥을 세워주는 이른바 인생의 규율집인 것이다.

성공을 위한 프랭클린 13가지 덕목 ④
─결단
해야 할 일을 하기로 결심할 것, 마음먹은 것은 반드시 실행할 것

기업에서 중간관리자에 속하는 사람들과 이야기를 할 때 곧잘 화제가 되는 것이 있다. "요즘 젊은이들은 스스로 일을 찾아서 하려 하지 않는다"는 것이다. 이걸 하라, 저걸 하라고 지시하면 순순히 따르고 빈틈없이 해주기는 하는데 스스로 생각해 보아라, 기획서를 내보라고 하면 순간 풀이 죽어서는 아무것도 하지 못하게 된다고 한다.

이런 젊은이들은 '지시대기족'이라고 한다. 자기 혼자서는 아무것도 결정하려 하지 않고, 타인에게서 지시를 기다리기만 한다는 데서 이런 칭호가 붙은 것 같다.

이런 '지시대기족'이 탄생한 커다란 원인 가운데 하나가 다음과 같은 사례이다. 입시전쟁이 극심해진 데다 교육에 열성적인 어머니가 자녀걱정을 한 나머지 자신의 학창시절이 어떠했는지는 도외시하고, "좋은 학교에 가는 게 곧 너의 행복"이라며 이 학원에 가라, 저 학교에 가라고, 사실은 본인이 고민하고 결단을 내려야 할 순간에 모든 결정을 내리고 지시하고는 잔말 말고 그것에 따르라고 한다. 그런 탓에 언제부턴가 자기 혼자서는 하찮은 것조차 결단을 내리지 못하는 사람이 되고 마는 것이다.

최근 마마보이가 늘어 이혼의 원인이 되고 있다고 한다. 대학의 입시설명회에서부터 성인이 된 아들의 문제라면 만사를 제치고 따라다니는 엄마가 많다. 교수에게 아들의 학점을 따지기도 하고, 취직상담에 직접 오는 엄마도 있고, 지방 발령을 내면 서울로 발령을 다시 내라고 항의하는 부모도 있다고 한다. 마마보이가 증가하고 있음을 실감하게 된다. 이런 마마보이가 사회에 나오면 '지시 대기족'이 되는 것이리라.

어릴 때부터의 학습과 진학, 취직문제까지 이러쿵저러쿵 지시를 내리는 엄마라 해도 회사 안에서 벌어지는 일까지 지시를 내리지는 못한다. 본인으로선 이것이 자립의 기회지만 개중에는 지시해주는 사람이 없으면 불안한 나머지 엄마 대신 지시해주는 사람이 있기를 바라는 사람도 있다. 상사가 지시해주면 빈틈없이 해내지만 갑자기 직접 하라고 하면 어디서부터 손을 대야 할지, 무엇을 해야 할지 몰라 허둥지둥하는 것이다.

남자는 많든 적든 마더콤플렉스를 지녔다는 의견도 있지만, 여기까지 이르면 문제다. 웃긴다는 사람도 있을지 모르지만 주위 사람들로선 그걸로는 끝나지 않을 게 분명하다. 자기 혼자서는 아무것도 결정하지 못하고 늘 누군가가 결정해주기를 기다리는 것은 본인에게나 주위사람에게도 비극이다.

워낙 우유부단한 데가 있어서 밥을 먹으러 가서도 먹고 싶은 게 엄연히 있는데도 무엇으로 할지 좀처럼 정하지 못하고 남들이 뭔가를 주문하면 "나도 그걸로 달라"고 하는 사람이 있기는 하다. 그렇지만 이런 우유부단함과 지시대기족은 본질적으로 다르다.

지시대기족은 자기가 책임을 지는 게 두려운 것이다. 뭔가를 결단하고 결정한다는 것은 그 결과에 따라 생기는 책임도 진다는 것이다. 그러한 책임을 질 자신이 없고 두려워서 결단을 내리기를 무서워하고 피하려 한다.

그러나 인간은 언제까지나 결단을 내리지 않고는 살지 못한다. 일도 그렇고 자기의 인생도 스스로 결단을 내려야만 하는 상황이 얼마든지 찾아오고, 그것은 나이 듦과 함께 차츰 많아진다.

젊어서라면 결단한 결과가 잘못되거나 실패해도 윗사람이 막아주고 구해주거니와 다시 해볼 기회도 있다. 그렇지만 나이가 들고 책임이 늘어나면 막아줄 입장에 있는 사람도 줄어드는 데다 다시 해볼 기회도 없어진다. 젊을 때 실패해도 좋으니 결단을 내리는 데 익숙해지는 편이 낫다.

프랭클린은 친구 조셉 프리스토리 앞으로 보낸 편지에서 다음과 같은 말을 한다. 그 무렵 프리스토리는 업무상 어떤 결단을 내려야 할 위기에 있었고 프랭클린에게 의견을 구했지만 프랭클린은 "구체적으로 어떻게 해야 한다고 말할 수는 없지만" 하고 전제한 뒤 이렇게 대답하고 있다.

"내가 뭔가를 결정할 때는 한 장의 종이를 둘로 나누고, 한쪽에는 그것의 장점을, 다른 한쪽에는 그것의 단점을 적는다네. 그리고 양쪽에 있는 것 가운데 한 가지씩 등가(等價)라고 판단했을 때는 둘 다 지우지. 하나가 다른 쪽의 둘과 등가라고 판단되면 그 3가지를 모두 지운다네. 그렇게 하면 대차대조표가 만들어져 어느 쪽으로 결정해야 좋은지 자동적으로 답이 나오더군."

실리를 추구한 프랭클린다운 답변이다.

스스로 우유부단하다고 생각하는 사람이나, 누군가의 지시가 없으면 움직이지 못한다고 느끼는 사람은 프랭클린의 방식으로 답을 찾아보는 것도 좋겠다.

성공을 위한 프랭클린 13가지 덕목 ⑤
─절약
나와 남에게 도움이 되지 않는 일에 돈을 허비하지 마라. 즉 낭비하지 말 것

요즘은 평범한 가정주부나 직장여성이 구찌, 루이비통, 페라가모, 프라다에

열광하고 어린 자녀에게까지 값비싼 브랜드옷을 입히고, 수업료가 비싼 사립학교에 보내는 것이 사회적 지위를 높이는 것인 양 명품에 매달린다. 가정에는 재봉틀이 사라졌고, 단추 하나 제대로 달지 못해 세탁소에 맡기는 주부가 허다하다. 식사도 프랑스식당이니, 이탈리아식당이니 요란스레 떠들고 값비싼 음식을 찾아다니는 것을 자랑으로 여긴다.

페라가모나 구치 가방과 구두를 주변사람이나 잡지, 텔레비전의 영향에 현혹되지 않고 자기의 가치관으로 선택하는 사람, 프랑스요리와 이태리요리의 진가를 정말로 이해하는 사람이 얼마나 있을지는 의문이다.

결국 남들이 하니까 나도 한다. '유행이니까'라고 하는 사람이 대부분이 아닐까?

여전히 세계경기는 불안하고, 우리나라도 계속된 성장을 보이고는 있지만 세계의 경기와 무관할 수 없다. 그런 가운데서 이렇게 분수에 맞지 않는 들뜬 생활은 다시 생각해 보아야 하지 않을까? 프랭클린이 강조하는 절약에 대해 깊이 생각할 때다.

그렇다고 돈을 쓰는 것 모두가 나쁘다는 것은 아니다. 나에게도, 타인에게도 플러스가 되지 않는 일엔 돈을 써봤자 소용이 없다. 낭비는 해서는 안 된다는 것이다.

진정으로 가치를 인정하는 것, 나에게 도움이 되는 것이라면 쓸 수 있는 만큼의 돈을 쓰는 것도 괜찮다. 그렇지만 아무래도 상관없는 일에는 돈을 써봤자 소용이 없다. 언제 내다버릴지도 모르는 물건을 충동적으로 사서는 안 된다. 사는 것 자체에 희열을 느끼고 있지 않은지 생각해 보아야 한다. 그럴 바엔 아무리 저금리라고는 하지만 그래도 미래를 위해 예금하는 편이 훨씬 낫다.

절약과 인색함은 다르다. 해도 되고 안 해도 되는 일, 도움이 되지 않는 일에 쓸데없이 돈을 쓰지 말고 도움이 되는 일에 쓸 준비를 하는 것이 절약이다.

굳이 〈개미와 베짱이〉까지 들이밀지 않더라도 당장의 일에만 매달리지 않고 돈과 시간을 허비하지 않는 사람이 최후에 웃는다.

성공을 위한 프랭클린 13가지 덕목 ⑥
―근면

시간을 허비하지 말 것. 늘 뭔가 이득이 되는 일을 좇을 것. 쓸데없는 행동은 멈출 것

요즘 학생들은 노력하기를 대체로 싫어한다. 운이 따라주기를 바란다. 그러나 요즘 학생들을 잘 살펴보면 전혀 노력하지 않는 것도 아니고, 또 싫어하지도 않는다. 자기의 관심거리, 예를 들면 패션 등에는 깜짝 놀랄 정도로 부지런하고, 각종 인터넷사이트를 두루 돌아다니거나 책을 구해다 읽고 정보를 모은다든지, 원하는 것이 있으면 아르바이트를 해서라도 장만하려고 한다. 아마도 그들은 촌스럽다거나 멋있는 것에 대한 자기들의 판단기준에 맞지 않는 것, 금세 결과가 나오지 않는 일에 노력하고 부지런히 움직이기를 싫어하는 것이리라.

그러나 멋이 있고 없고의 판단기준은 어디서나 통용되는 것은 아니다. 촌스럽고 멋도 없지만 부지런한 사람이 승리하는 경우는 많이 있다. 성실하게 일하면 그만큼 돌아오는 것이 있는 법이다.

사람은 곧잘 "~였더라면" "~라면" 하고 말하지만 일이 지난 뒤에 후회해봤자 소용없다. "그때 노력했더라면" "좀 더 열심히 했더라면" 하고 한탄해봤자 때는 이미 늦다. 시간은 절대로 되돌리지 못한다.

시간을 허비하지 말고 반드시 해야만 하는 것은 철두철미하게 해두어야 후회하지 않는 삶을 살 수 있다. 그것이 최선이며 그런 투자는 나에게로 되돌아온다. 뒤로 미루고, 미루기만 해서는 언젠가는 그 대가가 반드시 되돌아오는 법이다.

성공을 위한 프랭클린 13가지 덕목 ⑦
―성실

속임수를 써서 남에게 해를 입히지 말 것. 마음을 순수하고 공정하게 유지하도록 할 것. 하는 말 또한 그러할 것

요즘 속속 일어나고 있는 관료와 기업 등의 부정사건을 살펴보면 우리나라

는 거짓말천국이 아닌가 생각될 정도다. 검찰의 수사가 끝나고 발표가 날 때까지는 "나와는 무관한 일"이라고 하나같이 발뺌을 한다.

직원이 공금을 횡령하면 덮고 감추기에 급급하다가 나중에 도저히 감당이 안 될 때쯤 경찰에 수사를 의뢰한다. 우리 사회는, 특히 공무원, 국회의원, 기업은 거짓말로 일단 모면하고, 타인의 이익보다 나의 이익, 속임수로 넘어가는 체질, 악습으로 뒤범벅이 된 것 같다.

한편 요즘 아이들은 남을 배려할 줄 모른다, 친구와 사귀는 데 서투르다, 그것이 왕따와 괴롭힘 같은 학교폭력으로 이어진다고 하는데 그것은 아이들이 무리지어서 밖에서 몸을 써 가며 노는 일이 적어진 것과 무관하지 않다. 놀이라고 해봤자 집안에서, 그나마도 컴퓨터를 비롯한 게임을 통해 혼자서 노는 일이 많아졌으므로 친구들과 마음을 열고 놀고 웃고 떠들고, 화를 내고 울 일이 없다. 그것이 아이들의 협조성과 사회성이 부족해지는 하나의 원인이 되고 있다.

인터넷 게임은 혼자서 노는 도구일 뿐 친구와 어울려서 접촉하는 일이 줄어들어 협조성과 사회성을 잃게 하는 면이 있다. 게임을 개발한 업체나 컴퓨터 판매자 등 게임과 관련된 기업은 돈을 벌겠지만 기업의 사회적 책임은 이익과 반드시 일치하지 않는다.

인간은 거짓말을 하기도 하지만 현재 상황을 개선하려는 본능도 있다. 항상 성실한 행동으로 일관하기는 어렵다. '거짓말도 방편'이라는 말처럼 거짓말을 하는 편이 나을 때도 있다.

그러나 최근 일어나는 일련의 사건처럼 제 몸을 보신하기 위해 거짓말로 도배를 한다든지, 타인에게 상처를 주면서까지 거짓말을 하는 것을 당연하다고 여겨선 곤란하다. 대체로 거짓말에 대해 이토록 용서를 잘하고 너그러운 나라가 한국 말고 전 세계에 있을까 싶다. 미국이나 유럽에선 '거짓말쟁이'란 소리를 듣는 것이 가장 큰 모욕이자 굴욕이고, '거짓말쟁이'란 소리를 듣는 것은 사회적 지위를 잃는 것이나 마찬가지다.

고 케네디 대통령의 동생인 에드워드 케네디가 끝내 대통령이 되지 못한 것은 함께 탔던 여성이 죽은 자동차사고 당시에 진실을 감추는 게 아닌가 라는 의심을 받았기 때문이다. 때문에 케네디신화의 후계자로서 그토록 인기가 있었는데도 대통령의 자리에 결국 앉지 못했다.

요즘 시대에 성실하게만 사는 것은 바보라고 할지도 모른다. 그렇지만 거짓말을 하면 그 거짓말을 감추기 위해 또 다른 거짓말을 해야만 하고, 그것이 되풀이되면 거짓말의 늪에 빠져 헤어나지 못하게 된다. 그러다 마지막엔 거짓말임이 만천하에 드러나고 제재를 받게 된다. 성실하게 행동하면 당장은 손해를 보는 것 같아도 언젠가는 제대로 평가를 받고, 신뢰받는다. 긴 안목으로 보면 손해는커녕 이득이 되는 것이다.

성공을 위한 프랭클린 13가지 덕목 ⑧
─정의

텔레비전의 뉴스나 신문에서 왕따 문제, 특히 괴롭힘을 당해 괴로워하다 자살했다는 사건이 보도될 때마다 세상이 언제부터 이렇게 되었는지 생각하지 않을 수 없다.

이것은 학생들이 공공성과 이타성을 상실한 결과다. 내가 싫은 일은 남도 싫어한다는 의식이 없으므로 태연히 남을 괴롭히고, 보고도 못 본 체 한다. 내가 아프게 느끼는 것은 타인도 아프다는 것을 모르므로 싸움의 한계를 넘어서 폭력을 휘두른다.

요즘 세상에 정의를 외쳐봤자 아무도 진정으로 생각하지 않으며, 통용되지 않을지도 모른다. 하지만 우리와 가까운 곳에 정의와 관계된 것들은 얼마든지 있다. 내가 당하면 싫은 일은 남에게도 하지 않는 것이 기본이다. 드라마 속의 영웅이 맨 윗자리에 앉아서 크게 돋보이는 것만이 정의는 아니다. 타인을 부당하게 상처주지 않는, 타인이 싫어하는 것을 하는 사람을 막는 것이 정의인 것이다.

보다 간결하게 말하면 정의란 공공성을 지키는 것이라 해도 과언이 아니다. 이거라면 일상 속에서도 얼마든지 할 수 있는 일이다. 회사에서나 학교, 길거리에서도 타인에게 부당하게 상처를 주거나, 혐오하는 일을 아무렇지 않게 하는 사람은 분명 있다. 그런 사람을 막으려면 용기가 필요하다. 작지만 용기를 내보는 일도 때로는 필요하다. 언제나 '달아나는 게 최선'은 아니다.

그리고 가장 중요한 것은 나는 타인에게 부당하게 상처를 입히지 않는다, 불편을 끼치지 않는다는 것이다. 이러한 정의의 기본을 반듯하게 지킬 줄 아는 사람이 '훌륭한 사람'이며, 호감을 주는 사람이다.

성공을 위한 프랭클린 13가지 덕목⑨
—중용

극단을 피할 것. 설령 불법을 당하고 분개할 가치가 있다고 판단되더라도 격노를 가라앉힐 것

'중용'이라고 하면 요즘 사람들에겐 별로 와 닿는 것이 없으리라 본다. 중용이라는 말 자체가 쓰이는 경우가 적어졌고, 그다지 좋은 의미로 받아들여지지 않을 우려도 있다. 프랭클린이 말하는 중용을 요즘 식으로 말하면 나의 의견을 강하게 밀어붙이지 않고, 타인의 의견에 귀를 기울이고 받아들이는 것이라고 할 수 있다.

일본의 작가 시바 료타로의 〈료마가 간다〉에 이런 의미의 말이 있다.

"논쟁을 할 때는 상대방을 철저하게 무너뜨려선 안 된다. 다시는 일어서지 못할 정도로까지 두드리면 반드시 원한을 산다. 상대방을 납득시키면 그만이므로 한 발 먼저 물러서지 않으면 안 된다."

이런 사고도 말하자면 중용과 통하는 데가 있다.

사카모토 료마는 막부말기의 영웅으로 유명한데 그의 활약은 자기의 의견을 강경하게 밀어붙이지 않고 타인의 의견에 귀를 기울이는 자세에서 출발한다. 사쓰마와 죠슈의 연합을 주선할 때에도 적대관계에 있고, 서로 의심하고 있던 사쓰마와 죠슈를 연결할 수 있었던 것은 이 중용의 감각을 지닌 료마였기 때문에 가능한 일이었다.

자기의 의견을 강력하게 밀어붙이지 않고 사쓰마와 죠슈의 의견을 충분히 듣고, 서로의 입장을 존중하면서 양쪽의 '이익'을 제시함으로써 이 연합을 완성시켰던 것이다.

친구와 함께 여행을 하다가 크게 싸우고 결국 헤어진 경험을 한 사람이 적지 않을 것이다. 그와 마찬가지로 오랜 항해 따위로 오랜 시간에 걸쳐 하나의

공간 속에 집단이 함께 있으면 처음엔 괜찮지만 아무리 사이가 좋은 사람들이라도 인간관계가 차츰 삐걱거리게 되고, 마지막엔 얼굴도 마주치고 싶지 않은 단계에까지 가는 경우가 있다. 이것은 심리학적인 실험으로도 실증된 바 있는데, 그렇다고 그냥 내버려두면 큰 싸움이 되기 십상이다. 특히 망망대해 위에서 옴짝달싹하지 못할 배 안에서 이와 같이 대립이 일어나면 대개는 큰 사고로 이어진다고 한다.

이럴 때 필요한 것이 중용의 자세이다. 어느 한쪽에도 치우치지 않고 양쪽의 의견을 모아 어떤 접점을 찾는 것이 현대의 중용이라고 할 수 있다. 어느 한쪽의 편을 들었다가 패배하면 손해를 보므로 어느 쪽에도 서지 않고 방관자로 있으라는 얘기가 아니고, 또 아무 의견도 생각도 없으니까 그냥 지켜보고만 있으라는 얘기도 아니다.

"싸우는 사람들 사이로 용감하게 뛰어들어서 중재를 하는 고초를 겪으라는 말이냐? 쓸데없는 일에 참견 말라는 말이나 들을 게 뻔하다"는 사람도 있을 것이다. 그러나 어느 세상에나 중재역을 하는 사람이 신뢰를 받고, 힘을 갖게 된다. 두 사람의 접점을 찾아내고, 서로를 잇기 위한 교집합을 찾아내는 사람이 환영을 받는다.

회사에서도 마찬가지다. 중재역, 중간역할을 잘해 내는 사람은 위에서나 아래에서나 한 수 위의 대우를 받을 게 틀림없다.

성공을 위한 프랭클린 13가지 덕목 ⑩
—청결
몸과 의복, 주거의 불결함을 허용하지 말 것

나를 위해서도 또 타인에게 불쾌감을 주지 않기 위해서도 청결은 중요하다. 그러나 요즘 일어나는 하나의 청결 붐을 보면 지나치다는 느낌을 갖지 않을 수 없다. 마치 보는 것, 닿는 것 모두가 불결하다고 느끼는 듯한, 비정상으로 여겨질 정도의 결벽증을 지닌 사람도 증가하고 있다고 한다.

청결에 대한 이러한 의식이 강해지고 있으므로 이른바 항균제품, 제균상품 따위가 속속 발매되고 히트를 치는 것이리라. 칫솔, 세탁기, 공기청정기, 손소독

제 등등 셀 수 없을 정도의 상품이 있다. 슈퍼마켓이나 백화점의 가정용품 매장이나 약국에 가면 항균, 제균상품 천지라 해도 과언이 아니다.

전에 어떤 책에서 읽었는데 자기 집이 아닌 곳에선 화장실에 가지 않는다는 사람도 있다고 한다. 타인이 사용한 화장실이라니 무서워서 들어가지 못한다는 것이다. 그밖에도 전철의 손잡이를 잡지 못한다든지, 대중이 이용하는 시설의 문 손잡이를 잡고 나면 반드시 손을 씻어야 마음이 놓인다는 사람 이야기를 들은 적도 있다.

이런 사람들은 청결을 중요시한 나머지 그 정도를 지나친 것이리라. 그러나 청결, 청결을 외치는 사람일수록 의외로 자기의 청결에만 신경을 쓰고, 주위는 그다지 신경쓰지 않는다는 경우가 가끔 있다. 자신의 청결이 침해당하는 것에는 비정상일 정도로 반응하면서 자기가 타인에게 불결감과 불쾌감을 주는 것에는 무딘 것이다.

화장실에서 화장을 고치거나 머리를 매만진 뒤에 떨어진 머리카락이나 휴지를 그냥 놔두고 나오는 여성이 있다는 이야기를 가끔 듣는다. 그런 여성일수록 좌변기 제균클리너라든지 제균스프레이 등을 갖고 다니면서 신경질적으로 청결에 연연하고 '불결하다'면서 눈살을 찌푸려 보이는 것이다.

이런 행동은 예를 들면 자기 집 앞에 떨어져 있는 쓰레기를 이웃집 앞으로 밀어놓는 것과 같다. 진정으로 깨끗하게 한 것이 아니다. 자기 집 앞만 깨끗하면 다른 집은 지저분해져도 상관없다는 것은 청결이랄 수 없다. 그것은 단순한 이기주의에 지나지 않는다.

이렇게 지나치게 청결에 매달리는 사람도 있는가 하면 "이 사람은 청결에 대한 관념이 없는 게 아닐까?" 싶을 정도인 사람도 있다. 전철을 탔을 때, 언제 세탁을 했는지도 모를 정도로 지저분한 양복에 비듬이 잔뜩 떨어져 있는데도 태연한 중년남성을 볼 때가 있다. 또 그게 멋이라고 생각하는지 악취미의 향수를 머리에서부터 쏟아 부은 게 아닐까 싶을 정도로 강렬한 냄새를 주위에 온통 발산하는 사람도 있다.

청결에 신경질적으로 주의를 쏟는 것도 생각해볼 문제지만, 청결을 전혀 고려치 않고 주위에 불쾌감을 주는 것도 곤란하긴 마찬가지다. 둘 다 극단적이다. 청결도 도를 넘으면 타인을 기분 나쁘게 할 수 있거니와 청결에 지나치게 무관심하면 불결해진다. 둘 다 청결의 의미를 잊고 있거나 착각을 하고 있는 것이리라.

청결이란 타인에게 불쾌감을 주지 않는 것이 기본이다. 제 몸엔 제균스프레이를 잔뜩 뿌리고, 머리에서 발끝까지 균이라곤 없을 듯한 그런 사람도 세면대에 머리카락을 떨어뜨린 채로 자리를 떠나는 여성은 청결한 것이 아니다. 오히려 그런 사람이 불결한 것이다.

대체로 사람의 몸에는 여러 가지 종류의 균이 엄청나게 많이 살고 있다. 입 안에도 장 속에도 균이 있고, 그 균의 작용에 따라 소화도 시키고 영양을 흡수할 수도 있는 것이다. 때로는 몸속의 균이 체내로 들어온 유해한 균을 퇴치해 주는 경우도 있다.

더구나 그렇게 몸에 좋은 균은 공기 가운데, 또는 물이나 흙 속 등에 있어서 그것이 입을 통해 들어오는 것이다. 항균이니 제균이니 해가면서 필요한 균마저 없어져서 건강을 해칠 우려도 있다.

무엇보다 청결, 청결하고 신경질적이 되면 악수도 제대로 못하게 되고, 연인과 키스도 할 수 없다. 나는 진정한 의미에서의 청결을 실행하고 있는지 생각해보기 바란다.

성공을 위한 프랭클린 13가지 덕목 ⑪
—평상심
하찮은 일, 일상다반사, 또는 피하기 힘든 일에 평상심을 잃지 말 것

우리나라사람에게도 이젠 해외여행은 흔한 일이 되었다. 그런 해외여행길에서 현지인의 빈축을 사는 일부 한국인들이 있다. 해외에 나갔다는 사실만으로도 평상심을 잃고 부끄러운 줄도 모르고 들떠서 떠들고, 그런가하면 명품을 사모으는 데 혈안이 되어 있는 여행자는 대개 한국인이라고 하니 바가지를 써도 어쩔 수 없는 점이 있다.

해외에 나가면 불안하기도 하고 흥분도 된다. 그러나 평상심을 잃고 자기조절을 하지 못하면 주위에도 불편을 주고, 현지인도 상대해 주지 않는다. 돈을 그렇게 쓰고도 크게 얻는 바가 없는 것이다.

또한 일상생활 속에서도 평상심을 잃어서 좋을 것이 없다. 버럭 화를 내는 것도 평상심을 잃었기 때문이고, 긴장해서 입시에서 제 실력을 발휘하지 못하고 떨어졌다는 이야기도 자주 듣는다. 일에서도 트러블이 생겼을 때, 냉정하게 대처하면 충분히 처리할 수 있는 문제인데도 당황한 나머지 대처방식이 잘못되어 오히려 문제를 더치게 만드는 경우도 있다.

때로는 긴장이 긍정적으로 작용하는 경우도 있지만, 그것도 어디까지나 정도의 문제이다. 평소 무슨 일이 일어나도 자제심을 잃지 않도록 평상심을 명심하면 막상 일이 닥쳤을 때 반드시 도움이 된다.

성공을 위한 프랭클린 13가지 덕목 ⑫
―순결

섹스는 오직 건강 내지는 자손을 위해서만 하고, 이것에 탐닉하느라 머리를 둔하게 하거나, 몸을 약하게 하거나, 또는 나와 타인의 평안을 깨뜨리고, 신용에 상처를 입히는 일이 없게 할 것

지금은 순결이란 단어를 쓰면 시대착오적이란 소리를 듣기 십상이다. 그나마 거기서 끝나면 다행이지만 '죽은 단어'가 되어 있는지도 모른다. 성풍속이 어지럽고, 경험하는 나이가 점점 어려지고 있다.

그것은 비단 젊은이들만의 이야기가 아니다. 가정이 있는 남녀의 불륜 사랑을 묘사한 드라마와 소설이 인기를 끈다. 그런 시대에 순결이라고 하면 고리타분하다면서 들은 체도 하지 않을지 모른다.

그러나 이성관계에서의 실수는 쉽게 넘어가지 않는다. 젊은 날의 과오로 변변치 못한 남자나 여자에게 걸려들어 일생을 망치는 경우도 있고, 재미삼아 사내불륜을 저질렀다가 그게 들통 나 회사에 더 이상 다니지 못하게 되는 사람도 있다. 불륜에 빠진 여성이 가정을 잃고, 급기야 남자에게도 버림을 당하여 설 곳을 잃기도 한다.

성욕은 식욕과 나란히 인간의 본능인 만큼 그것을 억누르려는 것엔 무리가 따른다. 그렇지만 욕망에 패배하기만 하면 결국엔 자신이 그 대가를 지불해야만 하고, 손해를 볼 따름이다.

특히 섹스에 금전이 얽히면 결코 만만한 문제가 아니다. 옛날엔 즐거움을 위한 섹스상대라고 하면 직업여성으로 한정되어 있었다.

그러나 요즘은 그 경계가 무너져서 직업적 성매매 여성인지 아닌지 도무지 알 수 없는 여성이 많다. 원조교제도 돈이 얽혀 있으므로 문제가 되고, 그 뿌리가 깊은 것이다. 소녀들이 돈 때문에 섹스를 하는 것이 아니라 단지 좋아하는 사람과 섹스를 하는 것뿐이라면 이렇게 큰 문제가 되지는 않을 것이다.

이렇게 보면 고리타분하게 느껴지는 순결이란 단어도 섹스, 특히 돈이 연루된 섹스에는 주의를 하지 않으면 언젠가 뼈아픈 일을 당하게 된다는 의미에서 생각하면 이것은 마음에 깊이 새겨두어야 할 것 같다.

성공을 위한 프랭클린 13가지 덕목 ⑬
─겸양
예수와 소크라테스를 본받을 것

요즘 젊은이들에게 '겸양의 미덕'이라고 하면 "대체 그게 뭐야?" 하고 물을지 모른다. "자신은 한 걸음 뒤로 물러서고 타인에게 양보하는 것이 중요하다는 말"이라고 설명해 봤자 "바보 아냐?" 하고 비웃을 것 같다.

우리 사회에서 말하는 겸양이란 이렇게 상대방을 세우고, 상대방에게 양보한다는 뜻이 강하다. 그러나 프랭클린이 말하는 겸양에는 그런 의식은 희박하다. 나를 내세우지 않으면 원만하게 흘러간다, 타인에게 양보하고 나에게 되돌아오는 것을 기다리라는 실리적인 의미가 강하다. 덕이라고 하면서 단단히 이득을 챙기는 것이다.

프랭클린은 앞에서도 소개한 것처럼 논리보다는 행동과 실리를 추구하는 인물이었다. 그런 만큼 겸양의 덕목이라고 하지만 그것은 정신적인 것이 아니다. 자기의 실리와 연결되는 방법으로서의 겸양인 것이다.

흔히 말하다시피 미국은 자기주장을 해야 살아남는 사회이다. 자기의 의견과 생각을 주장하고, 자기를 어필하는 것을 당연하게 생각하며, 그것이 성공으로 이어진다. 그러나 모두가 자기주장만 내세우면 도무지 정리되는 것이라곤 없고, 자기의 의견이 전혀 통하지 않아 아무런 혜택도 없는 경우도 많다.

그래서 프랭클린은 자기주장을 하느라 일을 '무'로 만드느니 당장은 타인에게 양보하더라도 최종적으로 나에게 이득이 되면 좋지 않느냐는 생각인 것 같다. 서로 대립하고 싸우다 헤어지고, 모든 것을 잃거나, 쓸데없는 원한을 사는 것보다 일단은 상대방의 체면을 세워주어 나에게 플러스가 되게 한다. 그리고 다음 기회에 그것을 제대로 써서 몫을 챙기는 방안을 강구하는 편이 훨씬 실리적이다.

실생활에서도 이런 상황은 아주 많다. 한 발짝 앞에서 그만두면 될 것을 순간의 오기를 부린 때문에 상대방도 고집을 내세워 결국은 아무도 득이 되지 않는 경우는 흔하다.

사업에서도 물러서야 할 때에 물러서지 않아서 상담이 무위가 되고, 상대와의 관계가 나빠지면 회사의 입장도 난처해지는 사태가 일어날 수 있다. 이럴 때는 우선 창끝을 거두고 조금이라도 나에게 득이 되는 길을 찾아야 한다.

말하자면 겸양이란 옛말에도 있다시피 "인정을 베푸는 것은 남을 위하기만 하는 일이 아니다"와 같은 의미이다. 이 말은 요즘은 "인정을 베푸는 것은 남에게 도움이 되지 않으니까 하지 말아라"라는 의미로 착각하는 사람도 있는데 사실은 "남에게 인정을 베푸는 것은 남을 위해서가 아니라 그것이 돌고 돌아서 나에게 돌아오기 때문이다"라는 의미이다. 다른 사람에게 양보하거나 인정을 베푸는 것이 최종적으로는 득이 된다는 것이다.

3. 인생을 성공으로 이끄는 자기조절 기술

나에 대한 부정어를 쓰지 않는다
—신은 부지런한 사람에겐 아무것도 아끼시지 않는다

컨트롤을 우리말로 바꾸면 '제어, 관리, 지배, 규제, 통제' 등이 될 것이다. 이런 말들이 주는 이미지는 뭐랄까 외부를 향해 발산하는 에너지를 억제한다든지, 어지럽고 무질서한 상태를 정리한다는 느낌을 준다. 경마로 말하면 펄쩍 뛰쳐나가고 싶어 하는 말의 고삐를 잡아당기는 상태라고 할까?

그러므로 자기조절(컨트롤)이라고 하면 자기의 기분을 억제한다는 느낌이 강하다. "저것을 하면 안 된다" "이것은 이제 그만 참자" 등 다양한 욕망, 의욕을 억누르게 된다. 그러나 이것이 지나치게 강하게 작용하는 것은 문제다.

왜냐하면 정신적인 자기억제는 자기의 가능성을 부정하는 것으로 이어지기 쉽기 때문이다. 그것은 자신감이 없어지는 것이고, 그렇게 되면 진정한 의미에서의 자기조절은 불가능하다.

진정한 자기조절이란 참아야 할 때는 참고, 하고 싶을 때는 결연히 행동을 일으키는 것이다. 필요할 때 움켜쥐고 있던 그물을 펼치고 맹렬히 스퍼트 할 수 있어야 한다.

인간행동의 기본에는 반드시 자기 자신에 대한 신뢰, 자신감이 있다. 그만큼 자신감이란 중요한 것이다. 지나친 자신감은 문제가 되지만 그래도 자신감이 전혀 없는 것보단 낫다고 할 수 있다.

승부가 걸려 있는 스포츠에서도 자신감은 물론 중요하지만, 인간이 살아가는 데 있어서 자신감은 없어선 안 될 요소다. 자신이 없는 사람에겐 미혹이 찾아오고 길을 잃거나 잘못 드는 경우가 많다. 비정상적 종교집단은 그런 사람에게 쉽게 파고든다.

그러므로 평소에 자기의 가능성을 부정하는 말, 예를 들면 "나는 어차피 안돼"라든가 "나는 못해" 같은 말을 절대로 하지 않도록 해야 한다. 그런 부정적이고 소극적인 말은 자기도 모르는 사이에 자기암시를 계속하여 정말로 그렇게 되는 경우가 많다.

최근 들어 화제가 되고 있는데 일방적으로 자기 생각에 몰두하다가 어떤 특정 여성을 미행한다든지, 방안을 들여다보고 전화를 걸거나 하는 스토커 범죄자가 있다. 이것은 미국에서 영화화 되기도 했다. 그러나 실태를 조사해보면 피해자인 여성에게도 스토커가 따라붙기 쉬운 타입이 있다고 한다.

예를 들어 어떤 피해자는 "나는 남이 나를 싫어할까봐 그게 너무나 두려워서 싫은 것을 분명하게 싫다고 말하지 못하는 성격"이라고 밝힌다는 것이다. 그래서 그녀는 어떤 남성으로부터의 어이없는 사랑고백을 단호하게 거절하지 못했다. 상대방은 그것을 그녀의 상냥함 내지는 호감으로 오해하고, 점잖게 거부하거나 하면 집까지 따라오거나 한밤중에 전화를 걸어놓고 아무 말도 않게 되었다고 한다.

스토커는 자기조절을 하지 못하고, 타인과의 의사소통이 원만하게 이루어지지 않는, 자신감이 부족한 사람에게 많다. 앞에서 말한 피해자도 자기 자신에 대해 자신이 없고, 자기의 성격을 부정적으로 단정하고 있었던 게 아닐까? "남이 싫어할까봐 두렵다"는 것은 자신감이 없기 때문이다. 자신이 있으면 "사람에겐 저마다의 취향이 있으므로 나를 싫어하는 사람이 있는 것도 당연"하다면서 그런 보잘것없는 일에는 꿈쩍도 않는 평상심을 지닐 수가 있을 것이다.

"~해주지 않는다"는 말을 금기시한다

—일찍 자고 아침에 일찍 일어나는 것은 건강의 근원이다. 재산을 불려주고 지식을 늘려준다

'해주지 않아족'으로 불리는 사람들이 있다. "상사가 인정해 주지 않는다"거나 "남편이 집안일을 도와주지 않는다"는 둥 늘 투덜투덜 불평불만을 하는 사람들이다.

한때의 판단으로 그런 생각을 갖는 경우는 있을 수 있다. 그렇지만 언제나 그런 생각을 안고 있고, 그것을 입 밖에 내어 투덜거리는 것은 되도록 그만두는 게 좋다.

"~해주지 않는다"는 말은 마이너스 지향적인 말이며, 마약 같은 습관성을 지니고 있다. 그것이 높아지면 한 가지 일에 대해서뿐만 아니라 오만 가지 일에 대해 입버릇처럼 그런 말을 쓰게 된다.

그러므로 "상사가 나를 인정해주지 않는다"고 생각하는 사람은 곧이어 "아내는 나를 이해해주지 않는다"거나 "장인어른은 우리집 사정을 도무지 이해해주지 않는다"는 따위의 말로 발전하기 쉽다.

이런 말을 입 밖에 내어 계속하면 차츰 세상을 비뚤게만 보려는 마음이 강해진다. 나는 잘못한 것이 없는데, 나쁜 것은 모두 주위 탓이라는 생각에 휩싸이게 된다. 그것은 정신적으로 매우 건강하지 못한 상태라고 할 수 있다.

마이너스 지향적인 말로 대표적인 게 있다. 한국인이 미국인 의사에게 어깨가 결리고 뭉치는 증상을 아무리 설명해도 도무지 알아듣지 못한다는 것이다.

즉 영어에는 '어깨 결림'에 해당하는 말이 없다.

단어가 없다는 것은 그런 개념이 없다는 말이다.

평범한 미국인에게 물어봐도 대개는 그런 어깨 결림 증상을 느끼지 않는다고 한다. 그러면 미국인에겐 어깨 결림이 전혀 없는가 하면 그렇지는 않고, 그들이 한국에서 지내게 되면 상당수의 미국인들이 어깨 결림을 호소하게 된다고 한다.

이것은 왜일까? 미국은 땅덩어리가 넓어서 우리나라에 비하면 인구밀도가 낮고, 출퇴근지옥도 없기 때문일까? 그리고 생활습관에 익숙지 않은 한국에 와서 편치 못한 기분으로 살아가기 때문일까? 원인은 여러 가지가 있을 수 있다.

그러면 혹시 '어깨 결림'이라는 한국어에 있는 것은 아닐까? 즉 미국인은 피로감 등에서 어깨에 위화감을 느끼기는 하지만 그것을 설명하는 단어가 없으므로 단순한 위화감이란 말로 넘어간다.

그러나 한국에 와서 '어깨 결림'이라는 단어를 배운 미국인이 어깨의 위화감을 증상으로 의식하게 되고, 그에 따라 고통도 느낀다는 것이다. 말하자면 '어깨 결림'이라는 병명이 어깨 결림이라는 질병을 만들었다고도 할 수 있다.

그러므로 "~해주지 않는다"는 말은 물론이다 "피곤하다" "한심하다" "질렸다" "싫다" 등의 마이너스 지향적인 말, 부정적인 상태를 나타내는 말은 의식적으로 멀리하도록 해야 한다. 그리고 되도록 플러스 지향적인 말을 쓰도록 해야 한다. 그렇게 함으로써 자신감을 회복하는 훈련을 했으면 한다.

내가 나의 시간을 쓴다는 의식을 갖는다
—시간을 헛되이 쓰지 마라. 시간이야말로 인생의 형태를 만드는 재료가 되므로

늘 바쁜 현대인은 시간의 흐름에 이리저리 떠밀려 다니느라 좀처럼 자기만의 주체적인 시간을 가질 수가 없다. 예를 들면 근무시간 중에는 일이 중심이 되는 시간을 보내는 것이고, 근무가 끝나고 동료의 권유에 못 이겨 술집에서 한 잔 하는 것도 중요한 교제의 시간이다. 집으로 돌아온 뒤에도 텔레비전 프로그램 시간에 맞춰서 샤워를 하거나, 내일 일을 걱정하면서 잠자리에 든다.

이런 생활이 일상적이 되면 그것이 당연한 것처럼 되어서 주체적인 시간이란

것에 대한 의식이 희박해진다. 이렇게 되면 만족스런 자기조절은 엄두도 낼 수 없다. 왜냐하면 자기조절이란 자기의 신체뿐만 아니라 시간까지도 자기의 의지로 조절하는 것이기 때문이다.

현재 우리나라의 이혼건수는 해마다 늘어나고 있고, 1년에 12만 건으로 하루 평균 329쌍이 이혼한다고 한다. 그 원인은 "성격이 맞지 않는다" "배우자의 부정" "폭력" "정신적 학대" "가족이나 친족과의 관계가 나쁘다" 등등 여러 가지가 있는데 가장 큰 이유는 경제적인 사정에서 부부가 모두 일을 하여 둘 다 몹시 피곤한 것을 들 수 있다. 몇 개월 동안이나 부부관계가 없거나, 대화도 단절되기 쉬워 점점 서먹서먹한 관계가 된다.

이혼문제를 상담하는 한 연구소의 말로는 그런 관계를 회복해 보려는 마음이 서로에게 있어도 좁은 집안에서 아이가 뛰어다니고, 스킨십이 없는 상태에선 그것도 어렵고, 또 남자 쪽에선 대부분 그런 감정을 실제로 행동으로 옮기는 경우가 드물다고 한다. 마치 아내나 자녀에게 에너지를 나눠주는 것을 아깝게 여기는 것처럼 보인다.

요컨대 아내와의 관계를 회복하기 위해 자기의 시간을 할애하지 못한다. 즉 자기조절을 제대로 하지 못한다는 것이다. 이것은 일상생활에서 별 생각 없이 시간의 흐름에 휩쓸려 살아가고 있기 때문이다.

따라서 평소 되도록 자기의 의지로 시간을 주체적으로 컨트롤하는 버릇을 들여야 한다. 예를 들면 근무 중의 일 중심의 시간에도 방법에 따라서는 자기가 주체성을 갖고 조절할 수 있는 부분은 많다. 계속해서 일을 붙잡고 있지 말고, 시간을 정해서 효율적으로 일처리를 하고, 되도록 잔업을 적게 한다. 잔업이 적어지면 자유로운 시간이 늘어나게 된다.

다만 수입을 위해 잔업이 필요한 사람은 휴일의 시간을 잘 조절하면 된다. 그러면 진정으로 편안히 쉬고, 여유로운 시간을 갖게 된다. 그런 시간을 서먹서먹해지기 시작한 부부간의 커뮤니케이션 회복을 위해 쓰거나, 아이들과의 소통을 위해 쓰거나, 또는 자신이 몰두할 수 있는 취미를 위해 써도 좋다.

어쨌든 시간에 쫓긴다든지, 시간에 끌려다니는 상태가 아니라 스스로, 의식적으로 "나의 시간을 내가 쓴다"는 마음을 갖는 것이 중요하다.

우리나라의 젊은이들은 곧잘 "무리 짓고 싶어 하는" 경향이 있다고 한다. 밥도 함께 먹고, 놀러다니는 것도 함께 하는 식이다. 즉 이 무렵부터 집단의 시간을 공유하는 스타일에 익숙해져서 자기만의 시간을 쓰는 경우가 적다. 때로는 혼자서 밥도 먹고, 혼자서 영화관에도 가보자.

또 쉬는 날에는 텔레비전을 보면서 낮잠을 자는 것도 물론 좋지만, 만약 나의 시간을 갖겠다는 생각이 든다면 하루 종일 뒹굴뒹굴하다 보면 몹시 아깝다는 생각이 들 것이다. 좋아하는 텔레비전 프로를 3시간 보았으면 나머지는 산책을 나간다든지, 책을 읽거나 목공일을 해보는 것도 좋다.

그렇게 시간을 밀고 당겨가며 쓸 수 있게 되면 자기조절 기술은 뚜렷한 진보를 보이게 될 것이다.

나에게 '약속'하고 그것을 지킨다
—지나치게 온건한 법은 지켜지지 않으며, 너무 엄격한 법은 시행되지 않는다

앞에서도 간단히 말한 바 있지만 자기 나름의 어떤 규율을 만들고 그것을 지키는 것은 자기조절에 빠져선 안 될 팩터의 하나이다. 규칙에 따른다는 것은 자기의 감정을 억누르는 것이고, 스스로를 통제하는 것으로 이어지기 때문이다.

그렇지만 그 결정이 나 자신과 지나치게 동떨어진 것이면 결국은 실행되지 않고 끝나버리는 경우가 많다. 아침에 일찍 일어나지도 못하고 운동도 싫어하는 사람이 "좋아! 내일부턴 6시에 일어나서 조깅을 하는 거야!" 하고 아무리 결심해봤자 계속될 리 없다.

이러한 '약속사항'을 지키기 위해선 우선 지킬 수 있는 것이어야 한다는 것이 중요하다. 이렇게 말하면 그건 너무나 당연한 얘기 아니냐고 할지도 모르지만, 이것이 의외로 어렵다. 왜냐하면 인간이란 이런 경우에 목표를 높이 잡는 경우가 이따금씩 있기 때문이다.

앞에 나온 조깅이 좋은 예로서 하고자 결심한 이튿날 아침에 "에이, 내일부터 하지 뭐" 하고 이불속에서 나오지도 못하는 사람도 결코 적지 않다. 이런 사람에겐 영원히 '내일'이란 날은 오지 않는다.

그러면 어떻게 하면 좋을까? 즉 잘하는 분야의 것, 작고 매우 일상적인 것부

터 규칙을 정하면 된다.

예를 들면 집에 들어갈 때, 반드시 신발을 가지런히 벗어놓는다든지, 전철 안에선 휴대전화를 쓰지 않는다든가 하는 사소한 것이어도 괜찮다. 아니면 "즐길 수 있는 요소가 있는 것" 예를 들면 조깅만 해도 아침에 일찍 일어나는 것도 운동도 고통스럽지 않은 사람에게는 즐거움이 될 것이다. 그렇게 간단히 할 수 있고, 즐길 수 있는 요소가 없으면 규칙 따윈 백날 만들어도 좀처럼 오래 이어지지 않는 법이다.

그렇게 목표 세운 일을 일주일 동안 해냈다면 맛있는 것을 먹으러 간다든지, 뭔가를 사는 등 나 자신에게 어떤 상을 주는 것도 좋다. 어쨌든 오래 잇게 하는 것이 중요하다. 나름의 아이디어를 짜보기 바란다. 오래 계속하면 힘이 된다.

욕구를 조절한다
—최초의 원하는 마음을 억제하는 것이 훗날의 욕구를 억제하는 것보다 쉽다

흔히 인간의 욕구에는 식욕과 성욕, 물욕과 권력욕, 명예욕 등이 있다고 한다. 그러나 욕구만큼 강한 뉘앙스는 아니지만 '바람' 정도의 것이라면 다양하고 복잡해진 현대사회에선 실로 다양한 바람이 있다.

현재 이웃나라 일본에서 사회문제가 되고 있는 것 가운데 하나로 여자고등학생의 '원조교제'가 있다고 한다. 말뜻은 번드르르하지만 실태는 매춘이나 다를 바가 없는데 그녀들의 실태를 조사해봤더니 그런 행동을 하는 원인은 결코 물욕 때문만이 아니라 다양한 바람이 있어서 성립한다는 것이 밝혀졌다.

일본의 도쿄도립대학의 연구소에서 조사한 바에 따르면 매춘하는 여자고교생의 30퍼센트가 '돈은 구실일 뿐'이며, 이것은 다시 셋으로 분류된다고 한다.

'변신을 바라는 형'은 열등생이나 우등생의 이미지에서 벗어나 평소와 다른 나가 되고 싶다. '커뮤니케이션을 바라는 형'은 어수룩한 또래의 아이들을 상대하는 것보다 어른을 상대하는 게 낫다고 생각한다. '심리적 복수형'은 가정교육이 엄격한 가정의 자녀에게 많은데 부모나 자기를 버린 남자친구에 대한 복수심에서 매춘을 하는 유형이라고 한다.

나머지 70퍼센트는 "돈이 필요하다"는 형으로 이것도 다시 셋으로 나뉜다. '주

거대체형'은 집에 있는 게 싫어서 언제나 길거리나 클럽, 노래방 같은 곳에서 지내므로 그를 위한 돈과 화장품 값이 필요하다. '기분전환형'은 울분을 털어내기 위한 충동구매를 위해 돈이 필요한 형이다. '순수한 금전욕형'은 전체의 10퍼센트도 되지 않으며, 부잣집 자녀에게 많다고 한다. 일단 돈이 있으면 마음이 놓인다는 사고방식을 지닌다고 한다.

따지고 보면 남자 쪽의 성적 욕구도 요즘 시대엔 다양화하고 있다고 할 수 있다. 단순히 여성과 섹스하고 싶다는 마음에서부터 동성애, 그리고 SM 등의 이른바 변태성욕. 또는 전철 안에서 일어나는 성추행 치한이나 속옷도둑, 스토킹 등 다양한 성범죄를 보면 그것이 잘 나타나 있다.

이와 같이 현대의 욕구와 바람은 다양화하고 있으므로 그것을 조절하는 방식 역시 일정하지 않다. 모든 사람들이 욕구를 노골적으로 드러내어 범죄로 내달리면 그 결과는 불을 보듯 뻔하므로 어딘가에서 그물망을 좁히지 않으면 안 된다. 그것이 인간의 이성이란 것이다.

그러나 이 그물망을 좁히는 것이 어렵다. 단순하게 모든 것을 참기만 할 수는 없는 노릇이므로 어딘가에서 완화시키고 발산시켜야 한다. 즉 정도의 문제인 것이다. 어디까지는 괜찮고, 그 이상은 안 된다는 선을 경험을 통해 익혀 나가는 수밖에 없다.

또 하나 요즘 여성들의 명품지향 욕구도 지난 몇 년 동안 급속히 가열되고 있다. 옷과 가방은 물론이고 요즘엔 출산까지도 명품욕구의 대상이 되고 있다고 한다. 즉 어느 병원에서 낳을 것인지가 브랜드로 되어 있다고 한다. 예를 들면 연예인이나 유명인사와 관계가 깊은 병원 등에서 출산하기 위해 높은 비용도 대수롭지 않다는 듯 멀리에서부터 굳이 찾아와서 출산하는 모양이다.

그러나 단지 허영심을 채우기 위해서라면 이런 쓸데없는 행동은 그만두어야 한다. 프랭클린은 그의 저서인 〈부자가 되는 길〉에서 겉치레나 허영심은 부를 얻는 데는 방해가 될 뿐이라고 쓰고 있다.

그러나 프랭클린이 살던 시절과는 다르고, 요즘처럼 모든 것이 풍요로운 시대엔 옷이나 구두, 가방 등에 신경 좀 써야겠다는 마음이 일어나기도 할 것이다. 그런 거라면 하다못해 자기에게 그것이 어울리는지 아닌지만이라도 생각해 보았으면 한다.

꼭 명품이 아니라도 자기에게 어울리는 것을 찾아내어 센스 있게 멋을 낼 수 있다. 멋을 내는 것과 명품을 걸치는 것은 본질적으로 다르다. 그러므로 마침 마음에 드는 옷을 샀는데 그것이 결과적으로 명품, 브랜드인 경우는 있을 수 있다. 그럴 때는 순수한 마음으로 브랜드 옷을 사면 된다.

이런 식으로 멋내기를 즐긴다면 결코 나쁘지 않을 것이다. 다만 유행이나 "다들 갖고 있으니까 나도"라는 마음으로 낭비하는 것은 생각해 보아야 한다. 하나에서 열까지 브랜드 제품을 가질 필요는 없다. 그것이 진정으로 나에게 어울리는가 하는 것을 다시 한 번 생각하는 습관을 들이면 어떨까?

근심을 잊을 정도의 취미를 갖는다
—1백 년을 산다고 생각하고 일하라. 내일 죽는다는 각오로 놀아라

취미나 오락을 일반적으로 말하면 사람이 살아가는 데 있어서 그런 게 있으면 재미있겠다는 정도의 가벼운 의미로 생각하기 쉽다. 즉 인간에겐 어디까지나 일 또는 직업이 먼저이지 취미가 앞에 오는 경우는 없다. 그러나 그런 고정된 사고방식은 옳을까?

예를 들어 어느 독신의 지방공무원이 있다. 그의 일은 매우 단조로워서 창의성을 발휘하거나 아이디어를 낼 필요가 없는 종류의 것이다. 그냥 처리만 하면 된다. 예를 들면 민간기업처럼 기발한 아이디어를 낸다든지, 열심히 노력하면 매출실적이 올라서 보너스에 반영되는 일도 없다. 오로지 서류를 정리하고, 복사를 하거나 장부에 적거나, 도장을 찍으면 일이 끝난다. 잔업을 할 필요도 없으므로 오후 5시에는 퇴근을 하는 생활 사이클이다.

그런 그가 휴일이 되면 각지의 산으로 나선다. 나비를 채집하는 것이다. 중학생 때부터 시작된 곤충채집에서 나비의 아름다움에 매료되었고, 그 뒤 본격적인 채집에 나선 것이다. 때로는 해외 원정까지도 나가 이제는 그가 수집한 나비가 수천 종에 이른다.

그의 삶의 이유는 '나비'이다. 채집한 나비를 처리하고 분류하여 케이스 속에 넣는 작업을 할 때가 가장 즐겁고, 나를 잊는 순간이다. 때로 그런 케이스들을 꺼내어 들여다볼 때의 기분은 어디에도 비할 수 없다. 가을이나 겨울철에는

오직 도감을 읽거나 나비의 생태연구를 한다. 물론 전문적인 지식도 깊어서 학회의 논문까지도 섭렵할 정도이다.

그에게 일이란 그에게 먹을 것을 주고, 나비를 채집하는 자금을 벌기 위해서 존재한다. 때문에 아무리 단조로워도, 재미가 없어도 참을 수 있다. 모든 것은 그의 취미와 취미를 위한 시간을 위해서 있으니까.

그런 사람에게 취미란 인생의 첫 번째 의미이다. 그것은 매우 멋진 일이다. 인생의 대부분을 나비 채집을 위해 보내고 있다 해도 과언이 아닌 그의 인생을 대체 어느 누가 비웃을 수 있겠는가?

취미를 갖는다는 것은 인생에 있어서 매우 중요한 일이다. 그리고 취미는 어떤 종류의 것을, 또는 여러 가지 종류의 것을 갖는 것보다 그것을 얼마만큼 좋아하는가, 얼마만큼 그것에 몰두할 수 있는가 하는 점이 중요하다. 그렇다고 예술이니 뭐니 하는 고상한 취미여야만 하는 것은 아니다. 일에서 어려움에 부닥치거나 고민이 있어서 괴로울 때, 스트레스가 쌓여서 견딜 수 없는 그런 때에 취미에 몰두함으로써 일단 그 상황으로부터 자신을 분리해낼 수 있으면 되는 것이다.

예를 들어 일에서 난관에 맞닥뜨렸을 때, 잠깐 자리를 떠나 스트레칭을 하거나, 화장실에 가거나 하여 기분전환을 도모할 것이다. 그것만으로도 한결 기분이 편안해지는 법이다. 그것과 마찬가지로 자기의 어떤 고민으로부터 잠깐이라도 떠남으로써 기분을 바꿀 수가 있는 것이다.

어떤 여배우는 살짝 금이 가거나 이가 빠진 그릇, 접시, 도자기 등을 버리지 않고 자루에 넣어놓았다가 이따금 짜증이 나는 일이 있으면 근처의 공장 뒤의 공터로 가서 그것을 콘크리트 벽에 냅다 던져서 깨뜨린다고 한다. 그렇게 하면 막혔던 가슴이 뻥 뚫리면서 후련해진다고 한다.

괴로움과 고통, 걱정거리, 스트레스 속에서 다람쥐 쳇바퀴 돌 듯 하다 보면 출구를 찾지 못하는 미로 속에서 버둥거리는 상태가 된다. 걱정을 잠깐이라도 잊고, 근심의 본질로부터 떨어져 있어 보면 문득 겨우 그런 일에 괴로워하고 있었나 하고 자신이 바보처럼 여겨지는 일도 있다.

그러려면 몰두할 수 있는 취미를 갖는 것이 가장 좋다. 예술이 우리를 살려주지는 않지만, "취미는 우리를 살려주는" 경우가 많다.

4. 인생을 성공으로 이끄는 공감성의 기술

영화를 보거나 소설을 읽을 때는 주인공에게 전적으로 감정이입한다
―부자였다는 말보다는 타인에게 도움이 되었다는 소릴 듣고 싶다

두 번째는 '공감성'을 높이기 위한 기술이다. 흔히 국어시간에 "주인공은 그때 어떤 기분이었을까요?" 하는 문제로 골머리를 감싸 쥐던 때가 있을 것이다. 그러한 '타인의 감정을 안다'는 것이다.

이런 말을 하면 그것만으로도 따분하게 여길지도 모르지만, 여기서 이야기하려는 것은 그런 딱딱한 것이 아니다. 예컨대 당신이 좋아하는 '연애물'이나 '영웅물' 등 뭐든 좋으니 영화나 소설, 드라마, 무대 등을 계속해서 감상하는 것이 좋다는 얘기다. 다만 막연히 보기만 해서는 단순한 시간낭비에 지나지 않는다. 감상할 때만큼은 반드시 등장인물의 내면을 상상하면서 보아야 한다.

이렇게 말하면 "남이 무슨 생각을 하고 있는지 정확히 알 도리가 없지 않은가? 내가 무슨 초능력자라고" 하고 생각하는 사람도 있을 것이다. 그 말은 맞다. 타인의 감정을 정확히 분석하는 일은 심리학자나 정신과의사에게 맡기면 된다(그런 사람들조차도 정확하게는 이해하지 못하는 경우가 많다). 당신이 여기서 연마해야 할 기술은 '분석'이 아니라 '상상'이다. 애증으로 점철된 멜로물의 한가운데에 처한 주인공의 기분이란 대체 어떨까? "아마도 이런 기분일 거야" 하고 자기 마음대로 자유롭게 떠올리면 되는 것이다.

그때 중요한 것은 그 인물의 감정을 '배려한다'는 자세이다. 예를 들어 그 인물이 슬퍼하고 있다면 그를 동정해 준다. 말로 하지 않아도 좋으니 마음속으로 "당신의 기분을 가슴 저릴 정도로 잘 안다"고 그 사람에게 말을 걸어주자. 그리고 자신도 그 감정이 되어서 함께 울면 된다. 영화관이나 전철 안 같은 데서 책을 읽으면서 우는 모습이 부끄럽다면 자기 방에서 비디오나 책, 텔레비전 따위를 보면서 울면 된다.

등장인물이 행복감에 가슴 설레고 있다면 당신도 그 행복을 함께 공유해야 한다. 그 사람의 행복을 나의 것처럼 기뻐하면 당신의 공감성은 상당한 수준에 이르렀다고 할 수 있다. 등장인물의 감정을 '상상'만 할 것이 아니라 '감정이입'을

하여 그 감정을 공유하는 것이 이 기술의 첫걸음이다.

"그런 재주는 나한텐 없다"고 생각하는 사람도 많을 것이다. 그러나 그럴 리 없다. 재미난 관찰결과가 있다. 영화관에 들어갈 때의 발걸음과 나올 때의 발걸음의 차이를 비교했더니 대부분의 사람들이 어떠한 변화를 보였다고 한다. 유독 쉽게 눈에 띄는 것은 갱이나 조폭영화를 본 뒤의 남성의 걸음걸이와, 마릴린 먼로 같은 개성파 여배우의 영화를 본 뒤의 여성의 걸음걸이였다.

역시 조폭영화를 본 뒤의 남성은 '어깨에 잔뜩 힘이 들어가서' 걷게 되고, 매력적인 여배우가 사뿐사뿐 걷는 모습을 각인한 뒤라면 여성은 그것이 걸음걸이, 사고방식, 생활방식 등에 자연스레 반영된다는 것이다. 이것을 부끄러운 일이라고 생각하면 큰 착각이다. 그것이야말로 공감성을 연마하는 기술인 것이다. 우리는 특히 감정표현에 서투르고, 온전히 무엇인가에 빠지는 것을 부끄러워하는데 그런 생각은 버리고 일상에서 '감정을 이입하는' 습관을 들였으면 한다. 그것이 당신의 인생을 매우 풍요롭게 만들 것이다.

상대의 얼굴을 보면서 "고맙다"고 말한다
—자기 다리로 우뚝 서 있는 농부가 무릎을 꿇고 있는 신사보다 키가 훨씬 크다

요즘 젊은이들은 아주 멋쟁이가 되었다는 느낌을 전철을 타고 다니면서 받는다. 그러나 반면에 그 '멋부림'에는 마음이 수반되어 있지 않은 느낌이 든다.

친구에게서 들은 이야기인데 그의 아내가 집 근처의 교차로에서 신호대기를 하고 있었는데 맵시가 아주 뛰어난 젊은 여성이 옆에 오더라고 한다. 그런데 그 여성은 멈춰 서자마자 갑자기 담배를 뻑뻑 피우기 시작했다고 한다.

그 부인은 기관지가 약해서 담배연기를 매우 고통스러워하는 사람이다. 친구도 그녀와 결혼한 뒤로 담배를 뚝 끊었을 정도다. 그래서 용기를 내어 "미안하지만 담배를 좀 꺼주시겠어요?" 하고 말했더니 젊은 여성은 "아!"하는 한 마디뿐, "미안하다"거나 "죄송하다"는 말도 없이 담배를 끄고 서둘러 횡단보도를 건너가더라고 한다.

아무리 외모가 훌륭해도 상대를 배려하는 마음이 없는 사람은 진정으로 아름다운 사람이라고 생각하지 않는다. 요즘 사람들에겐 그런 배려나 마음씀씀

이 같은 '아름다운 마음'이 결여되어 있는 게 아닐까?

최근 들어 잘 들리지 않게 된 말 가운데 하나가 "고맙습니다"이다. 이 말을 스스럼없이 자연스럽게 할 수 있는 사람은 인간적으로 "내가 졌소" 하는 마음이 들 정도로 매력적이다. 이쪽에서 "내가 뭔가를 해주었다"는 의식이 있을 때는 인사를 받아도 당연하다는 느낌이 들기 때문에 "고맙습니다"라는 말을 들어도 특별히 아무런 느낌이 없다. 그러나 별 생각 없이 한 행동에 흔쾌히 "감사합니다" 하는 말을 들으면 오히려 이쪽에서 몸 둘 바를 모르게 된다.

그 말투가 상투적이거나 판에 박힌 것이 아니라 상쾌한 느낌을 주어 다음에도 기회가 있으면 뭔가를 해주고 싶은 마음이 들게 된다. 어떤 의미에선 그것은 "고맙습니다"의 마력인지도 모른다. 고맙다는 말을 듣고 싫어할 사람은 당연히 없을 테고, 고맙다는 말을 하지 못해서 후회하는 일은 있어도 그 말을 한 때문에 후회하는 경우도 별로 없다. 그렇다면 어떤 일에 대해 감사하는 마음을 갖고 반드시 인사하도록 늘 의식하고 있어야 한다.

영어에선 "Thank you"라는 말을 너무나 쉽게 한다. 영화 등을 보아도 일상적 회화에서 "Thank you"가 매우 많이 등장한다. 우리의 눈에 서구 사람들의 대화가 멋있게 비치는 것은 그 때문인지도 모른다. 사실은 그런 멋을 자기의 일상에 도입하는 것도 공감성을 높이는 기술에 없어서는 안 될 요소이다.

당신에게서 고맙다는 인사를 들은 사람은 그때 당신에 대해 마음을 연다. 적어도 적의나 경계심은 사라지는 것이다. 그렇게 되어 비로소 당신에 대해 순수한 감정을 보여주는 것이다. 서로가 자기감정을 숨기는 상황에선 공감성이 자리 잡을 곳이 없다. 마음이 서로 통하기가 매우 어려운 시대이니만큼 더욱 "감사합니다"의 위력이 필요한 것이다.

화가 치밀었던 때를 생각한다
—충고를 듣지 않는 사람은 구제할 길이 없다

화가 치밀고, 노여움에 떨고, 그야말로 열 받는 일이 최근에 어떤 일에 대해 있었는지 생각해 보자.

아니다. 세기 시작하면 한이 없을 것 같으니 그만두자. 세상엔 열 받을 일이 너무나 많으니까.

흔히 그런 감정을 억누르는 것을 미덕으로 삼는 의견이 있는데 그것은 무리다. 나이가 들어서 어떤 종류의 깨달음을 얻지 않는 한 감정의 부대낌을 억누르는 일은 도무지 가능하지 않다. 그런 감정도 소중히 여겨야 한다고 생각한다. 잔뜩 열 받은 경험도 '공감성'을 높이기 위해선 꽤 가치가 있기 때문이다.

그러나 단지 "화가 버럭 치밀었다"는 것으로 끝나면 그 가치는 전혀 살릴 수가 없다. 좀 더 곰곰이 "내가 왜 화가 치밀었을까?" 하고 생각해 보는 것이 중요하다. 우선은 화가 치밀게 한 상대방의 행동을 다시 한 번 생각해본다. 회사에서 상사가 이렇게 말했다. 전철에서 이런 행동을 하는 사람이 있었다. 그것을 보고 듣고 나는 열을 받았다는 것을 늘 확인하고 있으면 적어도 나는 남을 "열받게 하는 일은" 하지 않게 될 것이다.

여기서 중요한 것은 "상대방의 입장에 선다"는 것이다. 나는 타인에게 어떠한 말과 행동을 취해야 하는지를 생각했을 때, 그 행동을 하면, 그 말을 하면 상대방은 어떻게 느낄까, 내가 당했을 경우에 어떻게 느낄까? 그런 것들을 생각해 보는 습관을 들이는 것이 줌요하다. 너무 들어서 별 감흥이 없는 말이지만 "남이 나에게 했을 때 싫은 것은 남에게 하지 말라"는 것이 타인과의 공감성을 유지하기 위해선 최소한의 규칙인 것이다.

상대방의 감정과 마찬가지로 생각해야만 할 것이 있다. 그것은 상대의 '요구'이다. 지금 상대방이 "무엇을 하고 싶어 하는가?" "무엇을 바라는가?"를 늘 생각하고 행동하는 것이 당신의 '공감성'을 더욱 높여준다. 상급자에 대해서 하는 말인데 하급자에게 뭔가를 베풀 때에도 상대방이 "딱 좋다"고 느낄 만큼만 해주면 이상적인 사람이다. "지나침은 미치지 아니함만 못하다"고 해서 친절도 지나치면 성가시다. 싫다고 느끼지 않을 정도의 궁리도 필요하다. 그러기 위해서도 상대방이 무엇을 어느 정도 바라는지를 늘 생각해야 한다.

그러나 상황에 따라 적절히 행동하는 것이 말처럼 쉽다면 아무도 고민하지 않는다. 그것은 매우 어려운 일이고, 마음먹은 대로 되지도 않는다. 능숙하게 해나가려면 많은 실패와 경험이 필요하다.

그리고 큰 실패 없이 서서히 '공감성'을 높여나가기 위한 기술을 터득하는 요령으로서 '스스럼없이(자연스럽게)'라는 말을 키워드로 삼아야 한다.

타인을 위해서 할 때는 되도록 흔쾌히, 어떤 의미에선 "알아채지 못할 정도로" 하는 게 좋다. 정말로 알아채지 못한다 해도 "내가 생각해서 해줬건만" 하고 생각해선 안 된다. 그렇게 생각하는 사람은 반성해야 한다. 당신은 "고맙다는 인사를 듣고 싶어서" 또는 "대가를 바라고" 뭔가를 해주고 있지는 않은가?

그런 감정을 갖고 타인에게 뭔가를 해주는 경우, 자신은 느끼지 못할지 모르지만 남이 볼 때는 몹시 억지스럽고, 독선적이며, 달갑지 않은 친절로 보일 뿐이다.

그렇게 되면 배려를 받은 사람도 순수하게 고맙다는 말이 나오지 않는 경우가 많다. 그런 생각이 강한 사람일수록 일단 "상대방이 혹시 알아채지 못해도 좋다"라는 마음으로 움직여 보자. 결과적으로는 그렇게 하는 편이 당신의 매력을 몇 배나 끌어올려주고, 알지 못하는 사이에 공감성도 몸에 배게 한다.

배려하는 마음을 갖는다
—타인에게 선을 행하면 그 사람은 나에게 가장 큰 선을 베푼다

우리는 '배려'라는 말을 많이 쓴다. 그러나 그것의 내용은 사람에 따라 반드시 똑같지는 않은 것 같다. 또 외국인이 막상 '배려'가 구체적으로 어떤 의미냐고 물으면 속 시원한 대답이 얼른 나오질 않는다. 좀 어려운 표현이지만 "타인의 마음을 헤아리고 공감하는 마음" 정도로 설명하는데 역시 여기서도 '공감성'은 중요한 포인트가 된다.

그런데 우리의 미풍양속인 '배려'라는 문화가 요즘 들어서는 그 훌륭함을 잊은 듯한 느낌이 많이 든다. 놀라운 얘기지만 자동차로 사람을 친 이십대의 젊은이가 대뜸 "벌금과 합의금, 보험금 등의 비용이 얼마냐?"라든가, "면허가 취소되느냐?" "합의가 안 되면 어떻게 되느냐?"라며 자기 걱정만 한다는 것이다. 그래서 "그보다 사람이 다쳤는데"라고 말하면 그제야 생각났다는 듯이 "아, 참" 하고는 "아마 괜찮을 거예요. 병원에 가면 되니까"라는 매정한 대답이 돌아온다고 한다.

방금 든 예처럼 극단적이지 않더라도 상대방을 전혀 고려하지 않는 말과 행동이 매우 자주 눈에 띈다. 요즘 우리 사회의 어두운 부분의 대표격인 '왕따'나

괴롭힘의 문제야말로 그의 전형이랄 수 있다. 따돌림을 당하거나 무시당하고, 얻어맞거나 욕설을 듣는 고통을 모르므로 아무렇지 않게 남을 때리고 욕한다. 연령과 집단에 관계없이 우리 사회 전체가 그런 풍조가 되고 있음을 보면 오싹해진다.

또한 얼마 전부터 사회현상의 하나가 되어버린 '스토커'의 자기 멋대로 하는 행동도 상대방의 입장이나 상황, 감정 등은 완전히 무시하고 있는 것이다. 제멋대로 좋아하고 자기 마음대로 관계를 만들려 하다가 또 제 풀에 질려 원망한다.

거기엔 "내가"라는 생각밖엔 없고, "그가" 또는 "그녀가"라는 생각은 없다. 그러나 당신의 마음속에도 "내가, 내가"라는 의식이 있다고 한다면 스토커와 똑같은 요소를 지녔다고 할 수 있지 않을까? 정도의 차이는 있어도 마음속에 있는 감각은 같을지도 모른다.

그렇다고 매일의 일상생활 속에서 상대방의 하찮은 기쁨이나 슬픔 등 자잘한 감정의 변화까지 늘 주시하라는 말은 아니다. 상대방이 현재 처해 있는 상황을 객관적으로 보고, "아, 얼마나 괴로울까?"라거나 "몹시 힘들겠구나" 같은 단순한 추측도 괜찮다. 그런 감정을 판단한 뒤에 어떤 말을 해야 할지 생각하기 바란다.

처음부터 쉽게 되지는 않겠지만 그런 식으로 "상대방의 기분을 생각하는 자세"를 의식적으로 갖는 것이 앞으로 당신의 공감성을 높여준다. 무심결에 자기중심적인, 감정적인 말과 행동으로 내달리기 쉬운 사람일수록 이런 의식을 갖는 노력이 필요하다. 그런 노력이 분명 고립으로부터 당신을 구출하고, 매력 넘치는 사람으로 만들며, 성공으로 이끌 것이다. 여기서 말한 몇 가지 중점적 요소에 입각하여 일상생활에서 '공감성'을 높였으면 한다.

아무리 하찮은 일이라도 타인에 대한 도움은 아끼지 말 것
—가랑비에 옷 젖듯이 약한 타격도 계속해서 때리면 거목을 넘어뜨린다

공감성을 높이는 기술 가운데서 한 가지 잊어선 안 될 것이 있다. 그것은 타인에 대한 도움이다. 이렇게 말하면 왠지 딱딱한 느낌이 들겠지만, 특별히 아프

리카 같은 오지에 자원봉사 활동을 하러 가라거나, 유니세프에 기부를 하라는 거창한 이야기를 하려는 것이 아니다. 예를 들면 동료가 산더미 같은 서류를 안고 있거든 그것을 나누어 처리해 준다든지, 할머니가 무거운 짐을 들고 힘겹게 걷고 있으면 그걸 받아서 들어준다든지 그런 하찮은 일이어도 괜찮다.

그러나 막상 실천하려 하면 이게 또 여간 어렵지가 않다. 공감성이 높은 사람이라면 "아, 이 사람은 지금 곤경에 처해 있구나" 하고 쉽게 느낄 수가 있지만, 공감성이 낮으면 딱한 처지에 있는 사람의 존재 자체를 알아채지도 못하기 때문이다.

요즘 지하철 안에서 노인과 젊은층 사이에 자리를 놓고 그리 아름답지 않은 광경이 벌어지고 있음을 자주 듣는다. 노약자석에 앉은 젊은이를 보고 "이곳은 당연히 나이든 나 같은 사람이 앉아야 할 곳"이라는 듯 째려보거나, 대놓고 일어나라고 명령하는 노인에게 기분 상한 젊은이가 막말을 하는 바람에 서로 불미스런 일이 벌어지곤 한다. 요즘은 특히 개인용 전자기기가 발달하여 젊은이라면 누구나 스마트폰 같은 전자기기에 열중하느라 주위에 노약자가 있는지 아예 알려고도 않고, 알아도 대부분은 양보하지 않는다.

이런 사람들은 일단 내가 앉아서 편하면 되지 다른 사람의 처지까지 배려하지 못하는 것이다. 이런 사람들에겐 공감성이 없는 것과 마찬가지이다.

공감성이란 지금까지도 이야기했지만 요즘 시대에 가장 요구되는 기술이다. 즉 거꾸로 말하면 요즘의 우리나라에 가장 결여되어 있는 기술이라고 할 수 있다. 여기서 중요하게 보아야 할 것은 상대방의 현재 상황을 "헤아리는 것", 즉 상대방의 변화나 감정을 알고 그에 맞게 행동하는 것이다.

바나 룸살롱, 카바레에서 넘버원이 되는 호스티스는 반드시 가장 예쁜 사람은 아니라고 한다. 오히려 "어떻게 저런 인물로?" 하고 놀라는 경우도 적지 않다고 한다. 그러나 실제로 그 호스티스가 자기의 테이블에 앉으면 마실 것이 떨어지면 재빨리 만들어주는 등 여러 모로 신경을 써준다. 손님의 이야기도 귀담아 들어주고, 더구나 그것이 전혀 억지춘향이 아니라 매우 자연스럽다. 손님은 이런 서비스를 받고 싶어서 다음에 오면 또 그녀를 지명한다는 것이다.

이 호스티스의 경우 그것이 직업이라서 그렇기도 하겠지만 그러나 그녀는 거기서 넘버원이 되어 높은 수입을 올리는 것이다. 즉 이러한 '도움'의 기술을 실천하면 상대방이 고마워하며, 그렇게 하면 나에게도 어떤 이점이 돌아오기 마련이다.

공감성을 습득하기란 매우 어려운 일이기는 하지만 우선은 상대방이 어려움에 처한 것을 알아야 한다. 나는 과연 지금까지 '도움'의 손길을 내밀어왔는지 다시 생각해 보고 주위를 반드시 돌아보기 바란다. "나는 아무런 도움도 주지 않았구나" 하고 느낀 사람은 타인의 마음도 분명 헤아릴 수 있을 것이다.

5. 당신의 인생을 성공으로 이끄는 대인관계기술

다른 사람의 이야기를 귀담아듣는다
—말이 아무리 많아도 하나도 소홀히 해선 안 된다

대인관계, 타인과의 의사소통의 기본은 보통은 대화이다. 맨 먼저 대화에 의한 의사소통이 필요하다. 대화를 보다 잘 이끌어가는 사람은 그만큼 의사를 충분하게 전달할 수가 있고, 또한 상대방의 감정도 잘 이해할 수가 있다. 그것은 대인관계를 원활하게 하고, 사회생활을 만족스럽게 할 수 있게 해준다.

그러나 "대화를 보다 잘 이끌어가는"이라고 하면 뭔가 상대방을 감탄시키는 말을 해야 한다거나, 웃음이 빵 터지게 만드는 유머를 섞어가며 말해야 한다고 생각하는 사람이 있다. 그러나 결코 그런 게 아니다.

물론 그렇게 할 수 있으면 좋겠지만 그런 수준까지 가지 않더라도, 말이 좀 서투르다 해도 한 가지 조건만 지키면 대화를 보다 잘 이끌 수가 있는 것이다.

그 조건이란 타인의 말을 귀담아듣는 것이다. 아무리 화술에 능한 사람이라도 남의 이야기에 귀를 기울이지 않고 자기 얘기만 하는 사람은 결국은 따돌림을 당한다. 그것은 '대화'가 되지 않고 '1인극' 또는 '강연'이 된다. 그러므로 친구를 잃고 만다.

비록 말에 좀 서투르다 해도 열심히 귀를 기울이는 사람은 상대방에게 성실한 인상을 주기 마련이다. 상대의 말을 귀담아듣는 것은 상대에게도 "이 사람은 나에게 호의를 갖고 있구나" 하는 느낌을 갖게 하는 하나의 신호가 된다.

아는 사람 가운데 유명기업의 영업사원이 있다. 그에 따르면 영업사원의 가장 중요한 기술은 물 흐르듯, 청산유수처럼 많은 말을 하는 게 아니라고 한다. 오히려 듣는 역할에 철저해야 한다고 말한다.

이쪽에서 맞장구를 쳐대며 성실히 듣는 자세를 보이면 상대는 대단한 일이 아닌 이상 우선은 자기 이야기를 이것저것 하게 된다. 본디 그는 남 앞에서 말하는 데는 아주 젬병이었지만 자기처럼 언변이 떨어지는 선배 하나가 1등 영업사원으로 실적을 올리는 것을 보고 이 길에 뜻을 두었다는 것이다. 그 뒤로 "잘 들어주는 역할"에 철저히 했더니 마침내 자기도 우수한 영업사원이 되더라는 것이다. 다만 듣는 역할에 충실히 하는 것엔 약간의 테크닉이 필요하다. 그것은 단지 막연하게 듣고만 있는 것이 아니라 이야기의 분위기에 따라 고개를 끄덕이거나 적당한 맞장구를 치는 것이다.

과연 그 말이 맞다는 생각이 든다면 "그렇군요" "맞습니다, 그렇지요" 또는 약간 의외라고 생각한다면 "예에? 그으래요? 몰랐네요." "몰랐습니다". 감탄했다면 "정말이에요? 야, 놀라운데요" "으음, 그거 괜찮지요." 등등 조금 부풀려도 괜찮으니 그런 말을 끼워 넣는다. 물론 말만 하는 것이 아니라 얼굴로 그런 표정을 담뿍 지으면 더욱 효과적이다.

때로는 그다지 재미가 없더라도 웃는 것도 효과가 있다. 듣는 사람이 웃어주면 이야기하는 사람은 한층 신이 나는 법이다. 예를 들면 "그건 마치 ○○ 같은데요?" 따위의 말을 하여 함께 웃으면 분위기가 한층 좋아진다.

또한 관심 있는 화제라면 한 발 앞으로 성큼 다가가서 "그 얘기라면 나도 끌리는데요. 괜찮으시다면 저에게도 좀 가르쳐 주십시오"라고 하면 대화의 분위기는 더욱 무르익는다. 이렇게 되면 상대와의 거리가 가까워지고 친근감도 높아진다.

낯선 사람과 짧은 대화를 나눈다
—바른 이치에 귀를 기울이지 않는 사람은 반드시 뼈아픈 일을 당한다

처음 만나는 사람과 이야기할 때, 한국인은 매끄러운 대화가 쉽게 이루어지지 않는다고 한다. 뭐랄까 말이 많은 것을 터부시하는 양반문화와, 소극적인 성

격 때문에 우선은 상대방에 대한 경계심이 앞서는 것인지도 모른다. 수줍음을 타는 측면도 있을 것이다.

미국이나 유럽에선 사교의 장이란 것이 있어서 어릴 때부터 훈련을 받으므로 그런 점에선 우리가 도저히 따라갈 수 없다. 그러나 연습하기에 따라선 많이 바꿀 수가 있다.

나는 대화에 서투르다거나, 눌변이라는 의식이 있으면 이것도 마이너스 지향적인 말이므로 점점 그런 암시가 강하게 걸려 자연히 대화를 피하게 된다. 때문에 연습할 기회가 점점 줄어들고, 그러다보면 정말로 대화에 서툴러지는 악순환에 빠지는 것이다.

그러므로 되도록 초면인 사람과 원만한 대화가 이루어질 수 있도록 연습해 보자. 마음이 맞는 친구와 아무리 오랫동안 대화해 봤자 사교적인 대화의 연습이 되지는 않는다. 친구의 경우는 경어가 필요치 않거니와 다소 난폭한 말을 써도 용서가 되기 때문이다.

그러나 사교적인 대화란 어떤 종류의 예의와 에티켓이 필요하다. 따라서 거친 단어는 쓸 수 없고, 또 존댓말도 필요하다. 그런 대화요령은 책을 읽이시 학습하기보단 실제 훈련을 통해 익혀야 쉽다.

그러면 어떤 연습을 해야 할까? 맨 먼저 길을 묻는 연습을 해보자. 길을 잃었을 때 곧바로 다른 사람에게 묻는 습관을 들여놓는 것이다. 그것도 "실례합니다만 ○○반점을 아십니까?"라고 다짜고짜 묻는 게 아니라, "실례합니다. 잠깐 길 좀 묻겠습니다. 이 근처에 ○○반점이라는 중화요리점이 있다던데 혹시 아십니까?"라고 공손하게 물어보자.

상대방은 길을 묻는 사람의 말투를 듣고 그의 교양정도를 순간적으로 판단하고는 그에 맞게 대답해 올 것이다. 예의를 갖춰 공손하게 물으면 그만큼 정중한 대답이 돌아오는 경우가 많다. 간혹 매우 적절한 단어로 알기 쉽게 가르쳐 주는 사람이 나오기도 한다. 그러한 가르치는 방법, 말씨를 듣는 것도 나의 공부에 보탬이 된다.

또는 사람들이 무리지어 있다면 그 가운데 한 사람에게 물어보는 것도 좋다. "실례입니다만 무슨 일로 이렇게 모여 계십니까?" 하고 묻고, 상대방이 대답해 주면 "그렇습니까? 대단히 감사합니다" 하고 정중하게 인사한다.

거래하는 상황에서 내가 손님인 경우를 제외하고 낯모르는 초면의 사람에겐 아무리 공손한 말을 써도 지나친 법이란 없다. 자신이 생각해도 지나치게 공손하다고 여겨질 정도의 말을 쓰도록 명심하면 실수가 없을 것이다.

대화하는 도중에 상대에게 질문해 본다
―20세에 무게를 두어야 할 것은 의지, 30세에는 기지, 40세에는 판단에 중점을 두어야 한다

사교적인 대화를 이어 가기 위해선 상대방의 말을 듣는 시간을 7로, 내가 말하는 시간을 3정도로 한다는 감각으로 임하면 좋다.

이것은 상대와의 관계 정도에 따라 다르지만 지나치게 듣는 역할에 충실하여 9대 1정도의 비율로 하면 상대방은 문득 (뭐야, 나만 말하게 하고 자기는 듣기만 하네……) 하는 것을 깨닫게 된다. 그러면 매우 드물지만 순간적으로 불쾌한 표정을 짓고, 말수가 적어지는 경우도 없지 않다.

만약 그런 기색을 알아챘다면 다음엔 내가 먼저 관련되는 화제에 대해 이야기를 한다. 그러면 상대방은 그것을 잠깐 듣고 있다가 다시 자기 이야기를 하게 된다.

또는 상대방이 거꾸로 듣는 역할이 되어 나에게 질문해 오는 경우도 있을 것이다. 그럴 때는 순수한 마음으로 내 생각을 이야기하자. 그렇게 하여 대화가 매끄럽게 이루어져 최종적으로 서로가 5대 5의 비율로 이야기하게 되면 매우 일반적이고 이상적인 대화형태가 성립한다.

또 대화를 이어 가기 위한 하나의 포인트는 질문이다. 상대방에 대한 질문은 "당신에게 관심을 갖고 있다"는 것을 나타내는 신호가 된다. 대화에 능숙한 사람은 대개는 질문도 잘한다. 질문의 형태를 띠면서 상대방을 칭찬하는 기술까지 구사한다.

처음 만난 미인에게 느닷없이 대놓고 "아름다우십니다"라고는 여간해선 말하지 못한다. 그래서 "학교는 어디였어요? 그래요? 실례지만 그 시절엔 연애편지 같은 것도 꽤 받으셨겠는데요. 그 정도의 미모를 지니셨으니까요." 등으로 약간은 농담조로 물어보는 것이다.

다만 해선 안 되는 질문도 있다. 예를 들면 어지간히 친해지지 않은 이상 여성에게 대놓고 나이를 묻는 것은 금기이며, 또한 그 사람의 인격의 본질을 캐는 듯한 말도 하지 말아야 한다.

특히 성격적인 문제에 대해 상대방이 싫어할 만한 부분을 건드려선 안 된다. "당신도 참 신경질적이군요"라든가 "성격적으론 뭐랄까, 어둡고 시니컬한 편인가요?" 등의 질문은 절대로 해선 안 된다. 이런 질문은 비록 농담이라 해도 상대방에게 결코 좋은 인상을 주지 않는다.

또한 질문을 하는 사이에 상대방이 대답하기 곤란해 한다든지, 말문이 막히는 경우에는 화제를 바꾸는 편이 낫다. 괜한 질문을 했다는 생각이 들 때는 "죄송합니다. 쓸데없는 걸 물어보았네요……" 하고 사과하고, "그런데 이건 전혀 다른 이야기입니다만" 하고 슬그머니 화제를 바꾸어 다른 질문을 하면 좋다.

거의 대부분의 사람에게 무난한 화제로는 음식에 관한 이야기를 들 수 있다. 그러므로 처음 만나는 사람에게 고향을 물었다면 우선 그 지역에서 나는 특산물이나 음식, 또는 예부터 전해 내려오는 독특한 음식 같은 것이 있는지 물어부는 것도 좋다. "아유, 정말 맛있겠네요. 한 번 먹어보고 싶은데요?" 하고 관심을 보이면 상대방은 절대로 나쁘게 생각하지 않는 법이다.

상황이 좋지 않게 돌아가더라도 거짓말은 하지 않는다
—정직과 성실을 당신의 친구로 삼으시오

태어나서 죽을 때까지 단 한 번도 거짓말을 하지 않는 사람은 없을 것이다. 동서고금, 역사 속 인물의 거짓말을 테마로 삼으면 책 한 권은 고사하고 몇 십 권의 전집도 만들어낼 수 있을지 모른다. 한 사람의 어마어마한 거짓말에 의해 몇 만 명이 목숨을 잃은 경우도 있고, 또 하찮은 거짓말 하나로 죽음을 결심했던 사람이 삶에의 희망을 되찾기도 했다.

누구든지 지금까지의 자기 인생을 되돌아보면 크고 작은 갖가지 거짓말을 해왔음을 알게 된다. 지각한 핑계라든지 빚을 갚을 기한을 늘이기 위한 거짓말 등등 작은 거짓말은 셀 수도 없을 것이다.

그러나 큰 거짓말의 경우 이것을 해본 적이 있는 사람은 한 번쯤 등에 식은 땀을 흘린 경험도 분명 있을 것이다. 가정생활에 금이 가기 십상인 여자관계를 감추는 거짓말 따위는 몹시 힘겨운 일이기도 하다.

또한 거짓말을 하는 것은 그것을 일관되게 하기 위해 각종 다양한 거짓말을 계속할 필요가 생겨 점점 깊은 수렁에 빠지게 된다.

똑같은 거짓말이라도 사람의 목숨이 왔다 갔다 하는 중대한 것에서부터 지각한 핑계 같은 하찮은 것까지 다양하다. 그러나 되도록 거짓말은 하지 않는 편이 낫다. 그렇게 하는 것이 가장 편하기 때문이다. 설령 실수를 했다 해도 그 자리에서 곧바로 잘못을 인정하고 사과하면 나중에 문제가 일어나지 않는다. 처음엔 괴롭지만 나중이 편한 것이다. 그러나 거짓말을 하면 잠깐은 위기를 넘겨 편할지 모르지만 나중까지 문제가 이어지는 경우가 많다. 때로는 이러지도 저러지도 못 하는 상황이 될 수도 있다.

특히 대인관계에선 거짓말을 하지 말아야 한다. 그러면 타인에게 인간으로서의 성실성을 보여줄 수 있다. 그것은 막대한 신용이 되어 무형의 자산이 된다.

다만 방편으로서의 거짓말은 예외다. 예를 들면 회사의 동료가 평소에도 과장과 맞지 않아서 험담만 한다 치자.

그럴 때 당신은 과장의 권유로 둘이서 술자리를 갖게 되었다. 둘이서 한참 취했을 때 마침 그 동료의 이야기가 나왔다. "그런데 그 사람은 나에 대해 어떻게 생각하던가?" 하고 과장이 지나가는 말로 물었다 치자.

그럴 때 설마하니 정직하게 "예, 진짜 험한 말로 욕을 합디다" 하고 말할 수는 없다. "그 사람은 남 이야기는 별로 하지 않아요" 정도의 거짓말을 해야만 한다.

사회에서 살아가는 데 있어서 이런 거짓말은 인간관계를 어느 정도 원만하게 하기 위해 필요한 도구이다. 인간관계에서 어떤 트러블이 생겼을 때, 사이에 낀 사람의 기지에 찬 사소한 거짓말 하나로 원만히 수습되는 경우도 있다.

그러나 이런 좋은 의미에서 하는 거짓말 이외에는 되도록 하지 않는 게 현명하다. 듣기 좋은 말은 좋은 의미에서의 거짓말인 경우가 있는데 너무 속이 들여다보이는 거짓말은 사람에 따라선 효과가 있기도 하지만 그래도 하지 않는 편이 낫다. 그런 거짓말을 손쉽게 하는 사람은 타인의 신임을 받지 못한다.

실수는 순순히 인정한다
—우리가 날 때부터 지닌 감정 가운데 자부심만큼 억누르기 힘든 것은 없다

세상에는 자기의 잘못을 좀처럼 인정하지 않는 사람이 있다. 정치가 등이 가장 그런 사람들일 것이다.

"잘못을 바로잡지 않을 때, 이것을 잘못이라 한다"는 논어의 말이 있다. 인간은 반드시 잘못을 저지르게 되어 있고, 실수를 했을 때는 곧바로 바로잡으면 된다. 그러나 그것을 고치지 않는 것이야말로 진정한 잘못이라는 것이다.

대체로 젊을 때는 자기 잘못을 곧바로 수긍하고 인정한다. 아직 경험도 적고 미숙해서 잘못을 너그럽게 용서받을 수 있기 때문이다. 윗사람의 "뭐 그럴 수도 있지. 나도 초임 시절엔 그랬거든" 하는 이해심 있는 말 한마디에 "죄송합니다"로 끝낼 수 있다.

그러나 나이가 들고 경험이 쌓이기 시작하면 좀처럼 잘못을 시인하기 어려워진다. 예를 들면 일에서 똑같은 실수를 했더라도 "대체 몇 년 동안 그 일을 하고 있는 거야?" 하고 빈정거림과 함께 꾸지람을 듣게 된다. 그래서 실수의 원인을 어떻게든 다른 요인으로 대체해 보려고 시도하게 된다.

나아가 사회적인 지위가 높아지면 "일류회사의 과장씩이나 되는 사람이"라든가, "학교 선생이라는 사람이"라는 수식어가 붙어서 실수가 쉽게 넘어가지 않게 된다. 또한 자기의 실수가 다른 곳에 커다란 영향을 끼치는 경우도 많다. 그래서 더더욱 잘못을 순순히 인정할 수 없게 되는 것이다.

그러나 굳이 말하면, 바로 그러므로 순순히 인정하는 것이 중요하다. 만일 작은 실수를 했을 때 잘못을 시인하지 않고, 원인을 다른 데로 떠넘겼는데 그것이 잘 되었다 치자. 그러면 다음에 어떤 큰 문제가 터졌을 때에도 반드시 그렇게 하려 할 것이다. 그러다 보면 돌이키지 못할 중대한 과실을 저지르게 된다. 결국은 제대로 빠져나가지 못하고 결국은 진퇴양난의 늪에 빠져 사퇴하지 않을 수 없는 상황으로 내몰리는 것이다.

인간은 한 번 성공을 거둔 방법은 반드시 다시 한 번 써먹으려 한다. 두 번, 세 번 성공한 방법이라면 더더욱 그렇다. 범죄의 상습자가 똑같은 유형의 범죄를 되풀이하는 것은 모두 이러한 심리에 기인한다.

잘못을 시인하고 사과할 때는 타이밍이 중요하다. 시기를 잃으면 점점 사과하기가 어려워진다. 따라서 되도록 빨리 하는 편이 낫다. 분명하게 나에게 잘못이 있음을 안 시점에서 순수하게 사과하자. 상대방에게도, 주위 사람들이 받는 인상도 이것이 가장 좋다. 이러쿵저러쿵 핑계를 대면서 어떻게든 해보려고 하다가 마지못해 사과하면 인상은 극단적으로 나빠진다.

칭찬한다
—지혜로운 사람에겐 한 마디면 충분하다

상대방의 기분을 좋게 하는 것도 대인관계를 원활하게 유지하는 기술이다. 그러려면 상대방을 칭찬해야 한다. 그러나 칭찬하기란 말처럼 쉽지가 않다. 남을 나무라고 꾸중하기가 훨씬 쉽다.

칭찬에 능숙한 사람의 칭찬법을 잘 살펴보면 여러 가지가 있음을 알 수 있다. 기본적인 것 가운데 하나로 상대방이 신경을 쓰고 있는 점이 무엇인가 하는 것을 정확히 간파해 내는 것이다.

예를 들어 회사의 여직원이 평소와는 다른 세련된 차림으로 출근했다 치자. 새로 산 옷을 입고 온 것인지, 구두를 새로 장만했는지, 고급스런 액세서리를 하고 왔는지 또는 전체적인 코디네이션에 중점을 두었는지를 재빨리 파악해야 한다. 그리고 그것을 중점적으로 칭찬하는 것이다.

"그 액세서리 아주 멋진데요. 아주 고급스럽고 또 잘 어울려요" 하고. 칭찬을 받는 사람은 자기가 특별히 신경을 쓴 점에 대해 정확히 칭찬해 주는 것을 가장 기뻐한다.

또는 회사 상사의 집에 초대를 받아서 상사 부인이 직접 만든 요리를 대접받았다 치자. "아주 맛있군요" 하고 말하면서 먹는 건 물론이고, 차려온 요리 가운데서 부인이 정성을 들인 것처럼 보이는 요리 한 가지를 특별히 칭찬하는 것이다. "이 요리는 매우 많은 정성이 들어갔군요. 그만큼 맛도 깊이가 있고 정말 맛있습니다. 실례지만 이것은 국물맛을 무엇으로 내셨나요? 혹시 다시마인가요?" 하고 묻거나 하면 만든 부인의 기분도 나쁠 턱이 없다.

상대방이 그림이나 사진 같은 이른바 예술작품에 관심이 있을 경우, 이것을 칭찬할 때는 특별히 조심할 필요가 있다. 그런 방면에 조예가 깊은 사람이라면 모르지만 아마추어라서 잘 모르면서 "솜씨가 훌륭하십니다"라든가 "멋지네요"라고 상투적인 칭찬 밖에는 할 수가 없다.

물론 그래도 나쁘지는 않지만 만든 사람으로선 자기의 기술에 대한 비평이 아니라 자기의 작품에서 어떤 느낌을 받았는지 그에 대한 솔직한 감상을 듣고 싶어 하는 경우가 많다. 그러므로 그럴 때는 "보다 보니 마음이 차분해지는 그런 그림이로군요"라든가, "그림에 대해선 잘 모르지만 이 그림은 아주 제 마음에 듭니다"라고 해야 한다. 여러 점이 걸려 있으면 그중에서 솔직하게 마음에 드는 작품을 하나 골라서 "저는 이런 그림을 특히 좋아합니다" 하고 말하면 된다.

또한 칭찬에 능숙한 사람은 상대방이 지닌 기술이라든가 그런 표면적인 것이 아니라 본질적인 것을 칭찬하려 한다. 예를 들면 노래방에서 노래하고 있는 상사에게 "잘하시네요"라는 말은 누구나 할 수 있는 말이다. 다소 노래를 좀 하는 사람이라면 그래도 괜찮지만, 솔직히 말해서 별로인 사람이라면 그것은 비꼬는 말이 되기 쉽다.

그럴 때는 "과장님의 노래는 노래를 정말 좋아하는 사람이 부르고 있다는 느낌을 주네요. 그래서 듣고 있으니 기분이 좋아집니다"라든가 "노래는 기술이 아니잖아요. 과장님의 노래를 듣고 있으니 더욱 그런 생각이 드네요" 하고 칭찬하면 좋다.

실제적인 문제로서 노래방에서 하는 노래는 잘 불러야하는 것 보다는 여럿이서 얼마나 즐겁게, 기분 좋게 노래할 수 있는지가 중요하다. 다들 특별히 가수가 되기 위해 연습할 리는 없으니까 말이다. 그런 곳에서 기술이 뛰어나고 못하고를 거론하는 것은 별 의미가 없는 것이다.

또 한 가지, 칭찬에 능숙한 사람은 어휘력이 풍부하다는 점이다. 여러 가지 다른 단어를 구사하여 자기가 느낀 바를 표현한다든지 하여 상대방의 기분을 좋게 할 수가 있다. 이것도 의외로 중요한 요소이다.

상대의 말을 깡그리 부정하지 않는다
—조심스럽게 의견을 말하면 상대방은 쉽게 납득하거니와 반대하는 경우가 적다

한창 세상 돌아가는 이야기를 하고 있다. 예를 들면 경기에 대한 이야기에서부터 경제 이야기, 그리고 정치 이야기로 바뀌기도 한다. 그것이 논쟁이 되고 서로 양보하지 않다가 끝내는 완전히 감정적이 되어 두 사람의 관계가 서먹서먹해지는 경우도 흔히 있는 이야기이다.

본격적으로 격식을 갖춘 토론기술을 마스터했다면 또 모르지만 일상적인 대화에서 늘 그런 결과가 나온다면 역시 대인관계를 원만하게 유지해 나가기란 어려울 것이다.

대화에서 서로의 의견이 부딪칠 때는 나름의 기술이 필요하다. 그것은 결코 상대방을 이기기 위해서가 아니라 서로의 의견 사이에서 타협점을 찾는다든지, 또는 상대에게 나의 의견을 원만히 납득시키고자 하는 목적에서다.

두 사람이 아무리 좋은 의견을 갖고 있어도 서로가 자기 생각만 고집하고 상대방의 의견을 도무지 인정하려 하지 않으면 결국은 아무리 대화를 이어 가도 평행선으로 서로 엇갈린 채로 끝나게 된다.

토론이란 그렇게 되는 경우가 많은데 그것은 의견을 서로 주장하는 사이에 단어선택이라는 하찮은 문제로 인해 감정적이 되기 때문이다.

예컨대 한 사람이 자기의 의견을 한바탕 펼쳤다 치자. 가만히 듣고 있던 상대는 그 가운데에서 잘못된 점을 지적해 낸다. 의견의 큰 줄기는 타당하지만 그중에 한 가지 점에 오류가 있다 치자. 그렇다고 상대방이 한창 말하는 도중에 가로막고 "아냐, 그건 틀려" 하고 자신만만하게 단정적인 표현을 한다.

그러면 상대방은 울컥하여 "어디가 왜 틀렸는데?" 하고 반격한다. 이 시점에서 이미 감정적이 되어 있는 것이다. 그러므로 상대방이 잘못된 의견을 내놓기만 하면 이쪽에서도 그 의견의 어디가 잘못되었는지 반드시 공격해 주리라며 꼼꼼히 따지는 자세를 갖게 된다. 이미 시작부터 반론을 하려고 잔뜩 도사리고 있는 것이다.

요컨대 마음에 일어난 최초의 작은 움직임이 어느새 논의의 평행선이란 구도를 결정해버린 것이다. 자기의 의견을 일언지하에 부정당하고 기분 좋을 사

람은 없다. 버럭 화가 치밀고 마음속으론 가만 두지 않겠다는 심정이 된다. 이렇게 되면 느긋하고 온건한 마음으로 하는 대화나 토론은 불가능하다.

따라서 이런 경우에는 우선 상대방의 의견을 들은 뒤에 "분명 당신의 말이 맞다고 생각합니다. 다만 한 가지는 제 생각과 좀 다릅니다만……" 하는 식으로 반론을 시작하면 상대방도 순순히 귀를 기울일 것이다.

또한 상대방의 의견에 전혀 동의할 수 없는 경우에는, "으음, 그럴까요. 내 생각은 좀 다릅니다만" 하고 일단 부드럽게 분위기를 조성한 다음에 반론을 펼치는 것이다. 그런 방식으로 말하면 상대방도 자기 의견만 고집하거나 하지는 않는다. 이것은 프랭클린도 자서전에서 언급하고 있는 부분이다.

본디 그는 단정적인 말투여서 상대방의 말이 아니라고 생각되면 다짜고짜 부정부터 하는 경우가 많았다고 한다. 그런데 언젠가 친구가 그것을 지적한 뒤로는 우선 상대방의 말을 수용하기로 했다는 것이다.

어쨌든 상대방의 말을 모조리 부정하는 듯한 표현방식은 피할 것, 또한 상대방의 의견은 의견으로서 존중하는 그런 태도를 보이는 언어구사가 필요하다.

6. 인생을 성공으로 이끄는 집단적응기술

뚜렷한 목적을 지닌 사람들 집단에 참가한다
—건강을 지키는 것은 나 자신에 대한 의무이자 사회에 대한 의무이다

요즘 아이들은 다른 아이와 함께 집단으로 노는 일에 서투르다는 이야기를 자주 듣는다. 전체적으로 아동 수가 적어졌고, 핵가족화라든지 이웃과의 교제가 적어진 것도 영향을 끼쳤다고 본다.

어릴 때부터 컴퓨터게임 등을 하며 혼자서 노는 습관이 몸에 배어 있어 여럿이 모여서 놀 기회가 있어도 왠지 어색해 하고 쉽게 어울리지 못한다는 것이다.

이런 아이가 그대로 성장하여 어른이 되면 역시 집단행동에 서툰 사람이 되고 만다. 학교의 클럽활동에 참여하거나 집단에 적응하는 노하우를 지닐 수 있

으면 좋겠지만, 그렇지 않으면 왠지 소극적으로 멀리서 바라보기만 하면서 집단에서 떨어진 곳에 있게 되기 쉽다.

만일 자신이 그런 타입이라면 되도록 적극적으로 집단에 관여하도록 하자. 사회에서 살아가기 위해선 규모의 크고 작음은 있겠지만 역시 어떠한 집단에 소속되어 있어야만 하는 경우가 많다. 그러려면 평소 자진하여 집단행동에 참여하고, 그로써 집단행동에 익숙해지게 해야 한다.

사람은 보다 많은 사람들과 교제함으로써 사회적으로 성장해 가는 법이다. 번거롭다, 귀찮다고 여기지 말고 적극적으로 '새로운 만남의 장'이라고 생각하도록 하자.

개중에는 홀로 독서를 한다든지 작가활동을 시작한다든지 그림을 그리는 등 예술적 재능이 풍부하여 혼자서 살아가는 경우도 있을 것이다. 그러나 대다수의 사람들은 그런 재능을 갖추고 있지 않으므로 역시 집단과 관계하는 편이 자신을 위해서도 좋고, 우선은 그렇게 해야 인생이 즐거워진다.

그러면 어떤 집단에 관여하는 것이 가장 좋을까? 보통 집단에는 그 집단에 소속된 구성원에게 공통된 목적이 있다. 간단히 말하면 그 목적이 나와 맞는지부터 판단하는 것이 좋다.

가장 적당하고 어울리기 쉬운 것은 취미에 관한 집단이다. 예를 들면 노래부르기를 좋아하는 사람이라면 지역의 합창단에 가입하는 것도 좋겠다. 등산을 좋아한다면 적당한 등산모임에 들어가 본다. 공통된 취미를 가진 사람끼리는 대화도 술술 풀리고, 덜 어색하여 어울리기도 한결 쉽다.

요즘은 인터넷과 스마트폰 등이 널리 확대되어 네트워크의 수도 증가일로에 있다. 컴퓨터통신을 하는 사람들은 통신상의 회의실에서 여러 가지 의견을 주고받거나, 또는 메일을 주고받음으로써 낯선 사람과의 교류를 즐기고 있다. 그리고 오프라인 회의라고 해서 때로는 날짜를 정하여 어딘가에서 실제로 만나 대화를 즐긴다든지, 술을 마시기도 한다. 그런 새로운 형태로 집단과 교류하는 방법도 생겨났다.

또한 단순한 취미차원이 아니라 어떤 사회적인 의의가 있는 일을 해보고자 한다면 자원봉사활동을 하는 단체를 찾아가서 적극적으로 참가해 보는 것도 좋다. 참가해 보고 배운 것, 또는 다른 구성원들과의 교류를 통해 얻은 것은 결코 적지 않을 것이다. 그것은 나의 인성을 높여주고, 나아가 삶을 풍요롭게 해준다.

주위상황을 잘 살핀다
—주의력 부족은 지식의 부족보다 훨씬 많은 손해를 부르는 근원이 된다

집단에 좀 더 원만히 적응하기 위해서는 우선 그 집단의 상황부터 잘 파악해두는 것이 최소한의 필요조건이다. 자기 주위의 상황을 잘 살펴두는 것이다. 그것이 되어 있지 않으면 엉뚱하고 돌발적인 말이나 행동에 의해 주위로부터 소외될 수 있다.

예를 들어 그 집단이 고정된 것이 아니라 우연적인 집단이라 해도 사람은 그 상황에 적응해 나가지 않으면 안 된다. 그것이 사회생활의 규칙이라는 것이다.

같은 전철 칸에 있는 사람들은 일시적으로 우연히 이루어진 집단이다. 우연적인 집단이라 해도 그 안에서 큰소리를 낸다든지, 거칠게 휘젓고 다닌다든지, 남에게 불편을 끼치는 행위를 해선 안 된다. 되도록 조용한 상태를 지속해야 한다는 암묵적인 약속이 엄연히 있다.

그러나 주위의 그런 상황을 제대로 파악하지 못하여 규칙을 무시하는 사람들이 가끔 나온다. 요즘 들어 자주 거론되는 전철 안에서의 휴대전화 사용도 그의 하나이다. 주위 사람들이 볼 때는 소음이 분명한데 정작 본인은 그런 것엔 전혀 개의치 않는다. 그리 급한 볼일도 아니건만 큰소리로 오랫동안 통화를 하기도 한다.

그러나 이런 예도 있다. 언젠가 젊은 비즈니스맨이 전철 안에서 휴대전화의 호출음을 듣고 수화기를 귀에 갖다 댔다.

"여보세요, ○○입니다만……. 아, 예, 일전엔 정말 감사했습니다. 죄송합니다. 급하신가요? 지금 전철 안이라서요. 앞으로 5분 뒤면 내리니까 내려서 제가 다시 전화하겠습니다. 예, 죄송합니다. 그럼 이만 끊습니다."

가까이 있던 사람들은 자기도 모르게 모두 그를 다시 한 번 쳐다보았다. 물론 호감이 잔뜩 어린 눈길로. 아주 짧은 순간이었지만 차 안에는 왠지 상쾌한 분위기가 감돌았다.

그는 아마 업무처리에도 능한 사람일 것이다. 또한 사내와 사외를 불문하고 많은 사람들의 신임을 받고 있을 게 틀림없다. 그 사람처럼 타인을 배려할 줄 비즈니스맨이 있는 회사는 앞으로 크게 성장하지 않을까 하는 상상마저 하게 만드는 사건이었다.

일을 잘하고 못하는 것은 머리가 좋기도 해야겠지만 이런 행동거지나 배려를 할 줄 아느냐 모르느냐에 달려 있는 경우가 많다. 주위의 상황을 잘 보고 판단하고, 재빠르게 최선의 행동을 취할 줄 아는 그런 사람은 집단에 적응도 잘하고, 마침내 많은 사람들의 기대를 모으게 된다.

그러나 전혀 반대인 이런 예도 있다. 같은 전철 안에서 올해 갓 들어간 신입사원처럼 보이는 3명의 젊은 샐러리맨들이 웅성웅성 올라탔다. 자기들끼리 한 잔 마시고 돌아가는 길인지 잔뜩 취해서 기분 좋은 것까진 좋은데 큰소리로 웃거나, 농담이 섞인 험담을 하거나 하여 주위 사람들이 느끼는 불편은 전혀 생각하지 않았다.

그중에 한 사람에게서 갑자기 코피가 났다. 다른 2명은 황급히 그의 목을 두드리거나 얼굴을 천정으로 향하게 하고 티슈를 코에 틀어막거나 하고 있다. 그렇게 일단락이 되자 한 사람이 농담을 퍼부었다. 그 순간 코피가 났던 청년이 버럭 화를 내더니 코를 막고 있던 티슈를 거칠게 뽑아 팽개치는 바람에 코피가 떨어져 앞좌석에 잠자코 앉아 있던 중년남성 승객의 머리에 묻고 말았다.

그들에겐 불행한 일이었는지 그 남성은 평범한 직장인 타입은 아니었다.

다부진 체격에 눈매가 날카로웠다. 두 주먹을 불끈 쥐고, "이봐들, 다음 정거장에서 잠깐 내리시지" 하고 화를 무지하게 억누른 그 기세에 청년과 일행은 아주 새파랗게 질렸다.

주위 사람들과 함께 행동한다
—힘들여 노력하지 않은 일에 이익은 없다

수학여행처럼 단체행동을 할 때 혼자서 멋대로 행동했다가 교사에게 단단히 꾸지람을 들었던 사람이 학교생활을 마치고 사회인이 되어 기업조직의 일원이 되어 일하게 된 뒤에도 이런 버릇을 고치지 못하는 사람이 가끔 있다.

단체행동을 해야 할 때 독단적으로 멋대로 행동해선 안 된다는 것은 기본 중의 기본이다. 즉 자기의 행동을 타인에게 맞출 필요가 있다는 것이다.

앞에서도 말했지만 스토커 가운데에는 그런 행동이 불가능한 사람이 많다. 스토커가 나오는 배경에는 여러 가지 요인이 있을 수 있겠지만, 가장 큰 이유 중에 하나는 긴밀한 대인 의사소통을 하지 못한다는 것이다. 타인과의 정신적인 교류가 결여되어 있기 때문에 타인을 받아들이거나, 또는 타인과 함께 뭔가를 공유하는 것이 불가능하다. 따라서 매우 고립된 개인생활을 보낼 수밖에 없고, 그러한 억압된 정신상황이 스토킹증후군으로 이어진다.

집단이나 상대방의 형편에 나를 맞춰야만 하는 경우는 사회생활을 해나가는 데 있어선 일상다반사다. 예를 들면 상대방을 만나고자 할 대, 또는 상대방이 연장자인 경우에는 먼저 약속을 잡을 필요가 있다.

미리 전화로 일정을 묻고, 상대방의 형편에 맞춰서 면회 일시를 예약한다. 약속도 하지 않은 채 느닷없이 나타나면 상대방을 만나지 못할 뿐만 아니라 상대의 형편을 배려하지 않는다는 의미에서 실례가 될 수도 있다.

또는 상사나 선배에게서 일이 끝난 시간에 갑자기 "잠깐 한 잔 하지 않겠느냐"는 권유를 받았을 때에도 상대방의 형편에 맞추는 경우에 해당한다. 그런 때에 자기 사정만 우선하고, "약속이 있어서 안 되는데요"라고 말할 수 있는 사람은 매우 배짱이 두둑한 사람이라고 할 수 있겠지만, 때마침 중요한 이야기를 하려고 했던 상사의 감정에 크나큰 상처를 입히기 십상이다.

이럴 때는 되도록 상대의 감정에 상처를 주지 않도록 매끄럽게 거절하는 방법을 쓸 필요가 있다. 상사의 권유를 거절할 때는 거절하는 이유를 분명하게 말해야 한다. 그 이유가 상대방의 형편에 도저히 맞출 수 없는 타당한 것이라면 상대방도 납득할 것이다. 비록 개인적인 이유였다 해도 그렇다.

그러나 이유를 뚜렷하게 밝히지도 않으면서 단지 "선약이 있다"는 말로 그치면 상사는 자기가 무시당했다는 인상을 받게 된다. 그러므로 "이 사람이 좀 건방지군" 하는 작지만 반감이 고개를 쳐들 수도 있다.

분명히 밝힌다고 해서 "여자친구와 데이트 약속이 있어서요"라든가 "친구와 한 잔 마시러 가기로 했거든요"라는 등의 이유를 달면 어지간히 이해심 깊은 상사나 선배가 아닌 이상 좋지 않은 결과를 낳을 수 있다.

예를 들면 "전부터 어머니께 맛있는 음식을 사드리기로 약속을 했는데 마침 오늘 예약이 되어 있어서요"라고 효도라는 대의명분이 있으면 쉽게 납득할 것이다.

다만 아무리 '거짓말도 방편'이라지만 늘 그런 방법을 쓰는 것은 곤란하다. 상사의 인간적 권유를 거절해야 하는 어쩔 수 없는 상황은 그렇게 자주 일어나는 일이 아니기 때문이다. 늘 그런 식으로 나가면 상대방은 그게 거짓임을 알아챈다. 그리고 그것은 어쩌면 나쁜 결과로 이어질 수 있다.

주위 사람들의 허락을 받는다
—사소한 게으름도 커다란 재앙을 부를 수 있다

회사에는 여러 부서와 파트가 있다. 어느 것이 중요하고 어떤 것은 중요하지 않은 것이 아니라 모두가 필요한 부서이다. 기획부도 영업, 경리부도 있어야 회사가 돌아가는 것이다. 그렇기는 하지만 언제나 스포트라이트를 받는 화려한 부서가 있는 반면에 별 티가 안 나는 일을 하는 파트도 있는 것이 사실이다.

인사이동이 있을 때면 자기가 희망하는 곳과는 달리 그런 있는 듯 없는 듯한 부서에 배치되면 잔뜩 실망하여 의욕을 잃는 사람이 많다.

그러나 드물지만 그런 시련에 맞서서 열심히 일하는 모습을 보이는 적극지향적인 사람이 있다.

어느 회사의 영업부에서 일하는 A씨는 오래 전부터 신제품개발 부서를 희망했지만 바람이 이루어지지 않고 인사이동에서 총무과로 발령을 받았다. 총무과라고 하면 잡다하고 자질구레한 일을 비롯하여 무슨 일이든지 해야 하는 곳이다. 일단은 크게 실망했지만 본디 플러스 지향적 사고형인 그는 최선을 다해 열심히 일하기로 다짐했다.

"이 부서는 현재로선 화려하지 않고 햇빛도 제대로 들지 않는 곳이다. 하지만 내가 하기에 따라선 사내의 주목을 모으게 될지도 모른다. 그래, 어떻게든 이 부서를 햇빛이 쨍쨍 드는 부서로 만들어보는 거야" 하고 머리를 굴리게 되었다.

가만히 살펴보니 총무과는 사내의 각종 고충이나 문제에 관한 불만이 쏟아져 들어오는 경우가 많다. 그런 불만들은 갑자기 전화를 통해 들어오는 경우가 많아서 총무과 직원들의 업무가 중단되곤 한다.

그래서 그는 '사내 제안함'을 설치하자는 아이디어를 냈다. 불만과 동시에 어떤 좋은 아이디어도 받을 생각이었다. 타임가드 옆에 놓고 그 안에 메모를 넣게 한 뒤, 정기적으로 함을 열어서 순차적으로 처리해 나가면 되었다.

새로운 시도는 다른 부서 사람들에겐 대체로 평판이 좋았다. 담배 자판기가 있었으면 한다는 희망 등도 실현되기에 이르렀기 때문이다. 그리고 이 제안함이 좋은 평가를 받자 같은 총무과 직원 가운데에는 불쾌한 듯한 표정을 보이는 사람도 있었다. A씨가 다 처리하지 못하여 다른 사람에게 부탁하거나 하면 "제안함은 당신의 아이디어니까 당신이 알아서 하시죠"라는 쌀쌀맞은 대답이 돌아왔다.

분명 A씨의 경우, 아이디어 자체는 나쁘지 않았고 물론 새로운 시도를 제안하는 것은 회사를 활성화시킨다는 의미에서 중요하다. 하지만 A씨는 방법에 오류가 있었다. 집단 안에서 어떤 새로운 일을 시작할 때는 미리 주위 사람들의 양해를 얻어둘 필요가 있었다. 단독으로 일을 하면 집단의 조화를 무너뜨리고, 반감을 사는 경우가 적지 않다.

자기 멋대로 진행하는 것이 아니라 모두에게 한 마디 "~해도 괜찮을까요?" 하고 사전 양해를 구했더라면 문제가 없었다. 물론 사전에 과장의 허락을 받기는 했지만 동료에겐 말하지 않았던 것이다. 동료에게 A씨가 한 행동은 자기의 존재를 돋보이게 하려고 과장된 움직임을 보이는 '스탠드 플레이'로 비쳤던 것이다.

집단의 '규칙'에 따른다
—좋은 전쟁 같은 것이 있었던 적이 없다. 또는 악독한 평화도 있었던 예가 없다

집단이 집단으로서 유지해 나가기 위해선 어떠한 규칙이 반드시 필요하다. 인간은 누구나 저마다 생각이 다르거니와 그냥 내버려두면 제멋대로 행동하므로 질서 잡힌 집단으로 정돈되지 않기 때문이다.

회사에는 '사규'가 있고, 학교라면 '교칙'이 있는 것처럼 어떠한 그룹(집단)에도 그러한 규칙이 있기 마련이다. 다만 명문화되어 있는가 아닌가 하는 차이가

있을 따름이다.

집단에 적응해 나가기 위해서는 그러한 규칙으로부터 돌출되지 않을 필요가 있다. 그 경우에 명문화된 규칙은 알기 쉽지만 그렇지 않은 경우엔 어떻게 판단하는가 하면 그것은 상식이나 매너, 또는 에티켓 같은 것에 따라야 한다.

그러므로 그런 것이 결여되어 있는 사람은 집단에 존재하는 암묵적 규칙을 애초부터 알지 못해 엉뚱한 사건을 일으키기도 한다.

주위의 의견에는 되도록 따른다
—충고를 해줄 수는 있어도 처세술을 줄 수는 없다

집단에는 보통 한 사람 또는 소수의 리더와 일반 구성원이 있다. 그리고 이 집단이 집단으로서 기능할 때, 그중에는 리더에게서 구성원에 대해 여러 가지 지시가 내려지고, 구성원은 리더의 지시에 따라 행동한다.

예를 들면 회사에서 사장이 신제품 개발을 명하고, 기술부장 이하가 그 지시에 따라 프로젝트팀을 만들고, 연구를 시작하는 것도 그렇고, 야구팀에서 감독이 사인을 내어 강타자에게 포볼로 걸리는 한이 있더라도 스트라이크를 주지 않게 하는 것도 그러하다.

때로는 구성원의 한 사람이 기막힌 아이디어를 내고, 그것을 리더에게 말해 수용되는 경우도 있는데 그 경우에도 실천행동의 지시는 역시 리더가 구성원에게 내린다. 집단에 적응하기 위해선 당연한 얘기지만 리더의 지시를 받아들이지 않으면 안 된다. 일반적으로는 리더는 구성원보다 실제적인 경험이 풍부하며, 또한 그로 인해 판단력도 뛰어나다고 인정되므로 리더로서 군림하는 경우가 많다.

그런 경우에 구성원은 순순히 지시에 따른다. 리더의 역량과 인간성을 신뢰하므로 불평불만을 입 밖에 내지 않고 지시에 충실한다.

그런데 문제가 되는 것은 리더의 리더로서의 자격이 근본적으로 의심되거나, 지시의 적절성에 의문이 생기는 경우이다. "저 과장은 말과 행동이 전혀 달라. 좀 이상하지 않나?" 하는 판단이 일어나게 되면 부하는 지시대로 움직이지 않거나 수수방관하게 된다. 이렇게 되면 집단의 기능은 저하된다고 해도 과언이 아니다.

그렇게까지 극단적이지는 않더라도 예를 들면 부적절한 지시를 한 번 내리면 그 경험이 머릿속에 박혀서 그 뒤로는 의심의 눈길이 강해지는 경우가 있다. 구성원의 실수는 용서되지만, 리더의 실수란 용서되기 어려운 법이다.

그러나 어지간한 일이 아닌 이상 구성원은 리더의 지시에 따라야 한다. 그것이 제대로 이루어지지 않으면 집단의 기능은 추락하고 수습이 되지 않는 경우가 있다.

프로야구에서도 심판의 볼과 스트라이크 판정을 비롯하여 아웃 또는 세이프의 판정도 모두 심판의 결정에 따라야 시합이 매끄럽게 진행된다. 자기 팀에 불리한 판정이 나올 때마다 해당 선수나 감독이 나와서 일일이 항의하면 게임은 제대로 진행되지 않는다.

심판의 판정은 어떤 의미에선 리더의 지시이다. 인간이기 때문에 때로는 실수를 할지도 모른다. 그렇다고 지시에 일일이 불평불만을 달면 게임은 성립하지 않는다. 그러므로 규칙이 있는 것이며, 심판의 권위가 확립되어 있다.

지시를 받아들인다는 문제 하나만 보아도 이것은 그리 단순하지가 않으며, 흔들림 없는 자의식과 각오가 필요하다고 할 수 있다.

간사 역할을 자진하여 맡는다

—일을 완수해 내고 싶다면 당신이 직접 하시오. 일을 이룩하고 싶지 않다면 다른 사람에게 하게 하시오

사람은 때로는 집단 속에서 리더 역할을 맡아보는 경험도 필요하다. 그것을 해본 적이 없는 사람은 웬만해선 일의 전체적인 흐름을 보지 못한다. 그러나 단 한 번이라도 리더를 경험하면 집단의 전체를 보고 대국적인 견지에서 판단할 수 있게 된다.

그리고 구성원의 일원으로서의 입장으로 돌아간 뒤에는 지시의 의도를 잘 이해하고 매우 적절한 행동을 취하게 된다. 리더가 볼 때는 가려운 곳을 긁어주는 듯한 매우 고마운 구성원이 되는 것이다. 그것은 리더로서의 경험이 있기 때문에 당연한 일이다.

다만 어릴 때부터 집단행동에 익숙지 않은 사람은 어쩌면 자기의 성격은 내성적이고 본디 고독을 즐기는 타입이라서 집단행동에는 맞지 않다고 생각한다. 그러므로 집단의 리더가 되어 다른 사람을 이끌고 나가는 일은 어림도 없다. 그런 일은 자기로선 도저히 불가능하다고 믿는 경우가 많다.

사람의 적극성과 소극성은 날 때부터 정해져 있지 않다. 그때 처한 상황과 입장에 따라 어떻게든 달라질 수 있는 것이다. 자신은 집단의 리더 역에는 전혀 부적합하다고 생각하는 소극적인 사람도 막상 닥치면 훌륭하게 해내는 경우를 본다. 그러므로 집단에 속해 있다면 한 번쯤은 솔선하여 리더 역을 맡아보자. 예를 들면 뒤치다꺼리를 맡는 역을 자청하여 어딘가로 여행을 한다든지, 놀러 간다든지 하는 그런 이벤트를 벌여보자. 때로는 실수도 하고, 불쾌한 일을 겪을지도 모르지만 그것 또한 큰 경험이다. 그런 경험은 나중에 분명 도움이 된다.

예를 들면 회사에서 사원끼리의 여행이나 망년회의 주임을 맡기더라도 한 번쯤 해본 경험이 있으면 부담 없이 맡을 수 있을 것이다. 그리하여 간사 역할을 훌륭하게 해내면 회사에서의 평가는 한층 올라가 결코 내려오는 일이 없을 것이다.

자기주장을 지나치게 내세우지 않는다
―사소한 지출을 경계하라. 작은 구멍이 배를 침몰시킨다

집단 속에서 자기의 의견을 관철시킨다든지, 능력을 발휘하기 위해선 나름의 테크닉이 필요하다.

예를 들면 진실이 제한되어 있는 학문적인 토론의 장에서 자신이 옳다고 믿는 바를 마지막까지 일관되게 주장하는 것은 옳다. 그러나 취할 수 있는 방법이 여러 가지가 있는 문제를 놓고 토론할 때, 자기주장을 집요하게 고집하느라 다른 사람의 주장을 무시하는 태도를 계속하는 것은 집단의 다른 구성원으로부터 결코 환영받지 못할 일이다.

어릴 적부터 자기주장이 강하고 지기 싫어하는 성격의 사람이라면 아무래도 그런 타입이 되기 쉽다. 이런 사람은 나름대로 두뇌가 우수하다든지 실력이 있

는 경우가 많은데 다른 사람과 협력하여 하나의 일을 완성해 내는 데는 아무래도 맞지 않는 타입이라고 할 수 있다.

그런 사람은 여하튼 화려하게 빛을 보는 곳에 있고 싶어 하고, 주목을 받고 싶어 한다. 그러나 사고방식이 아무래도 자기중심적이므로 음지에서 일하는 사람을 충분히 배려하지 않는다. 그런 사람이 어쩌다 의견을 내놓아도 겸손하게 귀를 기울이려 하지 않는다.

때문에 대부분의 집단 구성원들에게서 존경을 받지 못하는 것이다. 그러므로 덕망이 없다. 따라서 진정한 리더가 되지는 못한다. 물론 뚜렷한 자기 의견을 갖고 그것을 주장하는 것은 어느 순간에나 중요한 일이지만, 그것도 정도의 문제다. 절대로 도를 넘어서 지나치게 주장을 내세우지 않도록 충분히 배려할 필요가 있다.

예를 들면 자기의 주장에 대해 집단의 누군가가 반대되는 주장을 내놓았을 때, 두 사람의 주장의 타협점을 찾아내려는 자세를 보이기만 해도 주위의 평가는 사뭇 달라질 것이다.

"잠깐 기다려주십시오. 당신의 주장과 나의 주장은 표면적으론 다른 것처럼 보이지만, 근본적인 점에 있어선 일치하는 데가 있습니다. 그러므로 서로 다른 점을 정확히 찾아내고, 만약 타협이나 융합할 수 있는 점이 있으면 수정하여 보다 좋은 방법으로 만들지 않겠습니까?"

이런 제안을 할 수 있게 되면 반드시 덕망도 높아질 것이다.

집단 속에서 아무리 뛰어난 성적을 올려도 그것은 자기 혼자만의 힘으로는 불가능하다. 반드시 다른 사람의 협력이 있으므로 가능한 것이다.

예를 들면 야구에서 노히트노런을 달성한 투수가 인터뷰에서 답하기를, "제가 달성할 수 있었던 건 다른 모든 선수들이 수비를 잘 해주었기 때문입니다. 감사드리는 바입니다" 하고 대답한다. 이것은 결코 겸손의 말이 아니라 진실인 것이다.

7. 당신의 인생을 성공으로 이끄는 업무달성기술

일의 순서를 정한다
—인간은 도구를 만들고 쓰는 동물이다

일반적인 회사에서 일을 잘하는 사람, 일을 못하는 사람이란 대체 어떤 점에 기준을 두고 평가하는 것일까? 여러 가지가 있겠지만 커다란 의미로 따져보면 대강 다음과 같다고 할 수 있다.

(1) 일의 질이 높은가? (내용이 있는 바람직한 일을 한다)

(2) 일처리에 드는 시간이 짧다. (효율적으로 일을 해내는가?)

(3) 질을 떨어뜨리지 않으면서 많은 일을 처리해 내는가?

대부분은 (1)의 문제로 귀결되는데 이에 관한 자세를 설명할 수는 있지만 구체적인 노하우를 정리하기란 불가능하다.

(2)와 (3)은 밀접하게 연관되어 있다. 즉 질을 떨어뜨리지 않고 많은 일을 처리해내기 위해선 효율적으로 일하는 것이 절대적으로 필요하기 때문이다.

그러면 효율적으로 일을 하기 위해선 어떻게 하면 좋을까? 그러려면 우선 쓸데없이 허비하는 시간부터 철저하게 없애야 한다.

쓸데없이 허비하는 시간이란 의미에서 매우 조심해야 할 것은 '물건(서류) 찾기'에 낭비하는 시간이다. "그 서류를 어디다 뒀더라?……" 하고 책상 서랍을 이리저리 뒤진다든지, 수많은 파일을 열어가며 찾는 시간은 쓸데없이 허비하는 시간이다. 회사에는 이런 경우가 많다. 예컨대 1일 평균 30분을 물건(서류) 찾기에 쓰는 시간이 정신을 바짝 차리고 허비하는 시간을 없앨 수 있다면 하루 30분씩의 커피휴식 시간을 가질 수 있는 것이다. 이리저리 찾으면서 초조해 하기보다는 커피를 마시면서 느긋하게 쉬는 시간을 갖는 편이 훨씬 나을 것이다.

이것은 의식개혁의 문제이다. "좋아, 이제부턴 서류를 찾느라 시간을 낭비하지 않도록 하자"고 결심하면 정신을 바짝 차리고 서류를 정리하게 될 테고, 나름의 여러 가지 방법을 강구할 것이다. 그것을 실행하면 된다.

또한 업무처리상 허비하는 시간을 없애는 데 있어서 중요한 것은 순서이다. 학창시절을 떠올리면 시험을 볼 때, "쉬운 문제부터 푼다"는 것은 상식적인 이론이었을 것이다. 즉 일정한 시간 안에 어떤 것을 끝까지 해내기 위해선 아무래도 순서라는 것이 필요하다는 얘기다.

그날 하루에 반드시 해야만 하는 일이 있다면 우선 무엇부터 시작하고, 어떤 식으로 하면 좋을지 그것을 생각하는 것에서부터 시작한다.

일의 우선순위를 정할 때, 유의해야 할 것은 "가장 긴급을 요하는 일은 무엇인가?"하는 것이다. 즉 급하게 처리해야만 하는 일부터 순서를 정한다. 방법은 먼저 해야 할 모든 일을 무작위로 써내려간 다음 번호를 매기면 된다. 그 작업이 끝나면 처리하는 대로 줄을 그어 지워나간다.

이렇게 했는데도 때로는 우선순위를 잊는 경우가 있다. 예를 들면 순위가 첫 번째인 일을 하고 있는데 5번째 업무에 관계된 전화가 걸려 와서 그에 관한 자료를 잠깐 찾는 사이에 이번엔 3번째 업무와 관련된 전화가 걸려오는 식이다.

그러다 보면 자기도 모르게 순위를 잊게 되어 3번째의 일처리를 하고 있노라면 과장이 불러 "자네, 그 일은 다 끝냈나?" 하고 첫 번째의 일을 재촉하는 사태가 일어난다. 그래서 뭔가 이유를 대면 "무슨 소리야. 내가 그토록 서둘러 달라고 당부했건만 아직도 되어 있지 않다고?" 하고 화를 내게 된다.

따라서 일단 우선순위를 매겼으면 매우 급하게 수정할 필요가 있지 않은 이상 그 순위를 충실하게 지켜나가는 것이 중요하다.

계획을 세운다

—시간을 낭비하지 마라. 늘 어떤 유익한 일에 종사하라. 쓸데없는 행동은 삼가라

비록 아무리 단순한 일이라도 계획도 없이 닥치는 대로 하지 말고 우선은 계획을 세워서 해나가자.

계획을 세우는 것의 이점은 일의 시초부터 두뇌를 써놓으면 나중에 그 방법이 썩 훌륭하지 않음을 깨닫고 처음부터 다시 하는 등의 시간낭비가 없어지기 때문이다. 다만 계획을 세웠더라도 도중에 다른 방법이 보다 낫다는 것을 알게 되는 경우도 있다. 하지만 계획을 세우지 않는 것보다는 훨씬 낫다.

다른 한 가지 이점은 그 일에 대해 적극적인 자세를 취할 수 있다는 점이다.

예를 들면 3백 장의 전표를 처리해야만 할 때, 그저 막연하게 시작하는 것보다는 전표를 분류하여 처리하는 편이 효율적일 수도 있다. 그리고 "이거라면 3시간이면 끝낼 수 있겠지" 하고 어림짐작을 한다. 이것도 간단한 계획이다.

그리고 예컨대 2시간 반에 끝냈다면 거기서 작은 만족감, 성취감을 느낄 수 있을 것이다. 적극적인 자세를 취한다는 것은 그런 것이다. 그저 막연하게, 수동적으로 일처리를 하면 여간해선 그런 감각을 지닐 수가 없다.

일의 시초에 두뇌를 쓰는 것은 어떠한 일에든 필요하다. 예를 들면 돌발적으로 이런 일을 처리해야만 하는 경우에 처했다 치자.

어떤 회사에서 자사의 신제품 소개 캠페인의 일환으로서 인기가수를 부르기도 하는 등 커다란 이벤트를 벌였다. 그리고 일반참가자들에게 신제품에 관한 앙케트 용지를 나눠주었더니 약 1천 장이 회수되어 돌아왔다. 이것의 집계를 내는 일이다.

앙케트의 질문은 10항목이고, 답변한 사람은 자기의 주소, 성명, 성별, 나이, 직업을 적도록 되어 있다.

그래서 맨 먼저 생각난 것은 자료를 집계할 때 중요한 요소가 되는 것은 무엇인가 하는 점이다. 아마도 성별, 나이에 따라 신제품에 대해 받아들이는 방식이 어떻게 다른지를 알려는 것 같았다. 그렇다면 맨 먼저 해야 할 것은 앙케트를 성별, 나이에 따라 구분하는 작업이라고 할 수 있다.

그리고 다음은 직업으로 분류하는 작업도 필요할지 모른다. 그것이 끝나면 다음엔 각 질문항목별로 집계해 나가게 될 것이다.

이 정도의 단순한 일이라면 머릿속으로 잠깐 생각하는 것만으로 충분하지만, 좀 더 복잡하고 세밀한 작업인 경우에는 계획을 종이에 써놓으면 좋다. 즉 작업 전체의 '계획서' 같은 것을 만드는 것이다.

예를 들면 몇 개의 지방도시를 돌고, 그 지역에서 몇몇 사람들과 합류한다든지, 여러 곳을 찾아다녀야만 하는 출장일 등은 이용하는 교통편의 시간표, 만날 사람의 이름, 방문처의 장소와 전화, 용건, 그리고 숙박할 호텔의 전화 등을 1장의 해도처럼 써놓아야 한다. 출장 중에는 그것만 보면 되게 해놓으면 시간을 허비하는 일은 훨씬 줄어들 것이다.

작업에 도움이 되는 정보를 모은다
―일을 끌고 나가야지 일에 쫓겨다녀선 안 된다

요즘과 같은 정보화 사회에서 보다 많은 정보를 모으는 일은 어렵지 않다. 그러나 정말로 나에게 필요한, 또는 도움이 되는 정보를 모으기란 쉽지 않다.

간혹 자기 일을 원만히 완수해내기 위해서, 또는 높은 효율로 빠르게 끝내기 위해 필요한 정보는 무엇인지조차도 모르는 사람이 있다.

예를 들면 시대에 뒤처져선 안 된다는 별 의미도 없는 불안감 때문에 다룰 줄도 모르는 컴퓨터를 덜컥 사버리는 경우를 들 수 있다. 따라온 매뉴얼보다 좀 더 알기 쉽고 간단한 책은 없을까 하고 서점에 나가본다. 아, 있다. 컴퓨터 관련 서적 서가에 관련된 책들이 빼곡하게 꽂혀 있다. 그러나 그는 결국 무엇을 사야 좋을지 몰랐다.

그것은 당연한 일로서 그는 컴퓨터로 대체 무엇을 하려는 것인지 그 목적이 분명하지 않았던 것이다. 즉 자기가 해야 할 일이 무엇인지 몰랐던 것이다. 이래선 필요한 정보를 찾을 수가 없다.

정보가 범람하고 있으므로 정작 필요한 정보는 찾기가 어려우며, 또한 쓸데없이 허비하는 시간이 많아진다.

예를 들면 어떤 인물에 대해 조사할 필요가 생겼을 때, 예전 같으면 그 인물에 대해 두세 권의 책밖엔 없었는데 지금은 도서관 등에서 컴퓨터로 검색해보면 몇 십 권도 더 되는 문헌들이 줄줄이 나와 있다.

따라서 그것을 하나씩 조사하고 살피지 않으면 안 된다. 개중에는 거의 쓸모가 없는 것도 있으므로 그 중에서 필요한 것을 찾으려면 꽤 오랜 시간을 허비할 각오를 하지 않으면 안 된다.

필요한 정보를 찾는 데 효과적인 정보는 몇 가지인지 우선 그 방면에 해박한 사람부터 알아두어야 한다. "○○에 대한 거라면 저 사람한테 물어보면 된다"고 하는 사람을 여러 분야에 걸쳐서 몇 사람쯤 알아두는 것은 앞으로의 정보화시대를 살아감에 있어서 커다란 무형의 재산이 될 것이다.

그리고 그 방면에 밝은 사람에게 물어야 할 것은 정보의 취사선택이다. 어떤 정보가 필요치 않으며, 어떠한 정보가 도움이 되는지를 묻는다. 그렇게 하면 금

같은 시간을 낭비하지 않아도 된다.

두 번째의 정설은 문헌검색이다. 책이나 잡지에 실려 있는 필요한 기사를 찾아낼 수 있느냐, 없느냐가 중요한 것이다. 요즘은 컴퓨터통신으로 이러한 검색을 사무실이나 집에서도 얼마든지 할 수 있게 되었다. 이것을 활용하지 않을 도리는 없다.

정보를 정리한다
—오늘이라는 날은 내일의 이틀 치의 가치를 지닌다

정보를 모은다 함은 단순히 정보가 있는 곳에 가기만 하면 되는 것이 아니다. 필요한 정보를 뽑아내고 그것을 손에 넣어야 한다.

그러나 상황에 따라서는 그 자리에서 곧바로 취사선택하지 못할 경우가 있다. 예를 들어 도서관이나 자료실 등에서 컴퓨터로 검색했더니 상당한 수의 문헌이 나왔다 치자. 제목만 보아서는 알 수 없으므로 일단 관련된 책과 잡지 전체를 빌려서 하나씩 펼쳐 보아야만 한다.

그런 다음 필요하다면 해당된 부분을 복사한다든지, 또는 책 자체를 대출하거나, 대출할 수 없는 시스템이라면 통째로 복사하는 수밖에 없다.

이렇게 하여 모은 필요정보는 그대로는 쓰기 힘든 경우가 많다. 말하자면 날것인 식재료를 사온 것과 같아서 그대로는 먹을 수 없는 것이다. 역시 우선은 시간을 좀 들여서 조리를 약간 해놓으면 먹기도 좋고, 맛도 좋고 소화도 잘된다.

정보도 이와 같다. 조리를 약간 하여 자유자재로 쓸 수 있게 만드는 과정이 필요하다. 그것은 어떤 일인가 하면 정보를 '조직화'하는 것이다.

이런 예를 들 수 있다. 어떤 식품회사에서 자사의 상품을 선전하는 팸플릿에 이미지 캐릭터를 썼다. 오스트레일리아 원산인 코알라를 귀엽게 도안하여 쓴 것이다. 그러나 그것을 본 어느 만화가가 자기 작품의 만화를 도용했다면서 저작권침해를 들어 항의해 왔다. 경우에 따라서는 소송도 불사하겠다는 매우 강경한 태도다.

회사로선 처음 겪는 일이어서 일단은 담당자를 정하고 대책을 강구하기로 했다. 그의 최초 단계로서 과거에 일어났던 이와 비슷한 저작권 문제에 대해 정보를 모으는 일부터 시작한 것이다.

담당자는 과거에 있었던 저작권 문제 가운데서 신문이나 잡지, 또는 책 등에서 그림과 만화와 관련된 것을 찾기 시작했다. 그리고 잘 아는 변호사에게 자문하여 이와 관련된 재판기록을 찾아서 수집하기로 했다.

이렇게 해서 모은 정보는 상당한 양이 되었지만 비슷한 경우는 그리 많지 않았다.

그래서 담당자는 정보를 분류하고 정리하여 중요한 순서대로 번호를 매겨나 갔다. 그리하여 번호순으로 인용하면서 보고서를 작성했던 것이다. 보고서는 명쾌하여 이해하기 쉽고, 저작권 문제에 어두웠던 사내의 다른 직원들도 알기 쉽도록 작성되어 있었다. 정보를 모은 다음 단계는 이와 같이 정보를 '정리하는' 작업이 중요하다. 잘 정리된 정보는 맛있게 조리된 식재료와 같다. 그 요리는 누구나 먹기 쉽도록 처리되어 있을 것이다.

문제를 명확히 한다

―지혜로운 사람은 타인의 난국을 통해 깨닫고, 어리석은 사람은 자기의 난국에 의해서도 깨닫지 못한다

일처리를 하다가 어떤 잘못이나 실수를 했을 때, 사람들은 대개 그 현상에만 집착하지 실수의 원인이 어디에 있는지, 무엇이 문제였는지를 별로 돌이켜 생각하려 하지 않는다. 때문에 똑같은 실수를 되풀이한다.

그러므로 같은 실수를 되풀이할 경우에는 문제가 어디에 있는지 곰곰 생각해 두는 편이 좋다. 또는 회사 안에서 똑같은 사고가 되풀이될 때는 철저하게 원인을 찾아내어 문제점을 밝혀놓아야 한다. 무엇이 문제인지, 어디에 문제가 있는지를 분명하게 하는 것은 매우 중요하다.

예를 들어 기침이 나서 병원을 찾아가 진료를 받았지만 이렇다 하게 나쁜 곳은 없다는 대답만 돌아왔다. 감기도 기관지염도 아니고, 또 천식도 아닌 데다 결핵이나 폐암도 결코 아니다. 의아하게 여기고 있는데 결국은 습도가 높은 장소에 지은 집의 이곳저곳에 피어 있던 곰팡이 때문이었다. 그래서 그 곰팡이를

없애 청결하게 했더니 기침이 온데간데없이 사라졌다.

이 원인을 알아내지 못했더라면 고통스런 기침에 계속 시달려야 했을 것이다. 즉 문제점이 밝혀짐으로써 문제는 해결된 것이다.

그러므로 문제는 뜻밖의 곳에 있는 경우가 많다. 병원 등에서 의사나 간호사에 의한 의료사고가 일어날 때가 있다. 간호사에 의한 초보적인 실수는 단순한 주의력 부족으로 넘어가선 안 된다.

무슨 얘긴가 하면 최근 한창 주목을 받고 있는데 인간의 생체시계의 변조에 의한 부조화란 것이 실제 문제로 엄연히 있는 것이다. 예를 들어 해외여행을 한 뒤 시차적응을 못해 고생을 하는 것은 그러한 생체시계가 엉망이 되었기 때문이다.

간호사처럼 교대근무를 하는 사람들은 모두 이와 같은 생체시계가 고장 나 있으며, 그로 인해 스트레스가 쌓여 정신이나 육체가 정상적으로 기능하기 어려워진다. 우리나라에선 아직은 그다지 공론화되어 있지 않지만 미국에선 교대근무자를 위한 보호를 전문으로 하는 회사도 생겼을 정도이다.

적절하게 문제점을 간파해내기란 말처럼 쉬운 일이 아니다. 이런 예들처럼 통상의 발상과는 다른, 기발한 발상을 할 필요가 있다. 그리고 그것을 할 수 있는 사람이 업무처리도 잘한다.

프랭클린과 미국을 만든 사람들

프랭클린과 미국을 만든 사람들

프랭클린과 미국을 만든 사람들

미국문명이 정치분야에 있어서 강경하고 지구력을 가진 것은, 사상과 행동을 통일하는 고유의 역사적 현상에서 유리하다. 정치사상의 분야에서 '미국적 관념'이라고 불릴 수 있는 바 자치(self-government)를 통해서 작용하는 개인주의라고 정의할 수 있는 관념을 형성한 주된 인물들 또한 그런 관념을 행동으로 실천한 사람들이었다. 다시 말해 미국 정치사상은 그것이 일관된 주의 주장이 존재한다고 말할 수 있다면, 주로 미국의 정치지도자들이 만들어 놓은 것이다. 미국 특유의 정치적 성격은 무엇보다 먼저 그 나라 대통령, 의원, 법관들에 의해서 이루어지고, 다음으로는 다른 수준에서—그 나라의 철학자나 직업적인 문필가들에 의해서 이루어졌다. 토머스 제퍼슨(Thomas Jefferson)이나 존 마셜(John Marshall)과 같은 정치가들이 정치행동과 그것의 사상형성의 양면에서 기반을 닦은 뒤에 비로소 윌리엄 제임스(William James)나 존 듀이(John Dewey)와 같은 원래 정치적이지 않은 사람들이 나타났다.

문필가의 역할은 정치지도자들의 역할과는 달리 주로 영감(靈感)을 주거나 비판하는 일이었다. 철학자나 시인 특히 에머슨(Ralph Waldo Emerson), 소로(Henry David Thoreau), 휘트먼(Walt Whitman) 등은 통찰과 도전을 제공함으로써 미국정신을 살찌게 했다. 그러나 그들은 직접적인 정치적인 것을 초월해 있었다. 사실상 그들 가운데에는 정치를 싫어하고 정치 참여에 전혀 매력을 느끼지 않는 사람도 있었다. 그렇지만 그들의 역할은 불가결한 것이었고 특히 모름지기 제한에는 참지 못하는 세속적이고 억센 민주주의를 위해서 없어서는 안 될 것이었다. 에머슨 같은 문인은 소란스러운 싸움통에도 냉정한 이성의 소리를 높였고 휘트먼과 같은 시인은 민주주의의 격류를 포용하면서 그 속에서 보다 깊은 의미를 찾아내려고 애썼다.

이에 비해 정치사상의 형성에 공헌한 정치지도자의 역할은 보다 직접적이요 광범한 것이었다. 그들은 정치제도를 새로 만들고 그것을 정당화하고, 일반적으로 말하면 그 제도를 헌법의 테두리 안에서 살린 사람들이다. 이런 정치지도자들은 통상으로 말하는 그런 독창적인 철학자는 아니다. 그렇지만 제퍼슨이나 매디슨(James Madison), 칼훈(John Caldwell Calhoun)의 사상 속에는 확실히 몇 가닥의 독창성이 있었다. 또한 조지 워싱턴(George Washington) 같은 뚜렷한 몇 가지 예외를 제외한다면 그들이 정치이론이나 사색에 특별한 관심을 가졌던 것도 아니다.

무엇보다도 이 정치지도자들은 필요에 따라 굉장한 규모로 일의 틀을 짜고 조정하는 사람들이었다. 그래서 존 마셜이나 1세기 뒤의 프랭클린 루스벨트(Franklin Delano Roosevelt)도 결코 독창적인 사상을 가졌던 것은 아니고, 그들의 활동 규모가 각기의 분야에서 기성 정치의식을 뛰어넘어 있어서 그 점에서 창조적인 활동의 행위라고 할 수 있다. 그러한 의미에서 상당수의 정치지도자들이 미국의 정치사상에 독창적인 공헌을 했다고 할 수 있다. 그러나 정치지도자들의 중요한 역할은 주로 보급된 사상이나 원망을 조정하여 이를 현실화하는 데 성공하는 일이었다. 제퍼슨이 독립선언에 관하여 말한 다음 내용은 널리 미국 정치지도자 일반의 역할에도 해당된다고 할 수 있다.

'그 주장이나 의견에 있어서 달리 독창적인 것을 노린 것도 아니고 그렇다고 어떤 특별한 글에서 복사한 것도 아니오 그것(독립선언)은 미국인의 마음을 표명하려고 한 것이었다.……'

그 논거는 모두가 그것이 회화로 표명된 것이건 편지이건 인쇄된 논문이건 혹은 공민권에 대한 초보적 서적에 표명된 것이건 간에 그 무렵 사람들의 의견을 조화시킨 것이었다.

이러한 정치지도자들은 그 무렵 지배적인 여론이나 감정을 형성하여 명료화했을 뿐만 아니라 도리어 그들은 사상과 감정의 조류에 영향을 주는 생생한 상징 역할도 한 것이다. 조지 워싱턴의 강직한 성격, 에이브러햄 링컨의 사려깊은 인간성, 프랭클린 루스벨트의 명랑한 대담성—이러한 인간상들이 미국 정치문명의 영원한 체험자들이다. 이런 사람들은 미국 정치문명의 창조자들이오, 그 이미지(심상)이기도 하다. 따라서 창조자요 상징이라는 점에서 이러한 정치지도자들은 특히 연구대상이 될 특별한 분야를 제공해 준다.

정치이론의 면에서 미국이 공헌한 가운데 가장 독창적인 점은 '미국이 이론 (Theory)을 가지지 않는다는 것'이라고 말해 왔다. 이것은 어떤 의미에서는 옳은 말이다. 미국의 정치사상은 여러 가지 개념이라든가 용어·슬로건·신조·구호 (shibboleths)·전통 등의 집합이며, 이론체계의 건축으로 증류시킨 일이 없고 또한 그 본성에서 그렇게 체계화할 수도 없었던 것 같다. 억지로 이론으로 체계화한다면 프로크로스티스(Procrustes) 침대의 고사처럼 잘라 맞출 도리밖에 없었을 것이다. 그 한 가지 이유로는 인간생활의 온갖 분야에 영향을 주고, 널리 침투된 민주주의적인 실천은 쉽사리 다룰 수 있는 이론 따위와는 전혀 다르기 때문이다. 또 한 가지 이유는 미국의 국민성이 특정한 시기에는 그 성격이 어떻든 간에 대개 지성적 사색 특히 궁극적인 것에 대한 사색에 그리 관심이 있었다고 할 수 없기 때문이다. 그래서 미국은 아리스토텔레스도 로크(John Locke)도 몽테스키외(Montesquieu)도 마르크스(Karl Marx)도 낳지 못한 것이다.

아마도 미국은 그런 인물들의 산출을 필요로 하지 않았을 것이다. 무엇보다 이것은 '국가가 잘못된 행동을 하는 징조가 있다면, 그것은 국민이 이론에 의존하려는 경향이 있을 때이다'라고 한 에드먼드 버크(Edmund Burke)의 관찰이 정확하다고 한다면 그럴 것이다. 이 점에서 미국은 다행이었다고 할 수 있겠다. 대개 당초부터 미국인은 비교적 좋은 정치를 받아 왔다고 할 수 있다. 정복자나 전제자들로부터 진정으로 압박받은 일이 없다는 것은 확실하다. 그 결과 미국인들은 그들의 트러블의 근원적인 의미가 무엇인지를 이론적으로 설명할 필요성을 절실히 느끼지 않았다. 미국인들은 체자레 보르지아(Cesare Borgia) 같은 음모 정치가를 가지지 않았으므로 마키아벨리 같은 권력정치 이론가의 필요를 느끼지 않았다.

이것은 정치이론이 미국사상과 제도면에서 중요한 역할을 하지 않았다는 말은 아니다. 사실 미국 국민의 역사에 있어서 3대 위기 가운데 적어도 그 두 가지 경우, 즉 '미국혁명'과 '연방헌법제정회의'에 있어서는 정치이론이 큰 역할을 감당했다. 제3의 위기인 남북전쟁의 경우에는 정치이론이 등장하지 않았다. 이 점에서 아마도 칼훈은 예외일 것이다. 그러나 저 재미있는 '옹고집의' 캐롤라이나 출신인 칼훈은 이를테면 일방적인 논전을 계속하고 있었다. 남북전쟁은 그의 이론적 터전 위에서 행해지지 않았다. 그와 반대로 어떤 정치사상이 그 전쟁하에 깔려 있었다면, 그것은 기본적으로는 링컨이 게티즈버그(Gettysburg)의 연설에서 청중에게 상기시킨 것처럼 미국이 하나의 국민이라는 체험과 전제에서 이끌어 내어진 자유 관념을 둘러싼 논쟁이었다고 하겠다.

그러나 남북전쟁 이전에, 국가를 형성하는 데로 미국을 이끌어 간 두 가지 위기에 있어서 훌륭하게 구성된 정치이론이 사람들의 생각과 행동의 기초 위에 있었다. 다시 말하면 미국혁명과 1787년의 헌법회의의 배후에는 정치철학과 합리화의 이론이 있었다. 더구나 그 사상은 미국 고유의 것이 아니었다. 그 무렵 미국인을 이끈 기본적인 사상은 유럽인들 주로 영국인과 프랑스인, 특히 토머스 홉스·로크·토머스 페인(Thomas Paine)[1] 그리고 몽테스키외의 사상이었다. 특히 로크는 18세기의 미국인에 대해서 본국인 영국에 대항하는 그들의 혁명적 행동을 옹호하는 데 유력한 이론적인 무기를 제공하게 된다. 로크의《정부론》의 논점은 제퍼슨의 독립선언 가운데 낭랑하게 메아리친다.

정치이론의 승리는 헌법회의 내에서 가장 확실하게 나타났다. 거기에는 중요한 사상가들의 지도적인 이념이 헌법문장 속에 들어가 그 뒤 미국 정치제도의 주춧돌로서 남게 되었다.

18세기 미국 공화국의 건설자들은 6, 7인의 법률서적과 정치서적의 저자들로부터 영향을 받았다. 법률 분야에서 말하면, 가장 진지하게 연구된 저자들은 영국의 법률가 에드워드 코크 경(Sir Edward Coke), 케임즈 경(Lord Kames), 윌리엄 블렉스톤 경(Sir William Blackstone)이었다. 정치철학 분야에서 가장 영향력이 컸던 저서는 홉스의《리바이어던 *Leviathan*》(1651), 로크의《종교 관용에 관한 서한 *Letter on Toleration*》(1689),《정부론 *Treatises on Government*》과《인간오성론 *Treatises on Human Understanding*》(1690) 몽테스키외의《법의 정신 *L'Esprit des Lois*》(1748)이었다. 특히《법의 정신》은 서유럽 세계에서는 베스트 셀러가 되었고, 그 간행 뒤 1년 반 동안에 그 대부분이 유럽이긴 하나 22판을 출판할 정도였다.

이러한 유럽의 저자들이 독립혁명기 및 헌법제정기의 미국인들에게 흥미를 끈 것은 주로 그들의 합리주의(rationalism)였다. 이 저자들은 정치에 대한 합리적

---

1) 페인은 영국인이기도 하고 미국인이기도 했다.

인 접근을 공통으로 하고 있었다. 그들은 신비로운 기초를 가진 국가라든가, 정부는 신에 의해서 건립되었다는 생각을 거부했다. 인간은 이 세상에 속하는 것이요, 정열이나 이해심 같은 것을 포함하는 인간적인 속성에 의해서 영향받는 존재라는 것이 그들의 주된 전제였다. 홉스가 그의 정치분석을 구성하는 경우의 기초로서 자연상태에 있어서는 '만인 대 만인의 싸움'에 인도되는 인간의 증오, 잔인, 폭력의 존재를 전제로 한 하나의 심리학이었다. 절대적인 권력을 가진 강대한 정부 다시 말하면 《리바이어던》만이 인간의 정욕을 통제할 수가 있다고 했다. 강력한 정부 없이는 인간 생활은 '고독하고 가난하고 더럽고 잔인하고 단명하다'고 홉스는 썼다.

홉스의 사상은 미국을 건국한 선조들에 의해서 섭취되었고, 그들 가운데 대부분은 인간성에 대한 홉스의 현실주의적인 분석을 받아들여 인간의 열정과 이기적 욕망을 억제하기 위해서는 강력한 권위가 필요하다고 생각했다. 이 점에서 해밀턴(Alexander Hamilton)은 '인간이라는 동물은 부패하기 짝이 없어 통제 없는 자치 등을 허용할 수 없다'는 견해를 솔직하게 나타냈다는 점에서 홉스적이었다. 제퍼슨적인 교양을 지닌 온건한 보수주의자였던 제임스 매디슨마저도 홉스의 정치사상 가운데 많은 것을 자기의 정치사상으로 받아들였다. 매디슨 역시 정치권력에 관한 한, 인간성이라는 것을 믿을 수 없다고 생각했다. 사실 홉스 사상의 실(絲)은 연방헌법 가운데 짜여 들어가 인간성에 대한 신뢰의 결여에서 오는 '견제에 의한 균형'(Checks and balance)의 제도로서 나타났다. 인간성에 대한 이와 같은 홉스적인 회의주의는 《더 페더럴리스트 *The Federalist*》 51편에 아주 솔직하게 표명되어 있다. '정부의 비행을 견제하기 위해 그러한 조작(연방헌법 가운데 견제에 의한 균형제도)이 필요하다는 것은, 인간성을 별로 좋게 보지 않았다는 것을 말한다. 그러나 정부란 무엇인가? 그것은 인간성에 대한 최대의 불신을 표명한 것이 아니고 무엇인가? 만일 인간이 천사라면 정부는 필요하지 않을 것이다. 만일 천사가 인간을 통치한다면 정부에 대한 외부로부터의 견제도, 내부로부터의 견제도 모두 필요치 않을 것이다.' 그리하여 연방헌법은 인간이 천사가 아니라는 원대한 전제 위에 성립된 것이다.

그러나 실제적인 생각을 가진 18세기의 미국인들은 홉스 이론의 절반, 즉 심리학의 반면만을 채용하는 데 머물렀다. 다른 반면 즉 절대주의적인 '차라리 군주주의적인 정부'를 찬양하고 있는 면은 거부하고 그들은 로크의 자연권에 대한 철학을 채용했다. 미국 건국의 선인들이 공통으로 가진 로크의 근본적 입장은 '인간이 천부의 '권리를 가지고 이 세상에 태어났으며, 질서 유지와 재산의 보존을 위해 사회계약을 맺을 때에는 그들이 자발적으로 이 천부의 권리를 포기하는 것'이라고 했다. 미국 헌법에 관한 한에 있어서 로크의 사상 가운데 긴요한 점은, 통치력 즉 입법부에 관한 사상으로서 로크는 이 입법부를 '주인'이라기보다는 '종'이라고 생각했다. 그래서 입법부는 아무런 독립된 권한도 가지고 있지 않고 사회계약에 의해 입법부에 위임된 의무와 책무만을 가지고 있는데 지나지 않는다고 했다. 이것은 정부가 인간의 피조물인 이상 인간의 의지에 복종해야 한다는 것을 의미했다. 그렇지 않다면 입법부의 행동은 불법이 되는 것이다.

그리하여 역사의 특유한 변증법에 의해 18세기 미국의 정치지도자들은 홉스와 로크를 엇섞어서 연방헌법으로 알려진 독창적인 정치기구를 만들어 냈다. 그들은 홉스의 인간성에 관한 전제를 채용했으나 그 해결 방법을 채용하지는 않았다. 또한 그들은 자연권에 관한 로크의 전제를 채용하면서도 로크가 의도한 이론적인 정치기구는 받아들이지 않았다. 그들은 인간이라는 것은 현실적으로나 잠재적으로나 더러운 존재라는 점에 홉스와 의견을 같이 했다. 또한 인간은 양도할 수 없는 인권을 가지고 태어났다는 점에는 로크와 의견을 같이했다. 그러나 미국의 정치지도자들은 이와 같은 전제로부터 각기 다른 결론을 이끌어 냈다.

결과적으로 미국의 건국자들의 결론은 인간성이 신뢰할 수 없는 것인 이상 어떠한 개인이나 집단에 대해서도 절대적인 권력을 맡길 수 없으며 맡겨서도 안 된다는 것이다. 만일 인간이 태어나 부패해 있다고 한다면 그의 동포에 대해서 그의 무한한 의지를 뻗치는 수단을 맡긴다는 것은 너무나 위험천만한 일이다. 제퍼슨은 자기 특유의 교묘한 말로 제1대 대통령 취임연설에서 다음과 같이 말했다.

"사람들은 자기 스스로가 다스리는 정부를 신임할 수 없다고 때로는 말합니다. 그렇다고 다스리는 정부를 신뢰할 수가 있습니까? 또한 우리들은 인간을 다스리는 데 왕정의 형식 가운데서 천사를 발견한 일이 있습니까?"

그래서 미국인들은 사태의 논리가 정부의 권력을 제한하는 것이 필요하다는 결론에 이르렀다. 인간이 천사가 아닌 이상 타인에 대해 전제적으로 나올 기회를 전혀 주지 말아야 한다는 것이다. 인간이 가지고 있는 맹수와 같은 탐욕은 무제한 권력에 의해 양육되거나 유혹되어서는 안 되는 것이다. 18세기 미국인에 있어서 리바이어던적인 정부는 아예 고려될 수도 없는 것이었다.

그렇다면 정부는 어떻게 제어할 수 있겠는가? 이 점에 대해서는 프랑스의 박식한 지방판사였던 몽테스키외가 이론적 기초와 그 실제적인 해답을 제공했다. 그의 법의 정신 이념은 결국 연방헌법에 구현되어 있는 것인데 그것은 정부들에 대한 역사적인 비교연구로부터 나온 것이다. 인류의 역사를 통해 그는 세 가지 형태의 정부를 구분했다. 군주주의·전제주의·공화주의 형태가 그것이다. 몽테스키외는 첫째 형태는(그것이 온전한 것이라면) 찬성하고, 둘째 형태는 반대하고, 셋째 형태에 대해서는 아무래도 회의적이라고 하였다. 인류 역사에 있어서 전제주의가 지배적이었던 이유는 온화한 군주주의나 공화주의가 곤란했음에 반하여 전제주의는 쉽게 나타날 수 있는 형태였다는 점에 기인한다고 몽테스키외는 설명했다. 자유를 수호하는 정부가 드문 이유는, 그러한 정부를 건립하기가 힘들고 또한 그것을 존립하게 하는 데는 특별한 노력이 필요하기 때문이라고 했다.

몽테스키외의 주된 관심사는 그가 최고의 선이라고 생각한 '정치적인 자유'라고 생각했다. 자유를 수호하는 정부를 세우고, 그것을 영구히 확보하는 길은 어떤 한 단체나, 행동이 다른 단체나, 행동을 언제까지나 능가할 수 없게끔 정부의 활동을 균형되게 하는 데 있다고 했다. 그것을 위해서는 희귀한 정치 기교가 필요하다고 몽테스키외는 생각했다. '온화한 정부를 만들기 위해서는 여러 가지 힘을 결합하여 그것을 조정하고 완화시켜 활동하게 하는 것이 필요하다. 말하자면 어떤 권력에 평형력을 주어 다른 권력으로 하여금 저항할 수 있게 하는 힘이 필요하다. 이것은 우연히 성립되기는 힘들고, 분별심으로 생기는 일도 거의 없는 뛰어난 입법기술이다'라고 몽테스키외는 썼다.

이와 같은 탁월한 방책을 실현시키기 위해서 몽테스키외는 정치권력의 행사자들을 억제하고 동시에 시민의 자유를 수호할 수 있는 법 체계를 제안했다. 그 법 체계에는 정치권력의 분립이 절대로 필요하다고 했다. 즉 입법·행정·사법의 기능이 각기 서로 독립된 세 가지 다른 정부기관에 위임되는 일이 중요하다. 권력이나 기능이 한 손에 집중될 때에는 시민의 자유는 불가능하게 된다고 몽테스키외는 지적하고 있다. 제임스 매디슨도 이 의견에 공명하여 《더 페더럴리스트》 47편에서 이와 같은 권력의 집중은 '실로 폭군정치의 정의라고 할 수 있다'고 썼다. 이와 반면에 정치권력을 조심스럽게 공정하게 분립시킨다면, 한 개인이나 집단이 폭군에까지 발전할 가능성을 감소시키게 될 것이다. 이러한 세 가지 정부기관은 각기 그의 고유한 분야에서 독립하여 활동해야 할 뿐만 아니라 다른 두 분야에 대해서 평형력, 혹은 밸러스트(Ballast)로서 작용할 수 있는 충분한 권한을 가져야 한다.

그리하여 몽테스키외의 '견제에 의한 균형'의 원리는 연방헌법안에 들어갔다. 이 원리는 많은 위기를 극복하고 미국정부 형태의 초석으로 남아 있다.

연방헌법은 다방면에서 중요성을 가지고 있다. 이 헌법은 여러 주를 결합하여 한 나라로 만들었다. 이 헌법은 기본적인 법률제도 및 정치제도를 낳았다. 또한 이 헌법은 광범한 모범을 제시했다. 그러나 이 헌법에 주된 중요성은 미국의 정치적 성격에 관한 한 그것이 특별한 분위기를 만들어 놓았다는 사실에 있다.

성문법으로서 연방헌법은 다른 문명에 있어서 신성한 문서나 신성시된 교의가 차지하는 지위에까지 높여져 있다. 실제적이요, 또한 성공적인 정부구도라는 점을 떠나서도 연방헌법은 문헌적인 모델로서 작용한다. 이 헌법에 뒤따라 문서·성명·연설·취임사·선언·포고 등의 문서를 둘러싸고 미국인의 사고가 회전하는 경향이 있으며, 때로는 이러한 문서에 영감을 불어넣는 힘을 주기도 한다. 이러한 문서는 여론을 결정화하여 행동에 지침을 두고 미국적 정치분위기에 독특한 형태를 부여해 왔다.

연방헌법 및 그 복사문서라고 할 수 있는 각 주의 헌법에 뒤따라 가장 주목되고, 때로 인용, 전거되는 공식적인 문서는 독립선언(물론 이것은 연방헌법에 선행하는 것이지만), 워싱턴의 고별연설, 제임스 먼로의 먼로 선언, 링컨의 대통령 취임 연설과 게티즈버그의 연설, 윌슨의 '14개조', 프랭클린 루스벨트의 '4대자유'이다. 그 밖에도 여러 가지가 있으나 그것들은 연방헌법에 뒤따라 연방헌법이라는 큰 나무의 그늘에서 행해지는 공적인 성명들로서 그것이 얼마나 특이

한 정치적인 권위를 부여하는가를 지시해 준다.

　연방헌법이라는 큰 울타리 아래서 발전해 온 미국의 정치적 성격은 다음 세 마디 말로서 요약될 수 있다. 즉 세속성·자유방임성·제한성이 그것이다. 미국의 정치사상과 정책을 형성해 온 사람들은 세속주의 자유 및 정부에 대한 여러 가지 정도의 제한이라는 이념을 인정했다. 정치제도 역시 이러한 특징들을 반영하고 있다. 예외없이 미국의 책임있는 정치지도자 및 지성적 지도자들은 교회와 국가의 분리라는 이념을 지지했다. 그들은 모두가 개인의 자유를 믿었다. 그들 가운데 정치권력에 대한 제한의 필요성을 적어도 원리적으로 의심하는 사람은 하나도 없다. 이러한 세속주의 개인적 자유 및 정치권력의 제한이라는 특성은 역시 일반적인 민주주의의 미국적 개념 내지는 이념을 규정하고 있다.

　'신앙의 자유'가 모든 자유 가운데 첫째 가는 것으로 되어 있는 점에 있어서 헌법이 규정하는 교회와 국가의 분리는 미국 국민의 기념비적인 업적의 하나라고 볼 수 있다. 이와 같은 분리는 두 가지 목적을 가지고 있다. 그 하나는 지적 실험에 대한 종교적 도그마의 장애를 배제하고 사상의 자유로운 흐름을 위한 것이요, 또 하나는 온갖 종파에 대해 종교의 자유를 확보하는 것이다. 종교와 국가의 분리는 온갖 전제주의의 근원인 정신적 속박을 근절하고 정신과 신념의 자유에 대한 항구적인 제도적 보장이 되었다. 이 결과 교직자에 의한 간섭이나 교회의 지배에서 벗어나 세속적인 정치, 사회적 제도들 특히 그 가운데에서도 교육제도를 만들어 내는 일이 가능하게 되었다. 또한 그로 인해 종교단체와 활동이 다양하게 성장 발전케 되었는데[2] 이것을 제임스 매디슨은 '어떠한 사회에 있어서나 신앙의 자유에 대한 최선의 유일한 보장'이라고 보았다.

　1787년 헌법제정회의에서 버지니아 대표로 참석한 매디슨은 신앙의 자유는 다른 종류의 교회의 수효가 많다는 점에 그 보장이 발견된다고 논하고 있다. 그 이유는 그와 같이 수많은 종파가 존재하는 곳에서는 '어떠한 종파에 의해 구성된 다수파가 다른 종파를 억압 박해할 수가 없기 때문이다.' 1822년 에드워드 리빙스턴(Edward Livingston)에 보내는 편지 가운데서 매디슨은 교회와

---

2) 오늘날 미국에서는 2백 종 이상의 프로테스탄트 종파가 있다.

국가의 분리에 대해서 그의 생애에 걸친 신념을 다음과 같이 말했다. '종교라는 것은 정부의 원조를 받을 때보다는 받지 않을 때 보다 순수하게 번영한다.' 교회를 국가로부터 성공적으로 분리시킨 일이 미국문명을 힘차게 한 중요한 요소였다.

연방헌법 아래 세속적인 정치체제를 형성한 것은 우연도 아니요, 갑자기 영감에 의한 것도 아니다. 그것은 미국 국민성이 형성되어 온 오랫동안의 고난의 최후 산물이었다. 양심의 자유를 위한 투쟁은 미국 이민과 더불어 시작된다. 그 뿌리는 멀리 1630년대 과감한 젊은 목사 로저 윌리엄스(Roger Williams)가 매사추세츠에서 퓨리턴의 신정정치(新政政治)에 도전하였다가 추방된 시기에까지 거슬러 올라간다. 미국 최초의 민주주의자라고 불려도 무방할 윌리엄스는 그 자신이 정교(政敎)분리·신앙의 자유를 표방한 '민주주의적인' 정부를 세운 로드아일랜드에서 '신앙의 자유'의 전례를 보여 주었다. 그는 대담한 입장을 취하고 온갖 '양심 및 예배'에는 완전한 자유가 부여되어야 하는 것이 '신의 명령'이요, 정신계의 상황에 대해서 간섭하는 것은 정부(지상의 국가 즉 the 'civil states')의 할 일이 아니라고 여러 서적과 설교와 논쟁을 통해 설파하고 있다. 윌리엄스는 그의 고전적인 팸플릿 《피비린내 나는 박해의 가르침 *The Bloody Tenent Of Persecution*》(1644)에서 다음과 같이 썼다. '신은 어떠한 지상 국가에 있어서나 유일한 종교가 제정되고 강행되기를 원치 않는다. 종교의 통일을 강행하는 일은 (조만간) 내란을 유발하고, 양심을 강제하고, 그리스도를 그의 종들 가운데서 핍박하고, 수백만의 영혼을 위선과 파멸에 떨어뜨리는 가장 큰 원인이 된다.'

로저 윌리엄스나 어쨌든 그와 같은 생각을 가진 윌리엄 펜(William Penn)과 조나단 메이휴와 같은 사람들의 정신이 널리 미국에 받아들여지는 데는 약 1세기 반의 시간이 필요했다. 신앙의 자유를 위한 투쟁은 멈출 줄 모르고 영국과 미국 두 나라에 있어서의 지상(civil) 폭정에 대항하는 광범한 저항의 밑흐름을 이루었다. 마치 존 애덤스(John Adams)가 《교회법 및 봉건법에 관한 논고》에서 지적해서 쓴 것처럼 '미국에 사람들을 이주시킨 것은 이 위대한 신앙의 자유를 위한 투쟁이었다.'

신교자유로의 길은 순교로 물들여졌다. 특히 17세기 뉴잉글랜드에서 퀘이커(Quaker) 교도들은 공공연히 불구자가 되거나 교수형에 처해지고, 소위 마녀 사낭에 처해졌다. 순교의 분위기는 두 영국인 퀘이커 교도 윌리엄 로빈슨과 마마류크 스티븐슨이 '피로 물든 보스턴 시 감옥'에서 1659년 10월에 사형이 집행되기 전에 쓴 편지 속에 나타나 있다.

'오! 너희들 지배자와 사교(司敎)들이여!…… 너희들이 지금 자행하는 짓을 생각해 보라. 너희들은 지금 가장 고귀한 성도들을 박해하고 있음을 모를 정도로 눈이 먼 것인가…… 너희들은 주님의 사랑에 찬 온정에 대해 주님의 종들을 구타하고 감옥에 넣고 그 귀를 잘라내는 일로서 주님에게 보답하려는가…… 오! 너 뉴잉글랜드여…… 너의 종교는 구타하고 투옥하고 손을 불로 지지고 귀를 자르고 사람을 죽이는 짓이 고작인가…… 오! 너희들, 위선자들이여, 너희들의 손은 피에 젖고, 너희들의 영혼이 거짓으로 가득 차 있을 때 어찌하여 너희들은 찬송가를 부르고 종교, 종교하고 떠들 수가 있단 말인가…… 오! 오! 피에 물든 보스턴의 거리여 저주가 있으라 저주가……'

양심의 자유(종교의 자유)에 대한 직접적 박해가 행해지지 않은 곳에서도 뉴욕과 버지니아를 제외하고는 미국 혁명의 시기까지 여러 식민지를 통해 종교상의 차별대우가 널리 행해졌다. 많은 식민지에서는 가톨릭 교도와 유대 교도들에게는 선거권이 부여되지 않았고 혹은 공직에서 제거되었다. 매사추세츠와 메인랜드에서 총독 관직은 그리스도 교도에게만 개방되고 펜실베이니아·사우스캐롤라이나에서는 신에 대한 신앙과 사후의 권선징악의 제도에 대한 신앙이 선거 자격조건으로 되어 있었다. 뉴햄프셔와 뉴저지 및 사우스캐롤라이나에서는 총독직이나 입법부의 의원직도 신교도에게만 열려 있고 노스캐롤라이나와 조지아에서는 이상과 같은 제한이 널리 선거권 일반에 적용되고 있었다. 델라웨어에서는 선거민이 삼위일체와 성경에 대한 신성성을 믿는 것이 요구되었다.

미국 독립혁명의 해방적 조류는 이러한 종교적인 자격심사의 대부분을 제거하고 정교 분리라는 헌법상의 원칙을 확립하는 길을 열었다. 이 점에 관해 가장 중요한 첫걸음이 취해진 것은 남부에서였다. 거기서는 장로교파 신도와 성결교파 및 수많은 비그리스도 교도들로 된 프론티어의 새로운 주민들이 영국국교회에 대해 10분의 1의 세를 지불해야 한다는 데 반항했다. 1776년에는 영국국교회가 메인랜드에서 그 공정성이 풀리고 노스캐롤라이나에서는 주헌법에 의해 '본 주에서는 어떠한 것이라도 특정의 종교, 교회, 종파가 다른 종교,

교회, 종파에 우월해서 공정화되어서는 안 된다'고 규정되었다.

이 영향에 대해서 말하면 신앙의 자유를 위한 투쟁에서 가장 중요한 것은 버지니아에서 일어났다. 교회와 국가의 분리를 위한 투쟁은 이 주의 위대한 민주주의자 매디슨과 제퍼슨에 의해 지도되고 10년 이어진 뒤에 비로소 승리가 이루어졌다. 그것은 제퍼슨의 말을 빌리면 "내가 지금까지 참전한 싸움 가운데 가장 격렬한 것이었다." 제퍼슨의 신교자유법은 1786년에 매디슨의 지도 하에서 마침내 버지니아 주의회를 통과하였는데, 그것은 지적 자유에 대한 우렁찬 선언이기도 했다. 사실 제퍼슨은 이 법의 제정을 그의 생애에 있어서의 3대 업적 가운데 하나라고 여겼다. 이 법은 제퍼슨이 태어나기 1세기 이상 전에 비롯한 로저 윌리엄스의 고독한 투쟁의 최후 승리라고 할 수 있을 것이다. 이 법의 일부는 다음과 같다.

'전능하신 신은 인간의 마음을 자유로운 것으로 창조하심을 안다. 현세의 형벌 또는 부담 무능력규정에 의해서 인간의 마음에 영향을 주려는 시도는 모두 위선과 비열을 낳는 경향을 가진다…… 우리의 제반 시민권은 우리의 종교상의 견해에 구애되지 않는다. …… 따라서 본의회는 다음과 같이 입법한다…… 어떠한 사람에 대해서도 종교예배에 참례하고, 종교적 특정장소를 방문하고, 교직에 경제적 지원을 주는 것을 강요해서는 안 된다. 어떠한 사람에 대해서도 그 종교적 견해 또는 신앙을 이유로 해서 강제·제한·훼방을 가하거나 신체 혹은 재산에 관해 부담을 부과하거나 그 밖의 모든 고난을 가해서는 안 된다. 모든 사람은 종교에 대해 각자의 견해를 표명하고 그것을 옹호·지지할 수 있는 자유를 가진다. 그리고 종교에 관한 각자의 견해의 여하를 이유로 해서 각인의 시민적 및 법적 권능에 대해 그 감소·증대 그 밖의 하등의 변경도 가할 수 없다.'

그리하여 연방헌법이 제정되는 시기까지에는 미국에 신앙의 자유에 대한 광범한 기반이 이미 존재하고 있었다. 정교분립의 원칙이 멀리 깊게 침투되어 있었으므로 헌법회의는 이 문제에 대해 많은 시간을 낭비할 필요가 없었다. 이 회의의 지도적 인물들 특히 프랭클린·워싱턴·매디슨 등은 종교면에서의 18세기의 '관용'에 공명하여 신앙이 정치문제라기보다는 개인의 문제라는 견해에 이르렀다. 공직 취임의 선거 문제에 관해서도 신에게 선서해야 하느냐, 아니면 성서에 선서해야 하느냐 등 다소의 논의가 있었으나 종교적 선서를 조건으로 함은 제거되었다. 헌법 제6조는 헌법을 지지한다는 신임에 의한 공직에 대해서도 그 자격으로서 종교상의 요건을 과하지 아니한다'고 하였다. 이 기본적인 이념은 다시 개헌 제1조에 의해서 결정적으로 강화되었다. 즉 이 조항은 간결하게 그리고 명백하게 '연방헌법은 법류에 의해 국교의 수립을 규정하거나 종교상의 자유 행위를 금할 수는 없다'고 하였다.

교회와 국가의 분립은 법률상 혹은 규정 이상의 것이요, 모든 점에 있어서 교회의 통제를 받지 않는 문명사회를 창조함을 그 목적으로 하는 것이다. 종교상의 실천은 영원히 자유이어야 하고 보호되어야 하지만, 그것은 어디까지나 정부기관 밖에서 정치적 후원없이 행해져야 하는 것이다. 미국의 건국자들은 정부는 영구히 교회 활동이나 계획에서 분립해야 한다는 것을 믿고 있었다. 1797년에는 트리폴리(Tripoli)국과 미국 간의 조약에서 '미국 정부는 그리스도교를 기반으로 건국된 나라는 결코 아니다'고 언급하고 있다. 제퍼슨은 교회와 국가와의 어떠한 연관도 이를 '아니꼬운 연관'이라고 해서 단식이나 신에 대한 감사를 대통령으로서 공적으로 행하기를 거부했다. 1811년 교회에 관한 두 법안(콜럼비아에서의 성공회 교회의 법정화와 미시시피 주에서의 한 성결교회의 구제)을 들어 '민사와 종교적 기능의 기본적인 구분'을 범하고 따라서 '헌법에…… 위반된다'는 이유로 대통령으로서 거부권을 행사했다.

이렇게 해서 미국사회는 모든 방면에서 교회의 손을 벗어나 종교는 개인의 문제라는 생각이 다년간에 깊은 뿌리를 내렸다. 다음 세대들의 미국인들도 종교와 정치의 분리의 원칙을 당연한 것으로 인정하게 되었다. 지도자에게나 '세속화'가 자명한 일이 되고 미국인의 골수에 박히게 되었다. 공금의 원조를 받는 어떠한 기관(특히 교육)도 교회 교파의 규정이나 간섭을 받지 않게 되었다. 미국인들은 정부가 이 문제에 대해 어떤 관련을 지녀야 한다는 느낌없이 신을 믿고 자기의 특정한 교회의 열성 신도가 될 수 있게 되었다. 반면에 정부가 활발하게 작용하는 분야에서는 학교의 경우에서처럼 도처에서 종교가 물러서야 했다. 1875년 12월에 율리시즈 그랜트(Ulysses Simpson Grant, 제18대) 대통령은 그의 제7회 연두교서 가운데서 미국의 일반적인 공립학교 교육의 필요성에 관해 '전액 혹은 일부를 주 혹은 국가 또는 지역사회에 부과된 세수입에 의해서 유지되는 어떠한 학교에서도 교파의 교리를 가르쳐서는 안 된다…… 교회와 국가는 영원히 분립되고 구별되는 것이요, 특히 각기 자기 분야에서 서로가 자유임을 명백히 하라. 그리고 교회의 모든 재산은 과세부담을 면할 수 없다.'라는 권고를 해서 비종교화에 대한 전국민적인 관념을 반영시킨 것이었다.

종교와 정치를 분리해 놓은 벽에는 금이 가기도 했으나 그 분립의 원리만은 아직도 확고부동하다. 법정이나 국민 대다수의 지지를 받아 이 원칙은 미국 정치사상과 체제로 형성하는 중요한 요인이 되었다.

국교가 없는 대신 미국에서는 자유의 이상이 하나의 국가적 공약으로서 발달했다. 자유에 대한 신념이 실로 널리 보급된 것을 보면 이는 깊은 의미에서 세속적인 종교라고 볼 수도 있다. 자유의 이상은 미국 국민들에게 힘센 신념과 단결력을 부여해 왔다. 민주주의 철학의 기반이 되는 자유는 실로 미국 그 자체와 하나의 것이었다. 미국에서 이념으로서의 자유를 혹독하게 비판한 사람은 미국 제2대의 무뚝뚝한 대통령(존 애덤스)의 냉정한 자손인 헨리와 브룩스 애덤스 형제와 같은 기인을 예외로 하고는 거의 없다. 그러나 애덤스 형제류의 비판주의는 미국에서는 비교적 드물지만 그들과 같은 기고만장한 사람들도 자유의 이념으로서의 소질보다는 오히려 인간성에 대한 회의가 훨씬 강했던 것으로 생각된다.

널리 보급된 이념으로서의 자유, 목표로서의 자유는 미국사회의 중요한 문헌에 구현되어 그 서두를 장식하는 것으로 '독립선언'이 있다. 이것은 '모든 인간은 평등하게 창조되고 각자는 조물주에 의해 일정한 불가양(不可讓)의 권리를 부여받아 그 안에 생명 자유 및 행복 추구의 권리를 포함한다'는 '자명(自明)'의 진리를 선언한 것이다. 논리적 타당성이 쌓인 것은 아니라고 하더라도 이 독립선언은 오늘날에 이르기까지 마를 줄 모르는 미국의 자유에의 욕구의 원천으로 존재하고 있다. 에이브러햄 링컨(Abraham Lincoln)[3]은 이것을 그의 마음에 영감을 주는 주된 원천이라고 생각했고, 토머스 우드로 윌슨(Thomas Woodrow Wilson)[4]은 이것을 '폭군에 대한 불멸의 회초리'라고 여겼다.

마찬가지로 자유 이념이 미국의 기본적인 법률적 헌장이나 격려사 속에 끼어들어 있음을 알게 된다. 1787년의 북서부령지 조령은 오하이오 하북의 영지

---

3) 미국의 제16대 대통령.
4) 미국의 제28대 대통령.

에 대한 통치의 원칙을 제정한 것이었으나, 그것은 신흥 미국 서부에 있어서의 자유를 보장하려고 의도된 것이었다. 제13조는 '공화국과 그 법률 및 헌법의 기초가 되는 시민적 종교적 자유의 근본원칙을 확충하기 위해 본 영지 내에 금후 항구적으로 설정되어야 할 법률, 헌법 및 통치의 기초로서 이러한 원칙들을 세워 설정한다'는 것을 규정한 것이었다.[5]

연방헌법은 이러한 원칙을 연방 전체를 위해 구체적으로 구현하고, 그 전문은 그 무엇보다도 헌법의 최종 목적이 '우리와 우리의 자손들에게 자유의 축복을 계속 보장하는 데' 있다고 선언하고 있다. 법률상 또는 법률 이외의 그 뒤 문서에도 이러한 목표가 반영되어 있다. 링컨의 게티즈버그 연설도 '자유의 새로운 탄생'을 지적했다. 국외의 전쟁을 위해 국내를 동원한다는 전례없는 조치에 미국을 끌어넣은 우드로 윌슨의 1917년의 전쟁교서는 그 목적이 '민주주의를 위해' 또는 '자유인의 제휴'를 위한 싸움일 것을 강조한 것이었다. 마지막으로 1941년 프랭클린 루스벨트는 새로운 세계의 기본적 기반으로서 '4대 자유'를, '먼 미래의 이상을 그리는 것'이 아니라 '우리 시대 우리 세대에 실현시킬 수 있는' 목표로서 선언하고 미국의 자유이념을 전세계적 규모 위에 놓았다.

이 미국 자유주의적 이상주의의 결정은

첫째로 세계 어디서나—언론 및 표현의 자유

둘째로 세계 어디서나—각자가 자기 마음대로 신을 경배하는 자유

셋째로 세계 어디서나—결핍(Want)으로부터의 자유

넷째로 세계 어디서나—공포로부터의 자유

를 구가했다.

공화국으로서 역사가 시작된 이래 자유 이념에 대한 애착은 미국 정치사고와 태도에 널리 미쳐 있다. 이 애착은 토머스 제퍼슨, 존 마셜(John Marshall)[6]에서 프랭클린 루스벨트, 얼 워렌(Earl Warren)[7]에 이르기까지 곧바로 이어졌다. 자

---

5) 오하이오주(1803), 인디애나주(1816), 일리노이주(1818), 미시간주(1837), 위스콘신주(1848), 미네소타주의 일부(1858) 등은 북서부영지 내의 주가 된 것이다.

6) 미국 제4대 연방대법원장.

7) 미국 제14대 연방대법원장.

유에 대한 충성은 정치적인 우파나 좌파나 보수파든 진보파든, 지식인이나 실업가들 모두 지지하는 바였다. 19세기의 포퓰리스트(Populists)[8]나 20세기 사회주의자들도 이것을 역설했다. 월트 휘트먼(Walt Whitman)[9]은 소리높여 명언했고, 헨리 조지(Henry George)[10]는 함축해서 말했다. 상공회의소의 출판물이나 노동조합의 활동 가운데도 이것이 끼어들어 있다.

이 자유에 대한 충성 철학은 연방최고재판소의 견해와 미국 공립학교 교육 내용의 기초가 된다. 다시 말하면 자유야말로 미국의 한 나라로서의 이미지이다.

이처럼 자유 이념이 보급되어 있다는 것이 무슨 특별한 의미가 있는가 하는 문제가 제기될 수 있다. 이것에 대해서는 자유 이념이 국가의 상징이 되어 있다는 점 이외에, 실제로 이중 해석이 가능하다고 대답할 수가 있을 것이다. 즉 자유란 한편으로는 자기의 행동이나 표현에 억제받지 않는 개인의 권리와 관계하고, 다른 한편에 있어서 정부가 이러한 개인의 권리를 옹호하는 이상의 아무것도 아니라는 생각에 연관되어 있다.

이처럼 정치를 개인의 문제로 보는 일은 미국 문명의 특이한 특징의 하나이다. 국가가 사회에 중점을 두는 다른 문명과는 달리 미국에서는 개인에 중점이 놓여 있다. 국가의 태도를 상징하고 있다는 점에서 단지 법률상 헌법상의 문제로서보다 이상의 의의가 있는 권리 장전(章典)을 비롯하여 미국인은 늘 정치생활의 중심에 개인을 놓고 있다. 그들의 견해로 말하면, 정부란 자유의 옹호를 위해 존재하는 것이요, 더구나 자유란 정부에 대한 개인의 자유를 뜻하는 것이다.

여기서 중점은 '……으로부터의 자유'(freedom from), 주로 정부의 간섭으로부터의 자유에 놓여 있다. 개인은 정치구조의 핵심에 있으면서 정부로부터의 억압, 지배, 간섭, 충고 또는 원조—긴급 비상사태를 제외하고—로부터 해방된다는 데서 미국인으로서의 신성한 권리와 특권을 느낀다. 개인은 자기의 자유—마음대로 자기를 표현하고 마음대로 교육받고 지위를 얻고 재산을 획득하는

---

8) 1891년 미국에서 결성된 인민당. 남북전쟁 뒤 농업부진에 대한 불만을 정치적으로 해결하려고 조직한 정치활동.
9) 미국의 시인.
10) 미국의 경제학자.

자유—를 확보하고 행사하기 위해서는 정부가 존경해야 할 존재라는 것이다. 정부는 도움이 되는 친구가 되어서도 안 되고 무서운 적이 되어서도 안 된다. 정부는 개인에 간섭함이 없이 개인이 기회를 모두 활용하고, 개인의 노력의 결과를 즐기도록 해 주어야 한다.

자유는 정부한테 억압당함이 없이 개인을 표현할 수 있다는 관념은 어떠한 신망이나 정치적 색채를 띤 미국인 사상 속에도 여러 가지 형태로 침투해 있다. 우리는 이 철저한 개인주의를 존 테일러(John Taylor)[11]의 농본주의에서 헨리 소로의 무정부주의 랠프 에머슨(Ralph Waldo Emerson)[12]의 초월혼(The Over-Soul)의 철학에서 윌리엄 섬너(William Graham Summer)[13]의 다윈주의, 앤드루 카네기(Andrew Carnegie)[14]의 자본주의에서 또한 헨리 포드(Henry Ford)[15]의 산업주의에서 엿볼 수 있다. 개인적 야심과 개인의 기회를 보장하는 것이 바로 이러한 이념의 핵심이다. 따라서 정부나 사회는 개인이 스스로 원해서 혹은 지금 수행하려고 노력할 때 마음대로 제 길을 가도록 해 주는 바로 그것을 위해 존재한다.

이러한 정치철학은 미국 제31대 대통령이 된 부유한 기술자였던 허버트 후버(Herbert Clark Hoover)에 의해 1931년에 마침내 체계화되었다. 미국 자본주의의 이념을 그 정치적 의미의 측면에서 이해하기 위해서는 후버가 쓴 논문, 연설, 저서 특히 그의 《미국 개인주의*American Individualism*》(1972)를 읽는 것이 좋을 것이다. 후버는 미국의 '위대한 이상'이란 것은 기회를 얻고, 개인이 업적을 올리기 위해서는 자유로워야 한다고 선언했다. 그는 '경쟁의 무쇠 절구' 속을 뚫고 움직이는 개인주의야말로 미국의 위대성을 기초하는 열쇠라고 주장했다. 후버는 정계의 높은 자리를 차지하고 있으면서도 정부에 대한 뿌리깊은 불신감과 관료에 대한 강력한 증오감을 가지고 있었다. 그에 의하면 미국인의 생활은 보도 위에 모든 장애물이 제거된 격렬한 개인의 경주장이었다.

1928년의 선거연설 가운데서 후버는 '지금 막 우리는 경주 준비가 되어 있다'

---

11) 미국의 철학자.
12) 미국의 철학자·시인.
13) 미국의 사회학자.
14) 미국의 산업자본가.
15) 미국의 포드자동차 설립자.

고 말했다. 또한 '우리는 무상의 일반교육을 통해서 경쟁자들을 훈련시키고 그들을 같은 지점에서 출발시키는 정부에 대해 경기의 공정한 심판을 의뢰한다. 따라서 승리자는 가장 양심적인 훈련 정도를 보여 주는 자이다'라고 했다.

그러나 그것은 그리 간단한 것이 아니었다. 사회란 것은 대체로 남보다 뛰어난 능력을 가진 개인이 모든 것을 획득하는 따위의 그런 경주장이라고 생각하는 것은, 사회에 대한 위험을 잉태하고 있는 것이었다. 그러한 생각은 헨리 조지가 지적한 것처럼 큰 불행과 사회적 위선을 초래하는 것이다. 이러한 철학은 개인주의를 장려함으로써 이기주의를 확립하고 사회적 무책임성을 격화시키게 된다. 그리하여 일종의 정치적 분열증이 생겨 거기서는 민주주의의 약속들이 추켜올려진 개인주의의 활동과 계속 충돌하게 되었다. 한편으로 정치체제가 공약되어 있더라도 경제체제는 그와 반대로 나갔다. 민주주의와 자기중심적(Egocentric) 자본주의의 양자는 서로 모순되었다고 하기보다는 미국을 뒤덮는 계속적인 투쟁의 소용돌이 속에 있었다고 하겠다.

이는 어떤 의미에서는 미국에 사적과 공적인 두 개의 정치기구가 있었다는 것을 뜻한다. 사적 제도는 성공한 실업가와 기업가들의 제도였고, 이들의 정부에 대한 영향력은 막중한 것이었다. 직간접으로 관리를 지배하고, 원칙으로서 재판소를 자기 편에 끌어들였다. '어느 나라, 세계 어디서나 대사 한 명, 영사 한 명이라도 뉴욕 상인들의 동의없이는 임명될 수 없었다'라고 1885년 뉴욕 시의 실업가에 관해 연구한 어느 역사가 한 사람이 쓰고 있다. 이와 반대로 공적 제도란 것은 민주적 절차를 밟은 정치기구와 체제를 갖춘 공개적인 민주주의 제도로서 그것은 대중의 의사를 반영하는 것이었다. 그러나 실제 권력은 이 밖의 도처에 퍼져 있었다.

19세기 후반 이후 미국 생활의 성격은 극단적인 개인의 권력과 사회적 냉혹성이었다. 1891년에 이르기까지 미국에서는 3천 명에서 4천 명에 이르는 백만장자가 국가 안에 한 국가를 구축했다고 평가되었다. 《실제의 국가화─1878~1898 *The Nationalizing of Business* 1878~1898》(1936)이라는 저서에서 아이다 타벨은 〈뉴욕 트리뷴〉지에서 인용하여 1892년에는 4천 47명의 백만장자가 미국에 있다고 말했다. 〈뉴욕 월드〉지는 이 수효를 3천 45명이라고 추정했다. 〈트리뷴〉지가 내놓은 백만장자 일람표 가운데 대부분은 운수업(1,752명)·상업

(986명)·은행업(294명) 및 철도(186명)로서 재산을 모았다. 그리하여 막대한 개인 재산의 축적과 더불어 일반복지에 대해 점차로 냉혹성이 더해 갔다. 독점적 신탁이라든가 중역겸임제를 통해 은행가와 제조업자들이 발휘하는 거친, 통제되지 아니한 경제력은 그 나라의 경제면과 정치면을 장악해 버리고 말았다.

그 결과 정부가 공공복지 부문에서 책임수행을 하는 일에 방해받았다. 소년노동, 노인연금, 실업보험, 질병수당에 관한 사회입법은 1930년대가 지나서도 국가적 규모를 가진 것은 실질적으로는 거의 없는 상태였다. 개인주의 철학에 의하면, 각 개인이 그 연령, 병약을 불문하고 자기를 지켜야 한다고 되어 있다. 각 개인의 곤란은 사회의 책임이 아니라, 자신의 책임으로 되어 있었다. 이것이 바로 무엇 때문에 미국이 세계 유일의 사회주의적 혹은 급진주의적인 활발한 운동이 없는 공업국인가를 설명해 준다. 어떠한 형태의 사회주의에도 정의상 정부의 커다란 통제가 따라다니므로 미국의 토양 속에 그 뿌리를 힘있게 내릴 수가 없었다. 개인의 자유라는 관념 위에서 배양되고 개인의 자유로운 노력에 대한 충분한 보상을 받는 관념에 익은 미국인의 정신은, 자연히 '정부 간섭'의 냄새에 대해 적대시하게 된다.

개인주의에 이러한 중점이 놓여지면 정부가 인정한 제한의 테두리 안에 놓고 의혹의 눈으로 감시한 것도 이해할 수 있는 일이다. 이렇게 놓여진 제한의 테두리는 에머슨이 찬동하고, 휘트먼이 '덜 다스리는 정부일수록 좋다'고 하여 동조했으나, 미국인이 강력한 정부를 악이라고 보면서도 개인의 무책임한 경제력을 비난하고 있다. 그들은 민주주의 도덕의 철학을 받아들이면서도 정치부패의 활동을 관용하고 있었다.

권한이 제한된 정부—힘을 잃은 정부—는 특히 남북전쟁 뒤에는 초라하고 경멸할 만한 존재가 되었다. 경제력의 지배자들은 공적 권위를 사적 목적을 위해 쓰는 사적인 도구로 여겼다. 그들은 2대 정당을 지배하고 수백만의 거액을 써서 여러 지위의 관리들에게 조직적으로 뇌물을 주었다. 도처에서 정치인들이 돈에 팔려 다녔다. 1873년에 오하이오 주 선출의 하원의원의 한 사람이 "하원은 마치 투전판처럼, 세계에서 여기는 만큼 중대한 심의가, 의장의 방망이 하나로 처리되는 곳은 없었다"고 말했다. 1875년에서 1885년 간에 센트럴 퍼시픽철도는 연간 50만 달러를 뇌물 제공에 썼다. 1906년에 시어도어 루스벨트(Theodore Roosevelt)[16]는 유니언 퍼시픽과 서든퍼시픽철도의 에드워드 해리먼(Edward Henry Harriman)[17]을 증인으로 내세워 "그는 자기의 이익을 지키는 데 필요한 인원수의 상원의원과 하원의원 또는 주의회의원을 매수할 수 있었고, 필요하다면 재판관도 매수할 수 있었다"고 말했다.

1890년의 앤드류 화이트(Andrew Dickson White)[18]에 의하면 '그리스도교 세계에서 최악'의 악명높은 정치기계들은 필라델피아의 '개스링', 시카고의 '개스 하우스 갱그', 워싱턴의 '부동산링그'를 비롯한 대도시를 제멋대로 쥐락펴락했다. 유달리 유명하고 전형적인 것으로는 뉴욕 시의 태머니홀(Tammany Hall)[19]이 있었다. 거기의 27명으로 구성된 집행위원회의 성원들은, 〈뉴욕 이브닝 포스트〉지에 의하면 두 명의 살인범(그중 한 명은 유죄판결), 한 명의 기결중죄수, 4명의 직업적 도박사, 5명의 사창굴 주인, 8명의 술장사와 그 아들, 3명의 권투가 4명의 똘마니로 되어 있다. "공복(公僕)을 매수하는 등 부패한 금전 사용 방식에 의해서 귀중한 선거권을 좌우하는 동안은 훌륭한 시정은 바랄 수 없다"고 디트로이트 시의 개혁시장 헤이젠 핀그리는 말하고 있다. 정치인(politician)이란 말마저 농조의 경멸의 말이 되었다. 아테머스 워드가 그의 유명한 경구 '첫째로 나는 정치인이 아닌 이상 나의 다른 습성도 양호하다'고 한 바 있다.

경제계의 지배자와 그 대변자들은 두 가지 중요한 이유를 들어 자기 입장을 옹호했다. 첫째로 그들은 자기의 권력 특권을 그네들의 뛰어난 자기 능력 때문에 정당화될 수 있다고 주장한다. 둘째로 그들은 그들의 재산과 부(富)로 인해 자기 동료들에 대해 도의적 책임을 진다고 선언한다.

이 뛰어난 능력이라는 논거는 윌리엄 섬너와 같은 사람에 의해 사회적 형식을 갖추고 적자생존의 다윈 학설에서 그 근거를 얻고 있다. 큰 부호들은 이러한 듣기 좋은 말을 되풀이했다. 러셀 세이지(Russell Sage)[20]라고 해서 그 이름을 딴 재단으로 유명해진 19세기의 금융업자는 "부의 축적에 대해 불평하는 것은

---

16) 미국의 제26대 대통령.
17) 미국의 철도경영자.
18) 뉴욕 주 상원의원, 코넬대학 설립자.
19) 정치단체.
20) 미국의 재정가.

정의의 명령에 불평하는 것과 같은 것이다……어떤 사람이 타인보다 눈치빠르고 자제력이 있으면 그만큼 그 사람은 타인이 가난하게 사는 동안에 부자가 된다"고 말했다. 미국 최대 부호 존 록펠러(John Davison Rockefeller)는 어떤 주일학교용 설교 가운데서 '큰 실업이 커가는 것은 다름아닌 적자생존이다……칸 뷰티종의 장미가 보는 사람의 눈을 즐겁게 해 주는 저 탐스러움과 향기를 가지고 크는 것도 역시 초기에 봉오리를 따 주었기 때문이다. ……이는 실업계에 있어서 나쁜 일이라고 할 수는 없다. 단지 자연의 법이나 신의 법이 작용하는 데 불과하다'고 했다. 출판업자 윌리엄 허스트(William Randolph Hearst)의 백만장자의 아버지 존 허스트는 그 자신 1886년에서 1891년까지 의원으로 있었던 '백만장자 클럽'이라고 할 미국 상원에 대해서 "나는 책에 관해선 별로 아는 것이 없다…… 그러나 …… 나의 오랜 경험에서 '상원의원이란 적자생존에서 살아남은 사람들'이라는 확신을 가지게 되었다"고 말했다.

잠시 동안 상원의 임시의장으로 있었던 캔자스 주 출신 상원의원 존 잉갈스는 1890년의 발언 속에서 이 적자생존의 이념을 퉁명스런 정치용어로 표명했다. 즉 "정치 정화 같은 것은 장밋빛 꿈 같은 것이다. 정부는 곧 힘이다. 정치란 주도권 싸움이다. 정당이란 것은 군대다. 모세의 십계명도 황금률도 정치에는 불필요하다. 전쟁에서는 적을 속이는 것도 용병을 써도 용병을 사도, 병신을 만들거나 파괴해도 모두 합법적이다. 지휘관이 자기의 도덕적 품성 때문에 전쟁에 패하면 역사의 웃음거리밖에 될 것이 없다. 정치의 부패에 대해 지껄이는 위선적 언사는 사람을 아주 피곤케 하는 것이요, 그것은 지껄이기 좋아하는 딜레탕티슴과 눈물 찔끔 흘리는 센티멘털리즘에서 나온 것이다"라고 말하고 있다.

금권주의의 냉혹성도 사실은 도덕적 책임이라는 그 철학의 다른 면에 의해서 완화되었다. 대부는 개인적 책임감을 동반한다는 생각이 19세기 후반기에 이르러 널리 퍼졌다. 그래서 일어선 대중의 비판 소리에 압력을 받아 부호들은 개인적인 자선행위를 펼치게 되었다. 나라의 인적·물적 자원을 비양심적으로 착취한 이 사람들도 자선사업에는 조금도 인색하지 않게 되었다. 재산과 부는 마침내 인간성의 향상을 위해 신이 창조한 직분이라는 생각을 가지게 되었다. 다니엘 실리 그레골리는 대학 교과서로서 널리 쓰인 그의 저서 《그리스도교 윤리*Christian Ethics*》(1875) 속에서 '부는 이를 적절히 쓰기만 한다면 인간은 또한 상당히 자기를 높여 자기의 도덕적 행위를 넓힐 수가 있다. 따라서 이 높은 목적을 위해 부를 획득하려고 노력하는 것이 인간의 의무이다. 도덕의 지배자가 인간에게 선량하고 고결한 목적을 위해 획득욕을 주었다'라고 썼다. 앤드류 카네기(Andrew Carnegie)[21]—중년이 되기 전에 약 4억 달러의 재산을 모은 인물—도 이 생각에 공명하여 《부의 복음》이라는 저서 속에서 '여분의 부는 그 소유자가 살아 있는 동안 사회의 선을 위해 써야 할 신성한 신탁이다'라고 쓰고 있다.

카네기는 그가 경영하는 철강산업의 노동상태는 열악했으나 교회의 종, 거리의 도서관, 교사의 연금, 교육, 국제평화 등 여러 목적을 위해 그의 사재를 많이 쾌척했다. 또한 존 록펠러가 그의 스탠다드 석유회사를 창설할 때의 처사는 그 시대의 스캔들이라고 할 것이나, 그도 역시 엄청난 재산의 대부분을 자선을 위해 내놓았다. "선량한 신은 나에게 돈을 베푸셨다"고 그는 간단하게 말하고 여러 재단을 통해 미국 내에 있어서뿐만 아니라 세계 여러 나라들에 학문·과학보건의 향상을 위해 거금을 내놓았다. 다른 부호들도 이 모범에 따라서 고등교육기관(특히 시카고 대학, 스탠포드 대학, 듀크 대학, 콜케이프 대학) 도서관·박물관·천문관 장학기금, 문학 및 과학관계의 재단들의 창설을 위해 수억 달러를 기부했다. 미국 전 지역 어디에서나 이러한 위대한 자본가들의 업적과 기증물이 산재해 있다.

이 방대한 자선행위의 결과로서 문화나 고등교육은 개인의 기부에 의해서 충당되어야 하는 사적인 사업이라는 생각이 강화되었다. 이것은 외국에서는 대개 공적인 최대 관심사가 되는 분야(예술, 보건, 학문, 고등교육)로서 미국에서는 정부가 책임을 지는 것에 대해 방해받았다. 이에 의해 개인의 경제력이 국가의 정치면에까지 발언권을 가지게 되었다.

이러한 사태에 대해 전혀 반대가 없었던 것도 아니다. 사실상 의견이 다른 것도 역시 미국의 확고한 전통의 하나가 되었다. '내셔널 그레인지(National Grange)'라든가 인민당과 같은 '제3당'의 반대 운동 또한 스티븐 클리블랜드(Stephen

---

21) 미국의 산업자본가.

Grover Cleveland)[22]나 시어도어 루스벨트 같은 대정당의 지도자들까지도 방임된 경제적 개인주의가 초래하는 불행이나 부정에 대해 반기를 들었다. 클리블랜드 대통령은 제4회 연두교서에서(1888) 그의 정치적 보수주의에서 보면 놀라운 발언을 했다. 월트 휘트먼(Walt Whitman)[23]이 헨리 조지(Henry George)[24]를 생각하게 하는 말투로 다음과 같이 말했다.

"우리의 도시들은 사치로 가득 차 있다. 우리나라의 공장은 공화국의 선조들이 꿈도 꾸지 못한 부를 낳고 있다. 우리나라 실업가들은 부의 경쟁을 위해 필사의 노력을 하고 있다. 자본의 막대한 집중은 상상할 수도 없는 정도이다.

우리 도시들의 호사스러움에도 비참과 보답 없는 노고가 뒤섞여 있다는 것을 우리는 안다. 우리나라 제조업자들이 쌓아올린 부는, 다만 노력과 선견지명의 응보일 뿐만 아니라 정부의 특혜적 대우의 결과이다.

집적된 자본이 이룩해 놓은 것을 보면 한편에서는 시민이 공포의 구렁텅이에 빠지고 무쇠발굽으로 죽어라 밟힐 때 '트러스트(trust, 기업합병), 콤비네이션(Combination, 연합), 독점이 있었음을 볼 수 있다. 법률이나 국민의 공복에 의해 세심하게 억압되어 존립해야 할 회사기업이 도리어 재빨리 국민의 지배자가 되고 있다. 이 현상은 건전한 우리 정치체제 전체에 대해 해로운 것이다."

무기력한 정부의 뿌리깊은 전통은 20세기에는 특히 거추장스러운 것이었다. 대규모의 산업화, 광범한 도시화, 창궐하는 세계전쟁, 끊임없는 국제위기 등에서 생기는 절박한 문제는 중앙정부의 권력에 의해서만이 해결될 수 있다. 그런데 정부는 이러한 공적인 문제의 해결에 정치권력을 행사할 수 있을 만큼 강력한 것은 아니었다. 그리고 허버트 후버(Herbert Clark Hoover)[25]와 같은 인물이 윗

---

22) 미국의 제22, 24대 대통령.
23) 미국 선교사.
24) 미국의 경제학자.
25) 미국의 제31대 대통령.

자리에 있을 때는 그런 일을 하려고도 하지 않았다. 미국의 지도자들은 현대의 위기에 대처해야 했을 뿐만 아니라 정치권력에 대한 국민의 뿌리깊은 불신감을 극복하려고 노력해야 했다. 그렇지만 시어도어 루스벨트와 같은 강력한 지도자마저도 국가를 마비상태에 떨어뜨리려는 석탄 동맹파업을 멈추게 하고, 아울러 국가의 경제생활을 저해하는 독점에 효과적으로 대처할 수 있는 권한을 대통령으로서 가지고 있는 것도 아니었다. 그의 말을 빌리면 정부는 '커다란 기업의 결합 앞에서는 아주 무기력'했다.

사적 경제력에 대한 중앙정부의 입장이란 것은 '실로 참을 수 없을 정도로 약질의 것'이라고 말한 토머스 윌슨도 불만을 토로했다. 그의 저서 《새로운 자유 *The New Freedom*》에서 인권옹호를 위해 정부를 강화시킬 것을 제의하고 제퍼슨 정신에 호소했다. 즉 '초기의 간소한 시대에 제퍼슨이 말한 재미있는 이야기 가운데 "가장 좋은 정부는 가장 적게 지배하는 것"이라고 한 바 있다. 확실히 거기에는 오늘날도 일면의 진리가 있다…… 그러나 만일 제퍼슨이 오늘날에 살았다면 그도 역시 우리가 보는 것을 보았을 것이라고 생각한다. 즉 개개의 인간이 여러 가지 복잡한 환경 가운데서 착잡한 관계에 얽히고 그들을 그대로 방임한다면 이는 난관을 극복하지 못하고 고난에 놓이게 될 것이다. 그러므로 오늘날의 법은 개인의 도움이 되어야 한다. 법은 인간이 공명정대하게 대우받도록 감시해야 한다. 정부가 조심스러운 간섭을 기피한다면 개인과 트러스트 같은 강력한 힘과의 사이에는 정당한 대결은 있을 수 없다.'

윌슨 대통령은 어느 정도의 정부가 '조심스러운 간섭'을 행하는 일련의 개혁을 시작했으나, 그의 계획도 제1차 세계대전으로 말미암아 멈춰지고 단지 전례에 그쳤다. 이론상으로는 아니라도 실제적으로 권한이 제한된 정부의 실천은 프랭클린 루스벨트의 정권이 성립된 1930년대까지 종식되지 않았다. 루스벨트는 윌슨의 해군동차관보였던 것과 같이, 깊은 의미에 있어서 윌슨의 제자였다. 루스벨트의 뉴딜정책은 미국에 있어서나 정부의 기능면에 있어서나 실로 혁명을 가져왔다. 전국적인 실업구제와 경제파탄의 구제를 위해 계획된 뉴딜은 직접적인 목적과 급한 업무를 훨씬 넘어서 국민생활의 모든 분야에 영향을 끼치게 되었다.

일찍이 없던 방대한 뉴딜계획은 농민, 노동자, 은행가, 투자가, 실업가, 청년,

인디언, 작가, 예술인 그리고 배우를 구제하고 그들을 보호했다. 뉴딜은 또한 공공주택, 농촌전기화, 수력 댐, 관개, 은행대부, 그 밖에 문화까지 합쳐서 온갖 것에 대한 기관을 창설하고 깊이 곳곳에 손을 뻗쳤다. 예를 들면 뉴딜의 한 기관인 공공사업처(PWA)는 미국의 3070군 하나하나에 침투하여 거기서 26,474건에 이르는 놀라운 수효의 사업에 착수하여 몇십 억 달러의 돈을 썼다. 이 사업 가운데에서 학교, 주·군본부, 도서관, 비행장, 격납고, 병원, 발전소, 쓰레기처리장, 도로, 재판소, 그 밖의 온갖 시의 건물시설이었다. 한 마디로 말해 뉴딜에 의해 정부는 국민의 온갖 활동의 소용돌이 속에 들어간 것이다.

이리하여 미국의 약체 정부의 역사는 종말을 고했다. 제2차 세계대전은 이 과정을 완성시켰다. 그것은 전쟁 중 여러 가지 사정으로 국가의 경제와 기구가 방대한 정부통제를 필요로 했기 때문이다. 오랫동안 민간의 사적 영역이라고 생각되어 온 많은 분야에서 정부가 책임을 져야 한다는 이러한 관념이, 강력한 곳으로부터 비판에도 불구하고 오늘날 그대로 계속되고 있다. 프랭클린 루스벨트의 전임자인 허버트 후버는 정부에 의한 어떠한 경제적 통제도 '압제'라는 이념을 계속해서 표명했다. 그의 후임자인 드와이트 아이젠하워(Dwight David Eisenhower)[26]는 테네시계곡개발공사(TVA)와 같은 뉴딜 기념비를 '기어드는 사회주의'라고 비난했다. 그러나 실제로는 정부가 약체화하거나 뉴딜 개혁을 파괴하는 동향은 없었다. 정부 특히 중앙정부는 오늘날 그 권력이나 영향력에 있어서 광범한 것이었다.

정부의 문제에 대해 미국인들은 오늘날도 역시 서로 엇갈리는 견해를 가지고 있다. 그들은 정부의 거대한 기구와 요구를 국가의 필요상 불가피한 것이라고 관용하지만, 그 권한에 대해서만은 불신감을 가지고 있다. 그들은 일단 유사시에는 언제든지 정부가 '어떻게 해 주리라'고 기대하는 반면에, 정부가 권리를 침해하는 데는 불쾌해 한다. 이 정치권력에 대한 불신감은 미국에 있어서 전통적 자유 보전을 위해 가장 필요할 것일는지는 모르나, 이 시대에는 중대한 결함이기도 하다. 과학과 기술에 의해 지구가 점차 좁아지고 아주 신속한 해결을 강요하는, 이제까지 없었던 정세를 만들어 내는 이 원자시대에 있어서 미국의

---

26) 미국 제34대 대통령.

격렬한 개인주의나 정부에 대한 공포가 과연 우수한 덕인지 적이 의심스럽다. 이 현대세계의 치열한 도전에 대처하기 위해서는 미국 정부는 더욱 그 기능을 확대하여 보건, 교육, 매스커뮤니케이션, 범죄, 과실 따위의 지금까지 개인이나 지방들에 의해 관할해 온 분야에까지 국가적 통제를 가하여 국민의 그날 그날의 생활 속에 깊이 파고들지 않으면 안 될 것이다. 이는 또한 사고나 행동에 커다란 조정을 가하는 것이 될 것이다. 그러나 윌리엄 제임스나 존 듀이를 낳고 또한 프래그머티즘을 고유한 철학으로 만들어 낸 미국 국민은 예측할 수 없는 우연한 사태에 스스로 잘 대처하리라 기대된다.

미국 정치사상이 겪어 온 여러 가지 사태에 적응하는 태도는 뒤이어 계속되는 전기적 연구 속에서 엿볼 수 있을 것이다. 이하의 연구는 미국 정치사상의 포괄적인 개관을 의도한 것이 아니다. 오히려 미국의 정치적 성격의 풍부함과 신축성을 밝히고, 자유를 평등한 사회를 존립시켜 가는 데 필요한 실제적 방책에 대한 미국의 정치적 성격과 그 특수한 재질을 규명하려는 것이다.

조지 워싱턴
(1732~1799)

워싱턴 초상을 식당에 걸어 놓은 뒤 며칠 동안 거기에서 눈을 뗄 수 없었다. 그 속에는 애팔래치아 지방 사람의 힘이 있고, 그것은 곧 이 나라 최초의 결실이자 이 나라를 대표하는 것이기도 했다. 납 같은 눈은 평원의 여우 눈처럼 삼엄한 인상을 주고, 꾹 다물고 있는 입은 무한한 인력을 깊숙이 머금은 듯 저 미국 전체를 평정케 해 주는 것 같고, 동포들의 병적인 불안과 초조마저 모두 흡수할 것만 같은 인상을 자아낸다.

—랠프 에머슨의 《일기》 1852년 7월 6일자에서

1세기 반이 넘는 역사를 통하여 조지 워싱턴에 대한 흠모자들의 선망은 조금도 변함이 없다. 몇몇 다른 나라의 영웅들은 우상, 성인화, 우상숭배, 신격화에 또는 애국지정에 넘치는 사자후 속에 으레 원용되는 대상이 되는 일이 비일비재하다. 워싱턴도 이러한 우상숭배의 대상으로서 판에 박은 듯한 영상이 되고 말았다.

이와 같은 신성화란, 평범하게 살아온 위인에게는 부당한 노릇이다. 그 우상의 허울을 벗기고 생존시 워싱턴이 지녔던 풍부한 인간미를 되살려, 한 인간으로서 그를 파악해야 할 것이다. 세상사에 정열이 있고 감수성이 강했으며 이에 같이 울고 웃는 인간인 그를, 한갓 애국이라는 지상목적밖에는 아무것도 알지 못하는 하나의 우상으로 변모시켰다.

물론 워싱턴의 인품, 인격 속에는 민족신화적인 요소에 알맞은 데가 있었다. 또한 영웅적인 특징도 가졌다. 장신의 미남으로서 건장하고 미덕도 갖추어 영웅감이 될 만도 했다. 이에 대해서 제퍼슨은 이렇게 말하였다.

'그의 뛰어난 인품, 누구일지라도 바라다봄직한 체격, 조금도 어려움이 없고 직각적이며, 고상한 그의 대인관계에 있어서의 태도, 그는 그 무렵 최우수급의 기수였으며 또한 말을 타고 있는 모습도 가장 품격 있는 자태였다.'

그의 특출한 모습은 누구에게나 깊은 인상을 주었다. 에비게일 애덤스는 그를 영국 왕 조지 3세보다 훨씬 품격과 위덕이 있는 사람으로 생각했다. 버지니아 주지사 존 페이지는 로마의 키케로보다 더 위대한 인물로 보았다. 벤자민 프랭클린은 그에게 금고리 달린 능금나무 지팡이를 남겨 주면서 하는 말이, "이것이 명검이라면 그는 이를 받을 만한 제왕자격도 있고 의당 그렇게 될 것인데"라고 했다 한다. 이 밖에도 그의 흑인 종복은 스물일곱 살의 워싱턴이 마사 커스티스에게 장가들던 때를 회상하는 가운데 그 젊은 대령의 결혼식처럼 찬란한 식전도 없었다고 주장하면서 이렇게 말했다.

"키가 크고 죽 뻗은 체구에다…… 그에 꼭 알맞은 멋! 정말 아무도 그분을 따를 사람은 없습니다. 금붙이를 달고 있는 수많은 거물급 신사들이 그 식장에 있었지만 아무도 그 어른과 견줄 사람이 없었습니다."

외견상 그의 위덕이나 존엄한 면만을 본 사람들은 그가 냉정해 보였을 것이다. 허나 실제로 그는 정서적이고 다정한 데다 감정이 폭발하면 격노하기도 했다. 그는 전 생애에 걸쳐 스스로 자처하기를 무쇠의 사도로서 자신의 온갖 감정을 억제하였다. 그의 동료장교였던 조지 머서 대위는 이렇게 썼다.

"모든 그의 얼굴 표정은 정적인 감정에 일단 동요가 일어나면 변화무쌍하고 표면화되는 감정 노출이 있기는 하였지만 늘상 완전한 억제의 빛이 흘렀다."

그의 희귀한 분노 폭발은 전설적으로 남아 있는 정도이다. 그의 끈기 있는 자기억제가 일단 고삐를 벗는 경우에는 그 무렵 사람들의 말과 같이 '가장 무서운 격노'에 이른다고 했다.

그런 예화로는 제퍼슨의 일기 속에 남아 있는 게 있다. 1793년 8월, 긴급 내각회의가 있을 때였다. 육군장관 넉스가 프래노의 적대적이던 〈내셔널 가제트〉지와 베이츠의 〈제너럴 애드버타이저〉지에 게재된 바 있는 대통령에 대한 야비한 비난 글을 빌려 말한 적이 있는데, 이들 적의에 찬 신문논평은 워싱턴의 '불안을 자아내게 하는 고자세' 기질 때문에 그 각료회의가 유회되고 말았다는 것이다. 제퍼슨은 이에 대해서 말하길, "대통령은 자기통제력을 잃는 경우,

이런 격정 가운데 휩쓸려 들면 그때마다 쏟아지는 인신공격에 숱하게 맞닥뜨렸다. 그러나 그는 정부직책을 사임한 이래 재직 중에 공사처리에 추호도 불순한 동기가 있다고 할 만한 단 한 가지의 사례라도 들고 나서는 자가 있으면, 그는 이를 극구 부인하였으며, 그 직위를 사임하는 순간에 있어서 단 한 번도 이에 대한 미련을 갖지 않았다. 실상 그는 천하재상이 된다기보다 농장경영을 위주로 하여 지내는데도 그가 왕위를 바라고 있다는 비난을 받아왔다.”

워싱턴은 초연해 보이는 내성적인 사람이었다. 또한 그는 재치 있거나 입심 좋은 변사가 못되고, 생각을 하느라 표현도 느려서 대중연설가도 못되었다. 친구들 틈에 있을 때에는 그는 자기천성대로 긴장을 풀고 부드러우면서도 또 한편 낙천적인 내면을 드러냈다. 어쨌든 좋게 말해서, 평범한 대화를 즐길 줄 아는 사교인은 될 수 있지만, 그 무렵의 세평과 같이 ‘창의가 풍부하거나 언어가 세련된 편이 못되었다.’

대인관계에 있어서 그는 상당한 매력이 있었고 언제나 예의바르면서도 세심한 신사였다. 그의 목소리는 명랑하고 그 어조가 부드러웠다. 대화를 나눌 때는 상대편의 얼굴을 보고 상대편 말을 곰곰이 헤아려 보며 그 사람에게 진지한 관심을 나타내었다. 이 때문에 여인들 간에는 매력 있는 남성으로 보였고, 이런 관계 속에 그는 손쉽게 그녀들을 무시하지 못했다. 여인들에게 보낸 그의 글귀 가운데 다분히 낭만적인 또 하나의 내면을 잘 나타내고 있는데, 거기서도 기껏 농을 한다는 게 뚱딴지 같이 어색한 인상을 주기가 보통이었다. 그의 청년 시절에는 ‘아름다운 숙녀’에게 유독 감수성이 예민하였다. 성인 시절의 그는 이성문제 때문에 고심이 많았던 것 같다. 그리하여 그 고민은 자작시로나 또는 모작 시구로 나타낸 바도 있다. 그러나 그는 가능한 한, 이를 드러내지 않으려고 했다. 그의 일기 속에 이따금씩 그 고뇌를 ‘나의 가련한 아지 못할 마음’이라고 해서 적어 두었다. 아래의 시구는 청년 시절의 워싱턴이 쓴 시로서 퍽 특징이 있다 하겠다.

　　그대의 눈빛은 태양보다 더 밝고,
　　그 눈동자를 보고부터 나는 나락하였다.
　　새날의 떠오르는 태양보다 빛나는 광명,

그 어느 것도 그대의 빛에는 따를 수 없어.

아! 이 나의 슬픔이여…….

그는 친구에게 보낸 편지 가운데, 청년장교로서 쓸쓸한 서부지방 경비를 하고 있을 무렵 멀리 떨어져 있는 여인과 사랑을 하며 그때 주고받은, '수천단어의 밀어의 추억' 때문에 오래 두고 자기를 괴롭히고 번민하게 했다고 말했다. 그 편지의 끝구절에서 '이제 와서는 만성적인 우수만이 남고…… 앞으로 자네 말마따나 자네가 행복하다는 것을 믿고, 나 또한 자네처럼 행복해지기를 바라려네'라고 그는 끝을 맺었다.

건장하고 장부다운 남성으로서 그는 평생에 걸쳐 여인들에게 상당한 매력을 풍겼다. 그는 쉰한 살의 어떤 중년부인에게 쓴 글 가운데 이런 말을 했다.

"일단 우리 남성이 이성의 유혹을 받아 금단의 과실을 맛보고 나면, 이로 말미암아 생기는 결과가 어떻든 우리들의 본능은 그 어느 것으로도 억제하지 못합니다."

외면으로는 냉철한 영웅이지만, 또 다른 깊은 내면 속에 정서를 품고 있는 워싱턴은 능히 거창하고도 극적인 행동거취를 취할 수 있었다. 1783년 12월 4일, 뉴욕의 프론시스타 거리 앞 부하장교에 대한 고별석상에서 극적 정경을 빚어냈다. 8년 동안의 긴 고난 끝에, 개선으로 이끌어오는 동안 수족처럼 움직이던 부하들 앞에 선 채, 그는 상례적인 자기억제력을 져버리고, 두 눈에 눈물을 가득 머금은 채 흔들리는 손으로 잔에 술을 채운 뒤 떨리는 목소리로 이렇게 말했다.

"나는 퇴임하는 이 마당에서 여러분들 개개인에게 갈 수 있는 기력을 잃었습니다만 여러분 한 사람 한 사람이 나에게 와서 악수를 해 준다면 그 이상의 기쁨이 없겠습니다."

한 사람씩 조용한 가운데 그들은 줄을 지어 그와 악수를 나누었다. 그 일이 끝난 뒤, 그는 8년 간을 비워 놓았던 마운트 벨몬을 향하여 귀로에 올랐다. 다시 공직생활을 하지 않겠다고 결심한 그는 돌아오는 도중 여러 부락에서 과도하게 보여 주는 호의에 당황할 지경이었다. 30여년 간이나 군대생활로 보냈고, 거기에서 조국의 독립을 쟁취하였으므로 신문과 변사들의 말 속에 '구국의 영웅'이라고 통칭이 된 그는 이제야 맘놓고 밭가는 은퇴생활을 누릴 수 있으리라고 생각했다. 그때 그의 나이래야 겨우 쉰한 살인데도 그의 친구, 라파예트에게 쓴 편지에서 밝혀진 심정으로서 그의 유일한 욕망은 '평범한 시민으로 지내고 싶다는 것', 즉 '내 소유의 포도 넝쿨과 무화과나무' 아래 편히 지내며, '내 조상의 무덤 옆에 묻히기까지 세월의 흐름에 따라 살아가겠소' 하는 심경뿐이었다.

운명이 허용하지 않는 한, 그에게는 은퇴를 즐긴다는 것조차 사치였다.

그러면 조지 워싱턴의 그 무엇이 그처럼 각계각층의 관심을 끌게 하였으며, 그 어떤 위기에서도 거의 본능적으로 일치하여 그를 필요로 하는 국론을 형성하였던가? 사실 그는 특별하게 영명한 장군은 아니었다. 독립정권의 중요한 몇몇 전투는 딴 사람들이 승리를 차지했다. 또한 그는 알렉산더 해밀턴(Alexander Hamilton)처럼 총명한 위인도 아니었다. 그의 생각은 늘 뒤떨어지고 공식적인 편이었다. 그는 정규적 수학과정을 밟은 바 없으므로 문학적 교양이나, 지식면에 있어서 당대의 동료들인 존 애덤스, 제퍼슨 또는 매디슨과는 비길 바가 되지 못했다. 말하는 솜씨나 재치라는 점에서도 프랭클린의 근처에도 갈 수 없었다.

워싱턴은 정규 교육을 별로 받지 못했다. 가난한 고아인 그는 열다섯 살 때 산술의 초보 독서방법 그리고 퍽 제약이 된 필기술을 겨우 익혀가는 도중에 퇴교하게 되었다. 나이가 든 뒤에도 고생스러운 자습에 의하여 그는 자구필기나 문장구성에 커다란 실수가 없이 쓸 수 있을 때까지 배웠다. 어린 시절의 그의 문장은 결함투성이고 더구나 일기는 더욱 그러했다. 그런 재미난 실례로는 1784년 3월 15일자의 일기 가운데, 열여섯 살의 나이로 최초의 측량순회에 관한 통계문을 보면 알 수 있다.

'우리는 저녁밥을 먹고 또 숙소에서 재미난 시간을 보내고 또 내가 일행의 딴 사람들과 같이 훌륭한 삼림간수인이 못됨을 알게 되다. 그리고 나는 차례차례 옷을 벗고 그들이 이르는 바, 그대의 침대에 들어가다. 놀랍게도 나는 시트도 아무것도 없이 약간의 볏짚이 깔려 진거밖에 없음을 발견했고, 또 하나는 이와 벼룩 같은, 해충 때문에 홑겹인 곰털담요의 무게가 두 배나

되었고, 또 나는 잠을 깬 것이 도리어 다행이었다…… 나는 옷을 입고 또 내 일행과 같이 누웠다.'

워싱턴 특유의 탁월성, 그중에도 그의 고유한 위대성과 포섭력이란 점에서 볼 때 그러한 힘은 그의 학식에서가 아니라 그의 성격에서 나온 것이다. 그는 분망하고 일관된 행동으로 생활하느라, 별로 시간 여유가 없었고, 게다가 독서 습관도 대단치 못했다. 그가 읽는 책들은 주로 역사, 농업문제에 관한 것들에 한정되어 있었다. 그러나 그의 성격과 개성은 전혀 별개의 교육 생활주변의 사람들과의 접촉 가운데 이루어진 것이었다. 워싱턴은 온당한 생활행동의 모범을 주의깊게 살피면서, 부유한 환경 속에 사회배경의 자의식이 있고 상당히 봉건적이긴 하나 세련된 버지니아 중산층 특히 귀족풍의 페어팩스가의 사람들을 범례로 남아 자기를 형성시켰다. 18세기 버지니아의 개척 농장주들 세계에는 저마다 신체적인 자기보전을 위하여 그 스스로 지도자로서의 기본요소를 체득하게 되는 입장에 서게 마련이었다. 지도자로서 건전한 통제력, 선행과 덕행의 중요성, 이 밖에도 지도자의 본령을 구성하는 특별한 지위에 따르는 의무감, 무한한 자기희생심 그리고 책임의 중대성을 교습시켜줄 만한 학교다운 학교란 것이 제대로 없었다. 젊은 워싱턴은 그의 가족과 이웃들 간에 볼 수 있는 대장부 기질, 야망, 그리고 긍지와 현실 적응성이 있는 모범을 취하였다. 그는 그 무렵의 목적의식이 강하고 뛰어나게 자신에 넘쳐흐르는 사회분위기 속에서, 철두철미 자기형성을 통하여 확고부동하게 단련된 사회적인 산물이었다.

그는 어려서부터 신사로서의 행동규범을 좇았다. 열세 살 때는 '회합과 대화시 예절과 우아한 행동의 제규칙 110항목을 정성껏 베껴 두었다. 그 규칙은 칼뱅주의적인 윤리, 프랭클린류의 처세훈, 체스터필드류의 처신술 등의 혼성물이었다. 이 행동규칙에 관해서 명백히 해둘 것은, 워싱턴이 그것을 학생기분으로 베낀 것이 아니라, 자기 생애에 걸쳐 추구하려고 이를 진정으로 따랐다는 것이다. 다음 몇 가지 예를 보면 그것이 좌우명의 문구로 되어 있음을 알 수 있다.

- '회합장소의 모든 행동은 그곳에 참가한 여러분에게 존경의 뜻으로 표시할 것.

- 타인의 연설 도중에 잠자지 말 것, 타인의 기립시에 착석치 말 것, 순번이 되기까지 입을 열지 말 것.
- 경기나, 축제의 자리에서 최후의 참가자에게라도 자리를 내줄 수 있는 선의의 처신을 취할 것.
- 타인의 서책 또는 저작물에 관해서 알고 싶거나 또는 너의 의견을 묻는 이가 있으면, 그것을 아는 척 말고 먼저 읽어 볼 것.
- 안색을 밝게 가질 것, 그러나 심각한 얘기를 하는 경우는 은근하게 할 것.
- 인간본성의 결점을 들어 비난하지 말 것.
- 비록 적대적 상대라도, 타인의 불행을 보고 기뻐하지 말 것.
- 너보다 뛰어난 사람과 마주치는 경우, 기다려 서서 먼저 그에게 길을 비켜줄 것.
- 업무관계로 사람과 얘기하는 경우, 간략하게 납득이 가게 할 것.
- 글을 쓰거나, 말을 할 때, 상대편의 신분이나, 그 자리의 관례에 따라 누구에게라도 알맞은 칭호를 붙일 것.
- 논쟁을 하는 경우 먼저 너의 우월성을 드러내지 말고, 언제나 상대편에게 겸손하게 너의 의견을 제시할 것.
- 상대편이 전문으로 하는 예능에 네가 동등해지려고 애쓰지 말 것. 그것은 한갓 허영의 탓이다.
- 복장은 수수하게 하고, 남의 시선을 끌게 꾸미기보다 본바탕에 알맞게 맞출 것.
- 네가 진정 이름을 얻고 싶으면, 먼저 보다 좋은 사람과 어울릴 것, 그러나 조잡한 회합 속에 있기보다 차라리 혼자 있는 게 더 좋다.
- 너의 대화 가운데 악의나, 원망하거나 의심을 품지 말 것…… 격노한 경우에 놓였을 때마다 이성으로서 이를 통제할 것.
- 네가 사건의 진상을 알기 전에는 그 이야기를 함부로 하지 말 것.
- 네가 완수 못할 일이거든 이를 맡지 않을 것이며 일단 약속하면 이를 꼭 지킬 것.
- 그 자리에 없는 사람을 비방하지 말 것, 왜냐하면 그것은 부당한 짓이기 때문이다.

- 의견을 말할 때 거드름 부리지 말 것.
- 네가 하느님이나, 신의 속성을 말할 때는 정중하게 존경하고 숭배하는 생각을 갖고 말할 것.
- 너의 유희는 남아답게, 그러나 죄스럽게는 하지 말 것.
- 양심이라고 하는 성화의 작은 불꽃이 너의 가슴 속에 살아 있도록 노력할 것.

이렇듯 워싱턴이 채택하여 내부에 함양한 여러 미덕은 그의 주요 성격에 없어서는 안 될 요소로 되었다. 그의 특징은 야망에 불타는 몽상가나, 열광적인 애국자 같은 유형이 아니었다. 차라리 그의 특징이라고 한다면 현실 가운데 강인한 성격의 소유자로 볼 수 있고, 부귀영화를 얻는 데 열성적이며, 모든 거래 관계에 있어서 실제적이고 보수적이며, 언제나 현실 그대로를 인정하며 인간의 완전성 같은 환상에는 별로 마음 쓰지 않았다.

'우리는 세상사가 자기 뜻대로 안 된다고 해서 개탄할 수는 있지만, 인간의 본성을 뜻대로 고칠 수는 없는 것이네'라고, 그는 성급한 친구들에게 곧잘 말했다. 그는 사람들과의 관계에서 인간은 선천적으로 미련함과 결점을 가지고 있다는 생각을 늘 염두에 두고 있었다.

'우리는 인간의 감정이 천품으로 주어졌다는 것을 알아야만 하네'라는 말을 그는 여러 번 했다.

신사가 인간성의 한계를 인식하는 타인의 약점이나, 탐욕 때문에 실수하는 일이 없도록 처신한다는 것은 가장 중요한 일이라고도 보았다. 약자나 불우한 자가 협조를 바라게 마련이지만, 그렇다고 저들의 불운을 자기 일처럼 같이할 수는 없다. 워싱턴은 자선을 베풀었으나 수혜자 쪽에 지나치게 정을 쏟지는 않았다. 자기에게 여유가 없더라도 구원을 바라는 자에게 도움을 곧잘 해 준 것은 오로지 세심하게 의무감을 키워온 태도에서 우러난 것이었다. 개별적인 대인관계에 있어서 그는 상대편의 의중을 주의깊게 떠보고 그들이 바라는 것을 꼭 맞추어 주었다.

이런 실제적인 태도의 전형적인 예로는 그가 필라델피아에서 법률 공부를 하고 있는 스물한 살의 조카, 버쉬러드 워싱턴(1798~1829)에게 보낸 편지를 들 수 있다. 워싱턴은—나중에 미국 대심원의 판사가 된—젊은 버쉬러드에게 포로네우스적인 충고를 하였다.

"네가 필라델피아에 가게 된 목적을 한시라도 저버려서는 안 된다. 그것이 다만 법률학을 공부하는 데 있지 않고 너에게 영예와 이익을 가져올 그 직업분야에서 뛰어난 사람이 되는 데 있다. 먼저 너는 선택을 하고 다음에는 거기에 포부를 가져야 한다. ……방심은 아무것도 얻지 못한다. ……네가 가장 주의를 해서 고칠 점은 교제하는 데 최소의 경비를 들여야 하는 것, 그렇다고 네가 생각하듯, 내가 스토아[1]적인 사람으로 보아서는 안 돼. 그러나 교제를 한다면 원로 인사나 또는 사려 깊은 인사를 사귀어야 한다. 그리고 젊은 축과 함께 어울릴 때에는 먼저 너는 반드시 사람을 선택해서 사귀어야 한다는 내 충고를 꼭 기억해 주길 바란다. 사람을 사귀기가 그렇게 어려운 일은 아니다. 그러나 상대가 싫증나거나 유익하지 못하다고 해서 곧장 그를 떨쳐버리기란 그리 쉬운 일이 아니다…….

누구에게라도 친절해야 하지만, 깊이 사귀는 사람 수는 적어야 한다. 그 소수의 친구에게는 너의 진심을 기울여야 한다. 참된 우정은 늦게 자란 나무와도 같은 것이어서 진정 그렇다고 할 만한 경지에 이르기까지는 온갖 재난을 겪으며 이를 이겨낼 수 있어야만 한다…….

옷이 날개라고 하지만, 반드시 훌륭한 복장을 갖추어야 훌륭한 사람이 된다고 생각해서는 안 된다. 수수하고 품위 있는 복장이 도리어 추앙을 받는다. 그것이 어떤 옷깃이나 장식보다 더 신임을 얻게 한다…….

끝으로 내가 말하려는 가장 중대한 것인데, 즉 도박을 피해야 한다는 것이다. 도박은 온갖 죄악의 원천적인 사악이다. 그것에 열중하면 도덕면에서, 그것과 마찬가지로 건강에도 해로울 뿐이다. 그것은 바로 허욕의 자손이며 죄악의 형제이며 또한 패악의 아버지가 될 뿐이다. 이로 말미암아 패가망신의 차별을 빚어내고 자살 원인도 여기에 있다. 한 마디로 말하면, 숱한 인생이 이것 때문에 망쳤으나…… 이 만부당한 일로 해서 아무것도 얻은 게 없다."

---

1) 금욕주의자.

이런 말이 단지 도덕적인 것에 그친다 해도 워싱턴 자신은 이런 설교를 몸소 실천해 왔다는 것에 주목해야 할 점이다. 그는 예의 있고 겸손하고 온건하며, 절도를 지킬 줄 아는 사람이었다. 그는 도에 지나치게 도박한다거나, 폭음한 일이 없었다. 그는 청소년 때부터 그 자신이 갖추어야 할 일정한 규격 속에 자기를 형성하는 엄격한 행동지침에 쫓아 살아왔다. 자기의 천성을 일그러뜨리는 일이 없이 자기 삶의 강력한 수련과 의식화된 목표를 향상시켰다. 그의 경우로 보면 자신을 통제할 만큼 단련하였으므로 딴 사람도 통솔하기에 이른 것이라고 볼 수 있다.

그 사람의 위대한 특질로서—칼뱅주의적인 도덕성과 귀족적인 의무감은 미국 초기에서 그가 성취한 바, 그 긴요한 역할을 가능케 하였던 것이다. 역사에 인간 개인의 불가결성을 얘기한다는 건 위태한 짓인지도 모른다. 그러나 역사 가운데 비상한 시점에 있어서 없어서는 안 될 지도자를 얘기할 수 있다면, 그는 곧 조지 워싱턴이라고 할 수 있다. 1776년에서 1796년 간에 걸친 미국공화국의 형성기간에 그 인물 그 의의 그리고 그 위기가 동시에 부합되었다.

워싱턴의 개성은 독립전쟁, 제헌의회 그리고 초대 국민정부—라는 미국초기의 세 가지 중대사에 있어서 그대로 결정적인 요인이 되었다. 그의 무쇠 같은 의지는 가장 암담한 절망의 고비 속에 헐벗은 독립군을 한데 뭉쳐 힘이 되게 한 것이 바로 그 점이라고 아니할 수 없다. 심약한 인물이었다면 병사들이 달아나는 것을 보고 실의에 빠지고 말았을 것이다. 뿐만 아니라, 보급사정은 갈수록 바닥을 드러내고, 군자금은 거의 동날 정도로 줄어만 갔다. 총사령관으로서 그는 격노도 하고 고충을 토로하기도 했고, 절박한 고통의 비명을 섞어 구원을 호소하는 편지도 써 보냈다. 그러면서도 그는 포진지만은 굳게 지켰다. 그의 철석같은 의무감은 전혀 절망적으로 보이는 경우에 놓였어도 직책을 포기한다는 것을 사치로 여겨 이를 용납하지 않았다.

이러한 신조에 따라, 1787년 제헌의회가 개최되자 그곳에 참석하여 총회의장으로서 말수가 적은 의원이었으나, 그 회의의 중요성을 보장하여 산만한 요소를 결합시키는 데 큰 힘이 되었음은 사실이 말하고 있다. 워싱턴의 절대적인 권위는 만신창이가 된 헌법채택에 있어서 커다란 역할을 하였고, 특히 버지니아 의회에서는 콧대 센 패트릭 헨리의 강변에 얻어맞아 168표 가운데 겨우 5표차로 채택하게 된 것도 그의 힘이었다. 버지니아 주의 헌법채택이 거부되면 그 무렵 미국의 초대 주정부로서 그 안에 있는 인재, 영향력으로 보아 국민통일에 치명상이 된다는 것을 워싱턴은 잘 알고 있었다. 이 때문에 그는 1788년 6월 헌법발효 직전에 통일의 와해를 구제하는 데 큰 힘이 되었다는 것이다.

마침내 워싱턴의 진지성, 용기, 예지 그리고 애국심으로 추앙되는—그 개성의 힘을 입어 헌법 치하의 공화국이 탄생되었다. 그의 균형을 잃지 않는 세심함과 끈덕지게 추구하는 예지는 이해의 상반, 파벌 싸움을 화해시켰고, 신생국가에 기둥이 되는 기초형태를 갖추게 하였다.

조지 워싱턴의 성격분석을 하자면 지도자 정신 문제를 불가피하게 야기시킨다. 워싱턴은 그의 정적들로부터조차 추앙되는 지도자로서 정통적인 전형이 되었다. 그러면 어떤 요소가 그의 지도자 정신을 뒷받침했는가?

필자는 피상적이며 외견상의 특징, 그의 성격, 외모, 그리고 자기단련 과정을 통해 이를 기술한 바 있다. 그러나 '지도자 정신'이란 양면성을 띠고 있다. 즉 그것은 지도자와 피치자 또는 문제점을 밝혀내려는 자와 이를 바라는 사람들 사이의 상호관계 속에서 이룩되는 것이다. 그러므로 워싱턴의 지도자 정신은 그 무렵 미국의 모든 사정을 말해 준다. 18세기 후반의 미국 사람들에게 워싱턴은 그들 자신이 진정 배워야 할 것이거나 또는 그들이 맘 속으로 바란 바 있는 전인적 품격의 화신이었다. 그에게 그 무렵 세상 사람들이 추앙할 만한 또는 바람직한 품격의 특징을 가지지 않았다면, 워싱턴은 한갓 군인이거나 또는 농장주가 되었을 것이며, 다른 사람보다 잘났다고 할 수 없고 못했다고도 할 수 없을 것이다.

그 무렵 세상의 사람들이 믿고 있는—원칙주의에 입각한 비타협적인 신념과 미덕에의 엄격한 헌신이 곧 산활규범상(産活規範上) 중요한 것으로 여겼는데, 워싱턴이 꼭 그러했다. 인간은 원칙주의를 천부적으로 가진 것이며 미덕은 영원한 것이라고 보았다. 원칙주의와 미덕에 현실타협이란 신과 인간에 대한 죄를 짓는 것이라고 보았다. 사회에서 존경받는 신분이나 또는 지도자가 되길 바라는 사람이라면 반드시 일반 사람들이 귀하게 여기며 또한 배우려고 하는 모든 가치관을 자기 추종자에게 밝혀야만 했다. 평범한 개인은—폭음을 하고, 부인을 때리고, 화투놀이를 즐기며, 공중의 미덕을 훼손할 수 있을지 모르지만,

지도자라면 그 신분 때문에 그렇게 할 수 없고 해서는 안 되는 일이었다. 요컨대 조지 워싱턴과 같은 사람은 어떤 시기, 어떤 상황 속에서도 신사로서 또는 지도자로서의 외양과 행동을 그대로 지켜갔다고 본다. 그 자신과 그의 권속들에게 사생활과 공적 활동에 걸쳐 높은 생활수준을 누리게 하는 것은 공공적인 부담에서 주어진 것으로 18세기 사람들은 이를 자연스럽고 당연하게 여겼다.

그 무렵 미국사회는 사회학자 데이비드 리먼(David Riesman)의 말을 빌리자면 향내성 사회라고 할 수 있다. 그런 사회에서는 선악관념을 일정한 '틀' 속에 잡아넣은 기준에 따라 지도자는 의당 이를 엄수해야 한다는 것이다. 따라서 위대한 지도자의 역할은 일반 대중의 현행 미덕을 강화할 수 있는 모든 양식을 지켜 살아야 되고, 그들이 따르고 본뜰 수 있는 시범으로서 처신하는 데 그 스스로가 완벽을 기해야만 했다. 그러므로 그는 대중과 더불어 얘기를 나눈다거나 이들에게 아첨해야 할 필요가 없었다. 그는 직접적인 또는 속된 감정에 호소해서까지 대중의 인기를 추구해서도 안 되는 것이다. 실제로 그 시대를 대표한 이 위인은 조금도 대중에게 호소를 해 본 적이 없었다. 실례로 워싱턴이나 제퍼슨도 대통령 후보로서 선거운동을 해 본 적이 한 번도 없다. 그들은 공약을 걸거나 대중에게 아첨하거나 또는 연설조차 해 본 적이 없다. 그때로서는 워싱턴 같은 인물이—사회 분위기의 불안정한 추세에 좇아, 향외성을 지향했다면 그는 사회적 성분과 직위를 둘 다 잃고 말았을 것이다. 그의 기능은 세론의 즉발적인 변동에 초월한 데 있으며, 다수대중의 변화무쌍한 감정에는 조금도 개의하지 않았다. 그의 마음속에 흐르는 의식 속에 그 스스로 선악을 판별할 수 있다고 생각했다. 따라서 다소간의 차이가 있더라도 그는 딴 사람들에게 이러한 끈덕지고 고상한 도덕적 미덕을 지닌 지도자를 따라야 한다는, 앞에서 말한 바와 같은 도덕적인 기계관을 가지고 있었다.

(오늘날 미국과 같은 '향외성' 사회에서라면 조지 워싱턴은 별로 탐탁스런 지도자가 될 수 없을 뿐더러, 지도자라고조차 주목될 것인지 의심스럽게 되리라는 것을 생각하면, 어딘가 아이러니컬한 감을 느낀다. 기준하는 바가 전적으로 달라진 사회에서는—선과 악에 대한 일관된 판단과 도덕률을 우주만상의 기본적인 가치로서 그것이 영원불변하다고 보는 태도에 입각하여—이를 엄격하게 도덕적인 행동규범으로 지켜

가는 사람에게 대중은 추종한다 해도 곧장 싫증내고 말 것이다. 사실 워싱턴이 20세기 중엽의 미국 선거민들로부터 다수의 지지표를 얻기란 무척 어려운 일일 것이다. 그러나 이런 것은 한갓 상상에 지나지 않는 것이다)

여기서 주의해야 할 것은 워싱턴이 자기의 사회적인 직위에 대하여 자의식이 강했으며, 후년에는 국가적인 지도자로서도 이 점은 여전했다. 그는 독실한 신자도 아니고, 또한 신학 문제에 남다른 관심을 가진 것도 아니었지만, 그가 정기적으로 참례하고 재정적으로 후원하는 이웃 교회의 교구위원이자 집사이기도 했다. 그곳에 관여하게 된 그의 근본동기는 신앙으로서보다 사교적인 데 있지 않았는가 하고 생각된다. 그의 생각으로는 그러는 것이 신사로서 적합한 시범이 된다고 여겼다. 그렇다고 워싱턴이 무신론자이거나, 범신론자란 뜻은 아니다. 실제에 있어서 그는 신의 존재를 의심해 본 일이 없다. 그의 글 속에는 인간의 운명을 주관하시고, 악을 징벌하시며, 천혜를 사하시는 창조주라든가, 신성 또는 섭리라는 말이 곧잘 보인다.

이와 마찬가지로 워싱턴이 자기 제복을 주문할 때에는 버클, 옷깃, 단추 기타 장신구에 각별한 관심을 가졌다. 이런 것은 허영이 아니라, 그의 예의관에서 오는 것이다.―워싱턴은 허세를 좋아하지 않았다. 지휘관이라면 반드시 어떤 경우에라도 지휘관다워야 하고 외양도 그러해야 한다는 것이다. 그가 초상화가 앞에 서게 되는 경우라든가 또는 사륜경마차를 구입하는 경우에도 세심한 주의를 기울여, 그 장식에 대해서 꼼꼼한 태도를 취했다. 런던에 마차 한 대를 주문할 때 그는 구매 위탁자에게 자재·색깔·모양, 또는 재료내용에 걸쳐 하나하나 빠짐없이 자세한 품명까지 일러 주었다. 이것은 저속한 과시욕에서 온 것이 아니라, 사물을 제격에 맞추려는 데서 온 것이다. 그의 생각으로는 그 마차를 일평생 두고 타자는 것이며, 때문에 가장 마음에 들게 만들도록 하여―그것이 낡은 뒤에라도 그 안에 탄 신사가 수치스럽게 느껴져서는 안 된다는 것이었다. 그는 런던의 구매 위탁자에게 이런 글을 써 보냈다.

'제가 바라건대, 귀하께서 보내 주실 마차는 최신 감각을 풍기고, 보기도 좋고, 상품류의 것이어야 하며 거뿐한 것으로서…… 물론 가장 좋은 본질이어야겠고, 또한 뛰어난 목수의 솜씨로 다듬어진 것이라야 하겠습니다……

색깔은 약간 여린 초록색으로…… 그리고 보기에 산뜻한 것이라야 하겠고,
유행색이 아주 다른 빛깔이거나, 그 유행기간이 어느 정도 길 것으로 예상되
는 것 말고는 이 초록빛이 그중 마음에 듭니다. 물론 그렇게 하더라도 유행
에 유의하기를 바랍니다. 주조장신구에도 산뜻한 도금을 올리고…… 그 밖의
사소한 장식은 투박스럽거나 상스럽지 않은 것으로…… 달아주기 바랍니다.
마차끈도 질이 좋은 것으로 보기 좋고 생기나는 빛깔의 가죽이었으면 하는
데 예컨대 초록색이나 청색 같은 것이라면 마차 외부의 색깔과 어울려질 것
으로 생각하는 바입니다.'

런던의 단골 양복점에 옷을 주문할 때도 이와 비슷하게 내용을 상세히 설명
하였다. 이리하여 우리는 새삼스럽게 자신의 부와 외양에 각별히 마음쓰는 신
사를 보게 된다. 요는 그가 강조하는 것이란 품질좋은 것과 알뜰한 취미에 있
다. 그의 '최고급 상등품의 깃 넓은 양복'은 필시 '꼼꼼히 골라 잡은 것'이었으리
라고 생각한다.

독립전쟁 뒤 그는 국민적인 존재가 되고부터 그는 국가대업에 맞닥뜨린 역
할과 후대의 안목에서 보는 자기 위치의 이중성을 의식하였다. 역사에 대한 소
양이 적다 해도 과거의 위인들이 남긴 위명(偉名)을 통해 자기를 이에 견주어
보는 것은 그에겐 도리어 친숙한 편이었다. 다시 강조해 두지만 그를 허세적인
인물로 보아서는 안 된다. 그는 역사를 의식하는 사람이었다. 겸양치는 못하지
만 온건한 편인 워싱턴은 자기의 역사적인 지위를 잘 알고 있었다. 미국이 앞으
로 부강해지면—그는 미국이 열강제국으로 되리라고 확신했다.—그 때에는 과
거 딴 나라의 시인들이 그러했던 것과 같이, 미국의 문필가 및 시인들이 자기
는 물론, 다른 몇몇 지도자들도 추앙되리라는 것을 알고 있었다. 또한 그는 영
웅과 시인 간에, 또는 정치 인물과 문학계 인재 간에는 어떤 유대관계가 있다
는 것도 알고 있었다. 고대사회에서는 시인이란 곧 '유명한 사원의 사제와 문지
기들'이었다고, 그가 말한 적이 있다. 그는 미국에서도 이런 것이 사실로 되어지
기를 바랐다.

대통령으로 선출되기 바로 전 해에, 워싱턴은 파리의 친구, 라파예트에게 이
상한 글을 보낸 일이 있다. 그는 그 글에서 조엘 발로(Joel Barlow)를 소개했는데

그 시인은 오늘날에 와서는 희미해졌지만 그 무렵 그의 명성은 높았다. 워싱턴은 바로를 소개하는 가운데, 그(워싱턴)가 미국인임을 자랑으로 여긴다고 한 그 시인의 말과 함께 그는 역사문학상의 사실 반영은 조금도 꾸밈이 없는 게 좋다고 했다. 다음 글 속에는 워싱턴의 개성 일단을 가장 적절하게 드러내 주고 있다.

'군대 내의 우수한 장병들은 대체로 그 전과 마찬가지로 자유민의 수호자이며, 시인의 반려자로서 이들을 자기편으로 인정해 왔소. 여러 가지의 경우마다 상부상조함으로써 영웅은 시인을, 시인은 영웅을 창조해 왔소. 알렉산더대왕은 호머의 시를 읽고 환희를 느꼈다고 하며, 자기의 행적을 축복해 주는 호머에 맞먹는 시인이 없음을 개탄하였다고 합니다. 카이사르는 높은 수준의 교양적 이해력과 감각을 갖춘 위인이었다고 합니다. 오거스트는 시인적 천품을 받아서 이에 조예와 소질이 뛰어난 천혜자였다는데―그는 이에 보답하고자 노래했으므로 그것이 영원불변한 공적으로서 지금까지 계승된 것이지요. 로마의 아우구스트 황제 시대에는 시문마다 지적 세련과 아름다움이 꽃피어서 거기에는 계관시인들의 소산이 경탄을 자아낼 만큼 풍성하였다고 합니다. 귀국(프랑스)의 루이 14세 시대의 그 숱한 위대한 시인과 장교들을 상기하지 않을 수 없는 것이지요. 또 이와 마찬가지로 영국의 앤 여왕시대도 그 왕국에 영광을 남겼음을 잊을 수 없는 일이지요. 이 나라는 이제야 한 국가로서는 요람 가운데 어린아이 같지만, 우리가 다 함께 기울이는 인간지력의 성과가…… 끝내 그것이 미국에서 모두 다 퇴화한다는 주장을 반증하기에 족할 것이라고 나는 생각하고 있소. 아니 지금 이 순간에도 우리나라 시인과 화가들의 작품이 여타 세계에 뒤떨어진다고는 보지 않을 것입니다. 뿐만 아니라 이들의 소산은 노제국에 새 힘을 불어넣는 데 필요한 자극제로서 역할이 크다고 하겠습니다.'

그는 이렇게 현 실정에 지나친 소감과 희망을 하나의 정열 과다로 강조한 나머지 이를 계면쩍게 여겨졌는지, 글의 끝구절을 이렇게 맺었다.

'나는 여기서 몇가지 현실 관찰을 했는데 이에 대한 사실의 근거를 먼저 말하지 않았으므로 구체적으로 농사라든가, 정치에 관한 문제에 대해서 귀하에게는 역시 낯선 얘기가 되지 않았을까 하고 생각됩니다.'

미국 국민 대다수가 그를 신격화한다는 게 별로 이상한 일이 아니다. 그의 서거 후 곧바로 신성화 과정이 시작되었다. 1800년 마운트 버넌(Mount Vernon) 가문 묘지에 매장된 지 수개월이 채 되지 않아 그의 최초인 송덕 전기가 나타났고 이어 그런 식의 틀이 굳어가기 시작했다. 책제목은 사뭇 서술적이었다.— '조지 워싱턴 장군의 생애·서거·덕행 및 공적에 관한 전기. 위훈을 따르는 일화와 청년에게 드리는 교범저(敎範著)' 저자 로크 웜스(Loke Weems)는 워싱턴과 같은 교회에 있었음을 밝혀, '마운트 버넌 교구의 전직목사'라고 표지에 써서 그 책의 판매에 큰 성과를 올렸다고 한다. 미국독립 이후 다음 20여 년 간의 미국 청년들은 영웅이 되겠다는 열망이 대단한데다 더구나 조지 워싱턴처럼 그 틀에 맞는 인물에 대한 동경이 대단하여—웜스의 다분히 환상적인 글은 꽤 많이 읽혀졌다. 재판을 거듭하여—통틀어 70여 판에 다다랐다.—이 선량한 목사는 한층 더 '비상한 일화'를 만들어 냈으므로 끝내 워싱턴의 인상은 감상이고 도덕가적인 광상곡(狂想曲)의 범벅으로 제 빛을 잃기에 이르렀다. 웜스는 한 발 더 나아가 다음 세대에게도 자신이 만들어 놓은 신성한 우상 앞에 배례할 것을 권유했다. 책표지에서 그는 이렇게 주장했다. '귀히 여기라! 내일의 자손들이여, 그분의 이름을 섬기라!'—이대로 간다면 이 말의 일부는 전세기에 걸쳐 가장 멋들어진 웃음거리가 되기에 꼭 알맞다.

웜스가 만든 얘기 가운데 제일 많이 입에 오르내리는 것은 '벚꽃나무 이야기'이다. 이것이야말로 망각으로 넘겨 버려서는 안 될 미국인의 보배라 하겠다.

다음 얘기는…… 영원히 잊을 수 없는 값어치가 있으며 또한 의심의 여지가 없는 사실이다. 이 이야기는 필자가 이 책을 쓰는 데 가장 힘이 되어 준 바 있는 어느 귀부인에게 들은 것입니다.

그녀는 말하길, '조지가 여섯 살 때입니다. 그때 벌써 도끼질하는 데 명수였습니다. 그 또래의 소년들이 그렇듯이 그도 지나칠 정도로 그것을 좋아했습니다. 그래서 손에 닿는 대로 찍어 넘기려 들었습니다. 어느 날 그가 어머니의 콩대 쌓는 일을 거들면서 늘 뛰놀던 정원 안에, 내가 본 바로는 더 좋은 것이 없을 것 같은 영국산의 아름다운 벚나무가 서 있는 것을 보고 그는 도끼날을 시험해 보려고 그 나무줄기를 힘껏 내리찍었습니다. 이튿날 아침 그의 아버지는 소중하게 아껴 온 나무가 쓰러져 있는 것을 보고, 온화한 소리로 그 나쁜 장난을 한 장본인이 누구냐고 물으면서, 또한 그것을 말하는 대가로 5기니[2]를 주겠다고 말했습니다. 그러나 아무도 말하는 사람이 없었습니다. 그때 마침 조지가 도끼를 들고 나왔습니다. "조지, 넌 정원의 아름다운 벚나무를 누가 쓰러뜨렸는지 알지?" 하고, 격한 목소리로 그의 아버지가 물었습니다. 이 질문을 받고 조지는 잠시 쩔쩔매다가 곧 정신을 가다듬고 모든 진실을 말할 때 나타내는 무한한 믿음의 매력이 넘쳐흐르는 안색으로 아버지를 쳐다보았습니다. "아버지가 아시는 바와 같이 저는 거짓말을 못합니다. 그 나무는 제 도끼로 찍었습니다." 그는 과감하게 소리쳐 말했습니다. 이 말을 들은, 그의 아버지는 감격하여, "내 아들아, 내 품 안으로 오너라. 어서. 조지야, 넌 그 정직 때문에 천 배의 값어치를 내게 주었다. 이런 남아다운 행동을 하는 내 아들은 그런 나무 천 개보다 더 가치가 있다. 나무마다 금은보화를 낳는다 해도 네가 더 값어치가 있단다"라고 말했습니다.'

이런 식으로 기술된 것이 사실을 그대로 유지하기란 어렵기도 하거니와 워싱턴은 이 때문에 그의 인간성을 잃게 되었다. 따라서 이런 것을 영웅손상죄로 여긴다면 워싱턴은 바로 그것의 희생양이 된 것이다. 자기 동포에게 그는 미라와 같은 존재, 나무꾼의 인상, 주책 없는 초상이 되고 말았다. 근년에 조지 워싱턴의 정치적·사회적 사상문제를 취급한 책을 쓰겠다는 작가는 몇 번이나 다음과 같이 기상천외의 회의섞인 질문을 받은 바 있다. 즉, "그렇다면 워싱턴에게도 사상이란 게 있었습니까?"라고.

그는 확고한 사상이념이 있었다. 특히 앞으로 미국인의 마음속에 이룩되어야 할 세계상에 대해서 뚜렷한 이념이 있었다. 물론 그는 체계적인 사색가가 아

---

2) 1기니는 현 영화 21실링.

닐 뿐더러 이념을 체계화해 보려는 데에 엄두도 내지 않았다. 1797년 12월에 쓴 그의 글 속에 이런 말이 있다. '나는 사상의 기술이 아닌, 행적 가운데서 행동 지침을 찾을 수 있다는 원칙을 지켜왔다'고. 그러나 그의 산재되어 있는 서한, 연설 및 대중강연을 보면, 그 안에는 기본적인 항구성이 있는 본질적인 형태를 나타낼 만한 사상의 줄기를 찾게 된다.

사상의 뿌리를 보면 조지 워싱턴은 이성과 정의의 법칙에 대한 확고한 신봉자이자, 공화체제의 선구자로서 18세기의 합리주의자였다. 그의 귀족적 생활습성과 까다로운 버릇에도 불구하고 그는 군주제 또는 귀족제 정부론을 배격했다. 때문에 그가 제왕이 될 것이라는 여론에 대해서 격노하고 이를 수치스럽게 여겼다. 그 무렵 저명인사들의 일부 견해와는 달리 그는 철두철미하게 공화정치론을 지지했다. 그는 제헌의회가 개최되기 일년 전에 존 제이(John Jay)에게 이런 편지를 쓴 일이 있다.

'일부 저명인사들이 아무런 거리낌도 없이 군주제 정부론을 주창한다는 말을 들었습니다. 이것은 생각을 떠나 주장으로 발전했고 행동 실천 단계의 일보 직전에 놓인 형편입니다. 이것이야말로 우리의 적이 예언한 것이 아니고 무엇이겠습니까! 결과적으로 우리는 전제 치하에서 지배될 수밖에 없다고 한 그 전제정치의 사도에게 지고 마는 것이 됩니다.'

그는 자기의 역량과 영향력이 미치는 한, 미국에는 전제정치화하지 않는 데 전력을 다할 것을 결심했다. 물론 그는 이상에 맞는 정부가 곧 이룩되리라고는 바라지 않았다. 그러나 그는 책임감이 있고 성실한 인재에 의하여 운영되는 입헌공화정치를 진심으로 바랐고, 이에 대하여 제임스 메디슨에게 이렇게 말하였다. '인간이 만들어 낸 것으로서 가장 완벽에 가까운 제도'라고. 그는 국민자산 보호와 질서유지에 충분한 힘이 있고, 시민의 모든 자유권을 다치지 않는 역량을 가진 정부론을 제창한 매디슨의 중도 정치철학에 동조하였다. 그는 공공생활에 있어 군부의 우월성에 각별히 주의하여 민간인 통치가 언제라도 우선시되어야 한다는 것을 역설하였다.

제퍼슨은 그에 대해서 이런 말을 하였다.

"워싱턴 장군은 국민들 스스로의 역량이 미치는 한 자치정부를 가질 것을 진정 바랐습니다. 그와 나의 주장 간에 단지 차이점이 있다면, 그가 국민대중의 자연발생적인 자기보존과 분별을 믿고 그들이 정부에 관여하여 이를 신뢰하는 안전성과 그 범위에 관해서 아는 것보다 내가 훨씬 자신을 가지고 있다는 것입니다. 그는 현 정부가 상당한 시련기에 처해 있으며 이를 극복하는 데 자기 피의 마지막 한 방울까지 바치겠노라는 결의를 나에게 수백 수천 번이나 엄숙하게 서약하였습니다."

워싱턴은 독립전쟁 중의 암담한 시기에 보인 바 있는, 끈기 있는 용기, 일관된 목적의식과 사려를 가지고 미국 최초의 국민정부를 구축하였다. 그는 자기의 역할이 미국민의 자유의 기반을 닦고 자기의 행적에 따라 미국의 미래상이 결정된다는 것을 충분하게 고려하면서 밑바탕에서부터 시작하였다. '여러 가지 사물이 당초에는 그 자체가 큰 중요성을 나타내지 않는다. 그러나 어떤 새 정부의 출발점에서부터 초래되는 지속력 있는 결과란 의외로 크게 문제시될 수도 있다. ……그러나 잘 짜여진 체제로서 튼튼한 지반 위에 세운 행정부의 올바른 출발은 그것이 일단 습관 속에 빚어진 결함과 장애를 바로 잡기보다 훨씬 유리한 점이 많을 줄 안다'라고 대통령이 된 그는 썼다. 그는 이처럼 그의 계승자들이 진정한 공화정치의 길을 이어갈 수 있도록 대통령으로서의 역할을 신중하게 배려하였다. 어쩌다 불러본 선례가 결국 그 직위의 공식 호칭이 되었다. 그는 '합중국 대통령, 미국민 자유의 보호자 각하'라는 칭호를 바랐으나 다행스럽게도 훨씬 평범한 칭호가 채택되어 오늘날 미국 행정 수반직에 있는 사람을 '미스터 대통령'이라고 부르게 되었다.

장원 소유자나 군인, 정치인으로서 워싱턴은 뛰어난 행정 수완가였다. 본질상 그에게 좋은 행정이란 곧 건전한 사업원칙을 뜻하였다. 즉 그것에 따라 현직에 체계적인 활동을 한다는 것, 세목까지 주의하여 소요상황의 실태조사를 빈틈없이 기재하는 것, 상충하는 모든 주장에 일일이 귀기울이는 것, 그리고 나서 공인된 자료와 관심거리를 균형화한 기초 위에 최종 결단을 내리는 일이 곧 그것이다. 사령관으로서—독립전쟁 중 한 푼의 급료도 없이 헌신해 온 워싱턴은 8년의 전쟁기간에 쓴 그의 경비세목을 그대로 가지고 있어서 나중에 의회에서 이를 취급하게 되자 그 액수 차액이 불과 몇 센트밖에 안 되었음이 밝혀졌다. 그는 독립전쟁 동안 군행정면의 세심한 관리는 곧 그 일의 자기 소유의 농장관리의 연장과도 같았다. 그는 완전한 기록보관, 장시간의 근무, 극도의 세심함을 기울인 지휘관 파견, 이 밖에 단 한 번도 생각조차 아니한 책임회피, 장병 간에 동등하게 취급하는 엄격한 군율로서 일관하였다. 산만하고 허세부리며 소행이 좋지 않은 장교, 단 한 번의 군령을 위반한 장교일지라도 이런 점이 드러나기만 하면 곧바로 워싱턴의 불같은 질책을 받아야 했다. 왜냐하면 그는 징벌을 아끼거나, 비평을 회피하여 이득볼 것이 없다고 생각했기 때문이다.

아래의 글은 자기 부하장교에게 보낸 편지인데 여기에서 군대 단련의 가장 주요한 점을 알 수 있다.

'내가 하고 싶은 최선의 충고는…… 당신의 훈련에 임하여 우선 엄격해야겠다는 것입니다. 다시 말하면, 휘하 장병에게 불합리한 것을 요구하여서는 안 될 것이며, 그렇게 하면 지시사항은 정확하게 수행될 것입니다. 각 장병의 장단점에 따라 전혀 어느 한쪽으로 치우치지 않게 상벌을 해야 합니다. 먼저 저들의 불평불만을 듣고 그것이 정당하다고 인정되면 이를 개선해야 합니다. 그렇지 않은 경우에는 그것의 병폐가 더 이상 퍼지지 않도록 이를 막아야 합니다. 어떤 형태이건 간에 폐악을 막아야 하며 계급의 고하를 막론하고 근본동기의 중요성을 환기시켜야 할 것이며 이에 충족하도록 뒷받침해 주어야 할 것입니다.' (1775년 윌리엄 위드포드 대령에게 보낸 서한에서)

장원 소유인으로서 워싱턴은 그의 관리인들에게 사업실천의 건전화를 기할 수 있도록 주의시켰고 또한 계통에 따라 일을 해야 한다고 했다. 그는 작업 전에 일일이 계획을 세워 시간이나 노동의 낭비가 없도록 해야 한다고 역설했고, 이 밖에 자기 작업성적을 기록화할 것도 당부했다. 한번은 감독자 한 사람이 그의 몇 가지 질문에 답변을 못하자, 워싱턴은 그 사람에게 좋은 경영의 일반상식을 정성들여 하나하나 가르쳐 주는 편지를 써 보냈다.

'내가 당신에게 편지를 쓸 때마다, 나는 당신이 편지를 일일이 읽어보고 당신이 바라고 있는 게 뭔지를 알게 되면, 그 편지의 겉봉이나, 여백에다 짤막한 노트를 해둡니다—다음 편지도 이런 식으로 합니다. 그래서 나는 편지와 보고서를 전체적으로 파악합니다. 다음에는 펜을 들어 노트해 놓은 것을 다 훑어보아 이만하면 됐다 싶으면 딴 일에 앞서서, 먼저 당신에게 편지를 쓰게 됩니다—노트한 것을 일일이 주의하며 써 가는 동안 비록 그 일을 스무 번쯤 되풀이하더라도 내가 노트해 놓은 것을 하나도 빼놓지 않고 다 쓸 때까지는 편지쓰기를 그치지도 않거니와 어느 하나라도 빠뜨리지 않도록 주의합니다. 그리고 또한 그것은 나중에 언제라도 내가 참고하고 싶어질 때면 나에겐 메모로 쓸 수 있도록 남겨둡니다.'

워싱턴은 대장원소유자로서 군지휘관으로 지낸 35년 간의 경력에 힘입어, 대통령 직위에 있어서도 그의 천재적 행정력을 남겼다. 그 직위에 있어서 그는 계통성과 기민성, 그 밖에도 절차상의 기본형태를 확립시켰다. 행정수반의 직책에 취임할 즈음에 그는 각료 및 각 행정책임자에게 이러한 훈시를 내린 바 있다.

'행정각부의 책임자 여러분에게 다음과 같은 원칙을 엄수하여 줄 것을 당부합니다. 일체 중대사항의 처리에 있어, 먼저 신중을 기할 것과 빠른 기간 내에 과단성 있게 처리할 것이며, 결코 내일로 일을 넘겨서는 안 된다는 것입니다. 본규정에 따르지 않고서는 어떠한 업무도 수행될 수 없을 터이며 더구나 안이한 태도로서는 더욱 불가능한 것입니다. 왜냐하면 다음 일이 밀려서 일이 늦춰지고 말 것입니다.'

대통령으로서 그는, '내가 선택할 수 있는 한도 내에서 내 힘으로 할 수 있는 선행—에 관계가 있는 모든 의견을 경청하는 버릇을 길러, 이를 듣고 나서야 일의 결단을 내렸다.' 인사 임명에 관한 문제인 경우 그는 부당한 영향을 피할 수 있도록 하기 위하여 최종 순간까지 이를 비밀에 부쳤다. 관직 임명 문제에 있어 그는 정치적·사회적 압력에 영향받지 않았으며, 그에 대한 시비가 국민 복지에 배치된다고 판단되는 경우 이와 같은 이해관계에서 오는 반발에는 일체 들은 척도 하지 않았다. 정실주의에 물들었다는 비난을 피하기 위하여 친척의 공직 임명에서부터 고위의 관직 임명에 이르기까지 끈기있게 신중을 기하였다. 대통령으로서 그는 편당성이나, 편견성이 있다는 혐의를 추호도 받지 않도록 신중을 기함과 동시에, 그의 관심 초점을 미국의 전체 관심사에 의식적이면서도 체계적으로 추구하였다. 이 때문에 그는 '이해관계나 혈연관계 또는 우호관계나 적대관계의 사적인 동기를 가지고 전혀 그런 결정을 한 일이 없다고 할 만큼 워싱턴의 청렴성은 순수하고도 시종일관한 것이었다'고 제퍼슨이 말한 바 있다. 그의 대통령 직무수행의 기본원칙은 미국 전체에 좋은 것이 곧 조지 워싱턴 본인에게도 좋다고 보았다.

그는 자신의 외교정책에 대하여 퍽 비판적인 보스턴 시민 일부 단체에게 이런 내용의 편지를 보낸 바 있다.

'행정부의 각 업무활동에 있어 본인은 우리나라 동포들의 행복을 모색하여 왔습니다. 이 목적달성을 위한 본인의 좁은 소견으로 개별적, 지방적, 분파적인 일체의 주의 주장을 포괄하여 전체 단위로서 미국의 장래를 고려하여 종합적으로 취급해 왔습니다……뿐만 아니라, 우리 국가의 실질적이고 영구성 있는 관심사를 성취하는 데 하나의 힘이 되어야 하겠습니다.'

워싱턴의 눈에 비친, 새로운 연방정부는 완전무결성과 불편부당성이 원형이 되어야 한다고 보았고, 이를 위해서는 전체 사회의 믿음을 얻는 것은 물론 내일의 세대로부터도 충성을 얻을 수 있는 것이라야 한다고 생각했다. 그는 어떠한 정치체계일지라도 그것이 지구성 있고 성공적이기 위해서는 그 사회 전체의 비호와 충성을 근본으로 삼아야 한다고 굳게 믿었다.

자치정부로서 미국가적인 '실험'을 국내·국제 양면에 걸친 본질적인 문제로 보고 워싱턴이 이를 중요시하였다. 그의 주장에 의하면 미국 헌법은 그의 말처럼, '개인도덕의 순수하고 영구불변한 원리'를 기초로 하는 정부를 마련하였다는 것이다. 이와 같은 정부이므로 미국의 정치체제는 필연적으로 국민 복리를 초래한다는 것이며 여기에 미덕은 반드시 보상되어야만 한다는 원칙에 따른 것이다. 새로운 국민정부의 출발에 대하여 워싱턴이 자부하는 또 하나의 근거는 인류 전체에게 하나의 시범으로서 일하고 있다는 것이다. 미국에서의 국민정부가 성공하면, 자치제의 공화정은 딴 나라에서도 따르게 되리라는 걸 굳게 믿었다. 18세기의 일반적인 사조에 따라 그도 그런 세계관을 짜고 있었다. 그 무렵 프리메이슨(Freemason)[3]은 활동적인 혁명단체로서 그 이름이 높았으며 여타 제국에서도 자유투쟁에 투신하고 있었으며, 워싱턴도 한때는 여기에 가담한 적이 있었다. 유럽 또는 라틴미국에 투신하고 있었으며, 워싱턴도 한때는 여기에 가담한 적이 있었다. 유럽 또는 라틴미국에서 프리메이슨 회원들은 교권주의 전제체제 폭군에 맞서 음으로 양으로 싸워 왔다. 이들은 프랑스대혁명에서 핵심적인 역할을 해 온 것으로 보인다. 적극성 있는 프리메이슨 회원으로서 워싱턴은 그의 말처럼 '세계 도처에 사는 진실한 형제'를 갖게 된 것을 기뻐했다.

국내의 미덕과 국제 간의 시범의 터전이 되어야 한다는 그의 신생 미국관은 그의 초대 미대통령 취임연설에서 이를 유례없이 잘 드러내고 있다. 그의 말은 —그 무렵 미국이 대서양 연변의 수없이 흩어져 있는 미개산림지에 지나지 않는 나라였음을 상기한다면 다음과 같은 말들은 도리어 경탄을 자아내게 한다.

'미덕과 행복, 의무감과 진취성 등 참된 원칙에 입각한 성실성 있고 고결한 정책과 이에 따르는 확고한 성과로서 사회번영 및 국민복리 간에는 불가분의 통일성이 자연경제 및 그 과정 속에 그저 존재한다기보다, 이를 적극적으로 취하는 데 그 참된 뜻이 있습니다. …….

우리가 천상에서 이미 예정되어 있는 질서와 정의의 영원한 법칙을 무시한다면 어떠한 국가민족일지라도 신의 천복을 받으리라는 것을 꿈조차 꾸지 말아야 할 것입니다. 그리고……자유에의 신성한 열성의 유지와 공화정체 정부의 운명을 양어깨에 짊어진 미국 국민들은 이를 시련으로서 깊이 통찰하며, 또한 최종적인 성패가 우리 손에 달려 있음을 바로 인식하고 있을 것으로 알아야 합니다.'

워싱턴은 토머스 페인(Thomas Paine)의 글에 상당한 동감을 느껴오던 차, 1792

---

3) 상호친선, 사회사업, 박애사업 따위를 벌이는 세계적인 민간단체.

년 그 문필가에게 이런 글을 보낸 적이 있다.

'제딴에는 그 누구보다 더 인류의 행복에 비상한 관심을 가지고 있다고 생각합니다. ……그것은 곧 저의 제일의적인 원으로서 현 세기의 계몽화정책은 모든 사람에게 그 천의를 보급하는 데 있으며, 이 사람들에게는 그럴 만한 자격이 있기 때문입니다. 그렇게 하여 내일의 세대를 위한 행복의 지반이 닦여진다는 것입니다.'

그는 공화정체 자치정부론에 관하여 명확한 논지를 갖고 있었다. 그의 공화정치관이란 곧 '개인의 자유, 사유재산의 향유, 그리고 각 개인의 평등한 정의를 보장하는 생활양식을 뜻하는 것'이었다. 워싱턴 자신은 남부인이자 장원소유자로서 그의 이웃들과는 달리 농사꾼 기질이 별로 없었다. 그는 공화정의 국가적 견지에서 농사 이상 가는 별개의 관심사와 영예로운 생활방편이 있음을 굳게 믿고 있었다. 그는 공화국의 국력증강을 뜻하는, 펜실베이니아와 뉴잉글랜드 공업의 신속한 성장을 보고 마음 든든히 여겼다.

겉으로 보면 역설적인 것이지만, 그는 5, 6백 명의 노예를 거느린 농장소유인이면서 한편 노예제도에 반대하였다. 그 무렵 여타 자유사상가와 같이(그 자신도 자유사상가로 자처했다) 워싱턴은 노예제를 증오하였던 까닭에 남부의 토지소유인으로서 그는 그 모순의 비극을 면할 수 없었다. 실제상 다른 수단에 의한 노동력이 구해지지 않으므로 노예 없이는 일을 할 수 없었다. 어쨌든 그는 노예제도의 전반적 체제를 증오하였다. 1786년에 그는 로버트 모리스에게 이런 말을 했다. "나만큼 노예제 철폐에 관한 방안을 진정으로 희구하는 사람도 별로 없을 줄로 압니다." 그는 제퍼슨과의 대화 속에 노예제의 존재가 바로 죽음과 비극을 알리는―어두운 밤의 조종(弔鐘)과도 같이 느껴진다고 곧잘 말하였다. 그는 노예해방을 위한 여러 가지 방안을 고안해 보았지만, 경제적·정치적 제반 사유로 말미암아 아무런 결과도 낳지 못했다. 그러나 그의 의향 가운데는 자기소유 노예의 합법적 해방을 고려한 바 있다.

종교문제에 있어서도 워싱턴은 18세기 계몽사조의 자손이었다. 그 무렵 제퍼슨, 매디슨 등과 같은 자유사상가들과 더불어 그는 완전한 종교자유의 사상을 구가하였다. 그는 종교적·인종적 편견의 폐해를 완전히 뛰어넘었다. 고용인을 채용함에 있어 그는 그들의 출신성분이나, 그들의 신앙대상 또는 신앙이 없더라도 이를 개의치 않았다. '그들이 훌륭한 일꾼이 되기만 한다면, 그들이 아시아인이나, 아프리카인 또는 유럽인일지라도 상관없다. 또한 회교신자이거나 유대인, 또는 어떤 종파의 그리스도교 신자건 간에 관계없다. 설혹 무신론자 일지라도 마찬가지이다'라고 그는 쓴 일이 있다.

그는 과거의 역사 가운데 종교상의 처형 때문에 커다란 비극이 있었음을 잘 알고 있었다. '인류 간에 횡행했던 온갖 증오심 가운데 종교상의 서로 다른 감정 때문에 야기되었던 것이 가장 뿌리 깊고, 고통이 많았다. 따라서 이것은 우선적으로 없애 버려야만 할 것이다'라고 그는 쓴 적이 있다. 그 자신만 해도 천상의 승천을 어떤 특정의 방법으로 해야 된다는 데 별로 유의하지 않았다. 그는 래피엣(Lafayette)에게 한 말 가운데, 그리스도교 종파의 분쟁에 관해서 이런 말이 있다. '나는 신앙심의 고집이 없다. 나는 그리스도교 신학자들에게 관대하게 살펴주고 싶소. ……이를테면, 그들에게 천상으로 가는 길이란 가장 곧바로, 평탄하여 용이한 것이 되도록 돌봐 주고 싶다는 거요.'

미공화국은 만인에게 평등한 종교자유 특히, 퀘이커 교도 같이 쫓겨난 종교집단에게도 이를 보장한다는 데 워싱턴으로서는 남다른 자부를 갖고 있었다. 그가 필라델피아 퀘이커 교도들에게 보낸 글이 이를 특징적으로 나타내었다.

'자유란 이 나라 국민이 누리는 것입니다. 자기의 양심에 알맞은 하느님의 숭배는 곧 각자 천부의 특권에 의한 선택에서 올 뿐만 아니라 또한 본연의 권리행사인 것입니다. 사람마다 자기의 사회적 의무를 충실히 이행하면, 그것이 사회 또는 국가가 의당하게 요구하거나, 바라고 있는 그 전부를 행사하게 되는 것입니다. 그러나 자기가 어느 종파에 속해서 종교상 또는 신앙의 형태상 차이가 있더라도 조물주에 대한 의무는 이에 선행되는 것입니다. …… 본인은 귀하에게 분명히 다짐해 두는 바로서 본인의 견해는 만인의 신앙문제는 사려가 깊고 온정을 가지고 이를 취급하여야만 할 줄 압니다.'

이와 비슷한 태도로 그는 자신이 일차 참례하여 본, 로드아일랜드, 뉴포트에 있는 헤브라이 신앙집회에 편지를 보냈다. 이 유명한 편지에서 그는 단순한 종교관용론을 배척하며 미국에 있어서의 신앙의 자유란 '천부의 자연권'임을 강조했다. 그는 말하길, '미국은 그 나라 시민의 정신적 통일을 요청할 뿐만 아니라 또한 품위있는 시민적 행동을 바란다'고 했다. 또한 '다행스럽게도 합중국 정부는······ 광신자에게 특전을 준다거나, 박해하는 자를 돕는 일은 없습니다'라고 했다.

그는 진심으로 미국을 자랑스럽게 여겼으며, 그런 자부심은 그 나라가 인류 복지의 유일한 노선인 공화정치주의적 자유의 모범으로서 역사적인 역할을 하고 있다는 각성에서 온 것이었다. 그의 대통령취임 뒤 3년이 될 무렵에 프랑스 친구에게 보낸 글 속에 이런 말이 있다.

'합중국은 국민 복지 증진에 많은 성과를 올리고 있습니다. 그리고 이 나라에서 인간성이 허용하는 한도까지 승화된 복지 달성이 이룩되지 않는다면······ 내 생각에는 그 결론이 곧 정치상의 복리란 요원하다고 봅니다.'

이제 돌이켜 보건데, 미국 독립전쟁은 1789년의 프랑스 대혁명을 유발하였을 뿐만 아니라, 세계 각처에 공화정치 운동을 일으키게 했으며, 특히 라틴미국 전역에 걸쳐 그 영향을 끼쳤음은 분명한 일이다. 조지 워싱턴의 미국관은 지상에 아직껏 성취되어 본 일이 없는 새 모델로서 전세계적인 연쇄반응의 시점이 되었다. 그가 그토록 갈구하던 공화정치는 지속성이 있고 성공적인 것이 증명되어 여타 제국의 모범이 되었다. 이 때문에 18세기 버지니아의 장원소유자 조지 워싱턴을 국가적 존재 이상이 되게끔 하였다. 그를 인류의 자유사 가운데 진정 거인으로 추앙할 수 있게 하였다.

귀족정치가
존 애덤스
(1735~1826)

오늘 나는 애덤스 씨와 식사했다……대화가 진행되는 가운데 그가 말했다. 어떤 공화국도 ……일반국민의 모든 수선과 격정에 대해 견디어 낼만큼 강력한…… 상원을 갖지 않고는 오래 가지 못한다. 우리 상원의 유일한 결점은 그것이 충분히 항구적이 아니라는 것이다. ……우리의 자유 보존을 하나의 국민의회에 위촉하는 것으로 말한다면 그것은 상상할 수 있는 가장 단순한 망상에 지나지 않는다. 그런 의회는 그들 자신의 의지밖에는 아무런 결정의 법칙도 없다…… 무정부주의는 하룻밤 사이에 전제정치가 한 세기 동안 더한 것보다 더 많은 악을 베푸는 것이라고…….

—토머스 제퍼슨
The Anas(1798년 2월 15일)

미국인 사이에 존 애덤스의 인기는 그의 업적보다 희미하다. 그는 1797년에 워싱턴의 뒤를 이어 대통령직에 올랐지만 그에게는 워싱턴의 주위를 감싸던 미풍이 없었다. 정치적 원리에 관한 의견의 일치에도 불구하고 그 두 사람은 그 성격과 방법에 있어서 서로 달랐다. 워싱턴은 냉담하고 불명료했고, 애덤스는 쾌활하고 고집이 있었다. 워싱턴과는 달리 제2대 대통령은 불필요한 불화를 낳는 수완부족으로 곤란을 당했다.

애덤스는 대통령 재임기간에 인기가 없었고 그 후년도 그에 대한 대중의 이미지를 사실상 바꾸어 주지는 못했다. 그 이미지란, 까다롭고 신랄한 말솜씨를 지녔으며 다소 기이한 반민주주의로 너무 변덕스러워 구별이 가능한 어떤 정치적 원형에도 맞지 않는다는 것이었다. 연방주의자라고 하자면 그는 그가 싫어하는 알렉산더 해밀턴(Alexander Hamilton)의 진영이 아니었고, 공화주의라고 하자니 그가 좋아하는 제퍼슨과 협력하지 않았다. 더욱 일을 복잡하게 하는 것은 애덤스가 그의 정치경력을 한 혁명적 자유주의자로서(미국독립의 대의를 지지하면서) 인간권리의 열렬한 옹호자로서 시작하여 귀족정치와 재산권의 옹호자로 끝맺었다는 사실이다. 점차로 민주적이 되어 가는 미국인의 후세대가 아무런 명료한 범주에도 속해 있지 않은 한, 인물을 이해하기가 어려웠다는 것은 당연한 일이라 하겠다.

그런데도 존 애덤스는 그 시대와 배경의 많은 미덕을 실천하고 있었다. 그는 괴벽하지만 강인한 마음을 지닌 뉴잉글랜드 출신 현실주의자로 그 완전무결함이 화강암 같고, 기이하기가 일부 동시대인들(그 한 예로 벤저민 프랭클린)이 그를 '미쳤다'고 할 지경에 이르렀었다. 그는 또한 많은 사람들이 '과도한 허영'이라고 생각한 것 때문에 고통받았다. 그는 이 특징을 버리려고 애썼지만 소용없었다. '오!' 그는 청년 시절에 탄식했었다. '내가……내 천성의 자존심과 자부심을 이겨 낼 수만 있다면!' 그러나 그의 동시대인들을 그렇게도 노엽게 했던 이런 특징들도 애덤스가 그 시대의 가장 널리 읽히고 박학한 특히 고전문학 연구와 정치철학 분야에서 그러한 사람들 가운데 한 사람이 되는 것을 막지는 못했다. 그의 긴 생애는 사실상 통치의 문제와 정치의 기교에 열렬하게 바쳐졌다. 어릴 때에도 그의 마음은 정치적 문제에 머물러 있었고, 그 자신을 '한 공화국을 통치하는 어느 독재자'로 그려보는 순간도 있었다.

그의 후년의 귀족정치주의를 찬성하는 철학에 반해 애덤스는 보통가문의 출신이다. 3대째의 뉴잉글랜드 지방인으로 훌륭했지만 가난하고 완강한 농부 및 목사들의 후손이었다. 세상을 떠나기 십여 년 전에—그는 99세까지 살았으며 제퍼슨과 같이 독립선언 50주년에 죽었다—그는 간결한 자서전을 썼다.

'나는 1735년 10월 그 무렵엔 브레인트리의 북교구였던 퀸시에서 태어났다. 내 아버지는 같은 교구의 존 애덤스였고 내 할아버지는 같은 교구에서 탄생한 조제프 애덤스 주니어였다. ……나의 증조부는 영국에서 건너온 헨리 애덤스였다. 조합교회 뜰에 있는 그들의 묘비가 분명히 보여 주는 바와 같이 이분들은 모두 이 교구에서 살았고 죽어서 묻혔다. 내 어머니는 브레인트리의 피터 보일스턴의 딸 슈재너 보일스턴이다. 나는 일부는 공립초등학교와 일부는 조제프 마쉬씨 지도하의 사립학교에서 공부했다. 이 학교들은 같은 교구 안에 있었다. 1751년 나는 케임브리지의 하버드 대학에 입학했다. 1755 년 나는 문학사학위를 받았고 곧 윈체스터의 공립초등학교의 관리를 맡았 다. 여기서 나는…… 제임스 피트맨의 사무실에서 1757년까지 법률을 공부 했다. 같은 해 나는 대학에서 둘째 번 학위를 받았고, 보스턴에서 변호사 취임선서를 했다. 1761년 나는 보스턴에서 고등법원 변호사가 되었다. ……1764 년 나는 웨이마우스의 윌리엄 스미스 목사의 딸, 애비게일 스미스와 결혼했 다. 1767년 나의 아들 존 퀸시 애덤스가 이 교구에서 태어났다…….

1760년과 1761년에 우리에 대한 의회의 주권을 주장하면서 우리의 자유 를 박탈하려는 대영제국의 계획이 처음으로 나타나 영국에 맞서는 단호한 입장을 취했고, 50년 동안 우리에 대한 거의 모든 불의의 제의와 전제적인 권력에 내 힘껏 반대하고 항거하기를 그치지 않았다.'

애덤스는 4반세기 이상을 공직생활로 보냈는데 처음에는 그의 고향 매사추 세츠 주에서, 나중에는 국가적인 일로 보냈다. 그의 보스턴 종형제인 새뮤얼 애 덤스처럼 그도 그 태반의 동시대인들보다 먼저 모국과의 결별이 불가피함을 알 아채고 대영제국으로부터의 독립운동에 적극적으로 참여했다. '혁명은' 그는 뒤이어 말했다. '전쟁이 시작되기 전에 움트고 있었다. 혁명은 사람들의 가슴과 마음속에 있었던 것이다.' 아메리카 식민지 의회의 대의원으로서 그는 혁명군 사령관으로 조지 워싱턴을 추대하는 영예를 가졌고, 독립선언문을 기초한 위 원회에서 일하는—제퍼슨·프랭클린·리빙스턴·셔먼과 함께—영예를 차지했다. 혁명 무렵과 이후 10여 년 동안 그는 유럽에서 미국 외교사업에 종사하여 중요 한 조약을 협상하거나 그 밖의 다른 방법으로 자기 자신이 심한 수고와 재정적 인 지출을 감수하면서 동포의 이익을 대표하고 있었다. 그는 이것을 1791년 재 무장관 해밀턴에게 얼마간의 변상을 청구하는 편지에서 설명하고 있다.

'내가 타국에서 내 임무를 수행하면서 떠나 있을 때 본국에 있는 내 집에 서 끊임없이 보내올 수밖에 없는 수하물들, 그 밖에도 일국에서 타국으로

의 빈번한 이주, 하인 및 제복의 계속적인 갱신, 짐짝꾸리기와 풀기, 가구의
파손은 내 봉급을 낭비하고 소비해 버려, 내 가족은 물론 우리 모두에게 주
어져야 하는 보상, 나의 시간, 수고, 위험 근무에 대한 보상을 빼앗겨 버릴
수밖에 없는 것입니다.'

1789년에서 1797년까지 8년간 애덤스는 미국의 초대 부통령을 지냈는데, 이
것은 그가 한 유명한 구절에서 '인간이 이때껏 고안해 낸 것, 혹은 그의 상상
력을 이끌어 낸 가운데……가장 무의미한 것'이라고 묘사한 지위이다. 그는 조
지 워싱턴의 뒤를 이어 대통령직을 계승했으나, 두 번째 임기를 획득하려 했
던 1800년 선거에서 제퍼슨에게 패배당했다. 주로 그가 서명한 외인법 및 치안
법(Alien and Sedition Acts)의 결과이며, 개인적 인망이 없는 그 인품의 결과인 그
의 패배는 또한 그가 속한 당인 연방주의당의 집권을 끝맺게 했다. 그는 이후
에 매사추세츠 주 브레인트리에 은퇴하여 그 잔일을 주로 독서(철학, 종교, 정치
사상)와 훌륭한 서간문 집필의 정신생활에 바쳤다. 십여 년 간 정치적으로 감
정이 상해 있은 뒤, 두 사람 서로 간의 친구였던 필라델피아 출신 벤저민 러쉬
(Benjamin Rush) 박사의 중재로 다시 시작된(1812년에) 제퍼슨과의 서신은 역사상
가장 유쾌한 지적 교환 가운데 하나였다. 애덤스의 가장 뛰어난 견해 가운데
많은 것이 건전한 서신왕래에서 표현되었다.

서간 밖에도 애덤스의 근본적인 정치사상은 그의 공적 저술에서도 찾을
수 있는데, 이 저술들도 또한 말을 능란하게 잘했으며 장황했다. 발행된 중요
한 그의 저술 가운데 다음과 같은 것들이 있다. 《캐논법 및 봉건법에 대한 논
문》(1765년), 여기서 그는 인권에 관해 자유주의적인 입장을 취했다. "'내가 '권
리'라는 것은 그들 '인민'이 틀림없이 모든 세속의 정부에 선행하여 가지는 권
리를 말함이며—인간의 법에 의하여 폐기될 수도 혹은 제약될 수도 없는 '권
리'—우주의 위대한 입법자인 신에 기원하는 '권리'를 말함이다." 《노방글러스
(Novanglus) 혹은 미국과의 논쟁의 역사, 1754년의 그 기원으로부터 현재까지》
이것은 1774년 12월부터 1775년 4월 사이에 《보스턴 가제트》에 발표된 학구적
인 법적·정치적 논문집이다. 《정부론》(1776)은 미국 식민지 의회 대의원들에게
읽혔던 바 있는 것으로, 리처드 헨리 리(Richard Henny Lee)에게 보낸 서간의 추

고이다. 《아메리카 합중국정부 헌법의 변호》(1787)는 3권으로 된 해박한 미국 정치제도에 관한 저서로서 과장이 있었음에도 불구하고, 1787년의 제헌의회 의원들에게 감명을 주었다. 《다빌라에 관한 대화 *Discourses on Davila*》는 그의 부통령 재임 초기에 논문집으로 발간된, 같은 일반적 사상의 계속이다.

정치철학의 관점에서 본다면 이런 저술들은(서간들과 퍼블리콜라라는 필명으로 발표한 논쟁적인 논문들은 물론) 모순과 의견의 변화에도 불구하고 어떤 기본적 사상을 드러내고 있다. 대부분의 그 동시대 지식인들과 마찬가지로 애덤스도 자연법의 철학을 믿고 있었다. 사람들은 어떤 양도할 수 없는 권리를 가지고 사회에 태어나며, 그것은 모든 권리 가운데 가장 중요한 것, 즉 그들 자신의 정부를 설립하고 관리하는 권리를 포함하는 권리임을 전제한다.

애덤스는 그의 때때로 성급하고 조심성 없는 반민주적인 발언으로, 그의 적은 그를 군주정치주의자라고 공격하였지만 근본적으로는 공화주의자였다. 사실 그는 귀족정치주의와 다른 어떤 종류의 개인 독재도 배척했으며, 미국 정치제도는 세계가 본받을 만한 공화주의의 모범이라는 사실을 자랑으로 알고 있었다. 헌법의 변호에서 다음과 같이 지적하고 있다.

'아메리카 합중국은 수수한 자연원리에 입각하여 세워진 정부로는 아마도 최초의 표본을 보여 주고 있을 것이다. 오로지 국민의 자연적 권한에 기초를 두고, 기적이나 신비의 그럴 듯한 명목으로 가장함이 없이 세워진 13개의 정부들 그리고 지구의 사반구(四半球)를 통틀어 그 북부에 마련된 이 정부들은 인류의 권리를 위해 크게 이득이 된다.'

애덤스는 또한 그때까지 사실상 세계 도처에 그리고 특히 부르봉 왕조, 프랑스에서 가장 강력하게 존재했던 중앙집권에 반대하면서도 분권된 정체를 찬성했다. 그의 《헌법의 변호》는 루이 16세의 유명한 중농주의적 재상이며 고도로 중앙집권화된 국가의 관념을 옹호하였던 튀르고(Turgot) 남작의 저작에서 영감을 얻었다. 서유럽 세계에서 튀르고가 누리고 있던 크나큰 명성에도 불구하고 애덤스는 그의 근본적인 정치적 가정에 감히 도전했다. 튀르고가 중앙집권적 정부 권위가 바람직한 것임을 가정하고 있는 데 반하여 애덤스는 그 정반대

즉 분립된 그리고 평형된 제권력을 박식한 논의로 주장하고 있다. 튀르고는 '국가 권위'라는 따위의 으리으리한 어구를 쓰고 있지만(프랑스의 경우 그것은 인격 안에 모든 권력을 포함하는 것으로 되어 있는 절대군주를 뜻하는데) 사실 실제 정치생활은 보통 입법·행정·사법으로 통칭되는 기능의 분립을 부득이하게 한다고 애덤스는 쓰고 있다. 애덤스는 또 이렇게 논했다. '게다가 그런 기능적 분리는 그것이 명칭을 붙여 분리된 것이거나 아니거나를 막론하고, 공공적인 조화 그리고 결국은 자유를 유지하는 가장 실제적인 방법이라는 것이다.'《변호》가운데서 그는 다음과 같이 썼다.

'튀르고는 다른 견해를 가진 모양이어서 '모든 권위를 하나의 중심 즉 국가로 집중하는 데' 찬성이다. 독재나 전제군주에 있어서는 모든 권력이 '하나의 중심'으로 어떻게 집중될 것인지로 이해하기 쉽다. 그러나 그 중심이 국가일 경우 어떻게 그것이 가능한지는 좀 더 알기 어려운 일이다.……몇 명의 남자·여자·어린이가 단순히 집회에 있을 때 그들 가운데는 아무런 정치적 권위도 없다. 아무도 어느 누구에게 어떤 권위두 휘두를 수 없다. 최초의 권위 '집중'은 그들 스스로를 어떤 국가 인민 공화사회 혹은 국체로 형성하겠다는 그리고 선거의 다수표에 의하여 지배되겠다는 만장일치의 합의이어야 한다.……그러나 이 경우에까지도……그 중심은 벌써 국민이 아니며 국민의 대다수가 된다.

순수하고 완전한 민주주의는 아직 사람들에게서 존재해 본 일이 없다. 만일 반 평방마일(8㎞) 100가구의 한 부락이 부락민 전원의 공중의회에서 입법·행정·사법의 모든 권력을 실시할 수 있다면…… 그것은 이제껏 이론으로나 실천으로나 증명되어 본 일이 없는 사실이라 하겠다.'

한편 분권된 정부는 가장 실제적일 뿐만 아니라 또한 자연에도 조화된다. 애덤스는 다른 방법으로 구성된 정부는 '불완전하고 불안하며 너무나 예속적임이 드러나게 될 것이다'고 썼다. 주로 이것은 사회가 혼돈이나 학정의 위험을 피하기 위해 요구하는 종류의 균형을 모든 권력의 분립이 만들어 낸다는 사실 때문이다. '온갖 정부형태의 온갖 국민정당을 가져야 한다'고 그는 말한다. '그것을 통제하는 것이 크나큰 비결이다. 단지 두 가지 방법이 있는데, 하나는 군주와 상비군으로 하는 방법과 헌법 안의 균형으로 그렇게 하는 방법이다. 인민이 선택력을 가지고 있으면서 아무런 균형도 있지 않은 데서는 끊임없는 동요, 혁명 그리고 공포가 있어 마침내 한 장군을 앞세운 상비군이 평화를 유지하거나 안정상태의 필요성이 전체에 의하여 채택되거나 할 때까지 그치지 않을 것이다.'

그러나 균형되고 분립된 모든 권력으로 구성된 공화정체를 택하는 그의 견해도 제퍼슨류 혹은 현대자유주의적 의미에서의 민주주의자를 만들지 못하였다. 반대로 애덤스는 민주주의를—만일 민주주의가 전 시민의 일반선거와 정치에의 공평한 참여를 뜻한다면—특별히 배척하고 있는데 그 어투는 너무나 무뚝뚝한 것이어서, 미국혁명으로 고삐가 풀린 민주주의 세력이 연소한 나라를 휩쓸고 있던 시대에 거의 보편적인 미움을 사고 있는 형편이었다. 애덤스는 민주주의 대신에 공화주의를 좋아했다. 그는 이것을 인민을 대표하며 법의 테두리 안에서 활동하는 제한된 수의 유능한 인물들이 관리하는 책임있는 정치라고 생각했다. 그는 권력은 '다수에게서 가장 현명하고 선한 소수에게' 위임되어야 함을 믿는다고 《정부론》에서 쓰고 있다. 그의 종형제인 새뮤얼 애덤스에게 그는 공화정체를 '인민이 집단적으로 혹은 대표를 통해서 주권에 실질적인 배당을 갖는' 정체라고 정의했다. 과격한 제퍼슨류 민주주의자였던 새뮤얼은 '실질적인 배당을 갖는' 정체라고 정의했다. 과격한 제퍼슨류 민주주의자였던 새뮤얼은 '실질적인 배당'으로는 충분하지 않다. 인민은 반드시 완전한 주권을 가져야 한다고 반박했다.

민주주의 철학을 이론면에서나 실제면에서 받아들이지 않으려는 애덤스의 태도는 정치 아래에 깔려 있다고 그가 생각했던 인간 본성에 관한 일련의 주의에 기인하는 것이었다. 그는 사실 인간행동의 변하지 않는 법칙이라고 간주하고 있던 것에 관해 하나의 정치과학—그는 그것을 '성스러운 과학'이라고 불렀다—을 구성시키려는 시도를 했다. '우리는' 새뮤얼에게 그는 쓰고 있다. '관찰하고 연구할 대상으로 인간본성 사회 및 세계사를 가지고 있소. 그리고 이것들에서 우리는' 우리를 지도할 '모든 원리를 이끌어 낼 수 있는 것이요.'

그의 정치적 역사적 연구에서, 애덤스는 사람—귀족이 아니라 평범한 혹은

'보통' 사람의 우유부단과 열정이 그로 하여 정치에의 책임 있는 참여를 불가능하게 한다는 결론에 이르게 되었다. 18세기 계몽주의의 평등주의 철학 전부가 인간본성에 대한 전혀 그릇된 개념에 입각해 있다고 그는 생각했다. 루소(합중국에서는 제퍼슨)가 사람은 본질적으로 선하고 고상하다고 가정한 데에 대해 애덤스는 그를 '타고나서부터 그 정반대 즉 부패하고 탐욕적'이라고 생각했다. 인간존재는 본래 '그렇게도 부패하고 그렇게 게으르며 그렇게 이기적이며 질투심이 많아, 필요에 의해서 밖에는 결코 선해지지 않는다'고 애덤스는 쓰고 있다. 그는 물질적 욕심과 야망밖에는 그 어떤 고상한 동기나 이념에 의해서도 충동받는 일이 없다고 생각했다. 이런 열정과 특징들은 인간동물에게 없어서는 안될 부분이어서 그를 부인하거나 개탄하는 것이 오히려 무의미할 지경이다. 그것들은 자연히 그것들로 하여금 존재토록 의도한대로 존재하는 것이었고, 정치가와 철학자들에 의하여 진지하게 그리고 진실 그대로 평가되어야 한다. 그리하여 그 자신의 의문 '사람이란 어떤 종류의 존재인가'에 대답하여 애덤스는 《변호》에서 인간심리를 다음과 같이 설명하고 있다.

'사람을 무제한한 권력을 위탁받기에 부적당하게 만드는 것은, 그 사악함이 아니라 차라리 유약함이다. 열정은 전혀 무제한하다. 자연은 그를 그렇게 방치해 왔다. 만일 그것들이 묶일 수 있다면 그것들은 사멸해 버릴 것이다. ……그것들은 또한 육체와 마찬가지로 운동에 의하여 증가하는 것은 물론이다. 금력에의 애착은 쌓아놓는 획득물보다 더 빨리 증가하며 찬상에 대한 사랑은 그것을 받을 때마다 증가하여 드디어 살무사처럼 찌르며 뱀처럼 물기까지 마침내 사람이 시시각각으로 아첨의 냄새를 들이마시지 않으면 불행해지기까지에 이르게 된다. 야망은 전진할 때마다 강화되어, 마침내 사람의 온 영혼을 완전히 사로잡아 사람이 그의 목적밖에는 세상의 아무것도 중요하지 않게 생각할 지경이 된다.'

이런 인간적 '욕망 열정 기호'를 타고 났는데 질서 있고 개화된 존재가 가능한가? 라고 애덤스는 되묻는다. 그의 대답은 정부만이 사람을 제어해 둘 수 있다는 것이다. 인간동물의 열정을 굽히는 것이 사실상 '정부의 주요 목적이며 또 그것은 다음으로 정부의 주요한 수단이 된다. 그것은 사회 안에 질서와 순종을 가져오는 단 하나의 적합한 도구이며, 그것만이 효과적인 준법을 실시할 수 있으니 그것 없이는 인간의 이성도 상비군도 그렇게도 커다란 효과를 거둘 수는 결코 없을 것이기 때문이다.'

그러나 인간의 성격 가운데 그것을 억제하려는 정부의 노력에 반응하게끔 하는 무엇이 있는가? 자연은 다행하게도 두 가지 인간특징을 창조함으로써 질서 있는 정부의 가능성을 부여했다고 애덤스는 설명했다. 하나는 '군거성'이며 다른 하나는 '불평등성'이다. 사람은 가장 미개한 사람까지도 고립되기보다는 비슷한 겨레와 함께 살고자 하는 욕망을 가지고 태어난다. 이 군거관념의 존재야말로 자연이 인간을 조직적 생물로 그들을 '그들의 사회관계에서 서로 간에 유용하게끔 만들기로' 작정했음을 뜻하는 것이다. 그러나 인간욕망에 비추어 볼 때, 군거성은 그 자체로서는 결국 사회적 혼돈과 투쟁으로 끝날 뿐이다. 그리하여 자연은 그 또 하나의 인간적 특징 즉 불평등성을 만들었고, 이것은 보다 강한 자(보다 훌륭한 천품을 타고난 자 혹은 좀 더 부유한 자)로 하여금 사회질서를 세우며 공중의 기율(紀律)을 유지시킬 수 있게끔—이것이 즉 정치다—하는 것이다. '자연의 법칙에 따라' 그는 쓰고 있다. '모든 사람은 사람이지 천사가 아니요, 사람이지 사자도 아니며—사람이지 고래도 아니며, 사람이지 독수리가 아니니—곧 사람은 모두 '같은 종'이라는 말이다. 그러나 사람과 사람은 사람이 맹수와 다른 것처럼 본래부터 서로 다르다. 가장 중대한 종류로 신체적인 불평등, 지능적인 불평등이 자연의 창조자에 의하여 변할 수 없게 설정되어 있다.'

이것이 바로 애덤스가 제퍼슨 같은 민주주의와 의견을 달리하게 되는 결정적인 점이다. 애덤스는 모든 사람이 같은 충동 및 욕구를 갖고 태어남을 시인하는 반면—즉 그들의 열정에 있어서는 '평등하게 창조되었다'는 말이다—능력이나 기회에 관해서는 닮지 않았다고 한다. 모든 시대에 인간의 스펙트럼 전체에 걸쳐 찾아볼 수 있는 이 불평등은 오로지 한정된 수의 인물만이 그들의 목적과 야심을 만족시킬 위치에 놓일 수 있음을 뜻한다. 그리하여 모든 사회 혹은 사회적 집단에는 늘 두 개의 다른 인간 카테고리가 존재하는데, 그것이 재산 및 권력의 등급에 입각한 '지배자'와 '피지배자'라는 것이다. '모든 국가의 국민은 애덤스는 말했다. '본래부터 두 가지 종류, 신사와 상인으로 나뉜다. ……
가난한 자는 노동하도록 운명지어졌고, 부자는 교육·자주성·여가의 이점을 갖
고 있어 좀더 나은 위치를 차지할 자격이 있다.' 그러한 불평등을 한탄하기는
커녕, 애덤스는 그것이 사회의 통치를 위해 사실상 바람직하고 필요하다고 생
각했다. '사회는 그것이 필요하고 좋다고 판단하는 어떤 다른 불평등도 설정할
권리가 있으므로' 권장될 일이 있다면 그것을 불평등이라는 것이다.

애덤스는 인류의 자연적 불평등의 결과로 도처에서 권력을 장악하고 더 나
은 지위를 누리는 자들을 말하는 데에 '귀족'(aristocrat, aristocracy)이라는 말을 썼
다. 일반적으로 귀족이란 직접적인 혈통에는 상관없이 어떤 특별한 재능이나
뚜렷이 칭찬할 만한 점이 있는 자이다. 이것은 미모일 수도 있고, 혹은 도덕적
인 능력일 수도 혹은 우아한 태도일 수도 있으며, 지혜 혹은 기술일 수도 있고
사람을 뛰어나게 하는 그 어떤 것일 수도 있다. 참귀족은 애덤스의 말에 의하
면, 반드시 귀족 가문에 태어난 사람이 아니라 남자는 물론 여자 가운데(여성
귀족도 거의 남성만큼 얕잡지 못할 것인데)도 모든 인간 활동 즉 과학은 물론 예
술분야에서 발견될 수 있는 사람들이라는 것이다. 정치에 있어서 어떤 주어진
사태에서나 어떤 수단으로든 간에 일을 좌우하며 주도할 줄 아는 개인이다. 그
(혹은 그 여자)는 어떤 목적을 위해서든 조직된 사람의 집단이 있는 곳에서는
늘 자연히 뛰어나게 나타나는 인물이다.

1813년 11월 15일자 편지에서 애덤스는 제퍼슨에게 반박하고 있는데, 제퍼슨
은 '자연적'인 귀족과 '인위적'인 귀족과의 구별을 주장했다.

'유행에 따라 재능이란 말은 중간적인 의미로 쓰게 되었습니다. 천품·과
학·학문은 물론이지만 교육·부·완력미·우아함·출생·결혼·품위 있는 태도·
행동·걸음걸이·표정·피부색·용모도 재능입니다. 이 재능들 가운데 어느 한
가지가 실제로 사회에서 두 개의 표를 지배하거나 좌우할 수 있다면 그것은
그것을 소유하는 사람에게 내가 생각하는 말의 의미로서 귀족의 특성을 부
여합니다. 당신이 맨 먼저 만나는 사람 100명을 골라 공화국을 만들어 보십
시오. 모든 사람이 동등한 투표권을 가질 것입니다. 그러나 심의와 토의가
열리게 되면 칭찬할 만한 점이 있는 동등한 25명이 그들의 재능으로 50표를

지닐 수가 있음을 알게 될 것입니다. 이 25명 모두가 각기 내가 생각하는 말의 의미에서 하나의 귀족입니다. 그가 그 자신의 표에 첨가해서 한 표를 얻은 것이 그의 출생이나 재산이나 외관이나 능변이나 과학이나 학문이나 기교나 간사한 지혜나 또는 심지어 우의가 좋은 호인(好人), 그리고 미식가라는 성격까지 그 어떤 것에 의해서였든 간에 말입니다.'

애덤스는 불평등을 시인하며 사람들 사이에 차이가 존재함을 인정하는 그의 생각으로 유럽에서는 존재했던 바와 같은 경칭이 붙은 귀족제도를 옹호하려는 뜻은 아니었다. 사실, 그는 기성 귀족층의 단 한 가지 내세울 점이라곤 두뇌가 아니라 방패꼴의 문장(紋章)뿐인 '대대로 이어온 가문'에 대해 몹시 비판적이었다. 특전을 타고 났지만 특별한 지능이나 특수한 천품이 없는 귀족은, 윤리적으로 바람직하지 못하고 정치적으로 어리석으므로 한탄할 만한 대상이다. '귀족적인 권세를 허용받는 자들(모든 나라에서)의 대부분이 지닌 유약성·우열함·긍지·허영·이기심·잔꾀·저속한 기교와 비열하고 간사한 지혜, 원리의 결핍……감정이 없는 잔인성을 생각하면 그리고 또 한편, 더 수많은 사람이 그들의 꾀임수에 빠지는 바보가 될 뿐만 아니라, 그들의 꾀임수에 빠지기를 좋아하기조차 하는 그 어리석음을 생각할 때, 나는 그들의 어리석음에 대해 웃기보다 그들의 운명을 슬퍼하고 싶은 마음이 강렬하게 일어난다.'

그런데도 애덤스는 그러한 종류의 귀족도 역시 받아들였는데, 그것은 인간의 불평등이 존재함을 제시하는 증거로서밖에 다른 아무 이유도 없는 경우에 한해서였다. 우리가 그것을 좋아하건 않건 그리고 어떤 형의 귀족을 우리가 더 낮게 생각하는지에 상관없이, 귀족으로 그들이 그 지위권력 혹은 재산을 어떻게 획득했는지를 막론하고 도처에서 '존재했고' 세력을 장악했다는 것이 사실이다. 존 타일러(John Tyler, 1753~1824)에게 보낸 그의 유명한 편지(1814년 4월)는 타일러의 《미국정부의 원칙과 정책에 대한 연구》(1814)란 저술에 나타난 '나의 세 책으로 된 《변호》의 귀족학설에 관해 이름을 들어 나를 공격한' 테일러의 글에 답하는 것이었는데, 애덤스는 여기서 귀족의 기원에 관한 그의 생각을 다음과 같이 설명하고 있다.

'이 나라에는 토지재부(土地財富)는 물론 지폐재부가 충분히 귀족의 근원이 되어 왔습니다. 토지와 지폐로……귀족의 투기에 의하여 일거에 만들어지는 방대한 재산을 보십시오. 그런데 지폐와 토지는 귀족의 유일한 근원이 아닙니다. 대조선공·대건축공·대석공 등등이 있으니, 이들은 20 내지 100명에 이르는 귀족들을 각기 고용하고 있어, 그들이 그러자고 한다면 선거에 한 소대의 투표자를 거느리고 임할 수가 있습니다. 이들은 귀족일 뿐만 아니라 봉건영주의 한 종류입니다. ……버지니아의 한 농장주가 그의 1천 명의 흑인들과 함께 그 토지증서를 상인에게 팔게 되면, 그 상인은 농장주가 그의 교환으로 잃어버린 귀족적인 세력을 얻는 것이 아닐까요? 선생은 사회의 모든 계층을 쭉 훑어보시지요. ……저 처음의 농장주와 처음의 상인으로부터 위스키의 잔술이 또는 스코트인 행상까지, 그리고 토지·선창·상점·창의 재료 혹은 심지어 추첨표의 양도가 그 재(財)는 물론이지만 귀족성을 교환하는 것인지 아닌지 생각해 보십시오.'

그러므로 사람들 사이에는 천연적으로 불평등이 존재함을 믿는 애덤스의 신념은, 그로 하여금 아무리 해도 민주주의자가 될 수 없게끔 했으며, 그의 중요한 정치적 지위에도 불구하고 그 시대의 미국인을 이해하지 못하게끔 했다. 그는 정직하게 터놓고 또 고상하고 퉁명스런 투로 민주주의는 '……도대체 아무런 정부도 없는 국가'를 의미한다는 의견을 발표했다. 일반적인 국민은 그들 자신을 통치할 능력이 없기 때문이라는 것이다. 그는 《변호》에 다음과 같이 썼다.

'국민이 그들 자신이 자유의 최선의 수호자라는 명제는 옳지 않다. 그들은 우리가 상상할 수 있는 최악의 수호자일 뿐더러 어찌 보면 수호자가 아니다. 그들은 하나의 정체처럼 판단하지도 행동하지도 사고하지도 명하지도 못한다. 정의해 보면 민주주의란 민중의 소요에 통치권을 부여하는 것, 이성에 의해서나 공공적 관심에 의해서 지도되는 것이 아니라 언제나 무정부상태를 통하여 독재로 변해 버리는 것에 의해 지도되는 하나의 사회에 통치권을 부여하는 것을 의미한다. 그런 것이 역사가 경험해 온 바이며 그는 그런 것

은 조금도 갖고 싶지 않다.'

솔직히 말해서 그는 군주 혹은 귀족정치를 더 좋아했으나, 민주주의적 경향의 미국에서 그것이 불가능하다는 사실과는 별문제로 하더라도, 그는 어떤 독재권력이라도 진심으로 두려워했고, 우리가 보아온 바와 같이 '세습적 정법(定法)의 혈통'에 입각한 귀족의 지혜에 대해서는 의문을 품었다. 해밀턴과는 달리 애덤스는 아무런 제약도 가지지 않은 '어떤' 정부체계도 반대했으며, 과두정치는 그것이 아무리 부자요 명문출신으로 이루어졌더라도 어느 무제한한 민주주의 체제만큼이나 방종할 수가 있다고 단언했다. '나의 정치적 신념의 근본 조목은' 그는 1815년 제퍼슨에게 쓰고 있다.

'전제정치나 무제한의 주권제도나 혹은 절대권력 제도는 일반의회의 대다수 귀족의회, 과두적결사 그리고 단일 황제에 있어서는 같다는 것입니다. 똑같이 전횡적이며 잔인하며 피비린내 나는, 그리고 모든 면에서 극악무도하다는 말입니다.'

그가 결국 최선의 것이라고 원했던 것은, 한 학식 있는 통치단체를 토대로 해서 군주적인 위신을 누리는 강력한 행정수반, 높은 호칭을 가진 임명에 의하는 관리를 가지며, 정부에 일반 국민이 참여하는 것을 엄격히 제한하는 귀족주의적 경향의 공화국이었다. 대통령에 관해서는 애덤스는 워싱턴과 같이 가장 으리으리한 호칭 말하자면 '전하, 미국의 대통령 및 그 자유의 수호자' 같은 것을 찬성했는데—이것을 상원은 찬성했고 하원은 부결시키면서 평범한 '미국 대통령'을 택했으며, 그것이 이제 '미스터 프레지던트'로 생략되었다.

애덤스는 연방헌법에 대해 비판적이었는데, 주로 그것이 정기적인 일반투표를 마련하고 있기 때문이다. 그의 의견으로는 이런 일반투표는 민주주의라는 판도라의 상자를 여는 위험한 짓을 의미했다. 런던에서 미국공사로 있으면서 헌법사본을 받았을 때 그의 특징적인 반응은 불찬성이었다. 그는 제퍼슨에게 다음과 같이 썼는데 제퍼슨(1787년 12월) 역시 헌법에는 비판적이었으나 주로 그것에 권리법이 결핍해 있었기 때문이다.

'신헌법 계획에는 못마땅한 점들이 있는데 나는 그것을 단념하기가 어렵습니다. ……당신은 한 사람을 두려워하고, 나는 소수를 두려워합니다. 우리는 다수가 충분하고 공평하며, 완전한 의사표시를 해야 한다는 데에 완전히 의견이 일치합니다. 당신은 군주정치를 염려하며, 나는 귀족정치를 우려합니다. 그러므로 나는 대통령에게 좀 더 많은 권력을 상원에는 좀 더 적은 권력을 주겠습니다. 나는 모든 관직의 지명 및 임명권을 그 자신이 설치한 추밀원의 보좌만을 받을 뿐인 대통령에게 주겠습니다. 그러나 상원 혹은 어떤 상원의원에게라도 그가 추밀원에 속해 있지 않는 한, 표결권도 혹은 발언권도 주지 않을 것입니다. 분쟁과 소란이 관직의 배당에 있어서 상원에 표결권을 주는 일에서 반드시 오는 확실한 결과입니다. 당신은 대통령이 일단 선출되면 그가 살아 있는 동안 계속 되풀이해서 선출될까봐 염려합니다. 내가 보기에는 그럴수록 더욱 좋다고 생각됩니다. 당신은 외국의 간섭, 음모 세력을 염려합니다. 나 역시 매한가지입니다. 그런데 선거가 자주 있을수록 외세의 위험이 새로워집니다. 선거가 덜 빈번해질수록 위험도 덜해집니다. 그리고 같은 사람이 재선된다면 그가 재선될 가능성이 있는 것인데―외세의 위험은 덜해질 것이며―친애하는 선생, 야망의 일대 목적이 되는 관직의 선거를 나는 공포의 눈으로 봅니다. 이런 종류의 실험은 너무나 자주 시도되었고, 너무나 예외없이 공포를 낳는 것으로 드러났으므로 그런 실험을 두려워할 충분한 이유가 있는 것입니다.'

애덤스는 끝내 민주주의식의 헌법에 만족하지 못했고, 미국 전역에 걸쳐 급속도로 보급되어 가고 있던 민주주의적 제도 및 실제에 대해서는 더욱 그러했다. 그 생애의 여생을 그는 단호한 보수적 공화주의자요, 민주주의에 대한, 그리고 독재주의에 대한 동시의 적으로 보냈다. 민주주의에 대한 그의 비관과 우울한 진단에도 불구하고 미국의 민주주의적 정치제도는 파란을 넘어 자랑스럽게 살아남았다. 애덤스가 만일 그 성공을 보았다면 그도 아마 미국인은 월터 베이지우트가 매사추세츠 사람들에 대해 말했던 바와 같다고 동의했을 것이다. '매사추세츠 사람들은 어떤 헌법이라도 활용할 줄 알 것이다.'

민주주의자
토머스 제퍼슨
(1743~1826)

미국의 독립을 쟁취하려는 온갖 역경 속에서도 침착성과 선견지명을 잃지 않았을 뿐만 아니라, 모든 인간과 어떠한 시대에서도 적용될 수 있는 한갓 혁명문헌에 지나지 않는 추상적인 자리를 받아들임으로써 오늘날이나 다가올 앞날에 출현될지도 모르는 학정과 압제에 대한 저지와 장애물이 될 요소를 마련할 수 있었던 능력의 소유자 제퍼슨에게 최대의 경의를 표하는 바입니다.

에이브러햄 링컨(1859. 4. 6)

제퍼슨과 그의 전임 대통령이었던 존 애덤스만큼 표면상 닮지 않은 사람도 아마 없을 것이다. 작은 몸집이지만 매우 쾌활한 뉴잉글랜드인은, 키가 크고 수줍음 잘타는 버지니아인과 매우 대조적이다. 이들 두 사람들 사이에도 역설적인 서로 다른 점이 있었다. 뉴잉글랜드의 한 농민의 아들로 태어난 애덤스가 귀족정치를 대변한 것에 반하여 남부 개간자—적어도 어머니의 가문을 보아서—의 후손이었던 제퍼슨은 민주주의의 수호자였다. 그러나 이렇게 대조적인 점이 많았음에도 이들 두 사람은 종교의 자유라는 신념과, 서적과 사상에 대한 존경 등 이와 같은 점에서 전적으로 공통성을 띠고 있으므로 서로 깊이 존경할 수 있었다. 사실은 두 사람 사이에 교환되었던 중요한 서한을 읽어보아도 알 수 있다.

제임스 로웰(James Russell Lowell)은 토머스 제퍼슨을 '최초의 미국인'으로서뿐만 아니라 그 무렵의 가장 뛰어난 사상가로 여겼다. 에이브러햄 링컨은 제퍼슨의 주장을 '자유사회의 정의요 원리'라고 생각했다. 토머스 윌슨(Thomas

Woodrow Wilson)은 제퍼슨의 인류에 대한 태도를 평해서 그를 불교의 인물이라고 생각했다. 전세계는 오랫동안 제퍼슨을 민주주의의 이상을 구체화시킨 미국인으로서 존경해 왔다.

제퍼슨은 언뜻 파악하기 어려울 만큼 복잡한 성품의 소유자였다. 그 무렵 제퍼슨은 고도의 지식을 지닌 사람으로서 민주주의의 수호자이기도 했으며, 농촌귀족 출신이었으나 평민의 지도자이기도 했다. 그의 세대에서는 누구보다도 성공한 정치가였지만 정치연설을 한 일이라곤 없었다. 제퍼슨은 비교할 수 없을 만큼 재치있는 정당지도자였으나, 그는 실제로 주위의 추종자들과 개별적인 접촉을 전혀 갖지 않았다. 그는 치밀한 정치이론가인 한편 책략이 풍부한 정치가였으며, 철학자요 전략가이기도 했다. 몹시 상냥스러운 태도로 말하는 그였지만, 자신의 신조를 굽힐 줄 모르는 사람이었다. 침착한 학자라는 부드러움 속에서도 그는 자신의 주장을 거침없이 내세울 수 있는 지도자로서 강철 같은 의지를 소유하고 있었다.

토머스 제퍼슨은 1743년 4월 13일 서부 버지니아 주 셰드웰이라는 그의 아버지가 혼자 힘으로 개간한 농장에서 태어났다. 제퍼슨 집안이 있었던 장소는 부루 리치 산기슭에 자리잡은 황무지였는데, 그 무렵 백인정착지로서 개간되고 있었던 고장이다. 제퍼슨이 명문가에서 자라난 귀족이 아니고 프런티어(frontier)로서 자라났다는 사실은, 랜돌프 집안 출신인 그의 어머니가 버지니아의 부유한 집안의 한 사람이지만 제퍼슨의 이념과 미국식 민주주의에 결정적인 영향을 주었다는 것이다. 프런티어는 제퍼슨에게 독립독행력이라는 미덕과 상식, 그리고 무엇보다도 자기의 동지를 끊임없이 존경할 줄 아는 터전을 키워 주었다. 사실, 민주주의의 옹호자요 이론가인 제퍼슨을 이해하려면, 그의 프런티어적인 환경을 고려하여야만 된다.

프런티어라는 점에 있어서 제퍼슨의 인격형성에 영향을 끼치게 된 두 가지의 힘은, 그의 아버지와 18세기의 계몽사상이었다. 제퍼슨의 아버지 피터 제퍼슨 대령은 고전형인 초기 미국의 개척민의 한 사람으로서 인내와 용기를 가지고 황야를 개간하고 문명을 건설한 준엄하고도 정력적인 사람이었다. 그의 아버지 피터가 이름없는 집안에서 태어나 혼자 힘으로 출세하고 독학을 하였다는 점은 기억해 둘 만한 중요한 사실이다. 체구가 아주 큰 제퍼슨대령은 널리 존경을 받았던 인물이다. 심지어는 백인을 증오하는 이웃 인디언들까지도 토머스 제퍼슨의 아버지를 존경하였다. 이러한 인류애라는 교훈을 젊은 토머스는 좀체로 잊을 수가 없었다. 1757년 제퍼슨 대령은 토머스가 열네 살 되던 해에 약 5천 에이커(약 20㎞)의 농토와 훌륭한 가문명을 유산으로 남겨놓고 죽었다. 제퍼슨은 그의 아버지로부터 승마·사격·배젓기 그리고 농장 경작·건축의 기술·가축 사육 외에 사람을 거느리는 요령까지, 개척민으로서 겸비하여야만 될 기술과 기교를 배웠다. 제퍼슨은 엄격한 지식의 연마와 육체적인 인내력뿐만 아니라 진리에 대한 존경과 지식을 사랑하는 마음까지도 배웠다.

이성의 시대였던 18세기의 계몽사상은 토머스 제퍼슨의 정신과 인격을 형성하는 데에 큰 영향을 끼쳤다. 제퍼슨은 윌리엄 앤드 메리 대학교 시절부터 그의 전생애에 이르기까지 독서와 연구를 계속하였으며, 그중에서도 17세기와 18세기의 고전학자와 자연과학자의 저서를 열심히 읽고 연구하였다. 그는 독서를 위해서 온 정열을 바쳤다. 그는 그 무렵 미국에서 가장 많은 서적을 개인도서실에 장서하기까지 했다. 제퍼슨의 흑인노예였던 이삭의 회고담은 우리 눈앞에 열렬한 독서가 제퍼슨의 모습을 여실히 보여 준다.

'우리 주인은 많은 서적을 가지고 있었지요. 어떤 때는 20권이나 되는 책들이 마룻바닥에 널려져 있을 때도 있었습니다. 책 한 권을 급히 읽고 난 뒤에는 다른 책을 계속해서 읽곤 했습니다. 저렇게 많은 책을 다 읽다니! 어떻게 주인께서는 그와 같이 뛰어난 머리를 가지고 있었는지 나는 가끔 놀라곤 했습니다. 어떤 때 무엇을 물으려고 찾아오는 사람이 있으면 주인께서는 곧장 책장 앞으로 가서 해답을 하곤 했습니다.'

2세기 전의 프랜시스 베이컨(Francis Bacon, 1561~1626)과 같이 제퍼슨은 모든 지식을 자기 나라를 위해서 배우기에 노력했다. 그의 일반적인 지식과 과학에 관한 관심은 실로 놀라울 정도였다. 그는 측량사였으며 수학자이기도 하였고, 바이올리니스트·건축가·식물학자·지리학자·인종학자·천문학자·농학자·원예가·법률가·가구설계자·발명가 ·그리고 엔지니어였다. 그의 편지를 얼른 보아서도 그가 원예·포술·쌀 경작·올리브재배·방어공사·의약·직물·주물·희랍어·

나전어문법·작시법·도량형·수학·악기·교육·해수의 증류법·인디언어·종교·양잠·장직기계·증기기관·유황·조류·포도재배·속도계·제재소·양·유성·북두칠성·주조 화폐(미국의 현 통화제도의 근본이 되고 있는 달러 단위도 제퍼슨이 재정하였음)·운하·화학·월력·수뇌 등 이와 같이 여러 가지 분야에 관하여 열중하고 있었다는 사실을 알 수 있다. 그는 어떠한 것에 관해서도 잘 알고 있었지만, 그런 중에서도 어떤 부문은 놀랄 만큼 정통했다.

이와 같이 제퍼슨은 마음속에 도덕이라는 힘과 지적인 신념을 깊이 간직하고 있었다. 개인적인 일이거나 또는 정치적인 일이거나 인간의 존재라는 모든 문제에 대하여 그는 '생' 자체를 인정했다. 개인적인 불행 또는 공적인 패배 등이 언제까지나 그의 마음의 평형을 잃게 하거나 신념을 흔들리게 하지는 못했다. 그는 은은하게 빛나는 자신의 개성의 힘으로서 자기의 능력을 발휘하였다. 큰 키와 파리한 모습, 부드럽고도 익살스러운 그의 눈, 의지적인 턱, 붉은 머리카락의 버지니아인인 제퍼슨은 낡아빠진 슬리퍼를 신은 모습 속에서도 아주 인상적인 모습을 하고 있었다. 어느 때, 어떠한 상태에서도 제퍼슨은 군중의 지도자로서 군림했다. 그의 정신과 심령은 완전한 조화를 이루고 있었다. 그는 고대 그리스의 균형적 감각과 생명과 자연에 관한 르네상스적인 호기심을 겸비하고 있었다. 그의 모든 인간성은 이성으로써 더욱 빛났다.

근대사에서 제퍼슨이 훌륭하게 뛰어날 수 있었던 것은 그의 깊은 통찰력 힘때문이었다. 그의 전생애는 '자유'라는 이상을 위해서 바쳐졌다. 그의 저서 특히 (약 1만 8천 통의) 그의 방대한 서신은 자주정부와 자유 그리고 인간의 존엄성을 위한 논쟁과 어떠한 종류의 전제정치에 대해서도 증오한다는 주장으로 가득하다. 제퍼슨이 1800년 대통령 선거전에 입후보하였을 때 '나는 인간의 자유로운 마음을 억누르는 어떠한 형태의 전제정치에 대해서도 영원히 적대시한다는 것을 신의 이름으로 맹세하는 바입니다'라고 말한 것은 자기의 심정을 솔직히 표현한 것에 지나지 않다. 개개의 사상이 모여져 민주주의라는 철학에 집약되는 그와 같은 광명에 넘친 여러 가지의 사상을 인류를 위해 마련해 준 사람은 아마도 제퍼슨 이외에 한 사람도 없을 것이다. 제퍼슨이 집필한 대부분의 저서 속에 있는 재기(才氣)에 빛나고 경고적인 말들은 언제나 격언으로 인용될 수 있는 말들이다.

제퍼슨의 모든 체제적인 사상은 자연권과 이성이라는 기초 위에 세워져 있다. 존 로크와 영국의 법률가들 그리고 18세기 계몽철학의 위대한 인물들 특히 몽테스키외(Montesquieu)와 엘베시우스(Helvétius)에 관하여 깊이 연구한 제퍼슨은, 인간은 태어나면서부터 박탈되어질 수 없는 일정한 권리를 가지고 나왔다는 지도이념을 과학적인 사실로서 인정했다. 이러한 권리란—생명·자유·행복의 추구—'자연'의 권리인 동시에 '양도할 수 없는' 것으로서 지적으로 의문을 품거나 정치적으로 도전할 수도 없는 것이었다. 이와 같은 권리는 영구적인 권리이다. 왜냐하면 모든 인간은 이러한 권리를 부여받고 태어나기 때문이라고 제퍼슨은 말한다. 자연권 철학을 구체화한 독립선언으로부터 약 반세기가 지난 뒤 제퍼슨은 '양도할 수 없는 인간으로서의 기본권 이외에 변하지 않는 것이라곤 하나도 없다'고 기술했다.

자연권의 사상과 밀접한 관련을 맺고 있는 것은 제퍼슨의 도덕적 본능의 존재에 관한 가설이다. 제퍼슨은 인간에게 악으로부터 선을 가르쳐 주고, 종교를 포함한 모든 도덕의 영역으로 인간들을 인도함을 가능케 하는 요체가 있는데 이것이 바로 '도덕적 본능'이라고 생각했다. 제퍼슨과 그 무렵 합리주의자와 도덕가들에 의하면 사람은 팔과 다리를 가지고 태어나는 것과 똑같이 그와 같은 본능을 가지고 태어난다는 것이다. 이와 같은 선천적인 도덕감각이 없이는 인간은 야수가 될 것이고 따라서 문명이란 것은 도저히 불가능할 것임에 틀림없다.

사회에는 언제나 파렴치하고 부도덕한 존재들이 있다는 것이 사실인데—제퍼슨의 눈에는 나폴레옹 보나파르트가 그 뚜렷한 실례라고 보여졌다.—이러한 것은 유달리 눈에 띄는 예외라는 점에도 도덕적 본능이라는 법칙을 입증해 주는 것이다. 1814년 제퍼슨이 토머스 로우에게 보낸 편지에는 다음과 같은 내용이 있었다.

'어떤 이는 시각 혹은 청각과 같은 기관이 없이 또는 손이 없는 채 태어나는 사람도 있습니다. 그러나 사람이 태어나면서 이미 이러한 기능을 타고나지 못하였다든지 시각, 청각 그리고 손이 인간이라는 일반적 정의 속에 들어갈 수 있다는 것이 사실이라고 생각한다는 것은 잘못입니다. 어떤 사람에게 도덕감각이 없다든지 혹은 불안전하다는 것은, 어떤 다른 사람에게 있어서 시각과 청각이 없다든지 불안전하다는 경우와 똑같은 것으로서, 그것이 인류의 일반적 특성이라고 하는 증거가 될 수도 없습니다. 도덕감각을 필요로 할 때에는 그 결점을 교육으로써 혹은 이성과 판단에 호소함으로써 채우도록 우리는 노력합니다.

어떤 사람은 도덕감각이라는 자체에 반대하여 만일 자연이 우리들에게 그와 같은 감각을 부여하였다고 하면…… 자연은 행동자체 속에 있는 어떤 특별한 표식으로써 한쪽은 고결한 도덕, 또 다른 한쪽은 악덕이라고 하는 이 두 가지의 행동을 설정하였음에 틀림없다고 말합니다. 그 해답이란, 자연은 인간에게 유리하도록 덕의 본위와 표준을 정하였다는 것입니다. 인간은 서로 다른 국적과 환경에서뿐만 아니라 다른 습관과 정체하에서 살고 있으므로 유리하다는 조건도 역시 다를 것입니다. 그러므로 비록 똑같은 행위가 유용하게 행하여진다 할지라도 결과적으로 한 국가에서 덕이 될 수 있는 작용이, 환경이 다른 국가에서는 오히려 유해한 악덕이 되는 수도 있습니다. 그래서 저는 도덕본능이라는 보편적 존재를 진심으로 믿습니다. 저는 도덕적 본능이라는 것이 인간의 성격을 장식하는 데 가장 빛나는 보석의 역할을 한다는 점에서, 도덕적 본능이 결여되었다는 것은 우리에게 제일 두려운 신체의 불구보다도 더 한층 인간을 비열하게 하는 것이라고 생각합니다.'

선천적인 도덕감각 다음으로 인간의 실제적 활동을 이끌어 주는 힘은 인간의 이성이다. 이성의 법칙은 인류사회에 있어서 궁극적인 조정자 역할을 하였는데, 특히 자유사회에서는 이성의 역할이 더욱 중요하다. 그러나 이성이 인간의 이익을 위해 효과적으로 힘을 발휘하려면 두 가지의 중요한 조건이 필요하다. 그것은 자유와 교육이다. 진리를 탐구하는 데 있어 인간의 마음은 어떠한 정치조직이나 종교적 단체에 의해서 방해를 당하면 안 된다. 그러나 일단 발견된 진리라 할지라도 그것이 인간의 이익을 위해 이용되어지지 않는다면 무의미하다. 이러한 진리를 인간의 이익을 위해 이용하려면 광범위한 대중교육이 필요하다. 왜냐하면 무식은 인간의 현실적 잠재적 창조력의 이용과 판단을 불가능케 한다는 것이 자명한 사실이기 때문이다. 특히 과학과 학문분야에서는 더욱 그러하다. 그래서 제퍼슨은 정신적인 절대자유를 옹호하고 모든 어린아이와 재간 있는 사람들의 고등교육을 위해 세금으로 유지되는 학교제도를 설립할 것을 주창하였다. '지식의 배양은 종교적 의무의 한 행위이다'고 그는 말하였다.

자연권의 이론 속에는 인간평등이라는 이상이 암시되어 있다. 모든 인간이 평등하게 태어난 이상(인간의 자연권과 본능이 선천적이라는 의미에서) 귀족사회와 계급제도는 이러한 자연권에 거역하는 것으로 응당 배척당했어야만 될 것이었다. 그렇다면 누가 통치를 해야 될 것인가? 제퍼슨은 세습형식이 아니라 우수한 능력을 소유한 인물로서 형성되는 '자연적인 귀족'이 인간사회에 존재한다는 아리스토텔레스파의 이념을 받아들였다. 그의 주장에 의하면, 자연은 빈부의 차별없이 어떤 형의 인간 속에도 재능을 골고루 부여하였다는 것이다. 그리고 수입이라든지 사회적 지위를 가지고서도 어찌할 수 없는 능력을 저축하고 있는 사람은, 훈련을 받아 사회의 번영과 지도력을 위해 활동하여야만 된다는 것이다. 바로 여기에 참된 민주주의의 핵심이 있다.

1813년 10월 28일 존 애덤스 앞으로 보낸 편지 속에서 제퍼슨은 민주주의적 지도력에 관한 이상과 지도자의 '올바른 선출'에 관한 의견 등을 말하고 있다. 이러한 선출은 계통적인 학교교육의 과정을 통하여서만 실현되어지는데 우선 전국민 간에 '일반적인 지식의 보급'부터 시작하여 최후에는 상위기관에서 특별교육을 실시한다는 것이다. 이와 같은 교육의 과정은 엄청난 비용을 요할 것이지만, 자유스럽고 융통성 있는 사회를 유지하기 위해서는 이만한 노력과 비용을 들일 만한 가치가 있는 것이다.

'이렇게 권고하여 주십시오! 선생님' 제퍼슨은 친구이며 스승이기도 한 버지니아의 위대한 법률학자 조지 위스(George Wythe)에게 이러한 편지를 보냈다. '무지를 없애는 박멸운동을 펼치고 평민 교육을 위해 법률을 제정 또는 개정하여 주십시오. 이러한 목적을 위해 지출될 세금이란, 우리들이 국민을 무식한 채 둠으로써 우리들 속에서 출현될 왕이나 성직자 또는 유족들을 위해 지출될 세금의 1천분의 1보다도 많지 않을 것입니다.'

인간의 강적은 무식이다. 뿐만 아니라 무식은 모든 질병을 번식시킨다. 이러한 확신이 굳어지자, 대중교육을 널리 보급시켜야겠다는 제퍼슨의 생각은 깊어만 갔다. '만일 어떤 국가가' 그는 이렇게 말했다. '문명상태에 있으면서도 무식하고도 자유스러울 것을 기대한다면 그것은 과거에도 없었고 미래에도 있을 수 없는 것을 기대하는 것입니다.' 교육에 관한 그의 주장은 그 무렵 유럽의 상태로 인해 더욱 강렬해졌다. 그 무렵 유럽은 국민의 90%가 빈곤하고 노예상태였으며 무식했다. 그래서 나머지 10%는 자유롭고도 사치스러운 생활을 할 수 있었던 것이다. 이러한 유럽의 실정을 둘러본 제퍼슨의 눈에는 무엇이 비쳤을까? 영국은 부패한 귀족들이 자제력을 잃은 군주를 마음대로 움직이며 국민을 지배하고 있었다. 프러시아는 유능한 전제군주에 의해 통치되고 있었지만, 무능한 군주가 통치권을 이어받도록 되어 있었다. 러시아는 반동양적인 폭군의 채찍 밑에서 복역하고 있는 농노들의 거대한 형무소와 같았다. 반봉건적인 오스트리아에서는 귀족정치와 교권주의를 타파하려는 가망 없는 노력을 하고 있었다. 악정과 빈곤의 고민 속에서 허덕이고 있는 프랑스는 혁명과 무정부라는 깊은 수렁으로 빠져들고 있었다. 유럽 어느 나라에서고 제퍼슨은 폭정과 절망의 실례 이외엔 아무것도 보지를 못했다.

'유럽에 있는 동안 나는 각국을 통치하고 있었던 군주들의 성격을 관찰하고 가끔 재미있게 생각했습니다. ……루이 16세는 바보였지요. ……스페인 왕도 바보였고, 나폴리 왕도 마찬가지였습니다. 그들은 사냥으로 세월을 보내고 있었습니다. 사르데냐 왕도 바보였고…… 포르투갈 여왕은…… 태어나면서부터 천치였습니다. ……덴마크의 왕도 그랬습니다. ……후계자인 프러시아 왕은 몸과 마음 할 것 없이 단지 돼지같은 사람에 지나지 않았습니다. 스웨덴의 구스타프와 오스트리아의 요제프는 정말 미친 사람들이었습니다. 영국의 조지……는 틀림없이 껍질 없는 털에 지나지 않았습니다. ……이러한 왕족 동물들은 건전한 정신도 권위도 다 잃고 말았습니다.'

제퍼슨의 사고와 미국 민주주의에 끼친 유럽의 악영향을 지나치게 강조할 수는 없다. 그 무렵 유럽은 사회적으로 비참했고, 정치적으로 무도했다. 유럽의 어린이들은 견딜 수 없는 그들의 처지로부터 도피하려고 수천 마일을 횡단까지 했다. '유럽은 제조자가 자신의 직업을 알기도 전에, 혹은 그가 필요로 하는 것이 무엇인지 마음을 정하기도 전에 최초로 생각한 것이 매우 미숙한 제품이다' 이렇게 말한 제퍼슨의 말에는, 미국은 그러한 최초의 거친 모델을 개량토록 해야만 한다는 뜻이 함축되어 있다.

제퍼슨이 미국대사로 프랑스에 주재하는 동안에 세습적 계급제와 절대주의에 대한 그의 혐오의 감정은 더욱 뚜렷해졌다. 프랑스의 빈곤과 고생은 그로 하여금 분노에 넘치게 했다. '프랑스에도 약 2천만의 국민이 있다고 생각됩니다. 그중 1천 9백만 이상은 가장 비참한 어떤 미국인보다도 인간이 생존하는 환경이라고 하기에는 너무나 비참하고 불행한 처지에 있다고 생각합니다.' 이것은 그가 파리에서 써보낸 편지에서 한 말이다.

제퍼슨은 이렇도록 불행하게 된 원인이 '그릇된 정치형태' 때문이라고 깨달았다. 미국은 '비둘기를 통치하는 솔개'식의 유럽 정부처럼 고민하는 유럽의 길을 절대로 걸어서는 안 되겠다고 제퍼슨은 기술하였다. 유럽을 다녀온 사람들만이 미국이 참으로 낙원이라는 것을 옳게 인식할 수 있었다. 제퍼슨은 1785년 제임스 먼로(James Monroe)[1]에게 보낸 편지에 유럽에서 '여행을 해 보면 당시의 조국, 조국의 땅, 기후·평등·자유·법률·동포·예의 등을 경앙하게 될 것입니다'고 했다. 이어서 그는 이렇게 외쳤다. "신이여! 왜 우리국민은, 지구상에 있는 어떤 나라의 국민도 누리지 못하고 있는 귀중한 당신의 축복을 받고 있다는 것을 깨닫지 못하고 있나요."

서반구에 있는 미국은 신대륙이었으며 시민은 그때까지도 세습적인 불평등에 의해서 타락치는 않았다. 타락하지 않고, 속박되어 있지 않은 이 나라의 국민들은 비옥한 땅, 더구나 주종관계가 없는 농토에서 자유롭게 생활하고 있으므로, 유럽의 비극적인 경험을 되풀이하지 않는 새로운 사회를 건설할 수 있었다.

제퍼슨 시대의 근본적인 사회적 문제는 오늘날과 같이 정치문제였다. 대부분의 모든 사회적 질병은 궁극적으로 국가의 본질과 작용에서 기인한다. 악질적인 정부가 국민들에게 가하는 잔인성과 타락에는 거의 한계가 없다. 제퍼슨 시대에도 신민의 태반이 정치적 권리가 없었으므로 어찌할 도리가 없었다. 제

---

1) 미국의 제5대 대통령.

퍼슨은 국민에게 정부를 통제할 만한 힘이 없다는 것은 결국 늑대가 양을 지배하는 사회와 다를 것이 없다고 믿었다. 또한 그는 이러한 잘못된 점에 관해서는 논박할 여지도 없다고 생각했다. 비록 최악의 민주정치라 할지라도 빛나는 독재정치보다는 낫다고 생각했다. 왜냐하면 인간에게는 과오를 범할 수 있는 자연의 특권이 있다 하더라도 그대로 방치해 두면 얼마 가지 않아 스스로 잘못을 교정할 수 있는 상식을 인간들은 지니고 있다고 제퍼슨은 믿었기 때문이다. 그는 최대한의 자유를 시민들이 누릴 수 있도록 하는 정부가 가장 훌륭한 정부임은 자명한 이치라고 하였다. 이러한 진리는 비록 정부가 어느 정도 무력해지는 쇠퇴기에 놓여 있다 할지라도 변함은 없다는 것이다. 더욱이 강력한 정부가 악한 정부라고 함은 불가피하다. 왜냐하면 불원간에 노예라는 신분은 정지되고 정부를 만든 주인으로서의 시민이 되어지기 때문이다.

제퍼슨은 정부의 본질에 관하여 아무런 환상도 갖지 않았다. 볼테르(Voltaire)와 같이 역사의 현실적인 독자로서, 역사를 오락으로 보다 오히려 역사가 가르쳐 주는 교훈을 얻으려고 읽었던 제퍼슨은, 회의적인 안목으로 정부 전체를 주시했다. 제퍼슨과 같은 시대의 많은 미국인, 특히 헌법기초를 위해 활동했던 사람들도 역시 그랬다. 제퍼슨은 정부를 잠재적 위협을 내포한 존재라고 두려워했으나 필요악으로서 용납하였다. 그는 사회에는 어떠한 규칙이 필요한 동시에 개인에게는 일정한 양의 자유가 필요하다는 것을 깨달았다. 그러나 이러한 사회와 개인 양자의 요구는 서로가 배타적으로 나타나므로 사회질서와 자유사회에서 일어나는 마찰은 융화되기가 매우 어렵다고 생각되었다.

제퍼슨은 많은 정부가 어떤 때에는 강압적인 법률의 힘으로, 어떤 때는 노골적인 폭력으로 개인의 자유를 늘 침해하였다는 사실을 역사를 통해 잘 알고 있었다. 국민의 참다운 이익을 위해 권력을 행사했던 통치자가 매우 적었다는 것도 거의 명백한 사실이었다. 제퍼슨은 가장 묵시적인 자기의 글 속에서 만일 전제주의와 무정부주의 둘 가운데 어느 하나를 선택해야 하는 경우가 있다면, 그는 오히려 무정부주의를 선택할 것이라고 확언했다.

'만약에 인간으로 하여금 최대의 악에 복종토록 하는 것이 야만적인 미국인 '인디언'의 세계처럼 법률이 전혀 없는 경우와, 그렇지 않으면 문명화된 유럽인의 세계처럼 법률이 과잉상을 이루고 있는 경우 가운데 어느 것인지 질문받는

다면, 이 두 가지의 경우를 실제로 본 사람은 서슴지 않고 후자라고 말할 것입니다.'

그리고 제퍼슨은 오늘날의 대부분의 세계에까지도 들어맞는 명언으로 '양들은 늑대가 보호하는 그늘 밑에서보다 자기들만이 있을 수 있을 때가 가장 행복하다'라는 말을 덧붙였다.

정치의 가혹한 바람이 학정이라는 구덩이로 저하되므로 제퍼슨 시대의 사람들 앞에 놓인 문제는 '어떻게 사회에 없어서는 안 될 공복이 폭군이라는 괴물로 자라나지 않도록 할 수 있을 것인가' 하는 문제였다. 어떤 사람들이 정부로 하여금 국민의 자유를 침식하지 못하도록 막을 수 있을까?

'정부에게 양도하여도 아무런 쓸모없는 무가치한 권리들이 있습니다.'

1789년 제퍼슨은 이렇게 기술했다.

'정부는 늘 이러한 권리를 침해하여 왔습니다. 즉 이 권리들이란 사고의 권리, 말과 글로서 사상을 발표할 수 있는 권리, 자유로운 상거래의 권리, 개인의 자유의 권리 등입니다.'

제퍼슨은 정부란 국민의 행복한 생활과 자유를 위해 도움이 되어야만 하며, 특히 자유 없이는 진정한 행복을 추구할 수 없다고 생각했다. 1782년 제퍼슨이 제임스 먼로에게 보낸 서한에는 인간의 사상과 행동을 억누르는 강력한 국가는 '삶의 축복을 전멸시키며' 사람들로 하여금 '이 세상에 태어나지 않았더라면 더 좋았을 것을' 하는 느낌을 갖도록 한다고 기술하였다.

이러한 강력한 국가를 시정하는 해결책은 자치정부의 수립이다. 국민들은 자신들의 일꾼(관리)을 뽑고 이를 감독하는 등의 권리를 편의주의나 환심으로서가 아니라, 자연으로부터 부여된 임무임을 자각하고 행사하여야만 된다. 제퍼슨은 1790년 워싱턴 대통령에게 이렇게 설명한 일이 있다.

'지상에 있는 사람은 어느 누구든지 자치정부를 소유할 권리가 있습니다. 인간들은 이러한 권리를 태어날 때와 더불어 자연의 섭리로부터 받아들였습니다. 국민의 개개인은 자신의 의사만으로써 이러한 권리를 행사하고, 인간의 집단은 이들 다수의 의사에 의해 이 권리를 행사하는 것입니다. 다수라고 하는 법칙은 모든 인간사회의 자연법입니다.'

민주주의의 비판가들은 사람들에겐 스스로 다스릴 수 있는 능력이 없다고 주장하였다. 제퍼슨은 이러한 민주주의에 대항하는 주장을 간략한 문장으로 간단히 논박했다.

'인간에게 스스로 다스릴 수 있는 정부가 있다고 하는 것이 믿어지지 않는다는 말을 흔히 듣습니다. 그렇다면 다른 사람들을 다스리는 정부는 있을 수 있다고 믿는지요? 그렇지 않으면 옥(玉)의 모양을 한 천사들이 인간을 지배하는 것을 우리가 본 일이 있습니까? 역사로 하여금 이 질문에 관하여 해답하도록 하면 알 것입니다.'

제퍼슨은 어떠한 집단이나 개인의 감독하에서 마음에 내키지 않는 부분적인 민주주의가 있을 수 있다는 것도 인정치 않았다. '그렇지 않습니다' 제퍼슨은 친우 조셉 캬벨에게 보낸 서신에서 이렇게 말했다. '훌륭하고 안전한 정부를 가질 수 있는 방법은 정부를 어느 한 사람에게만 맡기지 않고 많은 사람들에게 나누어서 떠맡기는 것입니다.'

또 제퍼슨은 프랑스인인 그의 친우 드폰트 드 네므르스에게 다음과 같이 말했다. '우리들은 국민을 우리들 자신의 어린아이와 같이 생각합니다. ……그러나 당신 생각과 나의 생각이 다른 점은, 당신이 국민을 유모없이는 염려스러워서 그대로 둘 수 없는 갓난아이처럼 사랑하는 것에 반하여, 나는 국민을 자주 정치를 할 수 있도록 자유롭게 놓아둘 수 있는 성인으로서 사랑한다는 점입니다.' 찰스 메리엄교수는 이 말을 민주주의의 본질을 가장 훌륭하게 설명한 문장 가운데 하나라고까지 말한 일이 있다.

제퍼슨은 인간성을 신뢰하였으며 인류의 상식을 확신했다. 스스로 자신들을 통치하는 사람들은 과오를 범하기 쉽지만, 그들은 그 잘못을 고칠 수 있는 기회도 함께 가지고 있다. 그러나 피통치자는 고통을 참거나 난폭함을 견디는 것 이외에 아무런 의지할 만한 것이 없다. '나는 국민의 사람 된 양식과 또한 지도자의 정진을 신뢰하고 있습니다.' 제퍼슨은 이렇게 말했다. '그러므로 국민과 지도자들이 어느 정도 잘못을 저지른다 해도 어떤 경우에서나 별로 염려하지를 않습니다.' 국민은 한때 길을 잘못 들게 될지도 모르며, 혹은 기만당할지도 모르지만, 진리의 대로가 열려만 있다면 국민들은 부정과 유해한 것을 거절하는 것을 배우게 될 것임에 틀림없다. '국민들이 무엇이든지 잘 알고 있는 곳에는 그들에게 정부를 맡길 수가 있습니다. 이들은 어떠한 사건이 그들의 주목을 끌

만큼 악화되었을 때에도 언제나 그 사건을 정당하게 처리할 수 있을 것으로 신뢰받을 수 있습니다.'

이와 똑같은 이유로 제퍼슨은 언론의 자유를 주창하였다. 만일에 민주주의가 독해력이 있는 시민을 필요로 한다면 시민은 당연히 읽는 자유를 누려야만 된다. 어떠한 종류의 검열도 육체를 지배하는 독재를 정신을 지배하는 전제로 대치함으로써 여전히 민주주의의 정신을 부정하게 되는 것이다. 더구나 소수의 의사도 들어야만 되는 소수자의 권리보장이 민주주의의 본질의 하나이므로, 검열이라는 원리는 다수자에게 전제라는 무기를 공급하는 결과밖에 안 된다.

'우리의 자유란' 제퍼슨은 이렇게 말했다. '언론의 자유에 의존하고 있는 것입니다. 언론의 자유를 상실치 않기 위해서 제약을 받아서는 안 됩니다.' 제퍼슨도 신문사측의 방종된 언론 자유의 남용으로 희생된 사람이었다.—대부분이 금전적 동기에서였다.—그러나 제퍼슨은 어떠한 대가를 치루더라도 언론의 자유는 지켜져야만 한다고 생각했다. '나는 거짓과 비방의 권리로부터 신문을 지키겠습니다.' 제퍼슨은 그의 첫 번 행정담당 시대에 난무하는 신문에 관하여 이와 같이 말했다.

이와 똑같은 원리는 서적에도 역시 적용된다. 제퍼슨은 만일 어떤 책에 사실과 다른 내용이 있다면 그 사실은 반증되어야만 하며, 또 만일에 그 논법이 그릇되었을 때에는 그것은 반드시 논박받아야만 한다고 지적했다. '그러나 제발 우리들은 이러한 양측의 주장을 너그럽게 들어 주어야 되지 않겠습니까.' 인기가 없는 생각이라 할지라도 일단 들어 주고 용기를 일으키도록 평가해 주어야만 한다. 일반여론과 공공정책에 관한 기탄없는 비판이 없이는 민주주의는 불원간 쇠퇴하고 말 것이다. '벌주기 위해서 일반여론 기관을 검열(비판)하겠다고 하는 것은, 마치 양과 늑대 사이에 확정된 평화와 신뢰를 저당으로 하고 양으로 하여금 목장을 지키는 개를 자기에게 바치라고 하는 동화 속의 늑대와 같은 억지를 되풀이하는 것과 같은 것입니다.'

사람들이 하고 싶은대로의 생각과 말하는 데에 자유로운 민주주의는 또한 양심의 자유도 포함하고 있다. 제퍼슨에게는 교회의 전제란 정치적인 독재보다 훨씬 더 증오스러웠다. 종교의 광신이 지난 날에 있어 많은 피를 흘리게 하였고, 고통을 당하게 하였다는 것을 그는 잘 알고 있었다. 제퍼슨은 '버지니아의 비망록'이라는 글 가운데에 '수백만의 결백한 남녀와 어린이가 그리스도교의 창시 이래 화형과 고문을 당했으며 벌금을 냈고 투옥당하였습니다. 그러나 우리들은 아직까지도 신앙형식 통일에 대해서는 단 한 치도 나아가지 못하고 있습니다'라고 썼다.

종교의 통일이란 이루어질 수도 없는 것이며, 바랄 수조차도 없는 것이므로 이런 생각은 완전히 포기해 버리는 것이 현명한 정책이다. 사람들로 하여금 자기가 좋아하는 식대로 예배보도록 하고, 싫으면 그만두도록 해야 한다. 제퍼슨의 주장을 보면 종교란 '모든 인간과 창조주 간의 문제로서 여기에 간섭할 권리란 아무에게도 없는 것이며 사회에도 없다'는 것이다. 제퍼슨 자신도 그리스도교 신자가 아니었으며, 더구나 신조를 싫어하였지만 그는 예수가 역설한 도덕의 원칙을 고수하였다.

시민에게 종교를 강요할 수 있는 권한을 국가에게 부여한다는 것은, 국민의 신앙이라는 것 때문에 국민을 벌주는 원리와 똑같이 참기 어려운 것이다. 미국혁명의 불멸의 업적의 하나는 종교의 관용이었는데, 제퍼슨은 1786년 버지니아 의회에서 통과한 거의 획기적인 신앙의 자유법에 관하여 평생 자랑하였다. 제퍼슨의 인도주의적 철학에 의하면, 종교의 관용이란 다만 종교 자체만을 위해서가 아니라, 민주사회의 유지를 위해서 무엇보다도 우선 필요한 것이었다. 그는 국가와 지배력이 강한 종교가 결합된 경우, 그 힘의 행사가 얼마나 잔인하며 무서운 폭군인 것인가 잘 알고 있다. 이와 같이 제퍼슨이 말한대로 '교회와 국가의 몸서리나는 결합'은 과거 인류사회에 대대적인 파괴를 초래하였는데 미국에까지 이러한 일이 허용되어서는 안 되었다. '어떠한 국가, 어떠한 시대에 있어서도 성직자는 자유의 적이었습니다. 성직자는 언제나 전제군주와 동맹하여 전제군주로부터 보호를 받는 대가로 폭군들의 권력남용을 방조하였습니다.'

미국에서는 사람들은 정신적인 자유뿐만 아니라 육체적으로도 자유로워야만 했으며, 어떠한 인물도 어떠한 법률도 국민들이 무엇을 믿어야만 된다는 것을 강요할 권리를 가질 수는 없다. 제퍼슨은 이러한 관용의 원칙을 다음과 같이 퉁명스럽게 말했다. '내 이웃 사람들이 와서 20명의 신이 있다고 하든지, 혹은 신이 없다고 하든지 간에 나는 아무런 손해를 받지 않습니다. 이러한 말들

이 내 주머니를 뒤져갈 수도 없겠고, 내 다리를 삐게 하지도 못할 테니까요.'

　제퍼슨의 미국인의 민주주의를 위해 헌신한 결과는, 미국을 국제정치의 무대에서 비타협적인 고립이라는 상태로 만들기에 이르렀다. 그의 쓰디쓴 경험은 그 길 이외에 어떤 다른 방법을 선택하지 못하도록 하였다. 정치적으로 그가 가장 눈부시게 활약했던 때가 바로 유럽에 그칠 줄 모르는 '격변이 있었던 시기'라는 것은 기억할 만한 일이다. 제퍼슨이 워싱턴 대통령정부에서 국무장관 직을 맡아보고 있을 때, 프랑스인은 자기네 군주의 목을 벤 결과로 외국과의 전쟁을 초래하고 있었다. 또 제퍼슨이 합중국 부통령으로 있을 때 보나파르트는 곳곳에서 승전고를 울려 자신의 유럽과 독재를 위한 대로의 포장을 착착 진행하고 있었다. 제퍼슨이 대통령으로 재직하고 있을 때 육지에서는 나폴레옹에 의해 짓밟히고, 해양에서는 영국에 의해 약탈되고 있는 세계를 직면하였다.

　제퍼슨이 공직에 머물러 있었던 대부분의 시기는 20년 이상이 넘도록 세계는 평화를 몰랐다. 그는 그 무렵의 국제적인 폭력과 유혈을 절망에 가까운 눈으로 살폈다.

　'전동물계의 왕국에서' 제퍼슨은 친우 매디슨(Jams Madison)[2]에게 보낸 편지에서 이렇게 말했다. '질서정연하게 자멸의 길을 따르고 있는 동물은 인간밖에 없는 것 같습니다' 그리고 그는 슬픔에 찬 탄식을 하였는데, 이 비탄의 소리는 오늘날의 세계에도 알맞은 말일 것임에 틀림없다. '지금까지 문명국의 차용증명서격이었던 도덕원칙과 판에 박은 듯한 관습은……오늘날엔 폭력이라는 야만인의 법률에다 길을 양보하고 말았으며, 19세기는 5세기의 반달리즘(vandalism) 시대로 되돌아가고 있습니다.'

　유럽의 전투부대는 미국의 권리와 미국 선박에 용서없이 폭행을 가하였다. 미합중국은 무엇을 할 것인가? 선전을 할 것인가? 그러나 그러한 방법의 구제책은 중병을 발명케 하는 경로가 되므로 그렇게 현명한 짓은 못된다고 제퍼슨은 생각했다. '나는 평화를 사랑합니다' 그는 이렇게 기록했다. '그래서 나는 우리들이 전쟁이라는 방법보다도 다른 침략행위 징벌 방법을 택함으로써 세계에 새로운 또 하나의 유용한 교훈을 끼쳐 놓아야만 된다고 생각합니다. 그러

---

2) 미국의 제4대 대통령.

한 징벌이란 벌을 가하는 자에게도 고통을 당하는 자와 똑 같을 만큼의 벌을 받게 한다는 것이지만' 이러한 '새로운 또 하나의 방법'이란 교전국과의 모든 연락을 단절하고, 어떠한 침략자와도 통상행위를 갖지 않을 것이며, 그리고 미국의 자유로운 제도를 분쇄하게 되는 어떠한 싸움도 허락하지 않는다는 것이다. 그 무렵과 같은 무질서한 세계에 있어서 미국의 특수한 입장을 제퍼슨은 역사적 조망을 가지고 다음과 같이 술회했다.

'우리들 자신만이 생각해 보더라도 우리들이 맞닥뜨리고 있는 난관이란 실로 막심한 것입니다. 그러나 유럽이 당면하고 있는 곤란과 비교하여 볼 때 우리들의 처지는 낙원의 기쁨 속에 있습니다. ……우리의 운명은 과거 어떤 시대에도 없었던 혼잡과 난폭의 한가운데에다 우리들의 생존이라는 운명을 부여하였나 봅니다…… 정복자가 황폐와 파괴를 저지르며 지상을 돌아다니고 있습니다. ……참으로…… 우리들의 나라는 장미의 화원입니다. 그리고 우리 합중국 정부조직은 '세계의 조난' 한복판에서 우리 국민을 구조하여 줄 것이며, 이러한 사실은 역사상 불멸한 것입니다. 우리들에게도 분명히 하찮은 말다툼이 있으며 가슴이 타오르는 답답함이 있습니다. 때에 따라서는 어떠한 우울도 깃들어 있습니다. …… 그러나 다행스럽게도 침략자 매머드(mammoth)는 수영을 못하며, 리바이어던(leviathan)은 마른 땅을 거닐 수가 없습니다. 그러므로 만일 우리들이 그들의(침략자) 길을 열어 주지 않는다면 그들은 우리들에게 접근할 수가 없습니다.'

제퍼슨의 정책은 유럽의 '사자와 호랑이'의 길을 열어 주지 않는다는 것 뿐만 아니라, 미국의 통로로부터 그들을 막아 버린다는 것이 또한 중대한 목적이었다. 제퍼슨은 지구의 양 반구를 영원히 분리시키기 위한 경계선을 대양 한복판에 설정할 수 있는 어떠한 구실을 찾아낼 수 있기를 바랐다. 그는 미대륙의 장래를 자유와 평화의 가정으로 생각하고, 전쟁으로 어지러워진 유럽이 양 반구에 전쟁이라는 광기를 전염시키지 못하도록 애썼다.

제퍼슨이 그의 제자인 제임스 먼로에게 보낸 편지를 읽어 보면 뒤에 소위 '먼로주의' 속에 구현되어진 이러한 고립정책—격리라고 함이 옳겠다—에 그가 얼마나 깊은 관심을 가졌는지 알 수 있다. 먼로에게 보낸 제퍼슨의 한 편지 속에는 이러한 그의 깊은 관심이 표명되어 있다.

　'오래전부터 나는 미국을 위한 기본과제로서 유럽의 싸움 틈바구니 속에 우리가 애써 끼어들지 말아야 한다고 생각해 왔습니다. 유럽의 정치적인 이해와 미국의 이해와는 전혀 다른 것입니다. 유럽제국 서로 간의 질투, 세력균형, 착잡한 동맹, 정부형태의 원리 등 이런 것들은 한결같이 우리나라와는 아무런 관계도 없는 것들입니다. 유럽제국은 영원히 전쟁으로부터 벗어날 수 없는 나라들입니다. 이들의 정력은 국민의 노동과 재산 그리고 생활의 파괴에만 소비되고 있습니다. 인류의 평화와 우애라고 하는 것들과는 반대의 조직을 시도하고 파괴하는 대신, 개량 목적의 방향으로 우리들의 모든 원동력과 능력을 발휘할 수 있다는 점 등에서 우리들만큼 유리한 기회를 타고난 국민들도 아마 없을 것입니다. 우리들 서반구의 동포국가 가운데에서 우리 미국에 대하여 전쟁을 도발시킬 형세나 조건, 그리고 의향을 품고 있는 나라라고는 현재까지 없으며, 또한 앞으로도 없을 것입니다. 더욱이 남북미에 걸쳐 점거되었던 유럽제국의 발판은 바야흐로 무너져가고 있습니다. 그러므로 머지않아 우리들은 이러한 무리들로부터 떨어져나갈 수 있을 것입니다.'

　국제정치 분야에서의 국가고립 정책은 경제활동의 부문에까지 그 영향력을 미치게 했다. 농민의 자손으로서 또한 자기 자신이 농민이었던 제퍼슨은 도시와 상업계급을 신뢰하지 않았다. 그는 도시경제와 도시문명에 대한 자신의 편견을 버리지 못했다. 그는 토지소유권이라는 문제가 농민들에게 자유와 독립에 관한 의식을 불어넣어 주므로 농촌인이 도시민보다 훨씬 낫다고 믿었다.
　도시화와 민주주의의 장점을 더럽히게 되는 결과를 두려워한 제퍼슨은, 미국을 자국에 필요한 식량만을 재배하고 공업제품은 생산하지 않는 농업사회로 되어지기만을 바랐다. '공업의 전반적 기능을 위해서 우리들의 작업장을 유럽에 남겨두도록 합시다.' 미국이 개방된 장소로서 농업민주주의 국가로 남아 있는 동안, 유럽으로 하여금 프롤레타리아와 빈민도시 그대로를 계속 보존시키자는 것이다. 그리고 유럽과의 접촉은 농산물과 공업제품과의 교환시로만 제한하자는 것이다.

제퍼슨 시대 이래 사정은 여러 가지로 변하였다. 현대과학은 공간을 정복하기 시작했으며, 미합중국은 세계적 강대국으로서 국제정치에 군림하게 되었다. 또한 미국은 제퍼슨이 대통령으로 취임했던 무렵의 인구 약 5백만에 비하여 1억 8천만 이상의 인구로 증가된 강력한 공업국가로 발전하였다. 오늘날 미국인은 1, 2세기 전과는 달리 대부분이 도시에 살고 있으며, 제퍼슨의 예견과는 반대로 이들은 18세기의 그들의 선조대보다도 더한 민주적인 생활을 할 수 있다는 점을 보여 주었다.

제퍼슨은 자연권을 제외하곤 인간에게 영구적이고 불변성인 것은 하나도 없다고 주장하였다. 특히 늘 변하기 잘 하는 인간의 제도에 있어서는 진정 그러하다고 보았다. 제퍼슨은 진보의 가능성과 현존상태의 개량을 신뢰했다. 한마디로 말해서 인간이란 자유로운 행위자로서 자신의 운명의 유일한 설계자라고 제퍼슨은 믿었다. 1816년 제퍼슨은 이렇게 말한 일이 있다.

'어떤 사람들은 한 번을 경건한 숭배물과 같이 보아 손댈 수 없을 만큼 신성한 물건이라고만 여깁니다. 이러한 사람들은 선대의 사람들을 마치 인간 이상의 지혜를 지닌 초인적 존재로 추어올려놓고 이들이 만들어 놓은 것은 수정할 여지도 없을 만큼 훌륭한 것이라고 생각하였습니다.…… 그렇다고 해서 저는 결코 법률이나 헌법을 꾸준히 실제로 실시해 보지도 않고서 무턱대고 고치자고만 주장하는 것은 아닙니다.……그러나 저는 법률이나 헌법이 인간의 지성의 진보와 병행하여 나가지 않으면 안 된다고 봅니다. 새로운 것이 발견되고, 새로운 진리가 세워지고 생활양식과 판단력이 환경의 변화와 더불어 변하여질 때면 제도 역시 앞으로 나아가야만 하며, 시대에 보조를 맞춰 나가지 않으면 안 됩니다. 문명화된 사회를 보고 언제까지나 미개되었던 선대들의 제도하에서 그대로 머물러 있으라고 강요하는 것은, 성인에게 어린 시절에 꼭 맞던 옷을 그대로 입고 있으라고 강요하는 것과 똑같습니다.……각 세대는…… 자신들의 행복을 더욱 더 촉진시킬 수 있다고 믿을 수 있는 정부형태를 스스로 선택할 권리를 소유하고 있습니다.'

요컨대 제퍼슨은 양도할 수 없는 자연권의 철학적 원리와 선천적인 도덕 가치의 체계를 기본으로 민주주의의 이념과 이상의 계통을 뚜렷이 세워 놓은 인물이었다. 그에게 있어 민주주의 중심이 될 수 있는 이념이란 자유—즉 생각의 자유, 정신의 자유, 행동의 자유, 인간자체의 자유, 바로 이것이었다. 그가 자유의 범위와 정신의 분야에서 이룩해 놓은 업적만을 후대들이 기억하여 줄 것을 원했던 점은, 제퍼슨의 공적 가운데에서도 매우 중요한 사실이다. 제퍼슨은 미국 국민이 그에게 맡겼던 것 가운데에서도 특히 두터운 신뢰를 받았던 지위—국회의원, 지사, 장관, 국무장관, 부통령, 그리고 미합중국 대통령 등의 중책을 역임하였는데, 그는 그의 전생애의 반생 이상을 공공을 위해 봉사하였다. 제퍼슨은 그의 묘비에 다음과 같은 비명을 새겨 줄 것을 부탁하였을 뿐 '그 이외의 말은 한 마디도' 원치 않았다.

미국독립선언의 기초자(起草者)
버지니아 신앙자유령의 기초자
그리고 버지니아 대학교의 설립자
토머스 제퍼슨
이곳에 잠들다.

보수주의자
알렉산더 해밀턴
(1755(57)~1804)

그를 야심가라고 해서 위험인물로 생각하는 이들이 있습니다. 나 역시 그가 야심적 인물이라는 점을 어렵사리 시인하고 있습니다만, 이것은 인간이 무슨 일이건 한 번 착수하면 훌륭히 해치우게 하는 촉진제적인 바탕이 아닌가 생각됩니다. 그는 용의주도하며 예민한 이해력의 소유자로서 그의 판단엔 훌륭한 직관이 깃들여 있습니다.

—존 애덤스에게 보낸 조지 워싱턴의 글 중에서

미국의 모든 훌륭한 정치가들 가운데에서 국민의 지지를 받는 위인치고 일반의 뇌리에 완전히 부각된 적이 없는 유일한 인물은 아마 알렉산더 해밀턴이 아닌가 생각한다. 워싱턴은 그 고매한 인격으로, 프랭클린은 과학적 지식으로, 제퍼슨은 민주철학으로, 이렇게 인물평가의 몇 가지 구분이 서 있다. 비록 국민의 칭송을 받는 데는 정도의 차이가 있었지만 이러한 구분은 널리 충분히 인정되고 있는 바이다. 그러나 해밀턴에게는 아무런 평가적 구분은 내려지지 않고 있다. 해밀턴은 수세대에 걸쳐 보수주의자들로부터 추앙을 받아 토대잡힌 공화국에서 절실히 요청되는, 하나의 귀감적 존재로 추켜세워졌지만, 국민의 지적 생활에 늘 영향을 끼치고 있는 반보수주의자들은 한결같이 그를 공격했다. 해밀턴이 죽은 뒤 거의 1세기 반이 되는 1948년에 와서야 미국의 이름난 역사가 찰스 비어드(Charles Austin Beard)는 해밀턴이란 이름이 '반연방주의 전통에다 지식과 사고를 한정시키고 있는 모든 '정당한 사상가들'의 가슴 속에 여전히 답답한 감정을 불러일으키고 있는' 현상은 바로잡아져야만 한다고 했다. 그는 그 짧은, 파란만장의 삶으로 인해 비극적 최후를 마친 뒤에도 여전히 논쟁과 오해를 남기고 있다.

　이와 같은 말썽은 대부분 그 원인이 해밀턴의 천성이자, 그의 숙명인 성격에 연유한다. 그에게는 불온한, 폭발적인 요소가 있었다. 그를 관찰한 그 시대의 사람들은 비록 현대심리학의 궤변에는 익숙지 못했지만 평온을 잃은, 침착하지 못한 격렬한 성격을 보고 놀랐다. 그는 자기의 감정이나 말을 억제할 줄 모르는 사람과 같은 인상을 주었다. 그는 언젠가 한번 앙리 녹스(Henry Knox) 장군에게 이런 사실을 인정하면서 '내 마음은 늘 나의 판단의 주인이 되고 있습니다'라고 말했다. 그는 사람에 따라 상냥해질 수도 있었으며, 때론 매우 거만하게 대하기도 했다. 어느 땐 그는 온화하고 외교가다운 수완을 보이기도 했지만, 대개의 경우 냉혹하고 호전적이 되는 수가 많았다. 이러한 그의 일관된 성격적 패턴은 외부의 불안과 내면적 불화(不和)에서 나온 것이다.

　비록 그의 본의는 아니었지만, 그의 삶은 이와 같은 내면적 불균형 상태를 반영했다. 자기 처자식들에게 깊은 애정을 가지면서도 그가 공공연하게 시인했던 바와 같이 불미스런 성적 사건을 저지를 수 있는 소양을 가지고 있었다. 자기 자신은 견실한 명예를 지키면서도 친구들의 공금 횡령에는 눈감아주기도 했다. 워싱턴으로부터 줄곧 은혜를 받으면서도 그를 평할 때 모욕적이고 미온적인 언사를 썼다. 제퍼슨에게는 성가신 정적이었던 그였지만, 1801년 대통령선거 때에 그는 제퍼슨을 적극적으로 도와 주었다. 대영제국의 식민지인 미국의 서민 출신이면서도 그는 영국의 귀족정치를 공공연하게 찬양했다. 군주국을 정체의 최선의 형태라고 신봉하면서도 연방정체를 채용하기 위하여 용감하게 싸웠다. 민주주의를 몹시 멸시하면서도 그는 미공화국을 위해서 충성을 다했으며 이를 매우 지지했다. 비그리스도교적이며 야만적인 투쟁을 꺼리면서도 그는 죽음에 이르게 한 결투에 스스로 자기 자신을 던졌다. 이상에서 열거한 바와 같이 그의 양립적 성격은 아직 얼마든지 찾을 수 있다.

　당대인들 특히 그의 정적들이 한 비판을 보면 그들이 그의 모순성뿐만 아니라 그의 위대한 재능도 인식하고 있었음을 알 수 있다. 해밀턴이 죽은 지 14년 뒤, 제퍼슨은 마지막으로 그를 평가하는 글을 썼는데, 이 속에는 공명정대한 비판이 엿보이고 있다. 즉 1818년 제퍼슨은 다음과 같이 그를 평했다.

　'참으로 해밀턴은 성격이 단순했다. 그리고 모든 개인적 용무를 처리하는 데 있어서 정확한 이해력을 가지고 공평하고 정직하게 그리고 떳떳이 대했다. 그러나 그는 영제국의 예에 현혹되어 이를 악용한 나머지 국민을 다스리는 데 부패는 필요악이라는 신념에 젖어 버렸다.'

비교적 온건한 비평가인 제임스 매디슨은 해밀턴의 그 '제 1급에 속하는 지력'을 칭찬하고 난 뒤 이와 같은 점을 강조했다. 매디슨은 《연방주의자》의 공저자인 해밀턴에 관해 다음과 같이 말했다.

'만약 그의 통치론이 공화정본위와 차질되었다면 그는 솔직히 이것을 공언해 버리는 성질이었으며, 또한 그가 선택하지 않은 체제에 대해서도 성실하게 협력해서 이를 완성시키고 지지하는 훌륭한 장점을 지니고 있었다.'

그리고 존 퀸시 애덤스(John Quincy Adames)[1]는 자기 아버지가 해밀턴의 미움을 받고 있었는데 그는 해밀턴의 모순된 성격을 다음과 같은 말로 간추렸다.

'(해밀턴의) 재능은 최상급에 속하는 것이었다. 그의 야심은 대단했으며 권모술수를 억누르지 못하는 성벽이었다. 그는 자기의 재능을 너무 믿었으며……그의 용맹은 계획적이며 대담했다. 그의 전투경험은 보잘 것 없었으나 그의 정신력과 기지는 비상했다. 그의 언어와 필력은 매우 우수했다. 그는 타인의 마음을 지배하는 힘을 가지고 있어 아마 육군지휘관으로서의 모든 자질을 다 갖춘 가장 우수한 인물이라고 생각한다. 그러나 그는 경쟁을 매우 꺼려하는 성격—즉, 자기의 개인적 반목에 대해서는 오만불손했고, 질시에 찬 냉혹하고 난폭해지는 성미를 가졌으며, 자기의 야심을 가로막는 사람들에 대해서 그가 쓴 모든 수단은 별로 양심적이 되지 못했다.'

해밀턴의 배경은 우리가 그의 성격을 이해하는 데 도움이 되고 있다. 심리학상으로 보면 그의 가문과 혈통이 그의 생애에 하나의 씻을 수 없는 오점을 남겼다고 말해도 지나친 말은 아니다. 왜냐하면 정복왕 윌리엄 1세와 레오나르도 다빈치와 그 밖에 많은 위인들처럼, 알렉산더 해밀턴은 사생아 출신이었다. 엄밀한 법률상의 견해로 볼 때 그가 해밀턴이란 자기 아버지의 성을 붙일 권리가

---

1) 미국의 제6대 대통령.

있는지 여부는 참으로 의심스럽다.

해밀턴의 초기와 혈통은 매우 복잡하고 혼란했다. 그러나 최근에 그에 대한 조사연구는 특히 코펜하겐에 있는 덴마크 국립문서국(The Danish State Archives)의 자료는 모호한 몇 가지 점을 밝히는 데 도움이 되었다. 예를 들면 우리는 이제 해밀턴의 나이가 그가 주장했거나 또 그가 알고 있었던 것보다 실제로 두 살 더 많다는 것을 알았다. 그의 어머니는 1768년 2월 19일에 죽었는데 바로 그 해에 법원은 그 여자가 '열세 살'인 아들을 가졌다고 기록하고, 그 여자의 조그마한 유산을 설정했다. 만약 그가 1786년에 열세 살이었다면 그의 출생년도는 1757년이 아니라 1755년이 되는 셈인데 역사책에는 보통 1757년으로 나와 있다.

해밀턴의 초기의 연대들은 약간 불분명하다. 확실한 것은 그가 영국령 서인도제도 가운데에서 가장 작은 섬(면적이 96km)인 세인트 네비스(Saint (Kitts and) Navis)에서 출생했다는 것이다. 이 이외의 사실은 충분히 신빙할 만한 것이 못 된다. 그의 어머니는 가난한 섬의 한 가정에서 태어난 딸이었으며, 이름은 레이철 포싯(Rachel Faucette)—이 Faucette란 글자는 Faucitt, Fawcet, Fawcette, Fotzett 등 여러 가지로 쓰여지고 있다—이었다. 레이철은 1745년 열여섯 살 되던 해에 덴마크계 유대인으로 전해지는, 존 미카엘 라빈—이 라빈이라는 성도 Lawein, Laweine, Lavine, Lavien 등으로 전해져 일정치 않다—이라는 손위의 남자와 결혼했다. 세인트 네비스에서 소규모의 기업체를 갖고 세인트 크로이(Saint Croix) 근처에 조그마한 농장을 경영하고 있던 이 레빈과의 결혼생활은 약 5년 동안 이어졌다. 피터라는 아들을 낳은 뒤 레빈 여사는 스물한 살쯤 되던 해에 자기 남편과 헤어졌다.

남편과 헤어진 얼마 뒤, 레이철 레빈은 제임스 해밀턴이라고 하는 한 스콧계 행상인과 동거생활을 했는데, 이 남자는 생활에 파탄을 일으켜서 떠돌아다녔다는 이야기 외엔 별로 알려지지 않은 사람이었다. 사제의 특전[2]을 받지 않았어도 떳떳했던 것 같은 이 동거생활에서 알렉산더와 두 살 아래로 또 하나의 사내아이를 낳았는데 알렉산더가 태어난 지 4년 뒤쯤해서 존 미카엘 레빈은 그녀를 세인트 크로이 법정에 고소했다. 레빈은 그녀가 9년간 자기를 버리고 딴

---

2) 법정 대신 사제가 재판을 맡았던 제도.

곳으로 가서 그곳에서 사생아를 낳았다고 비난했다. 레이철 레빈—법률상 그녀는 해밀턴 부인은 결코 될 수 없었다—은 부부동처 거부와 간음죄로 고소되었으므로 이 소송에는 다툴 수가 없었다. 그리하여 법원은 6월에 이 소송을 인정하고 덴마크법으로써 레이철의 재혼은 인정할 수 없다는 판결을 내렸다. 이렇게 해서 알렉산더는 친자출생으로 인정받지 못하게 되었다.

레이철이 죽자, 제임스 해밀턴은 자기 자식을 버리고 곧 어디론가 떠나 버렸다. 그래서 알렉산더—뒷날 존 애덤스가 '스콧 행상인의 사생아'라고 매우 흥분해서 가리킨—는 두 번 다시 그의 아버지를 볼 수도 없었으며 같이 생활할 수도 없게 되었다. 알렉산더는 열세 살 되던 해에 그의 외가 친척들의 도움을 받았으나 이것도 오래가지 못하였다. 거만하고 의지가 굳센 이 소년은 니콜라스 크루거라는 지방실업가의 회사에 회계원으로 입사해서 열다섯 살 때쯤 해서는 실제로 사업도 맡아 했다. 그러나 그의 야심은 너무도 컸으므로 식민지 상사의 일개 사원으로서는 만족할 수가 없었다. 열네 살 때에 그는 친구인 에드워드 스티븐슨에게 다음과 같이 편지를 띄웠다.

'네드 군, 나의 약점을 솔직히 고백하지만 난 야심이 너무 크네. 내겐 운이 없다고나 할까, 좌우간 이따위 회계원 같은 늘 푼수 없는 환경엔 혐오감만 일어나네. 내 본의는 아니지만 좀더 나은 자리로 승급한다면야 기꺼이 내 생명까지 걸고싶은 심경일세. 네드 군, 나는 확신하네, 내 나이가 어리다는 것이 만약 승진하려는 나의 모든 희망을 좌절시키고 있다고. 나 역시 그렇게 되길 바라진 않지만, 그러나 내 말은 미래를 위하여 길을 터놓아야 한다는 걸세. 자네도 알다시피 난 철학자는 아니네. 공중누각을 짓는다는 것이 바른 표현이겠지. 난 나의 어리석은 이 마음을 부끄러워하고 있으니 제발 이것만은 비밀로 해 두길 바라네. 허나, 네드 군, 계획자란 자기의 그 야심을 늘 변함없이 가지고 있어야만 그와 같은 계획이 이루어지는 것을 우리는 봐 오지 않았던가.'

이러한 젊은이다운 편지 속에서 우리는 뒷날의 해밀턴이 되기 위한 싹—즉, 긍지, 야심, 지위욕과 명예욕, 자기의 목적을 이루려는 굳은 결의 따위를 엿볼 수가 있다. 사원으로 있으면서 그는 틈틈이 독서를 하고 문장력을 길렀으며, 또한 프랑스어를 유창하게 말할 수 있도록 공부했다. '그는 프랑스어를 아주 유창하게 말하며 씁니다.' 이것은 마르퀴스 사스트뤽스라는 프랑스의 한 여행가가 미국에서 해밀턴을 보고 난 뒤 그를 평한 말이다. 라파예트(La Fayette)와 그 밖에 여러 프랑스 관리들과 거래해야 하며 더군다나 프랑스어에는 거의 무지했던 워싱턴 장군의 부관이 된 데는 이처럼 프랑스어에 능통하다는 것이 해밀턴에게는 무엇보다 필요한 요건이었다.

마침내 젊은 해밀턴에게 섬의 세계라는 그 좁다란 굴레를 깨치고 나올 시기가 다가왔다. 1772년 9월인가 10월쯤 해서 그는 세인트 크로이에서 보스턴으로 건너가 거기서 다시 뉴욕으로 갔다. 섬에 나올 때 숙모들로부터 받은 소액의 돈이 다 떨어지자, 그에게 남은 가장 값진 것이라곤 미국의 저명인사들에게 보내는 몇 통의 소개장뿐이었다. 이들 가운데에서 해밀턴에게 가장 중요한 사람은 뉴저지 주의 프린스턴에서 수학했던 장로교 목사이자 그의 스승인 휴 녹스와 뉴저지의 명망가의 사람이며 나중에 그 주의 주지사가 되고 1787년 제헌회의의 대표자가(해밀턴도 이 회의에 대표자가 되었다)된 윌리엄 리빙스턴이었다.

머리카락이 붉고 파란 눈을 한, 조그만 체구의 연약한 소년으로 그가 미국 본토에 건너왔을 때 그의 나이는 열일곱 살이었다. 그는 이 새로운 세계에서 자기의 명성과 명예를 드높이려는 불타는 정열과 올된 생각과 왕성한 정력과 의욕으로 가득 차 있었다. 뉴저지의 기숙학교에서 한 해를 보낸 뒤 그는 킹스 칼리지(뉴욕에 있는 지금의 컬럼비아 대학교)에 입학했다. 그 무렵 이 킹스 칼리지는 그리 대수롭지 않은 대학이었다. 이 학교에는 모두 세 사람의 직원이 있었는데 한 사람(마일스 쿠퍼)은 학장이었고 또 한 사람(사무엘 클로씨)은 의과를 맡고 있었고, 나머지 한 사람(존 버딜)은 수사학·철학·신학·강론과 오늘날의 경제학과, 사회학과와 같은 과목에 이르기까지 거의 모든 과목을 맡아 가르쳤다. 킹스 칼리지에서 교과과정의 기초이념은 모든 식민지에서 다 그러했듯이 자연법과 구약성경의 윤리학을 이수하는 것이었다. 이러한 교육이념은 '자명한 진리'로서 주어져 있었다. 이 식민지 세계에서는 고유성과 여러 제도를 지키는 것이 중심된 일로서 이것은 실제로 문명인에겐 불가침적 요소였다. 해밀턴이 학교 시절이나 그 뒤에 잠시 동안이라도 고유의 신성성과 거대한 여러 권리에 회의를 가졌다고 가정하는 것은 근거없는 일이 된다.

그러나 킹스 칼리지는 단순한 도약대에 지나지 않았다. 왜냐하면 해밀턴은 그렇게 지적인 지도나 도움을 요구하지 않았기 때문이다. 완곡히 표현하면 그는 이 대학의 모든 상급생들만큼 기민하고 지각적이고 총명했다. 무한한 단련과 줄기찬 힘의 정신을 타고난 그는 엄연한 사실의 세계와 논리구조의 세계 이외의 모든 것에는 별로 유의하지 않고 책에 정신을 모아 탐독했다. 그의 두뇌는 질서정연하게 모든 지식을 간직해서 때가 오면 곧바로 쓸 준비가 갖추어져 있었다. 그는 '그때'를 의식적으로 알고 있는 것 같지는 않았으나 그는 새로운 국가—뒷날 그는 '미제국'이라고 자랑스럽게 가리켰다—를 건설할 인물이 되기 위하여 노력하였으며, 자기 마음을 매우 정밀한 하나의 수단으로, 호소력 있는, 근육적인, 말솜씨가 있는, 가끔 격렬한 말주변을 발휘하는 수단으로 닦아 나갔다. 그러나 이러한 그의 정신적구조 속에는 창의성이라든가 혹은 사고의 새로운 대로를 개척하는 탐구성 같은 소지는 없었던 것 같았다. 왜냐하면 해밀턴은 어린 시절에 벌써 자기 이념을 획득했으며 그리고 결코 그 이념들을 버리지 않았기 때문이다. 무뚝뚝하고 강인하며 실제적인 그는 꿈과 환상이나 이상주의자가 가지는 관념 따위는 그 무엇이든가 이해하려 들지 않았다.

해밀턴은 킹스 칼리지에 겨우 한 해만 다녔다. 열아홉 살 때 그는 자기의 그 형식적 교육에 종막을 고하고 행동적 생활로 뛰어들었다. 1774년 일대 위기가 일어났는데, 이 위기는 결국 전쟁과 독립을 초래하고야 말았다. 젊은 해밀턴이 일반적 대세를 줄잡아 보았을 때, 미국은 동요와 불안의 상태하에 놓여 있었다. 식민지 개척민들은 영제국 정책에 맞서고 있었으며, 식민지 지도자들은 아직 그들의 진로를 잡지 못하고 있었다. 그러나 많은 사람들이 영국의 식민지인이라고는 생각하고 있지 않았다. 그러면 그들의 운명은 어떻게 되며 앞으로 대영제국과의 모든 관계는 어떻게 되는 것일까?

그때까진 미국인은 자주국의 국민이라고는 할 수 없었다. 그러나 국가독립의식이 바탕에 흐르고 있었음은 확실했다. 많은 식민들은 대영제국이 커다란 제권리를 양도해 주고, 독립까지도 허용해 줄 것을 원했다. 그러나 비교적 많은 사람이 아직 대영제국에 충성을 다하고 있었다. 논쟁이 심각해짐에 따라 여러 가지 논법은 역사와 자연법과 그리고 무엇보다 영국의 법리학이 문제시되었다. 왜냐하면 놀랄만치 많은 수의 법률가가 식민지에 있었기 때문이다. 그리고 이들 법률가들 가운데 다수—존 애덤스와 토머스 제퍼슨은 곧바로 인식하기에 이르렀던 바—가 곧 본국과의 탯줄을 끊어 버리려고 시도하게 되었다. 해밀턴 역시 법률가가 되려고 준비 중이었는데, 그는 망설이지 않고 '대중의 주장(Popular cause)' 즉 식민지에 군림하는 대영제국의 절대적 권위에 도전하는 편에 끼어들었다.

1774년 그는 〈홀츠 뉴욕 저널〉지와 〈제너럴 에드브타이스〉지에 정치기사를 싣기 시작했다. 아직 그의 나이가 스무 살이 채 못 된 그해 말경에 그는 미국 독립 시대의 문학에 중요한 공헌을 한 그의 첫 저서를 펴냈다. 이 저서는《적의 비방으로부터 의회의 법안을 완전히 확립하는 길 *Full Vindication of the Measures of the Congress from the calumnies of their Enemies*》(140,000어)과 《농부론 *The Farmer Refuted*》(35,000어)이라고 한, 두 권의 팸플릿으로 되어 있다. 해밀턴은 그 무렵 풍조에 따라 '웨스터 체스터 파머'라는 필명으로 대영제국의 식민지제도를 웅변적으로 옹호하고 있던 사무엘 시베리의 널리 읽혀지는 기사에 대한 대답으로 익명으로 정치기사들을 써냈다. 시베리에 맞선 해밀턴의 논조는 매우 정연하고 완전한 근거가 있었으므로 당대인들은 해밀턴의 저서를 보고난 뒤에 그 저서가 대학에서 갓 나온 풋내기의 저서라고는 좀처럼 믿으려 하지 않았다. 조지 티 크노 커티스는 그의 《미국헌정사 *Constitutional History of the United States*》에서 해밀턴의 저서를 다음과 같이 평했다.

'이 책의 내용에는 추리와 풍자의 힘과 정치원리와 영국헌법에 관한 지식, 그리고 논쟁 전체에 있어서의 장점을 잘 파악한 점이 드러나 있으며, 이는 어떤 시대의 어느 인간에게도 명예가 될 것이다. 이와 같은 이 책의 우수점들이 지적 조숙성을 드러낸 것이라고 말한다면 이는 이것들의 주요 특징들을 생각지 않는다는 말이 된다. 사고의 같은 분야에 있어서 그와 같이 어린 나이로 다른 어떠한 사람이 일찍이 보여 주었던 훌륭한 성숙성보다 더 훌륭한 완성미를 이 책은 보여 주고 있다.'

식민지와 대영제국 간에 전쟁이 일어나자, 해밀턴은 군에 지원해서 포병대

지휘관이 되었다. 그는 곧 이 독립전쟁에 있어서 가장 유능한 장군 가운데 한 사람인 너세니얼 그린(Nathanael Greene) 장군의 눈에 들게 되었는데 그린 장군은 무능한 부관들 때문에 골치를 앓고 있는 워싱턴 장군에게 해밀턴을 천거했다. 해밀턴은 보통 때와 같이 대활약을 해서 1777년 3월에 아메리카 독립군 총사령관인 워싱턴 장군은 그에게 중령 계급을 내리고 부관으로 임명했다. 워싱턴 장군의 일곱 부관 가운데에서 해밀턴은 가장 우수한 부관이었으며—그는 워싱턴 장군이 취급하는 중대한 군사문서나 서간문을 많이 썼다—확실히 사령관의 신임을 가장 많이 받았다. 해밀턴은 몹시 과묵하고 냉담한 성격을 가졌음에도 불구하고 워싱턴 장군은 이 젊은 중령의 해밀턴을 '나의 소년'이라고 애정이 넘친 말로 부르곤 했다.

해밀턴이 워싱턴의 사랑과 존중을 받고도 이에 대해서 보답하지 않았다는 것이 그의 성격에 대한 비평이다. 참으로 해밀턴은 워싱턴 장군의 그 위대한 성품에 감화를 받지 않는 극소수 사람들 가운데 한 사람이 아니었던가 싶다. 불굴의 힘과 존엄성과 공명정대성이 혼합된 자기의 격렬한 성격을 워싱턴에게 그처럼 강하게 부각시킨 그 우수한 자질에 대해서 해밀턴은 좀처럼 이해시켜 주려고 하지 않았다. 태생이 구구한 해밀턴은 그처럼 많은 사람들에게 아버지와 같은 이미지를 보여 준 거구의 워싱턴을 본능적으로 증오했던 것 같았다. 이 두 사람의 성격은 아주 대조적이었다. 그 키 큰 장군이 대범한 마음씨에 말이 똑똑하지 못하고 겸손하고 재기가 없었던 데 비하여 이 작은 체구의 육군 중령은 예민한 기지와 지적 오만심과 그리고 지나친 자신을 갖고 있었다. 그러나 워싱턴은 이 젊은 부관이 자기에게 결코 우정다운 감정을 갖고 있지 않다는 것을 확실히 눈치채지 못했다. 그래서 워싱턴은 자기의 전 생애를 통하여 줄곧 그를 존경해 주고 칭찬해 주었다.

부관생활 4년을 겪고 난 뒤 해밀턴은 워싱턴과 절교하고 만다. 별안간 절교의 결심을 한 것은 아니었다. 얼마동안 그의 마음속에는 그러한 생각이 도사리고 있었던 것이다. 해밀턴은 자기의 지위가 심부름꾼과 같은 미미한데 대하여 오랫동안 초조하게 생각해 왔던 것이다. 그의 이 그칠 줄 모르는 야심으로서 보면 그가 워싱턴의 높은 군사적 지위와 명망을 시기하고 싫어했다는 것도 역시 있을 수 있는 일이었다. 사실 자기야말로 육군지휘자로 꼭 알맞다고 생각했던 해밀턴은 은연중 워싱턴의 군사적 능력이라든가 전략술에 대한 지식이 치졸하다고 멸시하고 있었다. 스물여섯 살이 된 이 중령은 부관생활을 하고 있는 동안에는 획득할 수 없었던 무훈을 갈망하던 차, 그가 기록했던대로 '장군의 가족'으로부터 급히 떠나갈 기회를 곧 발견했다. 해밀턴이 그의 장인인 필립 스카일러(Phillip John Schuyler)[3] 장군에게 이야기했던 이야기는 전혀 연극이 아니었다.

1781년 2월 어느 날 코네티컷 주 뉴 윈저사령부에서 워싱턴과 해밀턴이 우연히도 계단에서 마주쳤을 때, 워싱턴 장군은 해밀턴에게 좀 보자고 말했다. 해밀턴은 동료 부관인 텐치 틸만에게 무엇을 좀 전하는 대로 곧 가겠다고 대답했다. 볼일을 보고 워싱턴의 방으로 가는 도중에 그는 라파예트 장군을 만나서 걸음을 멈추게 되었다. 그리고 이 두 친한 젊은 장교는 몇 마디 말을 짤막하게 나누었다. 이 때 별안간 워싱턴 장군이 계단 위 중턱에 나타나서 성난듯이 말했다.

"해밀턴 중령, 자네는 십 분이나 계단 머리에서 나를 기다리게 했네. 자네가 불손하다고 말하지 않을 수 없네."

그러자 라파예트 장군과 불과 이삼 분 정도밖에 이야기하지 않았다고 확신한 해밀턴은 항의했다.

"각하! 제가 각하를 기다리게 한 것을 모르고 있지는 않습니다. 그러나 각하가 저에게 꼭 그렇게 말할 필요가 있다고 생각하셨던 이상 우리는 헤어지는 것입니다."

"좋아, 그게 자네 의향이라면 마음대로 하게."

라고 워싱턴은 소리쳤다. 한 시간 뒤 틸만 중령은 워싱턴 장군의 위로 섞인 전언을 갖고 왔는데, 이 글 속에는 해밀턴의 그 '위대한 신뢰감'을 믿는다는 것과 '계단에서 마주친 그 일순간이 없었더라면' 그 후회스런 불의의 사고가 '일어나지 않았을 게 아닌가' 하는 간절한 심경을 설명하고 있었다. 해밀턴은 이 사건을 모두 잊고 자기의 임무로 돌아갔는가? 그러나 그는 단호하게 워싱턴 장군의 호의를 거절해 버렸다. 그는 자기 직책을 다시 맡으려 하지 않았을 뿐만

---

3) 1780년 12월 14일 해밀턴은 스카일러 장군의 딸인 엘리자베스 스카일러와 결혼했는데 이 장군은 뉴욕 주에서 가장 이름 있는 명망가의 한 사람이었다.

아니라, 워싱턴 장군을 다시 만나려고도 하지 않았다. 나중에 그가 말했듯이 이렇게 하여 워싱턴 장군과의 관계는 끝나고 말았다.

그는 장인에게 이것을 다음과 같이 설명했다.

"아마 장인어른께선 내가 워싱턴 장군의 호의를 아무 생각없이 별안간 거절해 버렸다고 생각하실는지 모릅니다. ……그러나 장인어른, 분명히 나는 확신합니다. 그 사건은 증오감 때문에 일어난 것은 아닙니다. 그것은 저 자신이 지배하는 정부를 세우기 위하여 제가 오랫동안 구상해 오던 처세술에서 나온 고의적 결과였습니다."

그는 이어서 자신은 워싱턴을 싫어하며 최근 3년 동안의 워싱턴에 대해서 우정을 조금도 느끼지도 않았으며, 우정을 드러내 보이지도 않았다고 말했다. 그는 워싱턴을 뒷날의 출세를 위하여 필요했던 하나의 끄나풀로만 생각했던 것이다. '그는 나에게 필요한 하나의 방패(egis)였습니다'라고 해밀턴은 1799년 워싱턴이 죽은 뒤 이렇게 냉혹하게 말했다. 해밀턴은 계속해서 설명하기를,

"일종의 개인적 신뢰를 갖고 있는 '부관'이라는 직책을 저는 늘 싫어했습니다. 독립전쟁의 초기에 중요한 두 장군에게 그와 같은 자격으로 봉사하기를 거절했습니다. 그러나 저는 경험을 통하여 허무맹랑한 것이라고 알게 된 그 무렵의 정열과 워싱턴 장군 성품의 이념에 물들어서 저는 망설이지 않고 장군의 가족이 되어 달라는 그의 청을 받아들이게 되었지요. 그러나 얼마 가지 않아 저는 그가 유별나게 고매하지도 않으며, 선량한 성품도 지니지 못했다는 것을 알게 되었습니다. ……그래서 장군과 저 사이에 불화가 생긴다면 결코 타협에 응하지 않으려는 결심이 서 있었습니다."

해밀턴의 격한 성격과 증오는 워싱턴에겐 아무런 반응도 일으키지 못했다. 워싱턴보다 어린 그가 비록 장군에게 온정과 애정을 보인 적은 없었지만 워싱턴은 변함없이 그에게 늘 너그럽게 대했다. 1781년 가을 두 사람 사이의 불화가 생긴 지 아홉 달만에 전장에서 두각을 나타내려는 기회를 애타게 기다리던 해밀턴은 워싱턴 장군에게 요크타운의 포위공격에 소수의 돌격대를 이끄는 사명을 달라고 청했다. 장군은 그에게 그런 기회를 주었다―이렇게 해밀턴은 자기 출세에 꼭 필요하다고 생각했던 무훈의 한 짧은 순간을 가지게 되었다. 독립전쟁 뒤, 해밀턴은 뉴욕의 지도적 정치가로서, 법률가로서, 갑작스레 유명하게 되

었는데, 그는 마운트 버넌에 있는 워싱턴에게 전쟁 중 자기가 워싱턴을 '기만'했으며 직책에서 쫓겨났다는 짓궂은 풍문을 일축해 달라고 요청했다. 워싱턴은 곧바로 그의 결백을 인정해 주었다. '나는 꼭……선언하네. 그 두 비난은 전혀 근거없는 낭설이라고.' '누명을 벗어난다는 것은 전혀…… 자네 자신이 할 일일세.' 워싱턴이 대통령이 되자, 워싱턴은 해밀턴을 그의 행정부의 둘째 번 고위직을 부여해 주었고, 파란 많은 행정활동을 통하여 줄곧 그를 충실히 후원해 주었다. 워싱턴이 공직생활에서 은퇴할 때가 오자, 1796년 워싱턴은 해밀턴에게 두 사람이 다 공로를 나누어 가지는 게 마땅하다는 내용의 고별사를 기초하는 데 도와 달라고 청했다. 그리고 1798년, 프랑스와의 전쟁이 임박해지면서 이에 대비하여 건국적으로 동원되고 있을 때, 워싱턴은 해밀턴이 간절하게 욕심을 내어 요구하던 제2의 사령관으로서의 중요한 장군 직책을 주도록 존 애덤스 대통령에게 권고했다. 이 때문에 해밀턴은 자기 손위의 경험이 더 많은 장교들을 제치고 앞서 나가게 되었으며, 그들과 적대관계에 놓이게 되었다. 해밀턴이 나중 미망인이 된 마사 워싱턴여사에게 보낸 편지 그대로 참으로 그녀의 남편은 늘 해밀턴에게 필요했던 존재였다.

그러나 그러한 유용성은 두 가지의 방법으로 작용했다. 워싱턴이 해밀턴의 출세에 필요했던 것만치 해밀턴은 미국의 초기 역사에서 비할 데 없이 귀중한 인물이었다. 그가 자기의 조국에 바친 위대한 공로를 쌓은 것은 1787년부터 1795년 1월까지 불과 8년밖에 되지 않았다. 그리고 그해 즉 1795년에 그는 재무장관직을 내놓았으며, 그의 국가적 공로는 매우 중요한 것이었다. 이 시기에 해밀턴은 연방정체를 채용하기 위하여 눈부신 투쟁을 하였으며, 이를 옹호하기 위하여 연방주의를 표방하는 우수한 논문들을 많이 썼다. 그리하여 그가 나중에 재무장관이 되자, 그는 재정·경제의 제정책에 있어서 든든한 기초를 세워 놓았던 것이다. 비록 그가 워싱턴 행정부의 장관 자리를 스스로 물러난 뒤 거의 10여 년을 살다가 죽었지만, 각료직을 물러난 40세까지 그가 이루어 놓은 업적은 매우 중요하다고 말할 수 있다.

해밀턴의 위대성은 헌법과 최초의 워싱턴 행정부를 수립하여 통치한 시기에 나타났다. 국가체제를 다 갖춘 것은 바로 이 시기였다. 물론 해밀턴은 이러한 국가체제를 세우는 데 없어서는 안 될 중요인물 가운데 한 사람이었다. 그런데 여기서 매우 역설적인 이야기를 하자면, 그가 해외에서 태어났다는 점이 커다란 작용을 일으켰다. 왜냐하면 그러한 출생이 대부분의 미국 본토인들에게는 찾아보기 힘든 비토착적인 시각을 그에게 주었다. 그 무렵의 지도적 인물들은, 아직 그들 자신을 미국의 시민이라고는 생각하지 않았다. 그들은 각기 버지니아 주와 펜실베이니아 주, 뉴욕 주, 노스(사우스)캐롤라이나 주 등지에서 태어난 사람들이라고만 생각했다. 그들의 근본과 충성은 어디까지나 그들이 태어난 주에서 비롯하고 있었다. 약간의 무리가 있지만, 그들을 커다란 하나의 단위로 묶을 수가 있다. 그들은 그들이 태어난 주에서 다른 주로 옮겨 갈 때에는 매우 천천히, 마지못해서, 많은 커다란 비밀을 감추고 옮겼다.

그러나 해밀턴은 그렇지 않았다. 그는 이 신생국에는 아무런 토착심을 갖지 않았다. 그는 감정적으로 어느 하나의 주에만 애착심을 가지지 않았다. 참으로 그는 어째서 사람들이 로드아일랜드나 델라웨어, 뉴저지나 뉴욕과 같은 비교적 소규모의 정치단위에 강한 애착심들을 가질 수가 있는지 이해가 가지 않았다. 그의 엄격한 이론적 정신으로 보아서는 여러 주가 분리된 채 독립되어 존속하는 것은 어느모로 보나 의미가 없으며 대신에 이 여러 주가 결합하여 하나의 강력한 연합체로서의 '미국제국'으로 변형되어야 한다고 생각했다. 그는 이와 같은 연합체의 의견을 처음부터 가지고 있었다. 독립전쟁 무렵 젊은 참모 장교로서 그는 연방헌법(Articles of confederation)의 자유로운 통치 아래 널리 퍼져 있던 격심한 무능력을 직접 겪었다. 그의 질서의식은 정치적 약체성, 지방적 음모, 그 무렵 연방체의 행정적 무능력 때문에 짓밟혀 있었다. 독립한 정치적 실체로서 작용했던 자율적 주를 가리키면서 그는 독립전쟁 초기에 다음과 같이 썼다.

'이와 같은 유해한 오류는 시정되어야 한다.'

이리하여 그는 영향력 있는 연방체 결합을 위한 운동에 있어서 가장 중요한 역할을 맡은 사람 가운데 한 사람이 되었다. 그는 두 개의 중요한 목적을 가지고 있었다. 첫째는 통일국가의 형성이었는데, 이 통일국가로 인해서 독립되어 있는 각개의 주제도가 철폐되기를 바랐다. 둘째는 잠재해 있는 불온의 근본적 요소들에 대해서 고유성을 지키며 질서를 유지하는 힘을 갖춘 강력한 중앙집권적 정부를 수립하는 것이었다. 이러한 두 목표는 모두 오늘날 우리들이 생각하는 것보다 실상 이루기가 더 어려운 일이었다. 해밀턴은 일반적으로 여론이 강력한 국가통일을 반대하는 추세를 보이고, 독립전쟁이 부유층과 귀족정치자들의 어떠한 지배에도 공공연하게 적의를 품는 민중의 힘을 풀어 놓았다는 사실에 통탄하지 않을 수 없었다.

1786년 5월부터 9월까지 필라델피아에서 개최되었던 제헌회의의 대표들은 국민들 사이에 독재에 반대하는 기풍이 지배되고 있음을 인식하고 있는 해밀턴의 견해에 동감했다. 그러나 그들은 유능한 회원인 뉴욕대표의 의견대로 해밀턴이 우려하고 있는 그 밖의 여러 가지 점에는 인정하지 않았다. 해밀턴처럼 대부분 이들 대표들—선출된 55명의 대표 가운데 39명만이 정규적으로 이 회의에 참석했다—은 경제와 정치에 있어서 보수적이었다. 그들은 아주 드물게 예외적으로 국민을 불신하기도 했다. 누구보다 무뚝뚝하고 또 발언이 뚝뚝했던 해밀턴이 이 그룹의 가장 주도적 대변자였다고 말할 수 있다.

해밀턴과 가까운 조지아 주 대표 윌리엄 피어스는 이 회의에서 다음과 같이 해밀턴의 인물평을 남겨 놓았다.

'콜로라도 주 대표인 해밀턴은 그의 재능 때문에 응분의 칭송을 받고 있다. 그는……완전무결한 학자이다. 단호하고 강력한 판단에 환상적인 여러 가지 장식을 수놓고 있다. ……그는 뛰어난 웅변가라기보다 신빙할 수 있는 대변자이다. 해밀턴은 언제나 사고할 시간을 요구했다—철학적으로 철저하게 문제의 이모저모를 탐구하고 있으며 그리하여 그가 충분한 사려 끝에 행렬 앞에 나설 때는 문제의 표면에 아무런 흠도 찾을 수 없는 완전히 책임을 진 흥미로운 안건을 들고 나온다. 그는 문제가 어떤 근거에서 연유한가를 알기 위하여 그 밑바닥까지 파고들어야 했다……그의 웅변은 의미를 무시할만치 산만하지는 않았으나 주의를 일깨워 이끌어 가기 위해서 그는 충분히 지껄인다. 그는……키가 조그마하고 여윈 사람이다. 그의 태도는 딱딱하고 때론 매우 이해할 수 없을 정도로 모호하기도 했다.'

제헌회의가 시작된 첫 이삼일 동안 해밀턴은 잠자코 침묵을 지켰다. 그는 연방헌법을 단지 좀 고쳐야 되겠다는 따위의 여러 가지 제안을 듣고만 있었다. 그는 대표들이 여전히 주의 한계를 고집하던 그들이 맞닥뜨린 핵심적 문제 즉 강력한 정부를 가진 국가통일을 이룩하자는 문제에 대담하게 나서기를 거절함에 따라 차츰 용기를 잃어 갔다. 그들은 개개의 주가 독립적으로 가진 통치권을 단연코 베어 버리자는 점에까지는 나서지 못했다. 그들은 주로 상류계급이 통치하는 정부를 세움으로써 여론의 반발이 일어날까봐 두려워하고 있었다. 드디어 해밀턴은 대표들의 우유부단한 태도에 참을 수가 없어 어느 날 일어서서 일장 연설을 퍼부었다. 그리하여 그는 모든 그러한 의혹의 추세를 없애고 자기가 본 정치적 현실에 주의를 집중시켰다. 이렇게 해서 제임스 매디슨은 이 회의의 일지 속에 다음과 같이 짤막하게 해밀턴의 말솜씨를 요약했다.

'……토의상의 문제를 그렇게 보았으므로 그처럼 광범한(아메리카 영토) 지역에 걸쳐서 공화정치가 확립될 수 없다는 절망을(해밀턴에게) 초래했다. 동시에 그는 어떠한 다른 형태의 정체를 제의한다면 이는 현명치 못한 일이 된다는 것을 깨닫고 있었다. 그는 개인적 의견으로 영국의 정체가 세계에서 가장 훌륭한 것이라고…… 거리낌없이 선언했으며, 아메리카에서는 영국의 그런 정체를 소홀히 생각하고 있는 데 대해서 심히 의아하게 여긴다고 단언했다. 그는 자기와 다른 견해를 가지고 있는 사람들에게 이러한 자기의 입장을 이해하여 주기를 희망했으며, 제기되어 아직 토론도상에 있었던 연방연구문제에 의견을 달리해 주도록 촉구했다. 의회의 권한에 의하여 그들이 제정한 입법의 모든 결과를 충분히 안전하게 한 일이 한때 있기는 있었다. 오류는 이제 누구나 알 수 있게 되었다. 공화정부론을 매우 고집하는 대표들은 누구보다 큰 소리로 민주주의의 폐단을 꾸짖었다. 이처럼 일반의 마음이 진전됨에 따라 그는 세계에서 유일한 정체이며, '개개인의 보호로써 대중의 힘을 모으는 영국정부를 칭찬한 넥커 씨의 의견에……여러 사람이 동의하게 되는 때를 예비하게 되었다.'

해밀턴은 보수주의자라고 평판이 많이 난 것은 의회에서 그가 한 그와 같은 특별한 연설에 연유하고 있다. 연설 도중에 의사록과 토론보고서를 공개하지 않는다는 비밀엄수의 관례에 안심하고, 그는 그 무렵 그의 고위층은 잘 알고 있는 주의였지만, 오늘날 미국의 민주적 귀(耳)로 들을 때는 큰 충격을 주는 많은 의견을 발표했다. 해밀턴이 다음과 같이 표현한 것은 바로 이 제헌회의에서였다. '인간을 평범하게 취급하라. 그들은 결점이 많다.' 그는 역시 또 말하기를, '국민의 소리는 신의 소리로 말해져 왔다. 그러나 이런 금언이 아무리 보편적으로 인용되고 믿어져 왔더라도 이것은 현실적 진실이 아니다. 국민들은 흔들리고 변화하고 있다. ……그들은 좀처럼 올바른 판단이나 결정을 하지 않는다.'

이러한 그의 설명은 한창 토론이 달아올랐을 때 지껄여진 참으로 극단적인 표현이었다. 마틴 밴 뷰런(Martin Van Buren)[4]은 그의 자서전에서 해밀턴은 '자기 중심주의와 그리고……어느 시대를 막론하고 위대한 웅변가들의 운명이었던 허무에 빠져 있었으니' 맹목적으로 자기자신을 '그 회의에 무모하게' 내던졌으며 그리고 '아메리카 국민들의 집중되어 있는 감정과는 대립되는 의견을 앞뒷일 생각지도 않고 공표했다'라고 평했다.

국민들의 편을 들면서도 회의에서의 발언으로 인하여 그는 지도자로서의 가치가 없는, 형편없이 편협한, 심지어 비지성적인 정치가라고 이따금씩 비난받곤 했다. 우리는 해밀턴의 인간관과 무익하고 근시안적인 것으로 보는 그의 정치사회의 이론을 배척할 수도 있다. 그러나 아무런 구김살 없는 솔직성을 띠고 있어서 이 때문에 반대의견들을 일깨워 귀일시키는 데 작용한, 뚜렷이 규정된 철학을 그가 가지고 있었다는 점은 우리는 인정해야 한다. 소극적인 점으로 보면 그가 공언한 비민주적 견해가 민주주의를 신봉하는 그 시대 사람들의 격분을 사서 오히려 이들에게 한층 더 민주주의에 대한 신조를 활발하고 철저하게 지키도록 고무시켜 주었다는 사실로써 그에게 어떤 명예를 줄 수도 있으리라. 제퍼슨은 확실히 해밀턴의 견해에 반감을 가지고 있었다. 제퍼슨은 해밀턴이 거리낌없이 자꾸 민주주의를 멸시하는 말을 터뜨리는 것을 보고 자주 화를 내었다. 그리하여 제퍼슨이 식사 도중(1791년 4월 제퍼슨이 일기에 적은대로)에 해밀턴의 정치견해를 듣고 화를 참지 못하여 영국의 군주적 귀족정치 제도는 바로 그 부패성으로 인해서 '일찍이 존재했던 가장 완전한 정체'라고 공인하기에 이

---

4) 미국의 제8대 대통령.

르렀다.

해밀턴과 같은 완벽한 지성인은 어떻게 그와 같은 견해를 정당화했을까? 그는 심리학이나 적어도 그가 심리학적이라고 생각한 것에 토대로 삼아 정당화했다. 그의 정치철학은 역시 그의 경제원리와 경제정책을 이루었는데 확고한 인간본성에 기초를 두고 있었다. 참으로 해밀턴의 심리학적 요소에 대한 지식이 없이 그의 정치신조를 이해하기란 불가능하다. 부패하고 이기적인, 탐욕과 사욕에 늘 자극을 받는 동물로 보는 인간개념이 해밀턴 사상의 중심이었으며 '허욕과 야심과 사욕의……정열이 대부분의 개인과 모든 대중들을 다스린다'라고 그는 제헌회의에서 말했다.

여기에 물론 해밀턴이 그때나 그 뒤로 영원히 민주주의자들과 결별했던 결정적 이념이 있다. 민주주의의 신념을 강조한다는 것은 교육과 기타 다른 방법을 통하여 인간의 미점과 숨어 있는 능력뿐만 아니라 제퍼슨류의 사람들에 의한다면 인간의 완벽성을 확신하는 일이다. 인간본성에 대한 이와 같은 전제없이는 자치의 총화를 한정하도록 요청하는 민주주의와 어떠한 다른 정치도 불가능하게 되며 참으로 자가당착에 빠지게 된다. 때문에 부패한 자와 이기저인 자가 성공이나 안정성을 예상하며 똑같이 부패하고 이기적인 타인들을 지배한다는 것은 어떻게 기대할 수 있겠는가?

인간이 자기 자신의 내부에 예의범절과 개선의 가능을 갖고 있어서 충분히 자기의 정부에 참여하는 데 적합하다는 개념을 배척했다는 점에서 해밀턴은 자기 자신을 정신적으로 아메리카 역사의 주류와 단절시켰다고 말할 수가 있다. 그의 경제정책은 확고하고 완전한 것이었지만 그는 정략에는 실패했다. 미국의 경험은 그 무한하고 훌륭한 삶을 약속함으로써 해밀턴의 비관론의 증거는 되지 못하였다. 제퍼슨계가 해밀턴계를 압도하던 1800년부터 정치생활은 민주주의가 전반적으로 한정된다기보다 확대되는 방향으로 움직였다. 일반적으로 인간을 개선할 수 있는—우리의 방대한 교육제도에 의해서 다른 사항 가운데서도 나타난 바와 같이—철학원리와 모든 국민들에게 동등한 정치권력과 경제적 기회를 부여한다는 권리를 충분히 받아들였다는 사실을 우리는 입증했다. 이런 의미에서 보면 해밀턴은 국민의 권리를 제한하려는 태도를 취했지만 완전히 반해밀턴적인 낙관론과, 연속적인 발전과 실험과 개선을 수반하는 비약성을 뚜렷한 국민적 특징으로 가진 미국 국민들의 손에 의해서 패배를 맛보았다.

해밀턴의 그러한 정치신조는 시종일관, 논리적이었음을 말해야겠다. 인간의 정열이 자연적인 사실로서 결코 거세될 수 없는 이상, 그는 인간의 정열을 그런 것이라고 인지하며 유용한 정치적 목적을 위하여 갖추어야 하는 법이라고 건의했다. 모든 정치구조가 '인간의 이익'에 입각해야만 한다는 것이 '인간본성의 원리'라고 그는 말했다. 그는 자기가 말했던 '욕망과 야심'의 요소에 호소함으로써만 성공적인 정부를 수립할 수 있다고만 보고 달리 다른 방법은 알아내지 못했다. '정치론자들은……모든 정부조직을 고안하고 그 구조에 몇 가지 견제와 통제를 가함으로써 모든 인간을 악한으로 생각하고, 인간의 모든 행위에는 어떤 다른 목적이 없이 오직 개인적 이익만이 있어야 한다는 것을 귀중한 금언으로 세웠다. 이러한 이익에 입각해서 우리는 인간을 다스려야 하며, 이것의 모든 수단에 의하여 인간의 그 걷잡을 수 없는 욕망과 야심에도 불구하고 그를 공익에 협력하도록 해야 한다. 이렇게 하지 않고는 어떠한 정치구조의 장점도 자랑할 수가 없게 된다'라고 그는 갈파했다.

해밀턴은 비록 인간본성과 행위에 대한 통칙을 모든 인간에게 다 적용시켰으면서도 그는 서민(The many)과 선민(The few), 대중과 '부유하고 가문이 좋은 부류'의 사이를 구별지어 놓았다. 서민이란 '불온하고 통제불가능'하며 맹목적 정열에만 조종되고, 그리하여 매우 경거망동하므로 정부권한으로는 어쩔 수 없는 부류의 인간들이라고 했다. 반면에 '선민'이란 역시 탐욕과 이기심에 자극받지만 사물을 판단하는 충분한 분별력을 지니고 있으며 이상적인 모든 이익을 책임 있는 정치권력의 작용에 맡겨져 있어 이에 순종할 수 있는 인간들이라고 했다. 그는 재벌을 특별히 찬미하지는 않았지만—'나는 돈 가진 인간들을 미워한다'라고 그는 언젠가 친구에게 보낸 서신에다 이렇게 불쑥 실토한 적이 있었다—부유층 사람이 똑같이 이기적인 일반사람들보다 더 안전한 권력의 소지자라고 생각했다. 고위층들을 움직이게 하는 요소에 대해서는 그는 아무런 환상을 갖지 않았으나, 새로운 정부에 바치는 그들의 충성을 특권과 특별한 경제적 호조건—즉, 그가 소위 말한 일정한 명예와 보수의……부여'라는 수단을 통해서 획득하여야 한다고 건의했다.

또한 그는 민주적 제도가 미래에 발전할 수 있도록 하는 모든 요소를 늘 견제시키는 한 기능으로서 부유층에 특별한 영구적인, 정치의 한몫을 부여해 주어야 된다고 제안했다. '민주주의의 경박성'을 계속해서 제어하기 위해서 그는 영구적인 상원과 종신적 집행기관의 설립을 창도했다. 이 두 기구를 맡을 사람들은 공동사회에 있어서 경제적인 우선권이 부여되어 있는 개인의 서열로부터 주의 선거인과 지방장관을 통하여 간접적으로 선출되어야 한다고 했다.

그와 같은 종신적 집행자가 어느 점으로 보아도 또 하나의 조지 3세와 같은 군주가 되려고 원할 것이라고 볼 수 있지 않을까? 그러나 해밀턴은 이 문제를 뚜렷이 해두려고 하지 않았다. 그가 말했듯이 만약 우리가 집행자, 예컨대 임기 7년의 집행관을 뽑는다면 우리는 무엇을 가지게 되는가? 우리는 임기 7년의 군주를 가지게 되는 것이며, 우리가 그 집행관을 무엇이라든 우리의 마음대로 부를 수 있는 지배자를 가지게 되는 것이다. 그래서 특별한 경우를 들어서 집행자가 우수한 인간이고, 그가 충실히 행동한다고 해도 이것이 무슨 상관이 있겠는가?

다시 상원에 관하여 논해 보자면 이것이 종신제로 되었다면 너무 위험하지 않았을까? 만약 인간본성이 해밀턴이 말한 것처럼 부패하고 탐욕적이었다면 몇몇의 상원의원에게 어떻게 안전하게 제재를 받지 않는 권한을 위탁시킬 수가 있었을까? 그들이 종신적인 지위와 두드러진 명예를 확신했다는 바로 이 이유로 해서 상원의원들이 부패나 근본적 동요를 일으키는 모티프를 가지지 않을 것이라고 해밀턴은 논했다. 이것은 역시 그 종신적 집행자에도 맞는 요소였다. 그가 말했듯이 이와 같은 제도는 지구상에서 상원의원과 세습적 군주를 가진 가장 이상적인 정부를 갖는다는 것이었으며, 곧 대영제국의 군주제도를 갖는다는 것이었다. 그는 1787년 6월, 제헌의회에서 동료 위원들에게 다음과 같이 이야기했다.

'대영제국의……상원은 매우 훌륭한 제도입니다. 국가의 전체 이익에 충실하는 데 있어서, 변화같은 것에는 아무런 기대를 걸지 않으나, 고유성에 의하여 충분한 이익을 얻으려 기대하는 그들은 군주의 편에서건, 하원의 편에서건……모든 유해한 혁신을 막는 영원한 장벽을 쌓았습니다. 영구적 상원은 이러한 목적에 알맞은 충분한 확고부동성을 가질 것이며……행정부에 관해서 말한다면……공화정체의 원리를 가지고서는 어떠한 좋은 제도도 세울 수 없습니다……영국의 모델은 이러한 연구 문제에 있어서 유일하고도 훌륭한 예입니다. 왕의 그 세습적 이해관계는 국가의 이해관계에 매우 연관성을 가지고 있고 또한 왕이 받는 개인적 보수도 매우 많으므로 그는 부패해질 우려성이 없는 것입니다.'

그러나 미국 국민들은 계급정체를 허용하려 했던가? 여론은 부유층에 의하여 행하여지는 세습제도나 지배 따위와 같은 어떤 것에도 적의를 가지고 있음을 해밀턴은 인정했다. 그러나 그는 국민들이 권력의 엘리트를 가진다는 것이 그들에게 유리하다는 것을 깨닫는다면 그들의 적의가 줄어들 것이라고 생각했다. 그는 말했다. 더군다나 국민들의 환심을 사는 요소로서, 적어도 하원이 인기를 얻어 선출된다는 일반적 감정—마지못한 일이지만 그도 가졌던 감정—이 있는 이상에는 대다수의 국민들은 완전히 무력화되지 않거나 선거권을 박탈당하게 되지는 않을 것이다. 하원은 주기적으로 자주 선거를 함으로써 일반국민들에게 이들의 지배자들을 견제하는 일정한 소지를 마련해 주게 된다.

하원의원으로 선출되는 선량들의 평판에 대하여 두 가지의 문제를 해밀턴은 제기했다. 하나는 선량들이 위협하고 무책임한 민주주의자들로 될 수 있다는 것이다. 또 하나의 문제는 하원이 사회의 여러 계층의 모든 '의향과 이해관계'를 올바로 대변하지 못할 수도 있다는 점이다. 해밀턴은 민주적 하원에 있어서까지도 선량들이 부유층과 식자계급으로 구성될 기회가 많이 있다고 논했다. 이와 같은 상류계급의 인간들이 특권이 적은 일반국민을 진정 대변하고 그리하여 국민을 만족시켜 줄 수가 있을까? 이에 대하여 해밀턴은 부자들과 교육받은 사람들만이 타인을 위해 좋은 일을 해 주며 그리하여 그 타인들의 공통적 이해를 위해 가장 훌륭히 대변할 수 있다고 굳게 믿었다. 다음은 해밀턴이 《연방주의자》 속에 그러한 점을 서술한 글이다.

'대표단은……지주와 상인과 학문적 직업인들로 구성될 것이다. 그러나 이러한 세 부류의 인간들이 여러 계층에 있는 시민들의 이해와 의향을 이해하지 않거나 주의를 기울이지 않는 다른 위험성은 어디에 있는가? 지주는 소유지의 이익을 증진시키거나 해치는 모든 요소를 모르고 있으며 깨닫지 못하는 것이 아닐까? 그리고 그가 갖고 있는 그러한 소유지에서 생기는 이익으로부터 이 이익을 해치거나 번민꺼리로 하려는 모든 기도를 물리치려는 성향을 충분히 띠고 있지 않는 것이 아닐까? 상인은 그가 하는 장사가 그처럼 밀접히 결합되어 있는 기계기술과 제조기술의 이점들을 알맞은 정도로까지 이해하지 않거나 북돋우려고 하지 않는 것이 아닐까? 이 두 부류 사이에 벌어지는 경쟁에 대하여 중립성을 느끼는 학문적 직업인은 그가 사회의 공익을 위하여 헌신한다고 보여질 때까지 이 두 부류 사이를 화해시키는 공정한 중재인임을 증명하려고도 하지 않으며, 이 두 편의 이익을 모두 향상시키려고 들지 않는 것이 아닐까?'

해밀턴은 또 질문했다. 여행과 연구의 기회를 가졌던 개인보다도 국민전체에 관한 여러 문제와 태도를 이해하는 데 누가 더 좋은 위치에 있을까? 물론 교육을 받지 못하고 가난한 사람은 거시적 안목을 가지지 않았으며, 그래서 지적·정치적 시야를 넓힐 기회를 많이 가졌던 사람과 어깨를 견줄 만한 훌륭한 대변자가 되기를 이들에게서는 기대할 수 없다. 국가적 문제에 언급하면서, 해밀턴은 다음과 같이 웅변적으로 물었다. '대규모적으로 탐구할 수 있고 정보를 얻을 수 있는 사정이 허용된 사람은 이웃과 친지들의 세계만을 관찰한, 즉 사교범위가 좁아 견식이 제한되어 있는 사람보다 그들의 본성과 분수와 토대를 충분히 판단하는 가능성이 적지 않을까? 국민의 지지를 기대하고 입후보하여 대중의 신망을 계속해서 받기 위해, 자기의 지역 시민의 선거권에 의존하고 있는 사람이 시민의 기질과 성향을 파악하는 데 유의하고, 그들에게 그의 행위에 대해서 알맞은 정도의 영향을 끼치도록 기꺼이 허용해 주어야 한다는 것은 당연한 일이 아닐까? 이와 같은 의존성과 그리고 그가 찬성한 법률에 의하여…… 구속을 받는다는 필연성은 진실이며 또한 이런 요소들은 선량과 유권자 사이의 융화를 나타내는 강한 인대가 되는 것이다.'

미국의 신정부를 수립하기 위하여 해밀턴이 내건 근본적인 제안들은 결국 이 제헌회의에서 받아들여지지 않았다. 대다수의 대표자들이 그의 견해와 많이 동조했지만 실제로 그들 모두가 부유하고 직업적인 계급의 사람들이었으므로 해밀턴의 소망대로 일반국민이 매우 소외된 정부에 대해서는 여론의 심한 반발이 일어날 것이라고 그들은 여전히 그렇게 생각하고 있었다. 그들의 대부분은 본토 태생이어서 해밀턴과 달리 가족공동체적으로 그들은 튼튼한 기반과 관계를 가지고 있었다. 그래서 이 때문에 그들은 주위 사람들의 견해와 태도와 꼭 동조하지는 않았지만, 거의 본능적으로 이런 것들을 이해할 수 있게 되었다. 그들은 미국적인 포용성과 인내성에는 한계가 있어서 사실상 영구적인 지배계급과 다름이 없는 새로운 정체를 세우자는 해밀턴의 제안은, 매우 개인주의적인 국민들이 허용하지 않을 것으로 알고 있었다. 더군다나 이 회의에는 오늘날 자유주의자—이들 가운데 뛰어난 인물들로서 벤저민 프랭클린, 조지 메이슨, 제임스 윌슨, 그리고 자유주의적인 기질이 약간 덜한 편인 제임스 매디슨이 있었다—라고 부를 수 있는 소그룹이 있었는데 이들은 동료 대표자들을 경고하여 사물을 극단적으로 추구하는 일을 피하도록 해 주었다. 프랭클린이 한때 대표자들에 냉담하게 상기시켰듯이, 그들은 독립전쟁에 참가해서 전사했던 사람은 바로 일반국민이었다는 사실을 결코 망각해서는 안 되는 것이다.

다행히 우려했던 모든 일이 순조롭게 되느라고 해밀턴은 이 회의에서 가장 결정적 토론이 펼쳐질 동안 출석하지 않았다. 7~8월 약 두 달 동안 그는 필라델피아를 떠나 있다가 이 회의가 거의 끝나 서명 준비가 다 되었던 9월에야 겨우 돌아왔다. 그러나 이 회의를 움직이게 할 수 없는 것을 깨닫고 그는 울적한 기분에 싸여 그곳을 떠났다. 뉴욕으로 돌아가는 도중에 그는 워싱턴에게 다음과 같은 사연을 보냈다. '각하, 솔직하게 이야기 드립니다. 제가 필라델피아를 떠날 때, 돌아가고 있는 회의 양상을 보고 심히 괴로웠습니다. 분열과 무질서와 불행으로부터 미국제국을 구출하는 가장 귀중한 기회를 놓칠까봐 두렵습니다.' 그가 없는 동안 대표들은 그들의 반민주적 입장을 어느정도 버리게 되었다. 그리고 몇 가지 의심할 만한 요소가 있었지만, 국민들에게 중요한 간접적인 권한을 허용해 준다는 것을 고려한 몇 가지 절충안에 동의했다. 이것은 해밀턴이 원하지 않는 바였다. 즉 그의 안목으로서는 그와 같은 헌법의 민주적—특징—예를 들면 대통령과 상원의원을 주기적으로 선출한다는 것—은 근본적인 결함을 빚어내는 것이라고 보았다. 그러나 실제적인 인간답게 그는 이 헌법에 서명하고 말았다. 이 헌법은 없는 것보다 낫다고 보았을 뿐만 아니라 미래의 어느 때고 전쟁과 같은 위기가 일어남으로써, 그가 일컬었듯이 '연약하고 무가치한 구조'는 지배계급이 충분히 이 땅에서 원심적이고 민주적인 세력을 가지는 데 도움이 되는 강력한 기구로 변형될 것을 그는 원했다.

1787년 9월, 헌법이 공포되어 인준을 받기 위하여 각 주에 보내졌던 때 쯤해서 해밀턴은 미국을 위하여 눈부신 활약을 하기 시작했다. 필라델피아에서 그처럼 고심해서 두드려 고친 그 헌법기록문은 곧바로 전국을 통하여 반대파동을 야기시켰다. 너무나 민주적이었기 때문에 헌법을 해밀턴이 싫어했던 것과 똑같이 일반국민은 민주주의적 요소가 충분치 못하다는 이유로 이것에 반대했다. 이와 같이 이 헌법에 대하여 그처럼 널리 퍼진 일반의 적대감으로 인해서 해밀턴은 이 헌법을 지키기 위하여 영웅적 노력을 하도록 자극을 받아 굳게 결심하게 되었다. 왜냐하면 민중이 그처럼 싫어하는 기구는 분명히 좋은 점을 가지고 있는 법이라고 생각했기 때문이다.

해밀턴은 그 비할 데 없는 정력과 뛰어난 재기로써 이 헌법을 옹호하는 데 투신했다. 그러나 이러한 투쟁에서 그가 이룬 업적에 대하여 정당한 평가를 내리자면 이 헌법에 관하여 야기된 여론의 흐름을 이해하는 것이 필요하다.

세 가지 주요 조류로 분간할 수 있다. 이것은 보수적인 것과 대중적인 것 그리고 자유적인 것이라고 말할 수 있다. 첫째의 조류는 이 헌법을 성심성의껏 지키자는 것이었다. 둘째와 셋째는 반대하거나 미루자는 것이었다. 해밀턴이 말한 부유층과 명문가의 출신들이 취한 입장, 즉 보수주의적 관점에 대해서는 아마 워싱턴이 가장 잘 표현한 것 같다. 워싱턴은 말하기를 '헌법이란……완전할 수가 없다. 그러나 상당히 기대할 수 있었던 것만치 이 헌법 가운데는 근본적인 결함이 별로 없다.'

일반 국민들은 두 가지 중요한 근거에서 이 헌법에 반대의견을 가졌다. 즉 첫째는 중앙정부를 마련함으로써 이것이 각 주의 독립성을 위협했다는 것이다. 둘째는 제안된 새로운 제도가 빈민을 억압하기 위한 부유층의 수단인 것 같이 보였다는 점이다. 버지니아 주의 비준회의 때 이 헌법을 웅변적으로 맹렬히 공격했던 패트릭 헨리(Patrick Henry)는 이것을 '매우 유해하고 졸렬하고 위험한' 것이라고 기술했다. '우리가 가진 모든 것—모든 우리의 재산을 빼앗으려는' 헌법이다. '알맞게 권력제한'이 되어 있지 않다. '군주정치의 제원리에 입각해' 있다. 기수를 태우고 달아나는 '미친 말과 같은' 것이라는 등 일반의 비판은 빗발치듯 했다. 어떤 반대자가 뉴욕 주 제헌회의에서 말했듯이, 이와 같은 새로운 독이빨을 가진 헌법은 신뢰하는 사람은 누구를 막론하고 고삐없이 말을 탄 사람의 운명과 같다고 했다. 즉 이 헌법을 신뢰하는 사람은 '꼭 미친 사람으로 여겨질 것이며 자기의 목이 잘려도 마땅할 것이다'라고 퉁겼다.

마지막으로 자유주의자의 반대의견을 말해 보자. 이 그룹은 그 헌법의 몇 가지 좋은 점을 인정하면서도 권리장전이 없다는 데 반대했다. 자유주의자들은 그 헌법에는 재산보호를 위한 보장조항이 포함되어 있으나 개인의 자유를 위한 것은 없다고 했다(이러한 결점 때문에 가장 광범위하게 적대감정이 일어났으며 결국 이 헌법 옹호자들은 부득이 기회있는대로 권리장전을 넣기로 약속했다). 자유주의자의 관점은 제퍼슨이 가장 뚜렷이 피력했는데, 그는 1787년 12월, 그의 친구인 제임스 매디슨에게 보내는 한 편지 속에 다음과 같이 썼다.

'나는 정체를 조직한다는 일반적인 생각에는 매우 찬성을 하네. 그러나 이런 일은 저절로 이어져야 하는 것이네……나는 정체의 조직이 입법·사법·행정으로 되어야 한다고 생각하네. 세금을 매기는 데는 그 권한 법률로써 정해져야 하는 것을 찬성하네……나는 국민들이 의원을 직접 뽑는 것을 인정하네……난 지금 크고 작은 여러 주의 반대 주장과 타협하느라고 사로잡혀 있네……몇 가지 다른 좋은 점들이 있네……이제 내가 싫어하는 것들을 덧붙이겠네. 첫째, 분명히 장황하게 말할 필요없이 종교의 자유와 언론의 자유, 상비군으로부터 보호, 독점제한, 인신보호 영장제도의 영원한 지속적인 힘, 배심의 심문 등등을 마련하는 권리장전을 빠뜨린 것……말하자면 모든 것이, 제기에 있지는 않으나 확실히 "무상의 주장(gratis dictum)"이라고 할 수 있는 일반적 정부의 경우 속에 남아 있으므로 권리장전이 필요하지 않다는 것……다른 방법을 결정하고……일반적인 부정 대신에 일반적인 정의를 확립했더라면 이것은 훨씬 더 공명정대하고 현명한 일이 되었을 것이라고 생각하네. 또 한 마디 더 해야겠네. 권리장전은 국민들에게 지구상의 모든 정부형태에

대하여 맞서는 권리를 주는 요소이며……공명정대하지 못한 정부이면 거절
하거나 추론에 의뢰하게 되는 것이라고.'

　해밀턴은 모든 이와 같은 비판들을 알고 있었다. 그래서 그는 정치사상사에
있어서의 그 위대한 대수완을 발휘하여 이런 비판들과 정면으로 대결했다. 그
는 이런 국가적 토론 속으로 일각을 늦추지 않고 뛰어들었다. 필라델피아에서
이 헌법이 조인된 지 약 2주일 뒤에 그는 이 헌법을 옹호하는 첫 논문을 1787
년 10월 2일 〈뉴욕독립신문〉에 발표했다. 이 논문 시리즈는 동신문사와 뉴욕의
다른 발표기관을 통해서 1788년 4월까지 계속해서 발표되었는데, 이 해에 해밀
턴과 공동연구를 한 존 제이(John Jay)와 제임스 매디슨이 쓴 것도 포함해서 모
든 정치논문들이 《연방주의자》라는 타이틀로서 책자로 발간되었다. 85편의 연
방주의자 논문 가운데 51편은 해밀턴 자신이 쓴 것이었고, 세 편은 매디슨과 합
작하여 쓴 것이었다. 12편은 그 필자가 확실하지는 않았다. 즉 이것들은 해밀턴
이나 매디슨 가운데 어느 사람이 썼을 것이다. 어쨌든 대부분의 공로는 해밀턴
의 것이었다.[5]

　이것은 《연방주의자》의 공덕에 관해서 자세히 설명할 처지는 되지 못한다.
이 저서는 과거에 많은 사람들에 의하여 충분히 정당하게 칭찬을 받아왔다.
《연방주의자》는 헌법의 비준을 받기 위하여 한창 유세가 벌어질 때 써졌고, 이
헌법의 비평가에 맞서는 논쟁으로서 계획된 것이었지만 미국의 고전이 되었으
며, 정치현상을 저술해 내는 데 중요한 귀감이 되었다. 일반적으로 공화정체 수
법에 관한 원리뿐만 아니라 자유정부의 원리를 철저하고 광범위하게 분석하고
있어서, 이 점에 있어서는 어느 누구도 이만큼 훌륭한 저술을 낼 수 없다고 본
다. 제임스 켄트 판사는 그의 저서인 《아메리카 법률론》(1826)에서 《연방주의자》
를 다음과 같이 평했다. '이 책에 담겨 있는 깊은 지식과 견해의 이해성과 반향
에의 기민성과 그리고 대담성·애국심·단순성·우아성은 모두 훌륭한 것들이며,
이러한 요소로써 이 책의 진실들은 표현되고 내세워지고 있다.'

---

5) 해밀턴이 쓴 것. 6~9, 11~13, 15~17, 31~36, 59~61, 65~85이고 해밀턴과 매디슨의 합작.
　18~20, 해밀턴인지 매디슨인지 불분명한 논문 번호는 18~20, 62, 63이고 나머지 19편 중에서
　매디슨이 14편(10, 14, 37~48)을 썼고 제이가 5편(2~5, 64)을 썼다.

민주정체론에 대한 해밀턴의 그 뿌리깊은 편견들을 염두에 두고서 자유정부의 수립을 옹호하기 위하여 가장 훌륭하고 가장 그럴듯하게 논증이 될만한 요소들을 《연방주의자》에다 썼다는 사실을 비교해 보면 이는 아이러니컬한 일이 아닐 수 없다. 그의 연방주의론에는 보기드문 중용성이 엿보이며, 민주정체론에 대해서는 그러하지 못했지만 그가 논한 바였고, 헌법을 통하여 충분히 구현된 공화정체론에 대해서는 깊이 이해가 나타나 있는 것이다. 왜냐하면 결국 공화정체론의 권한은 국민으로부터 비롯되기 때문이다. 이 헌법에 한번 운을 걸어보자고 탄원함으로써 그는 개인적 편견을 지양할 수 있다는 정치가다운 비범한 성격을 보여 주었다.

해밀턴은 공화정체론을 좋아해서가 아니라, 무정부상태를 싫어했으므로 헌법을 지키기 위한 투쟁에 충실하게 몸을 내맡겼다. 그는 널리 퍼져 있는 분열과 그리고 그에겐 실로 무의미한 13개 주의 독립 주장에 매우 반감이 치솟았다. 이 헌법을 반대한다고 해서 더 좋은 헌법이 다시 제정되지는 않고 오히려 혼란과 군사독재가 초래될 것이라고 그는 확신했다. 이렇게 되면 그가 말했듯이 미국 권위인 자유롭고 강력한 국가를 이루는 중대한 기회는 영원히 사라지고 마는 것이다. 이 헌법이 채택되기를 간원하고 정치적 사건에 임해서 타당성과 중용성을 갈망한 데이비드 흄(David Hume)을 예를 들어 보이면서 해밀턴은 《연방주의자》 마지막 논문(제85)의 절을 다음과 같은 글로 끝맺었다.

'이와 같은 현명한 숙고 가운데는 미국을 사랑하는 모든 성실한 사람들에 대한 중용성의 교훈이 들어 있으며 이러한 숙고는 무정부상태, 시민전쟁, 각 주를 서로 분리하게 하는 영원한 소외성, 그리고 두말할 것도 없이 득의만면한 선동정치가의 군사독재에 맞서는 길로 국민을 끌고 갈 것이다. 나에겐 정치적 인내성이 결여되어 있는지 모르지만 우리들이 현재 처해 있는 상황 속에 오래 이어지고 있는 여러 가지 위험한 것들을 상상으로 취급해 버리는 사람들과 같이, 나는 평안할 수 없다는 것을 인식하고 있다. 거국내각이 없는 국가란 나의 안목으로 보면 무서운 사태를 빚어내기 마련이다. 충분히 평화리에 국민 전체의 자발적 지지를 받아 헌법을 제정하는 일은 기적에 가까운 일이다. 나는 이 헌법이 장래에는 완성되기를 매우 열망한다……나는 새로운 기도들의 결말을 더욱더 두려워한다. 왜냐하면 나의 주와 다른 주가 각각 강력하게 서로의 독립성을 주장한다는 것이 우리가 창안해 낼 수 있는 온갖 형태로 보편적 일치내각을 세우는 데 걸림돌이 되고 있다는 것을 나는 알고 있기 때문이다.'

연방주의자 논문들이 발표되고 있는 동안, 헌법 지지자들은 이 논문에 아마 고무되고 힘을 얻어 7주의 비준을 획득하는 데 성공했다. 델라웨어 주, 펜실베이니아 주, 뉴저지 주는 1787년 12월에, 조지아 주와 코네티컷 주는 1788년 정월에, 매사추세츠 주와 메릴랜드 주는 같은 해 2월과 8월에 각각 헌법을 비준했다.[6] 헌법의 효력을 발생시키는 데는 9주의 인준이 있어야 하는데, 아직 두 주가 더 필요했다. 나머지 6주 가운데에서 노스(사우스)캐롤라이나 주 같은 곳은 인구가 너무나 적어서 정치적으로 별로 중요하지는 않았고, 로드아일랜드 주 같은 곳에선 이 헌법에 반대하고 있었다. 이 주는 참으로 오래도록 비준을 하지 않고 있다가 연방정부가 수립되고 난 뒤에야 비로소 헌법을 승인해 주었다.[7] 그러므로 모든 것이 버지니아 주와 뉴욕 주와 같이 가장 인기가 있고 영향력이 큰 두 주에 좌우되고 있었다. 이 헌법을 거부한다는 것은 곧 불행을 초래하는 결과를 가져왔을 텐데.

1788년 6월 비준회의를 가졌던 이 두 중추적인 주는 한때 헌법을 거부할 것 같이 보였다. 해밀턴은 버지니아 주에 있는 매디슨과 계속해서 연락을 취하면서 이 헌법에 대한 논전의 결말을 초조하게 기다리고 있었다. 격심한 투쟁이 일어났었지만, 6월 25일 주로 매디슨의 웅변과 워싱턴의 위신에 눌려 이 헌법은 89대 79라는 근소한 차로 버지니아 주 비준회의에서 겨우 통과되었다. 이제 남은 것은 뉴욕 주—알렉산더 해밀턴의 순번이 남아 있었다.

뉴욕 주의 사정은 매우 나빠서 해밀턴은 그의 정치적 운을 건 이 가장 중요

---

6) 델라웨어 주는 12월 7일(만장일치로 승인). 펜실베이니아 주는 12월 12일(46대 23으로 승인). 뉴저지 주는 12월 18일(만장일치). 조지아 주는 1788년 정월 2일(만장일치). 코네티컷 주는 1월 9일(128대 40). 매사추세츠 주는 2월 6일(187대 168). 메릴랜드 주는 4월 26일(63대 11).

7) 로드아일랜드 주는 1790년 5월 29일(34대 32로 승인). 사우스캐롤라이나 주는 5월 23일(149대 73). 뉴햄프셔 주는 6월 21일(57대 47). 노스캐롤라이나 주는 11월 21일(195대 77).

한 투쟁에 용감하게 나서기 위하여 만반의 준비를 했다. 뉴욕 주의 여론은 이 헌법을 반대하고 있었다. 그리고 포킵시(Poughkeepsie)에서 열렸던 주 비준회의는 이와 같은 적의를 반영해 주었다. 해밀턴은 불유쾌한 비관에 빠져 매디슨에게 다음과 같은 말을 했다. '반연방당은 이 회의에서 3분의 2라는 절대다수를 차지하고 있습니다. 그리고…… 약 7분의 4가 반대라는 공동보조를 맞추고 있습니다.' 65명의 대표자들 가운데에서 불과 19명만이 이 헌법에 찬성하는 것으로 알려졌으며 46명은 반대의사를 나타냈다. 승인되지 않으면 '분열과 혼란'이 초래된다는 것을 알고 두려워했으므로 해밀턴은 반대하는 대표자들을 설복하는, 보기에도 가망성 없는 일에 착수했다. 6월 20일과 6월 28일까지 7일 동안 그는 그 격조한 웅변으로써, 이론과 정치적 분석을 해 보임으로써 청중의 마음을 흔들어 놓았다. 그의 열변은 효과를 나타내었다. 그리하여 마침내 해밀턴은 그의 훌륭한 웅변으로 다루기 힘든 12인의 대표자들을 끌어들여 헌법비준에 충분한 표를 얻을 수 있게 되었다. 마지막 투표의 결과—모든 중요한 주 가운데에서 가장 차이가 적은 편이었다—는 찬성 30표, 반대 27표였다. 이것은 제퍼슨의 말처럼 참으로 '일기당천(一騎當千)의 용사'격이었던, 불과 서른세 살의 해밀턴이 단독으로 거둔 승리였다.

이와같이 해서 헌법은 효력을 발생하게 되었다. 그리하여 이듬해 4월 30일에 조지 워싱턴은 이 신생 합중국의 초대 대통령으로 취임했다. 그는 곧 내각에서 가장 중요한 부서로 여기는 재무장관직을 맡을 사람으로 옛날 그의 부관이었던, 유능한 알렉산더 해밀턴을 발탁했다. 그러나 이것은 좀 지나친 조치였다. 왜냐하면 해밀턴은 주로 법률정치가와 웅변가로서 평판이 나 있었지만, 재정과 경제에는 별로 특별한 경험이 없었기 때문이다. 이렇게 되자 해밀턴에겐 전의 경험이 필요없게 되었다. 그러나 애덤 스미스의 조심스러운 연구자인 그는 여느 때의 그 정확한 성격으로써 상황을 파악했으며, 가다듬어 온 그의 정신과 정력을 익숙지 못한 제반 문제에 기울여 매우 뚜렷한 결론과 중요한 안건들을 제출해 냈다. 다섯 해 남짓한 세월(1789년 9월부터 1795년 1월까지) 동안 해밀턴은 재무장관으로 국정을 맡고 있다가 마지막 시기에 가서 경제정책과 제정정책의 기초를 세웠다. 이 정책은 실질상 그 뒤에 똑같이 답습되었다. 이런 점에서 보면 미국공화국의 영원한 구성을 위하여 그가 공헌한 것들은 조지 워싱턴 자신의 공헌보다 컸다고도 말할 수 있다.

그의 봉사는 그가 이 새로 탄생한 연방미국이 경제적 혼란을 물려받았다으므로 한층 더 각별히 주목할 만했다. 중앙정부가 없을 때는 국가적 통화는 없었다. 상업과 일상생활의 일반거래는 정확한 가치를 측정할 수도, 비교할 수도 없는 통화의 혼란 때문에 마비되어 있었다. 스페인의 더브룬화[8]와 피스톨화,[9] 아라비아의 첵퀸화, 영국과 프랑스의 기니화,[10] 포르투갈의 모이도르화,[11] 브라질의 요한네스 금화 등등이 유통되고 있는 통화의 모든 것이었다. 이 유통혼란을 설상가상으로 더 악화시킨 것은 실제로 화폐가 부족했던 것이다.

국민들은 물물교환에 의뢰해야만 했다. 버지니아 주에 있어서는 소위 '담배어음(Tobacco notes)'이 화폐 대신 유통되고 있었다. 켄터키 주와 테네시 주에서는 암소·말·황소·토지가 일반거래를 위해서 교환되고 있었다. 서부펜실베이니아에서는 거래수단으로 위스키가 있었다. 이밖에 다른 곳에서는 돈에 굶주린 사람들이 은달러를 반이나 4등분으로 쪼개어 썼다. 연방회의는 화폐를 만들어 내는 권한을 갖고 있었지만, 조폐국을 세우거나 필요한 금속을 사들일 기금을 가지지 못했으므로 그와 같이 무질서한 상태에서는 아무것도 이루어질 수 없다.

경제적 혼란을 더 복잡하게 만든 것은 각개의 주가 다른 이웃 주에 세금을 매기는 관례였다. 세금은 해외무역뿐만 아니라 국내통상에도 매겨지고 있었다. 코네티컷 주는 매사추세츠 주에서 수입한 상품에 세금을 붙였다. 뉴욕 주는 뉴저지 주의 농산물에 세금을 가했으며 뉴저지 주의 샌디 훅 등대에 세금을 붙였다. 이와 같이 각개의 주가 다른 주에 대해서 세금을 가하고 있었다.

해밀턴은 널리 퍼져 있는 지방적 편견을 무자비하게 무시하고 모든 재정상의 악을 해소하고 경제적 불합리성을 근절시키는 일에 착수했다. 해밀턴의 계획은 워싱턴 대통령이란 견고한 배경을 가지고 있었으므로, 철두철미하게 창의적이고 통합적이었다. 이 계획 역시 신랄하고 끈기있는 증오감을 야기시켰다.

---

8) 스페인의 금화, 약 1파운드에 해당.

9) 스페인 금화, 약 4불에 해당.

10) 21실링에 해당, 독일과 덴마크의 더컷화 약 9실링 4펜스에 해당.

11) 약 17실링에 해당.

통화혼란의 질서를 잡기 위하여 해밀턴은 15대 1의 비율로 교환될(1834년에 16대 1로 교환되었다) 금화와 은화를 마련하도록 의회에서 법률을 제정할 것을 촉구했다. 금괴나 은괴를 가지고 있던 사람은 누구나 다 이것을 필라델피아에 있는 조폐국에 가져가 무료로 화폐로 만들었다. 화폐법에 의하여 화폐단위로서 달러를 새로 정했는데 이에 의하면 금달러는 2.5그램의 금을 포함하고 있어야 하고, 은달러는 금달러보다 15배의 무게가 나가는 은(37.25그램)이 포함되어 있어야 했다. 조폐국에선 10달러짜리 금화, 5달러금화 그리고 2.5달러짜리 금화를 주조해 냈다. 그리고 은화로서도 달러, 반달러, 4분의 1달러, 다임, 반다임(5센트)도 만들어 냈다. 잔돈 거래를 위해서 구리 150톤으로 센트와 반 센트라는 화폐를 만들었다.

정부의 면목을 새롭게 하는 하나의 훌륭한 시도로서 해밀턴은 정부가 약 7천 5백만 달러에 이르는 국가와 각 주의 부채를 갚는 데 보증해 줄 것을 의회에 제출했다. 의회에 제출한 유명한 재정보고서(1790년 1월 14일)를 통하여 그는 합중국 정부의 신의를 나타내기 위하여 외국에 빚을 졌건 국내에 빚을 졌건 이러한 빚을 달러로써 갚아야 한다고 논했다. '약속을 잘 지키는 개인들처럼 주도 존경과 신의를 받고 있다'라고 그는 말했다. 극렬한 반대를 무릅쓰고 의회는 주의 부채를 액면 그대로 책임질 권한을 그에게 부여했다. 재무장관이 예측한 그대로, 무가치하게 보였던 이 빚을 떠맡은 것이, 신정부에 대한 부유층의 열렬한 지지와 도움을 가져왔다.

국가경제의 집중화와 안정화를 위한 노력 가운데 다음 단계는, 정부기금을 저축해 두고 대여해 주기 위한 국가은행의 설립이었다. 이와 같은 은행은 독점적이며 헌법에 위반된다고 생각하는 제퍼슨과 기타 여러 사람의 맹렬한 반대를 받았으나, 해밀턴은 이번에도 역시 승리하였다. 1791년 미국의 최초의 은행은 1천만 달러라는 자본금을 가지고 발족했다. 필라델피아에서 이 은행이 개점되자 한 시간도 못되어 은행주는 매진되었다. 은행어음은 8부로 갚아 준다는 액면으로 거래되었다. 미국은행의 이와 같은 특권이 만료될 때까지 20년 동안 이 은행은 해밀턴이 예상했던 대로 미국 경제의 급속한 성장을 가져오는 데 있어서 튼튼한 하나의 힘으로 작용했다.

그의 국고세입 계획은 그처럼 비판을 받아가면서도 성공했다. 그는 그 유명한 '제조업에 관한 보고서(1791년 12월 5일)'를 통하여 수입을 위해서뿐만 아니라 미국의 유치산업을 보호육성하기 위하여 관세부과를 건의했다. 왜냐하면 그가 그 위대성을 마음 속에 선연히 그렸던 '미국제국'이 산업 토대 없이는 강력해질 수도, 안전해질 수도 없다고 믿었기 때문이다. 그의 관세 및 소비세의 정책은 매우 심한 반발을 받았으며, 위스키에 부과된 조세(1갤런에 7센트)의 경우처럼 노골적인 반감을 샀다. 그러나 해밀턴의 전체계획은 그 근본목적들을 달성했다. 즉 그는 이 신생국가에 견고한 재정적 안정과 무한한 경제발전의 기회를 가져오도록 했다. 마흔 살이 되어 그가 그 재무장관직을 그만둘 때, 그는 자기가 그처럼 창의적으로 많이 노력해 주었던 미국이 잘 운영되어 가고 있다는 만족감을 가질 수 있었다. 그러나 그는 행복감을 느끼지 않았다.

해밀턴은 법률공부를 위해 뉴욕으로 돌아왔다. 그러나 가끔 지방이나 주의 정치가들과 교제했음에도 불구하고, 그는 국가생활의 주류에서 점차로 멀어진다는 소외감을 느꼈다. 이 때문에 적을 만들어 내는 그의 불행한 천품이 더한층 드러나게 되었다. 그가 타인을 공격하고 다음으로 되레 공격받을 때 그는 자기 자신을 박해의 희생자라고 생각하는 성벽을 가졌다. 그에게는 자기와 같은 연방주의자인 존 애덤스 대통령이 존재한다는 것이 괴로움이었고, 그리고 그를 경멸했다. 은연중 애덤스의 행정부에 간섭하고 헐뜯고 난 뒤 해밀턴은 애덤스 대통령이야말로 '전혀 적임자도 될 수 없으며 무능력'하다는 낙인을 찍었으며, 그의 통치는 '매우 두드러지게 정부를 욕되게 하고 위신을 잃게' 했다고 했다. 그래서 애덤스 대통령도 역시 해밀턴을 싫어하게 되었다.

해밀턴의 마지막 정적은 제퍼슨이었다. 이 두 사람은 이들이 워싱턴 행정부에 함께 봉사하고 있을 때 격분해하면서 충돌했다. 그들의 반목은 주로 정치적이었지만 개인적인 감정도 밑바닥에 깔려 있었다. 그 둘은 날카롭게 대립했다. 그들의 불화는 역사처럼 오래된 것인데—즉, 도시인과 시골인, 상업을 생계로 삼고 있는 개인과 땅에서 빵을 구하는 개인 사이의 갈등이 이 두 사람의 불화의 원인이었다. 해밀턴이 농부를 좋아하지 않은 반면에 제퍼슨은 은행가를 싫어했다. 덧붙여 말한다면 체구가 작고 사생아 출신인 해밀턴은 키도 크며, 사회적으로나 가족적으로나 착실히 기반을 가진 사람의 평온을 좋아하는 제퍼슨을 남몰래 증오하고 있었던 것 같다. 해밀턴은 전에 워싱턴에 대한 것과 같이,

지적으로 자기가 제퍼슨보다 더 뛰어나다는 위안도 얻을 수 없었다. 왜냐하면 이 농민출신의 적대자가 자기처럼 훌륭한 교육을 받아서 지적으로 우수하다는 것을 해밀턴은 알고 있었기 때문이다. 다음에 제퍼슨은 해밀턴의 그 뛰어난 능력들을 존경하고 있으면서도 해밀턴과 가장 대립되는 정책을 세웠다.

해밀턴에게 고통스러운 때가 1800년 대통령선거 중에 생겨났다. 이 선거는 애런 버(Aaron Burr)와 제퍼슨이 동점이었다. 이 때문에 의회가 열렸을 때에 해밀턴계의 연방주의자들은 애런 버에 찬성 투표를 함으로써 제퍼슨에 앙갚음을 하려고 기도했다. 그런데 다시 한 번 해밀턴은 그의 개인적 감정을 뛰어넘어서 그의 위대성을 발휘하게 되었다. 그는 뉴욕에서 애런 버와 자주 정책상의 대립을 해 왔다. 그리고 그는 애런 버를 '무원칙하고 위험한' 인물이라고 생각하고 만약 애런 버가 집권하면 독재자가 되어 공화국을 파괴할 것이라고 믿었다. 해밀턴은 제퍼슨을 혐오하고 있음에도 불구하고 의회에서 애런 버를 선출하지 못하도록 전력을 기울였다.

'나는 적어도 뉴잉글랜드가 그와 같은 음모에 빠질 만큼 이성을 잃어버리지는 않으리라고 믿습니다. 덕망 있고 총명한 점에서 타산해 보면 어느 점에서도 제퍼슨이 애런 버보다 훨씬 낫다는 것은 확실합니다. 그는 애런 버처럼 그렇게 위험한 인물은 도무지 될 수 없습니다. 그는 좀 잘난 체하는 자부심이 강한 성격이지요. 애런 버에 관해서 말씀드리자면 그는 그다지 호감을 살 만한 점이라곤 전혀 없습니다……참으로 그는 미국의 케틸린(Catiline)[12]이라 할까요.'

라고 해밀턴은 영향력 있는 한 연방주의 지도자에게 이렇게 편지를 썼다.

이리하여 제퍼슨이 대통령으로 선출되었다. 그러나 승리는 해밀턴의 승리는 아니었다. 해밀턴의 안목으로는 제퍼슨주의는 민주주의 '해독'이 더 확대되는 것을 의미했다. 그는 제퍼슨의 환상적 통치 즉 '유해한 꿈들'이 서린 제퍼슨의 행정에 환멸을 느꼈다. 해밀턴을 점점 더 낙담케 한 것은 제퍼슨의 인기가 올라

---

12) 방탕한 반역자라는 뜻.

가는 것이었고, 제퍼슨주의가 확대일로에 있다는 전망이었다.

'민주주의적 통치가 득세하고 있는 동안, 당신은 세상사에 어떤 호기심을 느끼며 여러 공무에 충분히 관심을 가지고 있습니까? 내 생각엔 이 행정부의 실책과 악패로 인해 이들의 입장이 불리해진다는 인상은 실제로 아직 드러나지 않고 있습니다. 반대로 그러한 병폐는 줄어든다기보다 오히려 더 커가고 있다고 봅니다……최근에 낸 자장가같은 교서(의회에 제출된 제퍼슨의 메시지)는 모욕감을 불러일으키기는 커녕 도리어 환영을 받고 있군요. 인류는 이제 영원히 대담하고 교활한 이 사기꾼에 속절없이 속아넘어가야 된다는 운명이 지워져 있습니다'라고 제퍼슨이 집권한 지 두 해가 되던 해 끝무렵에 해밀턴은 그의 친구인 찰스 핑크니(Charles Pinckney) 장군에게 이처럼 신랄한 필치로 편지를 썼다.

워싱턴에 있는 대통령관저에서 의기양양하게 즉위한 '대담하고 교활한 사기꾼' 때문에 해밀턴에게는 이 '아메리카 세계'가 마치 다른 나라의 환경이 된 것 같이 생각되었다. 정치적으로 길이 막혀 고립된 그는 그의 조국을 이해하고 있는지 그 여부조차 의심스럽게 되었다 또한 그와 다른 미국인들 특히 '미국땅에서 탄생했던 사람들' 사이에는 심각한 차이가 있었던 게 아닌가? 근 30년 동안이나 미국에서 살았고, 미국을 위해서 싸워 왔던 그는 드디어 자기가 정말로 미국인인지 아닌지 의심했다. 이런 문제에 관하여 쓴 그의 만년의 편지 가운데는 고통에서 우러나온 참다운 절규가 나타나 있다.

'나의 운명은 참으로 묘합니다. 아마 합중국에서 나만치 현재의 헌법을 위하여 마음과 몸을 다 바쳐 일한 사람은 아마도 없지 싶습니다. 그리고 이 헌법의 운명은 나의 모든 예상과는 반대로 되었고……나는 아직도 이 연약하고 보잘것없는 조직을 떠받치기 위해서 노력하고 있습니다. 그러나 나의 보상은 적들의 저주와 꼭 같이 친구들의 불평이었습니다. 이러한 상황에서 제가 물러서는 것 외에 더 좋은 일은 없겠지요? 매일 점점 더 이 아메리카 세계는 나의 생각과는 다른 방향으로 나아가고 있다는 게 역력해지고 있습니다.'

이것은 1802년 1월에 가우버뉴르 모리스에게 낸 편지 내용의 한 사연이다.

이 편지를 다 쓰고 난 뒤 두해 반이 된 1804년 7월에 가중해 가는 고통을 받다 못한 해밀턴은 그의 옛 정적인 아론 애런 버와 결투하게끔 책략을 쓰게 되었다. 과거에 버를 부당하게 취급했다는 자책감에 괴로움을 받고 있던 해밀턴은 총을 쏘지 않았다. 그러나 버의 총은 불을 뿜었다. 이리하여 해밀턴은 49세를 일기로 죽고 말았다. 우드로 윌슨은 해밀턴의 생애를 분석하고 난 뒤 다음과 같이 결론을 내렸다.

'매우 위대한 인간, 그러나 위대한 미국인은 아니었다'라고. 그러나 한 가지 경우에는 이 말을 전도시킬 수 있다. 미국의 수립에 바쳐진 그의 훌륭한 공헌으로 해서 그는 매우 위대한 미국인이 되었다. 그가 위대한 인간—워싱턴과 제퍼슨이 위대한 인물이라고 알려지고 있는 보편적 의미로—이었다는 것은 비교적 확실치 않은 데가 있다.

공화주의자
제임스 매디슨
(1751~1836)

……그는 그의 밝고 식별력 있는 마음과 그의 광범한 정보의 풍요한 자원을 지휘할 준비태세를 갖추었고, 그리고 그가 일원으로 가담하였던 의회에서 그를 제1인자가 되게 한 침착성의 체질을 습득하였다. 그의 주제에서 이탈하여 공헌한 연설로 결단코 방황하지는 않았으며 늘 예의와 표현의 부드러움으로 그의 적수의 감정을 달래면서 순수하고 고전적이며 풍부한 언어를 철저히 구사하여 그의 논리를 이어갔다. 이러한 극상의 저력으로 주상하지 않음으로써 더럽히지 않은 순수하고 티없는 덕이 결집되었던 것이다.

—토머스 제퍼슨의 자서전에서(1821)

해밀턴이 후세인들에게 기억되는 까닭이 어떠하든 그는 잘 기억되고 있다. 그러나 제임스 매디슨(James Madison)은 그렇지 않다. 학자들 사이에서의 경우를 제외하곤 미국사에 있어서 매디슨은 잘 알려지지 않은 지도자 가운데 한 사람이다. 극소수의 사람은 그가 공화국 초기의 대통령(제4대)이란 것을 의심할 나위없이 잘 안다. 다른 이들은 그를 제퍼슨 내각의 국무장관으로 혹은 '토실토실한' 돌리(Dolly)의 남편으로 또는 유선형인 맨해튼 가로를 우아하게 꾸미는 그 이름의 소유자라고만 기억할는지도 모른다. 굳이 서방세계에서 중요하고 영향력 있는 정치사상가 그룹에서 그를 분류해 낸다면, 그의 사상에 충분히 익숙한 사람은 많지 않을 것이다.

매디슨은 무엇보다도 18세기 계몽사조의 자녀로서 그 자유주의적 이상 속에서 성장하였고, 그의 위대한 동조자들처럼 고전 속에서 양육되었다. 그는 1751년 3월 16일, 버지니아 주 포트 콘웨이에서 태어났고 오렌지 군에 있는 아버지의 대농장에서 성장하였다. 매디슨 집안은 '자주성 있고 화기애애한 분위기를 가진' 사람들이었고, 그 무렵 많은 노예 소유자들이 그러했듯 품위 있고 교양 있는 사람들이었다. 열 남매 가운데 장남인 제임스는 독서와 스포츠를 즐겼다. 사람들은 말하기를 '그는 어린아이 같지가 않았다'할 정도였다. 가정에서 교육을 받은 이 연약했던 젊은이는 그리스어·라틴어·프랑스어·스페인어와 수학을 공부하였다. 1765년, 나이 열여덟이 되었을 때 뉴저지 대학(현 프린스턴 대학)에 보내졌고, 1771년 10월 학사학위를 획득하였다. 그는 일년을 더 머물러 그 대학 학장인 스코틀랜드 출신 신학자 위더스푼 박사 밑에서 헤브라이어와 윤리학을 연구하였다.

스물한 살이 되었을 때, 매디슨은 울적하고 의기소침해서 버지니아로 돌아왔다. 뒤에 그는 말하기를 '장수한다거나 윤택한 삶을 바라지 않았다'고 했다. 그러므로 그는 직업을 택하거나 지상의 재물을 축적하게 될 어떠한 과정도 마음에 두지 않았다.

사색에 잠기고 독서하고 내적인 갈등 속에 3년을 지낸 매디슨은 정치활동에 가담했다. 그때는 영국과 갈등이 일어나던 시기였다. 그리고 그때는 식민모국에 맞설 준비를 갖추고 있었다. 1775년, 스물넷이 되었을 때 매디슨은 그의 지역 군의 공안위원회 의장이 되었고 그 다음 해에는 버지니아 최초의 헌법이 초안된 윌리엄즈버그 대회에 참가할 대표로 선정되었다. 윌리엄즈버그에서 처음으로 매디슨은 제퍼슨과 대면하게 된다.

드디어 오래간만에 그를 만족시켰고, 그의 특수한 능력에 충분한 전망을 갖게 할 공복으로서의 직업을 그곳에서 발견하였다. 그는 정치활동을 직업으로 여기지 않았다. 실로 그의 생애에서 한때는 법률공부를 했던 적이 있었다. 그 이유는 그가 에드먼드 랜돌프(Edmund Randolph)에게 보낸 서한에 의하면(1785년 7월 26일자) 그 자신을 위한 '품위 있고 자주적인 자산을 갖추기 위하여' 그리고 '가능한 한, 적게 노예노동력에 의존하기 위하여'였다. 그러나 프랭클린 루스벨트 대통령이 지적하였듯이 매디슨은 결코 법률가나 직업적인 법률가군의 일원이 아니었다(참조·'미국 헌법은 평인의 문서이지 법률가의 계약은 아니었다. 그 사실은 너무 자주 강조될 수가 없다. 매디슨은 그에 가장 큰 책임이 있지만 법률가가 아니었다. 워싱턴도 프랭클린도 아니었다. 그들은 생활의 수원관계(受援關係)에 대한 감

각은 의회를 함께 유지하였다는 것이다.—〈뉴욕 헤럴드 트리뷴〉 1937년 9월 18일자)

1776년부터 1817년 대통령직에서 물러나기까지 거의 계속적으로 공적 생활에 젖어 있었다. 버지니아 대표자회의에서 대륙회의로, 그곳에서 헌법회의로, 여기서 미합중국 의회로, 그 다음은 국무장관직에서 대통령직 등이었다. 선출되었거나 임명되었던 모든 직책에서 매디슨은 지성적인 지도자였거나 때로는 실질적 지도자였다.

그의 지도력은 확고한 장점에서 파생되었는데 그 까닭은 가공할 정신적 무장을 갖춘 인간이기 때문이다. 그는 자연사를 포함한 다양한 학문을 계속 연구하였다. 그는 언젠가 제퍼슨에게 고백하기를 '화학에 관한 겉핥기 지식을 갖는다는 것은 약간 즐거운 일'이라고 하였다. 헌법회의 또는 연방의회 초기 8년간의 위기와 같은 시기에서 그의 커다란 임무를 위하여 매디슨은 온 경력을 기울여 때로 건강을 해치는 정밀성으로 자신을 대비하였다.

그는 정치학·역사학·법률해석학·국제법과 비교기구론 등의 분야와 특히 수많은 고전과 근대작품 가운데에서 가장 중요하고 권위 있는 서적을 독파하였다. 기회가 날 때마다 책을 사 모았다. 제퍼슨이 파리주재 미국대사였을 때는 그의 본래 임무를 제외하곤 매디슨이 부탁하는 서적을 구입하는 데 시간을 보냈다.

미국사에서의 용어로 말하면 매디슨은 영웅시대에 살았고 매우 적극적이었다. 그의 친구나 동료나 추종자 가운데에는 그의 가슴에 불꽃을 튕겨준 훌륭한 사람들이 많다. 조지 워싱턴·조지 메이슨·존 애덤스·알렉산더 해밀턴·제임스 윌슨·벤저민 프랭클린과 토머스 제퍼슨에 관한 언급은 그의 환경을 보여주고 있다. 매디슨의 공적 및 지성적 생활이 관계되는 한, 이 모든 이들 가운데에서 가장 중요한 인사는 제퍼슨이었다.

이 둘 사이처럼 다정한 친구로서, 신임하는 동료로서 그렇게도 가까웠던 사람들은 없었을 것이다. 역사상 기록에서도 그 교제기간이나 상호존경의 도수를 따를 사람이 없다. 반세기 간을 이들은 다정한 친구였고, 서로를 열렬히 찬탄하는 사이였다. '요나단의 영혼은 다윗의 영혼과 결합되었고 요나단은 다윗을 자기 영혼처럼 사랑하였다'. 요나단이 다윗에게 그러하였듯 제퍼슨은 매디슨에게 '왕좌'까지 내주었다. 매디슨보다 여덟 살이나 위인 제퍼슨은 자기 아들에게도 이 손아래 사람에게 한 것과 같은 헌신을 바칠 수가 없었을 것이다. 매디슨은 아들이나 다름없는 헌신과 제한없는 존경으로 그의 수호신에게 찬탄과 애정을 바쳤다.

그들 서로 간의 친밀도에도 불구하고 매디슨은 제퍼슨의 복사지라고 속단함은 잘못이다. 매디슨은 자신이 위대한 풍성의 소유자일 뿐만 아니라 중요하고도 미묘한 부분에서 제퍼슨과 차이를 나타내고 있다. 그 첫째가 그리고 가장 뚜렷한 차이는 육체적 조건이다. 제퍼슨은 키가 큰—188㎝—말라깽이고 억세다. 매디슨은 작고 가냘프고 우울증세가 있다. 워싱턴 어빙(Washington Irving)[1]은 그에 관해서 말하기를 '가련한 제이 매디슨은 풀이 죽은 자그마한 애플 존(말라빠진 사과)'에 지나지 않는다고 하였다. 구부정한 제퍼슨은 외모에서 헐렁이같이 보이고, 가끔 보이기 위한 것보다는 편히 하기 위하여 옷을 입는 경향이었다. 그런가 하면 매디슨은 늘 산뜻하고 단정하였다. 그리고 그의 보수주의적 경향을 강조하려는 듯 검정 옷 외에는 입지 않았다. 이는 다른 이유도 있었지만 경제상의 문제였다. 그는 부유하지 않았고, 그의 옷은 지독히 제한되어 있었다. '그는 한 계절에 옷 한 벌밖에 없었다'고 그의 하인이 기록하였다. '그는 도와야 했던 가난한 친척들이 있었는데 의복에서 검소해야 한다는 본보기로 그들에게 보여 주고 싶었던 것이다.' 제퍼슨은 여러 가지 점에서 실제 그러하였듯이 가끔 마상의 서부개척자같이 보였으나, 매디슨은 온건하고 근면한 교회 성직자다운 인상을 풍겼다. 1815년 매사추세츠의 일스 상원의원은 매디슨 대통령에 관하여 평하기를 '그는 내가 상상했던 로마 성직자 이상의 모습을 지니고 있다'라고 하였다.

매디슨과 제퍼슨 사이에 가로놓인 중요한 차이는 아마도 기질에 관한 문제일 것이다. 제퍼슨이 포괄적인 전망과 발랄한 상상을 갖고 있음에 비하여 매디슨은 냉정하고 균형잡혀 있다. 제퍼슨은 인간과 자연에 관한 것을 이론화하고 그의 환상을 고양하도록 하는가 하면 매디슨은 사려깊고 비열정적이다. 매디슨의 연설이나 문장에서 제퍼슨이 쓴 '자유의 나무는 애국자와 폭군의 피로 씻겨야 한다—이것은 자연스런 비료가 된다' 라는 투의 문구는 생각할 수도 없

---

1) 미국의 소설가.

다. 매디슨이 이러한 생각을—가능한 얘기지만—지녔을는지는 모른다. 이러한 감정을 개인적으로 표현했다 할지라도 그는 그 감정을 색채없이 더 표현에 제한을 두고 진술했을 것이다.

매디슨은 언제나 온건하였다. 중용과 균형은 그의 사상 전체에 스며들어있었다. 그가 헌법회의에 참가하였을 때는 국민을 불신하였던 해밀턴과 국민 속에 신뢰를 둔 윌슨 사이 같은, 오늘날에 와서 좌익과 우익이라 부를 수 있는 그 중간을 선택하였다. 매디슨의 견해로서는 국민은 유전적으로 선하거나 자연적으로 악한 것은 아니었다. 그것은 그의 주장에 의하면 사회가 인간을 그렇게 만든 것이라는 것이다. 지배자가 그들에게 신뢰를 보이면 국민은 그에 보상할 것이고, 지배자가 그들을 격하시키면 국민은 타락하고 만다. 미국 식민지 시대의 체험을 들어 인민들에게 어느 정도의 자유가 허용된 곳에서는 어디서나 인민들이 그것에 대하여 감사할 줄 안다고 그는 지적하였다. '자유가 충분히 배당된 곳에서는 어디나 그 가치 감각과 그 적절한 확장을 위한 열정을 갖도록 하였다'고 그는 기술하였다.

한편 역사학도로서 그는 인간성에 관하여 낙관주의자는 아니있다. 인산기록 전체가 악·추함·잔인성 및 어리석은 이야기로 가득 채워져 있음을 그는 결코 잊지 않았다. 그가 〈페더럴리스트(The Federalist)〉(제37호)에 기고한 것을 보면, 인류의 정치사 특히 협의회나 대회의 기록은 '분파, 논쟁과 실망에서 벗어날 수 없으며, 인간성격의 허약성 및 타락성을 과시하는 가장 어둡고 품위 없는 양태로밖에 분류할 수 없는' 것들이었다는 것을 말하고 있다. 인간성에 관한 그의 온건한 평가는 그 밑바닥에 제퍼슨적이라기보다는 오히려 칼뱅주의적 요소가 있다. 그러나 그는 충분히 그의 우울을 희망적인 기질에 조화시킬 수 있을 만큼 계몽주의의 영향을 받았다. 비록 그가 제퍼슨이 진보와 인간의 완전성에 두었던 낙관주의적 신념을 받아들이지 않았지만, 그럼에도 그는 인간 전체의 타락성에 관한 해밀턴파의 개념을 거부하였다. 인간이란, 그의 말에 의하면 선과 악을 겸하고 있는데 아마도 후자가 우세할 것이라는 것이다. 정치가의 과제는 인간성에서 악한 부분이 전체사회를 만연하지 않도록 막는 방도를 모색하려는 것이다.

〈페더럴리스트〉(제55호)에서 그는 이렇게 썼다. '한편에 인류에게 어느 정도의 조심과 불신을 초래케 하는 어느 정도의 타락성이 있다고 하면, 인간성에는 어느 정도의 존경과 신뢰를 정당화할 수 있는 다른 특질이 있는 것이다. 공화당 정부는 어떤 다른 형태보다도 높은 수준에서 이러한 특질의 실존을 전제로 하고 있다.’

매디슨은 완전한 인간적 타락의 관념은 자치를 불가능하게 하는 암시로 이해하였다. 영구히 욕심많고 악독하고 우둔하며 잔인한 인생은, 공사를 막론하고 뚜렷이 행정업무의 사명을 감당할 수가 없다고 그는 생각하였다. 인간성에 대해 그러한 가정은 한 공화국을 수립하고자 하는 어떤 시도도 포기하여야 한다는 것을 의미하였다—그것은 해밀턴주의자들이 결코 해결할 수 없던 딜레마였으나, 매디슨은 이 문제를 정면으로 받아들였다. 그러나 그는 제퍼슨만큼 전개시키지는 아니하였다. 제퍼슨은 사회적 지위나 수입을 고려치 않는 전체 성인층인—인민만이 그들 자신을 다스릴 권리, 권력 및 본질적 혜지(慧智)를 갖고 있다고 주장하였다. 매디슨은 그의 비관주의에도 불구하고 제퍼슨주의자의 논리 즉 한 사람이 타인들을 다스리기에 충분히 선량하다면 전체 또는 대부분의 인간은 그들 스스로를 지배할 그와 같은 능력을 지니고 있다는 것을 마지못해 받아들였다. 조심스럽게 그는 인간성 내부에 자치기구를 정당화할 ‘충분한 덕’이 있다는 것을 인정하였다. ‘전체주의의 속박을 제외한 그 어느 것도’ 인간심리를 해석함에 ‘서로를 파괴하고 파멸시키는 상태로부터 인간을 강제할 수 없다’는 결론에 이르곤 하였다고 그는 말하였다.

그런고로 인간은 기껏해야 불완전하고 늘 잠재적으로 자기 자신과 그의 추종자들에게 위험하다는 것을 가정한 매디슨은, 정부란 특히 그가 그 창건을 도왔던 자치공화국의 유형은 하나의 필요악일 뿐이라는 관념을 품고 있었다. 정부란 단순히 자기보호상 필요한 것이었다. 비록 매디슨이 이러한 용어를 빌려 글로 쓰지는 아니하였지만, 정부란 하나의 옥지기(간수)로서 수감자들이 서로 해치거나 살해하지 않도록 돌보는 기능을 가진 것이라는 생각을 품고 있었던 것이 그의 저술로 보아 확실하다. 그와 동시에 옥지기는 그 자신도 악에 대한 정상적 열정과 잠재력을 지니고 있는 불완전한 인간 때문에 그가 악용하게 될지도 모를 지나친 권력을 가져서는 안 될 것이라고 느꼈다.

그러한 권력의 남용을 막기 위하여 매디슨은 ‘견제와 균형’이라는 착잡한 계략의 연속으로 구성된 한 행정구조를 옹호하고 그에 헌신하였다. 행정구조의 내외부에는 묘하게 균형잡힌 바퀴와 톱니가 있어서 그 각개가 한계지어진 이해와 활동의 범주 내에서 움직일 뿐만 아니라 다른 것을 서로 견제하는 것이다. 시민은 서로로부터 보호받아야 한다. 행정부는 시민으로부터, 시민은 행정부로부터, 행정부서는 다른 행정부서로부터, 각개 주는 중앙정부로부터, 중앙정부는 각개 주로부터, 그리고 행정부 내에 근무하는 각 개인은 타부처의 잠재적으로 적대관계에 있는 사무실 직원으로부터 보호받아야 한다. 매디슨과 그의 동료들은 명백히 인간이나 정부를 믿지 않았다.

미국 헌법정신에 깔린 정치철학인 스위스제 시계와 같은 정부의 개념은 〈페더럴리스트〉(제51호)에 실렸던 기념할 만한 구절 속에 가장 뚜렷이 나타나 있다.

'그러나 같은 부서 내에서의 각종 권력의 점진적인 중앙집권화에 맞서는 커다란 안전판은 각 부서를 관장하는 자들에게 필요한 헌법적 수단과 타의 침해에 맞서는 개인적 동기를 부여하는 데서 이루어진다. 모든 경우에서와 같이 이것에서 방어태세가 공격의 위험에 대비하여 만들어져야 한다. 그러한 계략이 정부의 타락을 통제하는 데 쓰여져야 한다는 것은, 인간성의 반응인지도 모른다. 그러나 인간성의 전체반응의 위대한 것이 아니면 정부 그 자체는 무엇일까? 인간이 천사라면 정부는 필요 없을 것이다. 천사가 인간을 지배한다면 외부적인 또는 내부적인 통제가 필요없을 것이다. 인간이 인간을 관장하게 될 한 정부를 구성함에 있어 커다란 난관은 여기에 게재되어 있다. 즉 우선 정부가 피지배자를 통제할 능력이 있어야 하고, 그 다음에는 스스로를 통제할 의무를 져야 한다. 인민을 의지한다는 것은 의심할 나위없이 정부에 대한 기본적인 통제가 된다. 그러나 인간은 그 밖에도 경계를 게을리할 수 없는 경계요건이 있다는 것을 체험으로 습득하였다.

보다 선한 동기의 결함을 채우는 이러한 정책은, 공사 간 인간관계의 전체 조직을 통하여 반대적 또는 경쟁적 이해라는 관점에서 추적될 수도 있다. 우리는 이것이 특히 권력의 하위분배 전체에 작용하는 것을 안다. 그곳은 항구적인 목표가 마치 각개가 서로 견제할 수 있다는, 또는 각 개인의 사

적이해가 공권에 대한 감시자일 수 있다는 것같은 방식에서 몇 개의 관직을
분리하고 조종하려는 것이다. 이러한 지각의 창안은 국가 최고권력의 분배
에도 요청된다.'

이러한 '지각의 창안'은 단순히 인간적 결함의 시정으로뿐만 아니라, 경제적
및 집단적 이해의 보호자로서 필요하였다. 매디슨은 보다 낭만적인 그의 동료
들과는 달리 현대 사회주의자나 마르크스주의자들이 내세우는 사회이론을 갖
고 있다. 포괄적이지는 않지만, 주로 그 기원에 있어 경제적인 특수이해의 연결
에 따라 분리된 인간조직으로서 그는 사회이론을 펼쳤다. 그는 지적하기를 역
사적으로 그러한 특수 이해집단은 파벌로 조직되는 경향이 있다는 것이다. 그
파벌이란, 그의 정의에 따르면 '다른 시민의 권리나 또는 공동사회의 영구적이
고 총체적인 이해에 반해서, 어떤 공통한 정열이나 이해에 자극되어 단합되고
행동되는……수많은 시민'이라는 것이다.
〈페더럴리스트〉(제10호)에서 매디슨은 마르크스주의자들의 용어에 가까운
투로 사회적—정치적 행동의 경제적 기반에 관한 개념을 특수하게 구성하였다.

그러나 파벌의 가장 일반적이고 확고한 근원은, 다양하고 불평등한 재산
분배였다. 재산을 소유한 자나 무산자나 사회 내에서 뚜렷한 이해를 형성해
왔다. 채권자나 채무자는 그와 비슷한 차별을 이루었다. 토지상 이해, 제조
공업상 이해, 상업상 이해, 금전상 이해 그 밖에도 그보다 적은 각종 이해가
문명국가에서 필요에 응하여 성장해서 서로 다른 감정과 견해에 따라 움직
여진 여러 계급으로 그들을 갈라 놓았다. 이러한 잡다하고 충돌되는 이해상
의 규제는, 현대입법의 중요한 과제를 이루고 있고, 파벌이나 정당정신을 정
부가 필요로 하고 통례가 된 작전 속에 포함시키고 있다.

사회의 '계급' 분화현상에 관한 이러한 온건한 이해는, 매디슨으로 하여금
다음과 같은 추가결론에 이르게 하였다. 즉 사회에는 의사(意思)의 불가피한 분
화도 존재한다는 것이다. 그는 쓰기를,

'인간의 이성이 과오를 저지를 수 있는 한, 그리고 그것을 행사할 자유가 있는 한, 서로 다른 의사가 형성될 것이다. 인간의 이성과 자애 사이에 관계가 존속하는 한, 인간의 의사나 정열은 그들 스스로를 정열에 집착시키게 될 대상이 되는 것이다. 재산권이 그 기원을 둔 인간의 능력의 다양성은 이해의 합치에 가로놓인 장애를 극복할 수 없는 것은 아니다. 이러한 능력의 보호는 정부의 제1 목적인 것이다. 재산을 취득함에 있어 서로 다르고 불공평한 능력의 보호로부터 서로 다른 정도와 종류의 재산의 소유가 곧바로 결과로 나타난다. 그리고 각개 소유자의 감정이나 견해에 대한 이것들의 영향으로부터 사회가 서로 다른 이해와 파당으로 나뉘게 된다.'

이곳에 매디슨이 지닌 정치사상의 핵심이 있다. 그의 전제가 마르크스주의자들의 전제와 다소간 같다고 가정하고 그가 어떻게 서로 다른 결론에 이르렀는가를 기술한다는 것은 흥미로운 일일 것이다. 정통파 마르크스주의자들이 이미 설명된 계급분화 과정에 따른 계급투쟁의 관념을 갖게 되는 그 점에서, 매디슨은 달리 사회의 기본으로서 계급분화를 수락하지만, 그러한 갈등을 완화하는 유일한 방법은 정부의 활용을 통하여 모든 이해관계를 조화하려는 시도일 것이라는 결론을 얻었다. 이 점에서의 그의 추리는 요지부동이요 논리적이었다. '파벌의 해독'을 어떻게 치료할 것인가라고 그는 되묻는다. 이에 대한 대답으로 그는 두 가지 가능한 방법을 들었다. 하나는 그 원인을 없애는 것이고, 또 하나는 그 결과를 변화시키는 것이다. 어떻게 그 원인을 없애는가? 이 대답에서 그는 또 다시 두 가지 방도를 든다. 첫째는 각자가 그의 정열, 이상과 이해에서 합치되도록 할 것, 둘째는 다양성과 갈등을 용납하는 행동과 사고의 자유를 분쇄할 것 등이다. 합일점을 찾는 첫 번 방법은 명확히 가능성이 없다. 두번째 것은 자유라는 것이 문명사회에서는 지고(至高)의 필요라 할진대 '병마보다 나쁜' 구제책이다. '자유와 파벌과의 관계는 공기와 같아서 곧바로 소멸하지 않는 자양이다'라고 그는 기록한 적이 있다. '그러나 그 불의 파괴력을 조장한다는 이유로 동물생활에는 본질적인 공기를 절멸시키고자 하는 것이나 파벌을 조장한다는 이유로 정치생활에 본질적인 자유를 말살하고자 하는 것은 다 어리석은 짓이다.

그렇다면 이 경우에 인간은 무엇을 해야 하는가? 그는 제안하기를 맨 먼저 의사에서이든 재산에서이든 인간적 다양성의 실존을 충분히 이해하고 받아들여야 한다는 것이다. 그러고나서 각개 이해나 '파벌'을 정부가 보호함으로써 그러한 다양성(투쟁)의 결과 통제하는 것이다. 정부는 어느 일개 집단이나 파벌이 다른 집단의 권리를 침해하지 않도록 보호함으로써 이에 최선을 기할 수가 있다. 매디슨에 의하면 그것은 정부의 기본목표이다.

이러한 중재인의 역할을 수행하기 위하여 정부는 그 스스로 중립적 지위를 지켜야 한다. 그것은 권력을 뚜렷이 정의함으로써 못을 박아야 하고 기능의 예리한 분리로 균형잡혀야 하는 것이다. 그가 〈페더럴리스트〉(제47호)에 쓰기를 '입법, 행정 및 사법 등의 모든 권력이 1인, 소수 또는 다수라든가 같은 수중에 —그리고 세습적 임명이나 피선에 의하든—쌓인다는 것은 폭군이라는 바로 그 개념 속에 포함된다는 정치적 진리보다……더 커다란 본질적 가치가 있는 것은 없다'고 하였다. 정부는 결코 너무 강대해서도 너무 약해서도 안 된다. '자유란, 정부가 너무 많은 또는 너무 적은 권력을 가졌건 그에 불문하고 평등하게 위험에 맞닥뜨려야 된다는, 그리고 이 극단으로 분리케 하는 한도는 체험에 의해서 그렇게도 부정확하게 정의되어야 한다는 것은 울적한 반응입니다'라고 그는 제퍼슨에게 편지를 보냈다.

매디슨 자신의 체험과 광범위한 독서는, 그로 하여금 문제의 해결책은 균형잡힌 중용의 개념에 있다고 믿게 하였다. 정부가 그 중요 임무인 자유와 재산의 보호를 성취하기 위해서는 충분한 권력을—그저 충분하기만한—가져야 한다. 버지니아입법회의(1788년 6월)에서의 격렬한 논쟁에서 그는 그의 의견을 피력하였다. 그때 그는 페트릭 헨리(Patrick Henry)와 같은 그토록 총명하나 엉뚱한 자들에 맞서 연방헌법을 수호해야 했다. '각국의 법률이 집행되어야 마땅하다는 것은 부인할 수가 없습니다. 또한 필요하다면 강제력이 동원되어야 한다는 것도 부인할 수가 없습니다. 법을 집행하기 위하여 강제력이 마련되지 않는 한, 그 목적을 수행할 어떤 정부가 수립될 수 있단 말입니까?' 그러나 정부는 시민의 권리와 소유를 위협하기 위한 것으로 지나친 강제력을 가져서는 안 된다. 그것은 연방헌법 또는 모든 착실한 공화국헌법의 중요한 목적인 것이다—그것은 '권력에 맞서는 자유와 방종에 맞서는 권력'을 옹호하며 '적절한 한계 내에서의 권력의 각 부분을 보존'하기 위한 것이라고 그는 지적하였다.

또다른 근본적인 문제점—그의 동료를 괴롭혔고 특히 입헌회의에서 애먹었던—에 관하여 매디슨은 똑같이 뚜렷한 자기 견해를 지니고 있었다. 그것은 다수 대 소수지배에 관한 문제였다. 입헌회의에는 비록 대표들이 솔직히 자기 견해를 발표하지는 않았으나 해밀턴의 인간불신과 혐오의 사상을 동감하는 다수의 대표자들이 있었다. 인간의 부패와 부정직함에 관한 가정은 공화국의 수립이나 국가내 대부분의 인민에게 참정권을 허용하는 것에 맞서는 세력이었다. 매디슨은 이 무망(無望)한 환상에 항거하여 싸웠고, 성과를 보았다.

첫째로 정부의 공화주의적 형태만이 문명인에겐 가치 있는 것이라고 그는 주장하였다. 둘째로 그러한 정부는 일개 파벌이나 집단이 아니라 인민의 대다수에 기반한 것이어야 한다. 그리고 최후로 다수의 폭군이나 타락의 위험은 그것이 늘 잠재적으로 혹은 실제로 존재하는 동안은 적절한 행정부 체제를 통하여 견제될 수 있다는 것이다. 매디슨은 〈페더럴리스트〉(제29호)에 이렇게 썼다.

'우리는 공화정을 인민의 거체(巨體)로부터 직접 간접으로 그 모든 권력을 이끌어 낸, 그리고 기꺼이, 일정 기간, 혹은 훌륭한 행동으로 그 직책을 감당한 사람들에 의해서 관장되는 한 정부로서 정의한다. 정부가 근소한 부분으로부터 혹은 그를 지지하는 한 계급으로부터가 아니라 사회의 거체로부터 파생하였다는 것은, 그러한 정부에 있어선 중요한 것이다. ……정부를 관장한 인물이 인민에 의하여 직접 간접으로 임명된다는 것은 그러한 행정부엔 충분한 요건이다.'

그렇다면 그는 일부 선동가에 의해 지배될 수 있는, 잠재적으로 무지한 다수의 침입으로부터 사회를—특히 자유와 재산의 높은 가치를—보호할 수 있는 어떠한 방도를 제의하였는가? 매디슨은 그러한 위험이 존재한다는 것을 역사에서 알았다. 그의 이른바 광포한 다수의 '방종' 때문에 왕왕 자유가 손상당하였다는 것과, 가끔 과거에 '다수가 소수의 권리'를 박해하였고, 그 결과로 전제주의를 생산하였다는 것을 그는 수긍하였다. 그러나 해결책은 행정부 내에 있는 여론을 인민으로부터 빼앗는 데 있는 것이 아니고, 집단이해와 참여를 증진시키는 데 있다고 그는 말하였다. 이 점에서 다시 그의 균형의 개념이 작용하였다. 본질상 이해를 분리하고 권력을 확장할수록 더 완전한 것이라고 그는 말하였다. 재산으로부터든 의사로부터든 특수이해의 방대한 수는 소수를 위협하게 될 다수와 쉽게 연합하지 않을 것이다. 직접 간접으로든 이러한 매디슨류의 관념의 많은 부분이, 그가 중요한 역할을 맡았던 바의 형성에서 연방헌법에 섞여 들었다. 에드워드 코윈(Edward Samuel Corwin)[2] 교수가 지적한 대로 부성(父性)이 헌법에 적용할 수 있었던 것에는 매디슨이 그 아버지라는 것을 주장할 수 있다. 그는 그 회의의 회기마다 참석하였고, 모든 중요한 토론에 가담하였고, 헌정사와 법률분야에서 익힌 광대한 보고에서 현명하게 공헌하였다. 무엇보다도 그는 회의의 상세한 내용을 기록하였으므로, 그것은 아직도 그 무렵의 사건을 알 수 있는 기본 자료가 되고 있다.

매디슨은 그의 생애 후년에 와서 이렇게 썼다.

'내가 맡은 바 임무를 수행하기 위하여 나는 사회석 앞자리를 선택하여 자리잡았다. 진행되어지는 모든 것을 놓치지 않게 되는 이러한 좋은 위치에서 쉬운 용어로, 또는 내가 보기 쉽도록 기호와 약어로, 의장석에서 무엇이 읽혀지고 대표자들이 무엇을 말하는지 빼놓지 않고 일일이 노트하였다. 그리고 휴회와 개회의 사이의 한순간도 불필요하게 놓치지 않음으로써 회기 중의 일지를 마저 써버릴 수가 있었다……이러한 노고와 정확한 기록으로 나는 다소간……중요한 연사들을 특징지우는 스타일과 관찰 방식과 추리전개와 친밀할 수 있게 되었다. 또한 단 하루도 결석하지 않았으며, 어느 날이고 우연한 시간의 틈새 이외에는 빼놓지 않았으므로 아주 짧은 것이 아닌 한, 단 한 가지 연설도 거르지 않을 수 있었다…….'

1787년 6월 6일에 헌법회의에서 있었던 훌륭한 연설에서 매디슨은 가능한 한, 가장 광범한 권력의 분배와 주권의 분산이란 이론과 함께 연방 공화주의에 관한 그의 철학 전체를 가장 뚜렷이 간추렸다. 그는 이렇게 논술하였다.

---

2) 미국의 정치학자.

'모든 문명사회는 빈부, 채권자와 채무자, 토지소유자, 제조업자, 상업상 이해, 거주구역이 서로 다른 주민, 각종 정치지도자를 따르는 무리, 종파상의 차이 등으로 구성되었으므로 서로 다른 분파, 파벌 및 이해 등에 따라 분리되었다. 다수가 공통이해나 정열로 결합된 모든 경우에서 소수의 권리는 위협에 처하게 된다. 어떤 동기로 그들 소수는 억압되는가? 정직이 최선의 정책이라는 처세훈에 대한 심중한 고려는 개인에 의해서와 마찬가지로 대수롭지 않게 인간조직에 의해 고려된다는 경험에서 발견된다. 인격에 대한 존경은, 비난과 찬양이 분리되는 자들 가운데에서 그 수에 비례하여 늘 저하된다. 유일한 잔존 유대인 양심은 개인 속에서 부적당하다는 것이 알려졌다. 다수 속에서 소수는 그에 기대를 건다. 그 밖에도 종교자체는 박해와 억압을 가하게 되는 동기가 될 수도 있다. 이러한 관찰은 고금을 막론하고 각국의 역사에서 입증된다. 그리스와 로마에서는 부자와 가난한 자, 채권자와 채무자는 귀족과 평민 사이처럼, 번갈아 서로 양보 없는 무자비성으로 압박하였…… 인간이 인간에 대하여 행사되었던 가장 강압적 지배의 광장인, 가장 계몽된 시기에 이룩된 색채의 단순한 구별을 보아왔나. ……이 전체 사실에서 우리가 뽑아낼 교훈이란 다수가 공통감정으로 연합되고, 또 그 기회가 주어지는 곳에서는 소수당의 권리는 점차 불안전하게 된다는 것이다. 공화정부 내에서 다수가 단결되기만 한다면 늘 기회를 포착하게 되는 것이다. 이에 대한 유일한 구제는 활동영역을 넓히는 것이며, 그러고나서 공동사회를 꽤 많은 수의 이해와 파벌로 쪼개는 것이다. 즉 그것은 첫째로 다수가 전체의 또는 소수의 이해로부터 분리된 공통이해를 동시에 지닐 것 같지는 않을 것이고, 둘째로 그러한 이해를 지녀야 한다는 경우 그것을 추구하고자 연합하기는 어려울 것이다.'

대다수의 분리되고 균형잡힌 이해의 필요와 욕망이라는 관념은, 그것이 물질적이든 정신적이든, 종교와 재산에 대한 매디슨의 태도를 또한 규정짓고 있다. 제퍼슨과 같이 그도 종교적 자유에 대한 열의와 각종 교직제도에 대하여 의혹을 품고 있었다. 그는 역사에서 기성교회가 국가권력에 의존하여 '무지와 부패'를 조성하였다는 것을 알았다. 종교의 행사는 완전히 정부와 분리되어야 하고, 그럼으로써 각자는 그가 원하는 곳에서 그가 원하는 방법으로, 그가 원하는 것을 예배하거나 하지 않거나의 자유를 갖게 된다고 그는 주장하였다. '인간'은 그의 말에 의하면 '그의 신에게만 홀로 책임 있는' 존재이며 교권에 책임이 있는 것이 아니다. 각 개인과 각 종파에 있어 완전한 종교적 자유는 '인간을 족쇄 물리고 쇠약하게 하는 종교적 속박'으로부터 인간의 마음을 자유롭게 할 뿐만 아니라 사회 내에서의 조화로 인도한다고 그는 주장하였다. 그런고로 어느 한 개의 교회 대신에 그는 종파의 복합성을 좋아하였다. 왜냐하면 수많은 종교의 실존은 무엇보다도 일개 종파가 타종파를 지배하지 않게 되기 때문이다.

매디슨은 미국에서의 '종교적 의사와 예배의 자유'를 수립하는 데 크게 도움을 주었다. 기초작업에 그가 도왔던 초기 버지니아 헌법에서 그는 '양심의 지시에 의한 종교의 자유로운 행사'라는 문구를 끼워 넣었다. 1785년 '그리스도교의 교사들'을 지지한 사람들에게 세금을 매기기 위한 시도가 버지니아 입법부에서 일어났을 때, 매디슨은 그 법안에 대한 공격을 성공적으로 이끌었다. 그 투쟁의 한 방도로서 그는 '종교적 과세에 대한 청원과 항거'라는 글을 썼는데 그것은 아직도 종교자유에 관한 고전적 성명으로 남아 있다. 그 내용은 다음과 같다.

'우리는 상술한 법안에 대하여 반대한다. 그 이유는 '종교, 혹은 창조주에 우리가 빚진 의무와 그것을 해제하는 방법은 이성과 신념에 의할 뿐이지 권세나 폭력에 의하여 지시되지 않는다'는 근본적이고도 부정할 수 없는 진리로 생각하기 때문이다. 그래서 각자의 종교는 각자의 신념과 양심에 맡겨져야 한다. 그리고 이들 신념과 양심의 지시대로 종교를 행사하는 것은 각자의 권리이다……

왜냐하면 결국 '양심의 지시에 따라 각시민이 그의 종교를 자유롭게 행사할 평등한 권리'는 다른 우리 모든 권리와 더불어 같은 의사표시에 의해 유지된다. 우리가 그 기원을 회상해 본다면 이것은 같게 부여된 자연의 선물이다. 우리가 그 중요성을 헤아려 본다면 우리에게 값진 것이 아닐 수 없다……
그래서 입법부의 의지는 그들 권위의 유일한 척도이며, 그 권위의 충실 속에서 그들은 우리 모든 근본적인 권리를 일소할지도 모른다고 우리가 말해야 하든가, 이 특수한 불가촉의 성스러운 권리를 떠나도록 그들은 속박되었다고 말할지 모른다. 그들은 출판의 자유를 통제할 수도, 배심원에 의한 판결을 철폐할 수도, 국가의 행정권과 사법권을 빨아들일 수 있다고 말해야 하든가……또는 심의 중인 법안을 법률로 개정할 권한이 그들에게는 없다고 말해야 한다.

우리 서명자들은 이 공화국의 국회는 그러한 권한이 있지 않다고 선언한다. 그리고 그렇도록 위험스런 직권침해에 맞선 우리 측의 노력을 헛되이 되지 않게 하기 위하여, 이 항거문을 통해 그에 대한 반대를 제기하며 진지하게 기구하는 바이다. 우주의 최고 율법자께서 저들로 하여금 공화국의 더욱더 굳건한 자유와 번영과 행복을 수립하도록 이끌어 주시옵소서.'

수년 뒤 1789년 무렵 미국의 초대 의회의 일원으로서 매디슨은 모든 미국인의 종교를 포함한 영구한 기본적인 자유를 보장하게 될 권리장전의 법안통과 운동을 지도하였다. 권리장전의 제1차 초안을 소개하는 데서 그는 어느 정도 너무 급진적이라고 생각되는 자유의 기본원칙을 여기 추가 소개하기로 한다.

'전체권력은 본래적으로 인민에 귀속되고 따라서 인민으로부터 파생된 것이다. 정부는 인민의 복지를 위하여 설치되었고 또 행사되어야 한다……인민은 그 기구의 목적에 반하든가 부적절하다는 것이 나타났을 때는 언제나 그들의 정부를 개조할 뚜렷하고 넘겨 줄 수 없으며 무효로 할 수 없는 권리를 갖고 있다.'

종교의 자유에 관련된 매디슨의 견해는 물질적인 그리고 정신적인 대상 쌍방을 포함하는 그의 자유의 철학전반에 있어 완전한 부분을 이루었다. 재산소유란 지적인 또는 종교적인 의사의 소유와 분리할 수 없고 또 해서는 안 된다고 그는 주장하였다. 문명사회의 일원으로서 인간존재는 재산에 대한 권리와 권리를 재산으로 소유해야 한다고 그는 말하였다. 공정한 사회는 한 시민의 물질적 소유권을 탈취할 수가 없다. 사회는 매디슨이 고찰한 바 근본적인 재산소유권으로 인정하는 인간이 표현할 자유를 앗아갈 수가 없다. 그는 재산소유권이란 개념 속에 단순히 상품이나 금전뿐만 아니라 '한 인간이 그에 가치를 부여하고 그에 대한 권리를 갖는 모든 것을 포함하는' 소유의 총체로서의 개념을 품고 있었다. 소유권과 자유에 대한 훌륭한 어느 에세이에서 아래와 같은 말로 매디슨은 그의 이론을 이루었다.

'인간은 그의 의사 속에서의 재산과 그것들의 교류라는 것을 지니고 있다. 인간은 그의 종교적인 견해에서와 그것들에 의해 지시되는 직업과 실제에서 특수한 가치가 있는 재산을 소유하고 있다. 그는 그의 인간적 안전과 자유에서 그에게 아주 값진 재산을 가지고 있다……한 마디로 한 인간이 그의 재산소유권을 지녔다고 말할 적에 그는 그의 제반 권리를 동등히 소유하였다고 말하게 된다.'

매디슨은 그런고로 미국공화국을 창건한 가장 현명한 인간들 가운데 높이 받들어질 만한 전격적으로 역사적인 인물로서 기술되어야 한다. 그는 거의 고전적인 덕을 지닌 인간이었다.—실제 기구 속에 그 자신의 사상을 주입시킬 수 있는 요행한 지위에 있었던 정치인이며 무사(無私)로운 애국자요, 정치철학자였다. 그는 진실로 미국 민주주의의 중요한 건축가 가운데 하나였으며 '헌법의 아버지'였다.

프랭클린과 그의 자서전에 대하여

프랭클린과 그의 자서전에 대하여

프랭클린과 그의 자서전에 대하여

프랭클린 성공학

벤저민 프랭클린(Benjamin Franklin)이라고 하면 누구나 그가 세상을 떠난 뒤에 출판된 《자서전*Autobiography*》부터 떠올린다. 자전문학 불멸의 고전인 《프랭클린 자서전》은 그동안 전세계에 널리 읽히며 큰 영향을 끼쳤다. 그런데 출간했을 때 프랭클린의 《자서전》은 독자들에게 입신양명과 성공의 교과서로 취급받았다. 미국의 대표적 재벌 멜론 가문의 토대를 쌓았던 토머스 멜론은 1818년 아일랜드에서 이민해 온 가난한 소년에 지나지 않았다. 하지만 열네 살 무렵 우연히 프랭클린의 《자서전》을 읽고 그의 성공담에 감동하여 뼈를 깎는 노력 끝에 백만장자가 되었다. 이듬해 그는 "프랭클린의 《자서전》을 읽었던 것이 내 인생 최대의 전환점이었다"라고 밝혔다.

사람들이 이런 이유로 《자서전》을 읽었던 것은 프랭클린이 애초에 《자서전》의 첫머리에서도 밝혔듯이 이 책의 집필동기가 가난하고 이름 없는 가문에서 태어난 한 사람을 사회적 성공으로 이끈 '실천적인 방법'을 후세에 전하기 위함에 있었기 때문이다. 19세기까지 미국은 경제적으로 성공하여 세계에 적극적으로 두각을 드러내던 젊은 신흥국가였으니 이러한 풍조는 어찌 보면 자연스러운 것이었다고 할 수 있다. 하지만 이제는 입신양명과 무조건적인 성공예찬은 시대착오적인 것으로 치부될 뿐이다. 그렇다면 우리는 이제 프랭클린의 《자서전》을 어떻게 읽어야 할 것인가? 그리고 그로부터 무엇을 배워야 할 것인가?

《자서전》을 살펴보기 전에 먼저 간략하게나마 프랭클린의 생애를 알아둘 필요가 있다. 여기 그가 남긴 자서전이 있는데 왜 그럴 필요가 있느냐고 생각하겠지만 그의 이 자서전은 1759년, 프랭클린이 쉰다섯 살이 된 시점에서 미완성으로 끝나 30년이 넘는 후기의 삶을 다루고 있지 않다. 본디 자서전은 그 사람의 모든 것을 다루지는 않는다. 그런 만큼 《자서전》에서 다루지 않은 후기의 삶까

프랭클린이 태어난 집　보스턴시 밀크 스트리트

지 프랭클린의 모든 생애를 머릿속에 넣고 자서전을 읽는다면 프랭클린의 '인간 형성기'를 다룬 이 책이 더욱 흥미로운 인간기록으로 다가올 것이다.

프랭클린은 흔히 '전형적인 미국인'으로 불린다. 그의 삶과 사상에 미국인의 모든 성격과 특징이 담겨있다는 뜻이다. 19세기 영국의 역사평론가 토머스 칼라일은 그의 초상화를 보고 "여기 모든 양키의 아버지가 있다"고 했다. 또 프랭클린과 같은 시대를 살았던 사람으로 독립전쟁 뒤 파리에서 그와 외교절충에 협력했던 존 애덤스[1]는 정치적, 외교적으로 그와 대립하는 일이 잦았다. 하지만 그런 그도 "프랭클린의 명성은 라이프니츠, 뉴턴, 프리드리히대왕, 볼테르 같은 그 무렵 유럽을 대표하는 인물보다 더 널리 일반인들에게 알려져 있다"고 인정했을 만큼 그의 이름은 왕후(王侯) 귀족, 성직자, 과학자뿐만 아니라, 주방에서 일하는 사람들에게까지도 《인류의 친구》로 알려져 있었다고 한다. 프랑스의 정치가이자 경제학자였던 안 로베르 자크 튀르고는 프랭클린에 대해 "그는 하늘에서 번개를 훔쳤지만, 곧 군주에게서 권위까지 훔칠 것"이라고 평가했다.

프랭클린의 《자서전》을 그저 한 인간의 파란만장한 인생 이야기로만 읽을 것이 아니라 동시대 및 후대의 평가와 더불어 그의 삶과 활동을 배경삼아 읽을 때 더욱 그 가치는 커질 것이다. 이 자서전은 그저 개성적인 한 인물의 성장 기록이 아니라 '이성의 시대'라고 불렸던 18세기와 독립을 노래하던 미국의 정

---

1) 미국 제2대 대통령

신을 이해하는 데 필요한 고전으로 끊임없이 흥미를 유발하는 귀중한 기록이다. 그가 쓴《부자가 되는 길》이라는 책에서부터 성공의 바이블로 불리는《자서전》에 이르기까지 근면과 절약의 효용성을 역설했던 프랭클린은 성공주의와 자본주의의 사도라는 평가를 받을 정도이며, 그의 84년 인생 자체가《자서전》보다 더 큰 유산이라고 할 수 있다. 그러므로 그의《자서전》을 읽겠다면 먼저 그의 생애를 머릿속에 넣고 읽는 것이 바람직할 것이다. 이에 먼저 그의 생애에 대해 간략하게 설명하고자 한다.

프랭클린(1706~1790) 첫 번째 초상화. 로버트 피크 그림(1748).

생애

그는 1706년 보스턴에서 양초와 비누를 만드는 이름 없는 집안에서 열일곱 형제의 열다섯째로 태어났다. 열 살 때부터 집안일을 돕느라 교육다운 교육은 거의 받아보지 못했지만 배움에 대한 열의가 대단했다. 프랭클린은 인쇄소를 경영하는 형 밑에서 고용살이를 하며 손에 잡히는 대로 독서를 하며 문학공부에 힘썼다. 열여섯 살 때 하버드 대학 교육을 비판했고, 여성의 권리를 주장하는 글을 '사일런스 두굿'이라는 미망인의 이름으로 형이 발행하는 〈뉴잉글랜드 커런트(New England Courant)〉 지에 기고하는 조숙함을 발휘했다. 1723년에는 이 기사가 문제가 되어 형과의 갈등으로 집을 나와 필라델피아 인쇄소에 취직했고, 그 뒤 영국으로 건너갈 기회를 얻어 약 1년 반 동안 영국에 머무르며 해외의 새로운 시대를 접하게 된다. 뒷날 식민지 미국의 몇 안 되는 국제인물로 성장하게 될 프랭클린에게 그 무렵의 경험은 그의 인생에 커다란 영향을 미친 귀

아내 데보라 뒷날 프랭클린의 아내가 된 데보라 리드는 그가 필라델피아에 도착한 바로 그날 문간에서 그의 볼품없는 모습을 보았다. 그들은 7년간 우여곡절을 겪은 끝에 무사히 결혼한다. 데보라는 '선량하고 충실한 반려자'로서 프랭클린을 도왔으며 '두 사람은 함께 성공의 길을 걸었다.' 벤자민 윌슨 그림(1759).

중한 체험이었다. 1730년, 귀국한 프랭클린은 필라델피아에서 묵던 리드 가문의 딸 데보라와 결혼한다.

이후 독립하여 인쇄소를 차린 프랭클린은 1732년 《가난한 리처드의 달력 *Poor Richard's Almanac*》을 발간하여 여백에 '일찍 자고 일찍 일어나는 것이 건강과 재산, 지혜의 원천이다', '하늘은 스스로 돕는 자를 돕는다'와 같은 간결하고 매력적인 실천적 덕목을 집어넣어 큰 호평을 받는다. 1758년에는 달력 서문에서 근면과 절약에 관한 덕목의 알맹이만을 뽑아 《부자가 되는 길》이라는 제목으로 출판해 당대는 물론 후대에까지 큰 영향을 끼쳤다. 1748년 경제적으로 안정이 되자 일선 업무에서 물러나 전부터 해 왔던 지역사회의 지도자, 정치가로서 필라델피아의 도로포장과 소방대 조직, 병원, 학교 설립 등 수많은 공공사업에 힘을 쏟는다. 또 과학에도 흥미를 보여 1752년에는 천둥·번개가 치는 하늘에 연을 올리는 유명한 실험으로 번개와 전기가 성질이 같다는 것을 증명했다. 이리하여 프랭클린은 젊은 나이에 정치가이자 과학자로 국내외에 이름을 떨치게 되었다.

1757년 프랭클린은 식민지 과세권 교섭을 위해 대표로 영국으로 건너갔고(《자서전》은 여기서 끝을 맺는다), 영국과의 관계가 악화일로를 걷고 있을 때, 세 번이나 대서양을 오가며 영국과 프랑스의 외교절충을 이끌어 내는 데 비범한 재능을 발휘한다. 독립전쟁 중에는 프랑스의 경제지원을 약속받음으로써 건국의 아버지라 불릴 만큼 그 무렵 식민지 지도자들 가운데 미국 독립에 가장 큰 공헌을 한 인물로 평가받는다. 프랭클린은 미국의 토대를 쌓은 〈독립선언서〉 〈프랑스동맹조약〉 〈영국평화조약〉 〈미국헌법〉 네 가지 문서에 모두 서명한 유

▲《가난한 리처드의 달력》 삽화
필라델피아 거리. 이 거리에서 프랭클린은
인쇄소를 열었다. 록웰 그림.

▶인쇄공들을 격려하는 프랭클린

▼손수레를 미는 프랭클린
"이런 식으로 착실히 성공을 향해 나아갔
다."—《자서전》

프랭클린 동상 보스턴 프리덤 트레일 소재.　　《가난한 리처드의 달력》(1733년판)

일한 인물이기도 하다.

　1785년, 큰 외교적 활약을 펼치고 미 대륙으로 돌아온 프랭클린은 79세라는 고령에도 불구하고 펜실베이니아 주지사로 일하며 미국헌법 제정회의에 참석하여 독립 초기의 조국발전을 위해 끝까지 노력을 아끼지 않았다. 1790년 필라델피아에서 여든네 살의 나이로 파란만장한 삶을 마친 프랭클린은 다방면에 걸친 활약과 개성적인 성격, 그 무렵 사상을 명쾌하게 표현한 문장으로 18세기 미국을 대표하는 인물이 되었다. 미 하원은 국장을 치를 것을 결의했고 장례식에는 2만여 명이 참석했다. 프랑스에서는 그의 죽음을 추모하고자 국회에서 3일 동안 상복을 입었다.

　흔히 미국의 레오나르도 다빈치라고 불리는 프랭클린은 인쇄공이자 저널리스트·철학자·발명가·자선사업가·정치인·외교관·과학자·문학가라는 다양한 직함을 갖고 있어 어느 분야에서도 일인자였지만 그중에서도 문필가, 문학가로

프랭클린의 정전기 발생 기구

프랭클린이 개발한 스토브 도면(1744)

▲프랭클린이 개발한 축전지

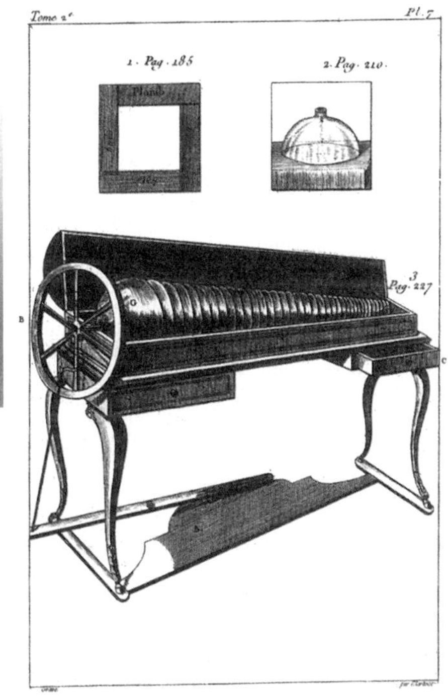

▶프랭클린이 개발한 유리 하모니카

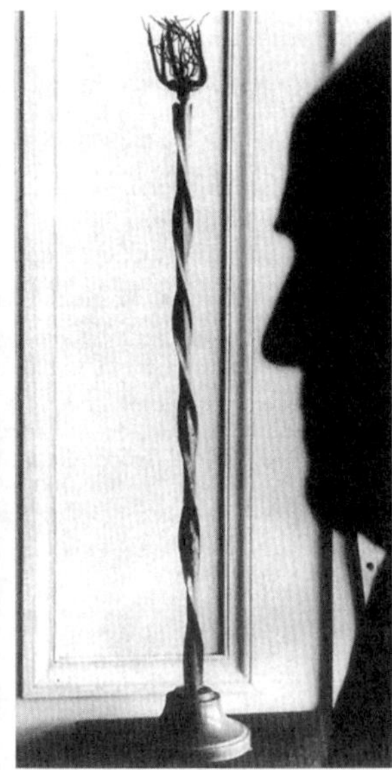

▲프랭클린이 실험에 사용한 피뢰
침의 일부

◀피뢰침 실험
이 실험으로 번개와 전기가 동일
하다는 것을 증명하고 피뢰침을
발명했다.

서의 활약은 '다방면'의 경력 가운데 변치 않는 그의 삶의 핵심적 특징이었다. 프랭클린도 이를 인식하고 있었는지 몇 번이고 《자서전》에 '문필가의 재능으로 덕을 봤던 이야기'를 들고 있다. 지금은 이렇게 《자서전》에 대해서 생각하고 있지만, 만년까지도 업무에 파묻혀 여유가 없었던 프랭클린이 어린 시절부터 '문필가의 재능'과 펜을 잡는 습관을 들이지 않았더라면 이 최고의 선물 《자서전》은 세상에 나오지 못했을지도 모른다.

프랭클린은 영국으로 건너갔던 1771년 7월 말, 햄프셔에 있는 어느 작은 마을에 사는 친구 시플리 주교의 집에서 《자서전》을 집필한다. 원고를 완성한 뒤 세 번이나 수정 작업을 했지만 결국은 미완성인 채로 제1부를 끝낸다. 자신의 결혼과 회원제 도서관 설립 시기까지를 2주 만에 써낸 프랭클린은 매일 밤 그날 쓴 부분을 시플리의 딸들에게 읽혔다고 한다. 제1부는 세상에 알려지지 않았던 자신의 삶의 이야기를 아들에게 보내는 편지 형식(실제로는 후대의 수많은 독자들에게 들려주게 되었지만)의 편안하고 쉬운 문체로 썼다.

그 뒤 13년이 지난 1784년, 중요한 임무를 마치고 파리 부근에 머무르며 귀국명령을 기다리고 있을 때, 제1부 원고를 읽은 두 친구가 프랭클린에게 편지를 보내(이 편지도 《자서전》에 수록되어 있다) 자서전을 계속 써 줄 것을 종용했다. 결국 프랭클린은 펜을 들었지만 이 무렵 아들 윌리엄이 왕당파로 돌아서는 바람에 부자 사이가 소원해지면서 제2부는 아들 윌리엄이 아닌 독자를 대상

런던 크레이븐 거리에 있는 프랭클린의 집

으로 쓰게 되면서 전체적으로 문체와 내용에 공적(公的) 성격이 강해졌다. 제3부는 1788년 필라델피아에서 썼고, 몇 페이지 되지 않는 마지막 제4부는 세상을 뜨기 반년 전에 썼는데 글 속에 쇠약해진 그의 모습이 잘 드러나 있다. 이렇듯 그는 바쁜 와중에도 시간을 쪼개 19년 동안 이 귀중한 자서전을 써 냈다. 그 뒤 프랭클린의 《자서전》 친필원고는 행방불명이 되었는데, 끈질긴 추적 끝에 다시 발견되게 된다.

《자서전》을 어떻게 읽을 것인가

이제 처음에 꺼냈던 문제로 다시 돌아가 보자. 이제 우리는 이 《자서전》을 어떻게 읽어야 좋을까?

또 되풀이하는 말이 되겠지만 전부터 사람들은 《프랭클린 자서전》을 그의 뜻대로 근면절약의 효용성과 세속적인 성공비결이 담긴 입신양명의 바이블로 받아들여 왔다. 하지만 반면에 너무나도 세속적인 관심, 공리주의, 물질지상주의, 그리고 강요적이고 자기만족적인 태도 때문에 멜빌, 마크 트웨인, 로렌스 등 후대의 문학자들의 맹렬한 반발과 비판을 받았다. 멜빌은 그를 "시인만큼은 절

런던에서 뉴턴을 연구 중인 프랭클린 데이비드 마틴 그림(1766).

대 될 수 없는 인간"이라고 매도했으며, 트웨인은 밤에 잠도 자지 않고 공부를 하고 책을 읽은 프랭클린을 자연스럽게 자라날 아이들의 "철천지 원수"라고 공격했다. 근면절약을 강조하는 프랭클린의 정신을 인정하지 않는 사람이 있었던 것은 사실이다. 그러나 이러한 반발과 비판은 《자서전》의 세속적인 면을 부풀리고 오해했기에 빚어진 결과이며, 그의 《자서전》을 미국사회 전통의 맥락에서 놓고 본다면 단순한 입신양명의 바이블이 아닌 또 다른 일면을 발견하게 될 것이다. 이 자서전에서 드러나는 프랭클린의 성격과 사상에서 미국정신의 원천을 찾아보는 것이다.

무엇보다 《자서전》은 미국인의 정체성 문제와 연관시켜 읽을 수 있다. 알다시피 미국은 여러 민족의 이민자들이 한데 뒤섞여 만들어진 국가이다. 그렇기에 미국인에게는 전통과 정체성의 기반이 되어 줄 공통적인 민족적, 문화적 뿌리가 없다. 이처럼 뿌리 없는 '신인류' 미국인은 과거에 안주하지 못하고 끝없이 미래를 향해 모습을 바꿔 가야만 하는 것이다.

지연, 혈연이 끊어진 뿌리 없는 미국인은 고독하고 언제나 불안한 존재이다. 그렇기에 늘 저 바다너머에 있는 자신의 먼 뿌리를 의식하고 추구해야 했다. 프랭클린도 예외는 아니었다. 《자서전》 앞부분에도 프랭클린이 영국 햄프셔에 있는 자기 가문의 뿌리를 찾아다니는 장면이 나오는데, 프랭클린 가문에 대한 기록은 1555년 이후로는 남아 있지 않았다. 그리하여 프랭클린은 보스턴으로 돌아간 뒤로는 더 이상 과거에 눈을 돌리지 않고 미래만을 바라보며 자신이 미국인이라는 의식을 이루기 위해 노력했으며, 결국 독립혁명 투사로서 미국인의 정체성을 확립하기에 이른다. 이렇듯 그의 《자서전》은 미국인의 성장, 자기형성 과정을 최초로 기록한 중요한 문헌이다.

독립선언서 초고　제퍼슨이 작성한 미국독립선언서 초고를 프랭클린과 애덤스가 수정한 것. 프랭클린은 '신성하고 부인할 수 없는(sacred and undeniable)'이라는 구절에 사선을 긋고 그 위에 '자명한(self-evident)'이라고 썼다.

《자서전》을 읽는 두 번째 방법은 개인의 보편적인 입신양명 이야기가 아니라 미국 사회 특유의 '성공 이야기'로 이 자서전을 읽는 것이다. 미국은 계층적으로 고정된 봉건사회와 달리 유동적이다. 따라서 능력 있는 사람은 출신이나 학력과 관계없이 사회에서 두각을 나타낼 수 있다. 가난한 환경에서 태어나더라도 노력하고 운만 따라준다면 혼자의 힘으로 성공할 수 있다. 전통과 인습이 없는 젊은 나라 미국에선 모든 이에게 평등하게 성공의 기회가 주어져 있어 재능이 있고 그만큼 노력을 한다면 누구나 돈과 지위를 얻을 수 있다는 꿈이 있었다. 프랭클린은 그 꿈을 이루어 냈고, 그 꿈으로 후대의 젊은이들을 매혹시켰다.

영혼의 문제와 일상의 문제

프랭클린은 그저 꿈을 그리는 몽상가가 아니라 언제나 꿈을 실현시킬 구체적인 방법까지 제시하는 현실주의자였다. 성공에 필요한 덕목을 설명할 때도 그저 이러한 덕목을 익히라고 권고하는 데 그치는 것이 아니라, 어떻게 하면 그 덕목을 자기 것으로 만들 수 있는지 구체적인 방법을 제시하기를 잊지 않았다. 《자서전》에서 프랭클린은 "훌륭한 행동이 훌륭한 말보다 낫다"고 주장한다. 이러한 그의 사고를 특징짓는 것은 합리주의와 실용주의이다. 그의 합리주의는 생활을 통해 직접적으로 이루어진 것으로 18세기 시대정신과 밀접하게 이어져 있다. 따라서 프랭클린의 정신을 이해하기 위해서는 18세기 무렵의 정신 풍토에 대해 먼저 살펴보아야 한다.

18세기 미국은 유럽 계몽주의의 영향으로 이성의 시대를 이루며, 자연법칙과 인간 이성의 힘으로 사회는 무한히 진보해 가리라는 흔들리지 않는 믿음이 있었다. 미래에 대한 사람들의 긍정적 태도는 이 시대의 가장 큰 특징이자 경향이었는데, 바로 이 시대정신을 완벽하게 구현한 존재가 프랭클린이었다. 이렇게 등장한 프랭클린의 합리주의는 자연법칙과 이성을 근거로 어디까지나 인간을 세상의 중심으로 삼고 있어, 합리성을 뛰어넘은 신앙과 절대적 신을 중심으로 삼는 17세기 청교도주의와는 크나큰 대조를 보였다. 이러한 프랭클린의 발상을 가장 전형적으로 보여 주는 것이 바로 《자서전》에서 가장 유명한 다음 구절이다.

"나는 사람과 사람 사이에서 진실, 성실 그리고 고결함, 이 세 가지는 행복을 위한 필수불가결한 것이라고 확신하게 되었다. 그래서 나는 몇 가지 사항을 살아가면서 실천할 생각으로 일기에 써두었는데, 아마 아직까지도 남아 있을 것이다. "신의 계시"는 내게 아무런 의미도 갖지 못했다. 죄는 신이 금지했으므로 나쁜 것이 아니라 나쁘므로 금지한 것이며, 신이 의무를 부과했으므로 하는 것이 아니라 해야 하므로 부과된 것이라고 생각하게 되었다."

그리스도교 교리의 핵심인 "신의 계시조차 아무런 의미를 갖지 못했다"고 대담하게 쓴 점에서 그가 태어나 자란 전통적인 청교도주의와는 완전히 관계를 끊었다고 봐도 좋을 것이다. 이처럼 그는 인간과 신이라는 종적 관계가 아닌 '사람과 사람 사이'라는 횡적 유대를 중시하게 되었다. 그리고 도덕적 판단도 인간관계의 효율을 기준으로 상대적이고 합리적으로 이끌어 내고자 했으며 신의 뜻도 사람의 입장에서 합리적으로 유추하여 해석했다. 그렇다고 그가 종교

독립선언 서명 미국독립선언은 1776년 7월 4일 대륙회의에서 13개 식민지 대표 56명이 찬성함으로써 채택되어 서명이 이루어졌다. 프랭클린, 제퍼슨 등 5명의 기초위원이 화면 가운데에 그려져 있다. 존 트럼벌 그림. 워싱턴 미국의회도서관 소장.

에 무관심했던 것은 아니다. 프랭클린은 나름대로 신앙을 갖고 있었고 그것은 《자서전》에 다음과 같이 요약되어 있다.

"나는 장로회의 회원으로 종교적 분위기 속에서 교육받았다. 그런데 이 종파의 교리 가운데에는 '신의 영원한 뜻', '신의 선택', '영원한 정죄'라는 도무지 이해하기 힘든 구절이 몇 가지 있다. 이밖에도 내가 의문을 가졌던 것은 몇 가지 더 있지만 (중략) 그렇다고 내가 종교적 주의나 주장을 전혀 가지지 않았던 적은 단 한 번도 없었다. 이를테면 신의 존재나, 신이 세상을 만들었다거나, 섭리가 세상을 다스리고 있다든지, 주님께 봉사하는 것은 남에게 선을 베푸는 것이요, 사람의 영혼은 영원불멸이며, 그리고 지은 죄는 현세가 아닌 내세에서 그 죗값을 치르게 되지만 덕행은 보답을 받는다는 이러한 얘기에 한 치의 의심을 품었던 적이 없기 때문이다. 나는 종교의 본질이란 이런 것이라고 생각한다. 그래서 나는 어느 종파든 종교든 이러한 본질을 갖고 있다면 존중하기로 했지만 이런 본질 외에 사람의 도덕성을 고취시키기보다는 사람들을 분열시키고 서로 미워하게 하는 조례를 가진 종파가 몇몇 있었기에 나는 그에 맞춰 종파에 대한 판단을 내리기로 했다.

또한 아무리 나빠 보이는 종파라도 도움이 되는 측면이 반드시 있다고 생각했기에 어떤 종파라도 존중하고자 했다. 그래서 나는 다른 사람의 신앙심을 꺾을 만한 논의를 극도로 피했다.”

이렇게 긴 인용문을 든 것은 이 문장에 프랭클린의 종교의식뿐만 아니라 그의 사고방식 전반이 잘 묘사되어 있기 때문이다. 그는 장로회의 기본이라고 해도 좋을 교리도 합리적이지 않고 이해하기 힘들다는 이유로 인정하지 않았다. 그는 신이 존재하며 섭리에 따라 세상을 다스린다고 했지만, 이 부분은 종교적 확신이라기보다 프랭클린 나름대로 우주 구조를 합리적으로 설명한 것이라고 보는 게 옳다. 그리고 신에게 봉사하는 것은 곧 남에게 선행을 베푸는 것으로 받아들인 점에서도 알 수 있듯이 그는 내심 신과 사람이 아닌 ‘사람과 사람 사이’에 초점을 맞추고 있었다. 이러한 사고는 현세에서든 내세에서든 선행은 보답 받고, 악행은 죗값을 치른다는 매우 도덕적인 견해에 따른 것이다.

이 인용문을 통해서 알 수 있는 것은 프랭클린이 자신의 내면적이고 주관적인 체험에 근거하여 종교를 사람의 영혼과 직접적인 관련을 맺는 어떤 절대적인 것으로 보기보다는, 종교를 사람 간의 원활한 공생에 필요한 편의적인 방편으로 여기고 있다는 점이다. 이러한 태도는 같은 시대 성직자 조나단 에드워즈가 보여주는 신과의 직접교류의 황홀감을 핵심으로 하는, 소위 타오르는 영혼의 종교의식과는 뚜렷한 대조를 이룬다.

프랭클린은 자신의 영혼 또는 영원의 문제보다 생활의 행복, 주민복지가 더욱 중요했다. 그는 《자서전》에서도 이렇게 말하고 있다.

“행복이란 아주 우연찮게 일어나는 큰 행운보다 매일 일어나는 작은 편리함에서 생겨나는 것이다. 따라서 가난한 청년에게 면도하는 법과 면도날 다듬는 법을 가르쳐 주는 편이 1000기니를 주는 것보다 그의 인생 행복에 더 큰 공헌을 하게 된다.”

확실히 이렇게 사사로운 일이 생활의 행복을 만든다. 그건 사실이다. 하지만 너무 좀스럽지 않은가? 물론 이는 프랭클린의 일면에 지나지 않는다. 그는 독립이라는 이상실현에 인생의 절반을 바쳤고, 그 동안에는 고매한 민주주의 이념, 자신의 정치신념에 매우 충실했고 한 치의 타협도 하지 않았다는 점에서 그가 태어나고 자란 청교도주의를 떠올리게 한다. 어린 시절 자신을 이해해 주지 않던 형에게 반발하여 집을 뛰쳐나왔던 프랭클린은 "나에게 있어 형은 폭군이었다. 어쩌면 그 때문에 내가 전제권력에 반감을 갖게 된 것일지도 모른다"고 서술했는데, 이러한 '전제권력에 대한

파리 사교계의 미녀들 독립선언이 이루어진 1776년부터 약 9년간 프랭클린은 외교관으로서 파리 근교에 머물면서 프랑스의 원조를 얻기 위해 바쁘게 활동하여 마침내 성공을 거두었다. 그동안 그는 남자다운 매력으로 사교계 여성들의 마음을 사로잡았다고 한다. 록웰은 별로 알려지지 않은 그의 일면을 화려하게 그려 냈다.

반감'은 인간행복에 대한 바람과 이를 위한 자질구레한 일상의 지혜와 함께, 프랭클린의 생애를 대변하는 의식을 구성했다.

프랭클린은 앞서 말한 것처럼 '다면적'인 사람이다. 그의 이채로운 면모 가운데서 가장 눈에 띠는 것은 미국의 건국정신을 대변하는 독립투사로서의 프랭클린과 직접 학비를 벌어가며 공부하여 성공신화를 이룩한 자수성가 청년으로서의 프랭클린이다. 그의 후기 인생을 대변하는 독립투사로서의 프랭클린이 독립 이후로도 일반 미국인들의 광범위한 지지와 사랑을 받는 이미지라면, 학생 프랭클린은 19세기 후반을 살았던, 그의 전기 인생을 대변하는 이미지이다. 이러한 프랭클린의 두 면모는 미국의 자주독립과 기회평등의 이상을 몸소 현실로 구현해 보이는 데 성공한 셈이다. 프랭클린은 '전형적인 미국인'이었다. 앞서 말했듯이 토머스 칼라일은 프랭클린을 '모든 양키의 아버지'라고 했지만, 미국이라는 특수성이 없었다면 프랭클린과 같은 인물 또한 없었을 것이다. 프랭

클린은 너무나도 미국적인 미국인이었다. 그의 생애와 작품은 미국인의 삶과 사상의 원점이었다.

자기발견과 자기 생에 대한 변호

지금까지 미국 문화 및 사회의 맥락에서 프랭클린의 개성, 즉 그의 정체성, 성공신화, 합리주의, 실용주의적 경향 등을 살펴보았다. 이제 작가로서의 그를 탐색하기 위해서는 《자서전》을 좀 더 분석적으로 살펴볼 필요가 있다. 그런 경우 온갖 문제가 떠오르겠지만 그중에서도 가장 흥미로운 것은 자서전의 구조, 그리고 자서전의 화자와 청자 사이의 미묘한 관계이다. 일반적으로 자서전이란 인생의 만년에 이른 작자가 연극 감독처럼 자기 자신으로 분한 배우에게 성장과 변화를 거듭해 온 자기의 모습을 연기하도록 지시하는, 다시 말해서 자서전이라는 무대 위에서 작자가 바라는 자기 자신의 이미지를 재현하는 작업과 같다. 하지만 이런 식으로 재현된 젊은 시절의 자신은 지금 자서전을 쓰고 있는 만년의 자신으로 규제되어 버린다. 이런 과정에서 드러나는 상호관계, 순환관계에 따라 자서전은 제삼자가 쓴 작품에서는 볼 수 없는 역동적인 성격을 띤다.

프랭클린의 《자서전》도 기본적으로 이러한 특징을 보인다. 그의 《자서전》에는 여러 명의 프랭클린이 등장하여 각자 자신에게 주어진 역할을 연기한다. 프랭클린은 풍부한 인생경험을 가진 중년으로서, 일주일쯤 영국 벽촌에 홀로 틀어박혀 누구의 방해도 받지 않고서 잃어버린 과거의 여러 사건과 인연들에 대해 어느 정도 여유를 갖고 회상할 수 있을 만큼 성숙한 미국인이었다. 그러나 동시에 자서전 집필이 자신의 '자랑'으로 끝날지도 모른다는 것을 충분히 인식하고 자신의 허영심에 집착하여 될 수 있는 대로 이 자서전에서 그러한 결점을 어떻게 극복했는지를 묘사하려는 자의식이 강한 사람이다. 그의 자서전 집필의 표면적인 동기는 성공을 위한 '유익한 방법들'을 구체적으로 소개하여 후세의 젊은이들에게 도움을 주려는 것이지만 숨은 의도는 자신의 생애를 변호하고 정당화하려는 것이다. 자서전을 쓰는 것은 그 자체로 대단한 자의식 과잉행위이다. 이런 점에서 프랭클린 역시 예외가 아니었다. 프랭클린 자신은 의식하지 못했을지 모르지만, 자서전을 쓰는 행위 자체가 자서전을 쓰고 있는 현재의 프랭클린을 변화시킨 것이다.

프랑스에서 돌아온 프랭클린 1785년 그는 외교관으로서 막중한 임무를 마치고 필라델피아로 돌아왔다. 뒤에 남은 제퍼슨의 말에 따르면 그가 떠난 파리는 마치 '장로(長老)'를 잃어버린 것 같았다고 한다. 19세기 끝무렵 〈센추리(century)〉 지에 실린 그의 전기 삽화.

그의 생애, 그가 연기해 온 역할은 18세기 영국의 피카레스크소설의 주인공처럼 파란만장했다. 그러나 그는 그러한 자신의 체험들을 시간의 흐름에 따라 단순 나열하는 것이 아니라, 자신의 삶이 의미 있는 전체가 되도록, 또는 하나의 궁극적인 목적과 결말을 갖춘 필연적인 흐름의 이야기가 되도록 선택적으로 배열했다. 단일한 관점에서 여러 삶의 사건들을 선택하고 재구성하여 거기에 해석과 의미를 부여했다. 이런 의미에서 자서전은 한 인간이 자신의 생애를 직접 기록한 문학형식이면서 전체를 통찰하지 못하고, 그날 그날 시점에서 써내려가는 일기나 단순사건을 기록한 글과는 본질적으로 다르다. 자서전을 쓴다는 것은 단순히 과거 기억들의 집적이 아니라 차라리 허구적인 세계를 창조하는 작업이다. 이는 그 자체의 결말과 통일성을 갖춘 문학작품이라고 해도 좋다.

프랭클린의 《자서전》은 19년 동안 단속적으로 집필하였으나 결국 미완성으로 끝나 형식상 결말이 있는 작품이라고는 할 수 없다. (애당초 생애의 마지막이 자서전의 결말이라고 한다면 자서전에는 결말이 있을 수 없다) 그러나 그럼에도 불구하고 그의 《자서전》은 문학적으로 통일성과 질서를 부여하는 두 가지 원리로 인해 미완이라는 인상은 비교적 적다. 즉, 전반의 '자기발견' 후반의 '자기 생에 대한 변호'라는 원리에 따라 그의 생애의 사건과 체험은 마치 필연성과 방향성을 가진 일련의 이야기처럼 재구성되어 있다. 그리고 서로 대비되는 이 두 원리는 《자서전》에서 각각 집필 무렵 그의 의식과 대응하도록 되어 있다. 이러한 이중의 대비를 통해 《자서전》은 유기적인 입체성을 얻는다.

보스턴의 집을 뛰쳐나와 고립무원 상태에서 필라델피아에 닿았을 때의 자기 모습을 그는 다음과 같이 묘사했다.

"나는 이때 여행의 내막을 낱낱이 다루고 나서 내가 필라델피아 마을에 처음 왔을 때의 모습을 자세하게 다룰 예정이었다. 그렇게 하면 성공과는 거리가 멀어 보였던 처음의 자신의 모습과 성공한 뒤의 자신의 모습을 비교해 볼 수 있지 않을까 해서였다. (중략) 나는 작업복을 입고 있었고 여행 중이라 땟물이 줄줄 흐르는 모습으로 (중략) 아는 사람은 아무도 없고 어디에 묵어야 좋을지 알 수가 없었다. (중략) 내가 갖고 있었던 현금은 겨우 네덜란드 지폐 한 장과 1실링 동전 한 닢뿐이었다."

그는 그 뒤 빵 세 개를 사서 필라델피아 마을 거리를 "양쪽 겨드랑이에 각각 빵 하나씩을 끼고, 남은 하나를 씹으며" 걸어갔다. 《자서전》에서 가장 유명한 에피소드이다. 이 이야기 자체도 매우 인상적이지만 더욱 중요한 것은 이 모습에 "그 뒤 이 마을에서 성공했다"는 자신의 모습을 겹쳐 제시한다는 점이다. 마찬가지로 《자서전》의 핵심 내용인 열세 가지 덕목에 대해 말하면서 이러한 덕목이 그의 생애에 어떠한 영향을 끼쳤는지를 자랑스럽게 밝히기도 한다.

"이 이야기를 쓰면서 일흔아홉 살이 된 지금까지 내가 쭉 행복한 삶을 살 수 있었던 것은 주님의 은혜뿐만 아니라, 작지만 나름대로 노력해 온 결과이기도 하다. (중략) 내가 오랫동안 건강을 지킨 것도, 더 건강한 몸을 갖게 된 것도 '절제' 덕분이다. 젊었을 적부터 삶이 편해지고 재산을 갖고 지혜로워져 유능한 시민이 된 내가 지식인 사이에서 어느 정도 이름을 떨치게 된 것도 근면과 절제 덕분이며, 우리나라 사람들의 신뢰와 명예로운 임무를 받게 된 것은 성실과 정의 덕분이다."

이처럼 그는 단순히 젊은 시절 그가 추구했던 열세 가지 덕목을 기록하는데 그치지 않고 50년 뒤 자신과 비교하여 이러한 덕목들이 자신에게 어떠한 영향을 끼쳤는지를 밝힘으로써 그 의의를 후세 사람들에게 전하려고 했다. '겸양'의 덕목에 대해 말하면서는 "이 덕목을 진정 내 것으로 체화했다는 식으로 큰소리를 칠 수는 없어도 적어도 '겉보기'에는 성공했다고 생각한다"고 적음으로써 자기도 모르게 자신의 '겸양'을 자랑하고 있다.

말하는 주체와 이야기를 듣는 객체가 같은 것은 자서전이 가진

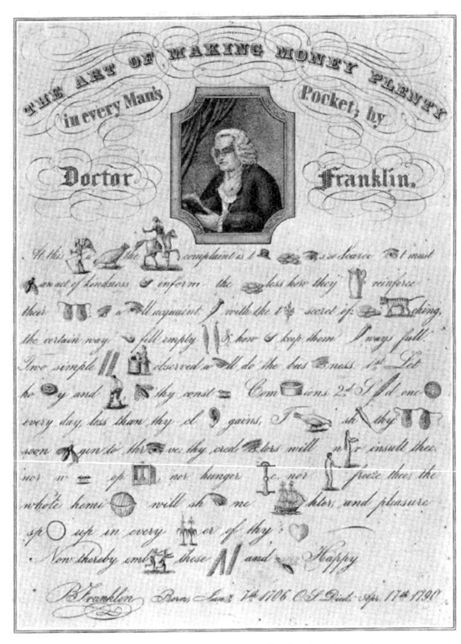

프랭클린의 '돈 버는 방법' 우리나라 젊은이들은 프랭클린의 자서전을 열심히 읽으면서 출세를 꿈꾸었는데, 미국 사람들은 같은 가르침을 문자와 그림으로 된 그림책을 통해 즐겁게 배웠다. 'when'은 'w'와 'hen(암탉)'으로, 'that'은 't'와 'hat(모자)'로 표현돼 있다. N. 커리어 작품.

기묘한 특성이다. 성공한 만년의 프랭클린은 성공을 추구하며 분투했던 젊은 날의 자신을 그려내지만 이는 동시에 젊은 시절의 자신을 새롭게 만들어 내는 것이기도 하다. 이렇게 재창조된 젊은 시절의 프랭클린은 이번에는 자서전을 쓰고 있는 지금의 프랭클린에게 영향을 끼친다. 그 결과 자서전의 '자기발견'과 '자기 생에 대한 변호'의 경계선이 애매해진다. 그뿐만이 아니다. 달리고 있는 사람이 자신의 달리는 모습을 볼 수 없는 것과 마찬가지로 자신을 객관화하는 것은 불가능에 가깝다. 자신에게 불리한 사실을 의식적으로든 무의식적으로든 은폐할 우려도 있다.

머리글에서 프랭클린의 《자서전》이 반드시 모든 것을 얘기하고 있다고 볼 수는 없다고 이야기한 바 있다. 사실 프랭클린에게는 결혼 전에 낳은 사생아가 있었는데(이 《자서전》은 그 아들을 위해 썼다), 그러한 사실을 《자서전》은 전혀 다

루고 있지 않다. 당연할 것이다. 프랭클린은 젊은 시절 "끓어오르는 청춘의 욕정을 못 이겨 길에서 만난 저속한 여인들과 한동안 관계를 맺었다"고 솔직하게 털어놓고 있지만, 사생아가 있었다는 사실에 대해서는 왜 아무런 언급이 없는 것일까. 더구나 이 언급은 도덕적 관점에서 나온 것이 아니다. "이 관계에는 다소 비용이 들었고, 불편함도 많았다. 거기다 나쁜 병에 걸려 건강을 해칠 위험에 늘 노출되어 있다. 그 점이 무엇보다 무서웠지만 다행히도 나는 그러한 나쁜 병에 걸리지 않았다." 이처럼 그것은 비용, 편리성, 건강의 측면에서 고려되고 있을 뿐이다.

잠시 이야기가 빗나갔지만, 이렇듯 그는 《자서전》에서 자신의 모든 것을 밝히고 있지는 않다. 다루어지는 내용도 집필 목적에 맞추어 그 때마다 각색된다. 불투명한 점도 있다. 그러나 그럼에도 불구하고 그의 생애는 그가 중단한 자서전 집필을 권한 친구의 편지에서도 드러나듯이 '주목받을 가치가 있는 것'이며 그의 《자서전》은 '그저 한정된 소수가 아닌 수백만의 독자들에게 유익하고 흥미로운 작품'이다. 《플루타르코스 영웅전》의 축약판이라 할 만큼 풍부한 세계가 《프랭클린 자서전》에 담겨 있다는 것은 모두가 인정하는 사실이다.

위대한 정신의 기록

카를 마르크스는 미국 최초의 위대한 경제학자였던 프랭클린을 존경했고, 데이비드 흄은 프랭클린을 "신세계 최초의 철학자이자 위대한 문필가"라고 불렀다. 과학자로서의 프랭클린의 업적은 영국학사원 회원이 되어 코플리 상을 받았다는 것만으로도 미루어 짐작할 수 있을 것이다. 사회개혁가이자 정치인, 외교가로써 그가 이룬 업적은 눈부신 것이었다.

이와 같은 인물이 있었다는 것은 초창기 미국 자본주의에 있어 크나큰 행운이었다고 할 수 있다. 실제로 프랭클린은 워싱턴과 링컨 이상으로 미국 자본주의 형성에 결정적인 역할을 했다. 우리는 막스 베버의 《프로테스탄티즘의 윤리와 자본주의 정신》을 통해서 《프랭클린 자서전》에서 볼 수 있는 근면, 절약 등의 금욕적 덕목이 곧 '자본주의 정신'의 본질과 통한다는 것을 확인하게 된다.

마지막으로 결정판이라는 이름으로 1000페이지가 넘는 프랭클린 전기를 써낸 카를 반 도렌의 결론을 인용하겠다.

프랭클린의 명언　프랭클린은 재치 넘치고 실생활에 이로운 '서민의 지혜'를 많이 남겼는데, 록웰은 그 9가지 명언을 유쾌한 그림 한 장으로 표현했다.

① 요새도 처녀막도 일단 교섭이 시작되면 이내 함락된다.

② 왕관은 두통에조차 도움이 안 된다.

③ 늙은이도 젊은이도 노는 것 자체는 다르지 않다. 노는 데 쓰는 금액이 다를 뿐이다.

④ 생선과 손님은 3일만 지나면 썩는다.

⑤ 장수하는 의사보다 장수하는 주정뱅이가 더 많다(의사의 건강하지 않은 생활을 지적한 말).

⑥ 잘나가던 시대는 언제나 먼 옛날이다.

⑦ 날씨 좋은 날은 건초 만들기 좋은 날.

⑧ 좋은 남편은 좋은 아내 두 사람만큼 가치가 있다. 보기 드문 것일수록 귀중하니까.

⑨ 그대 이웃을 사랑하라. 그러나 두 집 사이에 있는 산울타리를 낮추지는 마라.

"프랭클린은 단순히 시대의 축복으로 위인이 된 사람이 아니다. 그는 어떤 시대, 어떤 나라에서 태어났더라도 위인이 되었을 것이다. 때로 그는 그만의 독특한 개성을 뛰어넘어 인간의 모든 특성이 조화된 하나의 통합적 인물로 보이기도 한다."

우리는 프랭클린의 꿈과 열정을 통해서, 그의 자서전에 담긴 위대한 정신의 여정을 통해서 미국인을 넘어 보편적 인간의 한 전형을 보게 되는 것이다.

프랭클린 연보

1706년   1월 17일 미국 보스턴에서 양초·비누를 만드는 집안의 열다섯째
               아들로 태어남.

1714년(8세)   보스턴 라틴어문법학교에 입학, 2년 뒤 퇴학함.

1718년(12세)   형 제임스의 인쇄소에서 일을 배우기 시작함.

1722년(16세)   형의 신문에 가명으로 에세이를 투고함.

1723년(17세)   형과 다투고 가출하여 필라델피아로 감.

1724년(18세)   영국으로 건너가 약 1년 반 동안 머무르며 인쇄소에서 일함.

1726년(20세)   상인 데남과 함께 귀국함.

1727년(21세)   쟝토 클럽 결성함.

1728년(22세)   독립하여 인쇄소를 개설함.

1729년(23세)   〈펜실베이니아 가제트〉 지를 매입함.

1730년(24세)   데보라 리드와 결혼함.

1731년(25세)   회원제 도서관(뒷날 필라델피아도서관)을 만듦. 열세 가지 덕목을
               수립함.

1732년(26세)   《가난한 리처드의 달력》 발간. 그 뒤로도 1757년까지 발행을 이
               어 감.

1736년(30세)   유니온소방조합을 조직함. 펜실베이니아 식민지의회 서기가 됨.

1737년(31세)   고등학원 창설을 제안. 필라델피아 우편국장이 됨.

1742년(36세)   프랭클린 스토브 발명함.

1747년(41세)   식민지 자위군 조직. 전기실험을 시작함.

1749년(43세)   인디언과의 교섭에 임함.

1751년(45세)   펜실베이니아 대학 전신인 필라델피아 아카데미 설립. 펜실베이
               니아 식민지의회 의원으로 선출됨. 전기에 관한 논문을 런던에서
               발표함.

1752년(46세) 번개와 전기가 같은 것이라는 가설을 연을 이용한 실험으로 증명. 피뢰침을 발명함.

1753년(47세) 체신장관 대리로 임명됨. 영국 로열소사이어티 회원으로 선정됨. 코플리상 수상. 하버드·예일 두 대학으로부터 명예학위 수여받음.

1754년(48세) 올버니회의에 펜실베이니아 대표로서 참석. 식민지 연합안의 기초를 맡음.

1755년(49세) 영국군 브래독 장군에게 협력함.

1756년(50세) 영국국립협회 회장으로 추천됨.

1757년(51세) 영주에 대한 과세권을 둘러싸고 영주와 식민지가 대립, 식민지측의 대표로서 영국으로 파견되어 식민지에 자주와 세권을 획득하고 귀국함. 이듬해에 《부자가 되는 길》 출판함.

1762년(56세) 귀국. 옥스퍼드대학으로부터 명예학위 수여받음.

1764년(58세) 대영주문제에 관하여 재차 영국측과 교섭하기 위해 식민지 대표로서 영국으로 건너감. 1775년까지 11년간 영국에 머묾.

1766년(60세) 전년에 성립한 '인지세법'의 존속을 둘러싸고서, 영국 하원에서 심문을 받고, 식민지 입장을 웅변으로 변호함. 인지조례 철폐를 성공시킴.

1771년(65세) 영국 햄프셔의 작은 마을에 사는 시플리 주교의 저택에서 《자서전》 집필을 시작함.

1774년(68세) 허친슨 서간사건에 대하여 영국 추밀원으로부터 추궁받고, 체신장관 대리에서 파면됨. 아내 데보라 죽음.

1775년(69세) 귀국. 제2차 대륙회의에 펜실베이니아 대표로서 참가함.

1776년(70세) 대륙회의에서 제퍼슨 등과 함께 '독립선언' 기초위원으로 임명됨. 프랑스의 경제원조를 얻기 위하여 프랑스로 건너가 프랑스의 경제원조를 얻는 데 성공함.

1778년(72세) 아메리카—프랑스동맹조약에서 미국 대표로서 조인함.

1779년(73세) 프랑스 주재 전권공사가 됨.

1781년(75세) 대영강화회의 대표가 됨.

1783년(77세) 대영강화조약에서는 존 애덤스, 존 제이와 함께 조인. 미국, 정식
　　　　　　　으로 독립 이룸.
1784년(78세) 파리 교외 파시에서 《자서전》 제2부 집필함.
1785년(79세) 귀국. 펜실베이니아 주지사에 뽑힘.
1787년(81세) 연방헌법제정회의에 펜실베이니아 주 대표로 출석함.
1788년(82세) 필라델피아에서 《자서전》 제3부 집필함.
1789년(83세) 흑인노예제도폐지협회를 설립, 회장으로 뽑힘. 《자서전》의 제4
　　　　　　　부, 최후의 몇 페이지를 집필함.
1790년(84세) 4월 17일, 필라델피아의 자택에서 담석증에 근막염이 함께 일어
　　　　　　　나서 세상을 떠남. 연방회의 결의에 의하여 국장으로 치름. 프랑
　　　　　　　스 국회에서는 사흘 동안 상복을 입음.

옮긴이 주영일

국민대학교 법학과 수학. 미국문학 부전공. 미국 방공포병학교 졸업. 육군대학 졸업. 한국방위산업진흥회 상근이사 록히드 마틴사(미국 댈러스) 한국담당 고문 역임.

World Book 180
Benjamin Franklin
THE AUTOBIOGRAPHY OF BENJAMIN FRANKLIN
프랭클린 자서전
벤저민 프랭클린/주영일 옮김
1판 1쇄 발행/2012. 5. 1
1판 4쇄 발행/2022. 9. 1
발행인 고윤주
발행처 동서문화사
창업 1956. 12. 12. 등록 16-3799
서울 중구 마른내로 144(쌍림동)
☎ 546-0331~2 Fax. 545-0331
www.dongsuhbook.com

＊

사업자등록번호 211-87-75330
ISBN 978-89-497-0768-6 04080
ISBN 978-89-497-0382-4 (세트)

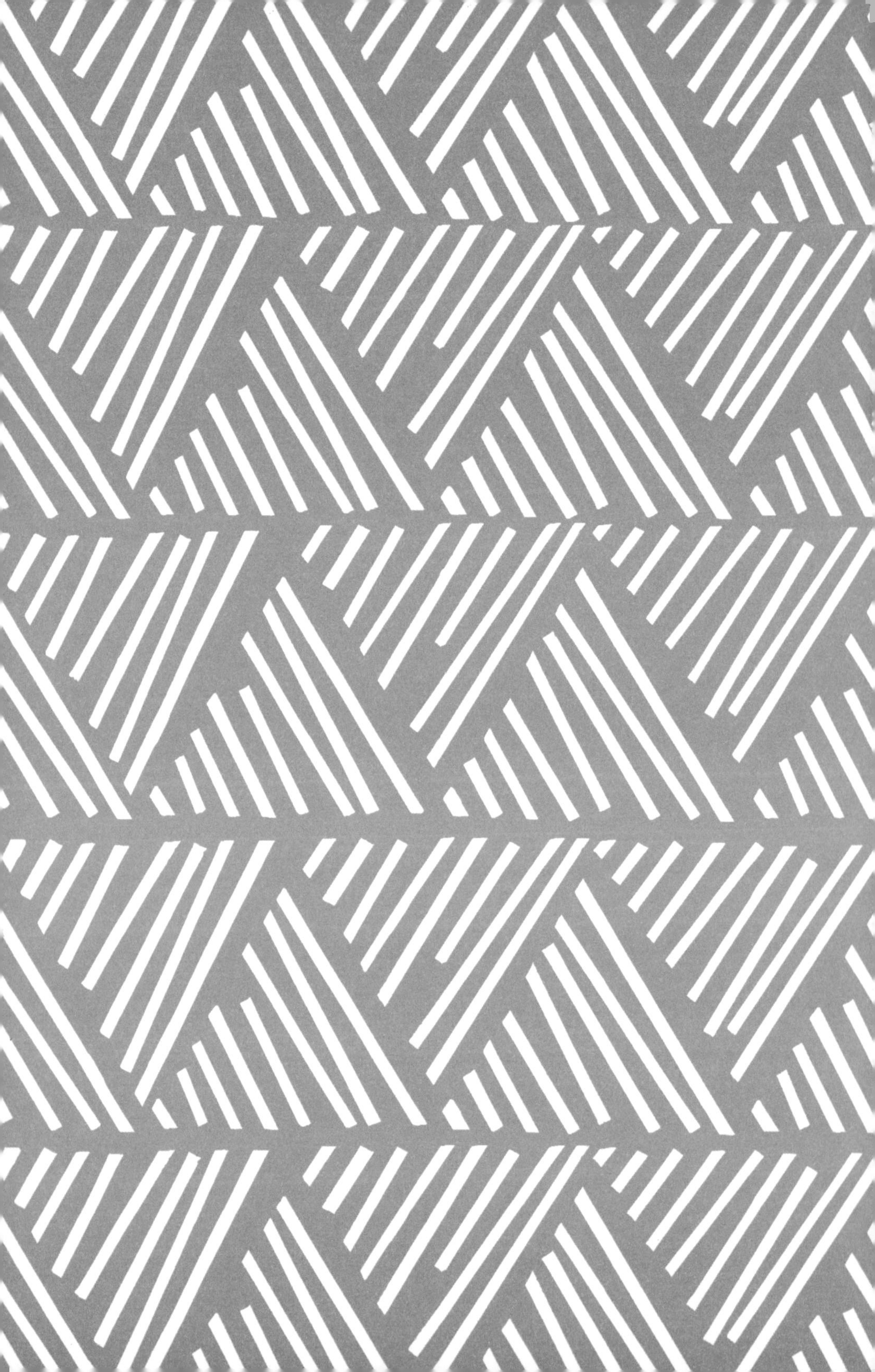